特鲁别茨柯依音系学思想初探

——理论解析与短篇著作选译

曲长亮 著

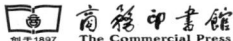

图书在版编目（CIP）数据

特鲁别茨柯依音系学思想初探：理论解析与短篇著作选译 / 曲长亮著. —北京：商务印书馆，2024
ISBN 978-7-100-22977-7

Ⅰ. ①特⋯　Ⅱ. ①曲⋯　Ⅲ. ①特鲁别兹柯伊（Trubetskoi, Nikolai Sergeevich 1890–1938）—音系学—思想评论　Ⅳ. ① H0-06

中国国家版本馆 CIP 数据核字（2023）第 175453 号

权利保留，侵权必究。

特鲁别茨柯依音系学思想初探
——理论解析与短篇著作选译
曲长亮　著

商 务 印 书 馆 出 版
（北京王府井大街36号　邮政编码100710）
商 务 印 书 馆 发 行
北京新华印刷有限公司印刷
ISBN 978 - 7 - 100 - 22977 - 7

2024 年 4 月第 1 版　　　　开本 710 × 1000　1/16
2024 年 4 月北京第 1 次印刷　印张 39½
定价：136.00 元

目　录

序一　特鲁别茨柯依和音系学断想（钱军，北京大学英语系）⋯⋯⋯ⅰ
序二　信件中的尼古拉·谢尔盖耶维奇·特鲁别茨柯依
　　　（彼得·斯坦纳 [Peter Steiner]，美国宾夕法尼亚大学俄罗斯与
　　　东欧研究系）⋯⋯⋯⋯⋯⋯⋯⋯⋯⋯⋯⋯⋯⋯⋯⋯⋯⋯⋯ⅸ
Introduction and Acknowledgements⋯⋯⋯⋯⋯⋯⋯⋯⋯⋯xxxiii

上篇　特鲁别茨柯依音系学思想思考与解析

第 1 章　导言：特鲁别茨柯依及其普通音系学著作⋯⋯⋯⋯⋯⋯3
　1.1　特鲁别茨柯依、布拉格学派与《音系学原理》⋯⋯⋯⋯⋯⋯3
　1.2　特鲁别茨柯依的音系学著作⋯⋯⋯⋯⋯⋯⋯⋯⋯⋯⋯⋯10
　　1.2.1　特鲁别茨柯依著作中的语言多样性⋯⋯⋯⋯⋯⋯⋯10
　　1.2.2　特鲁别茨柯依"音系学黄金十年"活动年谱⋯⋯⋯14
　　1.2.3　特鲁别茨柯依 30 年代中期的几种重要音系学著作⋯⋯19
　　1.2.4　《音系学原理》的理论框架⋯⋯⋯⋯⋯⋯⋯⋯⋯22
　　1.2.5　《音系学原理》的法译和英译⋯⋯⋯⋯⋯⋯⋯⋯26
　1.3　本书的结构⋯⋯⋯⋯⋯⋯⋯⋯⋯⋯⋯⋯⋯⋯⋯⋯⋯⋯32

**第 2 章　生理之语音与语言之语音：语音学与音系学
　　　　二分法历史回溯**⋯⋯⋯⋯⋯⋯⋯⋯⋯⋯⋯⋯⋯⋯⋯34
　2.1　特鲁别茨柯依在语音研究思想史中的位置⋯⋯⋯⋯⋯⋯34

2.1.1　布拉格学派音系学的历史定位 ……………………… 34
　　2.1.2　三部《原理》与语音研究的发展历程 ……………… 36
2.2　布拉格学派之前的音系学之名与音系学之实 …………… 40
　　2.2.1　音系学的几位重要"先行者" ……………………… 40
　　2.2.2　索绪尔的"语音学"与"音系学" ………………… 42
　　2.2.3　博杜恩的"人声学"与"心理语音学" …………… 43
2.3　语音学 – 音系学二分法的提出与推广 …………………… 45
　　2.3.1　语音学 – 音系学二分法及其语言哲学依据 ………… 45
　　2.3.2　从海牙大会到日内瓦大会 …………………………… 48
2.4　"音系学运动"的反馈声音 ………………………………… 51
　　2.4.1　日内瓦会议上的支持声与质疑声 …………………… 51
　　2.4.2　比勒"语言公理"与语音学 – 音系学二分法的相互巩固 …… 55
　　2.4.3　加迪纳的言语情景论对语音学 – 音系学二分法的旁证 …… 59
　　2.4.4　叶斯柏森对语音学 – 音系学二分法的回应 ………… 62
2.5　小结 ……………………………………………………………… 66

第3章　从语音意象到区别功能：特鲁别茨柯依的音位观 …… 67
3.1　音位作为能指 ………………………………………………… 67
　　3.1.1　音位的语言价值 ……………………………………… 67
　　3.1.2　语音的理智语义与情感语义 ………………………… 71
3.2　音位的心理阐释 ……………………………………………… 74
　　3.2.1　语音意象与语音意图 ………………………………… 74
　　3.2.2　来自博杜恩的影响 …………………………………… 76
　　3.2.3　音系效力的早期阐释 ………………………………… 78
3.3　语言价值视角下的音系效力 ………………………………… 82
　　3.3.1　语音成分的区别性 …………………………………… 82
　　3.3.2　音位概念的功能转向 ………………………………… 85
　　3.3.3　判定音位的普遍规则 ………………………………… 87

3.4　再论语言共同体的"集体音系意识"……………………91
　　3.5　小结……………………………………………………96

第4章　构建音系性区别对立系统：二元对立之探寻…………97
　　4.1　音位对立与音系标记……………………………………97
　　　　4.1.1　音位是格式塔………………………………………97
　　　　4.1.2　相关关系中的音系标记……………………………100
　　4.2　音位对立的详细化与普遍性音系逻辑体系的构建………101
　　　　4.2.1　"相关－析取"二分法的反思………………………101
　　　　4.2.2　音系对立分类的新体系与音系系统二元性的加强…103
　　　　4.2.3　多边对立及其化简之可能…………………………106
　　4.3　音系对立视角下的元音成分……………………………108
　　　　4.3.1　元音音位与音系性元音成分的系统呈现…………108
　　　　4.3.2　音系性元音对立系统的完善化……………………112
　　　　4.3.3　元音特征彻底二元化的尝试………………………114
　　4.4　音系对立视角下的辅音成分……………………………116
　　　　4.4.1　比照元音对立而归纳的辅音对立…………………116
　　　　4.4.2　辅音对立体系的调整与"一口原则"的放弃………118
　　4.5　雅柯布森对多边对立的处理……………………………123
　　4.6　小结………………………………………………………126

第5章　非音段对立：音系系统中的韵律成分…………………128
　　5.1　韵律成分的语言学地位…………………………………128
　　5.2　二元对立视角下的音长与重音…………………………130
　　　　5.2.1　强度与元音…………………………………………130
　　　　5.2.2　音长相关关系与音节截短相关关系………………132
　　5.3　音节核与莫拉……………………………………………137
　　　　5.3.1　韵律作为音节特征…………………………………137

5.3.2　音系学视角下的莫拉 ………………………………… 138
　　5.3.3　莫拉与"欧洲式声调" ……………………………… 141
5.4　音长、重音、音高的统一 …………………………………… 144
5.5　小结 …………………………………………………………… 146

第6章　音位清单之外：对立中和、组合规律与功能负载 ……… 148
6.1　超越音位 ……………………………………………………… 148
6.2　音位对立的中和 ……………………………………………… 152
　　6.2.1　中和及其类型 …………………………………………… 152
　　6.2.2　超音位概念的兴与衰 …………………………………… 155
6.3　音位的组合规律 ……………………………………………… 157
　　6.3.1　具体语言的音位组合规律 ……………………………… 157
　　6.3.2　普遍性音位组合规律之探索 …………………………… 159
6.4　音位的功能负载及音系统计 ………………………………… 162
　　6.4.1　功能负载问题及其在音系学中的地位 ………………… 162
　　6.4.2　功能负载的早期数据化尝试 …………………………… 163
6.5　小结 …………………………………………………………… 169

第7章　超越音系本体：音系学理论的应用 ……………………… 170
7.1　音系原则、语音转写与文字改革 …………………………… 170
7.2　音系学视角下的方言、语言联盟与语言地理 ……………… 174
　　7.2.1　方言研究的音系学视角 ………………………………… 174
　　7.2.2　音系性语言联盟 ………………………………………… 176
7.3　词法音系学之探索 …………………………………………… 179
　　7.3.1　"词法音位"的心理性与音系性 ……………………… 179
　　7.3.2　"词法音系学"的属性及地位 ………………………… 182
　　7.3.3　词法音系学的研究范围 ………………………………… 185
7.4　国际人工辅助语的音系设计原则 …………………………… 192

7.4.1 特鲁别茨柯依与国际人工辅助语？ ············· 192
7.4.2 "理想状态"的国际人工辅助语音系 ············ 193
7.4.3 反思"理想状态" ······················ 196
7.5 小结 ·································· 200

第 8 章 回视东方：特鲁别茨柯依音系学著作中的汉语 ············· 201
8.1 特鲁别茨柯依著作中的北部、中部、南部汉语 ············ 201
8.2 汉语是区别长短元音的语言？ ···················· 202
8.2.1 关于音长与声调的"普遍法则" ·············· 202
8.2.2 长音节核与音长 – 声调相关关系束 ············ 203
8.2.3 英译本中的一处译法商榷 ················· 210
8.2.4 来自古恒和高本汉的影响 ················· 211
8.2.5 汉语声调中的多边对立 ·················· 215
8.3 浊塞音声母与塞音三分 ······················ 218
8.4 成节辅音与舌尖元音 ······················· 222
8.4.1 北京话的韵母 er ····················· 222
8.4.2 北京话的舌尖元音 ···················· 224
8.4.3 湘语的舌尖元音 ····················· 227
8.5 东干语的音系系统 ························ 228
8.5.1 东干语及其拉丁化文字 ·················· 228
8.5.2 特鲁别茨柯依对东干语音系的思考 ············· 231
8.6 中国人发不出 /ki/？ ······················· 234
8.6.1 国际人工辅助语设计思路中的一处"贴心考量" ······· 234
8.6.2 音节 ki 在汉语方言中的分布 ··············· 235
8.7 小结 ·································· 238

第 9 章 再论名与实："音系学"与"音位学"考辨 ············· 239
9.1 特鲁别茨柯依对"音位学"一称的建议 ··············· 239

9.2 "语音学""音系学"与"音位学"在英语文献中的出现 …… 240
    9.2.1 19世纪英语文献中的"语音学"与"音系学" …… 240
    9.2.2 "音位学"一称在美国语言学文献中的出现 …… 244
    9.2.3 "音位学"一称的衰落与废弃 …… 248
9.3 中文文献中的"音系学"与"音位学"之争 …… 254
9.4 诺伦的瑞典语著作中的"音系学" …… 260
9.5 小结 …… 263

下篇　特鲁别茨柯依音系学短篇经典著作选译

论音系性元音系统的普遍理论（1929） …… 267
Zur allgemeinen Theorie der phonologischen Vokalsysteme

音系系统（1931） …… 300
Die phonologischen Systeme

莫尔多瓦语音系系统与俄语音系系统之比较（1932） …… 322
Das mordwinische phonologische System verglichen mit dem russischen

音系系统本身及其与语言一般性结构的关系（1933） …… 327
Les systèmes phonologiques envisages en eux-mêmes et dans leurs rapports avec la structure générale de la langue

为具体语言做系统性音系描写的性质与方法（1933） …… 357
Charakter und Methode der systmatischen phonologischen Darstellung einer gegebenen Sprache

当今的音系学（1933） …… 364
La phonologie actuelle

音系描写指南（1935） …… 383
Anleitung zu phonologischen Beschreibungen

论音系对立理论（1936）··417
Essai d'une théorie des oppositions phonologiques

音系对立的取消（1936）··430
Die Aufhebung der phonologischen Gegensätze

所谓"音长"在不同语言中的音系学基础（1938）·············446
Die phonologischen Grundlagen der sogenannten „Quantität" in den verschiedenen Sprachen

论"词法音系学"（1929）··464
Sur la "morphonologie"

词法音系学思考（1931）··469
Gedanken über Morphonologie

海牙第1届国际语言学家大会16号提案（1928）·············474
Proposition 16, Le premier congrès international de linguistes à la Haye

音系学与语言地理学（1931）··476
Phonologie und Sprachgeographie

大语群之间的亲缘关系问题（1935）·······························483
Il problema della parentele tra i grandi gruppi linguistici

论音系性世界地理（1939）···486
Zur phonologischen Geographie der Welt

高加索语言（1929）···489
Caucasian Languages

人工国际辅助语的语音系统应当如何构建？（1939）·······494
Wie soll das Lautsystem einer künstlichen internationalen Hilfssprache beschaffen sein?

我的音系学卡片选（一）——东干语的音系系统（1939）·······512
Aus meiner phonologischen Kartothek: I. Das phonologische System der dunganischen Sprach

附录1：布拉格学派在华译介史 ………………………………… 522
附录2：本书涉及的俄境内语言名称对照表 …………………… 545

参考文献 ………………………………………………………… 547
索引 ……………………………………………………………… 573
后记 ……………………………………………………………… 581

序一

特鲁别茨柯依和音系学断想

钱 军

（北京大学英语系）

曲长亮教授的专著《特鲁别茨柯依音系学思想初探——理论解析与短篇著作选译》分为上下两篇。上篇9章，研究特鲁别茨柯依的音系学思想，涉及语音学与音系学的历史关系，特鲁别茨柯依的音位观，音系特征与音系对立系统，音系系统中的韵律成分，对立中和、组合规律与功能负载，特鲁别茨柯依对音系学理论的应用，特鲁别茨柯依音系学著作中的汉语等专题，范围广阔，内容丰富。下篇选编、译注了特鲁别茨柯依的19篇音系学论文。如此系统地研究、译介特鲁别茨柯依的思想和著作，在国内当属首次，值得关注。

从理论的角度看，特鲁别茨柯依音系学思想中的若干概念，比如对立（对立的性质、判断标准、分类等）、相关关系、中立化（中立化的性质、分类等）、标记/无标记，值得我们更多的思考，特别是历史的反思（Viel 1984; Akamatsu 1986, 1988; Battistella 1996）。因此，曲著的上篇会引起人们的兴趣。曲著的下篇相当于一部译文集。鉴于学术翻译在当下学术评价体系中的地位，对下篇的关注度或许不如上篇。故笔者仅就下篇谈一点想法。

对特鲁别茨柯依的关注早已有之，且不乏技术层面的探究（Harris 1941; Cairns 1971; Stankiewicz 1976; Viel 1984; Anderson 1985），只是

中国学者的声音有限（信德麟1985）。在曲著之前，特鲁别茨柯依的《音系学原理》（1939）已经出版杨衍春教授（2015）的中译本。鉴于《音系学原理》常常被视为特鲁别茨柯依乃至布拉格学派音系学的代表作，我们为什么还需要他的音系学论文集，或者说，曲著下篇的意义何在？

首先，代表作未必可以囊括一个学者所有的成果。比如，一般认为，萨丕尔的代表作是《语言论》（1921）。由于该书导论的性质（该书副标题"言语研究导论"），对于语音的论述有限；这一点只需将之与布隆菲尔德的《语言论》（1933）比较，即可一目了然。不过，萨丕尔在《语言论》第三章结尾处涉及到"语音格局"（phonetic patterns）的概念，而对于这个概念更详细的讨论要等到他1925年的论文《语言的语音格局》。同样，有关语言学地位的思考要等到他1929年的论文《语言学作为科学的地位》（上述两篇论文收入Sapir 1963）。因此，如果我们要对萨丕尔的语言学思想有一个比较全面的了解，除了他的《语言论》，我们还需要研读萨丕尔的其他一些论文。事实上，萨丕尔的论文也很重要，试看美国芝加哥大学人类学和语言学教授保罗·弗里德利克（Paul Friedrich）在访谈中说的一段话：

> "I think that what really fired me was not just the book by Sapir but the essays by Edward Sapir, which are beautifully written and very profound and are still actually read and excite people today, although linguistics itself has changed a lot from the days of Sapir."
>
> (Friedrich & Pesman 2014)

特鲁别茨柯依的情形与此有一点相似。不同的是，《音系学原理》是雅柯布森整理出版的，在严格意义上说，它不是特鲁别茨柯依自己的定稿。因此，特鲁别茨柯依之前已经发表的论文，作为作者的定稿，不仅可以帮助我们确信《音系学原理》当中相关的论述，而且可以揭示相关思想的发展脉络。

序一　特鲁别茨柯依和音系学断想　　iii

　　任何一个语言学者的论文，因为发表在不同地方（刊物、会议论文集等），乃至用不同的语言发表，因而选编、译注一部文集，殊非易事。曲长亮教授用心搜集，潜心翻译，首次将特鲁别茨柯依的论文从德语、法语译成汉语。这样一部选集，如同其他一些文集一样（Sweet 1913; Sapir 1963; Bloomfield 1970; Baudouin de Courtenay 1972; Whorf 1978），对于语言学者的工作，会带来诸多便利。

　　第二，在《音系学原理》出版之前，特鲁别茨柯依乃至整个布拉格学派已经因为音系学的研究而闻名于世（Stankiewicz 1999; Vachek 2016）。比如，《论音系性元音系统的普遍理论》（1929）就曾经得到布隆菲尔德、萨丕尔的高度赞誉（钱军2022）。因此，我们没有理由忽略代表作之外的论文。

　　音系学、形态学（morphology）、句法学构成语言本体研究的核心。实际上，英语经典描写语法一般都包含上述内容（Sweet 1892-1898; Jespersen 2014）。英语语言学的一个优秀传统就是语法学者同时也是语音学者（参见 Jakobson 1961）。

　　我用了"语音学者"一词。关于音系学（phonology）与语音学（phonetics）这两个术语以及彼此的关系，详见曲著上篇。我认为，不妨扼要回顾一下前人的用法和看法。斯威特1877年的专著名为《语音学手册》（*A Handbook of Phonetics*），1892年的语法第一卷谈的是导论、语音和词法（*Introduction, Phonology, and Accidence*）。布拉格语言学小组成员马丁内（André Martinet）使用"音系学"（1933, 1939），亦见使用"语音学"（1949, 1955）。在他看来，音系学可以视为功能语音学（functional phonetics, 1949。此处援引马丁内是因为，他在接受访谈时声称，布拉格学派内部有两种倾向，一种以雅柯布森为代表，另一种以特鲁别茨柯依和他为代表[Parret 1974: 221]。他们对音系学若干概念的不同见解，见马丁内为 Akamatsu 1988 撰写的序言）。同样，布隆菲尔德（1933/2002: 79）把音系学等同于实用语音学（The study of *significant speech-sounds* is *phonology* or *practical phonetics*.）。

特鲁别茨柯依的态度则有所不同。他（1939: 7）认为，语音学与音系学应该严格区分。语音学研究话语行为当中语音的物理现象，使用自然科学的方法；音系学研究的是属于语言系统的语音，使用语言学的（或者人文科学的，或者社会科学的）方法。[... die Sprechaktlautlehre, die mit konkreten physikalischen Erscheinungen zu tun hat, muß naturwissenschaftliche, die Sprachgebildelautlehre dagegen rein sprach- (bezw. geistes- oder sozial-) wissensehaftliche Methoden gebrauchen. Wir bezeichnen die Sprechaktlautlehre mit dem Namen Phonetik, die Sprachgebildelautlehre mit dem Namen Phonologie.]

布拉格语言学小组内部对于语音学与音系学关系的看法，"俄翼"比较激进，"捷翼"比较温和（Vachek 2016: 41-43; 钱军 2016: 68-69）。瓦海克（Vachek）在为马泰修斯（Mathesius 2008: 176, 注释6）作注的时候提到，对于马泰修斯而言，语音学为语言学研究提供了宝贵的材料，不过，语言学研究必须超越语音学的局限。"语音学的局限"指语音学过于强调言语（即特鲁别茨柯依所说的Sprechaktlautlehre），未能形成系统观。有些优秀的语音学者，具有功能观，但不具备当下理解的那种系统观（Mathesius 2008: 11-12）。

雅柯布森晚年曾使用"音形"一词（the sound shape, Jakobson & Waugh 1979），指音系学。或许是基于学术传统，在欧洲，phonology 一词比较常见；而在美国，phonemics 一词比较常见（一次学术活动之后，一位欧洲同道对我说，谢谢你用phonology一词，没有使用phonemics一词）。关于术语phonemics 存在的问题，见马丁内1949: 10（对此书的评价，见Hockett 1951）。

其实，与其纠缠于术语本身，不如以切实的研究成果来推进学科的发展。在此意义上，曲著对特鲁别茨柯依音系学思想的"理论解析"越发显得值得关注。

曲教授的这部著作是他继翻译《二十世纪音系学》(2015)，选编、译注《叶斯柏森论语音》(2021)之后又一部重要的作品。新近的消息，

《语言音形论》已经开始翻译。有理由期待，他将为中国语言学界贡献更多的作品。

参考文献：

Akamatsu, Tsutomu. 1986. "Mark" and Related Notions in Prague School Phonology. *Historiographia Linguistica* 13 (1), 71-83.

Akamatsu, Tsutomu. 1988. *The Theory of Neutralization and the Archiphoneme in Functional Phonology*. Amsterdam: John Benjamins.

Anderson, Stephen R. 1985. *Phonology in the Twentieth Century*. Chicago: University of Chicago Press.

Battistella, Edwin. 1996. *The Logic of Markedness*. New York/Oxford: Oxford University Press.

Baudouin de Courtenay, Jan Niecisław. 1972. *A Baudouin de Courtenay Anthology: The Beginnings of Structural Linguistics*. Translated and edited with an introduction by Edward Stankiewicz. Bloomington, Indiana: Indiana University Press.

Bloomfield, Leonard. 1933. *Language*. New York: Henry Holt.（2002, Beijing: Foreign Language Teaching and Research Press.）

Bloomfield, Leonard. 1970. *A Leonard Bloomfield Anthology*. Ed.by Charles F. Hockett, Bloomington: Indiana University Press.

Cairns, Charles E. 1971. Review of *Principles of Phonology*. Language 47 (4), 918-931.

Friedrich, Paul and Dale Pesmen. 2014. A Conversation with Paul Friedrich. *Annual Review of Anthropology* 43:15-26. https://doi.org/10.1146/annurev-anthro-102313-025821

Harris, Zellig. 1941. Review of *Grundzüge der Phonologie*. Language 17, 345-349.

Hockett, Charles F. 1951. Review of *Phonology as Functional Phonetics: Three Lectures Delivered Before the University of London in 1946*, by André Martinet. *Language* 27, 333-343.

Jakobson, Roman. 1961. Henry Sweet's Path Toward Phonemics. In Jakobson, Roman.

1971. *Selected Writings II: Word and Language*, 456-467. The Hague: Mouton.

Jakobson, Roman and Linda Waugh. 1979. *The Sound Shape of Language*. Berlin: Mouton.

Jespersen, Otto. 2014. *A Modern English Grammar on Historical Principles*. Beijing: World Publishing Corporation.

Martinet, André. 1933. Remarques sur le système phonologique du français. *Bulletin de la Société de Linguistique* 34, 191-202.

Martinet, André. 1939. Rôle de la correlation dans la phonologie diachronique. *Travaux du Cercle Linguistique de Prague* 8, 273-288.

Martinet, André. 1949. *Phonology as Functional Phonetics: Three Lectures Delivered Before the University of London in 1946*. London: Oxford University Press.

Martinet, André. 1955. *Économie des changements phonétique*s. Berne: A. Francke.

Mathesius, Vilém. 1975. *A Functional Analysis of Present-Day English on a General Linguistic Basis*. Edited by Josef Vachek; translated by Libuše Dušková. Beijing: World Publishing Corporation.

Parret, Herman (ed.). 1974. *Discussing Language*. The Hague: Mouton.

Sapir, Edward. 1921. *Language*. New York: Harcourt, Brace.

Sapir, Edward. 1925. Sound Patterns in Language. *Language* 1, 37-51.

Sapir, Edward. 1929. The Status of Linguistics as a Science. *Language* 5, 207-214.

Sapir, Edward. 1963. *Selected Writings of Edward Sapir*. Ed. David G. Mandelbaum. Berkeley and Los Angeles: University of California Press.

Stankiewicz, Edward. 1976. Prague School Morphophonemics. In Matejka, Ladislav (ed.), *Sound, Sign and Meaning: Qinquagenary of the Prague Linguistic Circle*, 101-118. Ann Arbor: Department of Slavic Languages and Literatures, University of Michigan.

Stankiewicz, Edward. 1999. Grammatical Categories and Their Formal Patterns. *Prague Linguistic Circle Papers* 3, 71-89.

Sweet, Henry. 1877. *A Handbook of Phonetics*. Oxford: Clarendon Press.

Sweet, Henry. 1892. *A New English Grammar, Logical and Historical. Part I — Introduction, Phonology, and Accidence*. Oxford: The Clarendon Press.

Sweet, Henry. 1898. *A New English Grammar, Logical and Historical. Part II —*

Syntax. Oxford: The Clarendon Press.

Sweet, Henry. 1913. *Collected Papers.* Arranged by H. C. Wyld. Oxford: The Clarendon Press.

Vachek, Josef. 2016. *The Linguistic School of Prague.* Beijing: World Publishing Corporation.

Viel, Michel. 1984. *La notion de "marque" chez Trubetzkoy et Jakobson: un épisode de l'histoire de la pensée structurale.* Lille: Atelier National Reproduction des Thèses, Université Lille III.

Trubetzkoy, Nikolaj S. 1939. *Grundzüge der Phonologie. Travaux du Cercle Linguistique de Prague* 7.

Whorf, Benjamin Lee. 1978. *Language, Thought, and Reality: Selected Writings by Benjamin Lee Whorf.* Edited with an introduction by John B. Carroll. Cambridge, Massachusetts: The MIT Press.

安德森著，曲长亮译，2015，《二十世纪音系学》. 北京：商务印书馆.

钱军，2016，《布拉格语言学派》导读，Vachek, Josef. 2016, *The Linguistic School of Prague*, 1-154. 北京：世界图书出版公司.

钱军，2022，编者按（特鲁别茨柯依，1929，《论元音音系系统普遍理论》）.《语言学研究》31, 185-188.

特鲁别茨柯依著，杨衍春译，2015，《音位学原理》. 桂林：广西师范大学出版社.

信德麟，1985，特鲁别茨科伊的音位观.《外语学刊》1, 1-14.

叶斯柏森著，曲长亮选编、译注，2021，《叶斯柏森论语音》. 北京：商务印书馆.

2023年1月

序二

信件中的尼古拉·谢尔盖耶维奇·特鲁别茨柯依

彼得·斯坦纳
（Peter Steiner）

（美国宾夕法尼亚大学俄罗斯与东欧研究系）

  下面的文本，是从近200封信件中截取的片段的集合，这些信件是1920年12月至1938年5月间，安家于维也纳[①]的尼古拉·谢尔盖耶维奇·特鲁别茨柯依写给他布拉格[②]的同道中人罗曼·雅柯布森的。两位通信者1914年秋在莫斯科民俗学委员会的会议上结识，1920年特鲁别茨柯依逃离俄国后，在雅柯布森的努力下，两人重新建立起联系。
  乍一看去，这两位笔友真是奇怪的一对：特鲁别茨柯依是位世袭亲王贵族，而小他6岁的雅柯布森出身犹太资产阶级家庭。但更不搭配的是，特鲁别茨柯依是位因共产革命而离开故土的政治移民，而雅柯布森是苏联政府派遣出国的，是官方红十字会使团成员，任务是将一战后滞

[①] 安家奥地利之前，特鲁别茨柯依曾于1920年10月至1922年7月受聘于保加利亚索非亚大学，因此《N. S. 特鲁别茨柯依书信集》（*N. S. Trubetzkoy's Letters and Notes*）里最前面的7封信是从索非亚寄出的。——译者注
[②] 雅柯布森1933年起受聘于位于布尔诺（Brno）的马萨里克大学（Masaryk University），但他的主要居所仍然在布拉格，当时的交通条件，两地间火车通勤时间约2小时，雅柯布森持有捷克斯洛伐克外交部提供的免费乘车证。——原注

留在捷克斯洛伐克的俄国战俘遣送回国。把如此难以置信的一对黏合在一起的，是他们对研究语言的共同热衷。这就是特鲁别茨柯依本人为何在1927年9月写给一位巴黎友人的信中如此描述两人间的关系："单说学术方面，[雅柯布森]很可能是与我最亲近的人……但不幸的是，他对宗教的态度和他的政治取向是无可救药的。"[①]

仁慈的时间似乎最终磨平了这些尖利的棱角。1928年，在苏联外交系统的一次全面清洗中，雅柯布森被开除，从此将其精力完全投入至语言学。不仅如此，大约9年后，他放弃了苏联护照，申办了捷克斯洛伐克国籍。[②] 他的蜕变在1938年登峰造极："他按照神圣的东正教仪式接受洗礼，成为基督徒。"[③] 雅柯布森方面的所有这些变化，都使他与特鲁别茨柯依越走越近，最终成就了两人间真挚的战友情谊。薇拉·彼得洛夫娜·特鲁别茨卡娅（Vera Petrovna Trubetzkoya）在丈夫过世后几个月时隐晦地向雅柯布森表示："最后那几年，您是他唯一的真朋友，对他来

[①] 致彼得·苏甫钦斯基的信，引自艾费莫夫《D. S. 斯维亚托波尔克-米尔斯基1929年至1932年间发表于〈斯拉夫述评〉的文章与书评》（М. В. Ефимов, Статьи и рецензии Д. П. Святополк-мирского в журнале *Slavische Rundschau* [1929-1932]），载《文学事实》（*Литературный факт*），2016 (1-2): 83-178。——原注 // 苏甫钦斯基（Piotr Suvchinsky / Пётр Петрович Сувчинский, 1892—1985）和D. S. 斯维亚托波尔克-米尔斯基（D. S. Mirsky / Дмитрий Петрович Святополк-Мирский, 1890—1939）都是俄国欧亚主义者。苏甫钦斯基是音乐家，流亡法国；D. S. 斯维亚托波尔克-米尔斯基是俄国亲王、文学评论家，是沙俄政客 P. D. 斯维亚托波尔克-米尔斯基（Pyotr Sviatopolk-Mirsky / Пётр Дмитриевич Святополк-Мирский, 1857—1914）之子。——译者注

[②] 关于雅柯布森在捷克斯洛伐克的经历，详见彼得·斯坦纳《究竟站在哪一方？——罗曼·雅柯布森在两次世界大战之间的布拉格》（Which Side Are You on? Roman Jakobson in Interwar Prague），载斯蒂凡尼娅·西尼等编《罗曼·雅柯布森——语言学与诗学》（Stefania Sini, et al. eds., *Roman Jakobson: Linguistica e poetica*），米兰：Ledizioni, 2018, 75-86页。——原注 // 中译文见张进、周启超、许栋梁（2018: 22-30），雷碧乐译。——译者注

[③] 引自亨里克·巴兰《R. O. 雅柯布森生平大事与著作年表》（Henryk Baran, *Хроника основных событий жизни и творчества Р. О. Якобсона*），载阿芙托娜莫娃等编《罗曼·奥西普维奇·雅柯布森》（N. S. Avtonomova, et al. eds., *Роман Осипович Якобсон*），莫斯科：Rosspen, 2017, 446-465页。——原注

序二　信件中的尼古拉·谢尔盖耶维奇·特鲁别茨柯依　xi

说，每次去见您都很开心。"①

　　另一个或值得强调的事实是，特鲁别茨柯依对语音本质的探究需要投入相当大的毅力，因为他开展这项研究的年代对这类追求并不算友善。虽然特鲁别茨柯依的人生非常短暂，仅仅48年而已，但却涵盖了20世纪初俄国历史上的两场大剧变：十月革命，以及接踵而来的内战。而他最终落脚的地方，两次世界大战之间的奥地利，也绝非一片宁静的绿洲。奥地利一战战败后丧失了60%的战前领土，这个由君主国变来的破了产的共和国②，永久性地陷入了经济政治苦难的泥沼。20年代脆弱的社会协定不时被左右翼民兵间的暴力冲突刺破，最终被20年代末的大萧条彻底粉碎。1933年，恩格尔伯特·陶尔斐斯的政变（Putsch）③激起了社会民主党领导的武装暴动，但迅速遭到血腥镇压。大约一年后，陶尔斐斯自己也被本国纳粹党人刺杀。最终，希特勒对奥地利的吞并成为这个动荡年代的顶峰，三个月后，特鲁别茨柯依英年早逝。

　　学者的生平，通常的叙事形式是揭示其思想的若干发展阶段，最终以他最显著的成就为顶点，对于特鲁别茨柯依来说，这顶点就是他为普遍性音系学绘制的宏大蓝图。而我这篇序言故意采取了一种不同的方法。这方法是为主人公画出非线性、综合性的肖像，揭示出语言学家远不只是他提出的各种理论之和，哪怕是像特鲁别茨柯依这样杰出的语言学家亦不例外。真实的他太过复杂，无法仅通过一个维度来展平。他是个全方位的人，除了深度探索最为抽象的语言系统之外，还必须找地方住、为钱发愁，必须赢得朋友、对敌人施加影响，从而让他的思想获得吸引力。他要为世间之痛苦有所顾虑，他还要面对健康问题。这份马赛克式

---

　　① 引自罗曼·雅柯布森，《前言》（Foreword），载罗曼·雅柯布森等编《N. S. 特鲁别茨柯依书信集》，柏林：Mouton，1985，v-xiv页。——原注
　　② 指1918年奥匈帝国瓦解后建立的奥地利第一共和国，该政权随1938年纳粹德国吞并奥地利而覆灭。1945年二战结束后，奥地利开启第二共和时期，延续至今。——译者注
　　③ 陶尔斐斯（Engelbert Dollfuss, 1892—1934），奥地利政客，1932年出任总理，1933年下令终止议会运作，建立独裁政权。因反对奥地利并入德国而遭本国纳粹党人刺杀身亡。——译者注

的组合，把特鲁别茨柯依生平中最具多样性的方方面面组合在一起，希望能够为这位在西方思想史中早已牢固建立起显赫地位的人物塑起一尊雕像，提供给他的读者们。

特鲁别茨柯依写给雅柯布森的信件，跟写给其他大多数收信人（如安东尼·梅耶、爱德华·萨丕尔）的信件不同。这些信件侥幸地为后世保存了下来。收件人在1939年3月德国占领捷克斯洛伐克的前夕，逃到了斯堪的纳维亚。出逃之前，他把这些信件托付给了一位友人（他也是布拉格语言学小组的成员），在此人的保护下，这些信件熬过战争生存了下来。然而，雅柯布森的回信的命运就没那么幸运了。这些回信在盖世太保对特鲁别茨柯依住处的袭击中被查抄，之后永远失踪了。

信件节选[①]

（2/5）我觉得，我现在至少得给自己赚点学术名气，多写点东西，多发表点东西。目前为止，我做得太"像个老爷"（cavalierly / по барски / en grand seigneur），顶多就是在学术团体里宣读点东西，并没有花工夫进行完善以求发表。……等我攒足一定量的出版物，也形成了名气，就可以考虑换所大学并且搬去别处了，去布拉格，去塞尔维亚，去德国，甚至去美国。反正也不能回俄国，去哪里都一样。我也只能一边坐等命运把我带到哪里，一边干活。无论如何，我都要发自心底地感谢您，想

---

① 以下信件选段由斯坦纳教授从俄文英译，这些英译文未公开发表过。每个条目开头处括号里的数字，斜线前是《N. S. 特鲁别茨柯依书信集》里的信件序号，斜线后是1975年俄文版中的页码。为方便读者使用，中译者依照书信集在每个条目末尾增加了写信日期。中译者翻译时参照了书信集的俄文原文（Trubetzkoy 1975）以及西略（Patrick Sériot）的法文译本（Trubetzkoy 2006）。译文中的夹注主要分为三种：（1）涉及特鲁别茨柯依的著作名称时，同时附英译名和原文名；（2）涉及特鲁别茨柯依行文中偶尔使用的德文术语时，仅注德文原文；（3）其他关键词，必要时以英、俄、法三语夹注，分别取自斯坦纳教授的英译文、1975年版俄文原文、2006年版法译文。译文中的脚注，以"英译者注"和"中译者注"区别来源。——译者注

着我，惦念着我。（1921-2-1）

（2/9）再说说您。您问是否能在保加利亚安身。这里的情况是这样：去年春天，第一波俄国学者（主要来自敖德萨）到来的时候，这里张开双臂欢迎他们。然而，很快就出现了失望。许多外地来的（provincial / провинциальные / de province）俄国教授毫无忌惮地把他们学圈的那些吵吵闹闹、耍阴谋诡计的传统带了过来，开始互相传瞎话、下绊子，总之就是像咱们的大学里见怪不怪的那样搞。保加利亚人不习惯这样的事，于是造成了很坏的印象。（1921-2-1）

（3/12-13）您未能正确理解我的《欧洲与人类》（Europe and Mankind / Европа и Человечество）的意义与主旨。……我所指出的……唯一可能的出路是：非罗曼-日耳曼民族的知识分子的世界观里的认知革命（revolution in consciousness / революция в сознании / revolution des consciences）。……这一认知革命之关键，是在由绝对主义向相对主义的转变中彻底抑制住向心性与离心性。阻挡罗曼-日耳曼文明的扩张势头，这是唯一可靠的障碍物。要明白，无论"我"还是其他任何人，都不是这地球的肚脐，一切民族和文化都是平等的，没有高低贵贱——这就是我的书想让读者了解的全部。（1921-3-7）

（3/17）下面说说您的书。[1]您在来信中对该书做的自我评价无疑是正确的。作为书，它不好，恐怕都不该出。作为思想，书里有很多有趣之处和真实之处。我们若暂且忽略它那糟糕的形式、混乱的表述、别扭的语言等等，我觉得内容上也有一处缺陷应注意：此书太过轻视审美标准了。普希金、民间文学、未来主义者——这一切是完全异质的价值，

---

[1] 指论赫列勃尼柯夫的书。——英译者注 // 该书书名是《最新俄语诗歌初探》（Новейшая русская поэзия. Набросок первый），1921年出版于布拉格。修订版全文收录于《雅柯布森选集》第5卷，299-354页，标题改为《最新俄语诗歌初探——赫列勃尼柯夫要略》（Новейшая русская поэзия. Набросок первый: Подступы к Хлебникову）。正是在该书中，雅柯布森首次使用了"音位"这个术语，指出"悦耳性不是通过语音发挥作用，而是通过音位发挥作用，也就是说，通过能够与意义相联系的声学印象来发挥作用。"（Jakobson 1921: 48）参见曲长亮（2015: 91-93）——中译者注

恰恰是因其全然不同的审美思路以及对诗歌的任务的不同看法（无论无意识的还是有意识的）。只注意到这些不同类型的诗歌里有相同的技法是不够的。（1921-3-7）

（9/38-39）我命运的转折，您显然已经知道了：我已接受维也纳大学斯拉夫学系的邀请，我正在一天天等待官方的任命。工作量很大，但工作条件非常好。近年我要教古斯拉夫语基础语法以及斯拉夫语史前简史。他们希望我以后教文学。我已在考虑，明年或可筹备一门俄国民间文学课，或者不开讲授课，而是主持关于19至20世纪俄国诗歌的研讨课。（1922-12-20）

（12/46）您想象不出我现在顶着的"莫诺马赫王冠"[①]有多重。我每星期要教5个小时的课，这些课到第7个学期才会有重复。也就是说，我得预先备3年的课，这些课涉及6种斯拉夫语言（除了斯洛文尼亚语、斯洛伐克语、卢萨语、波拉布语之外全都有了）及其最重要的文学。除此之外，我还要给博士生考试，审读他们的博士论文，审读那些准备申请教师资格的人（主要是些南斯拉夫人和捷克人）的著作，主持研讨课，还要来院系参加无数次院系会议。下半年，我已安排了3小时的俄语历史语法和2小时的教会斯拉夫语。（1923-2）

（14/49）我在这里已经教了5个星期了，目前为止一切顺利：听众很多，显然很感兴趣；语言上我已很熟练，有时甚至能脱稿授课了。但是，与这一切相伴的还有可怕的疲劳和不便。我直到现在仍没能在维也纳找到公寓，要花很多时间在巴登[②]和维也纳之间通勤，遇到哪天早上有课或晚上开会，根本无处就寝。另外，我们在巴登成功找到的新公寓特别小，

[①] 莫诺马赫王冠（шапка Мономаха），比喻工作任务。——英译者注 // 莫诺马赫（Vladimir II Monomakh / Владимир Всеволодович Мономах, 1053—1125），基辅罗斯大公，1113—1125年在位。据书信集法译本译者注，此处典故出自普希金戏剧《鲍里斯·戈都诺夫》（Борис Годунов, 1825）里主人公的台词："Ox, тяжела ты, шапка Мономаха!"（哦，莫诺马赫之冠，你可真重啊！）（Trubetzkoy 2006: 75n [a]）——中译者注

[②] 指维也纳附近的巴登（Baden bei Wien）。——英译者注

序二　信件中的尼古拉·谢尔盖耶维奇·特鲁别茨柯依　　xv

很不方便。想做点研究非常难。我基本只能做点眼前的活，连冬季学期的课都没开始备。写学术著作根本不敢想象。（1923-6-1）

（16/57）就在学期结束之前，我终于在维也纳成功找到了公寓。是真正的公寓，5间房，需要的东西里面都有，而且就在市中心，离学校走10分钟的路！我简直高兴到要疯了。（1923-7-18）

（19/61）现在，我全神专注于筹备一门关于捷克语史的课程。我一直在读格鲍厄①，一直在生气。的确，您说得没错：他真的一无是处。捷克语语音的整个历史简单而有逻辑，自身就把工作框架赋予了研究者。而格鲍厄完全没弄懂这历史中的要害，所以最重要的问题并未得到聚焦。这实在是丢人，因为他的著作体积庞大，看了之后却完全没用，以他的著作为基础，基本做不出什么来。（1924-8-18）

（22/74-75）马尔②的这篇文章超越了他迄今写过的所有东西。但是，很难用一篇书评"钉死"它。首先，这样的书评没有地方发；其次，我深信这样的书评不应由语言学家来写，而应由精神科医生来写。确实，对学界来说，不幸的是马尔疯得还不够，尚不足以关进精神病院，但是我觉得他疯了这件事本身是很清楚的。……甚至从形式来看，这篇文章都是典型的精神失常的人写的。可怕的是，大多数人还没有注意到这一点。（1924-11-6）

（23/79）雅克弗列夫我还没有联系过，因为我在等您给我他的新地址。我给他写了一封信，对马尔做了长篇而尖锐的批评，信已写好，就等着寄出去了。请告诉我他的地址。还要请您告诉我艾亨鲍姆和日尔蒙

---

①　格鲍厄（Jan Gebauer, 1838—1907），捷克学者。据 Trubetzkoy（1975）原注，此书指 3 卷本《捷克语历史语法》（Historická mluvnice jazyka českého, 1894—1909）。——中译者注

②　马尔（Nikolai Marr / Николай Яковлевич Марр, 1865—1934），苏联语言学家，格鲁吉亚人，所炮制的关于语言起源的"雅弗理论"（Japhetic theory）虽严重失实，却一度被苏联主流学界奉为真理，直至50年代受到斯大林的批判才跌落神坛。今已被公认为伪科学。据 Trubetzkoy（1975）原注，此处论及的文章指马尔 1924 年发表于《新东方》（Новый восток）第 5 卷的《论雅弗理论》（Об яфетической теории）。对马尔的评价，参见 Robins（2001: 234-235）。——中译者注

斯基^①的名、父名和地址，我想跟他们直接建立联系。……我觉得，虽有什克洛夫斯基和艾亨鲍姆的极端，但形式派方法总的来看仍是正面进展，我想让我的斯拉夫学学生掌握它（虽然有些地方我持保留意见）。他们十分无助，都在以佩平^②之类的精神开展工作。我得时不时向那些希望以各种民族作家来写博士论文的克罗地亚人、波兰人、加利西亚人解释，作家作为作家和作家作为以这样或那样的方式来思考、来感触的个人有何区别。但是，他们大多数人却不懂得这一区别，写出来的不是作家如何写作品，而是作家描写了或是想要描写哪些社会关系和民族关系。我相信，应该先让这些人写点论某位俄国作家的形式派研究，之后再让他们按类似的思路写他们感兴趣的民族作家。（1925-1-15）

（26/85）去年夏天以来，我完全在忙于文学，因为我在教一门俄国文学史课程。语言学我完全没在做。（1926-2-18）

（27/92）由于我去年的俄国文学课，以及之前提到的关于俄语文学语言的文章，我对乌克兰文学传统和俄罗斯文学传统的关系问题思考了很多，得出了些很有意思的结论。……后彼得大帝时期的俄国文学不是大俄罗斯（莫斯科）文学的有机延续，而是西俄罗斯^③（以基辅为主）的前彼得大帝时期的文学的有机延续（organic extension / органическое продолжение / continuation organique）。与之类似的现象在绘画史、音乐史、教会建筑史以及教会仪式史中皆可观察到。总体来看，可称之为17世纪末、18世纪初大俄罗斯整个精神文化的"乌克兰化"（Ukainization /

---

① 艾亨鲍姆（Boris Eikhenbaum / Борис Михайлович Эйхенбаум, 1886—1959）、日尔蒙斯基（Viktor Zhirmunsky / Виктор Максимович Жирмунский, 1891—1971）以及下文的什克洛夫斯基（Viktor Shklovsky / Виктор Борисович Шкловский, 1893—1984）都是苏联文学评论家，三人皆为俄国形式派（Russian Formalism）的代表人物。Steiner (2016) ——中译者注

② 佩平（Alexander Pypin / Александр Николаевич Пыпин, 1833—1904），俄国学者，文学史专家。佩平是俄国形式派的反对对象之一。——中译者注

③ 以"大俄罗斯"（великорусский）指称与俄罗斯相关事物，以"小俄罗斯"（малороссийский）、"西俄罗斯"（западнорусский）指称与乌克兰相关事物，是沙俄时代的话语现象，十月革命后逐渐退出历史舞台。如此处所示，这类词汇（及思想）有时仍出现于旧俄国遗老遗少的笔下。——中译者注

序二　信件中的尼古拉·谢尔盖耶维奇·特鲁别茨柯依　xvii

украинизации / ukrainisation）。（1926-9-19）

（28/93）能开一次语文学大会极具诱惑力。但是最重要的一点您没有写：——什么时候啊？……关于签证之事，我是奥地利公职人员，费用非常低——差不多一先令吧——所以没必要费劲为我申请免签证费了。非常感谢您热情地邀我住您家，但我觉得那会给您带来不便。我现在经济条件相对好些了，可以在您家附近住宾馆（当然，别太贵）。（1926-10-4）

（30/96-98）语言史里有许多东西看似偶然，但历史学家却无权压制这一点：语言史的基本线条若是做些细致的逻辑思考，总能显示出些非偶然性，因此，单独的细节也可以是非偶然的。关键的一点，是抓住意义（meaning / смысл / sens）。语言演化中的有意义性（meaningfulness / осмысленность / ... ait un sens）直接源于"语言是个系统"（language is a system / язык есть система / langue est un système）这一事实。……如果索绪尔不敢从他的"语言是个系统"这一论断中得出逻辑上的结论，主要是因为这样的结论不仅与语言史方面广为接受的思想相冲突，而且与广义上的历史方面广为接受的思想相冲突。毕竟，历史中唯一认可意义之处，只是那声名狼藉的"进步"（progress / прогресс / progrès）之概念，这概念是想象出来的，其内部就有矛盾，因而把"意义"贬成了"无意义"（nonsense / бессмыслице / non-sens）①。……以语言演化的内在逻辑为导向的细致的语言研究表明，这样的逻辑是存在的，并且可以构建起诸多独立于"文明"等非语言学因素之外的纯语言学定律。不过，这些定律当然无法告诉大家何为"进步"何为"衰退"——因此，在广义的历史学家（以及更广义的一切演化论者、民族学家、动物学家等都算上）的眼里，这些定律并未包含演化定律的基本"成分"。……演化科学作为方法论已很衰败，如今，"当前的任务"正是为各门科学

---

① 俄语 бессмыслица 由否定前缀 бес- + смысл（意义）+ 指小后缀 -ица 构成，与英语 nonsense 一样有"荒唐、胡说"之义。——中译者注

修正方法论。对此做归纳的时机尚未到来。但是与此同时，文化的不同侧面的演化中无疑存在某种平行，因而也存在某种规则性，来决定这样的平行。……所有这些都同样适用于语言。例如，我主观直觉上很明显觉得，捷克语的总体声学印象和捷克人的心理（甚至心理-生理）外观（即"民族特征"）之间存在某种内在联系。这是种非理性的印象，但谁知道这背后是否潜藏着对某种理性法则的预感呢？……只是这问题不应由语言学来解决，而应由另一门科学来解决，或可称之为"民族哲学"（ethnosophy / этнософия / ethnosophie）吧……（1926-12-22）

（30/100）从布拉格回来之后，我准备开始写了，但我只写了16页[①]……一直有这样那样的事害我分心，而这样的工作需要专心。我本来指望圣诞节假期，但又感觉难受去看了医生：检查结果显示，我的高血压又犯了（160），医生建议我假期什么也别做，去乡下休养。（1926-12-22）

（31/104-105）我现在忙着给《斯拉夫语》(Slavia)写一篇关于《共同斯拉夫语》(Le slave commun)[②]的书评。但是，开始写了我才发现这是项极伤脑筋、极为棘手的工作。毕竟，这得责备人，可我又不想责备人。现在这事格外难，大家会把这看作对上一期《述评》的报复。[③]但是，我不想责备梅耶（因为他毕竟是我们时代最伟大的语言学家），而且我还有私人考量（很大程度上是他把我介绍给了大家）。我得通篇写满溢美之词，对许多东西假装看不见。（1927-1-12）

（38/114）我"很开心"地读了萨丕尔的文章[④]：里面没有目的论，完

[①] 该书是一部关于斯拉夫语史前史的著作，始终未能完成。——中译者注
[②] 此书是由梅耶所写。——英译者注
[③]《述评》指梅耶和布瓦耶（Paul Boyer, 1864—1949）主编的《斯拉夫研究述评》(Revue des études slaves)，该刊1926年出版的第6卷里刊载了波兰语言学家尼奇（Kazimierz Nitsch, 1874—1958）的《共同斯拉夫语第二次腭化的性质和年表》(Nature et chronologie de la seconde palatalisation en slave commun)和雷尔-斯普瓦文斯基（Tadeusz Lehr-Spławiński, 1891—1965）的《列希特语言的鼻化元音》(Les voyelles nasales dans les langues léchites)，两文分别是对 Trubetzkoy（1925a）和 Trubetzkoy（1925b）的回应和评论。——中译者注
[④] 指《语言的语音模式》(Sound Shape of Language)，载《语言》，1925。——英译者注 // 英语原文重印于 Qu（2019: 135-153），中译文见萨丕尔（2011），许宏晨译。——中译者注

全没有语言史立场（唯一一处有此暗示的地方完全不成功），但是却有表述得非常精妙的音位理论和音系系统。非常值得一读。（1928年初）

（44/121）我那篇论元音系统的文章①，请务必以德文发表。如果以法文发表会给我造成麻烦。其实，我这边有些人对我这个奥地利教授用法文写东西颇为不满。当然，这事总的来说没那么严重，我在系里朋友也够多，但是这个时间点（冬季新学期初）让我堵堵那些不满的人的嘴也挺重要的……见面时我详细跟您说……（1929-4-16）

（46/130-131）我没读过沃洛希诺夫的书②，您对该书的叙述很有意思。……很遗憾，必须承认，这种"文化历史"倾向存在于当今的俄国语言学家当中，而我们的"结构主义"语言学在那里完全不占主导。例如，雅克弗列夫备受文化历史倾向的诱惑，很可能迟早会被这一倾向征服，而不是被结构主义倾向征服。……最终，人们往往开始相信那些违心宣传。总之，图景非常灰暗。（1929-5-1）

（48/136）真希望我的健康状况能好起来。我依照索菲亚·尼古拉耶夫娜③的建议拍了下颌X光片，诊断出骨头里确实有问题（叫"牙根吸收"还是什么），明显是有颗坏牙齿造成的。现在这颗牙已经拔出来了，但情况没怎么改观，有时还发烧。可能得更彻底地手术了。这事够无聊，而且更重要的是降低了工作产出。（1929-6-24）

（55/148）我给德·赫罗特、萨默菲尔特④和萨丕尔写了信，目前为止只有德·赫罗特回信了，说他还没有收到小组文集，让我把出版社地址给他，这样他就能买了。显然，大家都还没收到小组文集。问问这事，

---

① 即 Trubetzkoy（1929a）。——中译者注
② 指《马克思主义与语言哲学》(Марксизм и философия языка)。——英译者注 // 沃洛希诺夫（Valentin Voloshinov / Валентин Николаевич Волошинов, 1895—1936），苏联语言学家。——中译者注
③ 雅柯布森第一任妻子，医生。1935年两人离婚。——中译者注
④ 德·赫罗特（Albert Willem de Groot, 1892—1963），荷兰实验语言学家。萨默菲尔特（Alf Sommerfelt, 1892—1965），挪威语言学家，凯尔特语专家，6卷本《挪威国语大词典》（Norsk Riksmålsordbok）主编之一。——中译者注

让马泰修斯或是别的负责人尽快把小组文集寄出去。毕竟，及时，一切才好。（1929-11-2）

（59/157）萨丕尔寄来一封长信，热情洋溢地评述了《布拉格语言学小组文集》第1卷，还对我的元音理论做了些有意思的评论。在俄罗斯也有人对咱们的研究有兴趣，但不是每个有兴趣的人手里都有小组文集。（1930-4-24）

（60/158）最近这段时间，维也纳出现了对音系学的兴趣。心理学家卡尔·比勒对此格外感兴趣！比勒，我要是没弄错的话……，在现代心理学方面相当有名。我了解到他对语言心理学有兴趣，就给他寄去了我那篇论元音系统的文章的单印本。他极其喜欢这篇文章，在自己的课上详细谈论它，还在奥地利语音学会的会议上宣讲了这个问题。咱俩应当抓紧时间见个面，聊聊这事。目前为止咱俩只交流过几句。他指出我应当把我的心理学理论基础换掉，因为关联主义在心理学界已过时。他认为这不影响语言学方面。目前我在读他的《心理学的危机》（*Die Krise der Psychologie*）这本书来了解一下情况。（1930-5-27）

（61/159）6月3日星期二，维也纳科学院的会议上，我当选科学院常任院士。我非常高兴。（1930-6-8）

（67/174-175）雅格迪奇[①]从莫斯科回来，极为沮丧。带回的消息沉重而凄凉。最可怕的事情，是消灭知识分子受到最广大群众的欢迎，简直成了人人热心帮忙的"共同事业"。与知识分子一同被消灭的还有整个精神文化，各个领域皆出现了全然野蛮之事，而且这野蛮是自发的，也就是说，是本性上的，而不是人工制造的。……这样的文化要取得胜利，要统治全世界，因为这是历史逻辑。他们那里，人人都知道要的是什么；而我们这里，却谁也不知道。（1930-10-3）

（71/186）会议[②]财务方面是什么情况？我承认，不仅切尔马克和普

[①] 雅格迪奇（Rudolf Jagoditsch, 1892—1976），奥地利斯拉夫学家，特鲁别茨柯依弟子。——中译者注

[②] 指布拉格国际音系学会议。——英译者注

法尔茨，我也一样，非常期待铁路打折。奥地利的危机非常可怕。由于动荡的政治局势，各行各业全面停滞，有些资金已外逃。反正，谁都没钱。（1930-11-20）

（74/191）我完全偶见地发现了一本奇妙的书：J. 温特勒的《克拉鲁斯州的克伦茨方言——基本特征之描述》(*Die Kerenzer Mundart des Kantons Glarus, in ihren Grundzügen dargestellt*)，莱比锡和海德堡的C. F. 温特什出版社（C. F. Winter'sche Verlagshandlung）1876年出版。这本书就其时代而言真是奇书。该书中，音的语音学特征和音在系统中的地位区别得非常清楚。生理上可发出的音和某一具体语言里真正用于语义区别的音得到了严格的区分。总之，该书一直在围着音系学边缘走来走去，其术语"得到动态使用的"（dynamisch verwendet）跟咱们的"音系性的""对音系学至关重要的"完全相符。（1931-1-28）

（79/198-199）就在复活节假期之前，我在语言学学会（Sprachwissenschaftliche Gesellschaft）做了一场关于音系学的报告，非常成功。大家显示出很大热情，讨论得也极为热烈。吕克[①]非常热情地谈起了历史音系学，给出了许多英语的例子（虽然不是所有的例子都很贴切）。他谈了很多，尤其谈到对音系学理论的了解使他心安理得了，因为他以前也曾想到过对语音现象进行目的论解释，但却竭力打消了这念头，认为这不科学，如今他认识到那不过是种偏见。还有人提到，音系学重新引入了"纸之语文学和耳之语文学的对立"（Papierphilologie vis-à-vis Ohrenphilologie），这一点非常有价值，因为对"纸之语文学"的偏见性漠视常让研究者无法得出应有的结论和归纳。我觉得，这一论断，以及吕克的话，都向我们表明了一个意外的事实：我们有时得到了非常老的那代语言学家的认可。（1931-4-6）

（87/210）我担心参加日内瓦大会的人可能不会像海牙大会那么多。

[①] 吕克（Karl Luick, 1865—1935），奥地利语言学家，英语学者，著有《英语语音史研究》(*Untersuchungen zur englischen Lautgeschichte*, 1896)、两卷本《英语历史语法》(*Historische Grammatik der englischen Sprache*, 1921)等。——中译者注

经济危机使很多人无法旅行，而且这时间点选得不好，——得中断假期呢。（1931-7-5）

（88/212）庄稼通常三年轮耕一次，我下学期又得教文学了。我想增加点收入，所以宣布开一门课，不多不少专门研究陀思妥耶夫斯基！整个夏天和秋天我都要只忙这一件事了。语言学现在得收起来一阵子了！非常无聊。但您别骂。这样的停歇有时能给我带来好结果。我最近开始觉得在语言学方面僵住了，好久没有新想法了。（您可能会说，是天太热了，到学年末了……）（1931-7-13）

（93/221）布拉格方面给我寄来了《文集》第4卷的印刷费账单。总共40克朗。奥地利这边现在对外汇汇兑有各种限制，很麻烦。所以，我想这样：P. N. 萨维茨基欠我30克朗，让他向印刷厂付款吧，您再帮我添10克朗，我下次跟您见面时还您。（1931-11月第1周）

（93/226）阿姆斯特丹的大会，我越来越倾向于认为应延期。因为危机，很难聚起足够多的人了。例如，每年一度的"德国语文学家日"（deutscher Philologentag）已被取消。我个人也很可能无法得到旅费。工资降了（比如这个月降了10%），学术差旅费已从部里的预算中删除。总之，一片恐慌。（1931-11月第1周）

（95/231）最近，我读了一些美国的原住民语言研究。我发现美国的美洲语学家把语音系统描写得非常完美（至少我已读完的鲍阿斯、斯文顿、迪克森、萨丕尔、布龙菲尔德①皆如此），他们所做的描写，提供了刻画具体语言的音系特征所需的所有关键点。（连语素内部位置和语素界

---

① 据 Trubetzkoy（1975）原注，这些著作包括鲍阿斯（Franz Boas, 1858—1942）主编的两卷《美洲印第安语手册》（*Handbook of American Indian Languages*, 1911, 1922）中的描写，以及布龙菲尔德（Leonard Bloomfield, 1887—1949）对福克斯语（Fox）和中部阿尔贡金语（Central Algonquian）的描写。（Trubetzkoy 1975: 231n）此处提及的几位美国语言学家在《美洲印第安语手册》中的分工为：鲍阿斯，齐姆仙语（Tsimshian）、夸扣特尔语（Kwakiutl）、奇努克语（Chinook）；斯旺顿（John Reed Swanton, 1873—1958），特林吉特语（Tlingit）、海达语（Haida）；鲍阿斯、斯旺顿合著，苏语（Siouan）；迪克森（Roland Burrage Dixon, 1875—1934），麦都语（Maidu）；萨丕尔（Edward Sapir, 1884—1939），塔克尔马语（Takelma）。——中译者注

序二 信件中的尼古拉·谢尔盖耶维奇·特鲁别茨柯依　　xxiii

位置之间各自允许哪些元音都列举出来了！）（1931-12-20左右）

（98/241）为了找灵感，我重读了索绪尔，我必须说，第二次读他，他给我留下的印象弱了很多。总体来看，书里有价值的东西相对少了，大多是一堆陈旧的破烂（old trash / старый хлам / vieilleries）。而且有价值的东西太过抽象，很不具体。这成了他的弟子们的研究导向。总而言之，他们对系统高谈阔论，却又没人能把某一活语言的系统描写出来（卡尔采夫斯基的《俄语动词系统》[Système de verb russe]除外），连法语也没描写过。（1932-5-17）

（99/243）我急着告诉您，凡·希尼肯[①]今天给我寄来一封信通知我，将为我寄来维也纳至阿姆斯特丹的双人二等车厢往返票，我在阿姆斯特丹的全部开销将由大会委员会承担。——所以，我要去了！——我们要谈很多事情。（1932-5-25）

（106/250）凡·希尼肯的生物学是一派胡言[②]，但是仍有一些可供思考的事实。首先，很明显，音系统计的方面值得我们好好注意，这之中显然也有些结构法则。其次，我们应该熟悉一下生物学。这因果关系不充分，也难以证明，但是生物学的演化定律和语言学的演化定律之间存在可比性是可能的。（1932-8-4）

（107/251）我用一封封信对您狂轰滥炸，您都来不及回了吧。这是因为我在这里[③]不仅没人聊学术，连天气都没人聊。这里的人很沉闷，很

[①] 凡·希尼肯（Jacobus van Ginneken, 1877—1945），荷兰语言学家，主张以共时的心理学视角研究语言，代表著作是《心理语言学原理》（*Grondbeginselen der psychologische taalwetenschap*，荷兰文两卷本，1904-1906; *Principes de linguistique psychologique*，法文单卷本，1907）。希尼肯是两次世界大战间多场国际语言学活动的组织者，是布拉格学派的重要支持者。——中译者注

[②] 据Trubetzkoy（1975: 250n3），指希尼肯在阿姆斯特丹第1届语音科学国际大会上宣读的《地中海族群的唇音化趋势与阿尔卑斯族群的咽音化趋势》（*La tendance labiale de la race méditerranéenne et la tendance laryngale de la race alpine*）一文。——中译者注

[③] 维也纳附近苏尔茨斯坦高（Sulz-Stangau）的疗养院。——英译者注

没意思。我其实除了"早安""你好""用餐愉快""晚上好"之外什么话都说不上。这里很健康（我在这里觉得比在阿姆斯特丹好太多了），但也很无聊。（1932-8-12）

（112/265）我的健康最近又恶化了。我已卧床10天了。现在，心脏问题逐渐好了，但是由于接受的各种治疗和注射，我的胃完全受不了了，开始顽固抵制治疗。人啊，长这么多器官真是麻烦……（1932-11-30）

（115/274）再说说一些实际的事和组织方面的事。关于咱俩的音系学书的写作语种，我想重申跟您说过的话。用俄文出这本书，就相当于葬送了国际音系学。这本书的全部目的，就是能给各种语言的描写树立典范。俄文写的书，在俄国和斯拉夫国家之外没人会去读。（就算有摘要也没用。）（1933-5-10）

（116/278）您有机会看到过我的抑郁状态，您走之后这抑郁状态又加重了，最终成了神经衰弱症（neurasthenia / неврастенией / neurasthénie），需要向精神科医生寻求帮助了。我现在已接受了几个星期的治疗，似乎已开始好转了。我从跟医生的谈话中了解到很多关于自己的有趣事情，了解到医学尤其是精神科当今的情况。（跟语言学有些可比性。）目前，我做学术工作更困难些了，因为需要做自我观察。但医生跟我说，治疗的第一阶段这是不可避免的，很快就会过去。（1933-6-10）

（125/292）萨默菲尔特来信说，国际联盟下设的一个关注流亡知识工作者（国籍不限）的机构向挪威询问愿意接纳多少名此类人士，挪威原则上接受了他们的方案。萨默菲尔特问是否有可能把波利万诺夫弄出俄国，给他个移民身份。如果可行，他（萨默菲尔特）或可在挪威或斯堪的纳维亚给他找个地方。回信说说这事您怎么想（快回）。我得答复他。（1933-11-15）

（126/293）做难民让我们学会了"正是去图拉，才要带好自己的茶炊"（в Туду-то и надо со своим самоваром ездить）①，换言之，移民在巴黎应该开时装店、夜总会，在慕尼黑要开酒吧，等等。同样道理，俄国的斯拉夫学家在斯拉夫国家过得最好。在其他国家，除我之外没有哪个斯拉夫学家安下家了。但我这个特例验证的也是刚才那条原则。我安下家不是因为我是斯拉夫学家（获得任命那会儿我根本就不是），而是因为我是亲王——维也纳就是这样，在这里他们自己的亲王也是一毛钱至少12个！（1933-12-5）

（130/299）好久没给您写信了！在伦敦一切都好。我没看到任何严格意义上的语言学家。他们似乎不存在。带着半孩童般的好奇心来研究语言现象的人倒是有……他们喜欢以此为乐。他们大多数人会多种语言。这样的人很多，但是真正的语言学家，似乎没有。音系学在这些圈子里，是作为一种奇物（curiosity / куриозная штука / objet de curiosité）而成功的。他们都对两个明显不同的音在某一语言里可视为同一音位之事实感到极为有趣。但也只到此为止了。我对弗思（Firth）印象最深。但他那本关于语言学"功能"概念的小册子②表明，他根本没有理解那些基本问题。（他们把我们等同于索绪尔学派，这可真让人伤心；此外，英国人对我们的评价不仅基于《文集》第1、2、4卷，而且还基于第3卷③，我其实并没看过那一卷。）总体来说，琼斯（Jones）及其圈子对我们的看法

---

① 有"入乡随俗"（in Rome do what the Romans do）之义。——英译者注 // 戏仿俄语谚语"В Тулу со своим самоваром не ездят"（去图拉，不自带茶炊），茶炊（samovar / самовар）即底部自带加热炉的金属茶壶，俄城市图拉（Tula / Тула）以盛产茶炊闻名，此谚语意即不要做多此一举之事（参见 Gluski 1971: 90）；此处经特鲁别茨柯依"篡改"之后，表示不怕做（甚至必须做）与本地传统相重复之事。——中译者注

② 据 Trubetzkoy（1975）原注，指弗思的《语言学与功能观点》（Linguistics and the Functional Point of View, 1934）。（Trubetzkoy 1975: 299n1）但弗思的这一著作实际上只是一篇论文。——中译者注

③ 《布拉格语言学小组文集》第3卷即特伦卡的专著《论英语动词的句法——从卡克斯顿到德莱顿》（On the Syntax of the English Verb from Caxton to Dryden, 1930），这本关于英语语法史的著作不在布拉格学派这一时期音系学构建工作的主线索之内，但引起英国学者的兴趣显然并不意外。——中译者注

极其正面。但我仍重申,他们并不是我们习惯上所理解的"语言学家"。(1934-5)

(137/313)要记住我们是如何走到今天的。印刷机曾经跟不上我们的速度:我们的每篇著作,印出来就过时了(至少对我们自己来说是这样),一个构想让位给另一个构想。这,就是典型的青春创造力。而今,这样的事可能不会再发生了。已有的东西将会持久,也不必经常重构了。它不再是高产的创造力之泉,而将成为平稳的水流,但这水流强大而宽阔。起初会有些尴尬。但那又怎样?似乎青春已走,老年已到,但重要的是,位于青春与老年之间的,是成熟。泉眼与死水之间,是平稳而流畅的溪流。必须习惯这想法,一切都会好。(1935-1-25)

(138/322-323)关于《词与文学》(Slovo a slovesnost),我当然得看到第1期才能做评价(我重申,谁也没有"错误地"向我"谈起"它,……我的判断只是源于麦兰特里哈[①]的宣传册)。或许这刊物确有需求,或许语言学应变成应用科学。但不管怎样,这方面对我来说很陌生,我觉得这两类学者之间有区别。不是每位数学家都当得了好的工程师。数学家离开工程师仍能做事,但工程师离开数学家却做不成事。由于当前的"危机",当局开始撤销一些与实际生活需求无明显关联的科系。从这层意义来看,我们现在还真可以说数学家某种程度上要依赖工程师,即在物质上依赖他们,如果他这门科学不为工程师所需,他就无处领薪水了。因此,对每位"纯"学者来说,是实用价值在让他证明自己跟生活有关联。不过,沉溺于这种联系是危险的,作为实践者可能被取代,但作为理论家就不会。(1935-2-21)

(140/326-328)《词与文学》我昨天读过了(在我学生的帮助下)。总体上,印象不错。不过,离完美当然还差很远。实际上,语言学的东西相对较少,更多的是"语言学周边"(about linguistics / вокруг лингвистики / autour de la linguistique)的东西。……所以,总结一下,

---

① 麦兰特里哈(Melantricha),出版《词与文学》的出版公司名。——中译者注

应当承认，这刊物是面向各式各样的外地读者的，平庸而平淡的东西难免多于有趣而有价值的东西，因此，这刊物似乎降低了小组工作的层次。如果说可以祝贺捷克语读者，那么对小组来说可没什么好祝贺的。您自己需对这方面保持警觉。您创建了小组，可以说您创造了奇迹：您把外地的平凡人培养成了具有宽阔视野和高层次需求的研究者。但是很自然，这样的东西并不是每一位外地研究者皆亟需的东西，他们想要点自己的东西。所以，您要警惕，不要让《词与文学》变成小组外地化的动力。（1935-3-14）

（141/332-333）……我对英国人非常满意。最近读了几篇英国人对各种奇特语言（exotic languages / экзотические языки / langues exotiques）的语音系统的描写，觉得怎样赞美都不过分。的确，理论他们并没有。但是从实践来看，他们不失水准，这样的描写要想"翻译成音系学的语言"毫无困难。这一切皆因英国人（东方学家以及"奇特语言专家"）没有强大的新语法学派传统和历史主义传统。总之，好遗憾，假如我们在英美，对全世界语言做音系描写可能已经实现了……（1935-3-30）

（149/341）昨天回到家了，现在第一件事是向您说说我对大会[①]的印象。主观印象：没劲（fed up / надоело / par-dessus la tête），一切照旧，还是那些人，说的也还是那些东西。当然了，这非常主观。我不清楚其他人是不是都有这感觉。但似乎可以肯定地说，别聚得这么频了。（1935-8-3, 4）

（149/345-346）音系学的几位公开的敌人这次没有出席，确切说，多洛舍夫斯基摔断了腿不能来。这次的敌人某种程度来看应该说是叶尔姆斯列夫。他的倾向与多洛舍夫斯基完全相反。我有种印象，叶尔姆斯列夫想要"超越"我们。他的"音位学"（phonematics）旨在从语音功能的角度研究音位，和音位的实现形式无任何关系。由此，他把所有系统

[①] 指1935年7月22日至26日在伦敦召开的第2届语音科学国际大会。——中译者注

性的东西都摒弃了。例如，谈论浊声相关关系已不具可能，因为浊音性是一种以某一实现形式为前提的声学概念。音位仅按其功能来分类：如俄语中存在无法位于词末的音位（浊阻塞音）和可以位于该位置的音位（所有其他的音），等等。我觉得，因为这一倾向并不希望充当音系学的一部分，而是希望成为独立的科学，所以不会吸引任何人的。（1935-8-3, 4）

（162/364-365）筹备中的那卷《文集》的标题必须请法语母语者帮忙确定一下。新词这东西，咱们外国人不能造——法国人永远讨厌这种事。所以，我倾向用 structurale（结构的）——这个词无疑已存在（而 structuraliste [结构主义的]似乎不存在）。不过，您当然需要问问真正的法国人（或者至少问问布隆达尔[Brøndal][①]，他对快件的回复非常快）。无论如何，千万不能写 Études de linguistique structual(ist)es：[②] 要么写 Études structual(ist)es de linguistique，要么写 Études de linguistique structual(ist)e。其实，何苦一定需要这样的标题？我觉得读者应自行判断这卷里的所有文章依何而集结。如果他有不同看法，或者说如果并不是所有文章里都有结构主义，那么这标题加得不仅无益，而且还相当有害。（1936-8-11）

（164/368）我22号（星期六）到您那，同一趟火车，同一时间（就是2点多从维也纳出发那趟）。我没见到哈夫拉奈克，不知他去了哪里。如果您见到他，请告诉他我在哥本哈根就指望着他给的1000克朗了。（我的钱足够去到哥本哈根，但到了之后无钱住下。）还有，那笔钱全是捷克克朗还是一半克朗一半别的无所谓。但一定要通知到哈夫拉奈克，不然我真要身无分文坐路边了。（1936-8-17）

[①] 布隆达尔（Viggo Brøndal, 1887—1942），丹麦语言学家，罗曼语专家。——中译者注
[②] 此处的 structual(ist)es（结构［主义］的）为阴性复数，与被修饰的阴性复数名词 études（研究）距离太远，因而在法语语法中被视为不可接受。后面两例中无此问题，因而合乎语法。这期刊物（《布拉格语言学小组文集》第6卷）出版时最终使用的标题是 Études dédiées au quatrième congrès de linguists（《献给第4届语言学家大会的研究》），回避了这个问题。注意此刊不是第4届国际语言学家大会（哥本哈根）的会议文集。——中译者注

序二　信件中的尼古拉·谢尔盖耶维奇·特鲁别茨柯依　　xxix

（167/371）总的来说，我对大会①非常满意。我真正满意的其实不是大会本身，而是它的氛围。在维也纳让我十分抑郁、无法工作的那种孤独感开始消散了。我发现，咱们的人真多。我都不知道这情况为什么会突然"出现"；毕竟，我只是粗略知道谁在哪国，但从没认真琢磨过这事，然后这情况就突然"出现"了。罗马之后，这可真是飞跃啊。此外，还出现了世代交替。世代这东西，永远在飞驰。在哥本哈根，我第一次发现，我们不仅占据了某种发号施令的位置，而且身后还有年轻人，研习了我们的著作，并能独立地开展工作。（1936-9-26）

（167/372）我来布拉格的时间仍然很难定下来。课我还没开始上（后天才开始），不知道今年的情况会是什么样。千万别让庄严的周年庆因我哪天到受到影响。至于我的行程的财务方面，您说过小组将支付旅费，但您依靠的应该就是曾经资助小组成员去哥本哈根的那位赞助人吧？②现在货币一次次贬值，富人开始紧张了，都在省钱。您确定这笔资助还拿得到吗？毕竟，以我自己的财力我是无力前往的。（1936-9-26）

（168/376）您给我寄来的波利万诺夫的文章，和他最近写的所有东西一样并不完善，除了有意思的思想之外，也有重大错误。我该怎么办呢？毕竟，如今在苏联，在外国发表东西被视为破坏行为、托洛茨基主义。总之，很遗憾，但我们必须承认波利万诺夫未达到预期。除了使苏联语文学家受到普遍影响的与世界学术界脱钩之外，他显然也因用药而导致身体不适。（1936-11-2）

（174/385）前几天我收到一本从捷克斯洛伐克收到一本很大的书，寄件人是某家出版社。我被要求支付非常高额的关税；首先，这是非法的，因为教授无须为国外寄来的书支付关税，其二，此事刚好发生于月底，我根本没有结余。简言之，我拒绝付费，邮差拒绝把书留下，书被退回寄件人了。我连包装都没能打开，也看不到里面是什么书。我担心

---

① 指1936年8月27日至9月1日在哥本哈根举行的第4届国际语言学家大会。下文"罗马"指1933年9月19日至26日在罗马举行的第3届国际语言学家大会。——中译者注

② 此赞助人是米拉达·索契柯娃（Milada Součková）。——英译者注

是哈弗拉奈克的书。如果真是，烦请向他解释事情原委，并请他再寄一次（我现在已经从校长那里要了一份官方文件，上面写着我作为教授，收国外的书是免关税的）。（1937-2-5）

（183/396）现在，我住在布尔根兰一家小型疗养院的别墅里，来这里疗养的主要是些色彩十分鲜明的哈西德派人士①（Hasids / хасиды / Juifs hassidiques）。花园里听到的依地语比德语多，而疗养院内部几乎所有的饭店、咖啡厅、客房提供的都是犹太餐。不过，只要一走出疗养院的地界，您就会看到三分之一的石头上、树上都刻着或画着纳粹党徽。（1937-8-2）

（185/399）夏天过得很糟，我住的疗养院对我的健康也很不合适，以至于我一回到维也纳，就检测出心脏超负荷，只好卧床了。医生承诺说几天就好了，月底我去布尔诺没问题。希望他的预言能实现。（1937-9-20）

（195/423）我健康在渐渐好转，但这过程很慢。我已出院，但在家里还要再卧床4至5周，逐渐才能坐起来。这之后才能习惯走路之类。总之，医院的医师助理认为，如果不出现并发症，我十月底就能完全恢复。很难想象这完全恢复是什么意思。同时，今后的一切都还指望着这完全恢复。如果到了十月我还这么残废，无法全力工作，就辞职算了，退休去外地找个地方过。我不想无力工作却要占着个教授位置。如果到了十月我又能工作了，像1936年那样工作，就可以考虑今后的各种可能了。（1938-4月初）

（196/425）我的健康再次恶化，肺部出现了"栓塞"，我就又住院了。现在烧已经退了，"栓塞"在溶解，但我仍得一动不动躺在床上，不许坐起来。这一切何时结束不清楚。医生们一如既往地乐观……最近收到了根特语音学大会的日程，您的任务可不轻松啊。敌人多，同盟者不仅少而且越来越不可靠。我主要担心的是特伦卡——看在上帝的分上让

---

① 哈西德派（Hasidean），犹太保守派别。哈西德（hasid, חסיד）是希伯来语"虔诚者"之义。——中译者注

序二　信件中的尼古拉·谢尔盖耶维奇·特鲁别茨柯依　　xxxi

他冷静冷静，要不惜一切代价阻止他宣读那篇论文。那篇论文已在《现代语文学学报》(*Časopis pro moderní filologii*)上以捷克文发表，但没人会去读，不过一旦翻译成英文，将成为国际丑闻。他最终会使"布拉格学派"和整个音系学方向名誉受损。他的英语音系学以及他对叶斯柏森的不知分寸地的攻击，已经给我们找了够多麻烦。[①]（1938-5-9）

（196/426）我总算写完了给巴依的集子写的文章[②]，已经寄出去了。

[①] 叶斯柏森通过对中古英语及早期现代英语重音的研究，发现了英语擦音演化中与维尔纳定律相似的过程（参见曲长亮2023: 175-179）。他先后在《英语格研究》(*Studier over engelske kasus*, 1891) 和《语音与拼写》(*Sounds and Spellings*, 1909) 两部著作中展示了这一发现（详见 Jespersen 1891: 170-217, 1909: 199-208）。1935年，特伦卡在捷克科学院《现代语文学学报》上发表了《维尔纳定律适用于现代英语吗？》(Je prokázán Vernerův zákon pro novou angličtinu?)，对问题做出了否定的回答。由于此文以捷克文撰写，并未引起太多注意。但特伦卡以此为基础，在伦敦第2届语音科学国际大会上宣读了《论英语擦音的音系性演变》(On the Phonological Development of Spirants in English)，重申了对叶斯柏森的否定，认为"他[叶斯柏森]的理论从语音学视角可能无法否定，但如果我们尝试从英语擦音的音系学演变角度对其加以证实，会发现这是极不可能的"（Trnka 1936: 60）。对此，叶斯柏森撰《英语擦音的浊化》(Voicing of Spirants in English) 一文回应，表示无法理解"语音学视角和音系学视角之差异，何以大到能让同一音变从一方来看是极可能的，从另一方来看却是极不可能的"（Jespersen 1937: 69）；他同时指出特伦卡未能看到他在《英语的浊擦音与清擦音》(Voiced and Voiceless Fricatives in English, 1933) 中对这一问题的最新完善，尤其未能看到《维尔纳定律与重音的本质》(Verners Gesetz und das Wesen des Akzents, 1933) 里通过多种语言的语料呈现出的问题全貌。然而，特伦卡未被说服，打算在根特第3届语音科学国际大会上与叶斯柏森继续论战，此处特鲁别茨柯依担心的正是此事可能引发的负面效果。特伦卡一定程度上接受了特鲁别茨柯依和雅柯布森的建议，会上改以《论音位的组合变体与中和》(On the Combinatory Variants and Neutralization of Phonemes) 为题发言，虽也涉及前述问题，但未对叶斯柏森直接攻击。与叶斯柏森继续争鸣的《英语擦音的音位演变》(The Phonemic Development of Spirants in English, 1938) 一文，改发表在《英语研究》(*English Studies*) 上。叶斯柏森《英语的浊擦音与清擦音》和《维尔纳定律与重音的本质》两文的原文收于《语言学文集——用英、法、德语撰写的论文选》(*Linguistica: Selected Papers in English, French and German*, 1933)，中译文见曲长亮（2023: 417-464, 465-486）。特伦卡《维尔纳定律适用于现代英语吗？》的英译文，见 Trnka（1982: 210-218），弗里德（Vilém Fried, 1915—1987）译。——中译者注

[②] 特鲁别茨柯依为《献给夏尔·巴依的语言学文集》(*Mélanges de linguistique offerts à Charles Bally*) 撰写的论文题为《被限定成分、限定成分及定指性之间的关系》(Le rapport entre le déterminé, le déterminant et le défini)，法文原文重印于 Hamp, Joos, Householder & Austerlitz（1995: 211-213），英译文见 Trubetzkoy（2001: 78-82），泰勒（Marvin Taylor）译。——中译者注

《文集》①的文章我不知该怎么办。没思路，不想写，心绞痛无法形容……唉，无所谓了，走着看吧。（1938-5-9）

2022年8月

---

① 指新一期《布拉格语言学小组文集》。最终，第7、8两卷在特鲁别茨柯依过世后出版。第7卷全文刊载了特鲁别茨柯依的专著《音系学原理》；第8卷题为《纪念N. S. 特鲁别茨柯依亲王先生音系学研究集》，卷首收录了特鲁别茨柯依未完成的遗稿《人工国际辅助语的语音系统应当如何构建？》（Wie Soll das Lautsystem einer künstlichen internationalen Hilfssprache beschaffen sein?）和《我的音系学卡片选（一）——东干语的音系系统》（Aus meiner phonologischen Kartothek: I. Das phonologische System der dunganischen Sprach）。——中译者注

Introduction and Acknowledgements

Nikolai Sergeyevich Trubetzkoy (1890-1938) is by no means an unfamiliar name among Chinese linguists, for he is mentioned as the founding father of modern phonology in almost every introductory book on history or schools of Western linguistics. However, his works are often felt hardly accessible, partly because they were seldom translated into Chinese. While a direct translation of *Grundzüge der Phonologie* from its German original is yet to come, *Exploring N. S. Trubetzkoy's Phonological Ideas: Analysis and Anthology* intends to fulfill two preparatory tasks: (1) Exploring and reflecting on the phonological works he published from 1928 to 1939; (2) translating some of these writings into Chinese from their German or French original texts.

Therefore Part One of the present volume starts from a synthesis of his life and works (Chapter 1), then depicts the development of his phonetics-phonology dichotomy (Chapter 2), and focuses on the key issues in his phonological ideas, including his concept of phoneme (Chapter 3), his efforts to establish a universal system for vocalic and consonantal properties from the phonological perspective (Chapter 4), his construing of a system of prosodic properties (Chapter 5), and a few issues beyond the phonemic inventory but regarded as equally important, i.e. neutralization, combination rules and functional loads of the phonemes (Chapter 6). After these discussions, there is a chapter on his application of the phonological theory to the practical issues, e.g. sound transcription, orthographical reforms, morphonological studies and the designing of artificial languages (Chapter 7). There is also a critique on his ideas of Chinese phonology, based on his use of materials of Mandarin, Dungan, Xiang, Cantonese and Hokkien scattered in his various works (Chapter 8). Finally, the coda chapter deals with the terminological issue of "phonology vs. phonemics" together with its not-so-neatly-corresponding counterpart in Chinese, "*yīnxìxué* (lit. study of sound system) vs. *yīnwèixué* (lit. study of phonemes)" (Chapter 9).

Part Two of the present volume is a mini anthology made up of 19 of Trubetzkoy's writings, including both his efforts to the construction of a general synchronic phonology, and his application of the phonological theory to morphological issues, linguistic geography, and the studies of specific languages. These 19 writings have covered his most notable contributions to *Travaux du cercle linguistique de Prague*, to *Journal de psychologie normale et pathologique*, to festschrifts for colleagues, as well as his communications at the Congrès *internationals de linguistes* and the International Congresses of Phonetic Sciences. His short book *Anleitung zu phonologischen Beschreibungen* is also contained in full text. While these works were written mostly in German, sometimes in French, the present volume has included the entry "Caucasian Languages" he wrote for the 14th edition of *Encyclopedia Britannica*, probably the only writing he ever published in English in his life time. All these writings were translated into Chinese from their original language (German, French and English) with thorough and up-to-date annotations. Each of these writings is preceded with an introduction to its background; translator's notes are added where the 21st century readers may feel confused.

To plan, work on and finally finish this project, I am particularly indebted to Professor QIAN Jun (Peking University) and Professor Peter

STEINER (University of Pennsylvania), both of whom, as my mentors, offered invaluable suggestions and generous supports.

I have also benefited from many respected scholars in this field as well as the warm-hearted colleagues and friends home and abroad who helped with this project in various ways, especially Margaret THOMAS (Boston College), Patrick SÉRIOT (Université de Lausanne), Ondřej SLÁDEK (Masarykova Univerzita), ZHOU Qichao (Zhejiang University), FU Qilin (Sichuan University), Stefania SINI (Università degli Studi del Piemonte Orientale), GAO Yihong (Peking University), Valteir VAZ (Universidade de São Paulo), SHI Baohui (Beijing Forestry University), CHEN Hua (Nanjing University), CHEN Xiaoxiang (Hunan University), Gonçalo FERNANDES (University of Trás-os-Montes and Alto Douro), Rolf KEMMLER (University of Trás-os-Montes and Alto Douro), CHEN Wenkai (Zhengzhou University of Light Industry), Andrea OLINGER (University of Louisville), Melissa Shih-hui LIN (Cheng Chi University), FU Tianhai (Dalian University of Foreign Languages), CUI Sixing (Central China Normal University), ZHU Lei (Shanghai International Studies University), YU Hongbing (Nanjing Normal University/ Dalian University of Foreign Languages), LÜ Jingping (Dalian University of Foreign Languages).

I'm also grateful to the many people who provided library aids, especially HUANG Hongmei of the library of my home university, and Dr. Jana PAPCUNOVÁ of the library of Ústav pro Jazyk Český, Akademie Věd České Republiky.

QU Changliang
February 2023
Dalian University of Foreign Languages

上篇

特鲁别茨柯依音系学思想思考与解析

第1章
导言：特鲁别茨柯依及其普通音系学著作

Consult the genius of the place in all,
That tells the waters or to rise, or fall.

Alexander Pope,

"An Epistle to the Right Honourable

Richard Earl of Burlington" (1731)

凡事问问此地的天才，

是他令潮水时起时落。

——亚历山大·蒲柏，

《致尊贵的伯林顿勋爵理查》（1731）

1.1 特鲁别茨柯依、布拉格学派与《音系学原理》

语言学史著作论及20世纪时，通常都会为特鲁别茨柯依（Nikolai Sergeyevich Trubetzkoy / Николай Сергеевич Трубецкой，1890—1938）[①]写上浓重一笔。这位执教于奥地利的俄国学者以德文撰写、嗣后出版于

---

① 俄文姓氏 Трубецкой 因不同转写系统而有 Trubetskoi、Troubetskoy、Trubeckoj、Trubetskoj 等拼法，本书依"名从主人"原则，以 N. S. 特鲁别茨柯依在世时在西欧发表著作的署名为准，拼作 Trubetzkoy。

捷克的《音系学原理》（1939）一书，被赞为现代音系学的开端里程碑，特鲁别茨柯依本人也因而享有"现代音系学之父"的美誉。《音系学原理》先后被翻译成多种语言，其中冈蒂诺的法语译本（1949）和巴尔塔克斯的英语译本（1969）在全球发挥的影响尤其突出。在我国，随着理论语言学研究的深入，尤其是90年代中后期以来对布拉格学派语言学理论的关注增强[①]，特鲁别茨柯依及其音系学思想引起了广泛的兴趣。不过，由于特鲁别茨柯依的音系学著作长期缺乏中文译本[②]，难免使中文读者对布拉格学派音系学思想的认识囿于各类语言学史著作中所做的大同小异的简略概述，让特鲁别茨柯依显得"闻其声而不见其人"。

的确，上世纪80年代，索绪尔（Ferdinand de Saussure, 1857—1913）、叶斯柏森（Otto Jespersen, 1860—1943）、布龙菲尔德（Leonard Bloomfield, 1887—1949）、霍凯特（Charles F. Hockett, 1916—2000）、乔姆斯基、利奇（Geoffrey Leech, 1936—2014）等语言学名家在普通语言学、语言哲学、句法学、语义学等领域的代表著作相继有了中文译本，而音系学经典著作的汉译，直至近年来才逐渐展开。因此，翻译、辑注特鲁别茨柯依的音系学著作，并结合其时代背景对一些关键问题做深入思考和阐述，无论对于理解现代音系学的思想源头和基本概念，还是对于我们借助这类理论来分析包括汉语在内的具体语言的音系问题，均具有重要意义。

《音系学原理》很大程度上充当的是布拉格学派经典时期（1926—1939）音系学研究的总结之作。布拉格学派的学者们认为，科学的语言研究应从语音层面做起，由此形成的研究视角和方法可为词法、句法等层面的研究提供参照模式。故而，从布拉格语言学小组成立伊始起（1926），音系学就成为他们探讨研究的核心。小组在整个30年代对音系学研究投入了空前的力量，马泰修斯（Vilém Mathesius, 1882—1945）、特鲁别茨

---

① 参见钱军（1998a）对布拉格学派的专论，以及刘润清（1995）、封宗信（2006）、姚小平（2011）关于布拉格学派的章节。

② 这一局面直至2015年被杨衍春译《音位学原理》打破。但此译本由俄译本转译，不是从德语原文直接译出的。

柯依、雅柯布森（Roman Jakobson / Роман Осипович Якобсон, 1896—1982）、特伦卡（Bohumil Trnka, 1895—1984）、卡尔采夫斯基（Serge Karcevski / Сергей Осипович Карцевский, 1884—1955）、萨维斯基（Petr Savitsky / Пётр Николаевич Савицкий, 1895—1968）、瓦海克（Josef Vachek, 1909—1996）等学者，各自从不同角度对音系学领域做过重要论述，以德、英、法、俄、捷等语言撰写，陆续发表于各类学术期刊和会议文集里。

　　布拉格学派的音系学家当中，特鲁别茨柯依是位格外博学而多产的学者，《音系学原理》当然不是他唯一的普通音系学著作。从他在《布拉格语言学小组文集》（*Travaux du cercle linguistique de Prague*）创刊号上发表《论音系性元音系统的普遍理论》（1929）起，至《音系学原理》一书在他过世次年出版，这期间他发表、出版的80余种著作中约1/4是在论述音系学普遍问题，涉及语音学－音系学二分法、音位概念、普遍性区别对立系统的构建、具体语言音系系统的描写原则、音段及韵律层面的音系对立分析、音系学理论的应用等问题，《音系学原理》的理论框架正是在这一系列思考与探索中逐渐成型。据专门从事布拉格学派研究的瑞士斯拉夫学家帕特里克·西略（Patrick Sériot）的统计，截至1939年，特鲁别茨柯依在其短暂的48年人生中出版、发表著作140余种，内容广泛涵盖语言学、诗学、文学、文化、历史、民俗等诸多领域。① 《音系学原理》中多样性的语言材料以及以此为基础而构建的普遍性理论，与他开阔的学术视野以及对众多具体语言的形式特征的准确把握密不可分。

　　不过，也正因为此，一旦脱离特鲁别茨柯依的音系学思想所处的语境，《音系学原理》就会变成一部较为难读的书，其诸多细节也会显得语焉不详。许多对于特鲁别茨柯依来说无须多言的问题，在20世纪30年代的理论语言学语境中或为常识，但在我们眼中已不再是常识。他对音系

---

① 详见帕特里克·西略创建的CRECLECO在线文本库。CRECLECO即洛桑大学中东欧语言学比较认识论研究中心（Centre de recherches en épistémologie comparée de la linguistique d'Europe centrale et orientale）的首字母缩写。其他学者各个时期整理特鲁别茨柯依著作目录，包括Havránek（1939）、Baltaxe（1969a）、Kühnelt-Leddihn & Trummer（1988）等。

学的诸多论述，一方面值得我们结合今天的情况进行再思考，另一方面有必要直接展现其思想的原貌。因此，解析他的音系学思想，翻译他的音系学著作，对于我们深入理解这位现代音系学的奠基人极具意义。

图1-1　Е.Э.特鲁别茨卡娅撰写的家史（1891）

尼古拉·谢尔盖耶维奇·特鲁别茨柯依1890年4月16日出生于莫斯科显赫的贵族家庭。其祖父尼古拉·彼得罗维奇·特鲁别茨柯依（Nikolai Petrovitch Trubetzkoy / Николай Петрович Трубецкой, 1828—1900）是沙皇亚历山大三世的朝臣，著名钢琴家、指挥家，莫斯科音乐学院创立者。其父谢尔盖·尼古拉耶维奇·特鲁别茨柯依（Sergei Nikolaevich Trubetzkoy / Сергей Николаевич Трубецкой, 1862—1905）是莫斯科大学教授、宗教哲学家，1905年当选莫斯科大学校长，但不久后辞世。家族成员伊丽莎白·埃斯别洛芙娜·特鲁别茨卡娅（Elizabeth Esperovna Trubetskaya / Княгиня Елизавета Эсперовна Трубецкая,

第 1 章　导言：特鲁别茨柯依及其普通音系学著作

1834—1907）撰写的家史《特鲁别茨柯依亲王家族传奇》（*Сказанія о родѣ князей трубецкихъ*，1891）显示，特鲁别茨柯依家族是中世纪立陶宛大公国统治者阿列格拉德（Algirdas，约1296—1377）次子德米特里（Dmitrijus Algirdaitis，约1357—1399）的直系后代，因而世袭"亲王"（[俄] Князь，[德] Fürst，[英/法] Prince）头衔。其姓氏源于德米特里的封地特鲁别茨克公国（Principality of Trubetsk），位于今俄罗斯、乌克兰、白俄罗斯三国交界的布良斯克地区。（Trubetskaya 1891: 23）近代以来，特鲁别茨柯依的众多家族成员在俄国政治、军事、文化等领域发挥了重要影响。我们所熟悉的"现代音系学之父"特鲁别茨柯依，在语言学、文学、历史学、民俗学等领域皆有突出贡献。他在世时发表著作，通常使用的即是"特鲁别茨柯依亲王"（[俄] Кн. Н. С. Трубецкой，[德] Fürst N. Trubetzkoy，[法] Prince N. Trubetzkoy）这一署名。

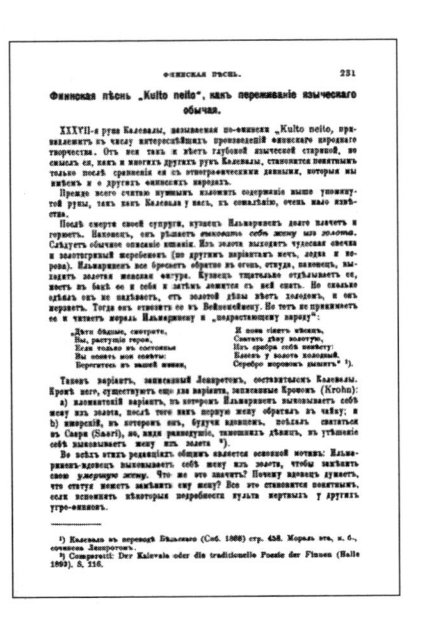

图 1-2　特鲁别茨柯依 15 岁时发表在《民族志学述评》上的首篇论文《芬歌〈金新娘〉作为异教习俗之孑遗》

特鲁别茨柯依中学时代就已经开始关注并研究俄国境内各地的原住

民族，15岁时在莫斯科《民族志学述评》(Этнографическое обозрѣніе)上发表了首篇论文《芬歌〈金新娘〉作为异教习俗之孑遗》(Финнская пѣснь „Kulto neito", какъ переживаніе языческаго обычая)①，对芬兰民族史诗《卡莱瓦拉》(Kalevala) 第37歌 (Runo 37) 里英雄伊尔玛利宁 (Ilmarinen) 为亡妻铸造金像并与之同眠共枕的故事做了民俗学分析。

18岁时，特鲁别茨柯依进入莫斯科大学学习哲学、心理学、语言学，其间曾赴莱比锡交流学习，师从布鲁格曼 (Karl Brugmann, 1849—1919)、莱斯琴 (August Leskien, 1840—1916) 等新语法学派名家，打下了深厚的历史比较语言学功底。他于1916年初在莫斯科大学留校任教。

1917年10月，特鲁别茨柯依因身体状况欠佳而请假，赴俄南部温泉小城基斯洛沃茨克 (Кисловодск / Kislovodsk) 疗养，数星期后十月革命爆发，这位年轻的前朝贵族再也未能回到莫斯科 (Liberman 1991: 306)，随逃离战乱的人们数度撤退，辗转高加索、巴尔干，最终定居于奥地利，1922年起担任维也纳大学斯拉夫语文学教授。执教海外期间，特鲁别茨柯依与已侨居捷克的雅柯布森保持密切的书信联系。1926年布拉格语言学小组成立后，两人均成为布拉格学派的核心人物，共同为现代音系学的诞生做出关键性贡献。

30年代，布拉格学派音系学的思想和方法发展迅猛，国际影响力日益增强。不幸的是，这一欣欣向荣的学术局面因纳粹势力泛起而受到严重扰乱和破坏。特鲁别茨柯依的反纳粹立场十分鲜明，在纳粹宣传机器如日中天的30年代，他毅然发表了《论种族主义》(О расизме, 1935) 和《印欧语问题思考》(Myšlenky o problému Indoevropanů, 1937)② 两

---

① 此处涉1917年拼写改革之前的俄语旧拼法，保持原文未做改动。
② 1937年发表的这篇捷克文版的《印欧语问题思考》，实际上是该文的一份约600词的精编，完整的德文版 (Gedanken über das Indogermanenproblem) 1939年发表于哥本哈根语言学小组《语言学文集》(Acta linguistica) 创刊号。二战后俄罗斯科学院《语言学问题》(Вопросы языкознания) 上还刊载过一个更为详细的俄文版本 (Мысли об индоевропейской проблеме, 1958)。

第 1 章　导言：特鲁别茨柯依及其普通音系学著作

文。前者从人类学和心理学的事实出发，揭露纳粹势力四处煽动反犹主义的险恶居心。后者通过历史比较语言学及语言类型学的事实，揭示出印欧语系语言的演化与高加索等非印欧语言的演化并无本质不同，演化中受到非印欧语言影响也是常态现象，由此证明出雅利安至上论的荒谬性。

1938 年，纳粹德国吞并奥地利，特鲁别茨柯依遭盖世太保逮捕审讯，不久后发病离世，留下题为《音系学原理》（*Grundzüge der Phonologie*）的德文遗稿。次年，这份书稿经雅柯布森编辑整理，作为《布拉格语言学小组文集》第 7 卷于布拉格出版。而随着纳粹攻占苏台德，继而在捷克扶植起波西米亚傀儡政权，布拉格语言学小组的日常活动已无法正常开展；身为犹太裔学者的雅柯布森不仅失去了马萨里克大学的教职，而且被迫踏上九死一生的逃亡之路，辗转丹麦、挪威、瑞典，最终定居于美国。小组活动失去了许多重要成员的参与，虽然布拉格语言学小组仍继续存在，但其经典时期已一去不复返。

雅柯布森在特鲁别茨柯依音系学思想的形成与传播中发挥了极为重要的作用。莫斯科时期两人就已有往来，特鲁别茨柯依当时是俄国科学院下辖的莫斯科方言学委员会（Московская диалектологическая комиссия, МДК / Moscow Dialectological Commission）的活跃成员，雅柯布森是注册于委员会名下的莫斯科语言学小组（Московский лингвистический кружок, МЛК / Moscow Linguistic Circle）的核心人物。布拉格语言学小组经典时期，两人皆发表了大量音系学著作，是使布拉格学派音系学迅速发展崛起的主将。两人在布拉格学派音系学理论的发展与传播中的角色，利伯曼（Anatoly Liberman）和巴提斯泰拉（Edwin Battistella）的概括最为精辟。

关于布拉格学派音系学的构建过程，巴提斯泰拉指出，两人的合作建立在"共同的兴趣和截然不同的性格"上，"雅柯布森不断整合新思想与新发现，特鲁别茨柯依将其发展为尽可能严密而广泛的一套程序与定义。由此产生的结果就是，雅柯布森是统合者（lumper），特鲁别茨柯依是分割者（splitter）；雅柯布森是综合归纳者，特鲁别茨柯依是方法论者。"（Battistella 2022: 239-240）

而关于布拉格学派音系学的传播过程，利伯曼特别强调了雅柯布森非凡的组织才能："截至1938年，特鲁别茨柯依已经出名；然而，倘若没有雅柯布森在美国的不懈努力，他的名气很可能随他过世而逝，或者只留下点小圈里（斯拉夫学）的意义（博杜恩·德·库尔德内和谢尔巴①就是这类命运的好例子）。而今，每个属于布拉格小组的人都戴上了光环，没有雅柯布森，这一点是无法想象的。"（Liberman 1991: 307）

1975年，雅柯布森把特鲁别茨柯依1920至1938年间寄来的196封信（附录里还收集了一些其他信件）集结、辑注成《N. S. 特鲁别茨柯依书信集》（*N. S. Trubetzkoy's Letters and Notes*）出版，该书成为研究特鲁别茨柯依生平及学术思想的重要资料。

1.2 特鲁别茨柯依的音系学著作

1.2.1 特鲁别茨柯依著作中的语言多样性

纵观特鲁别茨柯依的著作，不难发现他的语言学著作和非语言学著作之间、普通语言学研究和具体语言研究之间、共时音系学探索和历时音系学探索之间的相互作用。他从共时视角出发而对音系普遍特征进行的思考，归纳性大于演绎性。旧俄国广袤的疆域中存在极大的语言多样性与文化多样性，除了讲俄语、乌克兰语等斯拉夫语言的民族外，各个地区还生活着乌拉尔、高加索、阿尔泰等语系的众多族群。萨维茨基、特鲁别茨柯依、雅柯布森等俄裔学者没有沿袭部分19世纪学者提出的

---

① 谢尔巴（Lev Ščerba / Лев Владимирович Щерба, 1880—1944），俄国语言学家，白俄罗斯人，博杜恩圣彼得堡时期的弟子。谢尔巴的《俄语元音的质关系与量关系》（*Русские гласные в качественном и количественном отношении*, 1912）一书中提出了"独立元音音位"和"不够独立的音位"的区别，对雅柯布森产生了重大影响。

第 1 章　导言：特鲁别茨柯依及其普通音系学著作

"图兰语言"（Turanian languages）①这个并无太多科学性的术语，而是提出了基于地理学、文化学、语言学实证特征的欧亚主义（Eurasianism）概念（Savickij 1922; Trubetzkoy 1927; Jakobson 1931a, 1931b）：这一框架下，俄罗斯由欧洲的边缘转变为"欧亚洲"（Eurasia）的核心，向西辐射中东欧、巴尔干的斯拉夫世界，向东辐射中亚草原世界及远东。这些并不同源的语言之间显现出的诸多共同的形式特征，成为"语言联盟"（Sprachbund）概念的基础。

构建普遍性的音系系统，除了语言联盟中显现出的"共性"之外，具体语言中显现出的"个性"同样十分重要。特鲁别茨柯依深入研究过多种欧亚主义视野中具有独特音系特征的语言，尤其是斯拉夫语言、高加索语言和芬兰-乌戈尔语言。②他青少年时代发表于《民族志学述评》文章，大部分与俄国境内芬兰-乌戈尔语民族的民间文学相关。

大学期间，他曾随奥塞梯语专家米勒（Vsevolod Fyodorovich Miller / Всеволод Фёдорович Миллер, 1848—1913）赴高加索地区研究西北高加索语系语言，这一经历为他后来撰写的大量关于高加索语言的著作奠定了重要基础。他发表于 20 年代的语言学著作，有许多是关于高加索语言语音及词法的研究，包括《论北高加索语言借入的某些伊朗词汇》（Remarques sur quelques mots iraniens empruntés par les langues du

---

①　部分 19 世纪历史比较语言学家构建了"图兰语系"（Turanian languages）这一概念，涵盖乌拉尔、突厥、蒙古、满通古斯语系的众多欧亚大陆语言，"图兰"（Turan）一称源于古时印欧语系民族对中亚突厥世界的称呼。（参见 Campbell & Poser 2008: 237）马克斯·缪勒（Max Müller, 1823—1900）甚至进一步延展了这一概念，使之又涵盖了达罗毗荼语、藏缅语、侗台语、马来语等。（Müller 1854: 79）当今的历史语言学研究中，"图兰语系"这一名称已完全废弃，"阿尔泰语系"也存在很大争议（参见 Pereltsvaig [2021], Campbell & Mixco [2007], Dixon [1997]），而乌拉尔语系与之关系更远。

②　特鲁别茨柯依青少年时代对远东勘察加半岛地区的原住民语言亦有一定涉猎，尽管他没有发表过这方面的论文。安德森在《二十世纪音系学》一书中有一段有趣的记载："据说，当时最显赫的楚克奇语（Chukchi）和科里亚克语（Koryak）专家 V. 波格拉斯（V. Bogoraz）发现跟他曾有过很长时间通信的那位前途无量的学者其实是位中学生时，感到十分意外。"（安德森 2015: 138, Anderson 2021: 102）

caucase septentrional, 1922）、《北高加索语言的边音》（Les consonnes latérales des langues caucasiques septentrionales, 1922）、《北高加索语言比较音系学领域研究》（Studien auf dem Gebiete der vergleichenden Lautlehre der nordkaukasischen Sprachen, 1926）、《车臣-列兹金语言动词词尾简论》（Note sur les désinences du verbe des langues tchétchéno-lesghiennes, 1929）等。这些著作显然在西欧得到了关注和认可：梅耶（Antoine Meillet, 1866—1936）和科恩（Marcel Cohen, 1884—1974）编纂《世界语言》（Les langues du monde, 1924）时，《北高加索语言》（Langues caucasiques septentrionales）一章就是请特鲁别茨柯依撰稿的；特鲁别茨柯依还受邀编写了第14版《不列颠百科全书》第5卷（1929）的"高加索语言"（Caucasian Languages）词条；此外，国际联盟下设的国际知识合作委员会（Commission internationale de coopération intellectuelle）发布的《拉丁字母的普遍采纳》（L'adoption universelle des caractères latins, 1934）中，《高加索民族》（Peuples du caucase）一章也由特鲁别茨柯依执笔（实为特鲁别茨柯依1932年6月18日来函的摘录）。遗憾的是，他1920年初匆忙撤离顿河畔罗斯托夫（Rostov-on-Don / Ростов-на-Дону）时，有大量高加索语言研究手稿存放于本地大学图书馆内未能带走，此后他未能重回故国，也不再具备重返高加索进行田野研究的条件，因而最终未能写成关于高加索语言的完整专著。①

　　作为训练有素的历史比较语言学者，特鲁别茨柯依20年代撰写过一系列关于斯拉夫语言语音史的高质量著作，如《论共同斯拉夫语某些语音特征的年代表》（Essai sur la chronologie de certains faits phonétiques du slave commun, 1922）、《论原始斯拉夫语的声调系统》（Zum urslavischen Intonationssystem, 1924）、《列希特语言的鼻元音》（Les

---

① 更加遗憾的是，这些手稿在40年代纳粹空军对罗斯托夫的轰炸中被毁。（Liberman 1991: 309）

voyelles nasales des langues léchites, 1925）①、《原始斯拉夫语ě音在捷克语中的反映》(Об отражениях общеславянского ě в чешском языке, 1928）等论文，以及一部题为《波拉布语研究》(Polabische Studien, 1929）的167页专著。这些著作很大程度上是他筹备已久的一部"斯拉夫语言史前史"的局部。从受困基斯洛沃茨克（1917—1918），到短居第比利斯、巴库，再到短暂受聘于顿河畔罗斯托夫市本地的大学（1918—1920）以及保加利亚索非亚大学（1920—1922），他一直在写这本书。不过，随着20年代中期起他的研究视野发生转向，"他的首要兴趣变成了研究共时音系系统中的规律性。他很快看到，依照这一新观点，他先前的《史前史》计划应完全重新考虑"（安德森2015: 141, Anderson 2021: 104），"史前史"计划因而被搁置起来。

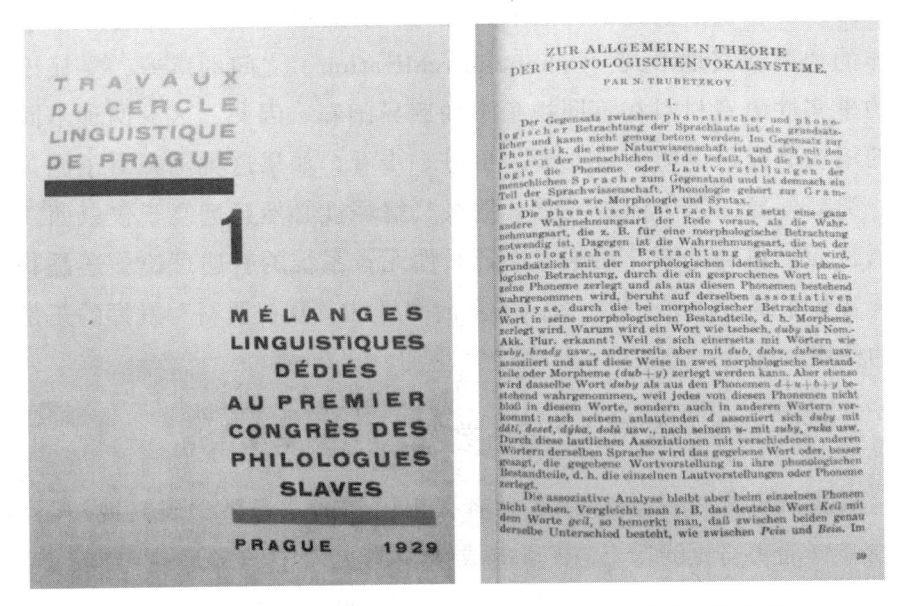

图1-3 《布拉格语言学小组文集》创刊号以及特鲁别茨柯依发表于该期的《论音系性元音系统的普遍理论》

---

① 列希特语言（Lechitic languages）指西斯拉夫语支中包括波兰语、卡舒比语、卢萨语、波拉布语在内的语群，与捷克-斯洛伐克语群相对。

新的研究视角和研究目标使他"把注意力聚焦于研究他能找到充分描写的尽可能多的语言的音系系统，从而用这种归纳式方法揭示出控制音系模式的基本规律性。"（同上）而此前已具备的丰富而多样的语言研究经历，使他对音系系统普遍性规则的思考建立在极为坚实的实证基础上。特鲁别茨柯依的第一篇普通音系学著作《论音系性元音系统的普遍理论》（Zur allgemeinen Theorie der phonologischen Vokalsysteme, 1929）正是在这一背景中水到渠成的。

多样化的语言呈现出的是多样化的语音表象，从多样性中抽象出一般性、普遍性的规律，即是《论音系性元音系统的普遍理论》的精髓所在。透过特鲁别茨柯依的思路我们可看到，生理-物理属性相同的音，在两种语言的音系系统中的地位未必相同；反之，生理-物理属性不同的音，在两个系统中的音系价值未必不同。抽象的"音位"（phoneme）和具体的"语音实现形式"（phonetic realization）之间的落差，突显出相同的事实性语音材料在不同视角下的迥异阐释。因此，区分两种不同性质的语音研究已变得十分必要。更进一步看，如果这类阐释对于源头多样、类型各异的语言中皆成立，那么其解释性必然远远高于仅以西欧常用语言为语料的论断。无论《论音系性元音系统的普遍理论》还是其后续《音系系统》（1931）一文，丰富而多样的"欧亚语料"发挥的正是这样的作用。

1.2.2 特鲁别茨柯依"音系学黄金十年"活动年谱

从1928年特鲁别茨柯依等学者提出语音的"音系学研究视角"，到1938年《音系学原理》一书基本成型，他生命中的最后这十年，对现代音系学的形成来说无疑是"黄金十年"。音系学能够在较短时间内取得稳固地位，与特鲁别茨柯依以及布拉格学派其他成员在重要学术会议上密集发声不无关系。特鲁别茨柯依先后参与了四届"国际语言学家大会"（第1届：海牙1928；第2届：日内瓦1931；第3届：罗马1933；第4届：哥本哈根1936），三届"语音科学国际大会"（第1届：阿姆斯特丹

1932；第2届：伦敦1935；第3届：根特1938）[①]。布拉格语言学小组自身还主办了"第1届斯拉夫语文学大会"（1929）和"国际音系学会议"（1930）。这些会议使音系学思想得到聚焦，并在各国学者中引发了广泛讨论。

1928年在海牙召开的第1届国际语言学家大会上，雅柯布森、卡尔采夫斯基、特鲁别茨柯依高调推出的音系学新视角引发了关注，也引发了争议，但无论这一探讨中出现的是支持的声音还是反对的声音，都表明音系学新视角已进入学者们关注的焦点中。

1929年，《布拉格语言学小组文集》创刊。第1卷首先刊出了小组集体起草的提交给"第1届斯拉夫语文学大会"的《纲要》（Thèses），从10个方面阐述了共时功能主义语言学的研究范围。其中的第7、8两部分由特鲁别茨柯依执笔（Rudy 1990: 12），分别阐述了斯拉夫语语言地图集（尤其是词汇地图集）的编绘问题以及斯拉夫语词典的编写方法问题。第1卷的主体部分，是11位小组会员撰写的12篇文章，其中包括特鲁别茨柯依的《论音系性元音系统的普遍理论》和《论"词法音系学"》。最后，卷尾还列出了小组1926年成立三年来举办的讲座的题目。

1930年，布拉格语言学小组主办的"国际音系学会议"，于12月18日至21日在布拉格召开，来自欧洲十余个国家的会议代表对音系学的不同方面展开了深度探讨。特鲁别茨柯依在三场不同议题的讨论中各宣读了一篇论文。18日宣读的《音系系统》一文，一如既往地强调了音系系统一般性理论的构建必要与构建方法，继续将"音系效力"视为语音是否具有音位地位的检测标准。这篇文章可视为《论音系性元音系统的普遍理论》的后续，把音系系统的构建由元音音位延伸至辅音音位，并为诸多种类的音系对立关系做了细致的分类。而从研究方法来看，这也是

[①] 第3届语音科学国际大会1938年7月在根特召开时，特鲁别茨柯依已辞世，为会议撰写的《论音系学世界地理》（Zur phonologischen Geographie der Welt）一文亦已佚（极有可能在盖世太保的搜查袭击中遭损毁）。次年正式出版的会议文集里刊登了该论文的摘要，还特别附上了特鲁别茨柯依的签名及整页肖像照，向这位杰出的学者致敬。

特鲁别茨柯依首次把"相关关系"和"标记性"用作普通音系学研究的理论基础。19日宣读的《关于词法音系学的思考》,则可视为他此前发表的《论"词法音系学"》一文的续篇。两文都在探究音系和词法之间的交叉界面,新文与旧文相比,尤其突出了词法音位问题对语言类型学的启示。20日宣读的《音系学与语言地理学》,展示了音系学原则在方言研究中的作用,同时对萨维茨基欧亚主义地理学理论和雅柯布森关于音系性欧亚语言联盟的观察[①]做了回应,以此展示出音系学在更广义的人文社科领域的应用前景。[②]

1931年在日内瓦召开的第2届国际语言学家大会上,"音系系统本身及其与语言一般性结构的关系"这个设定的议题得到不同学术背景的学者们的通讯回复(含特鲁别茨柯依本人)[③]。会上,特鲁别茨柯依还围绕音系学与语音学的关系做了进一步的主旨发言。会议之后,特鲁别茨柯依发表了《当今的音系学》(La phonologie actuelle, 1933)一文,对会议有限时间内未能展开的一些细节做了深入论述,并回答了一些争议问题。

《论音系性元音系统的普遍理论》末尾,特鲁别茨柯依曾号召学者们成立一个"世界音系系统比较研究学会",旨在对各自熟悉的语言做符合音系学标准的新式描写,而非旧语文学式的语音描写,使之能够充当构建普遍性音系学原理所需的实证基础。这个组织在1930年召开的"国际

[①] 此时雅柯布森的《论欧亚语言联盟的特征刻画》(К характеристике евразийского языкового союза, 1931)尚未出版,但他和特鲁别茨柯依已在通信中多次讨论这一话题。雅柯布森在同一会议上做了题为《论音系性语言联盟》(Über die phonologischen Spachbünde)的发言。这篇发言可视为《试论欧亚语言联盟的特征》一书的德文摘要,使这一思想被斯拉夫学圈之外的学者所了解。

[②] 由于《音系学原理》并未真正写完,书中并未专门论述这类应用前景。特鲁别茨柯依对这类问题的思考,《关于词法音系学的思考》和《音系学与语言地理学》是重要的文本依据。因此,《音系学原理》的法译本(1949)和英译本(1969)都把这两篇文章收作了附录。

[③] 正式出版的会议文集里收录了6位学者的回复全文。除特鲁别茨柯依外,其他5位学者分别是:荷兰实验语音学家德·赫罗特(Albert Willem de Groot, 1892—1963)、德国闪米特语专家鲍厄(Hans Bauer, 1878—1937)、兼具日内瓦学派和布拉格学派双重背景的卡尔采夫斯基(Serge Karcevski, 1884—1955)以及代表会议主办方声音的日内瓦学派核心人物巴依(Charles Bally, 1865—1947)和薛诗霭(Albert Sechehaye, 1870—1946)。

音系学会议"上宣布成立（见CLP 1931a: 305），定名为"国际音系学协会"（[法] Association internationale pour les études phonologiques，[德] Internationale phonologische Arbeitsgemeinschaft），会议通过了《音系学术语标准化方案》（Projet de terminologie phonologique standardisée）和《音系转写的原则》（Principes de transcription phonologique）两份纲领性文件，并责成协会常委会推动该组织与世界各主要语言学研究组织建立官方联系，以推动工作展开。① 第2届国际语言学家大会上，大会常委会批准了国际音系学协会提交的官方合作申请。

1931年，成立不久的国际音系学协会收到了第1届语音科学国际大会（The International Congress of Phonetic Sciences）筹委会发出的邀请。主办方希望将与语音相关的全部研究皆纳入会议议程，因而研拟了包括实验语音学、语音发展与演化、语言人类学、音系学、语言心理学、病理语音学、动物发声生理、音乐学8个领域的研究议题，向从事不同类型的语音研究的机构和个人广泛发出了邀请。这份邀请得到了国际音系学协会的热情回复，双方决定将在第1届语音科学国际大会的框架内召开国际音系学协会的第1次会议。

1932年7月，第1届语音科学国际大会暨国际音系学协会第1次会议在阿姆斯特丹如期举行。特鲁别茨柯依宣读了题为《为具体语言做系统的音系描写的性质与方法》（Charakter und Methode der systmatischen phonologischen Darstellung einer gegebenen Sprache, 1932）的文章。这篇篇幅不长的文章，成功地为音系学的研究对象和研究方法做了提纲挈领式的刻画。

---

① 国际音系学协会只是个虚体机构，并不是实体组织。如特鲁别茨柯依1933年3月21日写给雅柯布森的信中指出，国际音系学协会"既无章程也无组织性存在，从法律上看也没有自己的会员"。（Trubetzkoy 1975: 275 / 2006: 322）协会借助各类语言学大会，在大会框架下举行协会的专场会议。在1935年2月21日的另一封信中，特鲁别茨柯依表达了对外界混淆布拉格语言学小组和国际音系学协会的担忧，认为应"停止这样的混淆，清晰区分这两个机构"。（同上，321 / 371）1936至1939年期间，协会主席由法国语言学家房德里耶斯（Joseph Vendryès，1875—1960）担任。（同上，371n5 / 426n5）

1933年9月在罗马召开的第3届国际语言学家大会上，特鲁别茨柯依回复了大会主题之一"大语群的亲缘关系问题"（il problema della parentele tra i grandi gruppi linguistici）。虽然这一主题看似只是历史比较语言学问题，但特鲁别茨柯依的论证角度仍是从音系学出发的。他强调，一定要从"常规语音对应关系"角度审视语言间的亲缘关系，这之中既包括语言学家19世纪以来对欧洲、亚洲主要语系的语音特点的认识，也包括新近得到重视的音系原则。前者如印欧语的变元音规则，闪米特语的词根三辅音规则，乌拉尔语言、阿尔泰语言中的元音和谐规则，东高加索语言中的词根阻塞音规则等。至于后者，主要应聚焦于音位的音系内容，他举的例子如乌拉尔、阿尔泰等拥有元音和谐规则的语系中，词首辅音的音系特征往往少于词中、词末辅音，而词首音节的元音的音系特征往往多于其他音节的元音。

特鲁别茨柯依30年代中后期的普通音系学著作，经常集中论述一些音段之外的音系特征。例如，1935年7月他宣读于伦敦第2届语音科学国际大会的《音系性边界信号》（Die phonologischen Grenzsignale），1936年8月宣读于哥本哈根第4届国际语言学家大会的《音长作为音系学问题》（Die Quantität als phonologisches Problem）都属于这一类著作。虽然人们有时会把布拉格学派音系学称为"音位学"，但是这个称呼具有一定误导风险，使人们误以为特鲁别茨柯依仅聚焦于音段问题。事实是，超音段层面的音系研究（特鲁别茨柯依称之为"韵律研究"）从最初就居于十分重要的地位。例如，《论音系性元音系统的普遍理论》（1929）中归纳的各类三角或四角的元音音系系统，不仅取决于元音音段本身，而且必须结合元音的"强度等级"（含重音、音长、音高等因素）来综合考量。《音长作为音系学问题》以丰富而多样的语言材料证明，音系学视角下的音长并不是单纯的物理时间长短问题，而是逻辑上的"点"与"线"，并与重音、音高、音节结构等因素密切关联，从而对语义发挥功能。而《音系性边界信号》一文正确地指出了停顿（pause）在语音中的作用：无声音成分同样可在音系系统中发挥语义功能，同样有音系性和非音系性之分。

1937年起，由于健康原因，特鲁别茨柯依放缓了参与国际学术活动的节奏。不过，他仍计划参加1938年7月在比利时根特举行的第3届语音科学国际大会，宣读《论音系性世界地理》(Zur phonologischen Geographie der Welt)一文。然而，他于6月25日过世。该文如今虽然仅有一个段落留存下来，却向我们清晰展示了音系性等语线（isogloss）跨语系存在的事实，为他对语言联盟问题的论述添加了最后一笔重彩。

1.2.3　特鲁别茨柯依30年代中期的几种重要音系学著作

国际音系学协会号召研究者以音系视角对各种具体语言进行新型描写。特鲁别茨柯依身体力行，为这类工作做了示范。他与雅柯布森商定一同为俄语做这样的音系描写，作为《布拉格语言学小组文集》第5卷出版。原出版计划中，雅柯布森负责撰写关于"俄语音系学"的第1期，特鲁别茨柯依负责撰写关于"俄语词法音系学"的第2期。遗憾的是，雅柯布森的部分一直未能完成。因此，1934年，第5卷实际只出版了标注着"5^2"的部分，即特鲁别茨柯依题为《俄语的词法音系学系统》(Das morphonologische System der russischen Sprache)的短篇幅专著。这本94页的书呼应了特鲁别茨柯依此前关于词法音系学地位的主张，成功地将音系学理论运用于语法研究，彰显了音系学的应用价值。

1935年，国际音系学协会推出了一本以八开纸印刷的32页手册，题为《音系描写指南》(Anleitung zu phonologischen Beschreibungen)。该书由特鲁别茨柯依撰写，由音位、音位组合、韵律特征、划界途径四章组成，这四个方面的音系描写方法被高度凝练为42条规则，旨在为协会号召的正确描写、分析各种具体语言的音系系统的任务提供简明而精确的科学指南。这本书的撰写目的决定了其短而精的特色。然而对于我们今天思考特鲁别茨柯依的音系学思想来说，这本小书的意义不亚于一部大书：它无疑是《音系学原理》问世之前最全面、最系统反映特鲁别茨柯依音系学思想的著作。

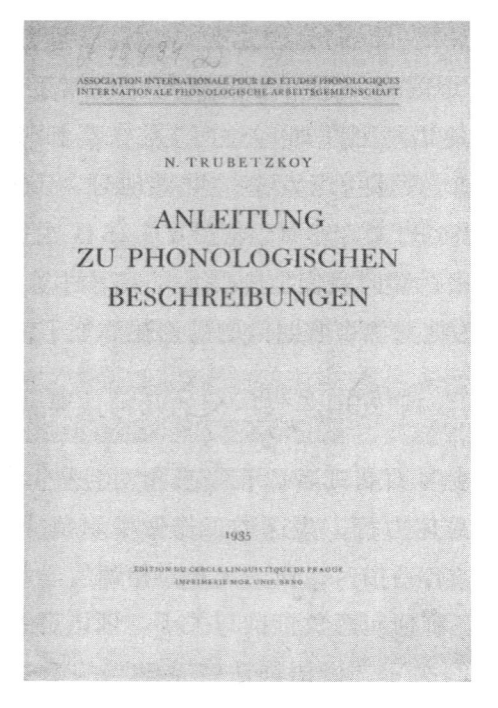

图1-4 《音系描写指南》(1935)

  1936年以法语发表于法国《常规心理学与病理心理学学报》(*Journal de psychologie normale et pathologique*)的《论音系对立理论》(*Essai d'une théorie des oppositions phonologiques*)一文，标志着特鲁别茨柯依音系学思想的一次重要转向。音系成分对立的理论基础，由原有的"相关关系"转向更具多样性的"功能对立"。语音之间的对立关系始终是特鲁别茨柯依思考语音问题的基本出发点，但是，前一时期的著作中，他主要把德国心理学家冯特（Wilhelm Wundt, 1832—1920）提出的"相关关系"（Korrelation）和"析取关系"（Disjunktion）之别作为研究音系对立的基础。这一框架下，音系对立仅分为相关关系型对立和析取关系型对立两类。然而，大量具体语言音系描写实践却展示出更为多样化的音系对立关系，日益突显相关-析取二分法解释力的不足。《论音系对立理论》以源于描写实践的语音事实为依据，从不同角度出发对音系对立做了多元的分类，不再拘泥于"相关关系"这个过于笼统的标签，为《音系学原理》中更详细的论述做足了逻辑上的准备。

功能对立视角下的诸多种音系对立中，有一类被称为"可取消对立"的特殊情况格外引人注目：某一具体语言中，有些语音对立仅在部分语音条件下具有音系性，在其他语音条件下对立消失。特鲁别茨柯依撰专文阐释了这一现象，题为《音系对立的取消》(Die Aufhebung der phonologischen Gegensätze, 1936)。该文详细论述了这一现象的形成、分类及效应。《音系学原理》法语译本译者冈蒂诺把"取消"([德] Aufhebung)一词转译为"中和"([法] neutralisation)，这个译法被英语译本译者巴尔塔克斯沿袭，因此"中和"及"可中和对立"成为如今我们更为熟悉的术语[①]。特鲁别茨柯依把音系对立取消位置上的语音成分视为与原本呈音系对立关系的两个音位皆不同的音系单位，由此衍生出"超音位"(archiphoneme)这个概念，成为布拉格学派音系学体系中的又一个重要概念。

特鲁别茨柯依这一时期的重要音系学著作，还须提到《所谓"音长"在不同语言中的音系学基础》(Die phonologischen Grundlagen der sogenannten "Quantität" in den verschiedenen Sprachen)一文。1938年，欧洲各国众多具有影响力的学者参与撰稿的《阿尔弗莱多·特隆贝蒂纪念文集》(Scritti in onore di Alfredo Trombetti)[②]在米兰出版，此文即是特鲁别茨柯依为该文集撰写的文章，全面分析了音长、音高、重音等韵律成分在不同语言的音系系统中的价值及其表现。这篇文章是哥本哈根会议上的《音长作为音系学问题》一文的细化，成为《音系学原理》出版

[①] 特鲁别茨柯依不是完全没有使用过"中和"一词。但他仅在《论音系对立理论》一文中提到，"可取消对立(opposition supprimable)(亦称可中和对立[opposition neutralisable])"(Trubetzkoy 1936a: 12)。绝大多数时候，他使用的是"可取消"[法] supprimable；[德] aufhebbar)这个提法。

[②] 特隆贝蒂(Alfredo Trombetti, 1866—1929)，意大利语言学家，历史比较语言学者，全人类语言同源论(doctrine of monogenesis)的支持者，著有《语言起源的统一性》(L'unità d'origine del linguaggio, 1905)。

之前特鲁别茨柯依对韵律成分的最详尽论述。

1.2.4 《音系学原理》的理论框架

回顾特鲁别茨柯依的上述学术历程，让我们真正理解了《音系学原理》为何能够代表他在音系学领域的最高成就。这部里程碑式著作的形成不是一蹴而就的，而是整合了此前他的各类音系学著作中的思想精华，成为"黄金十年"的总结之作。

出版于布拉格的《音系学原理》德文第1版共271页，由三部分组成：（1）导论部分是对音系学的定位，尤其是音系学和与之密切相关的语音学、语音风格学的区别；（2）主体部分题为"区别之学说"（Die Unterscheidungslehre），研究基于音系效力的语义区别功能（占全书约8成篇幅）；（3）最后，该书还简略论述了"区别之学说"之外的"划界之学说"（Die Abgrenzungslehre）。

关于音系学与语音学之区别的论述，是他在日内瓦第2届国际语言学家大会的提案、主旨发言以及会后发表于《常规心理学与病理心理学学报》的《当今的音系学》的进一步深化。他还参考比勒（Karl Bühler, 1879—1963）的语言三功能说，阐释了音系学和语音风格学（Lautstilistik）的区别。

"区别之学说"由7章组成，标题分别为"基本概念""音位确定规则""区别对立的逻辑分类""音系性的语音区别对立系统""区别对立的取消方式""音位组合""论音系统计学"。

"基本概念"是关于音系对立、音系单位、音位、变体等概念所做的定义。这些基本概念中有很多曾在《论音系性元音系统的普遍理论》中得到过定义，但是在《音系学原理》中，特鲁别茨柯依常在phonologisch（音系的）一词之后夹注distinktiv（区别性的），以突出他已放弃了旧文中以心理意象为中心的音系学观，全面改用基于音义关系的功能对立观来审视音系成分。

"音位确定规则"基本沿用了《音系描写指南》中的模式，以11条规则概括了音位判定的总原则（4条）以及在音段的语音学表象和音系学实质发生冲突时，如何将语音组合判定为单音位（6条），如何将单个音判定为多音位（1条）。

若要成功构筑起"区别之学说"，就不能止步于对音位自身的分析，更为关键的是对音位与音位之间所形成的各类对立关系加以研究。所谓"区别对立的逻辑分类"，就是在研究区别对立的具体音系内容之前，先从抽象角度划分音位间可存在的对立类型。早年的《音系系统》一文里出现过这样的尝试，但仅局限于"相关关系－析取关系"之对比。《音系学原理》中放弃了这样的二分法，改从多种角度分析对立的逻辑类型，是《论音系对立理论》一文的再现。

而逻辑分类建立起来之后，就可以对具体的音系对立做内容上的分析了。"音系性的语音区别对立系统"一章共120余页，篇幅接近全书的一半。这一话题下，特鲁别茨柯依引述欧、亚、美、非四大洲大约200种语言的实例，对音系系统中的元音成分、辅音成分、韵律成分分别做了深度解析。借助这空前丰富而多样化的实例，《音系系统》中的对立类型得到了优化，《音系描写指南》中的框架结构得到了充实，《所谓"音长"在不同语言中的音系学基础》中的韵律分类得到了补充。由此，关于音系性区别对立系统的普遍理论全面搭建了起来。

这之后，《音系学原理》中还引入了"区别对立的取消方式""音位组合""论音系统计学"三个篇幅不长的话题。"区别对立的取消方式"承袭了《音系对立的取消》一文的思路，对音系系统中的中和现象进行了思考。"音位组合"是《音系描写指南》一书中同名的一章的扩充。而"论音系统计学"是《音系学原理》中的全新内容。特鲁别茨柯依曾在《音系描写指南》中暂时搁置了关于音系统计学的内容，这部分内容最终在《音系学原理》中得到了处理。

在特鲁别茨柯依的音系学体系中，基于音义关系的"区别之学说"是最重要的部分，但不是唯一的部分。特鲁别茨柯依相信，音系学除了研究语音成分的"区别功能"（bedeutungsunterscheidende / distinktive

Funktion）之外，还应研究语音成分的"划界功能"（abgrenzende / delimitative Funktion）和"构峰功能"（gipfelbildende / kulminative Funktion）①。由于"区别功能"在音系学中最为重要，所以"区别之学说"也占据了《音系学原理》中最主要的篇幅。

但是，具体语言中，有些语音成分虽不具备"区别功能"，却具备"划界功能"。例如，德语中所谓"以元音开头的词"，元音前面实际上都自带一个喉塞音[ʔ]，② 这个[ʔ]在德语中并不区别词义，因而也不具备音位地位，然而却充当了词界信号。再如，捷克语词重音位置固定，皆位于词首音节，因此，重音在捷克语中无法用来区别词义，但也发挥了词界信号之功能。

语音成分的"划界功能"在《音系描写指南》中已得到过专门论述。该书最后一章以"划界途径，亦称边界信号"为题，分别论述了音位性划界手段与非音位性划界手段之别、复合信号与单信号之别、词划界途径和语素划界途径之别，肯定性边界信号与否定性边界信号之别。最后他还提醒研究者，划界途径未必在所有语言中皆存在，在不同语言中的重要性也未必相同。

"划界之学说"在《音系学原理》中得到了进一步论述。特鲁别茨柯依一语道破了边界信号的实质：他把音系系统中的边界信号比作马路上的交通信号灯，"没有也行，只不过得小心点，多留点神。"（Trubetzkoy 1939a: 242）因此，在音系系统中，具有划界功能的成分虽然不像具有区别功能的成分那样必不可少，但是作为一种辅助手段（Hilfsmittel），却能够为语言交际降低聚精会神的程度，让紧绷的神经放松一些。

---

① 这三种功能，特鲁别茨柯依各用了两个形容词来形容，前一个为德语本族词，后一个为国际词汇，二者在德语中为同义词。

② 因此，德语中没有像英语、法语那样丰富的跨词界连读、联诵现象。试比较：英语句子 /ðɪs ɪz ən ˈæpl/（"这是个苹果"，This is an apple.）中，我们可明显听到 /s/ 和 /ɪ/ 的连读、/z/ 和 /ə/ 的连读、/n/ 和 /æ/ 的连读。法语句子 /sɛ ty ˈnɔ̃bʁ/（"这是个影子"，C'est une ombre.）中，/t/ 和 /y/ 的联诵、/n/ 和 /ɔ̃/ 的联诵甚至是强制性的。而德语句子 /das ɪst ain ˈuːʁu/（"这是只猫头鹰，Das ist ein Uhu."）中，ein 和 Uhu 前可听到非常清晰的喉塞音[ʔ]在起阻断作用。

第 1 章　导言：特鲁别茨柯依及其普通音系学著作　　25

诚如多年后，雅柯布森及其弟子们在《语言基础》(*Fundementals of Lanugage*, 1956)、《语言音形论》(*The Sound Shape of Language*, 1979)等著作中继续强调的，音系系统中除了区别特征(distinctive feature)之外，还有构型特征(configurative feature)、表达特征(expressive feature)和羡余特征(redundancy feature)等非区别特征的存在。构型特征将话语分割为复杂程度不等的语法单位；表达特征使话语中一部分成分得到突显，反映说话者的情绪；羡余特征的"羡余"(redundant)不意为着"冗余"(superfluous)，可通过其辅助作用使区别特征所承载的信息量得以分流，从而降低交际中的语义负担。(参见Jakobson & Halle 1956: 9; Jakobson & Waugh 1987 [1979]: 39-45)

《音系学原理》论述到"划界之学说"时戛然而止。特鲁别茨柯依是否计划继续写"构峰之学说"？布拉格语言学小组为德文第1版撰写的编者按提到，截至作者过世时，"尚有约20个印刷页码的内容仍有待完成，内容很可能是关于句子边界信号的一章，以及结论部分"。或许不必有专门的"构峰之学说"，因为构峰和划界常常是同一问题的两面，关于句子边界信号的思考必然会涉及二者间的关系。特鲁别茨柯依指出，构峰功能"展示相应的句子中含有多少个'单位'(= 词或短语)：如德语词的主重音就属于这种。"(Trubetzkoy 1939a: 29)德语重音位置不固定，以词首音节重读为主，但重音仍可出现于其他任何音节上，如speziell /ʃpeˈtsiɛl/(特别的)、Proportion /pʀopɔʀtsiˈoːn/(比例)、faszinieren /fastsiˈniːʀən/(令人着迷)。①因此，德语重音不具备像捷克语重音那样的词语划界功能，但是却能够展示出句子中有多少个实词，话语中有多少个意群。

雅柯布森后来所说的"构型特征"，实际上就包含了构峰特征(culminative feature)和划界特征(demarcative feature)：构峰特征

---

①　德语出现这样的词重音，主要是大量吸纳拉丁语词源的国际词汇所致。与之相比，同为日耳曼语言的冰岛语，由于极少吸纳国际词汇，重音始终固定于词首音节，如sérstakur(特别的)、hlutfall(比例)、heilla(令人着迷)皆为古北欧语词源的词，重音全部位于词首音节。

把话语分割成词、句等语法单位，划界特征标明这些成分的分与合。（Jakobson & Halle 1956: 9）

第1版编者按里还提到，特鲁别茨柯依曾计划撰写《音系学原理》第2卷，内容包括对历史音系学、语言地理学、词法音系学以及文字与音系结构的关系。不幸的是，随着特鲁别茨柯依的骤然离世，他对这些话题的阐述永远停止在了此前撰写的文章中。也正因为此，冈蒂诺和巴尔塔克斯都选取并翻译了《音系学与语言地理学》以及《关于词法音系学的思考》作为《音系学原理》法、英译本的附录，以弥补计划中的第2卷未能动笔所带来的缺憾。[①] 最大的缺憾或许在于，特鲁别茨柯依未能撰写关于普通历史音系学的著作。因此，探索特鲁别茨柯依的音系学思想，最主要的工作是研究的是他在共时普通音系学领域的著述。笔者在本书中所研究的，正是他的这部分思想。

1.2.5 《音系学原理》的法译和英译

特鲁别茨柯依《音系学原理》以德文撰写，书中的思想能够在西欧、北美乃至全世界传播，法、英两个译本的作用不容小觑。从前文的总结中我们可发现，特鲁别茨柯依主要使用德、法两种语言撰写、发表音系学著作。尤其在"黄金十年"期间，他无论在国际会议发言还是发表出版作品，德文都是他的首选，《音系学原理》也不例外。他为何使用德文撰写这些作品？

最直接的原因之一，必然在于他此阶段受聘于维也纳大学。但更重要的原因是，德语此时是学界最重要的国际通用语之一。德、奥语言学

[①] 冈蒂诺甚至还在法译本附录中收录了雅柯布森3篇文章，以期能够更加完整地展示特鲁别茨柯依和雅柯布森共同致力构建的普通音系学理论体系。这3篇文章包括《历史音系学的原则》（Prinzipien der historischen Phonologie, 1931）的法语译文，以及雅柯布森用法文撰写的《论语言间的音系相似性理论》（Sur la théorie des affinités phonologiques entre les langues, 1938）和《儿童语言语音法则及其在普通音系学中的地位》（Les lois phoniques du langage enfantin et leur place dans la phonologie générale, 1939）。

者对19世纪历史比较语言学的重大贡献，使德语在语言学领域的学术语言地位坚不可摧。至20世纪初，德、法、英三种语言作为国际学术语言的三足鼎立局面业已形成，这一点，我们从特鲁别茨柯依参与过的几届国际语言学家大会、语音科学国际大会的会议论文集里可以非常清楚地看到。中东欧以斯拉夫非通用语言为母语的学者参与国际学术对话时，也经常把德语作为首选。例如，布拉格语言学小组成员中，马泰修斯、雅柯布森、哈弗拉奈克（Bohuslav Havránek, 1893—1978）、斯卡利奇卡（Vladimír Skalička, 1909—1991）等，虽然都是执教于捷克本国而非德奥，但也都经常以德文发表著作。①

用国际学术通用语言撰写的书，传播力必然更广。特鲁别茨柯依就曾在1933年5月10日的信里，与雅柯布森商讨计划中的《俄语音系学》一书的写作语种问题。他嘱咐雅柯布森，"用俄文出这本书，就相当于葬送了国际音系学。这本书的全部目的，就是能给各种语言的描写树立典范。俄文写的书，在俄国和斯拉夫国家之外没人会去读（就算有摘要也没用）。"②（Trubetzkoy 1975: 274 / 2006: 322）雅柯布森最终未能写出这本《俄语音系学》；但是，同时筹划的《俄语词法音系学》一书，特鲁别茨柯依是用德文写的。既然具体语言的音系描写范例要用国际学术通用语言来写，全面构建普通音系学理论的著作就更应当用国际学术通用语言来写了。

然而，第二次世界大战使德国的国家形象和德语的国际地位一落千

---

① 瓦海克将布拉格语言学小组成员1928至1948年间发表的部分著作，作为经典收于《布拉格学派语言学选读》（A Prague School Reader in Linguistics, 1964），文集正文收录的37篇文章中，英文11篇、法文12篇、德文14篇，同样印证了英、法、德三种国际学术语言曾经三足鼎立的局面。

② 此处特鲁别茨柯依是有所指的，雅柯布森1931年在巴黎出版了以俄文撰写的《论欧亚语言联盟的特征刻画》一书。同年，他在布拉格国际音系学会议上的德语发言《论音系性语言联盟》也在《布拉格语言学小组文集》第4卷刊出，成为该书事实上的德文摘要。然而，即使有德文摘要，这本书至今仍是雅柯布森最不为人所知的音系学著作之一，这与该书以俄文撰写不无关系。

丈，德语很快丧失了国际学术通用语言之角色。对于许多战后成长起来的新一代来说，以德文撰写的《音系学原理》已变成了一部难以读懂的书。因此，特鲁别茨柯依音系学思想在全世界的传播，相当大程度上得益于《音系学原理》的法、英两个译本的出版。

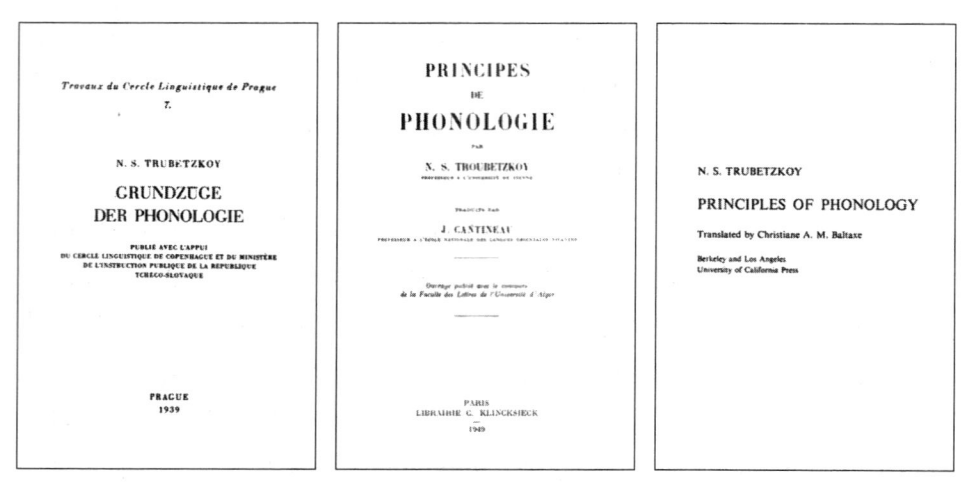

图1-5 《音系学原理》的德文第1版以及法译本、英译本

对于无力通过德语来研读抽象理论的读者来说，冈蒂诺的法译本提供了极为方便的替代途径。诚如马丁内（André Martinet, 1908—1999）为该版本撰写的序中所言："我们必须深深感谢让·冈蒂诺先生不辞辛劳把这部重要著作译成法语，在法国有很多语言学者、教师、学生，德文读得非常艰难。"（Martinet 1949: ix）

冈蒂诺（Jean Cantineau, 1899—1956）是位低调耕耘、勤勉治学的法国闪米特语学者。他57年人生中有近20年在叙利亚、阿尔及利亚度过（Massignon 1956），直至1947年调回"内地"（métropole），执教于国立东方语言学院（Institut national des langues orientales）。他曾深入叙利亚腹地研究约2000多年前的闪米特语言碑刻铭文，出版了《纳巴泰语》（*Le nabatéen*, 1930—1932）、《碑铭巴尔米拉语语法》（*Grammaire du palmyrénien épigraphique*, 1935）①，并在叙利亚与约旦接壤的霍兰地区（Hōrân，今拼作Hauran）的游牧部落中进行田野调查，研究他们的阿拉伯语方言，编绘了题为《霍兰地区的阿拉伯语使用者》（*Les parlers arabes du Hōrân*, 1946）的语言地图集。

正是在研究阿拉伯语方言的过程中，冈蒂诺注意到了布拉格学派的音系学理论，认识到这些理论对阿拉伯语方言学乃至更广义的闪米特语言学的巨大价值。于是，他尝试将"音系学原则"等理论运用到了霍兰方言地图的绘制中（Cantineau 1949: xiii），后来也将其运用到对阿拉伯语其他方言的描写中（如Cantineau 1956）。法国闪米特语资深学者科恩②为《霍兰地区的阿拉伯语使用者》撰写书评时指出："阿拉伯语的记音描写，第一次遵循了音系学原则。"（Cohen 1948: 855）

1941年起，冈蒂诺开始着手翻译《音系学原理》中的一些章节，供自己在阿拉伯语实践研究中使用。截至1945年，他已译完全书。他的翻译工作得到了雅柯布森和马丁内的支持。已移居美国的雅柯布森向他寄送了《音系学原理》的勘误表，并授权他使用《历史音系学的原则》等文章。马丁内为译稿做了订正，并为译本撰写了序言。正如法国伊斯兰文化资深学者马西农（Louis Massignon, 1883—1962）在为冈蒂诺逝世而写的讣告中所言："在我们闪米特语学者中，他第一个理解了把音系学奠基人特鲁别茨柯依的结构主义方法运用于语言学可带来何种革命性价值。"（Massignon 1956）在巴尔塔克斯的英译本出版之前，冈蒂诺的法译本一直是《音系学原理》最具影响力的译本。

英译本译者巴尔塔克斯的人生与特鲁别茨柯依颇具几分相似性。如果说特鲁别茨柯依代表了一战后流亡海外的俄国贵族的无奈人生，那么巴尔塔克斯则代表了二战后普通的东欧德国人的残酷遭遇。

---

① 纳巴泰人和巴尔米拉人希腊化时期至古罗马时期活跃于今叙利亚、约旦一带，与欧洲贸易往来频繁。两族群皆有用阿拉米字母书写的碑铭文字。参见Cantineau（1933, 1937, 1938）。

② 科恩是梅耶的弟子，与梅耶共同主编了800余页厚的《世界语言》，并撰写了"含米特–闪米特语言"一章。该书是巴黎语言学会《语言学文库》（Collection linguistique）第16种。

巴尔塔克斯（Christiane Baltaxe）的早年生涯宛如一部君特·格拉斯[①]的小说：她1935年出生于德国东部城市古本（Guben），父亲是说法语的比利时人，母亲是德国人。二战后由苏联主导的重划德国波兰边界的"奥得-尼萨线"（Oder-Neiße-Grenze）使界线以东的上百万德裔居民被全员强制逐出，流离失所。她的父亲在战争中失踪，1945年2月，母亲带着4个儿女逃难至巴伐利亚，食不果腹，勉强生存。母亲靠变卖自己仅有的一点首饰支撑子女的生活与教育。巴尔塔克斯上了口译学校，通过了英德同声传译考试，19岁时只身前往美国发展，在纽约华尔街金融界从事翻译工作，业余时间在夜校修读大学课程。她婚后移居加州，后在洛杉矶加利福尼亚大学继续深造，师从爱沙尼亚裔印欧语专家普赫维尔（Jaan Puhvel），在普赫维尔的鼓励与支持下完成了《音系学原理》一书的英译出版。1970年，她在来自南斯拉夫的访学教授依维奇（Pavle Ivić, 1924—1999）的指导下完成了博士论文《特鲁别茨柯依与区别特征理论》（*N.S. Trubetzkoy and the Theory of Distinctive Features*）。毕业后，巴尔塔克斯主要从事神经语言学和言语病理学研究，为儿童自闭症以及成人交际紊乱的治疗立下了汗马功劳。（Goldknopf 2002）

和冈蒂诺一样，巴尔塔克斯在《音系学原理》的翻译过程中，也得到了雅柯布森的大力支持。而巴尔塔克斯的一些独有优势，使她的英译本做得更为完善。

作为德语母语者，巴尔塔克斯在解读原文本方面具有不可否认的优势。然而，更具重要意义的是她对书中思想的准确把握，以及她对翻译原则的深刻认识。

作为60年代中后期的语言学研究者，巴尔塔克斯敏锐地捕捉到，"近年来语言学目标与关注点的变化，已把特鲁别茨柯依的诸多成就直接置于当下。……一些由他首度详述的概念，如今在语言学理论里占据

[①] 君特·格拉斯（Günter Grass, 1927—2015），德国作家，但泽人，1999年诺贝尔文学奖得主，《铁皮鼓》（*Die Blechtrommel*, 1959）的作者。

第 1 章　导言：特鲁别茨柯依及其普通音系学著作

了中心位置。我们或可举中和概念、标记理论为例，因为这些正在生成语法中得到扩展。"（Baltaxe 1969b: vi）在这一背景下，《音系学原理》不仅是布拉格学派的经典著作，更为生成音系学的众多观念充当了思想源头。

作为亲身经历了二战的受害者，她十分理解德文第1版为何会存在瑕疵："他［雅柯布森］匆匆做了编辑。二战爆发、德国入侵捷克斯洛伐克导致的混乱和各种状况，令人惧怕这本书或会佚失，或会被没收。雅柯布森不想冒这样的风险，就按书稿现状匆忙出版了。"（同上）因此，她虽未打算对文本进行重新编辑，但仍改正了许多明显错误。

最难能可贵的是，作为训练有素的专业译者，巴尔塔克斯在术语处理上恪守忠于原文的总原则，从未出于"吸睛"目的而滥用美国结构主义乃至新兴的生成主义的"时髦术语"来迎合出版市场的口味。例如，她把vertauschbar（可交换的）译成interchangeable而非commutable；她把fakultative Variante（选择性变体）译成facultative variant而非free variant。① 尤其值得一提的是，她没有把特鲁别茨柯依的Phonologie（音系学）改译成phonemics（音位学），历史证明这一判断是非常正确的（参见9.2.3）。对术语所做的冷静研判和谨慎处理，避免了在思想史研究中人为地造成时代误植，这是巴尔塔克斯译本重要的亮点之一。

英译本出版的最初目的是为了便于美国读者的研读。然而在英语已成通行最为广泛的国际学术通用语言的今天，巴尔塔克斯的英译本早已走出英美，成为包括我国的语言学研究者在内的全球读者熟悉布拉格学派、近距离思考特鲁别茨柯依的重要文本。

---

① 例如，泰勒（Marvin Taylor）把《论音系对立理论》中的法语原文 "n'ont pas de valeur phonologique"（不具备音系价值）转译成英语中"时尚"的生成音系学术语"redundant"（羡余）。事实上，特鲁别茨柯依从未用过redundant这个术语来对此进行描述。（见 Trubetzkoy 2001: 18）

1.3 本书的结构

作为以特鲁别茨柯依的音系学思想为对象的研究成果，本书分为上、下两篇。上篇以特鲁别茨柯依的著作文本为基础，结合其学术历史背景，多角度解析特鲁别茨柯依的音系学思想；下篇精选他的19种音系学短篇著作，由德、法、英原文译成中文，并做详细辑注。因而，本书以《特鲁别茨柯依音系学思想初探——理论解析与著作选译》为题。

上篇中解析特鲁别茨柯依的音系学思想，我们首先以语音学–音系学二分法为开端（第2章），随后思考作为音系学核心概念的音位（第3章），再之后聚焦各类音系对立与音系成分，先围绕元音、辅音（第4章），再围绕韵律特征（第5章）以及音位清单之外的对立中和、组合规律与功能负载问题（第6章）。论述过上述问题之后，我们把目光转向特鲁别茨柯依对其音系学思想的应用（第7章），尤其将评判特鲁别茨柯依对汉语音系问题的阐释是否合理（第8章）。最后，我们还将思考Phonologie / phonology这个术语的译名问题（第9章）。

本书下篇翻译并辑注了特鲁别茨柯依的部分著作，"黄金十年"间他最重要的共时普通音系学著作（《音系学原理》除外）都已收录其中。这些著作可大致分为两类：一是关于普通音系学理论构建的著作，包括《论音系性元音系统的普遍理论》（1929）、《音系系统》（1931）、《音系系统本身及其与语言一般性结构的关系》（1933）、《当今的音系学》（1933）、《音系描写导论》（1935）、《论音系对立理论》（1936）、《音系对立的取消》（1936）、《所谓"音长"在不同语言中的音系基础》（1938）；二是关于普通音系学理论的应用的著作：其中，包括关于语法问题的《论"词法音系学"》（1929）、《关于词法音系学的思考》（1931），也包括关于语言地理问题的《海牙会议16号提案》（1928）、《音系学与语言地理学》（1931）、《大语群之间的亲缘关系问题》（1935）、《论音系性世界地理》（1939），最后还有关于具体语言音系的

《高加索语言》(1929)、《人工国际辅助语的语音系统应当如何构建？》(1939)、《我的音系学卡片选（一）——东干语的音系系统》。① 这些著作都是第一次译为中文，并且由著作原文语言直接翻译，未经英、俄译文二度翻译，以求精准再现特鲁别茨柯依的音系学思想。

---

① 有些著作和其他著作内容重复，本书限于篇幅未做收录。例如，《音系性边界信号》(1936)的大部分内容已呈现于《音系描写指南》(1935)第4章之中。《音长作为音系学问题》(1938)的内容已被《所谓"音长"在不同语言中的音系学基础》(1938)覆盖。

第 2 章
生理之语音与语言之语音：
语音学与音系学二分法历史回溯

> The Form remains, the Function never dies.
>
> William Wordsworth, "Sonnets from
>
> the River Duddon: After-Thought" (1820)
>
> 外形犹存，功能不死。
>
> ——华兹华斯，《达顿河十四行诗·冥思之后》（1820）

2.1 特鲁别茨柯依在语音研究思想史中的位置

2.1.1 布拉格学派音系学的历史定位

"音位概念可追溯至博杜恩·德·库尔德内，但音系学作为一门科学，是由特鲁别茨柯依创建的。"（Liberman 2001: vii）21世纪伊始，利伯曼用这句简洁有力的话概括了特鲁别茨柯依在现代音系学史上的地位。利伯曼代表的无疑是关于特鲁别茨柯依的最权威声音之一，他选编、译注的三部特鲁别茨柯依文集——《文学著作选》（*Writings on Literature*, 1990）、《成吉思汗的遗产及关于俄罗斯身份的其他著作》（*The Legacy of Genghis Khan and Other Essays on Russia's Identity*, 1991）和《N. S. 特鲁别茨柯依——普通语言学与语言结构研究》(*N. S. Trubetzkoy: Studies in General Linguistic and Language Structure*, 2001）——全面展示了这位思想巨人在文学、文化和语言学领域的非凡贡献。

以功能主义视角研究语音形式,是我们对布拉格学派音系学的基本印象。回顾"黄金十年"的历程,"音系学家""音系学派"曾经只是学界对这群来自布拉格语言学小组的年轻思想家的称谓（Van Wijk 1932, Jespersen 1933a）,但截至《音系学原理》出版时,音系学作为普通语言学内部拥有稳定的研究对象、研究方法的分支领域,其地位已较为牢固。冈蒂诺的法译本刚好出版于《音系学原理》面世十周年之时,诚如马丁内为这个译本作序时所言,这个时间点"恰逢功能语言学和结构语言学的重大转向之际,音系学经历十年的发展,已由某一学派的独有财产,进入了公有域。"（Martinet 1949: ix）

21世纪20年代中期,我们站在布拉格语言学小组建立已近百年之际,会发现当今的音系学家依然赋予布拉格学派以及特鲁别茨柯依、雅柯布森非常高的历史定位。2022年出版的《牛津音系学史》(*The Oxford History of Phonology*）指出：

> 从我们当今的视角来看,布拉格学派在为音系学理论设定未来道路方面,是最具影响力的。该学派的首要代表尼古拉·特鲁别茨柯依和罗曼·雅柯布森,从博杜恩、克鲁舍夫斯基和索绪尔的著作中吸收养分,论述了音系成分的本质、语音交替以及音系系统的结构。他们在1928年海牙第1届国际语言学家大会上崭露头角,标志着音位概念及音系结构概念演化中重要的里程碑。布拉格学派以追求科学之严密和探究语言的普遍性理论为特征,其著作提升并发展了把语音视为功能对立系统成分的"功能视角"。特鲁别茨柯依的《音系学原理》（1939）是20世纪音系学的高潮,是其后的研究之起点。

（Dresher & Van der Hulst 2022: 6）

语音学-音系学二分法无疑是布拉格学派对现代语言学的最显著贡献之一，尤其因《音系学原理》一书而广为世人所知。正如《音系学原理》英译本译者巴尔塔克斯所言，"在部分语言学家看来，特鲁别茨柯依和《音系学原理》几乎与布拉格学派音系学同义，这恐怕绝非夸张。"（Baltaxe 1969b: v）那么，为何要划分这两种不同性质的语音研究？应如何对二者加以区分？回答这两个问题前我们需知，特鲁别茨柯依对二者的区分并非语音研究的第一次分裂。

2.1.2 三部《原理》与语音研究的发展历程

纵观19世纪中期以来语音研究发展历程中的重要著作，我们会发现特鲁别茨柯依的《音系学原理》绝非第一部以"原理"（Grundzüge）为名的此类著作。书名中的"原理"一词，至少使人联想起另外两部同样具有深远影响的语音研究里程碑，一部是布吕克的《语音生理学与语音

图2-1　布吕克的《语音生理学与语音系统原理》和济弗斯的《语音学原理》

系统原理》(*Grundzüge der Physiologie und Systematik der Sprachlaute*, 1856/1876), 另一部是济弗斯的《语音学原理》(*Grundzüge der Phonetik*, 1881/1885/1893/1901)。这三部《原理》恰好绘出了一条语音研究的发展路径。

既然语音是人类语言的声音层面，语音研究就必然具有多学科属性，它不仅为语言学家所关注，也是生理学家、物理学家的研究对象。因此，19世纪已出现了两种不同性质的语音研究：一方面，关于音变及语音定律的思考，推动历史比较语言学由开端发展至顶峰；另一方面，关于发音所涉及的语言器官及其运动的语音研究在具有生理学、医学研究背景的学者中展开。后一类语言研究，以布吕克的《语音生理学与语音系统原理》为辉煌代表。

布吕克（Ernst Wilhelm Brücke, 1819—1892）早年毕业于柏林大学医学专业，先后在柯尼斯堡大学、维也纳大学担任生理学教授。他于1856年出版的《语音生理学与语音系统原理》一书如其副标题所示，是"为语言学家及聋哑教师"（für Linguisten und Taubstummenlehrer）而编写的。布吕克强调，对语音的理解不应局限于"耳之所听，手之所写"（Brücke 1856: 1），而应关注语音的生理机制。

"耳之所听"必然带有相当程度的主观性，"手之所写"则会误导人们把书面上的字母和真实的发音相混淆。这样的情况在19世纪中前期的语言学家当中并不罕见。例如，历史比较语言学的早期重要代表人物格林（Jacob Grimm, 1785—1863）虽然正确指出了由印欧语到日耳曼语的辅音转移关系，但是对语音本身的认识常有极不科学之处。格林的4卷本巨著《德语语法》（*Deutsche Grammatik*, 1822—1837）第2版以"论字母"为开篇，把语音层面的问题定位为"字母学"（Buchstabenlehre）而不是"语音学"（Lautlehre），这一点经常为后世所诟病，如叶斯柏森（Jespersen 1922: 44-46）就曾在其《语言论》（*Language*）里指出过格林对语音问题的多处严重误解。

布吕克对语音生理机制的强调，正是建立在这样的背景下，因而有利于提高语音研究的科学性。《语音生理学与语音系统原理》中除了描述元音、辅音发音的解剖学基础之外,还从生理角度出发对古代印度、阿拉伯学者以及现代欧洲学者在语音分类方面的得与失做了评判。因此,这本书虽然仅有134页的篇幅(第2版增至172页),却带来了语音研究领域的重大科学进步,成为这一时期语言学和生理学两个学科的学者研究语音时都要参考的权威著作。

格林之后的历史比较语言学家,很快认识到准确把握语音史对于理论语言学的重要性,"语音学"因而迅速取代了"字母学"。[①] 截至19世纪中期,语音研究在历史比较语言学中已获稳固地位。施莱歇尔(August Schleicher, 1821—1868)在其《印欧语比较语法纲要》(*Compendium der vergleichenden Grammatik der indogermanischen Sprachen*, 1861)开篇即指出:"语法是对词、词的组成部分、句子结构所做的语音、形式、功能上的科学归纳与论述,语法因此由语音研究、形态研究、功能研究(即语义及关系之研究)以及句法学组成。"(Schleicher 1861: 1)这一语境下的语音研究,施莱歇尔称之为"Lautlehre或Phonologie"。但是很显然,此Phonologie并不是我们今天所说的音系学,而只是为Lautlehre这个德语本土名称增加一个希腊词源的同义词而已。这样的语音研究围绕语音史而进行,既不是今天的语音学,也不是今天的音系学。

布吕克推动的语音生理学传统在语言学界得到的回应,可由济弗斯(Eduard Sievers, 1850—1932)的语音学著作验证。布吕克的著作第2版出版的同一年(1876年),济弗斯也出版了一部题为《语音生理学原理》(*Grundzüge der Lautphysiologie*)的著作。与医学出身的布吕克相比,

---

[①] 这一过程中值得一提的是德国历史比较语言学家拉普(Karl Moritz Rapp, 1803—1883),他的4卷本《语言生理学研究——附论以生理学为基础的西方语言历史演化》(*Versuch einer Physiologie der Sprache, Nebst historischer Entwickelung der abendländischen Idiome nach physiologischen Grundsätzen*, 1836—1841)探究了众多古代语言和现代语言的语音演变史。叶斯柏森指出,拉普严格区分了语音和字符,指正了格林在语音问题上的诸多错误,因而称他为19世纪德国"第一位真正力求深入研究语音的本质及其历史"的语言学家(Jespersen 1899: 34, 1905: 406—407,叶斯柏森2021: 500)。遗憾的是他的影响力并不广。

第 2 章　生理之语音与语言之语音：语音学与音系学二分法历史回溯

济弗斯是一位真正的历史比较语言学家。他早年毕业于莱比锡大学，20岁时已执教于耶拿大学，讲授日耳曼语和罗曼语文学，此后又在图宾根大学、哈雷大学担任教授，直至1892年回到莱比锡大学受聘。他是古萨克森语及古英语专家，编辑整理的古萨克森语史诗《救世主》(*Heliand*, 1878)，被学界奉为这部约6000行的中世纪史诗的"标准版本"。他同时又是历史比较语言学新语法学派（莱比锡学派）的重要成员，发现了原始印欧语辅音丛中滑音y转变为元音的条件，后世称之为济弗斯定律。(参见Lehmann 1967) 作为新语法学派成员，他有能力分析的不仅仅是语音的发音生理，更包括语音演化事实为语音学带来的启示。

济弗斯的著作继承了布吕克的生理分析法，对发音器官、发音部位等做了说明，对单个元音、辅音及其分类做了科学描述。然而，济弗斯并不隐晦地指出，布吕克的模式仅把发音生理描写之类的纯语音系统的构建视为语音研究的唯一目标，如今已在一定程度上阻碍语音科学的进步。(Sievers 1876: vi) 因此在济弗斯的书中，上述纯生理分析仅占一半篇幅，另一半着力论述的是音节与词的构成，以及来自语音演化的启示。布吕克未做论述或语焉不详的语音组合、重音、音长等问题得到了详细的分析，尤其是基于语音演化事实而论述的语音同化、异化、换位、省音等问题，已完全在布吕克所定义的语音生理学视野之外。可见，济弗斯的"语音生理学"已不限于充当生理学的分支，他正确地指出了语音学是生理学、物理学、语文学之间的跨界学科。(Sievers 1876: 1) 因此，读者们并不意外地发现，济弗斯很快就从英国的贝尔（Alexander Melville Bell, 1819—1905）、斯威特（Henry Sweet, 1845—1912）等语音学家那里获得了比布吕克更具启示性的思想，故从1881年修订版起，济弗斯启用了《语音学原理》这个新的书名。济弗斯的这部书前后共出了5版（1876/1881/1885/1893/1901），成为19世纪末、20世纪初语音学领域的标准教科书。该书无疑吸纳了19世纪两种截然不同的语音研究传统中的精华。

上述两部《原理》为我们描绘了19世纪中后期语音研究的基本发展

路径：布吕克的《语音生理学与语音系统原理》基于解剖结构的实证基础，大大减少了主观因素对语音研究的干扰，一定程度上实现了语音研究的科学化。济弗斯的《语音学原理》整合了语音生理学与历史比较语言学的优势资源，完成了语音研究从生理学到语言学的转向。

那么，特鲁别茨柯依的《音系学原理》，又体现了何种研究视角、研究方法上的创新呢？简单说，《音系学原理》是以索绪尔为代表的普通语言学家的语言哲学思想在语音研究领域的反映。这一思想推动了强调细节的语音学与强调系统的音系学的分离。

2.2 布拉格学派之前的音系学之名与音系学之实

2.2.1 音系学的几位重要"先行者"

特鲁别茨柯依透过一系列著作（Trubetzkoy 1929a, 1929b, 1933a, 1933b, 1933c）提出并强化了音系学与语音学的区别，但同时也提醒研究者，"音系学"（[德] Phonologie，[法] phonologie，[英] phonology）不是个新造词，此前曾被不同学者使用过，其含义也极不统一。我们因此需思考，（1）"音系学"这一名称，曾被用来指代语音研究的哪些方面？（2）哪些学者提出过与"语音学－音系学"二分法类似的观点？

前一个问题，关于"音系学"这个名称在旧时文献中的使用，特鲁别茨柯依提到了索绪尔、瑞典语言学家诺伦（Adolf Noreen, 1854—1925）以及英美学者，并指出索绪尔用它来指语音共时描写；诺伦用它来指研究"所发出的音的物理材料"的科学；英美学者用它来指"语音史研究"和"具体语言的语音研究"。（Trubetzkoy 1939a: 12）

而关于后一个问题，特鲁别茨柯依提到的音系学先行者们包括温特勒（Jost Winteler, 1846—1929）、斯威特、叶斯柏森、索绪尔、博杜恩（Jan Baudouin de Courtenay, 1845—1929）。

温特勒的《格拉鲁斯州的克伦茨方言》（*Die Kerenzer Mundart des*

Kantons Glarus, 1876)一书，从表面上看只是19世纪中后期欧洲各地蓬勃发展的方言研究的众多成果之一，似乎并无特别的吸引力。该书以瑞士卡伦茨地区的德语方言为描写对象，关于语音的部分占据了全书一半以上的篇幅。然而特鲁别茨柯依比较看重的是，温特勒的语音描写是基于语义而进行的，强调语音的"语义价值"（Bedeutungswert），在诸多细节中对"有意义"语音和"无意义"语音做了区别。这一方法在温特勒所处的时代显得十分前卫，因而不时被后世研究者"重新发现"并称颂（如Jespersen 1899: 43, Trubetzkoy 1933c: 227, Jakobson 1985: 258等）。不过，温特勒虽然在研究方法上已明显不同于布吕克，但术语上却沿袭了"语音生理学"这一名称来称呼语音一般性研究，书中并未出现"语音学"或"音系学"的字样；更遗憾的是，他未能让自己的新思路得以系统化，因此仅成了现代音系学思想萌芽中的一个脚注。

与之相比，斯威特和叶斯柏森是经典语音学公认的代表人物，斯威特的《语音学手册》（*A Handbook of Phonetics*, 1877）和叶斯柏森的《语音学的基本问题》（*Phonetische Grundfragen*, 1904）、《语音学教程》（*Lehrbuch der Phonetik*, 1904）皆属于19世纪末、20世纪初语音学至关重要的代表作。二人都把语义因素引入了语音研究，重视不同类型的语音细节在区别词义方面的迥异作用，从而形成与后来的"音系学"相似的思想。尤其是叶斯柏森，在诸多著作中对英、丹、德、法等具体语言做过基于音义关系的细致分析。但是，特鲁别茨柯依指出，这两位先行者都未能把"按照是否用于区别词义来区分两类语音对立"的原则推向极致，因而"都未能从这一原则中提炼出方法论性的结果"。（Trubetzkoy 1933c: 227）

对特鲁别茨柯依的"语音学–音系学"二分法真正发挥决定性作用的，是索绪尔和博杜恩对相关问题的论述。索绪尔的影响如前所述，主要在于"言语–语音""能指–所指"带来的启示成为语音学–音系学二分法的重要理论依据；而博杜恩的影响则在于，他从心理学基础出发，明确地把语音研究划分为拥有各自迥异研究对象的两个部分。特鲁别茨柯依（Trubetzkoy 1933c）因而将索绪尔和博杜恩视为音系学的鼻祖。

2.2.2 索绪尔的"语音学"与"音系学"

索绪尔在《普通语言学教程》里对语音问题的专门论述并不多，绪论部分有题为"音系学"（Phonologie）的一章，篇幅不大；书中还以附录的形式收录了三度普通语言学授课之外的"音系学原理"（Principes de phonologie）讲座稿。索绪尔对语音学和音系学的定义是：语音学是"历史科学，解释经历与变化，在时间中运动"，而音系学"处于时间之外，因为发音机制总是保持不变"。（Saussure 1916: 57）这组定义必定会令熟悉布拉格学派语音学–音系学二分法的研究者感到吃惊：索绪尔把音系学与语音学之别，建立在了"共时–历时"二分法上，而非"语言–言语"二分法上。他的"语音学"是语音的历时研究，"音系学"是语音的共时研究，与今日通行的术语大不相同。当然，特鲁别茨柯依已注意到，除了格拉蒙（Maurice Grammont, 1866—1946）之外，这一定义从未被沿袭。（Trubetzkoy 1939a: 12）他不可能对这样的阐述感到满意，因为这无法在属于言语范畴的语音研究和属于语言范畴的语音研究之间划上一道明确的界线。

事实上，《普通语言学教程》对音系学模糊的阐述，一直在为后世提供很大的解读空间。正如安德森在《二十世纪音系学》一书中的总结：

> 虽然索绪尔的名字表达出某种几近终极权威的意义（至少对部分人来说如此），找寻出他对具体问题的真实想法却常常像是在解读远古神谕（oracle）。零散而有限的文本中充满了暗示，却缺乏详情，使得每位解读者都能找到自己所需要的东西，从而使自己对该问题的刻画获得理据。
>
> （安德森 2015: 54, Anderson 2021: 42）

作为这"神谕"的重要解读者之一，哈里斯（Roy Harris, 1931—2015）不仅把"发音机制"（[法] mécanisme de l'articulation）阐释为

第 2 章　生理之语音与语言之语音：语音学与音系学二分法历史回溯　　43

语音的生理层面，而且在他翻译的《普通语言学教程》新英译本（1983）中把 phonologie 明确转译为 physiological phonetics（生理语音学），而不是像此前巴斯金（Wade Baskin, 1924—1974）的英译本（1959）那样直译为 phonology。正因为索绪尔的"音系学"并非今天我们所熟悉的音系学，《普通语言学教程》里才会有"必须重申，音系学只是个辅助学科，仅属于言语范畴"（Saussure 1916: 57）这条让当今的研究者诧异的结论。这一结论让索绪尔的"音系学"在很大程度上成了今天的语音学，而非音系学。

而另一方面，作为当今最重要的索绪尔研究家之一的约瑟夫（John E. Joseph）则解读出，索绪尔的"语音学"，有时也显现出今音系学的某些特性；这是因为索绪尔相信，语音一旦获得语义，其价值就由其所在的系统决定。"只有当语音变得具有区别性，发挥音位之功能时，才获得'即时性'（momentaneous）存在。……在此之前，语音不具备心理现实，因此也不是系统的一部分。"（Joseph 2012: 382）所以，与所谓"语音生理学"相比，索绪尔的"语音学"更关乎对语音的感知，而不是语音本身，因为发音不仅受到声学定律的约束，而且作为声学印象而与心理学相关联。（同上，493）

深入分析索绪尔在语音学与音系学方面的思想已超出本书的范围，但可以确定的是，虽然索绪尔所区分的"语音学"和"音系学"与今天的同名学科差别显著，但他的确主张在语言学框架下把不同类型的语音研究归入不同领域；换言之，即使忽略那些真正属于"语音生理学"的生理-物理因素，语言学内部仍有区分两种不同性质的语音研究之必要。

2.2.3　博杜恩的"人声学"与"心理语音学"

研究特鲁别茨柯依的音系学思想源头，必然要涉及喀山学派的影响。特鲁别茨柯依（Trubetzkoy 1933c: 228）认为，第一个真正为言语之语音研究和语言之语音研究划定界线的，正是喀山学派的创始人博杜恩。

博杜恩是波兰学者，1870 年在德国莱比锡大学获博士学位后，执教于俄国圣彼得堡大学、喀山大学。向西方译介博杜恩的普通语言学思想的波兰裔美国学者斯坦科维茨（Edward Stankiewicz, 1920—2013）指出，执教喀山的9个年头（1875—1883）是博杜恩学术生涯的"狂飙突进阶段"（Sturm und Drang），他身边逐渐聚集了克鲁舍夫斯基（Mikołaj Kruszewski, 1851—1887）、博戈罗季茨基（Vasily Bogorodickij / Василий Алексеевич Богородицкий, 1857—1941）、布里奇（Sergej Bulič / Сергей Константинович Буличлич, 1859—1921）等优秀弟子，以及时任本地教育局官员的突厥学家拉德洛夫（Wilhelm Radloff / Василий Васильевич Радлов, 1837—1918），他们以《喀山大学学报》（Учёные записки Казанского университета）为园地形成了喀山学派，成为结构主义普通语言学的先驱。[①]（Stankiewicz 1976a: 12）

博杜恩1870年获得圣彼得堡大学教职时，在题为《对语言学和语言的一些基本看法》（Некоторые общие замечания о языковедении и языке）的就职讲座里，把对语音的研究称为"音系学（语音学）"，指出该领域与"构词"和"句法"一同构成语法研究。（Baudouin 1963: 65-66, 1972: 61）表面上看，"音系学"和"语音学"在他的论述中是同义词，他似乎未打算用二者分别指代不同视角下的语音研究；然而，他却主张把语音研究分为纯生理视角的语音研究、与词法相关的语音研究、语音史研究。（同上）这个三分法中的前二者，在他后来的几轮喀山大学授课提纲（1875—1876, 1876—1877, 1877—1878）中被进一步明确为语音的"声学-生理层面"和"心理层面"，后者对语言机制及某一特定语言共同体的"感觉"具有重要意义，故需研究"某些音对语义的影响"以及"语义对音质的影响"。（Baudouin 1963: 81, 1972: 85）[②]

这一划分成为他用德语撰写的那部更广为人知的《试论语音交替理

[①] 1900年至1918年，博杜恩重返圣彼得堡大学任教，这一时期培养的新一代弟子中最知名者包括波利万诺夫、谢尔巴、法斯默尔（Max Vasmer, 1886—1962）等。（Stankiewicz 1976a: 13）

[②] 今俄语界学者的研究显示，在此之前，博杜恩通过对斯拉夫语活方言的研究，已意识到语音物理属性和语音意义之间的区别。（参见杨衍春 2014: 212）

第 2 章　生理之语音与语言之语音：语音学与音系学二分法历史回溯　　　45

论》(Versuch einer Theorie phonetischer Alternationen, 1895) 中的基本概念之一。他在该书的导论中指出：

> 语音学作为总体，涵盖了一切语音事实，这之中既涵盖了人声事实，即作用于我们感官的事实，包括作用于触觉感官（通过生理活动）和听觉感官（通过生理活动所产生的音）的事实；也涵盖了心理语音学事实，即生理语音学感官事实的反射。语音学因此分成两部分：人声学部分（anthropophonische Teil）和心理语音学部分（psychophonetische Teil）。
>
> （Baudouin 1895: 9）

虽然"人声学"[①]和"心理语音学"两词在书中一直以形容词形式出现，尚未上升为学科名称，但区分两种不同类型的语音研究之必要，已显现得十分清楚。

简言之，从"名"的角度看，博杜恩对"语音学"和"音系学"这两个术语的使用固然与今天不同；但是从"实"的角度看，博杜恩的"人声学－心理语音学"二分法已比任何同代学者都更接近我们今天所熟悉的语音学与音系学之别。

2.3　语音学－音系学二分法的提出与推广

2.3.1　语音学－音系学二分法及其语言哲学依据

语音学－音系学二分法以索绪尔的语言符号观为基础，是把语言－言语、能指－所指这两组二分法运用到语言研究领域之结果。《音系学原理》

---

① anthropophonisch 为形容词，由希腊语素 anthropo-（人类）和 phon-（音）复合而成。"人声学"这一译法，从姚小平（2011）。

出版之前十年，特鲁别茨柯依发表于《布拉格语言学小组文集》第 1 卷的《论音系性元音系统的普遍理论》（1929）一文已明确将语言–言语二分法作为划分两种不同性质的语音研究的理论依据。他指出：

> 从语音学思考语音，和从音系学思考语音，二者间的差别是根本性的，无论如何也不会被夸大。语音学是一门自然科学（Naturwissenschaft），研究人类言语（Rede）的声音，与之相比，音系学研究的是音位，也就是人类语言（Sprache）的语音意象（Lautvorstellung）。音系学因而是语言科学（Sprachwissenschaft）的一部分。音系学就像词法学和句法学一样，是语法的一部分。
> （Trubetzkoy 1929a: 39）[①]

索绪尔关于"语言"和"言语"的观点在上述定义中发挥的重要作用在于，语音学的研究对象被界定为"sich mit den Lauten der menschlichen Rede befaßt"（研究人类言语声音），Rede 相当于英语中的 speech，无疑属言语范畴；Laut 一词相当于英语中的 sound，通常译为"语音"，但 Laut / sound 不仅包括有意义音，也包括无意义音甚至非语言声音，故可理解为未经归纳加工的原材料。而音系学的研究对象不是这样的原材料，而是被设定为"Lautvorstellungen der menschlichen Sprache"（人类语言的语音意象）。Sprache 是抽象而系统化的"语言"而非原生态的"言语"，Lautvorstellung（语音意象）的重点在于语言使用者对语音的感知方式，而不在于声音本身的生理–物理属性。正是基于这一认识，特鲁别茨柯依才把语音学划入自然科学范畴，把音系学划入语言科学范畴。

不仅如此，索绪尔还提出，语言和言语皆有所指和能指两个方面，所指是语义上的"概念"（concept），能指是语音上的"声响形象"（[法] image acoustique）。（Saussure 1916: 101）据此，特鲁别茨柯依提出，有

[①] 本书引文中的着重号除有特别说明外，均为原作者所加。下同。

第 2 章 生理之语音与语言之语音：语音学与音系学二分法历史回溯

必要分别思考语言构造和言语行为的能指方面和所指方面。这实质上就是把"语言–言语"和"能指–所指"这两组二分法概念相互交叉而加以思考，由此形成4个模块：

（1）言语之所指：即具体的交际内容；
（2）语言之所指：即抽象的语言规则；
（3）言语之能指：即具体的语音流；
（4）语言之能指：即抽象的语音规则。

言语之所指（1）和言语之能指（3），分别对应具体的语义内容和语音形式。而语言之所指（2），涉及将语义组织起来所需的语法规则，特鲁别茨柯依因而进一步指出，"语义世界依此切割成块，且一块一块地组织起来"（Trubetzkoy 1939a: 6），同时强调既然语言之所指（2）包含规则，那么语言之能指（4）必然也包含规则，从而使语音层面得到组织。

语言之能指若是抽象的语音规则，那么应如何对其加以研究？这一问题在《普通语言学教程》中未得到明确解答。特鲁别茨柯依着力论证的正是这个索绪尔未能解答的问题。他主张把"言语之能指"（具体的语音流）和"语言之能指"（抽象的语音规则）放在两门不同的科学中加以研究，前者即"语音学"，后者即"音系学"。正如语言学可因"能指–所指"之对立而分为语音研究和语法–语义研究，语音研究亦可因"言语–语言"之对立而分出两个性质不同的领域。语音学和音系学之区别由此水到渠成。在《音系学原理》一书的开篇，《论音系性元音系统的普遍理论》中的原则再次得到了强化：

> 应当设立两种不同的"语音研究"而非仅一种，一种针对言语行为，另一种针对语言系统。这两种语音研究的对象各异，因而必须使用截然不同的研究方法：言语行为之语音研究（Sprechaktlautlehre），与具体的物理现象打交道，必须使用自然科

学方法；而语言构造之语音研究（Sprachgebildelautlehre），只使用语言学的方法（即人文科学、社会科学的方法）。我们用"语音学"（Phonetik）这一名称来称呼言语行为之语音研究，用"音系学"（Phonologie）这一名称来称呼语言系统之语音研究。

（Trubetzkoy 1939a: 7）

这一阐述与十年前的旧文的最明显不同仅在于，特鲁别茨柯依此时借鉴了比勒的阐释，把langue和parole这组法语术语替换为德语术语Sprachgebilde（语言构造）和Sprechakt（言语行为），让抽象的"构造"（Gebilde）和具体的"行为"（Akt）之间的对比在德语读者眼中更加直观易懂了。

《音系学原理》可视为布拉格语言学小组经典时期（1926—1939）的总结之作，因为音系学恰是布拉格学派在经典时期"研究最广泛、贡献最卓著的领域"（钱军 1998a: 156），并且"布拉格学派在语音层次上尝试新的研究方法，以便为在更复杂的层次上应用这些方法积累经验，以后的发展也证明了这一点"（同上）。我们今天所熟悉的语音学与音系学之区别，由此进入更多研究者的视野中。

2.3.2 从海牙大会到日内瓦大会

布拉格语言学小组于1926年10月成立，小组初期的活动主要围绕结构主义语言观的构建而进行，音系学尤其被视为研究中的重点。如安德森在《二十世纪音系学》一书中指出，此时主导语音研究的"一方面是原子论式的新语法学派历史研究，另一方面是语音学细节观测式研究，……随着观测的技术手段日益精密，语音研究实际上陷入了泥潭。"（Anderson 2021: 105 / 安德森 2015: 142）对此，布拉格学派音系学家强调把"音系系统观"作为历时、共时的语音研究共同恪守的总原则。历时音系学应关注系统的演化而非单个音的演化，共时音系学应关注音义关系而非与语义无关的发音细节，这样才能够避免让语音研究陷入越来

第 2 章　生理之语音与语言之语音：语音学与音系学二分法历史回溯

越细、越来越偏的泥潭。

　　布拉格语言学小组把第1届国际语言学家大会视为重要的发声机会，因而对参与大会做了积极而充分的筹备。大会1928年4月在海牙如期召开，雅柯布森、卡尔采夫斯基、特鲁别茨柯依合作提交了题为《完整、实用展现某一语言音系的最合适方法有哪些？》(Quelles sont les méthodes les mieux appropriées à un exposé complet et pratique de la phonologie d'une langue quelconque?) 的第22号提案，作为对大会设定的6大讨论问题中的第4个问题"完整、实用展现任意一种语言的语法的最合适方法有哪些？"的回复。提案指出，"对某一语言的音系做任何科学描写，首先都必须理解其音系系统之特点，也就是理解属于该语言的诸声学发音意象（[法] image acoustico-motrice）间的全部有意义区别（[法] difference significative）之特点"（Jakobson, Karcevski & Trubetzkoy 1972 [1928]: 33）。该提案使"音系学视角"得到与会者广泛关注。"音系系统本身及其与语言一般性结构的关系"被设定为下届国际语言学家大会的5大讨论议题之一。

　　两届语言学家大会之间的1929年，特鲁别茨柯依有两种涉及语音学-音系学二分法的重要著作问世，一是前述《论音系性元音系统的普遍理论》，二是题为《波拉布语研究》的专著。前者中对语音学和音系学的定义区别我们已做阐述（见2.1.2），后者也从语音性角度和音系性角度分别分析了波拉布语的语音系统，直观展现了这两种思路在具体语言的描写实践中的巨大差异。而布拉格语言学小组1930年自办的国际音系学会议，宣告了国际音系学协会的成立，通过了题为《音系学术语标准化方案》和《音系转写的原则》的纲领性文件，同时为小组参与次年的新一届国际语言学家大会再次做足准备，这些工作皆在强化音系学与语音学的区别。

　　第2届国际语言学家大会于1931年8月在日内瓦举行。特鲁别茨柯依不仅是为大会的第3个讨论议题"音系系统本身及其与语言一般性结构的关系"回复提案的6位学者之一，而且还获邀就此问题做主旨发言。他再度强调了此前在《论音系性元音系统的普遍理论》中提出的语音学与音系学二分法，并对二者的研究对象和研究方法等做了更加清晰的论述。他在提案中指出：

> 音系学关注的不是作为物理、生理或心理–生理现象的语音，而是音位，即实现为语音且生存于语言意识中的语音意图（Lautabsicht）。只有那些在某一具体语言中可用于区别语义的语音差异才具有音系效力，因为从该语言系统的角度来看，只有这样的差异才具有意图性。某一语言的音系系统，是该语言中具有语义区别功能的语音意图之化身。
>
> （Trubetzkoy 1933a: 109）

这一描述延续了海牙会议22号提案中对"有意义的语音区别"的强调，也延续了《论音系性元音系统的普遍理论》里对语音成分的"音系效力"的突出，由此强化了音系学的整体性、系统性视角，并阐明音系学所研究的语音成分和语音现象的重心不在于其生理物理特性，而在于其在语言系统中处于何种地位。

特鲁别茨柯依随后在会议主旨发言中进一步指出，区别音系学与语音学，理由之一在于"对于语言学来说，研究语音意图或语音概念，或许比研究生理发音过程和物理声学音值更为重要"（Trubetzkoy 1933b: 120）。他因而对比了这两个领域在研究对象、研究方法及指导思想上的差别。

首先，从研究对象来看，语音学研究的是某个音内部的所有标记，而音系学只研究这些标记中的一部分，即具有音系效力的标记，或称之交际中可转换为语音意图的标记。（这也暗示出音段及音位具有复杂结构，是若干重要标记和若干不重要标记的复合体。）其次，从研究方法来看，语音学以实验为导向，可借助仪器设备钻研语音中的微妙细节（包括母语者完全注意不到的细节），而音系学借助抽象思维，透过可造成语义区别的语音对立，来呈现母语者语言意识中人人皆遵守的语音区别，即"语音概念"之系统。两个领域在特鲁别茨柯依稍后发表的《当今的音系学》一文中被概括为关于"真正所发的音"的研究和关于"认为自己发的音"的研究之别。最后，从指导思想来看，特鲁别茨柯依认为语音学以孤立的原子主义观为导向，而音系学以整体观为导向。他尤其提醒，音系学所研究的"语音概念"之系统全然不同于一张通过精确测量而得到的表。

2.4 "音系学运动"的反馈声音

2.4.1 日内瓦会议上的支持声与质疑声

日内瓦会议论文集里的会议纪要显示，与会者对特鲁别茨柯依主旨发言的讨论以正面意见为主。主持人克莱彻默[①]作为毕生研究希腊语史及印欧语早期史的老一代历史比较语言学家，欣喜看到"音系学原则对语言史的诸多问题皆有启示"，例如，"音位的数量或减或增，是音系学性的事实"。（Kretschmer 1933: 125）特鲁别茨柯依在1931年年底写给雅柯布森的信中提到，"音系学在维也纳开始生根，克莱彻默的讨论课上有好几篇报告是关于音系学的。学生们在研读《小组文集》第1卷和第4卷。"（Trubetzkoy 1975: 230 / 2006: 275）这在一定程度上表明，克莱彻默在大会上的总结点评里的赞许绝不仅仅是"场面之辞"。

同一封信中还提到，"日耳曼学家对此也有兴趣。普法尔茨和施泰因豪泽[②]在训练自己的学生对方言进行音系描写，有一天还把我作为专家请

---

① 克莱彻默（Paul Kretschmer, 1866—1956），德国历史比较语言学家，希腊语学者、方言学者。《语言——希腊拉丁语学报》（*Glotta: Zeitschrift für griechische und lateinische Sprache*）的创办人之一。

② 普法尔茨（Anton Pfalz, 1885—1958），奥地利语言学家，方言地理学家。施泰因豪泽（Walter Steinhauser, 1885—1980），奥地利语文学家，日耳曼学家。

了过去。有位来自布尔根兰[①]的学生为自己村子的方言做了音系描写，他基本以《波拉布语研究》的音系部分作指导。"（同上）这些事情显示出，不同于传统语音学的音系学视角在以时间（语言史）和空间（方言学）为维度的语音研究中皆具有应用价值。

梅耶的发言显示出，他赞赏语音学-音系学二分法带来的实践价值。音系学与语音学的分离解决了一个颇具实用性的问题："语言学家的兴趣，主要应聚焦于可用来表示语义的东西。这样的东西可把我们从某种重压在头顶的噩梦中解救出来。"让两种不同性质的语音研究各司其职，可使音系学性质的研究大胆地忽略某些与语义不相关的语音细节，正如语音学性质的研究可以同样大胆地把对这类细节的描写推向极致。

会上讨论中最积极的支持声，来自田中馆爱橘（Tanakadate Aikitsu, 1856-1952）。这位远道而来的日本学者正是1885年版日语"日本式"罗马字方案的设计者。田中馆爱橘的设计思路以"心理上的经济性"为基础，因而把[ta]（た）、[tɕi]（ち）、[tsɯ]（つ）的拼法设计为ta、ti、tu而非此前流行的"黑本式"里设计的ta、chi、tsu，理由是位于音节首的这三个辅音在日语母语者的语言意识中并没有区别。田中馆爱橘指出"日本式"在书面印刷上可比"黑本式"可节省至少3%的字母，因而强调音系学的重要性绝非夸张。[②]（另见7.1）

然而，特鲁别茨柯依的主旨发言引发的一些争鸣同样值得我们关注。例如，多洛舍夫斯基提醒，语音学-音系学二分法的基础是博杜恩论述过的"音之本身"和"音之表现"之对立，但博杜恩的这组对立自身就存在一定问题，而充当音系学基础的"语音意图"概念更容易"把人们引向危险的心理学下坡。"（Doroszewski 1933: 127）多洛舍夫斯基的论断

[①] 布尔根兰（Burgenland），奥地利东部山区。
[②] 日本官方1937年颁布的"训令式罗马字"是日本式为基础的。不过，随着二战后盟军接管日本，更适合外国人正确发音的黑本式出现回潮。1954年日本政府重新颁布的标准虽仍维持"训令式"，但增补了"第2表"承认fu、chi、tsu等写法。（参见皮细庚1997: 143-144）当今的日本商业品牌常选择黑本式转写，这样有利于让国际消费者正确发音。当今的日语罗马字已不再以取代现有文字为目的，因此也不再需要优先考量印刷成本的节省。

第 2 章　生理之语音与语言之语音：语音学与音系学二分法历史回溯

无疑正中要害，因为特鲁别茨柯依的音系学观此时的确尚未摆脱对心理主义的依赖。

而引发强烈争议的焦点，是特鲁别茨柯依所断定的"以原子主义为导向的语音学，研究的是孤立的语音及语音现象；而以整体为导向的音系学，其出发点是离不开整体的音系系统"（Trubetzkoy 1933b: 123）。诚如安德森所言，布拉格学派的"音系学运动"此阶段采取的"时而引发冲撞的方式"，有时"无疑会冒犯每个接受了本领域当时的流行论断的人"，（Anderson 2021: 105-106 / 安德森 2015: 143-144）"原子主义说"在会上引发了叶斯柏森、梅耶、多洛舍夫斯基的一致质疑。

这三位研究背景迥异的学者的共同基调十分清晰：此前的语音学研究及语音史研究同样关注过音义关系，关注过语音系统之整体，并未仅用"孤立而原子主义"的视角看待语音。叶斯柏森举出了自己1904年出版的《语音学的基本问题》和《语音学教程》中对音义关系的阐述来证明这一点；多洛舍夫斯基提出，济弗斯关于"发音基础"的论述也是从整体性观出发的；梅耶甚至指出，即使在历史比较语言学家当中，新语法学派看待音变的视角也不是纯原子主义的，布鲁格曼对重要语音对立和不重要语音对立做过区分。此外，凡·维克未在这一讨论中发言，但他在会后发表的《现代音系学与语言范畴的界定》（De moderne phonologie en de omlijning van taalkategorieën, 1932）一文中指出了同样的问题，认为把语音视为系统、视为整体的观点存在已久，布鲁格曼、舒哈特、叶斯柏森、梅耶对这样的"音系学原则"已十分了解，因而在一定程度上充当了他们所在时代的"音系学家"，只是"音系学"当时尚未成为一门科学的名字而已。（Van Wijk 1932: 66）他批评特鲁别茨柯依等现代音系学家"对他们这门科学此前历史的研究的系统程度，远不及他们对各种语言的语音材料的分析"（同上），认为这一点是这群精明活跃的探索家的缺陷所在。

特鲁别茨柯依会后发表的《当今的音系学》一文，是对日内瓦会议的提案及主旨发言的扩充和细化，同时也对会场内外的争议声音做了回应。他认为凡·维克等学者的批评搞错了问题的重点。系统、整体的观点不是音系学独有的，亦可存在于语音学研究。问题的关键不是历史上的某一思想或理论中是否存在关于系统的观点，而在于是否把系统视为该思想或理论的出发点。他因而在该文的一个很长的脚注中指出：

> 凡·维克先生称音系系统之概念已存在于19世纪语言学家当中，已存在于新语法学派学者当中……可惜这是个误解。只有视盲耳背才会注意不到塞音在希腊语中构成三个平行系列……，在梵语中构成四个平行系列……。由于新语法学派和舒哈特皆是视不盲耳不背，所以他们都没有注意不到这一情况……不过，这样的观察与当今意义上的音系系统概念之间……存在本质的区别。对于新语法学派来说，"语音系统"不过就是孤立成分之综合，……把系统视为出发点，由系统到孤立音位，恰恰会被新语法学派视为不得法，他们带着迷信对一切目的论色彩反复加以质疑。
>
> （Trubetzkoy 1933c: 234n1）

这个脚注里不时出现的激烈言辞，印证了安德森对布拉格学派这场"音系学运动"的早期阶段的评价："布拉格学派音系学家感到自己在引领某种十字军运动，讨伐那些阵地牢固的重大错误观念。"（Anderson 2021: 105 / 安德森 2015: 142-143）日内瓦会议上已是71岁高龄的叶斯柏森显得十分了解这几位年轻学者的心思，尤其在读过特鲁别茨柯依的《当今的音系学》之后，指出"年轻一代的强力运动往往都是这样"（Jespersen 1933a: 213，叶斯柏森 2021: 179），难免提出些夸大的言辞。有趣的是，关于新语法学派和经典语音学的"原子主义"的指责，后来在《音系学原理》中未再出现过。① 这与叶斯柏森也在《语言学文集》

---

① 《音系学原理》中只出现过一处对"音系学原子化风险"（Trubetzkoy 1939a: 40）的批评，但批评对象已不再是新语法学派或经典语音学的理论，而是美国语言学家特瓦德尔（William Freeman Twaddell, 1906—1982）的"微观音位"（micro-phoneme）概念。见 Twaddell（1935）。

（*Linguistica*，1933）里收起了不少早年对新语法学派的激烈指责，似乎是相同道理。

特鲁别茨柯依同样反对把叶斯柏森的"语言经济"概念视为音系系统观，认为那只是对"发音基础"的论述，本质上是语音学性质的。不过，叶斯柏森并不认可这样的评价，指出布拉格学派音系学家过分夸大了与前人之间的鸿沟，是有失公允的。

2.4.2 比勒"语言公理"与语音学–音系学二分法的相互巩固

比勒是德国心理学家，早年撰写的任教资格论文①《思维过程心理学的事实与问题》(*Tatsachen und Probleme zu einer Psychologie der Denkvorgänge*, 1907) 被视为符兹堡心理学派的奠基之作。他于1922年起移居奥地利，担任维也纳大学教授，20年代在心理学界颇具影响力。他是出席1930年布拉格国际音系学会议的仅有的两位德国背景的学者之一。② 特鲁别茨柯依在1930年5月27日致雅柯布森的信中写道：

> 最近这段时间，维也纳出现了对音系学的兴趣。心理学家卡尔·比勒对此格外感兴趣！比勒，我要是没弄错的话（问问契热夫

---

① 任教资格论文（Habilitation thesis）是德、法等欧陆国家已获博士学位的研究者为获得任教资格而撰写的学术著作，须经过答辩，代表比博士论文更高的学术水平。

② 另一位德国背景的学者是日耳曼学家贝克（Henrik Becker, 1902—1984），宣读的论文是《充当标准语音位的方言语音》(Dialektlaute als schriftsprachliche Phoneme)。总体来说，1930年布拉格国际音系学会议的参加者以斯拉夫背景学者占绝对优势。会议文集里列出了32位参会代表的名单，其中布拉格本地代表16名，包括捷克本国学者（马泰修斯、穆卡洛夫斯基、瓦海克等）以及旅居捷克的俄国学者（雅柯布森、萨维茨基）、乌克兰学者（阿尔季莫维奇 [Agenor Artymovych / Агенор Артимович, 1879—1935]），另有来自布尔诺的捷克本国学者1名（哈弗拉纳克）。来自其他国家的参会者包括波兰学者4名（多洛舍夫斯基、尼奇、乌瓦申、绍伯尔 [Stanisław Szober, 1879—1938]），南斯拉夫学者1名（贝利奇 [Aleksandar Belić, 1876—1960]），保加利亚学者1名（罗曼斯基 [Stojan Romanski / Стоян Романски, 1882—1959]），旅居德国的乌克兰学者1名（契热夫斯基），旅居德国的俄国学者1名（博加特廖夫 [Petr Bogatyrev / Пётр Григорьевич Богатырёв, 1893—1971]）。非斯拉夫背景的西欧学者只有5人：比勒、贝克，以及荷兰学者希尼肯、赫罗特，挪威学者萨默菲尔特。

斯基),在现代心理学方面相当有名。我了解到他对语言心理学有兴趣,就给他寄去了我那篇论元音系统的文章的单印本。他极其喜欢这篇文章,在自己的课上详细谈论它,还在奥地利语音学会的会议上宣讲了这个问题。咱俩应当抓紧时间见个面,聊聊这事。

(Trubetzkoy 1975: 158 / 2006: 193)

比勒之所以对这篇《论音系性元音系统的普遍理论》颇为赞赏,重要原因之一在于他长久以来对语言问题的兴趣。比勒的研究常围绕语言心理学进行,许多重要论文都与语言学有直接关联,如《从常规心理学角度论语言理解》(Über das Sprachverständnis vom Standpunkt der Normalpsychologie aus,1909)、《句子新理论批评观察》(Kritische Musterung der neuen Theorien des Satzes,1918)、《论句法的本质》(Vom Wesen der Syntax,1922)、《论语言描述之概念》(Über den Begriff der sprachlichen Darstellung,1923)、《语言学公理》(Die axiomatik der Sprachwissenschaften,1933),等等。他那部前后共出6版并被翻译成多国文字的著作《儿童智力发展》(*Die geistige Entwicklung des Kindes*,1918/1921/1922/1924/1929/1930),同样与语言高度相关。1934年,他推出了400多页厚的《语言理论——语言的描述功能》(*Sprachtheorie: Die Darstellungsfunktion der Sprache*),从此前提出的4条"语言研究的公理"出发,详细阐述了语言的指称域(Zeigfeld)、象征域(Symbolfeld),继而分析了人类话语结构的元素与构成。该书在心理学和语言学领域皆为经典之作。比勒因而不仅是杰出的心理学家,更被后世尊为语义符号学家(sematologist)。(Goodwin 1990)

比勒(Bühler 1933,1934)提出的语言公理系统由4条公理组成,其中第2条(公理B)围绕的是语言的符号本质(Zeichennatur)。他在这一公理下论述符号功能的"抽象重要性原则"(Prinzip der abstraktiven Relevanz)时,指出了特鲁别茨柯依的《论音系性元音系统的普遍理论》带来的启示:

第 2 章　生理之语音与语言之语音：语音学与音系学二分法历史回溯

> 关于语言符号，我在接触音系学之前，就已开始研究这一语言理论问题……只有语音研究这一整块，似乎无法融入语言学全然归属于语义符号学这一认识之中，就像物理学归属于数学那样。……语言学的语音研究，似乎呈现出了与语法其他部分不同的特质。N. 特鲁别茨柯依的纲领性著作《论音系性元音系统的普遍理论》一送到我手中，这一哲学（科学理论）异状就显得能讲通了，并得到了解决。该文猛然间为语音研究合情合理地提供了新视野，形成了完善的语言学新领域，这一领域不再具有语音学（Phonetik）的属性，这正是我一直在寻求的东西。因此，恰如逻辑判断力所要求的，可以也必须把对语音的科学研究一分为二。语音一来可视为其"自身"，二来承担其符号之角色；语音学处理前者，音系学处理后者。
>
> （Bühler 1965 [1934]: 44）

比勒此前的思索，指向语音研究中的一个很关键的问题：与词法、句法、语义研究相比，语音学（尤其是实验语音学）所描写的细节反映的往往是语音的生理-物理事实，这类细节未必具有语言符号特征。这一状况造成语言研究与语法-语义研究不同质。应如何解决这一矛盾？他欣喜发现特鲁别茨柯依从语音研究中分离出了一种基于系统而非基于细节的研究，即音系学，这无疑向该问题的解决迈出了关键一步。

比勒正是基于这一思路，提出审视语音的方式不是一种而是两种，首先可从语音自身的"纯物质特征"角度去考虑，其次可从语音所发挥的"符号功能角色"去考虑。而从更具一般性的"抽象重要性原则"来看，用物质特征不同的符号来表达相同的意义是可行的。

如果说特鲁别茨柯依的语音学-音系学二分法为比勒的语言公理 B 提供了重要启示，那么比勒的语言公理 C 则为语音学-音系学二分法提供了继索绪尔言语-语言二分法之后的又一份语言哲学基础。

如图 2-2，比勒的第 3 条语言公理（公理 C），可概括为一张由两组二分法交叉构成的四格图，图中的 4 个项分别是"言语行动"

（Sprechhandlung，略作H）、"语言作品"（Sprachwerk，略作W）、"言语行为"（Sprechakt，略作A）、"语言构造"（Sprachgebilde，略作G）。

	I	II
1.	H	W
2.	A	G

图2-2　比勒的语言公理C四格图
（Bühler 1965 [1934]: 49）

虽然这两组对立项与索绪尔的言语-语言二分法有一定相似之处，但是比勒作为典型的德奥学者，从德语世界的语言学传统中引述的思想，其历史远比索绪尔更悠久。"言语行动"与"语言作品"这组对立项的源头是洪堡特（Wilhelm von Humboldt, 1767—1835）提出的Energeia（行动）和Ergon（作品）之区别[①]。他在1836年出版的《论爪哇岛上的卡维语》（*Über die Kawi-Sprache auf der Insel Java*）第1卷导言[②]中提出了这组对立概念，由此提出"语言不是作品，而是行动"（Humboldt 1836: lvii）这一著名论断，认为语言实质上就是说话者为了让自己的脑中之所想能够被别人听懂而反复做出的发音活动。比勒把索绪尔的言语-语言二分法引入这组对立概念，将二者重新阐释为"言语行动"（H）和"语言作品"（W）。

与洪堡特的"行动"和"作品"相比，索绪尔更倾向于利用"言语"和"语言"来对语言形式做阐释。因此，把洪堡特的这组对立引入索绪尔的言语-语言二分法，我们则可得到更偏形式的"言语行为"（A）和"语言构造"（G）。

[①]　Energeia和Ergon是希腊文ενέργειας（活力、活动）和ἔργον（工作、作品）的拉丁字母转写，分别对应德文的Tätigkeit（行动）和Werk（作品）。

[②]　1836年第1版中，这篇导言长430页，题为《论人类语言的结构差异及其对人类精神发展的影响》（*Über die Verschiedenheit des menschlichen Sprachbaues und ihren Einfluss auf die geistige Entwickelung des Menschengeschlechts*）。该导言后来独立成书，成为语言学史上的思想经典。该书有姚小平教授的中译本（1999）。

第 2 章　生理之语音与语言之语音：语音学与音系学二分法历史回溯　　59

	个体 （言语）	集体 （语言）	
	I	II	
1.	H	W	低形式化（语义）
2.	A	G	高形式化（语音）

图 2-3　对比勒语言公理 C 四格图的解读

从纵向看这张四格图，"言语行动"（H）和"言语行为"（A）的共同特点在于二者都是"与主体相关的现象"（Bühler 1965 [1934]: 49），即与说话个体相关的现象；与之相反，"语言作品"（W）和"语言构造"（G）则是"不依赖主体且固定存在于各主体之间的现象"（同上），即与语言共同体相关的现象。

而从横向来看这张四格图，"言语行动"（H）和"语言作品"（W）的形式化程度（Formalisierungsstufe）较低，是代表语言内形的语义层；"言语行为"（A）和"语言构造"（G）的形式化程度较高，是代表语言外形的语音层。特鲁别茨柯依从比勒的公理 C 中选来作为语音学－音系学二分法基础的，正是"言语行为"（A）和"语言构造"（G）之概念。

由此，比勒的语言公理 C 巩固了原本已建立在索绪尔言语－语言二分法基础上的语音学与音系学之别。《音系学原理》中对二者所做的新角度下的阐释（2.3.1），即是以此为理论依据。

2.4.3　加迪纳的言语情景论对语音学－音系学二分法的旁证

《音系学原理》里论及为语音学－音系学之别充当语言哲学基础的言语－语言二分法时，把英国埃及学家加迪纳（Alan Gardiner, 1879—1963）的言语情景论也列在其中。

1934 年 3 月，特鲁别茨柯依受伦敦大学邀请，做了三场关于北高加索语言的讲座。他 5 月写给雅柯布森的信里一边风趣谈及一些英伦见闻，一边指出了英国语言学界的某些特色："在英国，因为一切都跟人两样（挂号信交给小卖部，城市公园里允许踩草坪，先令分成12份，等等），所以真正的语言学家可能藏在完全不同的地方，比如人类学那边。"（Trubetzkoy 1975: 299 / 2006: 348-349）关于英国人类学界的语言学研究者，他提到了加迪纳。

加迪纳无疑是一流的埃及学家，他誊抄、解读与翻译了阿蒙涅姆赫特（Amenemhet）、拉美西斯二世（Ramesses II）等法老的碑铭，参与创办的《埃及考古学报》（*Journal of Egyptian Archaeology*）至今仍在出刊，他撰写的《埃及语语法》（*Egyptian Grammar*, 1927/1950/1957）也曾一版再版。而真正令特鲁别茨柯依惊喜的是，加迪纳也参与了对索绪尔普通语言学思想的回应。

加迪纳的《言语与语言之理论》（*The Theory of Speech and Language*, 1932）一书旨在纠正当时英国普遍存在的"语言＝言语"的错误认识[1]，他认同索绪尔的言语-语言二分法，但索绪尔只是他所引证的正确揭示言语本质的前人之一，这些前人中至少还包括魏格纳（Philipp Wegener, 1848—1916）、埃尔德曼（Karl Otto Erdmann, 1858—1931）、谢菲尔德（Alfred Dwight Sheffield, 1871—1961）、卡勒普基（Theodor Kalepky, 1862—1932）。[2] 他希望以此提醒研究埃及学的弟子们，若要正确解读古埃及语的碑铭和文献就必须认识到，古埃及语虽然历史极为久远，但并不是原始蒙昧的语言；研究古埃及语不是在探求语言起源，因为言语情景中的古埃及语和其他任何语言一样，"是高度发达而复杂的语言，远观之，其现代性并不输法语或英语。"（Gardiner 1932: 4）

---

[1] 我们可参考加迪纳此前在《词与句子的定义》（The Definition of the Word and the Sentence, 1922）一文中对"语言"（language）的定义："与经验事实存在关联的一切发音符号系统，说话者通过这样的系统，力求按特定方向影响听话者的思维。"（Gardiner 1922: 354）这一系统显然具有高度的抽象性，与每位说话者每天说出的大量具体句子（言语）有本质不同。

[2] 这些前人当中，他最突出的不是索绪尔而是魏格纳，他认为魏格纳在《语言生命基本问题研究》（*Untersuchung über die Grundfragen des Sprachlebens*, 1885）中第一个提出了"情景"（situation）对于言语交际的重要性。（Gardiner 1932: 12）他因而在《言语与语言之理论》一书的扉页上向魏格纳致敬，把他尊为"语言学理论的先锋"。

加迪纳的言语情景论，强调把具体的言语行为还原回真实生活情景中，从中探究言语中发生了何种过程，涉及了哪些因素。他依此认定了言语中必不可少的4个因素：说话者、听话者、所谈事物、词（同上，28），言语的这4个因素只有全部出现于同一情景时，才能够发挥协同效用（同上，49）。显然，无论解读古代语言还是现代语言的语料，这样的思考都是必不可少的。

"言语"即是在无数具体情景中普遍展开的"活动"（activity）。与之相比，"语言"被定义为用来对言语活动加以描写的"科学"（science），二者因而不应被混淆。（同上，62）关于二者的关系，加迪纳指出：

> 语言……从每个句子背后，从每一言语成品（finished product of speech）背后，迷雾般地隐现出来。语言是个集合术语，涵盖了能使说话者有效运用词符号的一切知识条目。
>
> （同上，88）

把言语活动中的每一句话视为"成品"，让我们联想起洪堡特的术语Ergon（作品）。"语言"显然不是这样的具体作品，而是一种抽象的知识与能力，故谓之"科学"。

此外，加迪纳还提出了另一条证据，来证明言语–语言之区分是客观存在的，不是沙发理论家的臆想。他指出："虽然语言学理论家通常会忽视'语言'和'言语'之间的区别，但是文明世界的大多数语言可没有犯这样的错误。"（同上，107）换言之，许多语言中都有两个不同源的词，分别表示具体的"言语"和抽象的"语言"。他举的例子虽以印欧语言为主，但也包括阿拉伯语，当然更包括他所熟悉的古埃及语，我们可把他给出的例子列成表2-1。①

---

① 须注意，同源词在不同具体语言中可用于不同含义。例如，荷兰语taal是"语言"，而瑞典语tal却是"言语"。

表2–1　加迪纳给出的不同语言中表示"语言"的词和表示"言语"的词

	"语言"	"言语"
英语	language	speech
拉丁语	lingua	sermo
希腊语	γλῶσσα	λόγος
法语	langue	parole / discours
德语	Sprache	Rede
荷兰语	taal	rede
瑞典语	språk	tal
阿拉伯语	lisān	kalām
古埃及语	ro	mūdet

我们完全可以把汉语之例也补充进来，因为虽然"语言"和"言语"是20世纪我国语言学家研究索绪尔的语言学理论时专门使用的术语，但是文言中自古已有"言"和"语"之别：查阅诠释古汉语词义的权威工具书《辞源》我们也会发现，"言"表示说话、表达、言论等，只有"语"才有抽象的语言之义。

特鲁别茨柯依观察到，30年代的英国语言学界，既无根深蒂固的德奥式历史比较传统造成的负担，又缺乏对索绪尔普通语言学的普遍兴趣。在这样的背景下，英国人类学家对言语–语言二分法的强调，恰好可为语音学与音系学之别充当中立而公平的旁证。

2.4.4　叶斯柏森对语音学–音系学二分法的回应

特鲁别茨柯依（Trubetzkoy 1933c, 1939a）提到的几位音系学先行者当中，我们有必要格外强调一下叶斯柏森，因为布拉格学派的音系学主张引起广泛关注时，索绪尔和博杜恩已去世，而叶斯柏森仍是活跃的学者；因此，他对语音学–音系学二分法的反馈是直接的，颇值得思考。

叶斯柏森早年对"音系学"采取的是典型的英国–北欧语音学派的传统定义，即"音系学"是"语音史"的另一个名称（Jespersen 1899:

7）。他专门论述一般性语音问题的那几部最重要的著作（Jespersen 1899, 1904a, 1904b），故而皆冠名为"语音学"而非"音系学"。然而，这些著作虽以语音学为名，探讨的却经常是今音系学之实，不仅阐述语音的生理–物理机制，更系统探究了语音现象对语义造成的区别，这之中既涉及音段差别，也涉及音长、重音、音高等超音段成分的差别。他虽未提出语音学–音系学二分法，却格外突出了音义关系在语音研究中的作用。

叶斯柏森在《语音学的基本问题》一书中已指出，同一个音在不同的具体语言中可具有不同地位，即"独立语音"（selbständiger Sprachlaut）和"次要变体"（untergeordnete Varietät）之别，他尤其指出这种地位上的差别"取决于每种语言在多大程度上利用（这样的）语音差别来区别语义"（Jespersen 1904a: 104）。在《语音学教程》一书中，他又把这一原则贯彻于对德、法、英等具体语言语音系统的分析实践中，展示了大量可造成语义差别的语音对立之实例。尤其是在对音长、重音等超音段成分进行分析时，他提出了"外部决定"（äusserlich bestimmt）的语音成分和"内部决定"（innerlich bestimmt）的语音成分之间的本质区别，指出只有"内部决定"的语义区别才可用于区别词义。（Jespersen 1904b: 177）上述思想后来成为布拉格学派语音学–音系学二分法以及音位概念的重要依据。由此不难得出结论，叶斯柏森的"语音学"比布拉格学派所认定的"语音学"范围更广；他的"语音学"既是语音学，也是音系学。

因此，对于特鲁别茨柯依等布拉格学派音系学家基于语义区别而开展的语音研究，叶斯柏森始终持肯定态度，认为这样的"音系学视角"符合自己的一贯主张：他自己早已指出过，"有些差异，在有的语言中扮演重要景色，用来区别其他方面皆相同的词；而在别的语言中，则完全不发挥区别作用，或是只发挥一丁点区别作用。"（Jespersen 1904b: 243）但是，叶斯柏森在肯定布拉格学派的新思路的同时，并不支持他们所主张的语音学与音系学之间的彻底分裂。他对此并不加以掩饰：

> 我对音系学派的几位领袖怀有最真挚的敬意,相信他们已为语言学带来诸多不凡价值。但是,我不会因此而忽略该学派不时提出的一些过格看法,尤其是他们对自己跟先前研究者之间的鸿沟的夸大(年轻一代的强势运动往往都是这样)。……语音学和音系学之间的差别不应强调得过于尖锐,……没有语音学(语音生理学),就没有音系学!如我在日内瓦所说,我们必须区别(scheiden)语音学和音系学,但不应把二者分割开(trennen):语音学家必须成为音系学家,音系学家也必须充当语音学家。
>
> (Jespersen 1933a: 213)

叶斯柏森所使用的这两个德语动词,恰到好处地阐明了他的观点:scheiden 强调逻辑上的不同,trennen 突出物理上的分离;对不同性质的语音研究加以区分,至少在济弗斯的年代就已经十分明确;而布拉格学派试图让不同性质的语音研究完全分家,在叶斯柏森眼里只代表热衷于激进革新的年轻一代所显现出的激情而已,有时难免夸大事实。[①]

最后还应提到的一点是,《音系学原理》中"言语行为-语言构造"二分法乃至"语音学-音系学"二分法的理论依据,其实还包括叶斯柏森提出的"语言化(glottic)成分"与"非语言化(non-glottic)成分"之区别。[②] 叶斯柏森在琼斯(Jones 1917, Perera & Jones 1919)的影响下,20年代末开始已将音位概念运用于多种新著之中。(如 Jespersen 1929, 1933b, 1960 [1934], 1941)不过,他对音位这个术语并不完全满意,因为他注意到除了音段层面之外,语言的其他层面上同样存在着与"语音-

---

[①] 在布拉格学派内部,与特鲁别茨柯依、雅柯布森等年轻一代相比,较为年长的马泰修斯的看法也较为温和。马泰修斯论及布拉格学派的语言学观(尤其是音系学观)时表示,功能结构语言学在思想源头上融合了西欧的索绪尔和东欧的博杜恩,在研究方法上融合了葆朴学派与洪堡特学派,因此"我们的座右铭不是'革命',而是'文艺复兴'。"(Mathesius 1931b: 292)

[②] 中译本(2015)读者难免会忽视这一点,因为1960年俄译本不知何缘漏译了特鲁别茨柯依德语原文中的那句"对于'属于语言构造的'之义,我们使用O. 叶斯柏森提出的'语言化'这个术语"(Trubetzkoy 1939a: 5),该中译本是从俄译本转译的,因此也缺少了这一细节。

音位"具有可比性的对立，故而提出：

> 语音学有些领域可以而且应当做出同样的原则性区别，但是却不能使用音位一词，这就出现了术语上的尴尬。最好能有个更广义的词，既可表示语音和音位之间的差别，又可表示其他领域的类似差别。因此，我建议使用"语言化"（[德] glottisch，[法] glottique，[英] glottic）一词，来表示某一语言（音系）系统内部具有语言学意义的东西，也就是某一具体语言用来或可以用来区别语义的那些东西。
>
> （Jespersen 1933a: 214）

叶斯柏森的语言化成分与非语言化成分之对立，几乎可存在于语言的一切层面上，如浊音性、鼻音性等小于音位的语音成分，又如重音、音长、音高等韵律成分[①]，这些成分如果在某一具体语言中发挥了语义区别作用，就是语言化成分，反之则为非语言化成分。他还提到，语音之外的领域（如句法）里，如果某一词序具有某种语义功能（如区分陈述句和疑问句），也具有语言化之性质。

特鲁别茨柯依把叶斯柏森的这一创新解读为，非语言化的成分仅属于"言语行为"范畴，而语言化成分才是属于"语言构造"的成分。因此，《音系学原理》把这组术语拿来，用于强化叶斯柏森并不支持的语音学–音系学二分法。

综上而看，在音系学的早期发展中，叶斯柏森对布拉格学派的学说所发挥的影响总体来说是积极的。他在音系学之"实"上无疑扮演了重要的先驱、模范及推动者之角色，但在音系学之"名"上，他或许显得过于保守了，至少在特鲁别茨柯依看来如此。

[①] 欧陆语言学常把音位局限于音段成分，但美国结构主义语言学常把具有区别性的韵律成分也视为音位。参见 Bloch & Trager（1942）。

2.5 小结

语音学-音系学二分法无疑是布拉格学派留给现代语言学的最重要遗产之一。如今，二者之别已作为常识出现于语言学的几乎每本基础教科书之中，音系学早已不再是布拉格学派的专属。布拉格学派的语音学-音系学二分法，不是语音研究的第一次分裂。从两种不同视角对语音加以研究的格局，19世纪时在德国已出现：历史比较语言学家和语言生理学家研究语音的角度截然不同，各有所长。二者的精髓在19世纪中后期合流，形成了力求包罗万象的经典语音学，济弗斯成为这一领域的集大成者之一。进入20世纪，索绪尔的普通语言学思想，尤其是"言语-语言""能指-所指"之对立，为区别生理-物理视角下的语音研究和功能-语义视角下的语音研究提供了理论依据。索绪尔、博杜恩、叶斯柏森的著作中都曾出现过与语音学-音系学二分法十分接近的思想，但特鲁别茨柯依站在目的论和整体论的立场上，使这类思想实现了基于功能主义的转型，现代音系学由此产生。当然，随着历史的发展，语音学和音系学之间也出现了某种程度上的重新整合，如今音系学的研究范围比特鲁别茨柯依在世时扩大了很多，语音学更不必被逐出理论语言学了。

第 3 章
从语音意象到区别功能：特鲁别茨柯依的音位观

Value is the life-giving power of anything.

John Ruskin, *Munera Pulveris* (1872)

价值是为一切事物带来生命的力量。

——约翰·拉斯金，《报之以尘》(1872)

3.1 音位作为能指

3.1.1 音位的语言价值

语音学-音系学二分法为不同性质的语音研究划定了界线，特鲁别茨柯依相信二者应各司其职，各有自己的研究目的与研究方法。他以"共时"（非历时）且"普通"（非具体语言）的音系学为阐述对象的首篇论文《论音系性元音系统的普遍理论》(1929)开篇即指明，语音学研究的是"人类言语的声音"，音系学研究的是"音位"。(Trubetzkoy 1929a: 39) 这一论断不仅指明了这两个领域的关键区别，而且让音位成为音系学的研究焦点。

十年后，体系已完全成熟的《音系学原理》(1939)让我们更清楚地看到，"音位"和"语音"（Sprachlaut）（或笼统称之为"音"[Schall]①）之区别正如音系学和语音学之区别，也是建立在索绪尔的语言-言语二分法基础上的。"音位"是"语言构造"（Sprachgebilde）中的抽象单位，属"语言"范畴；"音"客观存在于"言语行为"（Sprechakt）之中，属"言语"范畴。言语行为（言语）层面上没有相互分离的音，只有具体而连续的音流（Schallstrom）；只有在语言构造（语言）层面上，才可能抽象出具有语言价值的语音单位。

何为"语言价值"（linguistic value）？结构主义视角下任何形式的语言单位，其重要性皆不在于该单位自身的物质属性，而在于它在整个语言系统中居于何种地位。索绪尔因而指出，能指是无形的（[法]incorporel），因为能指之价值不在于其"物质实体物"（[法] substance matérielle），而在于"将其音响形象与其他一切能指的音响形象区分开的差异"（Saussure 1916: 170），这一原则适用于"语言"层面的所有成分。因此，对充当语言范畴抽象单位的"音位"和仅属于言语范畴的"音"加以区别，是把索绪尔语言-言语二分法运用于语言的语音层面的必然结果。"音位"和"音"成了同一语言现象相互关联着的两面。

特鲁别茨柯依对音位概念加以强化，其创新性在于解决了语言研究中语音层面与其他层面不同质的问题：词法学、句法学皆以探究与语义相关的形式和结构为目标，语音研究同样不应满足于发音的生理-物理过

---

① Schall和Laut在德语中的区别在于，Schall是一种物理现象，任何声音皆可称作Schall，无论自然界的流水、鸟鸣，还是人类社会中的引擎作响、言语交谈均涵盖在内；而Laut一定是人类的话语声音，即"语音"。我们可参考柏林-勃兰登堡科学院权威的《数字版德语词典》（*Digitales Wörterbuch der deutschen Sprache*, DWDS）对这两个词的解释：Schall: mit dem Ohr wahrnehmbare akustische Schwingungen（用耳朵可感知的声学震动）< https://www.dwds.de/wb/Schall >（2023-01-05）；Laut: kleinste klangliche Einheit der menschlichen Rede, die mit einem oder mehreren Buchstaben im Schriftbild dargestellt wird, Sprachlaut（人类言语的最小声音单位，书面上用一个或多个字母表示；即语音）<https://www.dwds.de/wb/Laut>（2023-01-05）。语言学研究者或许会对"最小声音单位"这一提法不满意，但作为普通的语文词典（而非语言学百科词典），这一解释符合公众的认知。

程。音系学把语音研究的重心转向音义关系，音位正是这一新型语音研究中最基本的"价值实体"。

索绪尔认为，"音位首要一点即在于其是对立性、相对性、否定性实体（ [法] entités oppositives, relatives et negatives）"（同上，171）。特鲁别茨柯依《音系学原理》的主体部分，正是以此为基础而构建的"区别之学说"（die Unterscheidungslehre），也就是音系学中以"音的区别性语义辨别之功能"（die distinktive bedeutungsunterscheidende Schallfunktion）为研究对象的部分。由此，特鲁别茨柯依提出：

> 区别性之概念，以对立之概念为前提。一事物只有通过另一事物，才能够得以区别；也只有通过二者相互对比（gegenübergestellt），才可加以区分（entgegengestellt）；换言之，只有二者之间存在对立关系时，才能如此。因此，某一语音特征只有与另一语音特征相对比时，也就是充当某一语音对立的项（Glied）时，才可获得区别功能。在某一语言中能够区别两词的理智语义的语音对立，我们称之为音系对立（phonologische Opposition，亦称音系区别性对立或区别对立）。反之，不具备这一能力的那类语音对立，我们将其描述为在音系上无关紧要的（phonologisch irrelevant）或是非区别的（indistinktiv）。
>
> （Trubetzkoy 1939a: 30–31）

从这段表述中不难总结出，任何语音成分在音系学视角下都不应孤立地看。有对比，可区分，才形成对立；语音只有充当对立中的项，才有机会构筑语义区别，从而彰显其语言价值。由此可进一步将语音对立分为两种，一种的确构成了语义区别，在音系上"至关重要"；另一种无法构成语义区别，因而在音系上"无关紧要"。前者如德语的 [ç] 与 [k] 之别，后者如德语的 [ç] 与 [x] 之别。特鲁别茨柯依在《音系学原理》中为音位下的定义，正是基于此。音位被定义为"语音构造中对音系至关重要的特征之和"（Trubetzkoy 1939a: 35）。

而承载区别性的音系单位可大可小，可以是整个词（如Mann [丈夫]和Weib [妻子]两词间完全拆解不出任何相同的音），可以是词里的某一音节（如Mähne [鬃毛]和Bühne [舞台]之间因第一个音节而区别），也可以是单个音（如Bühne [舞台]和Bohne [豆子]之间仅因元音/y:/和/o:/而区别）。因此，我们在《音系学原理》中还可找到特鲁别茨柯依为音位下的另一个定义：音位是"从具体语言角度来看无法拆分成更小的顺次性音系单位的音系单位"（Trubetzkoy 1939a: 34）。即使雅柯布森在后来的著作中系统呈现了比音位更小的"区别特征"（distinctive feature），特鲁别茨柯依对音位所下的这一定义仍未过时，因为构成某一音位的若干区别特征显然不是沿时间轴依次排列的，简言之，区别特征是共现性（concurrent）音系单位，而不是顺次性（successive）音系单位。

索绪尔指出，能指"是一条线"（Saussure 1916: 105）；同时也指出，"语言中只有差别"（同上，172）。透过音位在《音系学原理》中的上述两个定义，我们发现二者分别呼应了能指的这两个特征。一方面，音位是时间轴线上最小的语言单位；另一方面，音位是语义区别特征之和。正是这两个属性，使音位完全具备了能指之特性。

最后我们还应注意《音系学原理》德语原文中relevant一词的分量。虽然巴尔塔克斯的英译本保留了relevant原词，但是我们须认识到此词在德语和英语中的差别。柏林-勃兰登堡科学院的《数字版德语词典》对relevant的解释是："wichtig, bedeutsam, erheblich"（重要的、有深远意义的、可观的）。与之相比，《朗文当代英语词典》释英语relevant最常表示的是"directly relating to the subject or problem being discussed or considered"（与正在讨论或正在思考的话题或问题直接相关）[①]。在我国

[①] 亦可参考《牛津高阶英语学习词典》（OALD）：第1义项为"closely connected with the subject you are discussing or the situation you are in"（与你正在讨论的话题或你所处的情景密切关联）。虽有第2义项"the fact of being valuable and useful to people in their lives and work"（对人们的生活和工作有价值和用处），但仍未达到"重要、深远、可观"之程度。

出版的《新德汉词典》中，relevant释作"重要的、关系重大的、意义重大的"；而《新英汉词典》中，relevant释作"有关的、贴切的、中肯的、恰当的"。因此，特鲁别茨柯依以德文撰写的音系学著作中反复出现的phonologisch relevant一语，指"音系上至关重要"，而不是含义模糊的"与音系相关"；同理，phonologisch irrelevant指的是"音系上无关紧要"。虽然德语和英语的relevant都是借自拉丁语的"国际词汇"，但是此词在德语中的分量远重于其英语同源词。

3.1.2 语音的理智语义与情感语义

理解音位时，我们需注意特鲁别茨柯依对"理智语义"（intellektuelle Bedeutung）的强调。所谓"理智语义"是与"情感语义"相对而言的。布拉格学派对音位的语义区别功能的探讨限于前者，而须将后者排除在外。例如，即使长短元音无法用来区别词义（"理智语义"）的语言（汉语即属于此类语言），仍可利用元音的延长来表达感叹、惊讶、厌烦等"情感语义"上的差别。特鲁别茨柯依认为，这样的"语义"绝不能纳入关于音系对立的探讨。

语音所表达的"情感语义"应如何处理，《音系学原理》在语音学－音系学二分法之外提出过另一组二分法——音系学与语音风格学之别。如今，"语音风格学"这个术语本身没能生存下来，但是这之中涉及的问题仍值得我们思考。

简单说，"语音风格学"名下涵盖的是某些不应划归音系学，但又不属于纯生理－物理范畴的语音现象，前述反映"情感语义"的语音现象就应置于其名下。《音系学原理》中，对这类现象的特殊性的审视，是随特鲁别茨柯依在比勒"语言三功能说"基础上创建"语音三平面说"而展开的。

早在1918年，比勒就已在一篇题为《句子新理论批评观察》的文章里提出，"人类语言功能有三：表现（Kundgabe）、呼吁（Appell）、描述（Darstellung）"（Bühler 1918: 1）。《语言理论》（1934）中，语言的"工具性"（organum）被视为语言四大公理中的第1条（公理A），上述三大

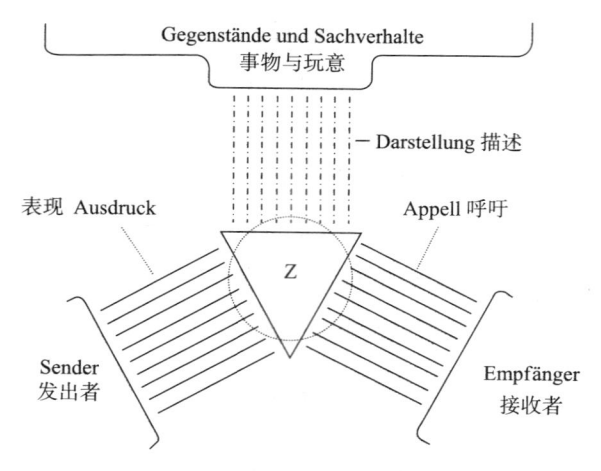

```
                    Gegenstände und Sachverhalte
                         事物与玩意
                                           — Darstellung 描述
        表现 Ausdruck           Appell 呼吁
                          Z
         Sender                  Empfänger
         发出者                    接收者
```

图 3-1 比勒的语言三功能示意图

图中的 z = Zeichen（符号），即语言符号（linguistic sign）。

（Bühler1965 [1934]: 28）

功能因而得到重申。（Bühler 1965 [1934]: 28）[①]

特鲁别茨柯依从语音角度将这三大功能阐释为："我们听人说话时，听的是谁在说话，用何种调子在说，说了什么。"（Trubetzkoy 1939a: 18）因此，语音特征可投射至表现平面（Kundgabeebene）、呼吁平面（Appellebene）、描述平面（Darstellungsebene）。说者（信号发出者）是"表现功能"的主体，以某一说话方式说话，目的是为了实现对听者（信号接收者）的吸引，使其获悉说者的意图。其说话方式（用何种调子说话）由此成为"呼吁功能"的实现途径。至于他说了什么，就是纯粹的语言学问题了，"描述功能"的实现故仅取决于话语中使用了该语言的哪些词汇成分和语法成分。

---

① 比勒在《语言理论》中把"表现"由 Kundgabe 改为 Ausdruck，并解释这一修改是因为 Ausdruck 作为术语在语言学界的认可度更高。（Bühler 1965 [1934]: 28-29），但特鲁别茨柯依似乎认为 Kundgabe 这一提法并无不妥，因而在《音系学原理》里用 Kundgabeebene 表示"表现平面"。德语 Kundgabe 是由名词 Kunde（消息）+ 动词 geben（给）而构成的复合词，即"发出消息、宣告事情"之义。

以此来看，"描述功能"中仅涉及"理智语义"，投射至"描述平面"的语音特征毫无疑问地属于音系学。与之不同的是，说者实现"表现功能"和"呼吁功能"时可使用的语音手段绝不仅局限于"理智语义"所圈定的范围，那么应如何定位投射至"表现平面"和"呼吁平面"的语音特征？

匈牙利学者拉季齐乌什（Julius von Laziczius, 1896—1957）宣读于伦敦第2届语音科学大会上的《音系学里的新范畴》(A New Category in Phonology)一文尝试解决这一问题。拉季齐乌什认为，音位和变体之间存在第三类范畴，他称之为"强调成分"（emphatica），指某一语言中不具备音位地位，却与组合变体、可选变体有本质区别的那类"风格变体"（stylistic variant）。(Laziczius 1936: 57) 例如，匈牙利语虽然长短元音对立异常发达，但布达佩斯方言却缺少 /ɛː/ : /ɛ/ 之音位对立。但即便如此，仍可带着感情色彩把短元音拖长，形成 ember [ˈɛmbɛr]（人）和 [ˈɛːmbɛr]（人！）之对立，组合变体或可选变体无法呈现这样的情绪区别。因此，他同样援引比勒的语言三功能说，指出"音位"是描述、呼吁、表现三功能皆具备的符号单位，"强调成分"是只有表现功能和呼吁功能的符号单位（因而不能区别词义，只能区别情感），而"变体"仅具备表现功能（既不能区别词义，也不能区别情感）。他认为有必要把这三种语音单位全部纳入音系学的研究范围。（同上，60）

特鲁别茨柯依对此做何回应？[①]他建议另外建立一个名为"语音风格学"的领域，专门处理表现平面和呼吁平面的问题。这样，就可以让音系学仅限于研究描述平面的问题了。(Trubetzkoy 1939a: 28-29) 表现平面是表露说者身份的平面，涉及的因素很广，包括体现说者年龄、性别、地域背景、社会地位等因素的语音特征。呼吁平面是体现说话者情感、情绪的平面，说者在兴奋、悲伤、惊喜、恐惧时，都会显现出不同于常

[①] 特鲁别茨柯依此前已在《音系描写指南》一书中指出，对于表现平面或呼吁平面特有的音，"必须明确标明其特殊功能，不要将其融入常规音位清单中"(Trubetzkoy 1935a: 19)。

规的语音特征。这些问题常涉及某一具体语言使用时的社会规约，许多要素因具体语言而异，因此当然值得研究。不过，这些在语言使用中产生的问题，不应跟音系系统本身混同。正因为此，此前特鲁别茨柯依已在多个场合（Trubetzkoy 1933a, 1935a, 1936a; CLP 1931a）强调过，音系学视角下探讨音义关系时，语义永远仅指"理智语义"，不应把"情感语义"混同进来。《音系学原理》中不时提到的"反常的语音成分"，大多与投射至表现平面和呼吁平面的语音特征有关。

"语音风格学"这个名称未能生存下来，但这并不影响与表现平面、呼吁平面相关的语音现象得到应有的研究。雅柯布森二战后的《语言基础》（1956）、《语言音形论》（1979）等著作中，这类现象的地位得到了更合理的归类。许多与呼吁平面相关的语音现象被纳入"表达特征"（expressive feature），许多与表现平面相关的语音现象被纳入"相貌指数"（physiognomic indices），二者都是非区别特征中的重要环节。

值得注意的是，"相貌指数"在50年代出版的《语言基础》中仅笼统地描述为可辨认说话者年龄、性别等的"自然语音特征"（Jakobson & Halle 1956）；而70年代末《语言音形论》出版时，社会语言学俨然已成为语言学研究中的新热门，雅柯布森已不再强调"相貌指数"是自然语音特征，而是转向强调这之中携带的"社会语言学信息"（Jakobson & Waugh 1987 [1979]: 45-46）。在社会语言学、语用学、话语分析等语言学应用领域研究空前发达的今天，超出描述平面的语音现象早已不再被视为音系学之外，"语音风格学"这个标签被淘汰出局也就在情理之中了。

3.2 音位的心理阐释

3.2.1 语音意象与语音意图

《音系学原理》中，我们常可看到特鲁别茨柯依在"音系性的"

第 3 章　从语音意象到区别功能：特鲁别茨柯依的音位观

（phonologisch）后面用括号加注"区别性的"（distinktiv），以强调二者之间的等价关系。之所以做此附注，是因为他对"音系性"以及"音位"的定义经历过显著变化。他早期的音系学著作更多借助于心理主义对"音系性"及"音位"加以阐释，《论音系性元音系统的普遍理论》一文即是此类典型。而在他后来的音系学著作中，语义区别功能的地位逐渐上升。截至他撰写《音系学原理》时，心理主义视角已完全被放弃，功能主义成为阐释音位的最重要途径。

特鲁别茨柯依在《论音系性元音系统的普遍理论》一文中，把音位等同于"语音意象"（Trubetzkoy 1929a: 39）；此后在日内瓦第 2 届国际语言学家大会（1931）的提案中，他又把音位定义成"实现为语音且生存于语言意识中的语音意图"（Trubetzkoy 1933a: 109）。无论"意象"还是"意图"，皆属心理范畴。二者分别从听者和说者的角度出发，揭示出音位无须体现发音中的每个生理-物理细节。对于语言交际来说，"听懂"的奥秘不在于说者的实际发音细节，而在于说者"自己想说什么"（意图）、听者"认为说者说了什么"（意象）。因此，特鲁别茨柯依后来在《音系学原理》补充解释：语音意图"其实只是对充当'语音意象'的音位加以描述时的一个唯意志论（voluntaristisch）版本而已"（Trubetzkoy 1939a: 37）。

唯意志论把意志视为人类行为中比智慧更具主导性的基本因素。因此，所发的音中究竟有哪些客观存在的特征并不是最重要的，主观性的"意图"之概念故而得到了强化。"语音意象"和"语音意图"是同一问题的两面，前者是对所听到的音的感知，后者是对所发出的音的感知。二者间的关系，在特鲁别茨柯依 1932 年 3 月 5 日致福赫哈默[①]的信中呈现得最为直观，信中以图示意音位的本质属性：

[①] 福赫哈默（Georg Forchhammer, 1861—1938），丹麦物理学家、教育家，因从事聋哑教学研究而关注语音学。

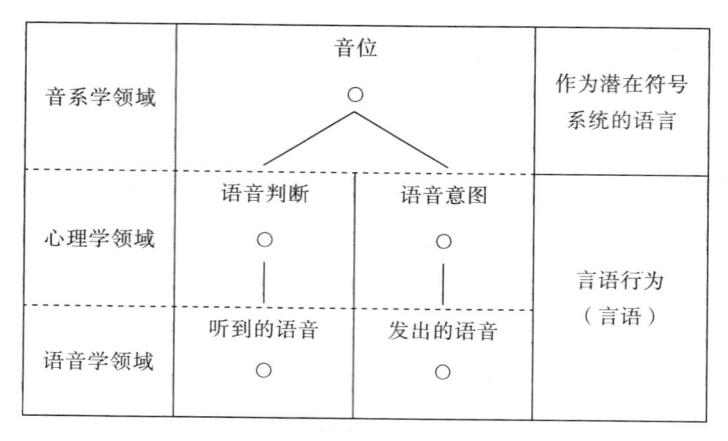

音系学领域	音位 ○		作为潜在符号系统的语言
心理学领域	语音判断 ○ │	语音意图 ○ │	言语行为 （言语）
语音学领域	听到的语音 ○	发出的语音 ○	

图 3-2　特鲁别茨柯依致福赫哈默信件中对音位的总结
（Trubetzkoy 1975: 458 / 2006: 515）

图中的"语音判断"（Lauterkennen）这一提法似乎未见于特鲁别茨柯依此前正式发表或出版的著作，但显然也是听者对所听到的物理声音所做的心理加工，可理解为"语音意象"在言语交际过程中的"动态版本"。言语层面上的音，在图中很明显地经两种生理途径而呈现——通过发音器官发出，通过听觉器官感知。这两个过程中的各种生理-物理细节，皆可借助语音学领域的技术手段进行客观的事实描写。而从心理学领域来看，二者分别呈现为听觉上的语音意象（及语音判断）和发音时的语音意图，并且最终统一于音系学领域的音位概念之中。

3.2.2　来自博杜恩的影响

特鲁别茨柯依早期对上述心理视角的依赖，与博杜恩的影响密切相关。他多次强调博杜恩对语音学-音系学二分法的重要贡献，也对西欧语言学界曾经长期忽视这一思想而感到遗憾。（Trubetzkoy 1933b, 1933c, 1939a）博杜恩这位喀山学派的创始人和代表人物，虽然多数著作是用俄语和波兰语撰写的，但是西欧语言学界对他的语音研究思想并非一无所知。他用波兰文撰写并发表于波兰《科学院论集》（*Rozprawy*

第 3 章　从语音意象到区别功能：特鲁别茨柯依的音位观

Akademii Umiejętności）的 164 页长文《试论语音交替理论》（*Próba teorii alternacji fonetycznych*, 1894），次年即在斯特拉斯堡出版了内容大致相同的德文单行本，德文书名为 *Versuch einer Theorie phonetischer Alternationen*（仍为《试论语音交替理论》），该书在西欧并不缺乏影响力。（参见 Jones 1957; Anderson 1985, 2021; Radwańska-Williams 2022）《试论语音交替理论》把"音位""语音学""语素"作为基本概念，以历时视角论述词法问题。书中如此定义音位：

> 音位 = 语音学领域的统一概念，借助对因同一个音的发音而获取的意象做心理并合，形成于心灵之中。= 语音的心理对等物。与统一的音位意象相关联的，是若干单独的人声意象之和。这些人声意象一方面是发音意象，即已完成或正在完成的生理发音活动之意象，而另一方面又是声学意象，即这些生理活动的已听到或正被听到的结果之意象。
>
> （Baudouin 1895: 9）

前面我们已看到（2.2.3），博杜恩认为语音学应分为"人声学部分"和"心理语音学部分"，前者涵盖与声学、生理相关的范畴，后者涵盖与构词、形态相关的范畴。语音的人声意象同时具有发音属性和听觉属性，而这一次次具体的物理-生理意象，在语言使用者的心灵中并合为统一的心理意象，音位代表的即是这样的心理意象。所以，音位可视为对若干有细微差别的音的归纳。他由此提出了一条公式（同上，86）：

$$d(x' - x'') = \emptyset$$

函数形式的 d (x) 是对语音差异的描写（d 即代表"差异"），音 x' 和音 x'' 之间因不同语音环境（博杜恩称之为"人声环境"）而呈现出细微的物理-生理差异，但只要在心理上无法感知到这样的差异（即公式中的空集），x 就依然是同一个音位。他以波兰语 matka（母亲）和 macierz（祖国）

两词重读音节中的a为例，指出由于前者位于闭音节中、非腭化辅音之前（/ˈmat-ka/），后者位于开音节中、腭化辅音之前（/ˈma-tɕɕ/），两种语音环境不可避免地在二者之间造成人声学差异，但二者从心理语音学角度看却仍属同一个音位，因而不会被母语者感知到。

博杜恩想要强调的是，这样的差异未来若得到增强，就有造成音位分裂之可能。而形态交替的产生经常与此相关，如他所举的 mogę（可以，单数第一人称）和 możesz（可以，单数第二人称），前者的音位 /g/ 和后者的音位 /ʐ/（波兰语正字法形式为 ż），就是人声学差异上升至心理语音学差异从而导致音位分裂之例。

博杜恩对音位的上述阐释无疑是历时的，但特鲁别茨柯依对这一思想的运用并未局限于历时视角。如果从共时视角来看 d (x' – x'') 所揭示出的语音差异，那么在某一具体语言里，这样的差异既可能是音系性的，也可能是非音系性的。

3.2.3 音系效力的早期阐释

共时视角下，x' 和 x'' 之间要达到何种差异程度，才应当被视为两个不同的音位？这一问题的答案显然也不在于生理-物理上的差别。特鲁别茨柯依认为，这之中的关键，在于此差异是否"在音系方面具备效力"（phonologisch gültig）。那么，何为音系效力？

与音位概念类似，特鲁别茨柯依阐释音系效力，最初依赖的也是心理学视角；或者更确切说，是心理学的关联主义（associationism）思想。《论音系性元音系统的普遍理论》不仅把每个音位视为心理层面上的语音意象，更指出音位与音位之间因语言意识而形成心理关联。透过一音位与另一音位的关联，语音意象（音位）内部那些维系此关联的更具体成分呈现了出来。因此，若对 x' 和 x'' 加以分解，既可找到二者间的共同成分，又可发现使之相互区别的独特成分。例如，他认为德语的语言意识中存在"/k/ : /g/ = /p/ : /b/"之等式，故而形成 /k/ 与 /g/ 之关联、/p/ 与 /b/ 之关联，由此拆分出"清音性"这个语音意象成分（Lautvorstellungselement）。/k/

和 /g/ 反映了这一成分的有与无，因而是两个不同的音位。而另一方面，/k/ 又与 /p/ 形成关联，从而拆分出"舌面后部性"之语音意象成分，/k/ 具有这一成分，/p/ 不具有这一成分，此特征的有与无同样可使两音位相关联。由此出发而进行的音系系统研究，其任务很大程度上就是对音位"心理内容"（psychologischer Gehalt）的思考。

不过，以关联为基础的音位理论很快就被特鲁别茨柯依放弃，他此后的音系学著作中没有再出现对"音位关联"的论述。这一转变与比勒对此问题的回应不无关系。特鲁别茨柯依曾向比勒寄送过《论音系性元音系统的普遍理论》，并因比勒对此文的兴趣与肯定而感到振奋（参见2.4.2）。而另一方面，比勒为该文的缺点所提的意见，特鲁别茨柯依同样非常重视。他因此在1930年5月27日致雅柯布森的信中写道："他〔比勒〕指出，我的学说应做些修改，因为关联心理学现在已经过时了。但他确信，这之中语言学部分的实质本身无须做改动。"（Trubetzkoy 1975: 158; 2006: 193）

这些私下交流，在比勒于1930年国际音系学会议上的发言中得到了公开。比勒的发言题目是《普通语音学与音系学的关系》（Das Verhältnis der allgemeinen Phonetik zur Phonologie）[①]，文中详细评述了特鲁别茨柯依《论音系性元音系统的普遍理论》一文的思想与方法。比勒再次直言不讳地指出，把关联主义用作音系学赖以生存的理论依据是极不妥当的：

> 我们若要获得坚固的地基，就必须祛除心理学阐释，或者更确切说，必须先让它靠边站。因为如果按照此处所说的"两种或六种意象成分"以及特鲁别茨柯依的其他提法，像"语言意识中的等式"、关联网络之类，那么此事既无法思考到底，也无法得以坚持。

[①] 收入会议文集（即《布拉格语言学小组文集》第4卷）时，标题改为《语音学与音系学》（Phonetik und Phonologie）。

这是赫尔巴特①模式的成分意象和关联机制,当今已被心理学界一致而合理地摒弃。

（Bühler 1931: 29）

比勒的建议十分明确,音系学的本质属性是语言学的,因而不必过于依赖心理学的辅助,尤其不应依赖心理学领域已废弃的陈旧理论。否则,无疑是把理论高厦建在了沙地上。摒弃关联主义之后,特鲁别茨柯依没有完全放弃心理学视角,但已转而借助语言学领域更为可靠的语言共同体角度来审视语言意识,把焦点从语言使用者个体的意识转向了语言共同体成员的共同语言意识。这一新视角在《当今的语音学》(1933)一文中表述得最易懂:

> 语音学家力求在语音当中发现常人讲母语时完全意识不到的差异;而音系学家只想研究每个人都应在母语中注意的差异,因为正是这些差异用于区别词句意义。因此,语音学家力求透视发音器官,极其细微地研究发音器官的功效,故而研究的是机械结构的运作;而音系学家力求透视某一语言共同体(即某一民族、某一阶层等)的语言意识,从而研究某一具体语言里构成词的能指的区别性语音概念之内容。简单地说,语音学研究人们说某一语言时真正所发的音,而音系学研究人们认为自己发的音。

（Trubetzkoy 1933c: 232）

特鲁别茨柯依举了正反两个方向的例子来说明这一差别。正向的例子,来自语言共同体内部成员的"普遍看法"。例如,虽然法国人认为自己在temps、toit、tige、tache的词首发的辅音是相同的,但是如表3-1,我们却可以对此做些语音细节上的更深入分析。

---

① 赫尔巴特（Johann Friedrich Herbart, 1776—1841）,德国哲学家、心理学家、教育学家。

第 3 章　从语音意象到区别功能：特鲁别茨柯依的音位观　　　　　81

表 3-1　法语的几种"不同的"/t/ 音

词	音位转写	词首的辅音		词义
		实际发音	心理意象	
temps	/tã/	[t]（后移）	/t/	时间
toit	/twa/	[tʷ]（圆唇）	/t/	屋顶
tige	/tiʒ/	[ṯ]（舌叶音化）	/t/	竿子
tache	/taʃ/	[ṭ]（下移）	/t/	污渍

　　这四个 /t/ 必然因其后续音段的性质而受到影响，因而从语音学角度来看各具不同的生理–物理细节。然而，语言共同体中的母语者通常完全注意不到这类细节，他们共同的语言意识中仅承认这些音都是 /t/。不难设想，听者若来自与之不同的语言共同体，并且该共同体中普遍存在 /t/∶/tʷ/ 之类的音位对立（如高加索地区的许多语言），那么他们的语言意识完全可使其做出与法语母语者不同的判断。

　　特鲁别茨柯依还举了相反方向的例子，聚焦于语言共同体之外的听者的感受。例如，某一具体语言中的音位，很可能被不熟悉这类音的人（如外国人、外乡人）感知为"音位组合"。此时，语言共同体内部公认的音位，其地位可受到来自共同体之外的质疑。如法语鼻元音和俄语腭化辅音（软辅音）在各自的语言共同体内部被视为"无法从时间上分解"的成分，其音位地位并无争议；然而，语言共同体之外不熟悉这类音的人却可能将其感知为"音位组合"，把法语鼻元音误解为"普通元音 + /ŋ/"的组合，把俄语腭化辅音误解为"普通辅音 + /j/"的组合，从而质疑这些音位是否真的是"最小顺次性音系单位"。①

　　特鲁别茨柯依因而指出，语言共同体中集体的"音系意识"引导其全体成员以相同的方式对某一音段的语言价值加以评估，从而判断出该音段

---

① 19 世纪，这样的误解甚至见于一些很有影响力的语音生理学著作中。例如，默克尔就曾极不公正地批评，"布吕克的'鼻化元音'根本是在滥用［术语］……[德语] sprang 的尾音 ang，发音与[法语] dans、temps 里的'鼻化'a 完全相同，都是完整的 a 加上 ṅ 再加上弱 k。在我看来，整个'鼻化'元音系列都是多余的。"(Merkel 1866: 288)

是否具备音位之地位。与之相反，讲其他语言的人的母语中如果没有这类音位，就会缺少这样的音系意识，做出误判也就在所难免了。透过这一现象不难推论出，一个音是否具有音位地位，关键不在于和其他音之间的生理-物理差异有多大，而在于母语者当中普遍存在何种集体音系意识。此视角使特鲁别茨柯依的音位概念摆脱了关联主义之束缚，成为解释音系效力的又一途径。不过很明显，这一视角尚无法使音位脱离心理学框架。

3.3 语言价值视角下的音系效力

3.3.1 语音成分的区别性

音位的音系效力可否彻底摆脱心理学视角？可行途径之一是进一步探索音位的内部构成。音系效力之关键，不仅在于音位自身的对立，更在于构成音位的内部成分之对立，因为构成音位的若干成分中，仅有一部分对音系是至关重要的。

特鲁别茨柯依通过比较德语和加赫切尔克斯语看似相同的音位 /k/ 得出结论，"同一个音，在两个不同音系系统中对应的是两套全然不同的心理意象整体"（Trubetzkoy 1929a: 40）。虽然他的这一表述是从心理视角进行的，但是此处更吸引我们的却是音位内部的复杂结构以及构成音位的成分所呈现出的价值差异。

他强调，加赫切尔克斯语的 /k/ 客观上与德语的 /k/ 完全相同，二者所有的发音-声学特征皆相同。然而，前者含有 6 个具有音系效力的发音-声学特征（即生理-物理特征），后者却只有 2 个。我们必然会思考，语音学视角下性质相同的两个音，在音系学视角下为何性质差别如此悬殊？这之中的关键，在于这些成分在不同音系系统中的价值。

德语的 /k/ 作为塞音音位，在德语音系中的价值仅在于两点：一是含有清音性（Stimmlosigkeit）之特征，使 /k/ 与 /g/ 形成清浊音之对立，因而有 Keil（楔子）—geil（旺盛的）之别；二是含有舌面后部性

（Dorsalität），使/k/与/t/形成发音部位上的后部（腭）与前部（齿龈）之对立，因而有Keil（楔子）— Teil（部分）之别。

而加赫切尔克斯语的音位/k/的语言价值则复杂得多。事实上，典型的西北高加索语言，塞音都非常复杂，通常不仅有清破裂音、浊破裂音之分，还存在喉破裂音（glottal plosive，即所谓"挤喉音"，ejective）。口腔后部的塞音尤其发达，除了腭部位的塞音之外，还存在小舌部位的塞音，二者形成发音位置上的前与后之关系。上述塞音若还存在腭化与非腭化、圆唇和非圆唇之区别，这一图景就会变得更加复杂。因此，我们在特鲁别茨柯依为第14版《不列颠百科全书》撰写的"高加索语言"词条中看到，切尔克斯语的辅音多达57个。（Trubetzkoy 1929c: 54）与之类似的例子，我们还可参考库依珀斯[①]描写的卡巴尔达语（Kabardinisch，东切尔克斯语之一种）。如表3-2所示，卡巴尔达语的"k类"塞音音位多达10个，且性质极为多样，与德、英等西欧语言中仅一清（/k/）对一浊（/g/）的两个"k类"塞音音位形成鲜明对比。

表3-2 卡巴尔达语的"k类"音位[②]

		清破裂音	浊破裂音	喉破裂音
硬腭－软腭	腭化	/kʲ/（к）	/gʲ/（дж）	/kʲ'/（кI）
	唇化	/kʷ/（ку）	/gʷ/（гу）	/kʷ'/（кIу）
小舌	普通	/q/（кхъ）		/q'/（къ）
	唇化	/qʷ/（кхъу）		/qʷ'/（къу）

[①] 库依珀斯（Aert Hendrik Kuipers, 1919—2012），荷兰语言学家，高加索语专家，对多种高加索语言的音系、语法、词汇做过描写，还编写了《原始切尔克斯语词根词典》（*A Dictionary of Proto-Circassian Roots*, 1975）。

[②] 依据Kuipers（1960: 18）的卡巴尔达语音位表中选取局部。本表中的音位已改用今日通行的国际音标符号表示，/'/是挤喉音的符号，下方的括号里是Kuipers（1960: 116-117）列出的正字法形式。

因此，在特鲁别茨柯依（Trubetzkoy 1929a）提及的加赫切尔克斯语中，/k/可分析出下列6种具有音系效力的成分，使/k/与其他塞音音位形成对立：

（1）清音性：使/k/与/g/形成清浊音之对立；

（2）弱音性（Schwäche）：使/k/与/k:/形成弱音与强音（叠音）之对立；

（3）声门内呼气（infraglottale Exspiration）：使/k/与/k'/形成非挤喉音与挤喉音之对立；

（4）非圆唇性（Ungerundetheit）：使/k/与/kʷ/形成非圆唇音与圆唇音之对立；

（5）软腭前部性（Vordervelarität）：使/k/与/q/形成发音部位上的前部（腭）与后部（小舌）之对立；

（6）舌面后部性：使/k/与/t/形成发音部位上的后部（腭）与前部（齿龈）之对立。

也正是由于西北高加索语系语言的显著特征之一就是其辅音数量之庞大，无论旧时的阿拉伯字母文字，十月革命后新创制的两版拉丁字母文字方案，还是30年代末开始推广的基里尔文字，都不得不使用许多特殊符号、新造字母或复合字母作为补充。（参见Kuipers 1960: 116-117）苏联时期的基里尔文字方案中不仅常需借助二合字母（如гу表示/gʷ/）、三合字母（如кхъ表示/q/），甚至出现了四合字母（如кхъу表示/qʷ/），还引入了基里尔字母表里原本没有的字母Ӏ作为表示挤喉音的专用符号（如пӀ /p'/、фӀ /f'/等）。①

我们从上述德语与加赫切尔克斯语的对比中不难总结出，并非所有的语音特征都具有音系价值。德语的/k/从语音学角度看无疑也具备"声门内呼气""软腭前部性"等特征，但是由于德语的音系系统中并无

---

① 这个表示挤喉音的基里尔字母Ӏ，名称为palochka（палочка），俄语"小棍"之义。不过，在讲这些语言的地区，有时也用数字1来代替"正宗"的palochka，以图打字印刷的方便。

/k'/、/q/ 之类的音位与之构成对立，这类特征并无音系效力可言，即所谓"音系上无关紧要"。

因此，音位作为语言中的区别成分（即具有语言价值的成分），只有通过与同一系统中的其他音位做比照，才可显现出其音系效力。而所谓音位具有音系效力，其实是构成音位的若干语音特征中的一部分特征的音系效力。音系效力真正需要依赖的，是音系系统中的对立关系，而非自身的生理–物理细节。

3.3.2 音位概念的功能转向

《论音系性元音系统的普遍理论》的显著缺欠之一，或在于特鲁别茨柯依未能清楚点明音位及其内部成分所具有的语义区别性。虽然他坚持从索绪尔的语言价值观出发，强调音位对具体语言的整个音系系统的依赖，但是利用意象、意识、意图等心理学概念来解读音系效力，使其解释力受到很大局限。正如他后来在《音系学原理》中反思：对于说话者个人而言，"发音过程的意识程度，仅仅依赖于熟练而已，通过一定的训练，就能够有意识地感知到语音的非音系性特征了"（Trubetzkoy 1939a: 37）。而从语言共同体来看，也正如书中对凡·维克的批评所述："闯入'某一语言共同体全体成员的心灵'是不可能的（所处理若是已消亡的语言，尤其如此）。弄清语言意识之'感受'，也是一项棘手而极其困难的工程。"（同上，38）

因此，音系学真正需要的是一条客观且可严格执行的标准，在音位和语音（语音变体）之间划上一道泾渭分明的界线。心理主义为音位的判定带来了主观性和不确定性，故无法担此职责。

必须指出，20 年代末、30 年代初，特鲁别茨柯依并不是没有意识到语义因素在定义音位时的角色。与《论音系性元音系统的普遍理论》同年问世的《波拉布语研究》（1929）一书中，他对音位的论述就同时呈现出音位的心理主义特性和语义区别功能：

> 某一具体语音，若在其所出现的所有词里皆可由另一个与之大致相同的音取代，不会因此而改变词义，也不会因此而激起语言错误之印象，那么这两个语音就被归为可选性的语音变体，在语言意识里统一于同一个音位之下。
>
> （Trubetzkoy 1929b: 116）

由此来看，在特鲁别茨柯依的早期论述中，强调"语音意象"的心理视角和强调"语义区别"的功能视角曾经并存过。但是，由于《波拉布语研究》的传播远没有《论音系性元音系统的普遍理论》广泛，这一点似乎很少有人关注过。

心理学视角引发的质疑，在1930年布拉格国际音系学会议上已突显出来，除了上文提到的比勒之外，对心理学视角持批评意见的还有契热夫斯基。他指出：

> 语言学（音系学）通过且仅可通过独立于个体差异之外并独立于每个个体的意愿之外的对象而运作，这样的对象不含任何由心理事件带来的偶然性。……音位绝不可等同于心理意象行为（psychologischer Vorstellungsakt）。而音系学研究更应当与这类语音意象行为的内涵（Inhalt）及其在语言系统中的功能（Funktion）相联系。
>
> （Čyževskyj 1931: 9）

这就不难理解，布拉格语言学小组推出的《音系学术语标准化方案》为何是从语义区别的角度为音位下定义的，而只字未提"语音意象"等心理学阐释法。能否导致词义改变已被小组视为判定音位时最重要的原则：

> 某一语言中，两个音出现于相同的音系环境中，一个被另一个

取代时，无法不改变词义，那么这两个音就可能区别词义，并实现为两个不同的音位；而两个音出现于相同的音系环境中，一个被另一个取代时，词义不会被改变，那么这两个音就无法区别词义，代表的是同一音位的两个变体。

（CLP 1931a: 311-312）

特鲁别茨柯依一直号召为全世界语言做音系性的新型描写和比较。对于这一任务来说，"语义区别"显然是比"语音意象"更具可操作性的音位判定标准。我们尤其应注意，虽然《方案》仅在首页注明"小组会员及通讯会员的报告"，未署任何具体作者的姓名，但特鲁别茨柯依事实上是这份文献最重要的执笔者之一。《方案》近年被收入新出版的《雅柯布森选集》第9卷（2013—2014），但只是作为"可断定他［雅柯布森］是共同作者的合著"（Toman 2013: xiv）而收入的。编者托曼（Jindřich Toman）在辑注中指出，《方案》中"多处明显展现出特鲁别茨柯依的风格"（同上，281）。

不过，《方案》毕竟是以小组名义发表的集体性纲领文件。对于特鲁别茨柯依本人来说，他虽然开始向音位的功能主义视角倾斜，但并未完全放弃音位的心理主义视角。他在日内瓦大会提案里把某一音系系统所呈现的内容概括为"具有语义区别功能的语音意图"。而《当今的音系学》一文中，他同样一方面强调"使音位区别于语音的，不是其纯心理特征，而是其区别特征，后者使之具有语言价值"（Trubetzkoy 1933c: 229）；另一方面又指出语言共同体的集体语言意识的作用。功能视角与心理视角的共存，成为他这一时期的音位观的显著特征。

3.3.3 判定音位的普遍规则

截至30年代中期，特鲁别茨柯依的音位观已基本完成由心理主义向功能主义的转向。在他为新型语言描写实践工作编写的《音系描写指南》（1935）一书中，"语音意象""语言意识""语音意图"之类的关键词几乎完全消失。这之中的重要原因，必然是这些心理学视角的概念在实践中缺乏可操作性。因此，关于音位的判定，我们在该书中见到的是三条以结构和功能为基础的总则：

> 1. 音位是不可拆分为更小音系单位的音系单位。
> 2. 音系单位应理解为音系对立的每个项。
> 3. 音系对立应理解为具体语言里用来区别理智语义的每组语音对立。
>
> （Trubetzkoy 1935a: 7）

这三条简明扼要的总则相互支撑，从结构角度及功能角度定义音位，与《音系学术语标准化方案》中的思想基本一致，未见任何心理主义色彩。特鲁别茨柯依这一时期已认识到，心理学视角和此前已被摒弃的生理-物理视角一样，也造成了语音研究与语法-语义研究之间的不同质状况。纯生理-物理视角下的语音研究无法把语音处理为与语义相关的语言符号，而心理视角下的语音研究同样无助于真正揭示语音现象背后的语言价值。

语言价值原则要求研究者区分某个音在某一具体语言中是具有区别性的"音位"还是不具区别性的"变体"。对此，《音系描写指南》中给出了四条规则。这四条规则后来在《音系学原理》中得到了沿用，仅做了极个别几处行文调整。两书皆从语义区别功能角度出发提出区分音位和音位变体的根本规则。这两条根本规则分别是：

> 规则1：如果同一语言的两个音出现于完全相同的语音环境，可相互替换且不会导致词义之不同，则这两个音仅是同一音位的选择性语音变体。
>
> 规则2：两个音若出现于完全相同的语音位置，且无法相互替换而不会使词义改变或使词无法辨认，则这两个音是两个不同音位的

第3章 从语音意象到区别功能：特鲁别茨柯依的音位观

语音实现形式。

（Trubetzkoy 1935a: 7-8）

支撑这两条原则的是以"对比替换"（commutation）为途径的语义原则：以聚合关系存在的两个音段，相互替换若可引发语义区别，这两个音段即为两个音位，否则则为同一音位的两个变体。借助最小最立体（minimal pair），这两种关系之区别可清晰地呈现出来。例如，齿龈颤音[r]的小舌颤音[ʀ]生理性质迥异，但在德语中并不造成语义区别，[raːt]和[ʀaːt]皆为Rat（建议），[r]和[ʀ]故为同一音位的两种选择性语音变体；与之相反，[ʀaːt]（Rat，建议）和[ʀoːt]（Rot，红色）之间则呈现出明显的语义区别，因此/aː/和/oː/是两个不同的音位。

两音不可替换，否则改变词义，此时须将二者判定为两个不同音位（规则2）；两音可替换，不会改变词义，此时须判定二者为同一音位的两个变体，这些变体可反映方言、社会阶层、个人风格等因素（规则1）。此判定过程显然并不涉及"意象""意图"等心理主义概念。具体语言中的某两个音"能区别词义"还是"不能区别词义"是条客观的标准，无须借助语言使用者的"语言意识"来做判断。

除了这两条基本的功能原则之外，特鲁别茨柯依也认可互补分布原则为音位判定准则之一（规则3），同时增加关于组合规则的论述（规则4）来修补互补分布原则中的漏洞：

规则3：某一语言中两个声学上或发音上相互联系的音，若从不在同一语音环境中出现，则判定为同一音位的组合性变体。

规则4：两个本来符合规则3之条件的音，如果可在该语言中相邻出现，即充当某一语音组合之成分，且在这样的位置上，这两个音之一亦可单独出现，就不可判定为同一音位的变体。

（同上，9-10）

对音段所处语音环境的审视，被琼斯视为判定音位的主原则（参见 Jones 1931），而在特鲁别茨柯依的体系中，以语音环境为基础的互补分布原则仅作为对语义区别原则的补充。

不过，《音系描写指南》对互补分布原则的深入阐释里还是出现了一点心理因素，但是心理因素在此发挥的并不是决定作用。此例即德语（以及英语）的 /h/ 和 /ŋ/ 是否应归入同一音位的问题。特鲁别茨柯依认为，二者"没有任何语音上的共同标记"，且"音系意识并不把二者视为同一音位的变体"。（Trubetzkoy 1935a: 10）这是《音系描写指南》中仅有的两处心理主义孑遗之一[①]。

/h/ 仅出现于元音之前，/ŋ/ 仅出现于语素末尾，二者显然不能出现于完全相同的位置（环境），因而不适用规则 1 和规则 2。但是，规则 3 已阐明"从不在同一语音环境中出现"的两个音首先要在"声学上或发音上相互联系"，/h/ 与 /ŋ/ 之间很难找到这样的联系，所以"音系意识"其实不是个必不可少的要素，发挥的只是加强作用，而非决定作用。/h/ 和 /ŋ/ 的音位地位其实无须依赖这样的心理因素。

后来在《音系学原理》中，连这种边缘性的"音系意识"也被彻底放弃。从语义区别功能来看，/h/ 与 /ŋ/ 的确无法在德语或英语中构成对立词对。二者也不能相邻出现，因此无法用规则 4 来做修补。那么，《音系学原理》中是如何解决这个难题的？

特鲁别茨柯依引入的是"间接音系对立"（indirekt phonologischer Opposition）之提法：构成互补分布的两个音，只有连"间接音系对立"也无法构成时，才可视为同一音位的两个变体。/h : ŋ/ 之间虽然无法找到直接区别词对，但二者可分别与某个"第三音位"构成直接对立，从而借助"第三方"达到间接音系对立。这种"直接音系对立"与"间接音系对立"之别，《论音系对立理论》一文中曾有过论述。而《音系学原

[①] 另一处，是关于仅出现于外来词的音位的论述。特鲁别茨柯依认为这类音位"从当今语言意识角度来看，呈现出的是词的异域性"（Trubetzkoy 1935a: 18），因而在音系系统中充当"异域性之标记"。

理》中给出了 /h : ŋ/ 借助 /p/ 来充当"第三方"的例子，如表 3-3 所示：

表 3-3 间接音系对立

直接音系对立	例词	结论
/h : p/	hacken /ˈhakən/（砍）：packen /ˈpakən/（打包）	/h : ŋ/ 构成间接音系对立
/ŋ : p/	Ringe /ˈʁɪŋə/（环，复数）：Rippe /ˈʁɪpə/（肋骨）	

这一途径似乎有些牵强，但至少成功清除了心理主义在音系系统中的最后残迹，向完全彻底的功能主义音系观迈近了一步。《论音系对立理论》中论及此问题时说："直接音系对立和间接音系对立之间的区别成为可能，只是因为双边对立和多边对立之间存在区别"（Trubetzkoy 1936a: 10）。因此，随着后来雅柯布森音系学体系中完全摒弃了多边对立，这种牵强的"间接音系对立"已不再有必要。

3.4 再论语言共同体的"集体音系意识"

前面我们已看到，关于语言共同体中的音系意识的表述，在特鲁别茨柯依的音系学思想中是心理主义的最后残迹。是否真有必要把这一残迹彻底清除掉？

我们发现，即使是索绪尔本人，偶尔也会借助"语言意识"（la conscience linguistique）来论述问题。例如，不同源的两个形式，若语音上完全相同，语言意识可使之合并（Saussure 1916: 140）；若局部形似，语言意识可使之讹传为派生关系（同上，217）。[①]索绪尔甚至指出，共时语言学研究的正是"由同一集体意识感知的那些维系共存项且构成系统的逻辑关系和心理关系"（Saussure 1916: 144）。

因此，只要不把"语言意识"作为音位赖以存在的首要基础，就无

[①] 值得一提的是，巴斯金（Wade Baskin, 1924—1974）的《普通语言学教程》英译本中，这两处 la conscience linguistique（语言意识）都译成了 the collective mind of the community of speakers（说话者共同体的集体意识）（见 Saussure 1959: 96, 153），颇有添油加醋之嫌。

需刻意擦除这样的心理主义痕迹。

语言共同体中的集体音系意识的确不是个易于确切把握的因素，但仍可透过某些途径直观体现出来。例如，特鲁别茨柯依与德国学者施密特[①]对音位是否真实存在的辩论中，就显现出了集体音系意识所发挥的作用。施密特发表的是一篇题为《语言的语音姿态》(Die Schallgebärden der Sprache, 1936)的42页长文，而特鲁别茨柯依则写了25页长的《关于一篇对音位概念的新批评》(Über eine neue Kritik des Phonembegriffes, 1937)加以回应。特鲁别茨柯依主要围绕的是施密特对言语-语言二分法及语音-音系二分法的误解，虽然以语言价值为主线，但也显露出了语言共同体中的音系意识对功能性音位概念的辅助作用。

施密特认为，"声学-发音形象获得其价值，只因它是为了某一有意义内容而做的姿态而已"(Schmitt 1936: 64)，因而反对区分仅有物理-生理性质的语音单位（语音）和具有语言价值的语音单位（音位），仅承认参与语义构建的"语音姿态"(Schallgebärde)之存在。他质疑言语属性的语音成分和语言属性的语音成分之区别：

> 超越个体的"语言客观结构"只有通过属于该语言共同体的个体才能够到达意识中，也只有通过个体的说与听（或写与读）才可获得真实的体现。言语层面和语言层面，在理论上必须严加区别，在实践中却存在于相同的个体意识媒介之中，无区别地相互交织着。
> （同上，65）

对此，特鲁别茨柯依的回应是，由于言语和语言的性质和研究方法

[①] 施密特（Alfred Schmitt, 1888—1976），德国语言学家。主要著作包括《重音与二合元音化》(*Akzent und Diphthongierung*, 1931)、两卷本《文字史研究——1900年前后阿拉斯加的文字演化》(*Untersuchungen zur Geschichte der Schrift. Eine Schriftentwicklung um 1900 in Alaska*, 1940)、《阿拉斯加文字及其文字史意义》(*Die Alaska-Schrift und ihre schriftgeschichtliche Bedeutung*, 1951)、《海伦·凯勒与语言》(*Helen Keller und die Sprache*, 1954)等。

第 3 章　从语音意象到区别功能：特鲁别茨柯依的音位观

皆不同，个人意识与共同体意识并无混同之风险：

> 言语（比勒所说的言语行为和言语活动）只能从具体的言语情景中获取，从个体的语言活动中获取，这方面可以是物理、生理及心理角度的言语现象，但永远必须从说者个体和听者个体的角度来研究。与之相反，语言是超越个体的客观社会性机制，是价值、规约、关系角度的系统，必须用其自身的语言学方法来研究；语言价值是否进入说者个体或听者个体的意识，多大程度上进入他们的意识，对这类研究来说并不重要，因为这类研究的对象就是语言本身，是客观而超越个体的现实，而不是语言与个体意识之间的关系。因此，语言与言语不仅必须在理论上相互区分，在实践中亦须如此。
> （Trubetzkoy 1937: 133–134）

由此出发，说者和听者的个体言语意识无论多么抽象，仍属于言语层面。而语言共同体的集体意识具有社会价值与规约属性，属于语言层面。某一具体的语言共同体中得到集体遵守的音系规则，因而可为音系事实充当旁证。特鲁别茨柯依正是在这一背景下指出，诗歌语言和文字游戏里存在某些可佐证音系效力的证据。例如，他从俄语诗歌语言的押韵规则中选取了下列例子：

（1）sŭˈdʼjöj（法官，工具格，судьёй）与drŭˈgoj（别的，другой）视为押韵；

（2）slŭˈcäjnə̆（偶尔，случайно）与ˈtajnə̆（秘密，тайна）视为押韵；

（3）prʼĭˈnʼik（紧贴，приник）与jĭˈzɯk（语言，язык）视为押韵。

上述各组中的两个词，重读音节里的元音位于腭化辅音之后时（每组前一例词），发音位置比位于非腭化辅音之后时（每组后一例词）有所前移，这就造成两词里的元音并不完全相同。然而，每组中的两个词仍被视为押韵。我们可将这类差异列成表3-4。

表3-4 俄语音位/o，a，i/的实现形式①

音位	腭化辅音（软音）后的实现形式			非腭化辅音（硬音）后的实现形式		
	特鲁别茨柯依的转写	国际音标	正字法形式	特鲁别茨柯依的转写	国际音标	正字法形式
/o/	ö	[θ]	ё	o	[o]	о
/a/	ä	[æ]	я/а	a	[a]	а
/i/	i	[i]	и	ɯ	[ɨ]	ы

事实上，俄语所有重读元音都存在类似的细微变体。琼斯和特罗菲莫夫②在其合著的《俄语发音》(*The Pronunciation of Russian*，1923）一书中对这一情况的图示非常直观（见图3-3）。图中的深黑色圆点是琼斯构建的普遍性的"基本元音"（cardinal vowels），灰色圆点是俄语中实际存在的元音，书中称灰色大圆点为"主要项"（principle members）③，灰色小圆点为"次要项"（subsidiary members）。母语者往往意识不到这些"次要项"的存在。

---

① 特鲁别茨柯依以元音上方的双点表示发音位置的前移（有些元音的"上移"也很明显）。

② 特罗菲莫夫（Michael V. Trofimov，1884—1949），俄裔英国学者。1912年琼斯出任伦敦大学语音学系主任之后，与多位其他语言的母语者合作撰写了描写具体语言的语音发音的著作。这些合作者除特罗菲莫夫之外，还包括胡炯堂（1878—1957）（粤语）、普拉切（Solomon Tshekisho Plaatje，1876—1932）（茨瓦纳语）、佩雷拉（Henry S. Perera，生卒年不详）（僧伽罗语）。

③ 图中把俄语分析为6音位元音系统；特鲁别茨柯依把[i]（и）和[ɨ]（ы）归入同一个音位，因而只有5元音音位。

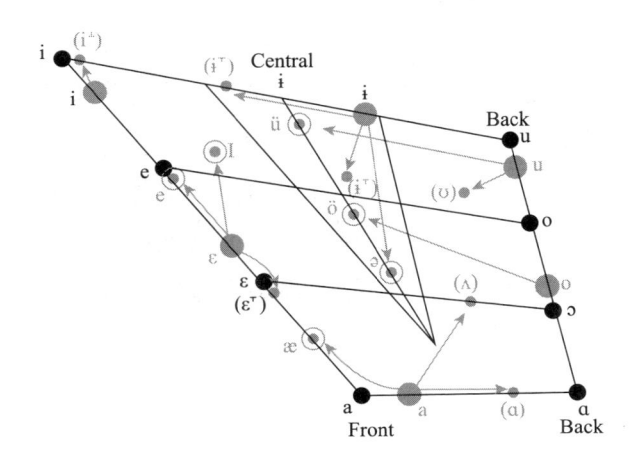

第 3 章　从语音意象到区别功能：特鲁别茨柯依的音位观　　　95

图 3-3　《俄语发音》中的俄语元音音位"主要项"和"次要项"
（Trofimov & Jones 1923：55）

前述看似不完善的押韵，在俄语母语者的集体音系意识中被视为完善，因而得到普遍遵守，无论在文化阶层的诗歌语言当中还是在不识字群体的顺口溜、谜语、谐音俏皮当中皆有反映。特鲁别茨柯依将这一现象阐释为对音位的非区别特征的忽略，故而指出：

> 对于俄语元音的功能来说，只有唇位置和开口度才是至关重要的，而舌的前、央、后位置只是一种辅助手段，用来展示其前面的辅音是否腭化。由于诗歌语言只考虑音位，所以在俄语韵脚中，只有元音的唇位置（消极还是积极）和开口度才会被考虑进来，没有哪个俄罗斯人会注意到 sŭd'jöj 里的重读元音跟 drŭgoj 里的不一样。
> （Trubetzkoy 1937: 138）

换言之，俄语的元音，"积极唇位置"（圆唇）和"消极唇位置"（非圆唇）之对立是音系性的，开口度对立（高元音、中元音、低元音之对立）也是音系性的。但是，舌位的前后对立（前元音、央元音、后元音之对立）却是非音系性的。因此，[ɵ-o]、[æ-a]之类的差异在母语者的集体音系意识中并不存在。

特鲁别茨柯依这一时期已把某一对立是否具有语义区别功能，视为音系对立与非音系对立之间的本质区别。但是，《关于一篇对音位概念的新批评》中的证据表明，对某一语言共同体的集体音系意识的看法不是主观臆断。这种音系意识作为心理因素，固然不应在音位判定中充当决定因素，然而对音系意识的参照并不损害音位的功能性本质，可从另一角度成为对音位的佐证。

3.5 小结

特鲁别茨柯依固然不是第一个使用"音位"这一术语的语言学家，这个术语在19世纪70年代已出现，并被索绪尔、克鲁舍夫斯基等学者广泛使用。关于"音位"这一术语的历史，先前已有诸多深入研究，我们无须赘述。特鲁别茨柯依受博杜恩的影响，其音位观里曾经心理主义和结构－功能主义并存。不过，二者之间的平衡很快向语义区别功能倾斜。语音－音位二分法基于言语－语言二分法而构建，音位不仅是音系学家对语音现象进行抽象思考的产物，更是真实存在于价值系统中的语言事实。纵观音系学早期发展史，基于区别对立的音位概念正是因特鲁别茨柯依的阐述而得到普遍接受的。母语者的集体音系意识对于音位的判定亦有一定作用，从这一点来看，心理视角其实并不完全错误，只是不能拿来当作音位判定的根本依据而已。

第4章
构建音系性区别对立系统：二元对立之探寻

> The opposite is beneficial;
> from things that differ comes
> the fairest attunement;
> all things are born through strife.
>
> Heraclitus, *On the Universe*

> 对立面有益，
> 由相异事物发出的，
> 是最美的调子；
> 一切皆源于冲突。
>
> ——赫拉克利特,《论宇宙》

4.1 音位对立与音系标记

4.1.1 音位是格式塔

音位是否可拆解为更小的语义区别单位？表面上看，对此做否定或肯定的回答，似乎代表了特鲁别茨柯依和雅柯布森在这一问题上的分歧。然而诚如上一章所示，特鲁别茨柯依在《音系学原理》中一方面指出音位是"从具体语言角度来看无法拆分成更小的顺次性音系单位的音系单位",另一方面认为音位是"语音构造中对音系至关重要的特征之和"。这两条看似相互矛盾的定义中,后者已暗示出音位是由"区别特征"组成的复合体。

把"区别特征"(distinctive feature)认定为比音位更小的音系单位,通常被认为是雅柯布森而非特鲁别茨柯依对结构主义音系学重要贡献。正如特拉斯克指出,50年代出现的雅柯布森-哈勒区别特征系统,是第一套得到全面阐述的特征系统(Trask 1996: 118),对此后的SPE区别特征系统、赖福吉特征区别系统有深远影响。雅柯布森的设想通过《论音位实体的确认》(On the Identification of Phonemic Entities, 1949)、《论法语音位模式》(Notes on the French Phonemic Patterns, 1949)等文章逐渐完善,随后在《语音分析初探》(*Preliminaries to Speech Analysis*, 1952)[①]一书中系统而全面地呈现出来。如今,区别特征理论常作为基础知识而出现于普通语言学的各类教科书之中。

不过,亲历小组经典时期的瓦海克在其《布拉格语言学派》(*The Linguistic School of Prague*, 1966)一书中指出,"音位可分解为同时性单位这一事实(无论把这种单位叫作'音系单位'还是'重要语音特征'还是'区别特征'),已获30年代中期时的布拉格小组的一致认可"(Vachek 1966: 46)。而《音系学原理》把音位定义为"语音在音系上重要的特征之和"之处也有脚注,指出与之相似的定义可参见雅柯布森为捷克《奥托百科全书》撰写的"音位"词条。[②]

[①] 此书名直译为"言语分析初探"。此处从王力译文,译为"语音分析初探"。该译文连载于《国外语言学》1981年第3、4期,曾重印于钱军、王力编辑译注的《罗曼·雅柯布森文集》(2001)。

[②] 瓦海克(Vachek 1966: 46)在书中引用了雅柯布森的"我们用音位这一术语指一套共现性语音特征,这些特征在某一具体语言中用来区别意义不同的词"这一观点,这句话出自当时新近出版的《雅柯布森选集》第1卷(1962)里收录的《音位与音系学》(Phoneme and Phonology)一文。据雅柯布森的附注,此文是《奥托百科全书》中的词条的英译。(Jakobson 1962: 233)不过,笔者和彼得·斯坦纳教授把此英译文与《奥托百科全书》中雅柯布森的捷克语原文比较后发现,1932年的捷克语原文仅把音位定义为"某一具体语言中使一个音区

第4章 构建音系性区别对立系统：二元对立之探寻

截至30年代中期，特鲁别茨柯依对构成音位的"特征"有何论述？
《论音系性元音系统的普遍理论》（1929）对音位的"心理内容"（psychologischer Gehalt）的分析，已从音位中拆解出了"语音意象成分"（Lautvorstellungselement）。《音系系统》（1931）进一步指出，"通过参与相关关系，音位可在语言意识中分解为若干特征"（Trubetzkoy 1931a: 99）。这些论断虽然具有强烈的心理主义色彩，但无疑肯定了音位的复合体本质。

特鲁别茨柯依后来在《音系学原理》中把语音视为具有潜在复合结构的"语音构造"（Lautgebilde），与上述论断基本一致。德语原文中的Lautgebilde，在译本中很难得到准确再现。这个复合词的第二部分Gebilde是由词根bild-（构成、塑造）加表抽象的前缀ge-构成的名词，已暗示出内部结构的复杂性。法语和英语都没有与之完全对等的词，因此法译本译作son（语音），英译本译作sound（语音），其实都存在难以避免的语义缺失。不过，英译本译者巴尔塔克斯附了译者注，提醒英语读者注意Gebilde所暗示的复杂结构（Trubetzkoy 1969: 36n），她因而把特鲁别茨柯依的音位阐释为"格式塔"（Gestalt）：音位是具有内部复杂结构的整体，但脱离整体的局部并无意义可言。

由音位的"格式塔"性质出发不难推论出，虽然构成整体（音位）的各个部分（特征）是客观存在的，但部分的存在意义不在于"部分"本身，而在于对"整体"的感知。《音系学原理》中不乏对distinktive Eigenschaft（区别特征）的论述，但是此"区别特征"的重要性不在于充当"音位之下"的结构单位，而在于充当"音位之间"的联系依据，使两个或多个音位围绕某一特征而相互联系，从而形成音系对立。特鲁

于所有其他音的声音特征集合，充当区分词义的途径"（Nazývá se tak soubor zvukových vlastností, kterými se liší jedna hláska daného jazyka od ostat. jeho hlásek, jako prostředků sloužících k rozlišování slovních významů.）（Jakobson 1932: 608），并没有相当于英语"同时性"（simultaneous）或"共现性"（concurrent）的词。换言之，30年代初，雅柯布森已非常清楚音位的复合结构，但尚未强调亚音位实体的聚合性质。（参见曲长亮 2019, Qu 2021）《雅柯布森选集》第1卷里的《音位与音系学》不是对旧文的简单翻译，而是经过了雅柯布森的改写与修订。

别茨柯依最终并未完成把"区别特征"发展成一套完整、系统且具有普遍性的亚音位成分体系的任务。因此，巴尔塔克斯始终把distinktive Eigenschaft英译为distinctive property而不是distinctive feature，以此提醒读者特鲁别茨柯依的"区别特征"与我们今天所熟悉的"区别特征"尚有很大距离。

4.1.2 相关关系中的音系标记

音位在本质上是系统中的元素，所以音系系统不是简单的音位清单，而须体现音位之间的区别对立关系。特鲁别茨柯依因而致力于将全部音系成分纳入一套普遍性音系对立系统，从《论音系性元音系统的普遍理论》到《音系学原理》始终如一。

特鲁别茨柯依早期主要依靠"相关关系"和"析取关系"来分析音位之间的对立。这组术语取自德国心理学家冯特（Wilhelm Wundt, 1832—1920）对概念与概念之间关系的论述。某个更普遍概念下辖的若干不同概念之间，形成的是析取关系，如红色与蓝色（上义概念：颜色）、法国人与德国人（上义概念：欧洲人）。与之不同的是，两个概念之间若形成相互依赖、相互预设的关系，形成的则是相关关系，如夫与妻、峰与谷等。海牙第1届国际语言学家大会上，特鲁别茨柯依、雅柯布森、卡尔采夫斯基共同提交的22号提案，提出了析取性声学发音意象和相关性声学发音意象之别，并把"音系性相关关系"视为语音的"有意义区别"（difference significative），认为把握这种由一系列二元对立构成的音系关系，对科学描写具体语言的音系系统具有重要意义。

两年后的布拉格国际音系学会议上，特鲁别茨柯依描述了音位之间构成相关关系的两个条件：（1）两音位之间形成的这类关系"至少在另一对音位中重现"；（2）"相关对立中的两个项并不平等"，一个"有标记"（merkmalhaltig），另一个"无标记"（merkmallos）。

两个对立项（音位）因某一"特征"而维系在一起，一方拥有该特征（逻辑上的正值），另一方没有该特征（逻辑上的负值），这个特征被称作"标记"（Merkmal），由此形成"有标记的"项和"无标记的"项之对立。（Trubetzkoy 1931a: 97）音系标记的有与无的判定，因具体语言而异，并且与物理-生理性语音特征的有与无未必一致。例如，俄语塞音以清音为无标记，以浊音为有标记，此时音系标记的有无与物理-生理性语音特征的有无一致。但对于俄语元音来说，有重音是无标记特征，无重音（非重读音节里元音的弱化）才是有标记特征，因为俄语的5个重读元音音位始终保持各自的正常音质，只有在非重读音节中才会因弱化而减少至3个。关于相关、析取以及标记的论断，在布拉格语言学小组集体公布的《音系学术语标准化方案》中得到了重申和强化。①

构成相关关系的两音位呈现为双边对立（bilateral opposition），二者又因某一标记的有与无而形成二元对立（binary opposition）。音系系统主要通过这类双边且二元的对立而构筑起来。适用于一切语言的普遍性音系系统结构，可否完全建立在这样的基础上？特鲁别茨柯依的音系学黄金十年，很大程度上就是在为这一问题寻找答案。

4.2 音位对立的详细化与普遍性音系逻辑体系的构建

4.2.1 "相关–析取"二分法的反思

虽然冯特对"概念关系"的归类并不局限于"相关"和"析取"两

---

① 《音系学术语标准化方案》中的定义，此处我们略举几例，如：

相关关系特征：某一语音特征的有与无的对立，区别若干成对音系单位……如拉丁语的元音音长，即具有长音性和不具有长音性（短音）的对立。

相关关系标记：构成某一音系特征的特征，与无此特征相对立。如拉丁语元音的长音性。
……

析取性音系单位：属于某一系统的相互间不构成相关关系对的音系单位。如拉丁语a与e、a与n等等。

析取关系：两个析取性音系单位的对立。如拉丁语a—u、a—n等等。

（CLP 1931a: 313–314）

种（参见 Wundt 1906: 126-128），但在布拉格学派的早期音系学体系中，音系对立仅分为"相关关系"和"析取关系"两种，二者间形成了非此即彼的关系。（参见 Jakobson 1929; Trubetzkoy 1931a）因此，所有不符合"相关关系"条件的音位对立，即使彼此间性质各异，也都只能笼统归结为"析取关系"。这就使"析取关系"成为包罗万象的概念，随之而来的结果就是其解释力极大降低。

我们以汉语音系为例，/ʂ/（sh）和 /ʐ/（r）在"音位内容"上显然具有高度相似性，二者仅因清浊而区别，其关系与英、法、德、俄等欧洲常用语言中的 /p : b/、/t : d/ 等对立同理。但是，按照特鲁别茨柯依早期的"相关-析取"二分法之定义，汉语 /ʂ : ʐ/ 不得不归入"析取关系"，因为这两个音位虽因"浊声"标记的无和有而形成了无标记项与有标记项的对立，但是该关系在汉语中仅此一对，未在任何其他音位对中重现，因而不同于欧洲语言中常见的 /p : b/ = /t : d/ = /k : g/ = /s : z/ = /f : v/ 之相关关系。所以，以 4.1.2 提及的相关关系构成条件来衡量，汉语 /ʂ : ʐ/ 仅满足条件（2），未满足条件（1），故无法归为"相关关系"。

由此，汉语 /ʂ : ʐ/ 之对立，在性质上被等同于某些从汉语音系中随机抽取音位所形成的"析取关系"，如 /ʂ : m/、/l : k/、/ŋ : ʐ/、/u : s/，等等。然而，/ʂ : ʐ/ 之间在"音位内容"上的相似性让我们很难认同这样的结论。此析取明显不同于彼析取。

即使不承认汉语中的 r 是浊擦音 /ʐ/，"析取关系"的笼统性依然能够暴露出来。我国最常用的几种《现代汉语》教材大多强调 /ʂ : ʐ/ 是普通话中唯一的一对清浊对立声母。（参见黄伯荣、廖序东 2017: 29；胡裕树 2011: 43-44；黄伯荣、李炜 2016: 26-27 等）与之不同的观点中，罗杰瑞[①]的看法最为我们所熟悉。罗杰瑞认为把汉语的 r 描写为 sh 所对应的浊音是有误导性的，因为"汉语 r 发音时的摩擦比英语中那个与之可比的

[①] 罗杰瑞（Jerry Norman, 1936—2012），美国汉学家，汉语史及汉语方言专家，其著《汉语概说》（*Chinese*, 1988）一书有中译本出版（张惠英译，语文出版社，1995），影响很广。

擦音还要弱，声学上也更接近 r 在美国的常规发音。此外，把 r 视为与 sh 对应的浊音相当于承认浊音性是汉语音系系统中的区别特征，这一区别原本并无必要。"(Norman 1988: 140) 依此论断，无论从生理-物理特征还是从音系系统的严整性出发，汉语 /ʐ/ 的音位地位都显得异类。北大中文系编《现代汉语》一定程度上认可这一看法，虽在声母表中依然写 /ʐ/，但也同时提醒："浊音 /ʐ/ 并不是与 /ʂ/ 严格对应的浊音，……确实更宜于作为通音来看待……可以把它跟也具有通音性质的边音 /l/ 归为一类"。(北大中文系 2012: 55，承担此部分撰写的是王理嘉) 然而，如果采取这一提法，/ɹ : l/ 之对立在汉语音系构成的仍是所谓"析取关系"，因为两个流音音位之对立同样无法在其他音位间重现。与前述 /ʂ : ʐ/ 对立同理，/ɹ/、/l/ 两个流音音位在"音位内容"上的相似性同样让我们质疑，把这样的对立归入"析取关系"是极不合理的。

　　随着国际音系学协会推动各国学者深入开展对具体语言的音系描写，这类问题逐渐突显。30 年代中期，特鲁别茨柯依开始重新审视音系对立的分类问题，以期消除相关-析取二分法的笼统性。他 1934 年 5 月写给雅柯布森的一封长信中已在反思，"我越来越得出个结论：我们把相关关系和析取关系限制得太过严苛了。事实上，这之中存在一系列中间地带（целый ряд промежуточных оттенков）。"(Trubetzkoy 1975: 304 / 2006: 352-353) 例如他注意到，有些相关关系仅在部分位置上可清晰感知，而在另一些位置上并非如此，且伴有超音位出现。因此，他在 1935 年 11 月 26 日致雅柯布森的另一封信中，分别论述了关于"音位的对立"的新想法以及对"音位对立的中和"(нейтрализация)的基本构想。这封信成为他次年发表的《论音系对立理论》和《音位对立的取消》两文的雏形。

4.2.2　音系对立分类的新体系与音系系统二元性的加强

　　1936 年发表的《论音系对立理论》一文，标志特鲁别茨柯依彻底摒弃了非此即彼式的相关-析取二分法，转而借助多种角度为音系对立做更为细致的逻辑分类。① 我们可对其总结归纳如表4-1。

表4-1 《论音系对立理论》里的对立分类例析②

分类依据		对立类别	例子
拥有某一"共同特征之和"的对立项的数量	两个	双边对立	英语 /t∶d/ 汉语 /tʰ∶t/
	三个及以上	多边对立	英语、汉语 /p∶t/
是否见于相同语音环境	是	直接音系对立	英语 /t∶d/ 汉语 /tʰ∶t/
	否	间接音系对立	英语 /h∶ŋ/
在整个音系系统中是否重复出现	是	等比对立	英语 /t∶d/ 汉语 /tʰ∶t/
	否	孤立对立	英语 /r∶l/ 汉语 /ʂ∶z̩/
是否在一切位置上皆存在	是	常态对立	英语 /t∶θ/（永远存在）
	否	可中和对立	英语 /t∶d/（在词首 /s-/ 之后中和）
两对立项与某一具体特征之关系	特征仅为对立项之一所拥有	有无对立	英语 /t∶d/（浊声性） 汉语 /tʰ∶t/（送气性）
	两对立项各有对方不具备的特征	均等对立	英语 /s∶ʃ/（咝音性/唏音性） 汉语 /s∶ʂ/（咝音性/唏音性）
	特征呈现梯度	渐进对立	英语 /ɛ∶æ/（开口度） 汉语 /u∶o/（开口度）

　　新体系中涉及的许多对立，在原体系中都只能归入"析取关系"；而原有的所谓"相关关系"若以这些新术语的来定义，应称作"双边且等比的有无对立"。新体系下，我们可很容易地为汉语 /ʂ∶z̩/ 之对立（或罗

---

① 不过，冈蒂诺（Cantineau 1955）指出，这一逻辑分类体系其实很大程度上仍是音系性的，真正的逻辑分类指的应当是"同一关系"（relation d'identité）、"包含关系"（relation d'inclusion）、"重叠关系"（relation d'empiètement）、"外在关系"（relation d'extériorité）。他在文中尝试按这一思路对音位做了分类。

② 《论音系对立理论》以法文撰写，发表于法国的刊物，因此文中所举的例子也以法语为主。表4-1中我们改用我国读者更为熟悉的英语及汉语作例子。

杰瑞认定的 /ɹ : l/ 之对立）找到更合理的类型归属。新体系中引入的"孤立对立"与"等比对立"之别，目的正是要揭示某一对立在整个音系系统中独特与否。若仅此一对，称"孤立对立"；若重复出现，则为"等比对立"。因此，欧洲语言常见的 /t/ : /d/ = /p/ : /b/ = /k/ : /g/ = /s/ : /z/ = /ʃ/ : /ʒ/ = /f/ : /v/ 是"等比对立"之典型。而汉语 /ş : z̩/ 则是典型的"孤立对立"。若采用罗杰瑞的描写方式，/ɹ : l/ 同样应归作"孤立对立"，因为二者的关系不在其他任何音位对里重现。

音系系统的二元性，还因"有无对立"和"均等对立"这两个新类别而得到加强。浊声、鼻腔共鸣、腭化、圆唇等特征中的"标记"是显而易见的，音位可因该特征的"有"与"无"而相互区别。这样的对立关系只要不是仅此一组，在旧体系中就构成"相关关系"。新体系中，无论这样的关系是否重现，皆构成"有无对立"，如表4-2法语的四组鼻元音和口元音之对立。

表4-2　法语鼻元音和口元音构成的有无对立

组别	音位	鼻腔共鸣标记	例词	释义
1	ɔ̃	+	bon /bɔ̃/	好
1	o	−	beau /bo/	美
2	ɛ̃	+	main /mɛ̃/	手
2	ɛ	−	met /mɛ/	放置
3	œ̃	+	un /œ̃/	一
3	ø	−	eux /ø/	他们
4	ã	+	sang /sã/	血
4	a	−	ça /sa/	这样

两对立项之间呈现出的如果不是某一特征的有与无，而是各自具有某个对方不具备的特征，即使二者在总体音位内容上明显相似，在旧体系中依然要归入"析取关系"。新体系中引入的"均等对立"（即建立在对等基础上的双边对立），可清晰呈现出两特征的互补状，从而再度加强

了音系系统的二元性。表4-3展示的是《论音系对立理论》中给出的法语 /s/ 和 /ʃ/ 之间均等对立，该对立可位于法语的词首、词中以及词末。

表4-3 法语 /s/ 和 /ʃ/ 之间均等对立

位置	音位	咝音特征	嘘音特征	例词	释义
词首	s	+	−	sang /sɑ̃/	血
	ʃ	−	+	champ /ʃɑ̃/	田野
词中	s	+	−	casser /kase/	打碎
	ʃ	−	+	cacher /kaʃe/	隐藏
词末	s	+	−	Perse /pɛʁs/	波斯
	ʃ	−	+	perche /pɛʁʃ/	杆子

最后还应提到，音系对立中有一种特别的类型，称作"可中和对立"，旨在刻画具体语言中可在某些特定位置上消失的音位对立。可中和对立的重要性，不仅在于与常态对立一同构成音系对立若干类型中的一类，更在于充当了音系系统完整描写中不可或缺的一环。因此，特鲁别茨柯依不仅把常态对立和可中和对立之别作为《论音系对立理论》中的论述对象，还另撰《音系对立的取消》一文进一步分析了中和发生的条件和种类。《音系学原理》大致承袭了这一思路。一方面，常态对立与可中和对立之别是"区别对立的逻辑分类"话题下的类别之一；另一方面，"区别对立的取消方式"作为独立的一章得到了更深入的探讨。关于这一话题，我们将在第6章详述。此处需强调的是，特鲁别茨柯依认为只有双边对立才具备被中和之可能。因此，"可中和对立"的引入同样加强了音系系统的二元属性。

不过，《论音系对立理论》里新对立类型的引入并未使特鲁别茨柯依的音系系统走向全面的二元化。二元性得到强化的同时，非二元性的"多边对立"仍普遍存在。

4.2.3 多边对立及其化简之可能

《论音系对立理论》中定义了"双边对立"和"多边对立"之

别。具体语言中，某组对立项的"共同特征之和"（totalité de ces traits communs）若仅为这两个音位所独有，该对立为"双边对立"；若亦见于其他音位，该对立为"多边对立"。英、法、德语中，前者如 /t/ : /d/ 之对立，因为这几种语言里拥有"齿部+塞音+无鼻腔共鸣"特征之和的音位仅有这两个，没有第三个（如高加索语言常见的挤喉音 /t'/、圆唇音 /tʷ/，汉语及藏缅、侗台语言常见的送气音 /tʰ/，俄语等斯拉夫语言常见的腭化音 /tʲ/ 之类）；后者如 /p/ : /t/ 之对立，因为拥有"清音+塞音+无鼻腔共鸣"的清塞音音位除二者之外还有 /k/。

看似相同的音位对立，应归作双边对立还是多边对立，取决于不同语言的音系系统的具体情况。如表4-4所示，我们可选取几种有浊塞音音位的汉语方言以及其他亚洲语言，来呈现这种关系。

表4-4 浊塞音双边对立、多边对立举例

语言		/b/	/d/	/g/	结论
汉语	吴语	有	有	有	/b : d/、/b : g/、/d : g/ 皆为多边对立
	闽南语	有	无	有	/b : g/ 为双边对立
缅甸语		有	有	有	/b : d/、/b : g/、/d : g/ 皆为多边对立
泰语		有	有	无	/b : d/ 为双边对立

表4-4的例子中，闽南语浊塞音因缺少音位 /d/ 而呈双边对立，泰语浊塞音因缺少音位 /g/ 而呈双边对立，而其他几例与英、法、德等欧洲常用语言一样 /b/、/d/、/g/ 俱全，浊塞音因而呈多边对立。由此不难理解特鲁别茨柯依为何始终强调辅音的"位置化对立"是典型的多边对立。

多边对立的存在，使特鲁别茨柯依的"区别特征"体系无法成为彻底的二元对立系统。从《音系学原理》中的论述可看到，他认为多边对立在具体语言音系系统中的数量远远大于双边对立。他以德语为例指出，由德语的20个辅音音位构成的190组对立中，只有13组是双边对立[①]，其

---

① 以国际音标来标注这13组对立，分别是 /b : p/、/d : t/、/g : k/、/b : m/、/d : n/、/g : ŋ/、/pf : f/、/k : x/、/ts : s/、/f : v/、/s : z/、/s : ʃ/、/r : l/。

余皆为多边对立，多边对立占辅音对立总数的93%。（Trubetzkoy 1939a: 62）因此，任取两个音位而构成对立，大多为多边对立。

多边对立可否化简为双边对立？如果把更多特征引入"共同特征之和"，是可以向这一目标继续迈进的。例如，如果以"唇部+塞音+无鼻腔共鸣"为"共同特征之和"，那么/p：pʰ/在汉语普通话、粤语、客家话中皆为双边对立，而在闽南语、吴语中则为多边对立，因为后两种方言中另有符合这一"共同特征之和"的第三个项——浊塞音/b/。但是，如果在"共同特征之和"中加入"清音性"这一特征，即可消除/b/的"第三项"身份。

同理，以"唇部+塞音+无鼻腔共鸣"为"共同特征之和"来衡量，俄语/p：b/似应归作多边对立，因为俄语符合这一标准的音位还有/pʲ/（пь）和/bʲ/（бь）。但特鲁别茨柯依似乎从未这样处理过俄语的唇塞音。只要引入"腭化–非腭化"这组特征，即可很自然地完成对这组涉及4个项的多边对立的化简，于是/p：b/（"唇部+塞音+无鼻腔共鸣+非腭化"）、/p：pʲ/（"唇部+塞音+无鼻腔共鸣+清音性"）、/b：bʲ/（"唇部+塞音+无鼻腔共鸣+浊音性"）就都成了双边对立。

然而，并非所有的多边对立都可以化简为双边对立。特鲁别茨柯依始终认为辅音的位置化对立是无法化简的多边对立（详见4.4.1），元音的开口度对立的化简中也遇到很大问题（详见4.3.3）。因此，他所构建的音系系统始终未能实现彻底的二元化。

4.3 音系对立视角下的元音成分

4.3.1 元音音位与音系性元音成分的系统呈现

构成元音音位的"区别特征"有哪些，特鲁别茨柯依在《论音系性元音系统的普遍理论》中首度做了归纳。该文透过大量实例竭力展示的是，虽然不同语言的元音数量不等，音位的具体实现形式千差万别，但

第 4 章　构建音系性区别对立系统：二元对立之探寻　　109

是从音系学角度看却呈现出惊人的一致性。他总结这些系统之后得出结论，认为构建音系性元音系统须借助四种元音成分，分别是：

（1）开口度/语音饱和度（Grade der Öffnung / Schallfülle）；

（2）自有音高高度（Eigentonhöhe）；

（3）强度（Intensität），可呈现为时长（Dauer）或呼气力度（exspiratorische Stärke）；

（4）声调轨迹（Melodieverlauf）。

这四种成分中的前两者（开口度/饱和度、自有音高）是元音音段自身的特征，后两者（强度、声调轨迹）是韵律成分。他同时指出这四种成分的普遍性依次递减，一切语言的元音音位皆有音系性的饱和度区别，而音系性的声调轨迹区别的分布则非常有限。某一语言的元音若存在自有音高区别，就必存在饱和度区别；若存在强度区别，就必存在自有音高及饱和度区别。

特鲁别茨柯依这一时期利用具有心理属性的"语音意象"来定义音位，所以描写构成音位的各种成分时，体现声学效果的术语必然优先于体现发音生理效果的术语。因此，区别高元音与低元音的维度不仅由生理动作上的"开口度"来定义，更由声学效应上的"饱和度"来定义，二者其实是同一问题的两面。例如，[a]具有高开口度、高饱和度，而[i]和[u]的开口度及饱和度皆低。

"自有音高"也是个声学概念，在生理上对应发音位置的前与后，用来区别前元音与后元音。此处的"音高"指音段自身声学频率的高与低，不同于超音段层面上的"声调"或"语调"。例如，[i]具有较高的自有音高，[u]具有较低的自有音高。①

特鲁别茨柯依对元音音系系统的呈现（尤其在《论音系性元音系统的普遍理论》一文中），给人留下的直观印象最深之处或许就是那些三角

---

① 这套描写方式的基本原则与雅柯布森后来的区别特征体系是一致的。雅柯布森的体系把饱和度的高与低称作集聚性（compact）与分散性（diffuse）之对立，把自有音高的高与低称作锐音性（acute）与钝音性（grave）之对立。

或四角的元音系统图。叶斯柏森曾略带嘲讽地表示，"音系学家们总喜欢把元音三角推翻打乱"（Jespersen 1933a: 213 / 叶斯柏森 2021: 179）。把特鲁别茨柯依的三角、四角的元音系统图跟传统的元音图相比较，的确会发现二者的方向是相反的。我们必须思考，他为何要使用这种与常规不同的图示？

特鲁别茨柯依的这种标新立异绝非噱头。传统的元音图是按照发音生理来设计的，横向从左向右按照自前元音到后元音的顺序排列，纵向从上向下按照由高元音到低元音的顺序排列。国际音标表（IPA）的元音部分就是按这一方式来编制的。如果说这样的图是对发音生理的临摹，那么特鲁别茨柯依的图则是对元音声学特征的展示。如图4-1、4-2所示，我们若把他那些三角、四角的系统放入以自有音高为横轴、以饱和度为纵轴的直角坐标系，这些图示背后隐藏的声学信息立刻一目了然。

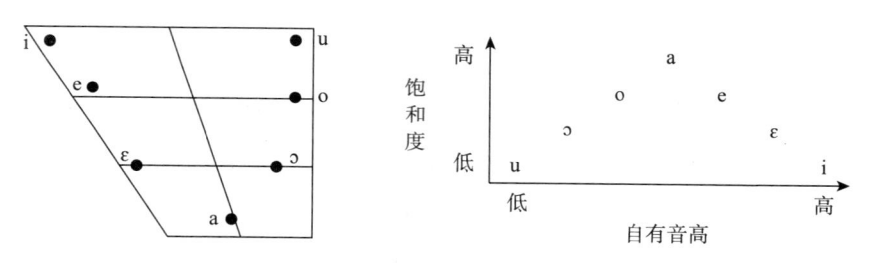

图 4-1 （左）常规式的意大利语音位图
（Rogers & d'Arcangeli 2004: 119）
（右）对 Trubetzkoy（1929a: 47）意大利语元音音位三角系统图的分析

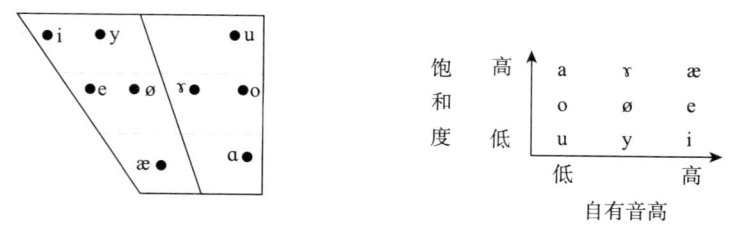

图 4-2 （左）常规式的爱沙尼亚语音位图
（Asu & Teras 2009: 368）
（右）对 Trubetzkoy（1929a: 47）爱沙尼亚语元音音位四角系统图的分析

不过，这类三角或四角的图示的目标，不是要呈现自有音高和饱和度的精确值，而是要呈现音系系统的类型特征。例如，图4-2的右图中想要传递的信息不是/a/、/ɤ/、/æ/具有相同的饱和度值（显然绝不可能完全相同），而是要展示爱沙尼亚语具有较高饱和度的元音音位有3个，而不是像意大利那样仅有1个。换言之，所谓"音系性"，探究的是音位之间对立关系，而不是具体实现形式之间的千差万别。

这类元音音位系统图的真正价值在于，借助饱和度和自有音高这两个维度，我们可迅速发现音位清单不同的语言在音系系统上可呈现出的一致性。例如，《论音系性元音系统的普遍理论》中列举的实例里有沃恰克语（Votyak）和齐良语（Zyrian），二者虽然都是俄境内的乌拉尔语系语言，但音位清单的差异很明显，除了共有的5个元音（/a, o, e, u, i/）之外，/ə/[①]和/ɨ/为前者所特有，/ø/和/y/为后者所独有。[②]然而，如图4-3所示，二者呈现出相同的音系三角系统类型。

```
         a                          a
     o       e                  o   ø   e
   u   ɨ       i              u   y       i
```

图4-3　沃恰克语（左）和齐良语（右）的元音音系系统[③]
（Trubetzkoy 1929a: 48）

这两个系统中，饱和度最高的元音都是仅有/a/一个，因而皆呈三角系统。纵向来看，从/a/到/u/，或从/a/到/i/，音位的饱和度递减；横向来看，从/u/到/i/，或从/o/到/e/，音位的自有音高递增。整个元音音系系统透过这两个维度形成对称。两种语言虽然音位清单有差别，但音系

---

① /ə/是半闭的央元音，开口度大于俄语的闭央元音/ɨ/（ы），小于英语的半开央元音/ɜ/。
② 齐良语，今称科米语（Komi），其标准语中并无这两个圆唇前元音，但亚济瓦（Yaz'va）方言里有（参见Hausenberg 1998: 308），特鲁别茨柯依描写的极可能是这一方言。
③ 此处已将音标符号统一为国际音标。特鲁别茨柯依原文中使用的音标符号，见本书下篇的译文。

系统呈现出高度相似性。

无论音系性元音系统呈现为三角类型还是四角类型，饱和度和自有音高皆可显现出三种值。例如，饱和度可存在中间值/o/和/e/，自有音高可存在中间值/i/或/y/。而在上例中，沃恰克语的/ə/和齐良语的/ø/既是饱和度的中间值也是自有音高的中间值。由此来看，特鲁别茨柯依最初用饱和度和自有音高来分析音系性元音系统时，就未把二元化视为至高目标。

4.3.2 音系性元音对立系统的完善化

在《论音系性元音系统的普遍理论》的基础上，《音系系统》一文对元音音系成分做了更为系统的归纳。《音系系统》的分类系统里，饱和度和自有音高被归作"质性对立"，强度和声调（音高）被归作"韵律对立"，此外还补充了"共鸣腔对立"，由此形成了元音音位的三大天然联系群，我们可整理成表4-5。

表4-5 《音系系统》里的"元音三大天然联系群"例析

三大天然联系群	具体的对立类别		例子
质性对立	饱和度		普遍存在的/i∶e/或/u∶o/等
	自有音高	圆唇	德语、法语等不圆唇/i, e/与圆唇/y, ø/
		腭化	土耳其语非腭化/ɨ/与腭化/i/
		紧张度	英语紧音/i:/与松音/ɪ/
共鸣腔对立	鼻化		法语口元音/ɛ/与鼻元音/ɛ̃/
	挤声		见于高加索语言
	噪声		见于高加索语言
韵律对立	强度	力度	英语重读音节的/e/和非重读音节的/ə/
		音长	捷克语长音/a:/与短音/a/
	音高	音高轨迹	汉语普通话上升调35与下降调51
		音高位置	闽南语、粤语等高平调55与低平调22或11
	音节截短		德语开音节里的/ɛ:/和闭音节里的/ɛ/

第4章 构建音系性区别对立系统：二元对立之探寻

自有音高对立中细化出的"圆唇对立""腭化对立"和"紧张度对立"，是元音音系系统迈向二元对立化的重要一步。此前我们看到的自有音高的中间值，往往与圆唇前元音（如 /ø/、/y/）或腭化元音（如 /ɨ/）有关。引入"圆唇"和"腭化"有助于将一组多边对立化简为两组双边对立，从而迈向系统的二元对立化。

至于"紧张度"，如特鲁别茨柯依所言，属于"其他类别的伴随结果"而已，如英语紧元音和松元音之对立始终和元音的长与短相伴（更确切说，是与"音节截短对立"相伴，参见5.2.2），即长而紧的 /iː/ 与短而松的 /ɪ/ 对立，长而紧的 /uː/ 与短而松的 /ʊ/ 对立。不过，尽管紧张度对立缺乏独立性，但仍是一组对二元性有帮助的双边对立。

质性对立之外新增的共鸣腔对立，无论是人们熟悉的鼻元音和口元音的对立还是某些较鲜为人知的类型，共鸣腔特征的有与无均具有天然的二元性。

此时特鲁别茨柯依仍把韵律特征视为元音特征的一部分。韵律特征名下的强度对立（重读与非重读、长与短）、声调对立（升与降、高与低）、音节截短对立（强截短与弱截短）皆呈现二元性。

后来在《音系描写指南》一书中，韵律不再被视为元音的特征，而被视为音节的特征。把韵律成分从元音成分中剥离出去之后，元音成分就只剩下了饱和度（开口度）特征、自有音高（位置）特征以及共鸣腔特征，这个三分法在《音系学原理》中得到了沿用。[1]

---

[1] 《音系学原理》对《音系系统》中的元音成分名称的继承，有时会被译本中的术语掩盖。巴尔塔克斯的英译本为增加文本的可读性，把 Eigenton（自有音高）转译为 timbre（音色），把 Schallfülle（音的饱和度）转译为 sonority（响度）。需注意，虽然把 Eigenton 译为英语 timbre 并非错误，但二者并不完全等价。德语工具书往往并不把 Eigenton 作为词条收录（无论德国的在线版杜登、DWDS 还是我国出版的《德汉词典》《新德汉词典》均未收此词），可见这个术语更像是个临时合成的复合结构，而不是个获得很高认可度的"词"。真正的"音色"，在今天的德语中通常用本族复合词 Klangfarbe 或国际词 Timbre 来表示，而非 Eigenton。而把 Schallfülle 译为 sonority，已与当今音系学中的"响度"概念有了不小的落差。特拉斯克因而为《语音学与音系学词典》的 sonority 词条单列了一个义项，指出"响度"在特鲁别茨柯依的《音系学原理》中用作 vowel height（元音高度，即元音开口度）的同义词，并注为"已废弃"（见 Trask 1996: 327）。

4.3.3 元音特征彻底二元化的尝试

虽然《音系系统》中的元音音系系统二元化方向十分明确，但在后来的《音系学原理》中我们却发现，无论是饱和度还是自有音高，都不是彻底的二元对立概念。书中以"阶"（Stufe）来刻画饱和度区别，以"级"（Klasse）来刻画自有音高区别。饱和度阶最大值和最小值之间，自有音高级的最大值和最小值之间，皆可存在若干种中间值。自有音高级可有两种中间值，而在某些较为罕见的例子中，饱和度阶的中间值甚至可多达三至四种。其中，最常见的类型是图4-4所示的由三种饱和度阶、两种自有音高级构成的三角系统。

```
        a
    o       e
    u       i
```

图4-4　由三种饱和度阶和两种自有音高级构成的三角元音系统
（Trubetzkoy 1939a: 99）

对于更加复杂的元音系统来说，可通过引入更多特征来尝试消除中间值。如表4-6所示，在拥有四种饱和度阶的元音系统里引入"窄"（eng）与"宽"（breit）之对立和"开"（offen）与"闭"（geschlossen）之对立，成功消除了中间值，使多边对立化简为双边对立。（Trubetzkoy 1939a: 101）

表4-6　开-闭对立、宽-窄对立的引入

	a	ɛ	e	i
饱和度阶	高 4	中高 3	中低 2	低 1
开与闭之对立	开	闭	开	闭
宽与窄之对立	宽	宽	窄	窄

事实上，比sonority更接近德语Fülle的英语术语是saturation（饱和度）。与之相比，冈蒂诺的法译本处理这两个术语时较接近特鲁别茨柯依的德文原术语：法译本把Eigenton（自有音高）直译为ton propre，字面义为"自身的调"；把Schallfülle（音的饱和度）直译为plénitude，字面义为"饱满"。二者与德语原文更贴近。

第 4 章 构建音系性区别对立系统：二元对立之探寻

然而，"宽"与"窄"自身却是多边对立，萨丕尔（Sapir 1931）描写过一种可区分出六种饱和度阶的非洲语言（贾博语，旧称 Gweabo，今称 Jabo）。如表 4-7 所示，特鲁别茨柯依除了从声学角度引入"清澈"（klar）与"模糊"（trübe）之对立之外，还使用了"宽""中""窄"三值与之配合。① 这一处理方式的方向，显然不是使系统走向彻底的二元化。

表 4-7　宽度的三种值

	a	ɛ	ɛ	e	e̱	i
饱和度阶	6	5	4	3	2	1
清澈与模糊之对立	清澈	模糊	清澈	模糊	清澈	模糊
宽与窄之对立	宽	宽	中	中	窄	窄

至于四种自有音高级的系统，从声学角度引入的音色"亮"（hell）与"暗"（dunkel）的对立② 效果并不理想。若要消除中间值，需再引入一组对立。但是如表 4-8 所示，特鲁别茨柯依新引入的这组对立不是声学性质的，而是生理角度的圆唇与非圆唇之对立。

表 4-8　声学特征与生理特征的配合

	u	ɯ	y	i
自有音高对立	高	中高	中低	低
明暗对立	暗	较暗	较亮	亮
圆唇与非圆唇之对立	圆唇	非圆唇	圆唇	非圆唇

上述例子表明，用《音系学原理》中引入的这些新特征来化简多边对立，局限性十分明显。首先，对立种类的增加使特征系统变得庞杂，与简洁性背道而驰。究竟还需引入多少组新的对立？特鲁别茨柯依未给出答案。其次，这些新的对立经常是发音特征，而不是声学特征，损害

---

① 关于贾博语的表格中使用的音标依据 Sapir（1931: 31）。
② "从声学来看，圆唇元音比非圆唇元音暗，前元音比后元音亮。"（Trubetzkoy 1939a: 89）

了特征系统的同质性。此外还有最为棘手的一个问题：这样的方式往往适合对四值系统加以化简，对三值系统无能为力。① 因此，特鲁别茨柯依的元音音系特征最终并未实现彻底的二元化。

4.4　音系对立视角下的辅音成分

4.4.1　比照元音对立而归纳的辅音对立

特鲁别茨柯依首次系统展示辅音音系对立，是在《音系系统》一文中。文中指出，辅音成分比元音成分更加多样，其分类方式自然更加复杂。（Trubetzkoy 1931a: 103-105）不过，他对辅音对立的分类，仍在一定程度上体现出与元音对立的一致性。辅音对立被归纳为下列四个大类：

（1）位置化对立（Lokalisierungsgegensatz）；
（2）发音方法对立（Artikulationsartgegensatz）；
（3）自有音高对立（Eigentongegensatz）；
（4）强度对立（Intensitätsgegensatz）。

自有音高对立与强度对立都是他描写元音对立时用过的术语，其他两类则为辅音所特有。四大类之下有若干小类，总结《音系系统》一文中完整的辅音对立体系，我们可列成表4-9，并附上一些常见的例子。

---

①　此前在《论音系对立理论》中也出现了类似的情况。文中把法语 /i/∶/e/ 之对立定义为双边的渐进对立，之所以既渐进又双边，正是因为法语的非圆唇前元音音位有4个而非3个，很容易将 /i/ 和 /e/ 归入一类（低饱和度），将 /ɛ/ 和 /a/ 归入另一类（高饱和度）；与之相比，英语仅有1个"中间项" /e/（实现形式可为 [e] 或 [ɛ]），/i/∶/e/ 就只能视为多边对立了。此外，法语非圆唇的前而高的元音音位仅有 /i/ 和 /e/，假如还有一个 /ɪ/，那么 /i/∶/e/ 之对立就又成了多边对立。从《国际语音学会手册》中描写的音系系统来看，同时拥有音位 /i/、/ɪ/、/e/ 的语言的确存在，如印地语、信德语（Sindhi）都是同时拥有这三个音位。由此形成的最小对立组，如印地语 /mil/（英里）∶/mɪl/（见面）∶/mel/（和谐）（Ohala 1999: 102），信德语 /sirə/（河中央）∶/sɪrə/（砖）∶/serə/（重量单位）（Nihalani 1999: 132）。

表4-9 《音系系统》中的辅音对立系统例析

对立类别		有某一特征（+）	无某一特征（-）	例子
位置化对立		（不适用）		全球语言皆常见的 /p/ : /t/ : /k/
发音方法对立	浊声参与性	浊音	清音	英语 /b/ : /p/
	呼气方式	送气音	不送气音	汉语普通话 /pʰ/ : /p/
		喉阻塞音	无喉阻塞音	拉克语 /p'/ : /p/（п1 : п）
	近距性	擦音	塞音	英语 /s/ : /t/
自有音高对立		腭化音	非腭化音	俄语 /pʲ/ : /p/（пь : п）
		圆唇音	非圆唇音	列兹金语 /kʷ/ : /k/（кв : к）
		强势硬腭化音	非硬腭化音	车臣语 /tʃ'/ : /tʃ/（ч1 : ч）
		强势软腭化音	非软腭化音	阿拉伯语 /q/ : /k/（ق : ك）
		卷舌音	齿音	印地语 /ʈ/ : /t/（ट : त）
强度对立	力度	强音（挤喉音）	弱音（简单音）	拉克语 /p'/ : /p/（п1 : п）
	音长	长音（叠音）	短音（非叠音）	芬兰语 /lː/ : /l/

四大类之中，"位置化对立"被视为典型的多边对立。除此之外的其他三大类皆为双边对立，构成这些对立的音位因而可实现二元化分析。有些辅音对立类型之间存在有重合，例如高加索语言、闪米特语言中的"强势音"，既可从自有音高角度来理解，也可从强度角度来理解。

"自有音高对立"下辖的亚类中，"圆唇"和"腭化"在元音和辅音中皆存在。例如，腭化与非腭化之对立，在元音中可体现为央元音与前元音之别（如/ɨ : i/），在辅音中可体现为"软辅音"和"硬辅音"之别（如 /pʲ : p/）。

"强度对立"同样有助于在元音成分和辅音成分之间实现术语的统一。其下的"力度对立"和"音长对立"两个亚类都是既见于元音，也见于辅音。从实现形式来看，元音的强度对立可实现为力度形式（重读元音和非重读元音之对立）或音长形式（长元音和短元音之对立），辅音的强度对立也可实现为力度形式（强势音与非强势音之对立）或音长形式（长辅音和短辅音之对立）。

当然，《音系系统》里也有一些辅音特有的对立类型，如发音方法对立中反映擦音与塞音之别的"近距性相关关系"（Annäherungskorrelation），以及自有音高对立中反映卷舌音与齿音之别的那一小类，都是元音所不具备的。但是总体来看，《音系系统》里的对立分类思路，较为倾向元音特征与辅音特征之间的一致性，安德森（Anderson 1985）称之为"一口原则"（one mouth principle），即用同一套区别特征来分析包括元音和辅音在内的所有音位。雅柯布森的区别特征正是建立在这样的原则上。

但是，《音系系统》中的辅音对立体系离真正的"一口原则"尚有很大距离，因为这一体系远未达到面面俱到之标准。例如文中承认，响音与其他辅音构成何种对立关系仍不清楚，鼻塞音和非鼻塞音之间的对立应如何归属仍举棋不定。（Trubetzkoy 1931a: 105）这些问题在《音系学原理》中得到何种解决，必将决定"一口原则"在特鲁别茨柯依的体系中的走向。

4.4.2 辅音对立体系的调整与"一口原则"的放弃

《音系学原理》中把辅音特征重新归纳为三大类：位置化特征（Lokalisierungseigenschaft）、除阻特征（Überwindungseigenschaft）、共鸣特征（Resonanzeigenschaft）。我们可先将这套完整的辅音对立体系列成表4-10。

表4-10 《音系学原理》中的辅音对立系统例析

	对立方式		阐释	例子
位置化特征	基本系列		位置型多边对立，以唇、齿、腭对立最为普遍	全球语言皆常见的 /p∶t∶k/
	均等姐妹系列		位置型双边对立，如卷舌音与齿音的对立等	印地语 /ṭ∶t/
	次要系列	自有音高相关关系	腭化音：非腭化音	俄语 /pʲ∶/p/
			强势音：非强势音	阿拉伯语 /q∶k/
			圆唇音：非圆唇音	列兹金语 /kʷ∶/k/
		吸气音相关关系	吸气音：非吸气音	见于祖鲁语
	位置化系列之外的音位		以流音及h为典型	爱斯基摩语 /l∶r/
除阻特征	第一级除阻方式相关关系		塞音（及塞擦音）：擦音：响音	全球语言皆常见的 /t∶s∶l/
	第二级除阻方式相关关系	紧张度相关关系	紧音：松音	俄语 /p∶b/
		强度相关关系	强音：弱音	拉克语 /p∶∶p/
		浊声参与性相关关系	清音：浊音	英语 /p∶b/
		送气相关关系	送气音：不送气音	汉语 /pʰ∶p/
		回归相关关系	声门内音：回归音	拉克语 /p∶p'/
		释放性相关关系	外爆音：内爆音	越南语 /p∶ɓ/
	第三级除阻方式相关关系		叠音：非叠音	拉普语 /tt∶t/
共鸣特征			非鼻音：鼻音	全球语言皆常见的 /p∶m/

三大类辅音特征中，位置化特征和共鸣特征与元音特征相通。元音的自有音高特征若从生理角度来看，其实也表现为位置化特征（即前元音、央元音、后元音之对立）。而共鸣特征体现的是口腔音与鼻腔音之对立，辅音关于这一特征的对立（如 /b∶m/）明显比元音（如 /a∶ã/）更为常见。

然而，《音系学原理》对除阻方式特征的强化无疑表明，刻画完整的辅音特征体系无须沿着让元音成分和辅音成分实现统一的方向进行。除阻特征这一术语，聚焦的正是辅音迥异于元音的根本属性。

特鲁别茨柯依把除阻特征分为三级。"第一级除阻方式相关关系"（Überwindungsartkorrelation ersten Grades）揭示的是塞音（以及塞擦音）、擦音、响音之区别。虽然辅音皆以阻塞为根本特征，但阻塞的程度各有不同，塞音和塞擦音的阻塞程度最高，擦音其次，响音最低。这一关系是对《音系系统》中"近距性相关关系"的修补，"近距性"作为以发音方法为基础的辅音特征，揭示的是发音时积极发音器官（如舌尖）与消极发音器官（如齿、腭）之间的物理距离，因而只涉及擦音（[+近距性]）和塞音（[-近距性]）之别①。第一级除阻方式使这一关系得到扩充，让响音也参与了进来，从而解决了他在《音系系统》中曾经提出的疑惑。不过，这一扩充过程也使双边的"近距性"被多边的"第一级除阻方式"取代。

塞音、擦音、响音内部成员之间的对立，被称为"第二级除阻方式相关关系"（Überwindungsartkorrelation zweiten Grades）。此名下列出的六个小类②，有些在《音系系统》的体系中出现过，有些则是《音系学原理》中的新提法：

（1）"紧张度相关关系"（Spannungskorrelation）为《音系学原理》中所新增，旨在诠释紧音（Fortis）和松音（Lenis）之对立。增加这组对立的必要性在于，许多语言中的成对塞音并非单纯的清浊对立或送气音与不送气音之对立，而是涉及发音器官紧张与松弛之区别。特鲁别茨柯依把俄语、捷克语等语言中的不送气清塞音音位与浊塞音音位之对立归入此类。

（2）"强度相关关系"在《音系系统》中已有，对比《音系学原理》

---

① 关于积极发音器官和消极发音器官之间的距离，可参考叶斯柏森的"非字母符号"标注法，塞音注为0，擦音依据开口度注为1或2。见Jespersen（1889: 16），中译文见叶斯柏森（2021: 216-217）。

② 特鲁别茨柯依（Trubetzkoy 1939a: 140）还提到，"前送气相关关系"（Präaspirierungskorrelation）或可视为第二级除阻方式相关关系的第七个小类。这种对立见于福克斯语、霍皮语等北美原住民语言，北美文献中将"前送气辅音"转写为 hp、ht、hk 等。但他不确定应将这类辅音视为单音位成分（音位）还是复音位成分（音位组合）。

和《音系系统》中的"强度相关关系",会发现特鲁别茨柯依描写辅音强度时已不再拘泥于元音的强度框架。《音系系统》中把辅音强度也分成像元音那样的"力度"和"音长"来讨论,而在《音系学原理》中,"强度"仅反映强音(Schwer)和弱音(Leicht)之对立,如拉克语的长短辅音音位之别(/p∶∶p/等)[①]。叠音与非叠音之对立被移出,移至第三级除阻方式相关关系。

(3)"浊声参与性相关关系"(Stimmbeteiligungskorrelation)体现清浊辅音之别,此前在《音系系统》中已充当了发音方法对立中的一种,或许是这六小类中最为人们所熟悉的一类。

(4)"送气性相关关系"(Aspirationskorrelation)体现送气音与不送气音之别,曾在《音系系统》中与喉阻塞音-非喉阻塞音之对立共同构成"呼气方式对立"。《音系学原理》中将二者剥离开了。

(5)"回归相关关系"(Rekursionskorrelation)诠释的即是从"呼气方式对立"中剥离出的喉阻塞音-非喉阻塞音之对立,或者用《音系学原理》中的新术语来说,是"声门内音"(Infraglottal)和"回归音"(Rekursiv)之区别。"回归音"被定义为"仅靠闭合的喉上部聚集起的气流而产生,并借助像拔去闭合喉部的活塞一样的迸发而发出的辅音"(Trubetzkoy 1939a: 139),主要指挤喉音。与之对立的"声门内音"被定义为"用肺部出来的气流而发的音"(同上),也就是那些更具普遍性的辅音。

(6)"释放性相关关系"(Auflösungskorrelation)揭示的是"外爆音"(Explosiv)和"内爆音"(Injektiv)之对立,前者非常普遍,后者主要指"缩气音",是非肺部辅音的一种。[②]

---

① 拉克语辅音音位系统全貌,尤其是同一发音部位的塞音音位种类的多样性(如 /p∶p'∶p∶∶b/),见Anderson(1997: 978)。

② 国际音标表把"非肺部辅音"分为三种:吸气音(click),如非洲南部科依桑语言中的 /!/、/ǀ/等;浊缩气音(voiced implosive),如越南语的b /ɓ/和đ /ɗ/;挤喉音(ejective),如高加索语言的/p'/、/t'/等。

六小类构成的是"第二级除阻方式相关关系"。这之外还有"第三级除阻方式相关关系"（Überwindungsartkorrelation dritten Grades），这一相关关系中仅包括叠音与非叠音之对立。特鲁别茨柯依承认此类对立在实践中有时很难与强度对立（长短辅音之对立）相区分。不过，他做此区分的理由其实很充分：例如，北欧的乌拉尔语系语言拉普语（今称萨米语）中，叠辅音出现位置很受局限，仅见于两元音之间，如 beassi（巢穴，主格）— beasi（巢穴，属格）（Ánte & Ylikoski 2022: 153），因而"双"之特性比"强"（或"长"）之特性更明显，此位置的长短辅音被视为叠音–非叠音之对立。与之相比，东北高加索的拉克语中，长辅音音位的独立性非常强，可出现于包括词首在内的一切位置上，如 čun（到哪里）— ččun（痒），taˤy（马驹）— ttaˤy（小饰物）（Anderson 1997: 978），长短辅音因而被视为强度对立。

我们再回到"位置化特征"这一话题上。《音系学原理》中，位置化特征之下划分出了"基本系列"（Grundreihen）、"均等姐妹系列"（Äquipollente Schwesterreihen）、"次要系列"（Nebenarbeitreihen），并另列了"位置化系列之外的辅音音位"。

这之中的"基本系列"指唇辅音、齿辅音、腭辅音之对立（如塞音 /p：t：k/，鼻音 /m：n：ŋ/）。这类对立是整个音系系统中最为典型的多边对立，并且在全球语言中普遍性极高。这个类别始终未做改动，可很好证明特鲁别茨柯依并未把音系成分的彻底二元化视为构建普遍性音系系统的最高目标。

"均等姐妹系列"中的典型是卷舌音和齿音（确切说是齿龈音）之对立，如汉语 /ʂ：s/、梵语 /ʈ：t/ 等。《音系系统》中，特鲁别茨柯依虽已认识到这一对立属于相关关系而非析取关系，但尚未找到妥当的名称来对其加以刻画，只能将其笼统置于自有音高对立名下充当一小类。《论音系对立理论》中提出的"有无对立"与"均等对立"之间的逻辑区别，为刻画这一类别提供了恰当的术语。这类对立因而在《音系学原理》中被定义为"均等姐妹系列"。我们须特别注意，"卷舌"（retroflex）是发音部位，不是发音方法，因而与"齿"拥有平等的地位，二者之间形成的是均等对立而非有无对立。

位置化特征中的"次要系列"，其中一类是此前反复提到的自有音高特征，另一类涉及非洲南部部分语言中的吸气音－非吸气音之对立。自有音高里移除了卷舌音－齿音之对立，就只余下了腭化－非腭化之对立、圆唇－非圆唇之对立、强势音－非强势音之对立，与《音系系统》中基本一致。

至此，特鲁别茨柯依的音系性辅音普遍系统已完整搭建了起来。新体系中的特征以发音生理特征为主，声学特征已不多。虽然这之中的大多数特征已具备二元化条件，但是位置化特征基本系列始终保持其多边对立属性，使整个体系无法彻底二元化。而元音特征与辅音特征间的"一口原则"，也已随着对三级除阻方式的强化而被放弃。

4.5　雅柯布森对多边对立的处理

前面我们已看到，并非所有的多边对立都可实现化简。特鲁别茨柯依始终未能将/p∶t∶k/这类基于辅音位置化特征而形成的多边对立化简为双边对立，元音基于开口度而形成的多边对立的化简也常遇到障碍。与之相比，雅柯布森主张将二元对立视为音系系统须贯彻始终的根本属性，他是如何实现这一目标的？

雅柯布森坚持元音特征和辅音特征的"一口原则"，即用同一套区别特征来分析所有音位。因此，关于辅音的位置化特征，他坚持引入与元音相同的"钝音性－锐音性"（grave-acute）对立（即特鲁别茨柯依的"自有音高对立"），因而成就了他《论辅音的音系分类》（Observations sur le classement phonologique des consonnes）一文中最大的理论突破。正如我们后来在《语音分析初探》、《语言基础》和《语言音形论》中看到的，/k∶p∶t/构成的三角系统和/a∶u∶i/构成的三角系统并无本质区别：/k/和/a/代表高饱和度（"集聚性"[compact]），而具有低饱和度（"分散性"[diffuse]）的音位又可因自有音高而相互区别，/p/ 和 /u/ 具有较低自有音高（"钝音性"），/t/ 和 /i/ 具有较高自有音高（"锐音性"）。

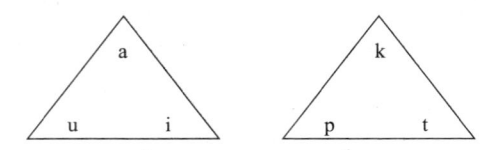

图 4-5　元音三角系统和辅音三角系统之比较
（Jakobson & Waugh 1987 [1979]: 112）

至于元音音位开口度的问题，雅柯布森引入了"降音性－平音性"（flat-plain）这组区别特征。"降音性"描述的是声音频率的下降，是圆唇音的显著声学特征，与非圆唇音的"平音性"相对立。由此，英语前元音 /a∶e∶i/ 之多边对立，因 /a/ 具有平音性而化简为双边对立；英语后元音 /o∶ə∶u/ 之多边对立，因 /o/ 具有降音性而化简为双边对立。[①]表 4-11 是从《语音分析初探》的英语音位区别特征分析表中截取的局部（完整表格见 Jakobson, Fant & Halle 1952: 43），涉及英语的 6 个元音音位以及我们之前提到的代表辅音位置化序列的 /p, t, k/ 三个塞音（表中的每组区别特征，前一个特征记作正值，后一个特征记作负值，空白表示此特征对该音位不具音系重要性）。

表 4-11　多边对立的消除

	o	a	e	u	ə	i	k	p	t
元音性－非元音性	+	+	+	+	+	+	−	−	−
辅音性－非辅音性	−	−	−	−	−	−	+	+	+
集聚性－分散性	+	+	+	−	−	−	+	−	−
钝音性－锐音性	+			+		−			
降音性－平音性	+	−		+	−				

[①] 雅柯布森等（Jakobson, Fant & Halle 1952）归纳的英语元音音位系统由 /o, a, e, u, ə, i/ 6 个音位组成。（按：/ə/ 指的是 [ʌ]。）

第4章 构建音系性区别对立系统：二元对立之探寻

《语音分析初探》是雅柯布森全面呈现区别特征二元对立体系的著作，是他影响力最为深远的著作之一。我们从上表中可看到引入新特征以及坚持元音和辅音间的"一口原则"对于区别特征体系彻底二元化的重要作用。最终，他确立了一套12组区别特征构成的二元对立系统，用于对一切语言的亚音位结构的阐释，即雅柯布森-哈勒区别特征系统，对20世纪中期以来包括生成主义在内的音系学研究产生了深远影响。如表4-12所示，这12组区别特征大部分可追溯至布拉格语言学小组时代，在特鲁别茨柯依的著作中可找到原型。

表4-12 雅柯布森、特鲁别茨柯依区别特征对照表

雅柯布森的区别特征	特鲁别茨柯依的"区别特征"	
特征名称	《音系系统》（1931）	《音系学原理》（1939）
元音性-非元音性	（未做说明）	
辅音性-非辅音性	（未做说明）	
鼻腔性-口腔性	元音：共鸣腔对立 辅音：（未做说明）	共鸣特征
集聚性-分散性	元音：饱和度 辅音：（未做说明）	元音：饱和度 辅音：（未做说明）
突发性-延续性	发音方法，近距性	第一级除阻方式
刺耳性-圆润性	（以卷舌音-齿音对立为例，但未做类别命名）	位置化，均等姐妹对立
急剎性-非急剎性	自有音高，强势	第二级除阻方式，回归
有声性-无声性	发音方法，浊声参与性	第二级除阻方式，浊声参与性
紧音性-松音性	元音：自有音高，紧张度 辅音：（未做说明）	元音：自有音高，紧张度 辅音：涉第二级除阻方式下多个小类
钝音性-锐音性	元音：自有音高 辅音：（未做说明）	元音：自有音高 辅音：（未做说明）
降音性-非降音性	自有音高，圆唇	自有音高，圆唇
升音性-非升音性	自有音高，腭化	自有音高，腭化

据雅柯布森与泼末斯卡（Krystyna Pomorska, 1928—1986）《对话

录》记载，雅柯布森1938年2月赴维也纳拜会特鲁别茨柯依时，两人曾对彻底实现音系系统二元化的新主张做了专门切磋。特鲁别茨柯依对彻底的二元化仍持谨慎态度，且《音系学原理》一书的撰写此时已很深入，无法完全另起炉灶。于是两人约好在《音系学原理》出版后由雅柯布森撰文对该问题做回应。（Jakobson & Pomorska 1983: 32）雅柯布森在布拉格语言学小组3月21日内部会议上用捷克语以《论辅音》（O souhláskách）为题发言，初步公布了关于音系系完全二元化的构想。（会议纪要见CLP 1938: 191-192）同年7年18日，在比利时根特召开的第3届语音科学国际大会上，他以法语宣读了《论辅音的音系分类》，公开了通过引入新的区别特征并坚持"一口原则"来改进辅音音系系统描写的设想，从而全面摒弃了多边对立。

令人痛心的是，特鲁别茨柯依已于6月25日辞世。特鲁别茨柯依对此问题的观点定格于《音系学原理》中的论述。因此，是否承认多边对立的合理性，今被视为布拉格学派内部特鲁别茨柯依和雅柯布森的音系学思想中的主要分歧之一。

与雅柯布森相比，特鲁别茨柯依的"区别特征"体系中的缺陷是十分明显的。其一，他并不排斥多边对立，他的体系是双边对立和多边对立共存的体系。其二，他未能做到研究视角的统一，他的体系里声学特征和发音生理特征并存，后期甚至向发音生理特征倾斜。其三，他放弃了元音特征和辅音特征的"一口原则"，使特征数量无法做到最简。这些问题使他无法穷尽而简洁地描写亚音位实体（subphonemic entities）系统，这一任务最终是在二战后由雅柯布森逐步完成的。

4.6 小结

本章我们按照从一般到具体的顺序，首先思考了区别对立的逻辑系统，随后思考了音系系统中具体的元音成分与辅音成分。对音系对立的思考引申出了对音位的复杂结构的认识，为区别特征理论的提出打下

第 4 章 构建音系性区别对立系统：二元对立之探寻　　127

了基础。特鲁别茨柯依早年透过"相关关系"概念以及"有标记项"和"无标记项"之对立，试图构建起基于纯二元对立的普遍性音系系统。然而，完整思考他对元音成分和辅音成分的总结过程后我们发现，该系统越趋于完善，他越感到无法让所有特征实现二元化。他因此逐渐放弃了让音系统彻底二元化的设想，故而与雅柯布森着力构建的体系拉开了距离。

第 5 章
非音段对立：音系系统中的韵律成分

> What you don't know won't hurt you.
> A dubious maxim: sometimes what you
> don't know can hurt you very much.
>
> Margaret Atwood,
>
> *The Blind Assassin* (2000)

> 不了解的东西伤不到你。
> 这条准则好可疑：有些时候，
> 不了解的东西可以伤你很重。
>
> ——阿特伍德,《盲杀手》(2000)

5.1 韵律成分的语言学地位

19世纪初的早期历史比较语言学家，经常对字母和语音不加区分，故而使许多重要的语音成分受到忽视。叶斯柏森批评这种把"语音学"（Lautlehre）搞成"字母学"（Buchstabenlehre）的做法，提醒语音研究者应警惕"纸上语音学"（Papierphonetik）带来的危害。例如他曾特别强调，"重音与词的语音物质中的其他成分相比，绝不应当视为外部之物。很多人这么以为，可能是因为重音很少能在书写中体现出来，即使体现出来，通常也是用常规字母以外的符号来表示的。"（Jespersen 1904a: 158）重音在语音系统中的地位并不亚于元音和辅音，只是书写形式使我们产生了重音是"附加成分"的假象而已。

与元音、辅音相比，重音、音长、音高往往因无法在纸面上直观看到，而成为一种"不了解的东西"。然而，这些成分经常具有重要的语言价值，无论对音义关系还是语音演变皆十分关键。忽视这样的语音成分，的确会让语音理论"伤得很重"：格林定律（Grimm's Law）众多的"例外"，其实常与这些"不了解的东西"有关。截至19世纪70年代，历史比较语言学家已开始重视这些此前未得到足够重视的语音成分，维尔纳定律（Verner's Law）的突破进展，即是通过聚焦于重音而取得的。

同一时期，从事共时研究的经典语音学家也在重视这类成分，斯威特在《语音学手册》中不仅对"固定而孤立的成分"加以"分析"（analysis），更对"不间断变化流中的瞬间点"进行"综合"（synthesis）（Sweet 1877: 56）；前者研究的是元音、辅音等"静态"成分，后者则聚焦于力度、音长、音高等更加"动态"的成分。济弗斯在《语音学原理》中也把"重音与音长"列为语音学的重要研究对象，这一话题与"语音与音组""音节构造"一同构成语音的"组合研究"。不仅如此，他还注意到了超音段成分在语言层级关系中的角色，因而指出：

> 音列若要被感知为音节，音节列若要被感知为词，词列若要被感知为句子，列中各成分就必然一方面要通过共同的节奏-乐调纽带（rhythmisch-melodisches Band）维系在一起，另一方面处于某种上下级相互关系之中。这些条件通过各成分间有序的层级来满足，既依据强度和长度，又依据音高。组合中的节奏成分主要由强度和长度的关系决定，乐调成分由音高决定。
>
> （Sievers 1893: 197）

19世纪末、20世纪初，经典语音学家对音长、重音、音高这些超音段成分的思考已十分成熟。叶斯柏森撰写的几部影响深远的语音学著作，无论是《语音学》《语音学的基本问题》《语音学教程》等普通语音学著作还是《现代英语语法·语音与拼写》等关于具体语言语音演化的著作，皆为超音段成分赋予了与元音、辅音等音段成分等同的地位，对与之相关的现象做了详尽的阐述。（见叶斯柏森 2021）

经典语音学家对超音段成分的关注，为音系学新视角的引入奠定了有益的基础。特鲁别茨柯依用"韵律"（Prosodie）一词概括所有超音段音系成分，从早期的《音系系统》到完全成熟的《音系学原理》，他始终把韵律成分作为与音段成分同等重要的对象加以阐释，这一点与经典语音学一脉相承。[①] 他竭力将各类韵律成分纳入以二元性为主导的音系对立系统，这与他处理元音、辅音等音段成分时的思路是一致的。

5.2　二元对立视角下的音长与重音

5.2.1　强度与元音

特鲁别茨柯依早年曾把韵律成分视为元音特征的一部分。如上一章所示，《论音系性元音系统的普遍理论》中，元音音位内部除了含有"饱和度意象成分"和"自有音高意象成分"之外，还含有"强度意象成分"和"音高意象成分"，后二者很明显是韵律成分。他把"强度"（Intensität）视为重音和音长的统一体，并且只承认两种强度等级。因此，强度是一种相关关系，构成强度相关关系的两个对立项分别是"最大强度"（maximalintensiv）和"最小强度"（minimalintensiv）。前者是重读元音或长元音的特征，后者是非重读元音或短元音的特征。

《论音系性元音系统的普遍理论》中列举的众多例子直观展示出，具

[①] "韵律"这个术语具有高度概括性，因而得到了叶斯柏森的赞同。参见 Jespersen（1933a: 216），中译文见叶斯柏森（2021: 182）。

第 5 章　非音段对立：音系系统中的韵律成分　　131

体语言的元音音位系统常因"最大强度"和"最小强度"而呈现出两套不同格局。如图 5-1，我们从中选取俄语和匈牙利语为例，可发现这两种语言的元音音位都因"最大强度"和"最小强度"而呈现出数量上的差异。

俄语：

```
                        a                           a
最大强度        o       e       +最小强度    u       i
                u       i
```

匈牙利语：

```
                        a:                          a       ɛ
最大强度    o:  ø:      e:      +最小强度    o   ø   e
            u:  y:      i:                  u   y   i
```

图 5-1　俄语和匈牙利语的音系性元音系统
（Trubetzkoy 1929a: 51, 53）[①]

"强度差异"代表的无疑是一种音系学视角，因为从语音实现形式来看，此对立在有些语言中实现为重音区别（重读元音与非重读元音之对立），在另一些语言中实现为音长区别（长元音与短元音之对立）。前一类型如俄语，具有音系价值的强度差异是重音的有与无，如 мукá /muˈka/（面粉）≠ мýка /ˈmuka/（痛苦）；音长差异不具备语义区别功能。后一类型如匈牙利语，具有音系价值的差异是元音的长与短，如 tör /tør/（打碎）≠ tőr /tøːr/（短剑）[②]；重音固定位于词首音节，因而只具备划界意义，不具备语义区别功能。

图 5-1 展示出，俄语具有"最大强度"特征的元音音位（即重读元音音位）有 5 个，具有"最小强度"特征的元音音位（即非重读元音音位）只有 3 个；而匈牙利语具有"最大强度"特征的元音音位（即长元音音

[①]　此图中的元音符号已改为国际音标。本书下篇中的译文保持了特鲁别茨柯依（Trubetzkoy 1929a）原文所使用的匈牙利文字母。关于匈牙利文正字法，参见李洪臣（1992）。

[②]　匈牙利语例词见于 Kenesei & Szécsényi（2022: 637）。

位）比具有"最小强度"特征的元音音位（即短元音音位）少1个。①

因此，特鲁别茨柯依早期把"强度"视为"饱和度"和"自有音高"之外的第三种元音特征。例如，俄语音位 /o/ 除了具有"中等饱和度特征"和"低自有音高特征"之外，还具有"最大强度特征"，因为 /o/ 仅存在于重读音节；同理，匈牙利语音位 /ɛ/ 除具有"高饱和度特征"和"高自有音高特征"之外，还具有"最小强度特征"，因为 /ɛ：e/ 之间的音系对立仅见于短元音。

《论音系性元音系统的普遍理论》中列举的丰富而多样化的实例表明，"最大强度"和"最小强度"之间不存在中间类型，这使"强度对立"成为双边对立，不同于拥有中间值的"饱和度对立"和"自由音高对立"。

5.2.2　音长相关关系与音节截短相关关系

重音和音长之所以被视为"强度"的两种表现，重要原因在于特鲁别茨柯依认可雅柯布森构建的一条定律："拥有自由呼气重音的语言不允许拥有自由音长，而拥有自由音长的语言同样不允许拥有自由呼气重音"，并认为"这条定律鲜有例外"。（Trubetzkoy 1929a: 42）此定律出自雅柯布森的早期著作《论捷克语诗歌——主要与俄语诗歌相比较》（*О чешском стихе, преимущественно в сопоставлении с русским*，1923）。该书中阐释斯拉夫语言韵律成分演化历程时指出，原始斯拉夫语是拥有音高重音的语言，由此演化出的多数斯拉夫语言随着"内部决定"的音高区别消失，逐渐分化出两种韵律模式：一种保留了"内部决定"的力重音，音长成为外部决定的"非语法成分"，如俄语；另一种保留了"内部决定"的音长区别，重音位置固定下来，不再具有语义区别功能，如

---

① 据 Szende（1999: 106），布达佩斯匈牙利语不区分短音 /e/ 和 /ɛ/，但总体而言，大约50%的匈牙利语使用者对二者加以区分，如 mentek [ˈmentek]（走，复数第二人称现在时）≠ mentek [ˈmentɛk]（走，复数第三人称过去时）。

捷克语。① 他从中归纳出一条关于韵律成分的共时定律：

  词的力重音（динамическое ударение）只有在与非语法性音长关系（внеграмматические количественные отношения）相伴时，才可能充当音系性成分。

（Jakobson 1923: 23）

以此为基础，他还构建了一条历时定律：

  某一语言的音系系统中，如果由于语音性的变化而出现词的力重音和音长两种独立成分共存，那么二者之一会被从音系系统中排除出去。

（同上，24）

  不过，这条定律是雅柯布森依据斯拉夫语演化史中的语言事实构建起来的，难免令人质疑其普遍性。特鲁别茨柯依使用"鲜有"（〔德〕nur ganz wenig）这个模糊语，无疑也降低了定律的说服力。英语、德语似乎就在这"鲜有"的例外之列，应如何阐释这两种重要语言中自由重音位置与自由音长共存之事实？

  对此，特鲁别茨柯依在《音系系统》一文中提出了"音节截短对立"这个概念。他特别强调，这类对立中虽然也涉及元音音长问题，但这样的长短元音对立并不属于强度对立，而是另外一种类型的韵律对立。因

---

① "内部决定"和"外部决定"是叶斯柏森的术语，前者指某一语音差异具有语义区别功能，后者不具备这样的功能。（见 Jespersen 1904b: 176-177，叶斯柏森 2021: 277）叶斯柏森定义的这组对立成为雅柯布森区别"语音性成分"和"音系性成分"的重要理论依据。（见 Jakobson 1923: 22）《论捷克语诗歌——主要与俄语诗歌相比较》一书中，雅柯布森首次对"语音性"和"音系性"做了区分。因此，这本在布拉格语言学小组建立之前就已出版的120页小书，实际上成了雅柯布森第一部探讨语音学-音系学二分法的著作。（参见曲长亮 2015: 67-68, 2021: 82-83）

此，该文把"音节截短对立"与"强度对立""声调对立"并置，列为韵律对立的第三种。后来在《音系描写指南》《音长作为音系学问题》《所谓"音长"在不同语言中的音系学基础》等著作中，这一思想更加清晰化。其中，《音系描写指南》中为"音节型语言"划分了四种韵律类型，我们可将其总结为表5-1。

表5-1 《音系描写指南》中的四种韵律类型

类型	强度区别		音节截短区别	语言举例
	词重音位置	音长区别		
A	固定	无	无	波兰语、亚美尼亚语
B	不固定	无	无	俄语、现代希腊语
C	固定	有	无	捷克语、匈牙利语
D	不固定	有	有	英语、德语

在特鲁别茨柯依看来，属于类型D的语言（如英语、德语）同时拥有音系性的重音位置区别和音长区别，并未违背雅柯布森的强度定律。这类语言中不允许短元音音位出现于重读开音节，所以其"短元音"的成因不是元音自身强度较低，而是受后续辅音的"打断"而成，"音节截短相关关系"由此得名。例如，英语虽有长短元音音位/iː∶ɪ/之对立，但短元音/ɪ/无法在重读音节中独立充当音节尾：有/siː/（sea [海]或see [看见]），却不可能有*/sɪ/；有/dɪˈkriː/（decree [法令]），却不可能有*/dɪˈkrɪ/。短元音只有后接辅音时才可能出现于重读音节，如/sɪp/（sip [呷]）、/sɪt/（sit [坐]）、/sɪk/（sick [病了]）、/sɪs/（sis [姐妹]）以及/ˈhɪstrɪ/（history [历史]）、/kənˈskrɪpt/（conscript [征募]）、/dɪˈskrɪpʃən/（description [描述]），等等。此时，短元音和其后续辅音一同充当音节尾，二者不可分割。[①] 也正因为此，特鲁别茨柯依把长元音认

[①] 萨丕尔在《音位的心理现实》（The Psychological Reality of Phonemes）一文中提到的一点可作为旁证。他的学生（英语母语者）常把北美原住民语言里的一些以短元音结尾的词误当作以喉塞音结尾。他指出，这种"幻听"很大程度上是英语音系结构的特征造成的（Sapir 1949 [1933]: 58），因为英语没有以短元音结尾的重读音节。

定为这类语言重读音节里的无标记音。

　　类型D的语言中，构成"音节截短相关关系"的两个对立项，一方是"长元音"，另一方是"短元音+辅音"的复合结构，而不是单纯的"短元音"。与之相比，类型C的语言中，短元音无论在重读音节还是非重读音节中皆可独立存在，无须依赖任何辅音即可构成"长元音：短元音"之对立。这两种表面上的"长短元音对立"的本质不同即在于此。我们可举例分析类型C和类型D的长短元音背后的音节结构区别，如图5-2所示。

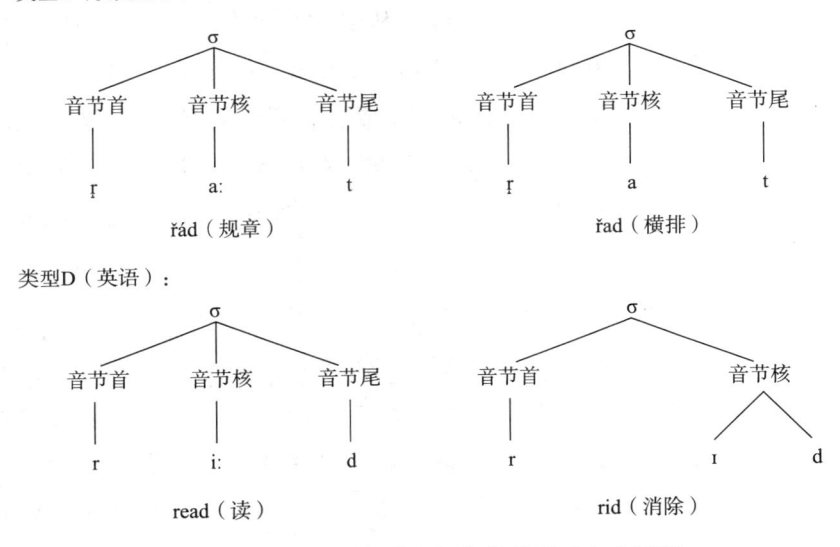

类型C（捷克语）：

```
        σ                          σ
    ╱   │   ╲                  ╱   │   ╲
 音节首 音节核 音节尾         音节首 音节核 音节尾
   │    │    │                 │    │    │
   ř    a:   t                 ř    a    t
      řád（规章）                  řad（横排）
```

类型D（英语）：

```
        σ                          σ
    ╱   │   ╲                  ╱       ╲
 音节首 音节核 音节尾         音节首     音节核
   │    │    │                 │        ╱ ╲
   r    i:   d                 r       ɪ   d
      read（读）                    rid（消除）
```

图5-2　音长型强度对立与音节截短对立之区别

　　"音节截短对立"不仅具有上述类型学意义。对于构建二元化的普遍性音系系统来说，"音节截短相关关系"的另一个重要作用在于与"强度相关关系"相配合，使音长由多边对立化简为双边对立。《音系学原理》中提及的美国原住民语言霍皮语的所谓三种元音长度，正是按照这一原则化简成了两组双边对立。对于a：ā来说，音的延长是一种标记；而对于ă：a来说，后续辅音对元音的截短作用同样是一种标记。如表5-2所示，利用这两种标记，我们可对该语言păs（非常）、pas（田地）、pās（仍然）三个例词里的三种元音音长进行化简。

表 5-2　霍皮语的三种音长的化简

		păs（非常）	pas（田地）	pās（仍然）
元音的语音学描述		"超短音"	"短音"	"长音"
元音的音系学描述	强度相关关系	不适用	−	+
	音节截短相关关系	+	−	不适用

一旦把音节截短性质的音长对立和强度性质的音长对立做了区分，后者就成了单纯的"可延长性"（Dehnbarkeit）问题。此时，音长对立已不再是两种不同物理时长之对立，而成了音系学视角下"点"（Punkt）和"线"（Linie）的对立。关于这一问题，《所谓"音长"在不同语言中的音系学基础》一文中的阐释最为详尽。特鲁别茨柯依在该文中指出：

　　"长音"的本质恰恰在于能够无限超出"短音"的长度界限，而"短音"的本质在于无法超出这样的界限，维持在狭窄的界线之内。……语言构造中的"短音"和"长音"不是两种不同长度的时间片段（如音乐中的八分音符、四分音符等），而是两种行进方式（Aspekt der Laufung）——一种是点状的，另一种是线状的。"短音"和"长音"之间的关系，就是点与线之关系。"短音"是点状的、无尺度的、不可延伸的；"长音"是线状的、有尺度的、可自由延伸的。

（Trubetzkoy 1938a: 158）

音系系统中排除了"超短音""超长音"或"中等长度音"等"第三种音长"，物理时长自身就不再重要了。短音和长音的对立由此转化为"不可延长"（点）与"可延长"（线）之对立。至此，关于音长的双边对立关系已完全构建起来。强度对立和与之有密切联系的音节截短对立，同时实现了二元化。

5.3 音节核与莫拉

5.3.1 韵律作为音节特征

如前所述，特鲁别茨柯依早期音系学著作中把韵律特征视为元音的特征。例如，《音系系统》一文中刻画的"音系对立自然分类"的全景中，"韵律对立"充当了元音对立的三大类别之一，与"质性对立""共鸣腔对立"平行。然而，此时他已注意到，"立陶宛语中的音高轨迹对立（急促调与舒缓调之对立）不仅存在于长元音和真正的二合元音，还存在于'元音＋流音'和'元音＋鼻音'之组合，并且类似的情况在其他语言中亦可观察到。"（Trubetzkoy 1931a: 115-116）这一结论暗示，韵律特征所覆盖的时长可超出元音自身的长度。这必然会让韵律特征是元音特征的结论受到质疑。他后来在《音系学原理》中承认这样的处理方式是一种错误（Irrtum）。（Trubetzkoy 1939a: 166）

《音系学原理》问世之前，《音系描写指南》一书已开始从音节角度论述韵律成分。这一新视角围绕"音节核"和"莫拉"这两个核心术语展开。"音节核"被定义为"音节之中韵律特征所在的部分"（Trubetzkoy 1935a: 21），此术语的德语原文是Silbenträger，字面义为"音节载体"。冈蒂诺法译本将其转译为centre de syllabe（音节中心）；巴尔塔克斯英译本的译法是syllabic nucleus（音节核），既是一种意译，也是在不引起时代误植的前提下，力求向她所在的时代的音节结构观靠拢。[1]

---

[1] Silbenträger这一术语的其他英文译法，如默里（L. A. Murray）译为syllabic（以形容词借作名词术语，复数为syllabics，见Trubetzkoy 1968: 30）。泰勒和利伯曼（Taylor & Liberman）沿用了默里译法（见Trubetzkoy 2001），安德森（Anderson 1985, 2021）沿用了巴尔塔克斯的译法。霍洛多维奇（A. A. Kholodovich / Александр Алексеевич Холодович, 1906—1977）的《音系学原理》俄译本保留了德语原文Träger(载体)之提法，译作слогоноситель(音节载体)（见Trubetzkoy 1960: 195），杨衍春中译本（2015）依俄译本译作"音节载体"。本书中，我们使用"音节核"这一译法。

特鲁别茨柯依指出，"世界上大多数语言，音节核由一个元音性的单音位构成"（同上），但同时也强调可承载韵律特征的"载体"除此之外还包括成节辅音以及多音位结构。以成节辅音为音节核之例并不罕见，响辅音（流音或鼻音）和元音在物理性质上的共同点使之成为可能。英语非重读音节中常可见到[l̩]、[n̩]之类的成节辅音，如 little /ˈlɪtl̩/（小）、button /ˈbʌtn̩/（纽扣）等词的后一个音节里的[l̩]、[n̩]即属于此类；捷克语等斯拉夫语言中还可见到[r̩]、[l̩]充当重读音节的音节核之例，如 krk /kr̩k/（脖子）、vlk /vl̩k/（狼）、trnka /ˈtr̩nka/（黑刺李）等词皆如此。而所谓"多音位结构之整体"，包括"真性二合元音"（echter Diphthong）[①]以及"元音+响辅音"之组合，汉语的复韵母和鼻韵母即是这方面的典型。这些非单元音音位类型的音节核表明，把韵律成分视为音节的特征，比将其视为单个元音音位的特征更合理。

韵律成分的性质因而在《音系描写指南》中得到了全新定位。从该书的结构框架来看，韵律特征作为独立的一章已与"音位清单""音位组合""边界信号"平行，不再被视为元音的特征。

5.3.2　音系学视角下的莫拉

作为"韵律成分载体"的音节核，其内部可存在复杂结构。即使是单音位构成的音节核，其前部和后部也可呈现出不同的韵律特征。特鲁别茨柯依因而把音节核的"头""尾"两部分定义为两个"莫拉"（[德] More 或 Mora，复数 Moren；[法] more，复数 mores；[英] mora，复数 morae）。

"莫拉"原为古典诗学术语，在古希腊语诗歌研究中广为使用。例如，房德里耶斯《希腊语重音系统之特征》（*Traité d'accentuation grecque*, 1904）一书指出："从乐调角度来看，扬抑音（circonflexe）等

[①]　"真性二合元音"指由两个独立的元音音位构成的组合，与之相对的是虽由两个成分构成但在音系上相当于一个长单元音功能的二合元音音位。前者如英语/ɔɪ/（纯粹的 o 和 i 的组合），后者如英语/eɪ/（功能上相当于/e/所对应的长音。（见 Trubetzkoy 1935a: 22）

同于'锐音+钝音'之连续体。我们有时把扬抑音的构成成分称作'莫拉',即词末长音(périspomène)的一半。"(Vendryes 1904: 46)此处所说的"扬抑音",是古希腊语三种"音高重音"(accent)之一,后世研究者在元音上方以符号"~"标注,如ποταμῶν(河,属格复数)。古希腊语的"扬抑音"仅见于长音节,因此,带有这种声调的元音被视为由两个莫拉构成,莫拉则可理解为长音的一半。

音系学的莫拉概念,大致沿袭了"长音的一半"这一基本思路。但是特鲁别茨柯依提醒研究者,音系学的莫拉概念不同于古典诗律学中的旧概念。音系学的莫拉概念经过了扩大化、普遍化,不局限于某一特定音节类型。他对莫拉做了如下定义:

> 音节核并不一定是最小的韵律单位。有些语言,一部分音节核的头和尾可具有两种不同的韵律特征,且这一差异是对音系学至关重要的特征。例如,有些语言中,存在降调音节核与升调音节核之区别;也有些语言中,存在气流不间断的音节核与气流中间有完整喉塞或不完整喉塞的音节核之区别……这类情况中,音节核的头和尾应通过特殊的韵律单位来处理,这种韵律单位称为莫拉。
>
> (Trubetzkoy 1935a: 23-24)

由此,莫拉被重新定义为"音节核的构成单位",即小于音节核的韵律单位,而不一定只是"长音的一半"。长音节核具有多种类型,不局限于长元音。《音系学原理》中总结了5类长音节核:

(1)长音节核内含语素界。例如,芬兰语kukkaa(花,部分格)= kukka(花,主格)+ -a(部分格后缀);taloa(房子,部分格)= talo(房子,主格)+ -a(部分格后缀)。

(2)短音 + 短音 = 长音节核。例如,斯洛伐克语音位组合ie、uo、ia、iu视作长元音。

(3)短音 + 辅音 = 长音节核。例如,拉丁语多音节词的重音规则广为古典诗学研究者所知：倒数第二音节若为长音节，重音在此，如 amīcus /aˈmiːkus/（友好的）；倒数第二音节若为短音节，重音位于倒数第三音节，如 magicus /ˈmagikus/（神奇的）。然而，倒数第二音节若为"短元音＋辅音"结构，则视同长音节处理，如 caelestis /kaeˈlestis/（天上的）。

（4）长音节核分作两种声调。① 例如，立陶宛语长音节分为上升调（折调）和下降调（锐调），而短音节没有这样的区别。

（5）长音节核内含喉塞音。丹麦语带有"斯特德"（stød）的音节核是此类之典型，如 hun /ˈhun/（她）≠ hund /ˈhunˀ/（狗）。从语音学角度看，斯特德是长音中的断点；而从音系学角度看，如巴斯贝尔指出，"斯特德是音节中第二莫拉的信号"（Basbøll 2005: 508）。拉脱维亚语也有类似的现象，长音最多可分作三种声调："持续调（sustained tone），略微上升；下降调（falling tone）；断点调（broken tone），以声门缩紧为特征。"（Derksen 1996: 11）"断点调"中的"声门缩紧特征"即是长音节核内部的喉塞音。

针对上述长音节核的复杂内部结构，《音系学原理》中提出了"叠音化相关关系"（Geminierungskorrelation）②，用来区别单莫拉音节核和双莫拉音节核。上述5类长音节核皆明显由两个莫拉构成。因此，长音节核之"长"，从音系学角度来看不在于音段的物理持续时间之长，而在于其拥有双莫拉结构，即音节核的头和尾之间存在区别，且这一区别具有音系价值。与之相比，短音节核不具备这样的复杂结构。对这一音系差别的阐释，是把莫拉概念引入音系学视角下的韵律成分分析的最重要意义所在。

借助莫拉概念，语言可分为"莫拉型语言"（亦称"莫拉计数型语言"）和"音节型语言"（亦称"音节计数型语言"），前者指莫拉在韵律系统中发挥作用的语言，也就是音节核的头尾差异具有音系价值的语言。

---

① 特鲁别茨柯依把汉语北方话的声调体系也划入这一类。对这一问题的评述，见8.2。

② "叠音化相关关系"（Geminierungskorrelation）似乎不是个很理想的术语，Gemini 暗示两个莫拉是相同的音段，而从这5类长音节核的构成来看，大部分音节核的两个莫拉并不相同。

反之，则为音节型语言。莫拉概念在特鲁别茨柯依对波罗的-斯拉夫语言的音高重音的音系学阐释中发挥了关键作用。

5.3.3 莫拉与"欧洲式声调"

最典型的声调语言见于东亚及非洲。特鲁别茨柯依在《论音系性元音系统的普遍理论》一文中坦言，自己对这样的语言缺乏了解，使关于音系性音高及声调的结论受到很大局限。不过，虽然印欧语系大多数语言并不是声调语言，但简单的"音高重音"仍存在于少量印欧语言的音系系统中。他从若干波罗的-斯拉夫语言的音系对比中得出的结论是："声调高度意象和声调运动意象仅见于元音音位亦含有强度意象的语言中"（Trubetzkoy 1929a: 44）。例如，立陶宛语、塞尔维亚-克罗地亚语是典型的音高重音语言，而这两种语言中都存在长短元音之对立。从逻辑角度看，任意命题的逆命题未必成立。因此，有长短元音对立的语言未必有声调对立。例如，捷克语和斯洛伐克语虽区别长短元音，但并无声调之区别。简言之，特鲁别茨柯依认为有声调区别的语言必有元音音长区别。[①]

音高重音是具有音系性质的音高特征，但同时又与音长和重音密切关联，因而与汉语、泰语、越南语等语言中具有更强独立性和区别力的声调（tone）性质不完全相同。这种"欧洲式声调"中最为人们所熟悉的是古希腊语的三种声调，即所谓"锐调"（acute）、"钝调"（grave）和"折调"（circumflex）。音高重音的分布通常具有明显的局限性，如古希腊语的音高重音仅可位于词的最后三个音节之一，其中"折调"仅可发生于长元音或双元音。（参见 Smyth 1920: 37）这一音高重音系统，在今天的希腊语中已不存。

部分波罗的-斯拉夫语言中至今存在这样的音高重音。例如，塞尔维

[①] 这一结论还可从波罗的-斯拉夫语言音系演化史中得到旁证，关于这一问题，参见 Trubetzkoy（1921）。

亚-克罗地亚语的重音位置不固定，且重读音节中的长短元音皆有升、降两种声调之区别，由此形成该语言传统上定义的"四种音高重音"。以元音a为例，虽然常规出版物通常不对声调做书面区别，但在语言学文献中，"四种音高重音"分别标注为ä（短降调）、â（长降调）、à（短升调）、á（长升调）。声调在词里的出现位置受到语音条件限制：降调位于单音节词或多音节词的首音节；升调位于除尾音节之外的音节，且不能位于单音节词。（Browne 1993: 311）因此，单音节词里仅有音长对立，如grâd（城市）∶gräd（冰雹）；而在多音节词里，不仅有váljati（滚动）∶vàljati（好）这样的音长对立（同上），偶尔也见得到pära（蒸汽）∶pàra（钱）这样的声调对立。（Fox 2000: 251）

立陶宛语重音同样不固定，且重读音节中存在声调对立。但这一对立仅见于长元音、双元音以及"元音+响音"组合，短元音没有这一区别。例如，dárbas（工作）和daržas（菜园）之区别①，不仅在于辅音音位/b∶z/之对立，还在于前者的首音节为下降声调，后者的首音节为上升声调。（Derksen 1996: 9）

拉脱维亚语重音固定于词首音节，长元音、双元音无论位于词中何处，皆有声调。如前所述，拉脱维亚语长音的声调分为持续调、下降调、断点调三种。

上述音高重音是不同音高轨迹（升、降）与不同强度（长、短）相互组合的产物，音高相关关系与强度相关关系由此结合成"相关关系束"。随着《音系描写指南》中提出莫拉概念，并把韵律特征视为音节的特征，特鲁别茨柯依的音长观取得重要进展，与之密切联系的声调观也随之得到了更新。莫拉型语言的长音节核被视为由双莫拉构成，《所谓"音长"在不同语言中的音系学基础》一文因而对其做了如下阐述：

---

① 例词中的"´"和"˜"是立陶宛语语言学文献中表示高音位置的符号，不是正字法符号，在立陶宛语常规出版物中不标。

"长音"被视为头和尾分开的音位,而"短音"被视为头和尾重合于一点的音位。"长音"的可延长性,只不过是这类音位头尾分开的产物,头尾之间可存在的时长是任意的,而这对于"短音"来说不可能,也正是由于"短音"的头和尾重合于一点。这种音长观……最广为人知的一点就是,长音中存在语义区别性的音高轨迹差异,而短音中就不存在这样的差异。

(Trubetzkoy 1938a: 161)

这一视角再度证明音系性音长对立(长:短)的本质不在于两种物理时长之对比,而是可延长的"线"与不可延长的"点"之区别。短音节核因其"点"的本质而无法形成音系学角度的轨迹,只能形成音高等级区别,如果短音确实显现出升或降的声调,应理解为语音学角度的轨迹,从音系学角度来看仍只是高与低的区别。

而构筑长音节核的两个莫拉形成的是"线",二者既可因具有相同音高特征而呈现出音高域(音高等级)区别,也可因具有不同音高特征而呈现出音高轨迹区别,前述各例中的长音节皆属于后者,我们可将上面提到的例词分析为表5-3。

表5-3　长音节核的音高分析

例词	长音节核的音高	
	莫拉1	莫拉2
塞尔维亚-克罗地亚语 grâd	高(a)	低(a)
塞尔维亚-克罗地亚语 váljati	低(a)	高(a)
立陶宛语 dárbas	高(a)	低(r)
立陶宛语 dařžas	低(a)	高(r)

这一阐释以双边对立为基础,显然有助于构建二元对立化的韵律体

系。不过，这一阐释仅基于波罗的-斯拉夫语言，这样的模式是否具有普遍性？尤其应回答，此阐释是否适用于汉语等典型的亚洲式声调语言？特鲁别茨柯依对这两个问题的回答是肯定的，而我们将在第9章对此进行详细探讨。

5.4 音长、重音、音高的统一

斯威特、济弗斯、叶斯柏森等经典语音学家把音长、重音、音高视为三种相互平行的语音成分。与之相比，特鲁别茨柯依力求把三者纳入一套统一的二元对立系统。把音长和重音统一于强度名下，即是这一努力之体现。30年代中期起，特鲁别茨柯依对两组音系对立的强化为这一目标发挥了关键作用，一是"构峰与非构峰"的对立，二是"音节型语言与莫拉型语言"的对立。

《音系描写指南》一书中有对"构峰"（Gipfelbildung）的详述。"构峰"被定义为"突显"（Hervorhebung）的一种。而"突显"是个音系学角度的概念，其语音实现形式非常多样。"突显"的关键性质在于"强化某一音节核（或莫拉）的声学感受，使之不同于其他各音节核（或莫拉）"（Trubetzkoy 1935a: 24），无论重读成分、长音成分还是声调较高的成分皆可充当其语音实现形式。

以重读成分为实现形式的突显，即是构峰式突显，简称"构峰"，与传统术语"重音"基本一致。因此，强度在具有构峰式突显的语言（即重音位置不固定的语言）中实现为重音，如俄语；在具有非构峰式突显的语言（即重音位置固定的语言）中实现为音长，如捷克语。

这一区别在《所谓"音长"在不同语言中的音系学基础》一文中再度得到强调。文中指出（Trubetzkoy 1938a: 159-160），具有非构峰式强度相关关系的语言中（如捷克语），音节核有强弱之分，可延长之能力是强度的产物，弱音节核不可延长。而拥有自由呼气重音的语言中（如俄语），音节核的强度用于词峰之构成，没有自由音长。

第 5 章　非音段对立：音系系统中的韵律成分

《音系描写指南》和《所谓"音长"在不同语言中的音系学基础》也为音节型语言和莫拉型语言做了定义（见上文5.3.2）。《音系学原理》引入了"韵律位"（Prosodem）这个术语，为音节型语言的"音节"和莫拉型语言的"莫拉"充当总称。

至此，特鲁别茨柯依已把经典语音学的音长、重音、音高全部纳入了其音系性韵律特征体系，我们可总结为表5-4。

表5-4　韵律位的种类

		韵律位中存在的相关关系	
		音节型语言	莫拉型语言
突显	构峰式语言	重音相关关系（如俄语）	音高轨迹相关关系（如塞尔维亚-克罗地亚语）
	非构峰式语言	强度相关关系（如捷克语）	音高域相关关系（如隆昆多语[①]）

音节型语言中，构峰式语言拥有重与轻两种韵律成分，二者形成重音相关关系（Betonungskorrelation）；非构峰式语言拥有长和短两种韵律成分，二者形成强度相关关系（Intensitätskorrelation）[②]。莫拉型语言中，构峰式语言的构峰位于前一莫拉时形成下降声调，位于后一莫拉时形成上升声调，二者形成音高轨迹相关关系（Tonverlaufskorrelation）；非构峰式语言，两莫拉之间无轻重之别，因而区别的是高声调（两莫拉

[①]　隆昆多语（Lonkundo），亦称隆芒戈语（Lomongo），今称芒戈语（Mongo），刚果（金）共和国境内的一种班图语言。据Rop（1958: 11-12），该语言区分高、低两种简单调，并可由这两种简单调进一步组合成复合调。特鲁别茨柯依在《音系学原理》中引述的例词，包括以声调区别词义之例以及以声调区别语法功能之例。前者如 _bɔ̄_kɔ́_ŋgɔ(后背) ≠ _bɔ̄_kɔ̄_ŋgɔ(沙子)，后者如 _á˞ta_o_ma（你今天还没杀）≠ _á˞ta_o˞ma（你昨天没曾杀）。（Trubetzkoy 1939a: 182）

[②]　此处的"强度相关关系"已排除了与构峰（重音）相关的成分，因此实际上指的只是音长相关关系（Quantitätskorrelation）。

皆高）和低声调（两莫拉皆低），二者形成音高域相关关系（Register-korrelation）。

不过应注意，虽然多数韵律成分已被分析为双边对立，但特鲁别茨柯依的韵律成分系统仍不是彻底的二元对立系统。音高域相关关系中除了"高调"和"低调"之外，是允许中等音高的声调存在的，音高域对立因此是多边对立。事实上，特鲁别茨柯依把是否存在"中间等级"视为非构峰式语言和构峰式语言的根本区别之一，诚如他在《音系描写指南》一书中指出：

非构峰式莫拉重音的语言，音高较低的单莫拉音节核可位于两个音高较高的音节之间，——这一点在有构峰式莫拉重音的语言中无法做到。

有些非构峰式莫拉重音的语言里，莫拉区分三种音高等级：高调、低调和中调；与之相比，拥有构峰式莫拉重音的语言永远只区分两种莫拉：有重音莫拉和无重音莫拉。

（Trubetzkoy 1935a: 27–28）

高、中、低三种音高域的存在，使特鲁别茨柯依的韵律成分体系跟音段（元音、辅音）成分体系一样，虽以双边对立为主，但并未完全排除多边对立，因而未能成为完全彻底的二元化体系。但无论如何，特鲁别茨柯依的韵律成分系统的二元化程度已远超过元音成分系统和辅音成分系统。

5.5 小结

韵律成分在音系中拥有与音段成分同等重要的地位。特鲁别茨柯依把音长和重音统一在强度名下，又通过音节截短相关关系的引入，排除了强度定律中的例外，也消除了音长中的第三值。音系学视角下的音长成为点与线的对立，从而摆脱了对物理时长的依赖。特鲁别茨柯依还引入了音节核与莫拉作为出发点，尝试为音长、音高、重音构建具有普遍性的相关关系束。上述新思想在对欧洲语言的韵律阐述中取得了成功，至于是否真正具有普遍意义，还有待于通过汉语等声调发达的亚洲语言加以检验。

第6章
音位清单之外：对立中和、组合规律与功能负载

> The whole is not, as it were, a heap,
> but is something else, namely,
> an entirety, beside the parts.
>
> Aristotle, *Metaphysics*

> 整体不像表面上那样，只是堆起来的，
> 而是超越各局部的完整体。
>
> ——亚里士多德，《形而上学》

6.1 超越音位

借助对立关系，具体语言中具有区别性的音段成分和韵律成分得到了展示。然而，诚如古代哲学家所言，整体不是简单的局部之和，对每一局部的认识并不等同于对整体的认识。因此，具体语言的音系描写不应止步于对其全部音位及韵律成分的罗列。那么，除了音位成分和韵律成分的清单之外，还有哪些信息应当得到呈现？

为回答这个问题，特鲁别茨柯依在《音系学原理》中比较了音位清单里皆有音位/ŋ/和/r/的两种语言，一种是欧洲读者所熟悉的德语，另一种是西伯利亚及我国东北鲜为外界所知的少数民族语言鄂温克语，他揭

示了这两种语言运用这两个辅音音位时体现出的显著差别：

> 德语有音位 ŋ（ng），但仅将其用于词末和词中，从不将其用于"明确"的元音之前。在鄂温克语（通古斯语）里，同样是这个音位 ŋ，可用于一切位置上，也就是不仅用于词中和词末，而且还用于词首，因而可用于一切元音之前。而音位 r，在德语里可用于词末、词中、词首，在鄂温克语里却不许用于词首。具体音位使用上的类似现象，在一切语言中皆存在，对于具体语言及方言的音系来说，和音位清单之区别一样应得以刻画。
>
> （Trubetzkoy 1939a: 206）

上述情况表明，相同的音位在不同语言的音系系统中各有用途，未必拥有等同的地位。由此不难总结出，描写某一具体语言的音系系统时不应仅以"有"或"没有"来刻画某一音位。完整的音系描写必须超越音位清单，展示出反映音位实际使用情况的更多信息。

特鲁别茨柯依没有给出鄂温克语的例词，也没有注明这一结论引自何处。不过，从当今我国从事通古斯语言研究的学者的著作中为特鲁别茨柯依的结论找到佐证并不困难。朝克的《满通古斯语族语言词汇比较》（2014）中，我们可分别找到鄂温克语/ŋ/位于词首、词中、词末的例子，来证明/ŋ/在该语言中的分布之完善，如 ŋəni-（去）、nuŋala-（炖）、gərəŋ（社会），等等。而关于/r/，书中亦不乏 sarabki（无名指）、ulgar（桃红色）这样的词来佐证该音位在词中、词末位置上的运用；但是，以/r-/开头的鄂温克语词，书中仅收 roŋji（绒衣）一例，这显然只是个来自汉语的借词，对鄂温克语的音系描写无效。80 年代出版的《鄂温克语简志》中还列有 radʒʊ（收音机）一词（胡增益、朝克 1986: 6），这无疑也是个外来词，很可能经俄语 радио（收音机）或日语 ラジォ（收音机）借入，和roŋji一样也属于无法用来阐释音系系统的词。[①]

早在1932年，这类问题已在特鲁别茨柯依的一篇题为《莫尔多瓦语音系系统与俄语音系系统之比较》（Das mordwinische phonologische System verglichen mit dem russischen）的短文中提了出来。他指出，莫尔多瓦语[②]虽然音位清单碰巧与俄语完全相同，但是其音位却显现出与俄语全然不同的使用状况。

莫尔多瓦语正因为音位清单与俄语巧合，其基里尔字母文字方案中完全无须引入新字母，这一情况迥异于必须大量引入新字母（含复合字母）的高加索语言，也不同于需适量增补新字母的突厥语言以及其他乌拉尔语言。我们可选一些例子，列入表6-1。

表6-1 使用基里尔字母的部分语言的字母增补情况

语言	属系	字母数量	新增字母及其所表示的音位
卡巴尔德语	西北高加索语系	59	гъу /ʁʷ/、дз /dz/、къ /q/、пl /p'/ 等
哈萨克语	突厥语系	42	ә /æ/、ң /ŋ/、қ /q/、ү /ʉ/、ө /ø/ 等
草原马里语（切列米斯语）	乌拉尔语系	36	ҥ /ŋ/、ö /ø/、ÿ /y/
埃尔齐亚莫尔多瓦语	乌拉尔语系	33	无

然而，音位清单的巧合并不意味音位的使用状况也与俄语相同。《莫

[①] 不过，/ŋ/ 在鄂温克语词首似乎很边缘。ŋəni-（去）是朝克（2014）列出的唯一一个 /ŋ/ 位于词首的例词，并且同时列出了nəni-这个变体形式。事实上，词首 /ŋ/ 真正较为发达的是与鄂温克语同语支的鄂伦春语，如 ŋaalada-（动手）、ŋonum（长的）、ŋəəkə（河崖）等等（例词选自朝克2014: 695-696）。从"功能负载"的角度看（见下文6.4），鄂伦春语本可在此处充当更具说服力的例子。

[②] 莫尔多瓦语是埃尔齐亚语（Erzya）和莫克沙语（Moksha）的统称，这两种乌拉尔语言无法相通。特鲁别茨柯依（Trubetzkoy 1932）没有说明援引的是哪一种莫尔多瓦语。对照Hamari & Ajanki（2022: 393-395）提供两种莫尔多瓦语的元音音位、辅音音位列表来看，我们发现特鲁别茨柯依此处引述的是埃尔齐亚语。莫克沙语有央元音 /ə/ 以及清流音 /r̥/、/l̥/ 等俄语里没有的音位。

第 6 章 音位清单之外：对立中和、组合规律与功能负载 151

尔多瓦语音系系统与俄语音系系统之比较》中提到的差异包括：从音位对立的中和规则来看，俄语呈现"逆行型"中和，莫尔多瓦语呈现"顺行型"中和；从音位组合规律来看，莫尔多瓦语存在俄语不具备的元音和谐规则；从功能负载来看，莫尔多瓦语相关关系型音位对立的功能负载远小于俄语。文中没有给出具体的例子，此处我们可补充几例：

（1）关于音位对立的中和：俄语футбол（足球）一词，实际读音为/fudˈbol/，т /t/ + б /b/ 的组合中，浊塞音使其前面的清塞音发生浊化，造成清浊对立在此位置被取消，即构成"逆行型"中和；与之相比，莫尔多瓦语кудбря（屋顶）一词，是由куд /kud/（房子）和пря /prjæ/（头）构成的复合词，实际读音为 /ˈkudbrjæ/（Hamari & Ajanki 2022: 398），д /d/ + п /p/ 的组合中，浊塞音使其后面的清辅音发生浊化，虽然也造成了此位置上的清浊对立中和，但此中和却是"顺行型"中和。

（2）关于音位组合规律：莫尔多瓦语кудо /ˈkudo/（房子）的内格[①]是кудосо /ˈkudo-so/（在房子里），而веле /ˈveljе/（村子）的内格却是велесэ /ˈvelje-se/（在村子里）。（同上，399）很明显，此处 /o/ 和 /e/ 的交替是元音和谐之结果[②]，这样的组合规则对俄语来说十分陌生。

（3）关于相关关系型音位对立：虽然莫尔多瓦语和俄语皆有成套的腭化辅音与非腭化辅音对立，但其中仅有7组是重合的。数量上来看，埃尔齐亚莫尔多瓦语的8组腭化－非腭化辅音音位对立（/tʲ-t/，/dʲ-d/，/nʲ-n/，/tsʲ-ts/，/sʲ-s/，/zʲ-z/，/rʲ-r/，/lʲ-l/）（同上，394）远少于俄语的15对；从涉及的具体音位来看，埃尔齐亚莫尔多瓦语的 /tsʲ-ts/ 是俄语不具备的，俄语 /ts/（ц）仅用作非腭化音（硬音）。

透过上述现象我们可得出结论，音系描写不应止步于音位清单之呈

---

① 内格（inessive）是乌拉尔语言黏着性方位格的一种，表示"在……之内"，其他方位格包括出格（elative）、入格（illative）、向格（allative）等。参见 Kittilä, Laakso & Ylikoski（2022）。

② 据 Hamari & Ajanki（2022），这种词根与后缀间的元音和谐规则仅见于埃尔齐亚莫尔多瓦语，在莫克沙－莫尔多瓦语中不存在。

现。为此，特鲁别茨柯依在《音系学原理》"区别之学说"名下大篇幅论述了"音系性区别语音对立系统"之后，又特别列出了三个论题：区别对立的取消方式（Arten der Aufhebung distinktiver Gegensätze）、音位的组合（Die Phonemverbindungen）、论音系统计学（Zur phonologischen Statistik）。

6.2 音位对立的中和

6.2.1 中和及其类型

具体语言中，某一个音是否具有音位地位，无疑取决于其区别力。然而，许多语言中存在一部分特殊音位，在区别力呈现出一定"弹性"：有些音位仅在该语言的一部分位置上构成音系对立，在其他位置上，其音系效力被"取消"（即"中和"）[①]。

例如，法语元音 /e/ 和 /ɛ/ 皆具有音位地位，但 /e：ɛ/ 之对立仅见于词末重读音节，最广为人知的是由该对立所承担的法语动词不定式和未完成过去式之区别，如 aller（/aˈle/，走，不定式）与 allait（/aˈlɛ/，走，未完成过去式）之别；在其他位置上，这两个元音并不具备语义区别功能，有时还可呈现为自由变体。

从普遍性音系系统的构建来看，中和概念的提出，最突出的价值在于为语音-音系二分法中遗漏的一个细节做了补充：语言中不仅存在具

[①] "取消"和"中和"可视为同义词。特鲁别茨柯依在与雅柯布森的通信中使用的是俄文нейтрализация（中和）一词，此词即化学、物理意义上的"中和"。但是在正式出版的著作中，他主要使用"取消"这一提法。在以法文撰写的《论音系对立理论》中，他把"可取消的"（[法]supprimable）和"可中和的"（[法] neutralisable）视为同义，但主要使用前者；而在以德文撰写的《音系对立的取消》和《音系学原理》中，他仅使用"可取消的"（[德]aufhebbar）一词，并大量使用其名词形式 Aufhebung（取消）。由于《音系学原理》的法译本和英译本均使用 neutralisation / neutralization 来翻译德文 Aufhebung，并且形成了广泛影响，所以在中文文献中，"中和"一词使用得比"取消"更广泛。

第6章 音位清单之外：对立中和、组合规律与功能负载

有语义区别功能的"音系对立"和不具备此功能的"语音对立"（即所谓"音系之外的语音对立"），还存在这种介于二者之间的"第三可能"。因此，对具体语言的音系系统的描写，除了应提供完整的音位清单之外，还应指出哪些音位对立在何种条件下会发生中和。

特鲁别茨柯依在前述1935年11月26日写给雅柯布森的长信中，已初步设想将音系对立的中和划分为三大类型："异化性中和"（нейтрализация диссимилятивная）、"离心性中和"（нейтрализация центробежная）和"缩减性中和"（нейтрализация редуцирующая）。（Trubetzkoy 1975: 353-354; 2006: 405）这一分类成为后来正式发表的《音系对立的取消》一文中更为系统的音位对立中和分类的雏形。

《音系对立的取消》从中和产生的原因出发，把中和划分为"环境决定型"（kontextbedingt）和"结构决定型"（strukturbedingt）两大类，异化性中和属于前一类，离心性中和、缩减性中和属于后一类。前一类中除了异化性（dissimilativ）中和之外，还补入了同化性（assimilativ）中和以及兼具异化与同化性质的混合性（kombiniert）中和。

我们如果仅从音位角度来看，会觉得"异化性中和"是个非常费解的术语。异化性中和的典型例子，如许多语言中存在的两个清浊阻塞音相邻时发生的清化或浊化。俄语发生于词中部的浊辅音清化（如ложка [勺子]读/ˈloʂkə/而非*/ˈloʐkə/）以及清辅音浊化（如вокзал [车站]读/vagˈzal/而非*/vakˈzal/）即属于这一类。然而，这一类别为何不称作"同化"反而称作"异化"？

从语音学角度来看，这一过程的确是同化。但特鲁别茨柯依强调，音系对立中和的"同化、异化"不同于语音学术语"同化、异化"，不可将二者混淆。音系对立中和角度的同化或异化概念，最关键的一点在于"不涉及音或音位，只涉及相邻两音位的某些固有特征对于音系学来说是否重要"（Trubetzkoy 1936b: 37）。

因此，我们须把目光从"音段"转至"特征"。借用生成音系学的术语，我们不难发现ложка和вокзал的"底层形式"里皆存在两个 [± 浊音

性]特征的相邻；而在"表层形式"里，前一个[±浊音性]特征被取消，使此位置上的音段变成了既无[+浊音性]也无[-浊音性]的"超音位"，从而与后面那个仍保持为[±浊音性]的特征之间形成异质性。从这一角度来看，将此过程称作异化就不再费解了。

而同化性中和，特鲁别茨柯依提到了"切列米斯语[①]中，清塞音和浊擦音之对立，在鼻音之后取消（超音位代表由浊塞音充当）"（同上，40），但未给出例子。不过，我们利用《牛津乌拉尔语言指南》(*The Oxford Guide to the Uralic Languages*, 2022）中所举的例子不难总结出，该语言的浊化规则是位于元音之间的清塞音变为浊擦音，如芬兰-伏尔加尔语 *turpa > 草原东马里语 тӱрβӧ /ˈtyrβø/（嘴唇）；然而，此音段若位于同一发音部位的鼻辅音之后，清塞音和浊擦音之区别即被中和，超音位实现形式为与二者皆不同的浊塞音，如комбо /ˈkombo/（鹅）。（Saarinen 2022: 434）此处起决定作用的 /m/ 虽然似乎是个与塞音、擦音皆无关的中立音位，但是其[+浊音性]和[-延续性]却传递给了下一个音段，从而实现了特征角度的同化作用。

与上述两种中和相比，"离心性中和"和"缩减性中和"这两个术语较易理解。离心性中和因发生于词的边缘位置而得名。德语、俄语皆存在词末清浊辅音音位对立中和的现象，如德语 Rad（车轮）读 /raːt/ 而非 */raːd/，俄语 глаз（眼睛）读 /glas/ 而非 */glaz/。中和位置上的实现形式是清音。

"缩减性中和"常发生于非重读音节，如俄语元音 /o∶a/ 之对立、/i∶e/ 之对立皆在非重读音节里发生中和，使5个元音音位的系统在非重读音节中缩减为3个元音音位的系统，如图6-1所示。

---

① 切列米斯语（Tscheremissisch）俄官方今称马里语（Mari），属乌拉尔语系，分为草原东马里语（Meadow-Eastern Mari）和山地马里语（Hill Mari）两种主要方言。（Saarinen 2022: 433）马里语是本族称呼，切列米斯语是源于突厥语的外族称呼。（同上，432）

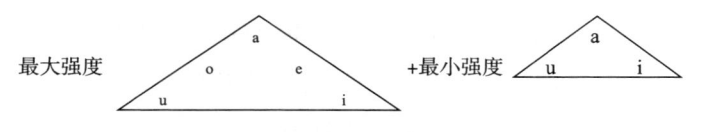

第 6 章　音位清单之外：对立中和、组合规律与功能负载　　155

图6-1　俄语的重读元音系统和非重读元音系统
（Trubetzkoy 1929a: 51）

特鲁别茨柯依为我们展示的无疑是一套十分复杂的中和系统。然而，他借助这套复杂系统想要阐释的道理十分明显：正是由于上述现象的存在，对具体语言音系的描写必须将音位对立的中和问题纳入视野。

英美的语言学教科书阐释超音位概念时，经常援引英语清浊塞音在/s/后面的中和。例如，speak、stop、sky中/p，t，k/出现的位置，清浊塞音中和，形成超音位/P，T，K/，语音实现形式是与英语常规的清音和浊音皆不同的不送气清音。这一现象应归入特鲁别茨柯依构建的哪一类中和类型？我们有理由将其归入"异化型中和"。音位/s/与这三个塞音音位都具有［-浊音性］特征，中和使这三个塞音变成了音系上既非清音也非浊音的超音位，两个相邻的［-浊音性］特征后一个消失，实现了异化。

6.2.2　超音位概念的兴与衰

与音位对立中和现象密切相关的另一个术语，是"超音位"（archiphoneme）。由于中和现象的存在，音系标记的区别性仅在一部分位置上有效。在区别性消失的位置上，"超音位"成为中和的直接结果。"超音位"在雅柯布森《论俄语较之其他斯拉夫语的音系演变》（1929）一书中已作为"把一对或多对相关性变体（相关性音位）维系在一起"的抽象单位来使用。《音系学术语标准化方案》将超音位释为"可抛开相关关系特征而思考的两个或多个相关关系音位的共同成分"（CLP 1931a: 315），列出的例子如：抛开长与短的拉丁语a，抛开腭化特征与非腭化特征的俄语t等。

特鲁别茨柯依在《音系系统》一文中已指出，超音位是"充当某一相关关系之基础，并从该相关特征中抽象得出的一般性语音概念的符号"

(Trubetzkoy 1931a: 98）。因此，某一具体的相关关系特征若从音系角度消失（发生中和），音位就变成与之对应的超音位，并在语音层面上呈现为该对立中的无标记项。《论音系对立理论》一文进一步指出：

> 可取消对立的对立项只有在其差异具有音系效力的位置上，才是不同的音位。其他位置上，二者只是同一个"超音位"的组合性变体而已，换言之，就是某一音位的音系内容简化成了该对立的两个对立项之间的共同特征。
>
> （Trubetzkoy 1936a: 13）

以德语 Rat /ʀaːt/（建议）和 Rad /ʀaːt/（车轮）这组同音词为例，后者经历了"离心性中和"，词末浊辅音发生清化，使 Rad 与 Rat 同音。从特鲁别茨柯依的上述定义来看，此时位于两词词末的已不是音位 /t/，而必须视为超音位 /T/ 的组合变体 [t]。这是由于 /t/ 的音位地位是在与 /d/ 构成音系对立时获得的，在词末位置显然不具备这样的条件。

《音系对立的取消》一文再度为超音位这一术语下定义：超音位是"两个音位的共同特征之和"（Trubetzkoy 1936b: 32）。由此衍生出的两条公式是：

> 有标记项 = 超音位 + 某一特定标记；
> 无标记项 = 超音位 + 零。

这两条公式无疑揭示了音位内部结构的复杂性：音位是由若干特征构成的，有些特征对于音位对立不重要，另一些特征对于音位非常重要。关于中和以及超音位的归纳，使音位内部的特征得到了聚焦。

瓦海克在其编写的《布拉格学派语言学词典》（*Dictionnaire de linguistique de l'école de Prague*, 1960）中，把"超音位"这一词条处理为"废弃术语"，以符号"†"做了标注，并指出此术语在1939年后被放弃。事实果真如此吗？

或许在布拉格学派内部确实如此。例如，雅柯布森此后的音系学著作中未再出现对这一问题的新论述。但是，其他学者并未放弃对这一术语的思考和使用。曾为布拉格语言学小组活跃会员的法国学者马丁内，在小组经典时期即撰写过一篇题为《中和与超音位》（Neutralisation et archiphonème, 1936）的文章，提出了一些不同于《音系学术语标准化方案》的观点（该文刊于《布拉格语言学小组文集》第6卷）。二战后，马丁内继续思考这一问题，先后出版发表《词法与词汇中的中和概念》（*La notion de neutralisation dans la morphologie et le lexique*, 1957）、《中和与合流》（Neutralisation et syncrétisme, 1968）等著作，不仅尝试对这个音系问题做了优化，还将其延伸至语法研究中。

日本学者赤松力（Tsutomu Akamatsu）指出，中和、超音位这两个无法分隔开的概念，以及其他几个与之相关的概念，"在功能音系学中合理、必不可少、无法回避"（Akamatsu 1988: 1），因为这些概念是对语言价值的思考中重要组成部分。虽然他更加推崇的是马丁内所代表的"新布拉格学派"视角，但他对此问题的探讨，无疑使人们对此问题的兴趣得到了延续。

6.3　音位的组合规律

6.3.1　具体语言的音位组合规律

每种语言对音位的组合皆有一定限制，这个被我们今天称作"语音配列"（phonotactics）的问题，其重要性是显而易见的。因此，特鲁别茨柯依在《音系描写指南》中强调，"两种语言之间的差别，常常不在于音位之清单，而在于可允许的音位组合之清单"（Trubetzkoy 1935a: 19）。

音位组合规律问题，在布拉格语言学小组经典时期经常得到探讨。例如，关于不同语言之间在音位组合方面呈现出的差异，马泰修斯分别在《现代捷克语词汇的音系结构》(La structure phonologique du lexique du tchèque moderne, 1929) 和《论现代英语的音系系统》(On the Phonological System of Modern English, 1929)[①]两篇文章中做过论述。

《现代捷克语词汇的音系结构》中指出，音系分析应从多角度进行。不仅应从构成（composition）角度研究音系系统，还应关注音系成分在词及话语流里的实际使用（[法] emploi）。这之中就涉及音位组合问题。马泰修斯把捷克语1至4个音位构成的词与德语做了对比，发现在20种可能的组合中，有5种组合在捷克语里呈现空缺。[②]他以a表示响音（含单元音、二合元音以及成节辅音），b表示辅音，捷克语呈现空缺的5种组合包括aa、aab、baa、bbaa、abbb。(Mathesius 1929a: 77) 他由此得出几条关于捷克语音位组合的规律。例如，捷克语回避元音的连拼分读（hiatus）[③]，因而较少出现aa型组合。20种组合里捷克语出现aa型组合的只有baab一种，例词为neuč（别教）。再如，捷克语同样回避在词末堆砌辅音，所以虽然babb型组合不罕见，但却不允许出现类似德语eilst /ailst/（快点，eilen的单数第二人称）之类的abbb型组合。

《论现代英语的音系系统》中也有关于英语音位组合的类似论断。例如，与法语相比，现代英语和德语都在音节末位置体现出"古日耳曼语对辅音群的偏好"，他给出的例词包括depths、asks、thefts、wasps等。

[①] 《现代捷克语词汇的音系结构》刊于《布拉格语言学小组文集》第1卷，并重印于Vachek（1964），影响较广。《论现代英语的音系系统》发表于荷兰学者施莱纳（Joseph Schrijnen, 1869—1938）的六十华诞纪念文集，与前者相比鲜为人知。《论现代英语的音系系统》的英语原文现已重印于曲长亮（2019），中译文作为附录收于马泰修斯（2020）。

[②] 与捷克语相比，德语在这20种组合类型中仅空缺一种，即只含一个辅音的类型（b型）。文中以k（向）作为德语b型词的代表。这类仅含一个辅音的介词在斯拉夫语言里不罕见，如捷克语v（在）、s（与），俄语也有与之对应的к（向）、в（在）、c（与）。

[③] 连拼分读（hiatus）指两元音音位相邻，但分属两个音节，因而不构成二合元音或三合元音。例如，英语lower /ˈləʊə/（降低）里，/əʊ/和/ə/即是连拼分读。连拼分读常与语素界相关，此处的捷克语例词neuč /ˈne-utʃ/（别教，命令式）内部也含有语素界（<否定前缀ne- + učit的命令式uč）。但是，连拼分读未必一定涉及语素界，如法语naïf /naˈif/（天真）里并无语素界。法语正字法以元音上方双点（tréma）表示此元音与前一元音分属两个音节。

第 6 章　音位清单之外：对立中和、组合规律与功能负载　　159

（Mathesius 1929b: 51–52）关于这一问题，我们在叶斯柏森同年发表的《英语的单音节词》（Monosyllabism in English, 1929）里也能看到同样的结论。（Jespersen 1929: 9，叶斯柏森 2021: 455）叶斯柏森穷尽性列出了英语 99 个词末辅音组合，其中内含语素界的组合甚至可由多达 4 个辅音构成。

布拉格学派学者对具体语言的音位组合规律所做的穷尽描写，还须提及特伦卡的《今日标准英语音系分析》（A Phonological Analysis of Present-Day Standard English, 1935）一书。在题为"英语音位组合规则"的一章里，特伦卡以"……不出现于……之前/之后"等格式，为英语辅音和元音的组合限制做了详细描述。例如："元音音位 /ei, ou/ 不出现于 /h, ŋ, r, w, j/ 之前"，"元音音位 /u/ 不出现于 /v, θ, ð, z, ʒ, m, ŋ, j/ 之后"，"音位 /ŋ/ 后面绝不接任何重读元音"，"音位 /r/ 不出现于 /iː, uː, ei, ou, ai, au/ 后面"，等等。此外他还为英语的辅音丛构成归纳了 12 条规则。

6.3.2　普遍性音位组合规律之探索

对具体语言的音位组合规律的描写，促使我们思索一个更深层的问题：是否存在普遍性的音位组合规律适用于一切语言？特伦卡和特鲁别茨柯依对此有不同的答案。特伦卡从具体语言的音位组合规律出发，尝试探究这类规律的普遍性。例如，他归纳的 12 条英语辅音丛规则中的第 1 条叙述如下：

> 仅靠一个重要特征（relevant feature）而相互区别的辅音音位，被排除于连续相邻之外。英语语素中，pf、fp、bv、vb、dð、θt、tθ、ʃtʃ、ʒdʒ、pb、bp 等辅音丛要么不存在，要么出现于某些外来词和专名里。有些在语素界处反复出现：如 [bɑːθt] bathed, [beiðd] bathed, [eitθ] eighth, [raivəlri] rivalry。
>
> （Trnka 1968 [1935]: 39）

对于英语自身而言，排除外来词及外来专名，并排除内含语素界的例子之后，这一规则显然具有很高的可信性。次年发表的《音位组合的普遍法则》（General Laws of Phonemic Combinations, 1936）一文中，特伦卡尝试将这一规则上升为适用于一切语言的普遍法则。他以逻辑公式的形式将这一法则表述为：

同一语素中，如果存在 p，那么 p^1 就绝不能位于 p 之前或 p 之后。
（Trnka 1936: 58）

他称这一法则为"最小音系对比法则"（the law of minimal phonological contrast），p 和 p^1 的关系被明确为"仅靠一个相关关系标记（mark of correlation）而区别的音位"（同上，57）。不仅英语 /p : f/、/t : θ/ 等塞音音位与擦音音位之对立属于此类，而且捷克语长短元音对立、俄语软硬辅音对立、法语口元音与鼻元音对立等皆如此。所有这些 p 和 p^1，皆无法在同一语素中相邻出现。

不过，特鲁别茨柯依在《音系学原理》中回应这条普遍性"最小音系对比法则"时，持的是否定态度。虽然他强调这一法则的失败原因在于使用过时的"相关关系－析取关系"二分法作为理论基础，但是一些取自非印欧语言的例词充当的证据更加直观：阿布哈兹语 ačša（雌畜）一词里有 /tʃ-ʃ/ 相邻之例，加拿大原住民语言齐姆仙语（Tsimshian）txâ'xkʷdet（吃，复数第三人称过去时）一词里有 /x-k/ 相邻之例，海达语 djā´ada（女人）一词里有 /a:-a/ 相邻之例[①]，此外他还提到了越南语 /i-y/ 相邻之例、古印度普拉克里特语（Prakrit）口元音与鼻元音相邻之例，等等。这些例词

---

① 符号 ´ 表示其前面的元音带有重音。海达语的例词，特鲁别茨柯依取自鲍阿斯《美洲印第安语言手册》（*Handbook of American Indian Languages*, 1911）中斯旺顿（John Reed Swanton, 1873—1958）对海达语的描写。斯旺顿提到，"海达语一个显著的特征是元音的重叠和并置……任何两个元音因而都可能一起使用，虽然通常视为等同于一个单元音，但发音上似乎不像构成我们的二合元音里的元音那样紧凑。"（Swanton 1911: 211）

的存在表明，有些音位组合规律虽在印欧语中广为存在，但在更具多样性的语料面前未必是真正的普遍规则。

特鲁别茨柯依因而对普遍性音位组合规则的存在基本持否定态度，强调关于音位组合规律的研究仍应定位于揭示具体语言的音位组合规则：

> 对世界一切语言皆有效的普遍性音位组合法则，即使真能以归纳（induktiv）方式发现，也仅能涉及可想象出的音位组合中非常小的一部分，故而无法在组合研究中占据重要地位。……每种语言的音位组合，皆受制于那些仅对这一语言有效的特定法则或规则，这些法则或规则必须为每种语言专门厘清。
>
> （Trubetzkoy 1939a: 224）

那么，普通音系学（而非对具体语言的音系描写）是否应把音位组合问题完全排除在外？这一问题的答案同样是否定的。特鲁别茨柯依倾向于认为，虽然把音位组合普遍规律的构建纳入普通音系学的研究视野是不合理的，但是普通音系学却可以为具体语言的音位组合描写提供方法上的支持。例如，他指出无论描写哪种语言的音位组合规则，都不应绕过对下列三个问题的阐述：

（1）某一特定位置上，哪些音位可相互组合，又有哪些音位相互排斥？
（2）某一特定位置上，音位组合呈何种顺序？
（3）某一特定位置上，某类音位允许出现几个？

以英语为例，参照上述三个具有普遍性指导意义的问题，不难发现如下信息：

（1）如，同一个英语语素中，无论哪个位置上都不能出现 *pb、*fʃ 之类的组合。

（2）如，英语词首可出现 fr- 序列，却不能出现 *rf- 序列。

（3）如，英语词首最多可出现 3 个辅音音位（如 str-、spl- 等）。

特鲁别茨柯依将上述三方面总结为音位组合中的"参与限制"（Beteiligungseinschränkung）、"顺序限制"（Einschränkungen der Reihenfolge）和"成员数量限制"（Einschränkungen der Gliederzahl）。如果缺少了这些信息，对具体语言的音系描写显然是不完整的。

最后，正如音位清单需要把"反常音"排除在外，对音位组合的描写也需要排除"反常组合"。所谓"反常组合"，往往涉及语言的"描述平面"之外的成分，最为典型的如感叹词、拟声词，还包括一些更加边缘的成分，如赶牲口时发出的声音，或是其他带有明显的"呼吁平面"色彩的词。（参见 3.1.2）

6.4 音位的功能负载及音系统计

6.4.1 功能负载问题及其在音系学中的地位

某一具体语言中，无论是音位还是音位组合，我们不仅应了解其是否存在，还须了解这样的音位或音位组合得到了何种程度的运用。例如，英语和法语都有浊擦音音位 /ʒ/，但二者的使用程度却有天壤之别。/ʒ/ 在法语中是极其发达的音位，不仅出现频率极高，而且可与对应的清音 /ʃ/ 构成诸多最小对立体，如 /ʃɑ̃/（chant，歌）— /ʒɑ̃/（gens，人们）；与之相比，/ʒ/ 在英语中的地位显得边缘，不仅出现频率低、位置受局限，而且极难找到仅因 /ʃ : ʒ/ 而区别的词对。因此，两种语言虽然都有 /ʒ/ 这个音位，但对该音位的运用状况却是不对等的。这之中涉及的话题就是音位的功能负载（[德] funktionelle Belastung，[法] rendement fonctionnel，[英] functional load)。《音系学术语标准化方案》中对"功能负载"的定义是："某一音系对立在某一具体语言中用来区别词的不同意义的使用程度"（CLP 1931a: 313）。

马泰修斯在其《论音位的负载能力与组合能力问题》（Zum Problem der Belastungs- und Kombinationsfähigkeit der Phoneme, 1931）一文中提出主张："对于某一语言的音系特性来说，只确定其音位以及音系特征的储备（Vorrat）是不够的，还必须研究该语言使用这些音系单位的程度。音系学因此除了质的分析之外，量的分析也应有其地位。"（Mathesius 1931a: 148）特鲁别茨柯依赞同将这类与功能负载相关的统计问题纳入音系学研究。1932年7月，他在阿姆斯特丹第1届国际语音科学大会上宣读的《为具体语言做系统性音系描写的性质与方法》一文，把音系学研究划分为词音系学（Wortphonologie）和句子音系学（Satzphonologie），并为词音系学设定了四大任务：

（1）对音位系统清单及其结构的探索；
（2）对音位与音位组合的出现规律的探索；
（3）对每一音系对立的语义负载的统计研究；
（4）对每一音位及音位组合的频率的统计研究。

（Trubetzkoy 1933d: 109）

因此，无论音系对立、音位，还是音位组合，均涉及与功能负载相关的统计问题。特鲁别茨柯依因而把"论音系统计学"（Zur phonologischen Statistik）作为《音系学原理》的主体部分"区别之学说"的最终章，以期为这一问题提供量化描写框架。

6.4.2 功能负载的早期数据化尝试

语义区别功能无疑是一切音系单位的最根本属性。但马泰修斯提醒，这一根本属性代表的仅是理论上的可能性而已，必须以此为基础，研究这种可能性在具体语言中的实现频率有多高，故而提出："音系成分的数量、本质和比例，都不足以全面描述音系系统。若要彻底了解音系系统，我们就必须明白该语言对其音系材料进行了什么样的实际运用。"（Mathesius 1929b: 49）

例如，英、法、德语中皆存在由一个辅音音位加一个元音音位而构成的词（CV）或由一个元音音位加一个辅音音位构成的词（VC），由此可形成多少个仅因一个音位而相互区别的词，我们利用排列组合中的"乘法原理"很容易就能计算出。然而，无论哪种语言，并不是任取辅音和元音就一定能结合成词，可行的语音配列中存在"词汇空缺"（lexical gap）的几率很大，因此拥有某一音系结构的词的实际数量与预期数量之间必然存在不小的落差，并且不同语言间彼此可呈现明显的差异。我们综合马泰修斯在《论现代英语的音系系统》中给出的数字，可列成表6-2做比较。

表6-2　法、德、英CV/VC结构可能词数与实际词数比较[①]

	音位数量 （单音+复合音）		可能词数 （c*v*2）	实际词数 （CV+VC）	实现频率 （%）	例词
	辅音 （c）	元音 （v）				
法语	19+0	16+0	*608*	115+30	24%	chou /ʃu/（卷心菜） or /ɔʀ/（金子）
德语	19+3	8+3	*484*	30+26	11.5%	See /ze:/（湖） ab /ap/（从）
英语	22+2	9+8	*816*	120+50	20.8%	hay /hei/（干草） ill /ɪl/（病了）

上述数据显示出，这些CV及VC结构的词在德语中的实现频率最

---

① 表格中的正体数字取自Mathesius（1929b），斜体数字为笔者计算。例词为笔者自选。"实现频率"一栏中，马泰修斯的取值统一性存在欠缺：24%应保留一位小数取23.8%；11.5%实为11.57%，四舍五入应取11.6%。

低，在法语中的实现频率最高，英语介于两者之间，与法语较为接近。这些数字与"法语和英语比德语更偏好极端类型的单音节词"（Mathesius 1929b: 51）等显而易见的情况相一致。英语词的单音节化，以及单音节化造成的同音词增多、词对语境的依赖加强等现象，叶斯柏森（Jespersen 1909; 1929）曾有过深入的论述。马泰修斯从功能负载角度列出的数据，从另一个方向上印证了叶斯柏森的结论。

特鲁别茨柯依的功能负载观与马泰修斯基本一致。但特鲁别茨柯依强调，功能负载应着重揭示音位的实际使用频率和预期频率之间的差别，而不是实际使用频率数本身：

> 为音位频率构建严格的规律，恐怕全无指望。音位频率毕竟是一系列推动力的产物。实际音位频率（tatsächliche Phonemfrequenz）的绝对数只有次要意义。具有真正价值的，只是此数字与预期音位频率数之间的比率。
>
> （Trubetzkoy 1939a: 236）

《音系学原理》在"实际频率与预期频率"标题下给出的两组关于车臣语的数据，为这一观点做了诠释。车臣语作为一种东北高加索语言，音位清单中有成套的叠音音位（/p:/、/t:/、/k:/等）和挤喉音音位（/p'/、/t'/、/k'/等）必然不会出乎我们的预期。但是，正如上文引述过的马泰修斯的观点所示，这些"储备"的音系材料在该语言中得到了什么样的实际运用呢？

从音位清单来看，叠音（长辅音）音位和非叠音（短辅音）音位数量之比例，特鲁别茨柯依给出的数字是9∶29，我们可折算为1∶3.22，即非叠音音位数量是叠音音位的3.22倍。那么，该语言的实际使用中，非叠音音位的出现频率是叠音音位的3.22倍吗？特鲁别茨柯依使用了一篇文本做抽样，该文本是德国高加索语专家博达（Karl Bouda, 1901—1979）记录的一篇车臣语民间故事。

表6-3　车臣语叠音音位抽样统计[①]

对立的音位	出现次数	折算结果
/t:/ ∶ /t/	12∶90	1∶7.5
/q:/ ∶ /q/	6∶45	1∶7.5
/tʃ:/ ∶ /tʃ/	25∶59	1∶2.36
/l:/ ∶ /l/	16∶32	1∶2

抽样结果显示出的数据如表6-3所示，这几个叠音音位的实际使用情况，彼此差异很明显：边音的叠音 /l:/ 在该语言中较为常见，与"普通的" /l/ 呈现出 1∶2 的频率比例；与之相比，塞音的叠音出现频率低很多，每8.75个 t 或 q 中，才有一个是叠音。与预期的 1∶3.22 相比，边音叠音的出现频率高于预期，塞音叠音的出现频率低于预期。换言之，/l:/ 的功能负载远超 /t:/ 或 /q:/。

特鲁别茨柯依还利用同一文本统计了车臣语挤喉音音位的使用频率。某一具体语言中，词的平均音节数记作 α，抽样文本中的音节总数记作 β，以此来计算，该文本中词的个数为 β/α。车臣语中，挤喉音音位仅出现于词首。因此，β/α 亦是挤喉音在文本中的最大可能数量值（即假定所有的词皆以挤喉音开头）。特鲁别茨柯依给出车臣语 α = 1.9，我们可依此认定该语言的词以双音节词为主。因此，"声门内音∶回归音"（即"非挤喉音"∶"挤喉音"）（参见4.4.2）这组相关关系的有标记项（挤喉音），最大数量等于文本中词的个数 β/α。

至于这组相关关系中的无标记项（非挤喉音）的最大可能数量，特鲁别茨柯依给出的公式是 (β + β/α)，因为非挤喉音既可出现于一切音节首（此时与音节数量 β 等值），又可以出现于词末（此时与词数 β/α 等

[①] 中间栏数据引自 Trubetzkoy（1939a: 237），右栏的折算结果为笔者计算。特鲁别茨柯依引用的这种车臣语方言的音系与车臣语书面标准语似有不同。Nichols（1994: 4）的描写中，5个叠音音位分别为 /p:/、/t:/、/s:/、/xk:/、/q:/。

第 6 章　音位清单之外：对立中和、组合规律与功能负载　　　167

值）。① 至此，我们已获得车臣语挤喉音音位与非挤喉音音位的比例关系公式：

$$x = \frac{\frac{\beta}{\alpha}}{\beta + \frac{\beta}{\alpha}}$$

利用最简单的数学知识，可非常容易地将这个公式化简为 $x = \frac{1}{\alpha+1}$，代入 $\alpha = 1.9$ 之后，就得到了 1∶2.9 这个比例，作为挤喉音出现的预期频率用来参考。

表 6-4　车臣语挤喉音音位抽样统计[②]

对立的音位	出现次数	折算结果
/t'/ ∶ /t/	33∶90	1∶2.73
/k'/ ∶ /k/	38∶47	1∶1.24
/q'/ ∶ /q/	21∶45	1∶2.14
/ts'/ ∶ /ts/	17∶97	1∶2
/tʃ'/ ∶ /tʃ/	5∶59	1∶5.71
/p'/ ∶ /p/	?∶27	?

特鲁别茨柯依对车臣语的 6 个挤喉音音位出现频率的抽样数据，如表 6-4 所示：6 个挤喉音音位中 /k'/ 的实际出现频率最高，与"普通"的 /k/ 几乎达到了 1∶1 的比例。/t'/ ∶ /t/ 比例为 1∶2.73，最接近预期频率。/tʃ'/ 相对较少，每 6.71 个 č 才有 1 个是挤喉音。而实际出现频率最低的挤喉音是 /p'/，在所抽样的文本中完全没有出现。这在一定程度上解释了 /p'/ 的音位地位有争议：Nichols（1994: 4）的车臣语音位表里，p' 被置于括号中以示其特殊性。

上述关于音位功能负载的信息，显然是对音位清单描写和音系系统

---

① 这之中似乎缺少对车臣语的音节结构的考虑，但 Nichols（1994: 10-11）的描写显示车臣语罕有辅音丛，Awde & Galaev（1997）收录的词条也大致印证了这一点。因此，辅音丛问题可暂时忽略不计。

② 中间栏数据引自 Trubetzkoy（1939a: 238），右栏折算结果为笔者计算。

描写的重要补充。特鲁别茨柯依虽然在《为具体语言做系统性音系描写的性质与方法》的宏观规划中赋予音系统计学很高的地位，但在《音系描写指南》中，这部分却成了"被搁置"的部分。书中阐明了这样处理的理由：《音系描写指南》里设定的四大方面"只是我们任务的最底线"，搁置关于统计的部分，"不是因为音系统计学不如音系系统学重要，而只是因为统计学需要大量冗长乏味的工作，但音系学当前发展阶段最重要的却是迅速增加材料。"（Trubetzkoy 1935a: 6）因此，关于音系统计的工作在布拉格语言学小组经典时期没有被列作音系学研究中的当务之急。事实上，即使是在《音系学原理》中，特鲁别茨柯依仍强调："这方面是否存在普遍有效的法则，各语言在这方面是否有所差别，这些问题现阶段都无法确切定论，因为迄今为止音系统计学方面做得实在太少。但无论如何都须警醒，不要在这一领域下草率结论，提草率理论。"（Trubetzkoy 1939a: 241）不过，关于具体语言的音系描写若确实能提供这部分信息，必然是积极有益的。

50年代末，瓦海克整理马泰修斯留下的遗稿辑成《普通语言学基础上的当代英语功能分析》（*A Functional Analysis of Present Day English on a General Linguistic Basis*）一书时曾经提到，马泰修斯的遗稿中除了关于词法和句法的部分之外，也有论述语音学与音系学的部分，只是由于这部分"已过时"（antiquated），他才没有将其编入书中。（Vachek 1975: 205）因此，我们今天看到的各版本的《普通语言学基础上的当代英语功能分析》都是只有"功能名称学"（functional onomatology）和"功能句法学"（functional syntax）两部分。而马泰修斯对音系学的论断中，非常重要的一部分正是关于功能负载及音系统计的论述。特鲁别茨柯依在《音系学原理》中论述此话题时指出，"在专门的音系学文献中，音系统计学的重要性最先得到的是马泰修斯的强调。"（Trubetzkoy 1939a: 230）如果说布拉格学派的这两位重要学者在此方面的论述"已过时"，或许只是因为我们今天有了更为便捷准确的工具来做这方面的研究，思想本身显然并没有过时。

6.5 小结

关于音位清单的描写和音位对立的分析诚然不是音系学的全部任务。特鲁别茨柯依在对音系对立的论述中，注意到了某些地位并不稳定的音位，对这类音位及音系对立的特殊性质的论述，形成了关于音系对立中和的研究。这一过程使"超音位+标记"或"超音位+零"的结构呈现出来，进一步加强了关于音位复合结构的看法。音位内部的某些特征似乎在阻碍音位之间的相互组合，由此又形成了关于具体语言音位组合规律的思考，以及对普遍性音位组合规律的尝试。此外，音位对立还存在使用频率问题，预期使用和实际使用之间有时会有不小的落差，从而形成了关于功能负载的数据化考察。上述问题虽然不在音位清单里，但对于全面而完整的音系学研究来说，是必不可少的。

第 7 章
超越音系本体：音系学理论的应用

It appears that both the one and the other were
designed for use rather than for ostentation.

Edward Gibbon, *The History of the Decline
and Fall of the Roman Empire* (1776)

似乎无论哪样东西，
都是造来用的，而不是拿来炫耀的。
——吉本，《罗马帝国衰亡史》（1776）

7.1 音系原则、语音转写与文字改革

布拉格学派音系学为理论语言学带来的震撼是不言而喻的。然而，音系学的价值并不仅仅在于其理论意义，其实用一面的意义同样很明显。例如，音系学原则在语音转写和文字改革方面的价值就十分突出。

1931年，布拉格语言学小组公布《音系学术语标准化方案》的同时，也公布了一份《音系转写的原则》(Principes de transcription phonologique)。音系转写被定义为"对某一具体语言的音系构成所做的字符记录"(CLP 1931b: 323)。音系转写原则与音系分析之间的关系是相互的。虽然文件中提及音系转写的目的时指出"音系转写是用来分析

某一语言的音系构成的重要工具"（同上），但是如果没有音系学理论做支撑，音系转写原则必然无法形成。正如特鲁别茨柯依添加在这份文件末尾的具名附记中所指出，"构建音系转写系统时，尊重音系对立的本质属性类别（Wesensverwandtschaftsgruppe）是很实际的"（Trubetzkoy 1931c: 326）。例如，为音位数量极多、音系成分极为复杂的北高加索语言做音系转写时，必然会出现拉丁字母不够用的情况，此时应当分门别类地处理不同性质的音系成分。他建议元音的饱和度、自有音高以及辅音的位置系列等特征要用字母来转写，元音的共鸣腔、韵律以及辅音的强度、自有音高（腭化、圆唇）等特征用附加符号来转写，这样才能够在转写系统中实现字符资源的优化。这些建议显然是基于他对音系系统中的音系成分对立的归纳总结而提出的，是音系学思想的应用。

音系原则是音系转写的理论依托。这在一定程度上解释了日内瓦大会上，特鲁别茨柯依的语音学-音系学二分法为何得到田中馆爱橘如此热忱的支持。田中馆爱橘设计的日语"日本式"罗马字转写方案（1885），早在特鲁别茨柯依尚未出生时，就自发地将设计理念建立在了"音系原则"上，他因而与特鲁别茨柯依产生了"所见略同"的强烈共鸣。

表7-1　日语部分音节的两种罗马字拼写比较

平假名	た	ち	つ	は	ひ	ふ
实际发音（IPA）	[ta]	[tɕi]	[tsɯ]	[ha]	[çi]	[ɸɯ]
黑本式（1867）	ta	chi	tsu	ha	hi	fu
日本式（田中馆爱橘，1885）	ta	ti	tu	ha	hi	hu

《音系转写的原则》中提示，不应把音系转写跟通行的正字法搞混，后者即使遵从了音系原则，也仍会涉及词法、词源等考量，因而不是100%的音系转写。不过，当一种语言的文字书写体系真的需要进行改革时，音系原则可发挥十分实用的指导作用。这种改革既包括拼写上的小幅修改，也包括字母种类的彻底更换。

俄语曾在1917年进行过拼写改革，废除了ѣ(发音同e)、i(发音同и)、ѳ（发音同ф）等多余的字母，大量删除了词末不发音的ъ，使倾向于词源原则的旧拼法被倾向于实际发音的新拼法取代（例如，图1-1里刊物名称中的обозрѣніе [述评]一词，新拼法拼作обозрение）。新拼法于1918年元旦起推行时，特鲁别茨柯依正流亡至高加索。雅柯布森提到，特鲁别茨柯依原本并不支持俄语的正字法改革，直至1926年底仍在使用旧拼法与他通信。(Trubetzkoy 1975: 8n5) 不过，在新正字法渐趋成熟稳定之后，特鲁别茨柯依已不再保守，转而担忧新正字法中一些不符合音系原则的细节。他1930年7月13日致雅柯布森的信中显示，这年传出俄语即将推出新一轮正字法改革时（这轮改革最终未实施），他对最新方案仍然未能对腭化辅音之后的 /e/ 和 /o/ 加以区别感到失望（见 Trubetzkoy 1975: 212 / 2006: 251），因为这个位置上的 /e/ 和 /o/ 是具有语义区别功能的，如 /fsʲo/（一切事物，今拼作всё）— /fsʲe/（所有的人，今拼作все）。此问题直至1942年才彻底解决：1942年12月24日，俄教育人民委员会颁布1825号令[①]，规定推行字母ё表示 /ʲo/，以区别于字母e (/ʲe/)。这一写法延续至今。

　　雅柯布森提到，卡尔采夫斯基曾在布拉格语言学小组1934年10月6日会议上以"俄语正字法改革"（Reforme de l'orthographe russe）为题发言，而特鲁别茨柯依1936年5月25日致雅柯布森的信中提及，卡尔采夫斯基后来将该文手稿寄给他审阅，他对文章质量不甚满意，因而对卡尔采夫斯基的理论做了长达6页的分析，一并寄回。卡尔采夫斯基的这篇文章后来以《论俄语正字法的理性化》（Sur la rationalisation de l'orthographe russe）为题，发表于贝尔格莱德出版的《贝立奇集》（Белићева збирка, 1937）。(Trubetzkoy 1975: 358 / 2006: 410-411) 很可惜的是，记录小组活动的《词与文学》（Slovo a slovesnost）未对卡尔采夫斯基的发言做记载，特鲁别茨柯依写给他的这封信似乎也从未见于任何出版物（如 Trubetzkoy

---

① 法令全文，见 <http://www.kaznachey.com/doc/aNN9NLR0BYR/text/>（2023-01-05）。

第 7 章　超越音系本体：音系学理论的应用　　173

1975, Toman 1994, Havránková & Petkevič 2014 均未收录），很可能已佚。倘若能够对比卡尔采夫斯基的初稿、成稿以及特鲁别茨柯依写的这份分析，定能清晰看到特鲁别茨柯依对俄语正字法改革的一些看法。

　　1934 年，国际联盟下设的知识合作委员会发行了一本题为《拉丁字母的普遍采纳》的书，介绍新时代背景下世界各地对拉丁字母的运用。拉丁字母已不再是西欧基督教世界的专属，而是被更广阔的世界采纳为通行工具。有的国家用拉丁字母为无文字语言创制文字（如苏联为各原住民族语言设计的文字），有的国家用拉丁字母设计了新文字取代原有的不甚合理的书写体系（如土耳其），还有许多国家在铁路、通讯等领域为本国民族文字附注了便于国际交流的拉丁字母拼写（如中国、日本）。

　　特鲁别茨柯依应邀为《拉丁字母的普遍采纳》撰写了关于高加索地区民族的一章。本地区只有格鲁吉亚语和亚美尼亚语[①]有悠久深厚的文学传统，这两种使用的都是适于本语言的本民族特有文字，并无拉丁化的直接动力。与之不同的是本地区的绝大多数其他语言，部分语言虽有以阿拉伯字母为基础的文字，但大多通行并不广，如阿塞拜疆语、阿迪格语、车臣语等皆存在这一问题。他指出，问题产生的重要原因是这些文字系统未能很好适应上述语言的音系系统。(Trubetzkoy 2001 [1934]: 175)[②] 而新创制的拉丁字母文字的成功之处，同样在于比阿拉伯字母更好

---

　　① 注意亚美尼亚语属印欧语系伊朗语族，下文的阿塞拜疆语是一种突厥语言，二者虽在高加索地区最重要的语言之列，但都不是"高加索语言"。
　　② 高加索语言三个语系（西北高加索语系、东北高加索语系、南高加索语系［卡特维利亚语系]）的语言中，只有格鲁吉亚语有本民族特有文字，其他语言使用或曾使用的都是外来的文字（阿拉伯字母、基里尔字母、拉丁字母），因此才会出现文字与音系系统不适配的问题。例如，高加索语言特有的"挤喉音"无论用哪种外来字母体系来设计拼写，都不得不借助附加符号或复合字母。与之相比，格鲁吉亚本国文字有专门的字母来表示"挤喉音"，并不存在这样的问题。高加索式的塞音及塞擦音三分（送气清音–浊音–挤喉音），格鲁吉亚字母区分得非常清楚：/pʰ-b-p'/ = ფ-ბ-პ, /tʰ-d-t'/ = თ-დ-ტ, /kʰ-g-k'/ = ქ-გ-კ, /tsʰ-dz-ts'/ = ც-ძ-წ（格鲁吉亚字母据那达丽 [2016: 4]）。

地适应了这些语言的音系系统。① 不过较为遗憾的是，特鲁别茨柯依虽是语言学理论扎实且田野实践经验丰富的高加索语专家，但因流亡海外而始终未参与过任何高加索语言的拉丁化新文字设计工作。

关于音系学原则在正字法修订及文字改革中的作用，我们还须提及叶斯柏森的看法。为《拉丁字母的普遍采纳》作序的，正是这位语音学及语言学的资深专家。他在序中比较日语的黑本式转写系统和日本式转写系统时指出："作为外国人，对这两套体系的相对价值做表态似乎有些鲁莽，如果我斗胆表示倾向于第二种方案，是因为该方案更接近于近来开始在现代语言学中获得认可的音系学原则。"（Jespersen 2006 [1934]: 791）同时他也指出，黑本式并没有错，因为日本式拼写"在音系学角度是正确的"，而黑本式拼写"在语音学角度是正确的"（同上，792n1）。我们不由感叹，这位大师级人物是公正的，虽然他曾在日内瓦大会上明确反对在理论上割裂语音学与音系学，并将此观点写入了《三论语音定律问题》，但是他非常客观地肯定了语音学和音系学作为两种不同视角，在实践领域的价值，尤其肯定了特鲁别茨柯依及布拉格学派对这一应用问题的贡献。

7.2 音系学视角下的方言、语言联盟与语言地理

7.2.1 方言研究的音系学视角

音系学观的重要性不仅仅在于其理论意义，更在于其应用价值。方言研究即是音系学视角可发挥作用的语言研究领域之一。特鲁别茨柯依

---

① 30年代末起，苏联政府基于政治考量，陆续废除了此前推广的少数民族语言拉丁字母文字方案，转推基里尔字母文字。值得注意的是，1991年苏联解体后，许多以穆斯林为主体的前加盟共和国（阿塞拜疆、乌兹别克斯坦、哈萨克斯坦）逐步启动了恢复本民族语言拉丁字母文字的工作。他们没有选择恢复更早时的阿拉伯字母方案，很大程度上证明特鲁别茨柯依的"这些［拉丁］新字母比阿拉伯字母更方便，更适合于其音系系统"（Trubetzkoy 2001 [1934]: 177）的论断是正确的。

在1930年布拉格国际音系学会议做了三场发言，其中一场题为《音系学与语言地理学》。

何为"语言地理学"？特鲁别茨柯依将其定义为"现代方言学"。所谓现代，就是要在方言研究中"有意识地摆脱'语音定律无例外'学说"，不再像19世纪中后期在新语法学派背景下雨后春笋式出现的方言研究那样，仅依赖历时术语以"离散式语音演化"的视角来看待方言语音差异。他提出，现代方言学应区别"词源学性""语音学性"和"音系学性"的方言语音差异，同时从这三种视角对其加以思考。

词源学性和语音学性视角下的方言语音差异，均涉及"过渡带"的问题。从词源学视角来看，历史上的"同一个音"，在两个地理区域经历了两条不同的音变规则之作用，在这两个区域形成不同的语音特点。但是，两区域的分界线永远无法做到泾渭分明，二者之间存在地理上的"过渡带"才是常态。从语音学视角来看，两种方言的两种"典型"语音之间，其实可以有多种语音实现形式，从而形成语音上的"过渡带"。

特鲁别茨柯依强调，"过渡带"从音系学视角来看是不存在的。处于"过渡带"的语音实现形式虽有生理-物理上的独特之处，但却可从音系角度将其归入两个典型方言区之一。他所举的白俄罗斯语 вада（水，主格）— вады（水，属格）之例里，主格 вада 的语音实现形式不仅有西部方言中的 văda 和东部方言中的 vĭda，某些地区还存在 vŏda 的形式，这些地区就是"过渡带"。但他同时指出 vŏda 区域应划入西部方言区，因为从音系学角度看，ŏ 在这些地区的说话者的语言意识中被感知为 ă 的变体，而非 ĭ 的变体。这一判断过程中的心理主义视角，与特鲁别茨柯依的早期音位观是一致的。

这意味着，方言地图的绘制者必须十分清楚地图上每条等语线的性质，方言田野工作中也必须对不同性质的语音差异做出不同的处理。虽然某一地区"说话者的语言意识"之类的心理学提法解释力其实并不强，但是区别不同性质的方言差异的建议具有很高的实用价值：把握音系学视角，方言学家就不必纠结于诸多旁支末梢式的细节了。例如，作为阿拉伯语方言的田野研究者，《音系学原理》法译本译者冈蒂诺绘制霍兰地

区的阿拉伯语方言地图集时，正是从这一启示中得到了极大的便利。（参见 1.2.5）

7.2.2 音系性语言联盟

特鲁别茨柯依在《音系学与语言地理学》一文的末尾提出了"让音系学性的方言研究法超出单个语言之界线"的号召，他尤其指出这一扩展无须拘泥于语言间的亲缘关系。这一点，与他一贯主张的"语言联盟"之概念是一脉相承的。

1928年海牙第1届国际语言学家大会上，特鲁别茨柯依除了与雅柯布森和卡尔采夫斯基共同提交了第22号提案之外，还以个人名义提交了第16号提案。后者是对"技术性术语的构建与界定"这一讨论主题的回应。这份篇幅很短的提案里的核心观点，是对两种不同性质的"语群"（Sprachgruppe）做区分。

有亲缘关系的语言构成的语群称为"语系"（Sprachfamilie），19世纪历史比较语言学兴起以来，人们对"语系"之概念并不陌生。而真正富有创见性的是"语言联盟"（Sprachbund）这个新概念的提出：

> 语群中的语言，若显现出句法方面的巨大相似性以及词法构造原则上的相似性，显现出大量共同的文化词汇，有时还在语音系统清单上显现出外部相似性，但是并没有系统性的语音对应关系，在词法成分的语音形式方面没有一致性，也没有共同的基本词汇，——这样的语群我们称之为语言联盟。
>
> （Trubetzkoy 1972 [1928]: 18）

系统性的语音对应关系以及共同的基本词汇，是判定语言之间是否同源的最重要依据。然而，非同源语也可显现出句法、词法乃至音系系统上的相似性。"语言联盟"这一术语揭示的就是非同源语之间呈现出的语言相似性。

第 7 章　超越音系本体：音系学理论的应用

不过，特鲁别茨柯依在这份提案中使用的例子，严格来说不是非同源语，而是亲缘关系较远的同源语。他示例的是由保加利亚语、希腊语、阿尔巴尼亚语、罗马尼亚语等语言构成的"巴尔干语言联盟"。这些语言其实都是印欧语系语言，但彼此分属不同的语族，即所谓"远亲关系"。保加利亚语属于斯拉夫语族，与之亲缘较近的语言包括塞尔维亚-克罗地亚语、波兰语、捷克语、俄语等。罗马尼亚语属于罗曼语族，与之亲缘较近的语言是和其地理距离较远的意大利语、法语、西班牙语、葡萄牙语等。而希腊语在印欧语系中自成一族，阿尔巴尼亚语也是自成一族。然而，我们却能在这些"远亲兼近邻"之间发现诸多共同之处。

例如，罗马尼亚语中存在完整的一套腭化辅音，这在罗曼语族语言中极为罕见。虽然很少有学者会赋予这些腭化辅音音位地位（参见 Chitoran 2001: 10），但是其词法功能是十分明显的，如：

lup [lup]（狼，单数）— lupi [lup^j]（狼，复数）
pom [pom]（果树，单数）— pomi [pom^j]（果树，复数）
nor [nor]（云，单数）— nori [nor^j]（云，复数）
corb [kɔrb]（乌鸦，单数）— corbi [kɔrb^j]（乌鸦，复数）
（Schane 1971: 505）

历时地看，不难判断出这些腭化辅音是因表示名词复数的元音后缀 -i 脱落所致，参考这些词在意大利语中的对应词，如 lupo /ˈlupo/（狼，单数）— lupi /ˈlupi/（狼，复数），corvo /ˈkɔrvo/（乌鸦，单数）— corvi /ˈkɔrvi/（乌鸦，复数），即可一目了然。但是共时地看，非腭化-腭化辅音对立所承担的名词单复数对立在这些例子中同样十分清楚。由于原本承担词法功能的元音 -i 已不复存在，其前面的腭化辅音无法再被单纯地阐释为"环境变体"。即使这些腭化辅音的音位地位存在争议性，其词法功能仍不可否认。

罗曼语言中，为何罗马尼亚语会展现出这种独特特征？对照地图我们不难发现，罗马尼亚语的分布区域几乎被拥有音系性腭化-非腭化辅音对立的斯拉夫语完全包围，北侧和东北侧是乌克兰语，南侧是保加利亚语，西南侧是塞尔维亚-克罗地亚语。在唯一不与斯拉夫语相邻的西北方向上，匈牙利语虽不是斯拉夫语（匈牙利语和芬兰语、爱沙尼亚语一样是乌拉尔语言，不属于印欧语系）却也有少量几组音位对立亦可视作腭化-非腭化辅音对立（/ɟ : d/, /c : t/, /ɲ : n/, /j : l/，共4对[①]）。

因此，无论对罗马尼亚语腭化辅音的来源和地位做何阐释，语言事实本身都是清晰可见的：罗马尼亚语、匈牙利语与周边的几种斯拉夫语言共同构成了一个以腭化辅音的存在为特征的语言联盟。

特鲁别茨柯依的语言联盟概念得到了雅柯布森的支持。雅柯布森在布拉格国际音系学会议上宣读了《论音系性语言联盟》一文。而这篇文章很大程度上可视为他用俄文撰写的专著《论欧亚语言联盟的特征刻画》（1931）一书的德文"摘要"。雅柯布森在书中已将"语言联盟"概念扩展至完全无亲缘关系的语言。俄境内许多乌拉尔语言、突厥语言，与俄语一同构成以拥有辅音腭化对立为特征的音系性语言联盟，如乌拉尔语系的奥斯恰克语（Ostyak）腭化-非腭化辅音音位对立多达8组：/tʲ : t/, /dʲ : d/, /nʲ : n/, /lʲ : l/, /tʃʲ : tʃ/, /ʒʲ : ʒ/, /kʲ : k/, /gʲ : g/（Jakobson 1931b: 29），而在语言联盟之外，同属乌拉尔语系的芬兰语就完全不存在这样的音位对立。

特鲁别茨柯依本人对语言地理学的进一步论述，同样展示了与语言联盟相关的现象。例如，他向根特第3届语音科学大会提交的《论音系性世界地理》（1939）一文今虽仅剩下了摘要（Trubetzkoy 1939b），我们仍清楚地看到，音系性的 /ts : s/ 或 /ts : t/ 对立以及 /x : k/ 对立在欧洲的连贯分布，明显超越了某一语族（如罗曼、日耳曼、斯拉夫）的界线，也超越了印欧语系的界线，甚至超越了"欧洲"这一地理疆域本身，成为跨欧、亚、非三大洲的音系特征，涵盖了印欧、乌拉尔、闪米特、突厥

[①] 正字法形式为gy : d, ty : t, ny : n, j : l，其中gy和ty都被视为"字母"而不是"组合"。（参见李洪臣1992: 8-10）

等诸多语系的语言。对音系性语言联盟来说，这无疑是非常好的佐证。

7.3　词法音系学之探索

7.3.1　"词法音位"的心理性与音系性

音系学视角还有一个可发挥作用的领域，位于语音与语法的交界处。语音是否应视为语法的一部分？这个问题引发的分歧不仅存在于布拉格语言学小组活跃的时代，而且也一直延续至今。不过，人们对语音与语法之间的密切联系并不陌生。因此，布拉格学派音系学也和以往其他语音研究思路一样，可在传统上称作"语法"的层面上发挥应用价值，为思考词法问题及句法问题提供新思路。

特鲁别茨柯依曾建议在音系学和词法学之间建立一个被称为"词法音系学"（morphonology）的领域，专门探究某些反映音系与词法之间微妙联系的语言现象。他的专著《波拉布语研究》中就为该语言专门做了词法音系学角度的阐述。1929年斯拉夫语文学大会和1930年国际音系学会议上，他各宣读了一篇关于"词法音系学"的论文。前者以法文撰写，题为《论"词法音系学"》；后者以德文撰写，题为《词法音系学思考》。这两篇文章是特鲁别茨柯依对此问题的看法的最直接体现。

作为语言研究的分支领域，音系学以音位为基本研究单位，词法学以语素为基本研究单位。那么，介于二者之间的词法音系学音以何为基本研究单位？特鲁别茨柯依引入了"词法音位"（[法] morphonème，[德] Morphonem）概念来填补这个空缺。他指出此术语借自波兰语言学乌瓦申[①]，同时也强调了自己对"词法音位"的定义与乌瓦申全然不同。特鲁别茨柯依的文章中未提及乌瓦申原有的观点。因此，我们有必要先应看

[①] 乌瓦申（Henryk Ułaszyn, 1874—1956），波兰语言学家、斯拉夫学家、社会活动家，莱斯琴弟子。著述丰富，1950年被授予波兰复兴勋章（Order Odrodzenia Polski）。

看乌瓦申是如何定义这一术语的。

简单说，乌瓦申的"词法音位"是对博杜恩的"音位＝语音的心理对等物"这一等式的细化。1927年，乌瓦申在波兰语言文学领域历史最悠久的顶级学刊《语文学研究》(*Prace filologiczne*)上发表了一篇文章，题为《术语上的几点评述（语言学领域）》(Kilka uwag terminologicznych [z dziedziny językoznawczej])，文中提出了区别"音位"和"词法音位"之建议。他认为博杜恩对音位的定义（见3.2.2）过于笼统，故而指出：

> 语音充当构成音节的单位时，我按照博杜恩·德·库尔德内教授在我们的语言学文献中广泛使用的拉丁术语，称之为音位（[波]fonema）……语音充当构成语素的单位时，我称之为词法音位（[波]morfonemą）。
>
> （Ułaszyn 1927: 406）

从这组定义来看，在乌瓦申的术语体系中，音位存在于自身无意义的音节之中，而词法音位正相反，存在于以语义为中心的语素之中。音位和词法音位是从两种不同视角出发，对同一音段所做的不同阐释，是同一事物的两面。

这篇用波兰文撰写的文章固然无法在西欧引起太多反响。不过，乌瓦申也参加了1930年布拉格国际音系学会议，他在会上以德语宣读的《语音·音位·词法音位》(Laut, Phonema, Morphonema) 一文正是对特鲁别茨柯依《论"词法音系学"》(1929) 的回应，他重申了自己此前对音位和词法音位所做的区别，再次强调了语义因素在这一区别中的角色：

> 音位是从语音复合体中抽象出来的去除了其语义－词法价值的独立语音之意象，是讲某一语言的每个人的意识里的音类（Lauttyp），以此方式（音类）存在着。……而词法音位是语言的语义－词法单位

（即语素）的成分。词法音位因而是发挥语义-词法功能的音位。由此可知，词法音位只有和语素相联系时才成为可能。

（Ułaszyn 1931: 56-58）

今天的研究者很可能会对音位被"去除了其语义-词法价值"之类的提法感到困惑。这表明乌瓦申的论断虽试图突破博杜恩音位观的不足，但却坚守了博杜恩的心理主义视角。这一视角下，音位不是从语义区别角度定义的，而仅取决于语言使用者语言意识中的意象。如本书第3章中所述，这样的音位观虽然早年曾对特鲁别茨柯依产生过明显影响，但从未被特鲁别茨柯依全盘接受。

特鲁别茨柯依借用了"词法音位"这个术语标签，但对其赋予了全新定义。他以俄语名词рука（手）/ruˈka/和由其派生出的形容词ручной（手提的）/rutɐˈnoj/为例，阐释了音位交替在语言意识中的存在，从而让"词法音位"这一概念的必要性显现了出来：

> 俄语рука和ручной两词里，语音组合рук和руч被感知为同一语素的两个不同语音形式；在语言意识中，该语素同时以这两种语音形式存在，或者更确切地说，是以рук/ч之形式存在；这个рук/ч当中，к/ч是个复合观念（[法] idée complexe）："音位к和音位ч，可依据词的词法结构条件相互替换"。两个或两个以上音位，可依据词的词法结构条件而在同一语素中相互替换，这样的复合观念或可称作"词法音位"。

（Trubetzkoy 1929d: 85）

我们不难从"复合观念""语言意识"之类的措辞中看到强烈的心理主义痕迹，这一点是特鲁别茨柯依与乌瓦申的共同之处。但是，对于特鲁别茨柯依来说，与心理性质相比，更重要的是к/ч这类"复合观念"的音系性质。

首先，这类"复合观念"中涉及的必须是两个具有语义区别功能的音位，而不能是同一音位的两个变体。/k/（书面形式为 к）和 /tɕ/（书面形式为ч）皆为俄语中发育完全的音位，二者之间的对立可呈现于语素的任何位置上。上例中二者位于语素末尾完全相同的位置上（рук-：руч-），所以 /k/ 和 /tɕ/ 的交替出现不可能是由于互补分布之类的原则所致。因此，这个"к/ч"被视为词法音位。与之相比，рука（手，主格）/ruˈka/ 和 руки（手，属格）/ruˈki/（严式标为 [ruˈci]）之间就不存在这样的"词法音位"，硬腭塞音 [c] 只是 /k/ 与前元音结合时的变体而已，不具备音位地位就无法参与"词法音位"的构成。

其次，/k/ 和 /tɕ/ 的选择也不是由于音位组合规则之限制，因为二者皆可与辅音 /n/ 组合。例如，окно /akˈno/（窗）一词中，/k/ + /n/ 的位置关系与ручной 中的 /tɕ/ + /n/ 完全相同，连重音模式都完全一致，却不影响 /k/ 的存在。рука 和 ручной 中选择 /k/ 还是 /tɕ/，唯一的理由是词法结构之要求，而不在于音系自身层面。因此，"词法音位"这一概念之所以有存在的必要性，是因为рука 和 ручной 的对比中涉及必须从词法角度加以思考的音系现象。

由此来看，虽然对"语言意识"的依赖使词法音位无法彻底摆脱心理主义视角，但特鲁别茨柯依的"词法音位"已不是另一种视角下的音位，而是一种须从语素角度加以审视的特殊音段，在具体语言中虽然数量不大，但具有一定自主地位。除了"心理性"之外，"音系性"对于"词法音位"来说格外重要，因为在"词法音位"的认定中，音位概念以及音位组合规律皆发挥了作用。

7.3.2　"词法音系学"的属性及地位

特鲁别茨柯依对"词法音位"的新阐述受到了多洛舍夫斯基的质疑。多洛舍夫斯基认为在音系学中引入这样一个新术语并无必要，理由很简单，已有的"交替"这一术语已能够覆盖"词法音位"所表述的现象：

如果有两个交替着的音位，那么说者的意识里就存在对这两个音位的关系之感知，简单说，就是人们迄今一直所称的"交替"（[法] alternance）；不过，并不存在哪个"词法音位"不是两交替音位之一，却又是二者的意象。

（Doroszewski 1931: 71-72）

多洛舍夫斯基持这样的立场并不令人意外，因为他一直强调音系学应当"避免堆积过多的概念和术语"。他坚信中世纪哲学家奥卡姆的"勿增实体"[①]这一至理名言，甚至对索绪尔引入的"语言"的"言语"之别都提出过批评。（CLP 1931a: 296）

不过，我们不难推断特鲁别茨柯依（Trubetzkoy 1929d）为何使用"词法音位"而非"交替"来阐释这类现象。虽然《论"词法音系学"》中确实指出"词法音系学"在共时研究和历时研究中皆有重要意义，但是需要格外突出的其实是"词法音系学"在共时描写中的作用。而"交替"是19世纪历史比较语言学研究中的常用术语，经常与历时因素相联系。因此，特鲁别茨柯依引入"词法音位"这个术语，就是为了避免造成"历时"的错觉。对于词法音位来说，共时的"感受"比历时的词源更重要。例如他指出，像коса（辫子）：чесать（挠）这样的词对里也存在к：ч之交替[②]，但说话者感受不到"к/ч"是个语素单位，因为к和ч在这两个词里的关联感早已从语言意识中消失，如今二者中并不存在"词法音位к/ч"。简言之，并非所有的交替都能激起"同一意象"之感，因此并非所有的交替都是词法音位。

特鲁别茨柯依在《词法音系学思考》（1931）一文中的下面这段话，

---

① 奥卡姆（William of Occam，约1287—1347），英国方济会修士，哲学家。主张"若无必要，勿增实体"（Non sunt multiplicanda entia sine necessitate），即"切勿浪费多余功夫去做本可用较少功夫完成之事"。这一原则被后世称为"奥卡姆剃刀"（Ockham's razor）。

② 这两个词是同源词，据Derksen（2008: 238），原始斯拉夫语词根 *kosà 义为"头发、发辫"，由此派生出动词词根 *kes-，表示"梳头、搔抓"；前者成为今俄语中的коса（辫子），后者首音腭化演变为今俄语中的чесать（挠）。

清晰印证了我们的上述推断：

> 各种印欧语言中的元音变换关系以及各类音变，始终是从历史角度呈现的，而现存的各类音变，皆被追溯至其历史源头，却忽略了其当前的价值。由于仍具生命力的词法音系事实和已无生命力的词法音系事实被等同起来，其功能完全未得到思考，因而这类事实的系统本质必然无法得到认识。词法音系学构成了语法中特殊而独立的分支，不仅对原始语如此，对每种语言亦是如此。
>
> （Trubetzkoy 1931b: 161）

如果19世纪（尤其是19世纪中后期）以来关于"语音交替"的研究已成功揭示了语言史方面的诸多事实，那么以音系学视角为基础的"词法音系学"有必要显示出与"历史语法"的区别。我们回到《论"词法音系学"》一文的开头，看到特鲁别茨柯依如此定义"词法音系学"：

> 音系学研究音位系统，把音位视为具体语言中有意义的最简声学-发音意象，而词法学研究语素系统；除此之外，语法书中还应另有一章，研究音系差异在词法上的运用，这部分可称之为morpho-phonologie（词法音系学），或是简称为morphonologie。
>
> （Trubetzkoy 1929d: 85）

依照这个定义，"词法音系学"一方面体现音系学思想在词法学领域的应用，另一方面在理论语言学研究中充当独立于音系学和词法学的又一个分支学科。他同年出版的《波拉布语研究》（1929）一书中，贯彻的正是这一思路。该书的主体部分分作三章，题目分别为"波拉布语的语音学性语音系统"（Das phonetische Lautsystem des Polabischen）、"波拉布语的音系系统"（Das phonologische System des Polabischen）和"波拉布语的词法音系系统"（Das morphonologische System der polabischen

Sprache），篇幅大致相仿（分别为44页、27页、30页）。可见，对具体语言做词法音系学分析，已被特鲁别茨柯依视为与语音学分析、音系学分析相平行的第三种视角。

波拉布语毕竟是一种消亡已久的死语言，许多细节反映的是构拟与推测。对词法音系学更加直观的呈现，必然要依赖于对活语言的描写。这方面，我们须从特鲁别茨柯依那部题为《俄语的词法音系学系统》（1934）的专著中寻找启示。作为对自己母语的描写，该书无疑代表了他对活语言的词法音系学现象的最全面的分析。

7.3.3　词法音系学的研究范围

《词法音系学思考》（1931）一文中，特鲁别茨柯依不仅再度强调词法音系学是"对某一语言的音系手段进行词法运用的研究"，而且重申这一领域是"音系学和词法学之间的联系环节"，因而"必须在语法中获得应有的地位"。（Trubetzkoy 1931b: 160-161）而这篇文章非常突出的价值，还在于为词法音系学设定了研究范围：

    1. 对语素的音系结构的研究；
    2. 对语素在语素组合中发生的组合性音变的研究；
    3. 对发挥词法功能的音变系列（Lautwechselreihe）的研究。

（同上，161-162）

这三大任务犹如我们理解词法音系学的路线图，可帮助我们思考《俄语的词法音系学系统》中的思想。《词法音系学思考》一文中对这三大任务的阐释基本明确，但是我们有必要对一些他未能展开论述的问题做些补充说明。

（1）对语素的音系结构的研究

关于"对语素的音系结构的研究"，特鲁别茨柯依认为，应当对不同具体语言中的"语素属类"（Morphemgattung）进行描写。他提及了闪米特语言（如希伯来语、阿拉伯语等）词根的"三辅音原则"，即大多数名词、动词的词根含有三个辅音，各种屈折形式通过在这三个辅音上添加不同元音而构成（有时还涉及一些其他音变）。我们不妨以《创世记》开篇的"起初神创造天地"这句为例，审视句中的几个希伯来语词根。（见表7-2）

表7-2　希伯来语词根举例

词根		词义	语素属类	句中的形式		
希伯来字母	国际音标转写			国际音标转写	语义	词法结构
ראש	r-ʔ-ʃ	头	名词	b(e)ʁeˈʃit	起初	介词+名词+后缀
ברא	b-r-ʔ	创造	动词	baˈʁaː	创造	过去式
שמי	ʃ-m-j	天	名词	ʃaˈmajim	天	双数①
ארץ	ʔ-r-ts	地	名词	ˈeʁets	地	单数
ה	h	（特指）	前缀	ha	——	——
את	ʔ-t	（宾格）	前缀	et	——	——
ו	v	（连接）	前缀	v(ə)	和	

透过上述语素我们管窥到的正是特鲁别茨柯依提及的那条词法事实：希伯来语名词词根和动词词根大多由三个辅音构成，但其他语素类型不受此限制。上表中的三个前缀（也可分别视作冠词、介词、连词）即属于后者。他认为这样的规则不限于闪米特语言，因而尝试为俄语构建类似的规则。

例如他曾在《词法音系学思考》中提出，"斯拉夫语言中，含有单独一个辅音的词根语素仅作为代词词根存在"（Trubetzkoy 1931b: 162），但未做进一步解释。果然，他后来在《俄语的词法音系学系统》一书中给出了例子：俄语"仅含一个辅音"的代词词根包括"k-（谁）、č（什么）、

---

① 此词仅以双数形式出现，三辅音词根为构拟形式。（参见 Brown, Driver & Briggs 1907: 1029）

t-（那）、s'-（这）、j-（他）"（Trubetzkoy 1934: 17）。

我们须注意他所说的"仅含一个辅音"的成分是"词根"而不是"词"。词根 k-、ĉ- 在词层面上对应 кто /kto/（谁）、что /ṣto/（什么）。由于 то /to/（那个）本身就是个词，把 k-、ĉ- 视为词根并不难理解。而从 то（以及 тот）当中，亦可析出词根 t-。至于 j-，是 его /jiˈvo/（他，属格、宾格）、ему /jiˈmu/（他，与格）、им（他，工具格）等代词形式的词根，源于古斯拉夫语 *jь（Vasmer 1953: 472），今与 он（他，主格）系列形成异干互补。最后还有 s'-，是今已不常用的 сей /sʲej/（这）的词根，也见于 сегодня（今天）一词里第一个语素中。

这条规则在《俄语的词法音系学系统》里的提法改成了"仅有一个辅音构成的词根非常少，基本上限于代词词根"（Trubetzkoy 1934: 17，原文无着重号），因为他发现了一个仅由单个辅音构成的名词词根 ṣ（词层面为 щи /ɕi/ ["白菜汤"，名词词根 + 复数后缀 и]）。

《词法音系学思考》一文里还提到，"俄语中，名词词根语素和代词词根语素必须显示出以辅音结尾"（Trubetzkoy 1931b: 162），同样未给出例子。这一规则对于名词词根来说问题不大，但对于代词词根来说较为费解，因为许多人称代词显然不是以辅音结尾的。也是在《俄语的词法音系学系统》一书中，他以脚注形式承认，я /ja/（我）、ты /tɨ/（你）、мы /mɨ/（我们）、вы /vɨ/（你们）是这条规则中的"明显例外"，但仍认为可把后三者的首辅音视作"词根"。（Trubetzkoy 1934: 17n14）这一解释似乎有些牵强，因为 ы 显然并不是个语素。至于 я，他只好求助于"语言意识"，认为这个词"在语言意识里既没有词缀，也没有词根"。

引入"语言意识"这个心理因素可使对 ты、мы、вы 的解释稍显合理，因为这几个词之间的"形似"无疑加强了"首辅音 + ы"之解释的"可信性"，虽然这"可信性"的背后并无真正的词源证据支持。但总的来说，代词作为封闭词类，词的数量并不大。出现如此之多的"例外"，似乎已表明这条规则构建得并不算成功。

（2）对语素在语素组合中发生的组合性音变的研究

特鲁别茨柯依（Trubetzkoy 1929d）提到，词法音位在具体语言中的数量通常不多，出现的位置也受到严格限制。词法音位的典型位置之一，位于两语素相交的位置，即所谓"内部连接音变"位置。"连接音变"（sandhi）是古印度语法学家描述发生在词界和语素界位置上的音变的术语，词与词之间构成短语或复合词时的连接音变称作"外部连接音变"，词内部词根与词缀间的连接音变称作"内部连接音变"。例如，以 -c /tɕ/、-j /dʑ/ 结尾的梵语动词词根，加 -ta 构成过去分词时，-c、-j 要变成 -k：

sic（倾洒）+ ta = sikta
yuj（准备）+ ta = yukta
tyaj（放弃）+ ta = tyakta

（罗世方 1990: 271）

特鲁别茨柯依在《俄语的词法音系学系统》中列出了俄语的十余种连接音变，观察这些音变我们会发现，除了音的增删之外，有一类与梵语不同的情况值得注意，这类情况与音位的"中和"有关。例如，рыба /ˈriba/（鱼）一词的词根 рыб- 接指小后缀 -ка 时发生音变。所构成的рыбка（小鱼）一词从正字法角度来看，并无特别之处。但从语音学角度来看，清辅音引发的同化过程十分明显：此词的读音是 [ˈrɨpka] 而非 *[ˈrɨbka]。而从词法音系学角度来看，这之中涉及的"内部连接音变"，使塞音在词根末尾发生浊声性特征的中和，特鲁别茨柯依因而将这个塞音标注为超音位 /P/（Trubetzkoy 1934: 21）。另一方面，рыбка的读音也不是 *[ˈrɨbga]，这之中的奥妙，他已在《莫尔多瓦语音系系统与俄语音系系统之比较》中阐明："音位的某一音系成分的丧失（或中和），在俄语里因下一个音位的影响而发生，而在莫尔多瓦语里却因上一个音位（或"零音位"）的影响而发生。"（Trubetzkoy 1932: 22）他因而称前者为"顺行方向"的语音规则，称后者为"逆行方向"的语音规则。因为俄语中的这类规则除了发生于词内部之外，也发生于语素组合中的语素界位置，所以应纳入词法音系学。

（3）对发挥词法功能的音变系列的研究

《词法音系学思考》中所说的"音变系列"（Lautwechselreihe），大致相当于传统上所说的"交替"。但在《俄语的词法音系学系统》中，特鲁别茨柯依对语素的"变换"（Wechsel）和"变更"（Änderung）做了区别。

语素变换（Morphemwechsel）被特鲁别茨柯依定义为"相同的词根语素有时与这一后缀语素组合，有时与另一后缀语素组合"的情况，而语素变更（Morphemänderung）被定义为"语素的语音内容（Lautgestalt）的变化"。（Trubetzkoy 1934: 20）从他所举的例子来看，语素变换如词根рыб-（鱼）既可接后缀-a构成рыба /ˈribɑ/（鱼，主格单数），也可接后缀-ы构成рыбы /ˈribɨ/（鱼，属格单数/主格复数），但词根本身并无任何语音变化。与之不同的是，这个词根接-е构成рыбе /ˈribʲi/（鱼，与格单数）时，词根由 /ˈrib/ 变成了 /ˈribʲ/，词根末音呈现出非腭化的音位/b/与腭化的音位/bʲ/之区别，由此形成语素变更。

因此，词根自身是否出现音位变化，是这两种音变的关键区别。[①] 此外他还指出，许多时候，语素变换和语素变更同时发挥作用，如нога /naˈga/（脚，主格单数）—ногу /ˈnogu/（脚，宾格单数），这一对立中既有词根本身的变化，也涉及所接的不同后缀。

特鲁别茨柯依把对语素变更的类型和范围的研究，视为俄语词法音系学的主要任务。这部分因而占《俄语的词法音系学系统》一书近八成的篇幅。而语素变更还可以继续细分为两类，一类是"组合性语素变更"，一类是"自由性语素变更"。前者我们刚才已论述过；后者是狭义上的"交替"（Alternation），是不涉及语素组合的变更。对俄语"自由性

[①] 从这组术语中的两个德语词本身的词义来看，Änderung也是变化幅度大于Wechsel，前者如观点的转变、时代的变革等，后者如更换车胎、兑换外币等。

语素变更"的详细描写是《俄语的词法音系学系统》中篇幅最长的部分。

这是否意味着词法音系学研究已倒退回了旧式的交替研究？此问题的答案是否定的。特鲁别茨柯依论述俄语的元音交替、辅音交替以及 /j：i/ 所代表的跨元音和辅音的交替，借助的不是旧式的历时视角，是从"相关关系类交替""析取关系类交替""弱化交替"三种音系类型的角度展开的。我们从书中每个类别里各取一组例子，简要总结如表 7-3。

表 7-3 《俄语的词法音系学系统》交替例析

		元音交替	辅音交替
相关关系类	例词	остряк /aˑstrʲak/ （爱说笑者，主格单数） остряка /astrʲiˑka/ （爱说笑者，属格单数）	зубы /ˈzubi/ （牙齿，主格复数） зубья /ˈzubʲjə/ （锯齿，主格复数）
	词法音位说明	重音分布差异导致的 /a/∶/i/ 交替（"有重音"和"无重音"是相关关系）	非腭化辅音（硬辅音）和腭化辅音（软辅音）呈相关关系。
析取关系类	例词	чёрт /tɕort/ （魔鬼，主格单数） черти /ˈtɕertʲi/ （魔鬼，主格复数）	долгий /ˈdolgʲij/ （长，形容词） долгота /dəlgaˑta/ （经度、昼长，科技名词）
	词法音位说明	/a, o, u, e, i/ 是俄语的 5 个元音音位，任取其中 2 个，呈析取关系。	呈现交替的 /j/ 和 /t/ 几乎毫无共同点可言，是典型的析取关系。
弱化类	例词	лед /lʲet/ （冰） ледник /lʲidʲnʲik/ （冰河） льдина /ˈlʲdʲinə/ （冰块）	плету /plʲiˑtu/ （编织，现在时第一人称单数） плести /plʲisˑtʲi/ （编织，不定式） плетущий /plʲiˑtuɕij/ （编织，现在分词）
	词法音位说明	弱化位置出现与非弱化位置不同的元音音位，有时可脱落，呈现为"零元音"。	弱化位置出现与非弱化位置不同的辅音音位。
跨元音与辅音	例词	иду /iˑdu/（走，现在时第一人称单数） пойду /pajˑdu/（去往，现在时第一人称单数）	
	词法音位说明	前缀以元音结尾，词根以元音开头，词根首元音融入前缀音节，成为滑音。	

《俄语的词法音系学系统》以具体语言为研究对象，得出的结论自然也是关于具体语言的描写性结论。特鲁别茨柯依的结论包括："各类交替中，相关关系型交替项构成的交替在俄语中占有最重要地位"（Trubetzkoy 1934: 89），"毫无疑问，交替在那些已死的、已无产出性的形式构造类型中格外强势"（同上，90），等等。

如何得出更具普遍性的词法音系学原则？这无疑需要研究各种语言的学者分别为自己所熟悉的语言进行这类词法音系学描写，使之充当未来一般性研究的基础。特鲁别茨柯依撰写《俄语的词法音系学系统》一书的目的，即在于为这类描写做示范。

《词法音系学思考》一文中提到，"语素的语音形式变化不仅在所谓屈折语中（如印欧语言、闪米特语言、东高加索语言等）发挥作用"（Trubetzkoy 1931b: 163），在乌拉尔语系那些典型的黏着语中同样如此。他提到了乌戈尔语言的音长性元音变换的词法运用，但没有给出具体的例子。我们以匈牙利语为例，可发现音长交替广泛存在于不同词类的多种词法功能中，例如：

名词alma（苹果）：alma（主格单数）—almák（主格复数）—almát（宾格单数）
动词tanulni（学习）：tanultak（复数第三人称不定指）—tanulták（复数第三人称定指）
形容词fekete（黑）：fekete（原级）—feketébb（比较级）[①]

显然，特鲁别茨柯依已敏锐地觉察到了词法音系学研究在语言类型学方面的价值。如能对更多的具体语言做词法音系统的描写必然能够直观地揭示出，19世纪初的早期学者所做的"孤立""黏着""屈折"等

---

① 字母上方的锐音符"ˊ"在匈牙利语正字法中表示长音。例词取自顾宗英、龚坤余（1989）。

划分是笼统而不精确的。

关于词法音系学的话题在《音系学原理》中基本未涉及，冈蒂诺和巴尔塔克斯因此都把《词法音系学思考》这篇短文收作附录以弥补缺憾。音系学史的研究者们相信，关于词法音系学的话题"原本打算跟另外一些话题一道，在计划中的第二卷里论述"（安德森2015: 181, Anderson 2021: 132；另见Fischer-Jørgensen 1975, Vachek 1966）。遗憾的是，特鲁别茨柯依的骤然离世，使他关于词法音系学的一般性思考仅有前述两篇短文（Trubetzkoy 1929d, 1931b）存世，词法音系学因而有"特鲁别茨柯依的孤儿"之称（Singh 1996）。不过，在关于具体语言的词法音系学分析方面，特鲁别茨柯依（Trubetzkoy 1929b, 1934）显然已做过了深入的研究。他在这一领域的贡献从未被忽视过。（参见Stankiewicz 1976b, Patri 2002）词法音系学是否够得上与音系学和词法学相平行的语言学分支学科？这一问题如今已可做否定回答。尤其在生成音系学兴起之后，词法音系学的许多问题其实已融入一般意义上的音系学研究（参见Jakobson 1968: 13-14），不过这也恰好反映出把音系学思想融入词法研究的必要性。

7.4 国际人工辅助语的音系设计原则

7.4.1 特鲁别茨柯依与国际人工辅助语？

特鲁别茨柯依的音系学著作中，《人工国际辅助语的语音系统应当如何构建？》（Wie Soll das Lautsystem einer Künstlichen Internationalen Hilfssprache Beschaffen Sein？）颇为特别。他的绝大多数著作都是归纳性的，无论得出何种结论，皆以丰富而坚实的客观音系事实为基础。然而这篇刊于《布拉格语言学小组文集》第8卷的嗣后作却带有明显的演绎色彩，为国际人工辅助语的语音系统设计提出了一些先验式的建议。

19世纪末、20世纪初，国际人工辅助语运动曾在欧洲掀起高潮，吸引了大量追随者的沃拉普克语（1879）、世界语（1887）、中立语（1902）、无屈折拉丁语（1903）、伊多语（1907）等皆是这一时期的产物。这一热潮因一战的爆发而被打断。一战后，热心人士对国际人工辅助语的兴趣再度兴起，但受关注的程度已远不及战前。这一时期虽然仍不时出现新的国际人工辅助语方案，如西方语（1922）、诺维亚语（1928）、世界语第二式（1937）等，但没有一种能够达到沃拉普克语或世界语那样的影响力，直至二战将这一进程再度打断。

我们须承认，特鲁别茨柯依撰写此文的30年代末，早已不是国际人工辅助语的热潮期。而且作为语言学家，他并未像叶斯柏森、萨丕尔等人那样积极投身于这一运动。他本人并未在这一领域发表过其他著作，与雅柯布森持续18年的通信似乎也从未触及这一话题。那么，这篇"孤文"的意义何在？回答这一问题，我们首先须审视他所描述的"理想设计"。

7.4.2 "理想状态"的国际人工辅助语音系

《人工国际辅助语的语音系统应当如何构建？》所描述的语音系统中，音位仅有16个，包括5个单元音、2个二合元音、9个辅音，数量不仅远少于常用的自然语言，也少于那些影响力较强的国际人工辅助语。例如，沃拉普克语有26个音位（8个单元音，18个辅音[①]），世界语和伊多语有26个音位（5个单元音，21个辅音），诺维亚语有23个音位（5个单元音，18个辅音）。

5个单元音音位分别是a、e、i、o、u，这个数量并不出乎我们的意料，因为这5个元音显然是世界语言中最具普遍性的元音，故而"差不多所有民族都发得出来"。（Trubetzkoy 1939c: 8）实际上，此前世界语等辅助语言大多也是这样处理的。与之相反，沃拉普克语中多出的圆唇前元音ö /ø/和ü /y/，以及闭音e /e/和开音ä /ɛ/之别，向来是众矢之的，极少被后来的其他国际人工辅助语方案所采纳[②]。我们若以特鲁别茨柯依常用的那

[①] 沃拉普克语字母表共有27个字母，此处未把x所代表的/ks/算作音位，因此是26个。

[②] 华尔（Edgar de Wahl, 1867—1948）设计的西方语（Occidental），早期曾有过/ø/和/y/（Janotta 1929: 152），但后来也被放弃（Occidental-Union 1945: 50）。

种图示来表示，会看到他所主张的这5个元音呈现出的是标准的三阶"三角系统"，如图7-1所示。

$$\begin{matrix} & a & \\ o & & e \\ u & & i \end{matrix}$$

图7-1　特鲁别茨柯依国际人工辅助语方案的三阶三角元音系统

此外，系统里还有ai和au两个二合元音。二者达到了《音系描写指南》中"规则5""规则6""规则7"的要求，符合"把语音组合判定为单音位"的条件。

真正令我们意外的，是特鲁别茨柯依所允许的辅音音位数量非常少，仅有9个。以我们今日通行的方式来呈现这9个辅音，如表7-4所示。

表7-4　特鲁别茨柯依国际人工辅助语方案的辅音系统

	双唇	齿龈	软腭
塞音	p	t	k
鼻音	m	n	
擦音		s	
通音		j	w
流音		l	

为何采取如此"贫瘠"的辅音系统？我们可从《人工国际辅助语的语音系统应当如何构建？》一文中找到缘由。

特鲁别茨柯依反复强调的一点，是国际人工辅助语的语音系统中不能有"不可逾越的困难"（unüberwindliche Schwierigkeit）："力求真正在国际上使用的人工语言，其语音系统绝不能在这世界上的任何民族面前展现出不可逾越的困难。"（Trubetzkoy 1939c: 5）因此，设计国际人工辅助语的语音系统，就成了在世界各语言之间取最大公约数的过程。一些音由于"普遍性"不够，因而未被他纳入国际人工辅助语音位清单。图

7-1里没有/ø/、/y/之类的元音，正是出于这样的考量。

"任何民族"显然是个过于理想化的不现实提法，他因而立刻对此做了限定：国际人工辅助语的设计中应优先考虑的，是人口数量达到一定规模，拥有可观的文明与文化，且具有国际交流需求的民族。所以他补充道，必须考虑的其实是"异域文明民族（exortischer Kulturvölker）以及较大的殖民地民族（größerer Kolonialvölker）的利益"（同上）。我们不难推断，在30年代末的世界版图中，前者包括中国、日本、泰国等，后者包括英属马来亚、荷属东印度等，而这两个类别里必然都会涵盖印度、波斯、阿拉伯世界。

然而，在辅音问题上，即使是将关注点缩小至上述两类民族，仍会发现这"最大公约数"很不容易取。为此，特鲁别茨柯依采用的是"最简原则"，即摒弃一切有"不可逾越的困难"之风险的辅音。例如，虽然6个塞音音位的系统十分普遍，在欧洲主要语言和上述两类非欧洲语言中皆如此，但是塞音对立的方式却各不相同。例如，英语、日语中是浊塞音与送气清塞音的对立，法语、俄语、马来语中是浊塞音与不送气清塞音的对立，汉语大部分方言中（北方话、粤语、客家话等）是送气清塞音和不送气清塞音的对立。

特鲁别茨柯依（Trubetzkoy 1939c）采用的处理方式，是把塞音的"发音部位"作为音系性对立保留下来，其他对立一律取消，允许不同民族依照自己习惯的塞音发音方式，在浊音、不送气清音或送气清音当中做出非音系性的选择。由此，理想的国际辅助语的音位清单中就只剩下了/p/、/t/、/k/这三个塞音，之所以选择这三个，而不是浊音版本或腭化版本，是因为这三个塞音是无标记的。如果有的民族选择将其发成浊音，那么[b]、[d]、[g]显然不具备音系性，可理解为自由变体。这样的设计中，无论[p：b]、[p：pʰ]还是[pʰ：b]，都不具备语义区别功能。

而擦音的处理则更加激进，只有一个"最具普遍性"的擦音得到了认可，即/s/。我们固然承认双唇、齿间、卷舌、腭（无论硬腭还是软腭）等部位的擦音不够具有普遍性，但是连/f/、/h/之类的擦音也一并摒弃的思路实在有矫枉过正之嫌疑。摒弃/f/是因为这个音对说日语者造成了潜在的"不可逾越困难",摒弃/h/是因为这个音对说法语、意大利语者造成了潜在的"不可逾越困难"。此外,这种"理想系统"里同样没有设置塞擦音音位。于是,许多原本很常见的擦音或塞擦音,在这一系统皆遭摒弃,辅音音位的数量因而大幅减少。

"理想"国际辅助语在韵律特征方面,无论元音还是辅音皆无长短音之对立。重音皆位于词首音节,重音位置因而不具备语义区别功能。区别词义的声调特征同样不存在。

音位组合规律方面的限制也很多。CV结构的音节占绝对优势,词首和词末没有辅音丛,以/-n/结尾的音节是唯一一种可位于词末的闭音节。即使是词中部跨音节的辅音组合,也仅限mp、nd、nk、ns、mw、nj、nl。上述规则已使音节数量极大削减,然而特鲁别茨柯依还建议删除［ki］、［ti］之类的CV型音节,理由是中国人很难发出前者,日本人很难发出后者,这类音节因而也被认为具有造成"不可逾越的困难"之风险。(见8.6的详细论述)

特鲁别茨柯依提出的建议中还涉及功能负载问题。例如,虽然/i/:/e/之对立非常普遍,但他指出这两个音在听觉效果上的相似性可能引发交际中的误解风险(后元音方面,/u/:/o/之对立同理),因而建议"u-o、i-e之对立不应承担过强的功能负载"(同上,9),不宜设计太多以这两组对立为区别的词对。

特鲁别茨柯依提出的上述建议,从音位到韵律特征,再到音位组合规则与功能负载,已覆盖了音系系统的方方面面,因此可视为《音系学原理》中的基本理念的一次全面实践。不过我们需思考,这些建议在国际人工辅助语的语音系统设计中,是否真的具有实践意义?

7.4.3 反思"理想状态"

依照上述建议而构筑起来的国际人工辅助语语音系统,将会有哪些优点和缺点?

第 7 章　超越音系本体：音系学理论的应用　　197

　　优点之一必然是特鲁别茨柯依反复强调的对"不可逾越的困难"的回避。例如，法国人不必担心该语言有自己不习惯发的词首 /h/ 音，英国人不必担心自己发不出来的元音 /ø/ 和 /y/，而所有欧洲人都不必对词声调感到疑惑，至于中国人和日本人，同样不必担心词首或词尾的辅音丛发不准确。这一片"和谐"场景是否意味着人们可就此告别外语学习中的种种困难？

　　很遗憾，答案恐怕是否定的。音位的稀少，音节结构的简单，常造成音节数量的增加。我们从日语中那些欧美词源的外来词（片假名词）里看到，英语词在经历了日语的"本族化改造"（nativization）之后，音节数量常会增至两到三倍①。例如，马来西亚音乐人黄明志为东京奥运创作的歌曲《東京盆踊り Tokyo Bon》（2020）的副歌及口白里共使用了 27 个源于英语的日语外来词（含 5 个专有名词），其中仅有 3 个词没有发生音节数量变化：Seven Eleven > Sebun Elebun（セブン-イレブン），hamburger > hanbāgā（ハンバーガー），coffee > kōhī（コーヒー）。在发生音节数量增加的词中，有 9 个词的音节数量增至原英语词的两倍，有 4 个词的音节数量增至原英语词的三倍，如：

单音节变为双音节：
　　beer > bīru（ビール）
　　cake > kēki（ケーキ）

单音节变为三音节：
　　milk > miruku（ミルク）
　　golf > gorufu（ゴルフ）

————————

　　① 这 27 个词里仅有 1 例发生了音节的减少：convenience store > konbini（便利商店，四音节变三音节）。不过，这显然是词汇截短（clipping）的产物，即叶斯柏森所说的"树桩词"（见 Jespersen 1922: 169-171）而非真正的音节减少。

双音节变为更多音节：

  sandwich > sandowitchi（サンドウィッチ）
  ice-cream > aisukurimu（アイスクリーム）[①]

  之所以发生这样的变化（元音插入、音节增加），正是因为日语的音节结构非常接近特鲁别茨柯依（Trubetzkoy 1939c）的构想：音节以简单的CV结构为主，唯一允许位于音节末的辅音是/-n/，词首和词末完全不允许出现辅音丛。这一近乎苛刻的要求，使英语单音节词进入日语时音节普遍增多，词的长度随之加长。

  而另一方面，我们观察这些英语词的词源时会注意到，这些英语词历史上未必是单音节词，很多都是由双音节词或多音节词简化而来的，如：

  古北欧语 kaka > 中古英语 cake > cake
  古英语 meoluc > 中古英语 melk > milk
  晚期拉丁语 chrisma > 古法语 cre(s)me > 中古英语 creime > cream

  这些词的演化路径经常是：古英语或其他古代语言非重读音节中的完整元音（如/a/、/e/等），至中古英语时期已完成央音化而成为/ə/；非重读的/ə/继而在早期现代英语中完全脱落，最终使双音节词变为单音节。因此，我们不难想象，假如有一条音系规则，禁止词末位置出现除-n之外的辅音，更不允许出现辅音丛，那么这样的音节数量缩减过程很可能根本无法发生。

  不过，特鲁别茨柯依并未希望国际辅助语的词根像英语那样单音节化。他强调，理想的国际辅助语的词法构造特征是"词根双音节，词缀及语法功能词单音节"（Trubetzkoy 1939c: 21）。这似乎一定程度上打消

  [①] 日语音系中没有下降二合元音音位，aisukurimu中a和i分属两个音节，共含6个音节。

了我们刚才的疑虑。然而，词汇方面还面临另一个更大的挑战，这个挑战是由于辅音音位数量过少而引起的。

　　国际人工辅助语应采用什么样的词汇？特鲁别茨柯依没有直接回答这个问题。但是，我们若从较为成功的几种方案设计来看，以罗曼语言为基础的欧洲共同词汇是必由之路，世界语、中立语、伊多语、西方语、诺维亚语等皆如此。曾经盛行一时的沃拉普克语，在世界语的竞争面前迅速败阵，最重要的原因之一就在于未能采用这样的词汇，造成了学习者巨大的记忆负担。特鲁别茨柯依的方案中，辅音音位数量过少，让设计者很难不对现有词汇做大幅改动。

　　我们从叶斯柏森的《诺维亚语词典》(*Novial Lexike*, 1930) K部抽取几个例子，看看若按照特鲁别茨柯依的语音方案对这些词加以改造，会出现哪些负面效果：

　　——辅音音位减少，使双音节词同音的几率增加了。例如，诺维亚语有kabe（海角）、kafe（咖啡）、kape（头）之分，但特鲁别茨柯依方案不允许浊塞音/b/充当音位，且/f/也因普遍性不足而被摒弃，于是这三个词就都成了*kape，造成了不必要的混淆。

　　——方案中仅允许一个擦音音位，s和任何擦音皆可混淆。例如，kaje（笼子）和kase（钱箱）成了同音词，且只能设计为kase。

　　——方案中仅允许一个流音音位，l和r因而混淆。例如，klase（类别）和krase（尘垢）成了同音词。

　　——不允许词首和词末出现辅音丛，且不允许-n之外的辅音充当词末，这足以使某些既有的单音节词根不得不设计成三音节。例如，klok（……点钟）> *keloke。

　　——方案还要求剔除音节ki，因此，kirke（教堂）一词须做改动，整个kilo-系列（kilograme [公斤]、kilometre [公里]）等都需要改动。改成什么？方案中没有[ç]、[tʃ]之类的擦音或塞擦音可用，更不可能允许krk之类的组合，如果把i改成其他元音，词根就很难辨认了，一旦违背了国际词汇的"易辨认性"原则，就难免重蹈沃拉普克语覆辙。

特鲁别茨柯依关于音系层面那些"不可逾越的困难"的考虑，是希望帮助国际人工辅助语在全球的所有使用者，让他们都能够轻松领会该语言各个音位的区别力，这一出发点无可厚非。然而，这种轻松必然会和国际人工辅助语的词汇设计原则相矛盾。国际人工辅助语的词汇必须以欧洲既有国际词汇为基础，这一点已被19世纪末以来的各种方案所证实。既然这些国际词汇背后天然的音系系统并不像特鲁别茨柯依的人工方案那样简单，简化音系系统原则和采纳国际词汇原则之间就会出现严重冲突，使方案无法真正贯彻。

特鲁别茨柯依终究没能像叶斯柏森那样设计一种自己的国际人工辅助语，否则，我们倒是很想看看他会如何处理上述词汇问题。二战后国际人工辅助语的设计再度被拾起时[1]，我们没有发现哪种方案在执行《人工国际辅助语的语音系统应当如何构建？》里的这些原则。

7.5 小结

音系学是理论，理论无疑可以且应当用来指导实践。音系原则在语音转写、文字改革领域的作用很突出，可惜特鲁别茨柯依未能真正参与到这项工作中。音系原则还可运用于包括方言学在内的语言地理学研究，为这一领域提供新思路。特鲁别茨柯依还把尝试音系学视角用于词法研究中，尝试构建独立于音系学、词法学的词法音系学，研究二者的界面问题。特鲁别茨柯依从音系学视角出发提出的国际人工辅助语的设计提供新思路总体来看并不成功，但仍为我们提供了诸多启示。上述研究使音系学的应用价值突显出来。

---

[1] 最引人瞩目的是1951年诞生的因特语（Interlingua），该语言由国际辅助语协会（IALA）发布，也是一种基于罗曼语词汇而设计的人工语言。

第 8 章
回视东方：特鲁别茨柯依音系学著作中的汉语①

> O wad some Power the giftie gie us
> To see oursels as ithers see us!
>
> Robert Burns, "To A Louse" (1786)

> 哦，哪位神明愿赐我们一项才能，
> 让我们看自己就像别人看我们那样！
>
> ——彭斯，《致虱子》(1786)

8.1 特鲁别茨柯依著作中的北部、中部、南部汉语

特鲁别茨柯依在《当今的音系学》一文中提出，音系学的任务是"探寻对世界一切语言皆有效的音系法则"（Trubetzkoy 1933b: 243），也就是探寻普遍性音系法则。对于探究声调这一韵律特征来说，汉语的重要性不

---

① 本章部分内容曾作为会议论文宣读于：中国高校语音学与音系学教学研讨会（主旨发言，题目《特鲁别茨柯依论欧语声调和汉语声调——兼谈音系学经典著作的翻译》，2022年12月4日，上海外国语大学）；Henry Sweet Society Colloquium 2023（分组发言，题目 The Sources that Misled N. S. Trubetzkoy: Scientific and Unscientific Presentations of Mandarin Chinese Tones in Some Early 20th Century Linguistic Works，2023年9月4日，葡萄牙雷亚尔城，杜罗大学 [UTAD]）；2023语言教学研究前沿论坛（主旨发言，题目《特鲁别茨柯依著作中的汉语音系——兼谈语言学经典著作翻译中的引文查证》，2023年10月29日，郑州轻工业大学）。

言而喻。特鲁别茨柯依曾对自己未能在《论音系性元音系统的普遍理论》一文中使用汉语之例来论述与音高相关的问题而感到遗憾，因而竭力在后来的著作中把汉语也加入讨论之中。不过，他毕竟不是波利万诺夫[①]那种精通汉语的东方学家，这使他对汉语的探讨不得不依赖对其他资源的引述。

他显然已认识到汉语拥有复杂的方言体系，认识到这些方言彼此之间音系结构差异非常大。不过，他无力像专业的汉学家（如Gabelentz 1881等）那样对汉语方言做细致的划分，而是使用了"北部汉语""中部汉语""南部汉语"这些笼统的名称。从他在《音系学原理》以及其他相关著作对汉语的论述来看，他对"北部汉语"的了解主要来自波利万诺夫对北京话及东北话的描写，同时也参照了古恒和高本汉的著作；他对"中部汉语"的了解主要来自龙果夫对湖南湘潭话和湘乡话的研究；而他对"南部汉语"的论述，主要依据琼斯和胡炯堂合著的《粤语语音读本》（*A Cantonese Phonetic Reader*, 1913）中对香港话的描述。此外，作为俄国学者，他还专门论述过北方汉语的一个特殊的境外分支——分布于中亚地区的东干语（Dungan / Дунганский），材料来自波利万诺夫和吉尔吉斯东干族学者杨善新（1909—1999）合著的《东干语正字法问题》（*Вопросы орфографии дунганского языка*, 1937）。

使用二手资源研究语言，有时难免会出现理解上的偏差。本章中，我们将集中思考特鲁别茨柯依的音系学著作中涉及的与汉语相关的问题。

8.2 汉语是区别长短元音的语言？

8.2.1 关于音长与声调的"普遍法则"

特鲁别茨柯依指出，"有些相关关系之组合见于全然不同的语言"（Trubetzkoy 1933c: 243）。若干种相关关系在某一具体语言中相伴而现，

[①] 波利万诺夫（Yevgeny Dmitrievich Polivanov / Евгений Дмитриевич Поливанов, 1891—1938），苏联语言学家，东方语言、中亚语言专家，对汉语、日语及突厥语言有深入研究，翻译了吉尔吉斯史诗《玛纳斯》。大清洗运动中遭处决，1963年平反。

的确是十分普遍的现象。他此前曾在《音系系统》一文中称之为"相关关系束",并列举分析了大量这样的实例。

《当今的音系学》以脚注形式给出了一条更具体的普遍规律作例子:"所有区别上升调和下降调的语言都有长短元音之别。"(Trubetzkoy 1933c: 243n1)他所列出的符合这一规律的语言,包括立陶宛语、塞尔维亚-克罗地亚语、斯洛文尼亚语、古希腊语、汉语、暹罗语。这些语言的确"全然不同",既有古代语言也有现代语言,既有印欧语系的斯拉夫语言、波罗的语言,又有与之既不同源也无语言联盟关系的远东语言,但这些语言的共同的特征是都拥有声调。不过,这些语言中都存在由声调相关关系和音长相关关系构成的相关关系束吗?

古希腊语存在"锐调""折调""钝调"三种词声调,古典语文学家因而发明了标注在元音上方的调号以示区别,三种调的分布与元音音长及重音位置密切关联。立陶宛语和塞尔维亚-克罗地亚语则是把重读音节元音的声调区别保存至今的典型,斯洛文尼亚语的部分方言中也存在这样的声调。(见5.3.3)关于这些语言的声调和音长之间的关系,他在《论音系性元音系统的普遍理论》一文中已论述过。而暹罗语(今称泰语)作为典型的侗台语言,同时拥有极为发达的声调区别和长短元音区别。(见Tingsabadh & Abramson 1999: 148-149)上述语言作为例子都没有明显问题。然而,把汉语用作这方面的例子,一定会让所有熟悉汉语的人感到疑惑,因为一方面声调在汉语中的音系功能众人皆知,而另一方面汉语音系中并无长短元音的音系性对立。

8.2.2 长音节核与音长-声调相关关系束

我们可尝试猜测,特鲁别茨柯依关于汉语的这一结论是否基于粤语?[1]答案是否定的。他后来在《音系学原理》中澄清,他关于汉语音长

---

[1] 即使在粤语中,长短元音对立也显得边缘。实验语音学研究证实了元音音长差别在粤语中的存在(参见Bauer & Benedict 1997),但是以实用的初阶交际为目的的粤语教材,其编写者往往选择对这一问题避而不谈(如邓少君等c.2005,广州话;郑定欧等2014,香港话),这表明音长差异并不是粤语学习者第一时间必须严格掌握的重要语音区别,一定程度上佐证了此特征的边缘性。

的论断其实是基于北方话的：

> 北方汉语中区别长音节和短音节：短音节要么高，要么低；长音节要么带有较高的尾部（Schlußteil），要么带有较低的尾部；而在这一问题上，单元音和二合元音不仅在长音节里处理方式相同，在短音节里亦是如此。
>
> （Trubetzkoy 1939a: 172）

此处所说的"长音节"指带有"长音节核"的音节，特鲁别茨柯依把这样的长音节分为5类（见5.3.2），汉语所在的这一类中，"长音节核在音系上区别两种声调模式"；他同时强调，对于这类语言来说，声调模式的语音学特性不重要，重要的是"长的音节核的开头和结尾在韵律上有区别"。（Trubetzkoy 1939a: 172）

总结上述论述我们可概括，特鲁别茨柯依认为汉语北方话的四个声调中，有两个声调是长的，另外两个声调是短的，而长声调内部和短声调内部又各自区分出两种调。由此，四种声调被"化简"为两组对立。显然，这一思路非常不符合汉语母语者的习惯思维。但是，我们应当思考，他为何会得出这样的结论？

这条结论的源头，是他曾在《论音系性元音系统的普遍理论》一文中提出的一条连锁式的音系普遍规律："声调意象预示强度意象之存在，强度意象预示自有音高意象之存在，自有音高意象预示饱和度意象之存在。"（Trubetzkoy 1929a: 44）倒着看，这三点之间构成的是逐阶上升式的类型学逻辑链条：

（3）元音有高低之区别，才有前后之区别（通俗说：某一语言如果有音系性的 /i : u/ 之对立，就一定还有 a 这个音位）；

（2）元音有前与后之区别，音节才有强与弱之区别（通俗说：有音系性音长对立或重音对立的语言，至少有 i、u、a 三个音位）；

第 8 章　回视东方：特鲁别茨柯依音系学著作中的汉语　　205

（1）有音长对立或重音对立的语言，才有声调对立。

从他对元音的分析来看，该规律中的前两点是成立的。《论音系性元音系统的普遍理论》一文第3节证实了"自有音高意象预示饱和度意象之存在"，第4节证实了"强度意象预示自有音高意象之存在"。那么，第（1）点是否也成立？他在该文第6节中坦言，"研究声调意象在音系性元音系统之构建中所发挥的作用，需要参照东亚语言和非洲语言，而我对二者极其缺乏了解。"（同上，61）因此，他在该文中对这一问题的论述，仅局限于拥有音高重音的那几种印欧语（包括古希腊语以及现代立陶宛语、塞尔维亚-克罗地亚语、斯洛文尼亚语等）。

特鲁别茨柯依起初对"声调意象预示强度意象之存在"这一论断并不放心，原因很明显——他对汉语等重要的声调语言并无直接研究。他在1929年3月28日写给雅柯布森的信中表现出了这种担忧：

> 没有音系性的音长对立就不可能有音系性的乐重音，关于这一点，我开始怀疑了。我从没研究过汉语，也从没读过高本汉。但是，从芬克①的《语言结构的主要类型》（*Die Haupttypen des Sprachbaus*）这本书里转写的少量汉语文本来判断，音长差异在汉语中不是音系性的。长元音出现于开音节或是"幅度上（амплитудой）不大的二合元音"内部（āo̯、oō̯、o̯u、e̯i），短元音——出现于以 n 或 ŋ 结尾的组合中以及"幅度大的二合元音"中（au、ai、ui、üe̯、uo̯、ie̯）。开音节里的短元音非常罕见，并且始终出现于"不独立的"词里（如 i "一"，不定冠词；ši "是"；somo "什么"）或是半后缀里（-ti "形容词后缀"；la "动作完成标记"）；此外，芬克完全没记下这些话的

---

① 芬克（Franz Nikolaus Finck, 1867—1910），德国语文学家，深入研究过爱尔兰盖尔语（阿伦群岛方言）以及高加索地区的亚美尼亚语，出版了《阿伦方言——西爱尔兰研究论》（*Die araner Mundart: Ein Beitrag zur Erforschung des Westirischen*, 1899）、《现代东亚美尼亚文学语言教程》（*Lehrbuch der neuostarmenischen Litteratur-Sprache*, 1902）等著作。

语调，这些话脱离了语调……这东西很值得研究的……

（Trubetzkoy 1975: 120 / 2006: 153）

芬克为汉语做的语音转写，有些方面很符合特鲁别茨柯依在《音系描写指南》中批判的那种旧式学者的语言描写方法。他把能够捕捉到的一切语音细节皆记录于纸面（见图8-1），但这些细节未必都是与语义相关的重要特征，因而是“语音描写”而非“音系描写”。特鲁别茨柯依在这一基础上去伪存真，得出“音长差异在汉语中不是音系性的”的判断其实是非常正确的。

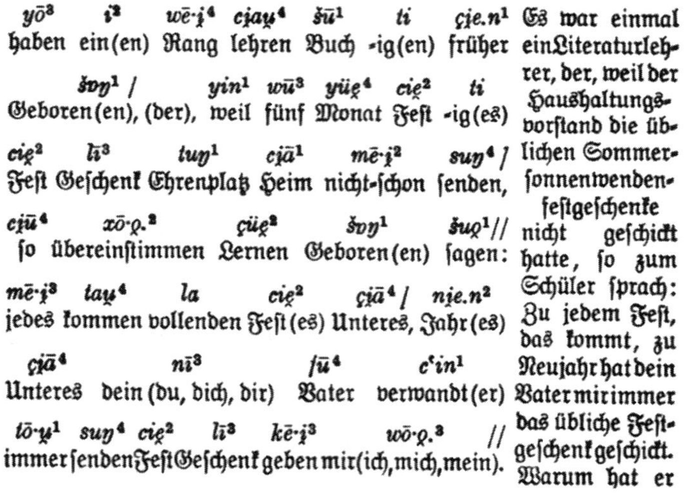
yō³ i³ wē·i̯⁴ ci̯au̯⁴ šū¹ ti çi̯e.n¹
haben ein(en) Rang lehren Buch -ig(en) früher
švŋ¹ / yin¹ wū³ yüę⁴ cię² ti
Geboren(en), (der), weil fünf Monat Fest -ig(es)
cię² lī³ tuŋ¹ ci̯ā¹ mē·i̯² suŋ⁴ /
Fest Geschenk Ehrenplatz Heim nicht-schon senden,
ci̯ū⁴ xō·ǫ.² çüę² švŋ¹ šuǫ¹ //
so übereinstimmen Lernen Geboren(en) sagen:
mē·i̯³ tau̯⁴ la cię² çi̯ā⁴ / ni̯e.n²
jedes kommen vollenden Fest(es) Unteres, Jahr(es)
çi̯ā⁴ nī³ fū⁴ cʻin¹
Unteres dein (du, dich, dir) Vater verwandt(er)
tō·u̯¹ suŋ⁴ cię² lī³ kē·i̯³ wō·ǫ.³ //
immer senden Fest Geschenk geben mir(ich, mich, mein).

Es war einmal ein Literaturlehrer, der, weil der Haushaltungsvorstand die üblichen Sommersonnenwendenfestgeschenke nicht geschickt hatte, so zum Schüler sprach: Zu jedem Fest, das kommt, zu Neujahr hat dein Vater mir immer das übliche Festgeschenk geschickt. Warum hat er

图8-1　芬克《语言结构的主要类型》中转写的汉语语料

（图中汉语语音转写下方是德文逐字对译，右侧窄栏是通顺的德语译文）

“有一位教书的先生，因五月节的节礼东家没送，就和学生说：

‘没到了节下，年下你父亲都送些礼给我。……’”

（Finck 1910: 28）

不过，关于“声调意象预示强度意象之存在”的论断从雅柯布森那里得到的是正面的肯定。雅柯布森在1929年4月6日的回信中指出：

第 8 章 回视东方：特鲁别茨柯依音系学著作中的汉语

您所说的对汉语的疑虑，基本不会撼动您的学说。很明显，音长相关关系在汉语中只是实现得不同而已，似乎被平直声调和不平直声调（ровный-неровный тон）之相关关系替代了。

（Trubetzkoy 1975: 120n4 / 2006: 153n4）

特鲁别茨柯依后来在《音系学原理》的脚注中提到，他关于"北方汉语"的信息来自波利万诺夫的《为东方研究编写的语言学导论》(*Введение в языкознание для востоковедных вузов*, 1928) 以及波利万诺夫和波波夫-塔提瓦[①]合著的《汉语转写指南》(*Пособие по китайской транскрипции*, 1928)[②]。前者中有对东北话声调的描写，后者中有对北京话声调的描写。雅柯布森1929年5月15日再度回信给特鲁别茨柯依时，显然也从波利万诺夫所描写的汉语四声调中得到了重要启示：

很明显，您关于乐调相关关系和音长相关关系之间共存不可分的法则并无例外。汉语区别长元音声调和短元音声调，只不过通常仅描述声调本身，不描述音长，因为长元音和短元音的声调有所不同。例如，短的升调与长的升降调相对，短的降调与长的降升调相对。最异乎寻常的是，汉语诗竟然是纯音长性的……[③]

（Trubetzkoy 1975: 120n4; 2006: 153n4）

波利万诺夫描写的四个声调的长度和轨迹，刚好印证了特鲁别茨柯依和雅柯布森的猜想，特鲁别茨柯依之前的逻辑演绎在此得到了实证证

[①] 波波夫-塔提瓦（Nikolaj Michajlovich Popov-Tativa / Николай Михайлович Попов-Татива, 1883—1937），苏联学者，日本学及汉学专家。大清洗运动中遭处决，1992年平反。

[②] 后者中尤其重要的是题为"汉语（北方官话北京方言）语音特征简论"（Краткая фонетическая характеристика китайского языка [пекинского говора северно-мандаринского наречия]）的部分，这部分由波利万诺夫撰写，此前曾出版过单行本。

[③] 最后这句话2006年法译本漏译。

明。波利万诺夫描写的是"中国奉天(谋克敦)省锦州府[①]方言的乐重音",即锦州东北官话的声调。他做了如下描述:

> 锦州府方言……区别下列 4 种乐调式概念,并且表现出音长特征——即"长"调和"短"调:
> 一声调(对应北京话"平直的"一声调):长的或称加倍的升降调 [ˆ],例如 t'â 他(北京话 t'ā),mâ 妈,等等。
> 二声调:短的或称普通的升调 [´],如 má 麻。
> 三声调:长的或称加倍的降升调 [ˇ],如 mǎ 马。
> 四声调:短的或称普通的降调 [`],如 mà 骂。
> 注意:汉语"声调"归属于两种音长类别:长声调和短声调(中国的术语叫"平仄"),早在中国诗歌技法之经典的形成年代就已经存在,中国诗歌里不仅声调本身交替出现,而且调类也要交替出现,所以汉语诗其实是格律式的(古印度、古希腊、波斯等也是如此)。
>
> (Polivanov 1928: 119)[②]

我们从这段论述中不难发现,波利万诺夫对汉语声调的看法中的优点和缺点都被特鲁别茨柯依继承了过去。波利万诺夫对锦州话声调的描写是准确的,但是他试图将这四种声调归入两种音长的努力似乎只是出自斯拉夫学者的本能。他始终倾向于强调汉语声调和部分斯拉夫语言、波罗的语言的声调之间的同质性,希望能够将汉语声调纳入后者的体系,

---

① "锦州府",波利万诺夫原文为 Цзинь-Чжоу-Фу,并附注汉字"金州府"。这个附注明显错误。金州(今大连市金州区)和大连城区一样位于胶辽官话区,金州话的二声"麻"是个下降的声调而非上升的声调,与波利万诺夫的描述不符。此外,这一时期金州位于"关东州租借地"界内,奉天省并无"金州府"这个建制。由此可推断"金州"是"锦州"之误。

② 引文中的声调符号保持波利万诺夫原文的标注法,未做改动。

第 8 章 回视东方：特鲁别茨柯依音系学著作中的汉语

从而构建起声调模式的普遍性。《为东方研究编写的语言学导论》一书中，紧随上面这段关于汉语声调的论述之后的，就是关于拉脱维亚语声调的论述。他把二者都作为"乐调式音节重音"之例。然而，汉语声调的性质毕竟迥异于这些东欧语言。特鲁别茨柯依认识到了这一差异，但未能完全突破波利万诺夫的框架。

至于雅柯布森的"汉语诗是纯音长性的"这条推论，同样反映了沿这一方向而造成的误解。汉语诗歌中的"仄声"涵盖了上、去、入三个调类，从长度来看，元音及音节长度的最大值（上）和最小值（入）皆出现于"仄声"这个标签下。由此不难理解，对于平仄声调的配合来说，音高必然是比音长更重要的因素。

特鲁别茨柯依在《所谓"音长"在不同语言中的音系学基础》（1938）一文中再次论及声调问题时，由于有了莫拉概念的协助，关于长音和短音的内部结构差异的观点变得更加清晰了：

> "长音"被视为头和尾分开的音位，而"短音"被视为头和尾重合于一点的音位。"长音"的可延长性，只不过是这类音位头尾分离的产物，头尾之间可存在的时长是任意的，而这对于"短音"来说不可能，也正是由于"短音"的头和尾重合于一点。
>
> （Trubetzkoy 1938a: 161）

不过，此观点不仅被他拿来阐释音长本身，而且也为他的声调观充当了基础。长音节核可依此顺次拆分为两个成分（即两个莫拉），前一个莫拉得到突显还是后一个莫拉得到突显，形成了两种具有音系区别的声调轨迹下降和上升。他同时指出，短音节核仅含一个莫拉，无法进行音系性拆分，因而认为其声调轨迹仅有语音学意义，具有音系性的只是较高音高与较低音高本身之别，不具备形成突显或不突显的条件。以此来看，前述波利万诺夫对汉语四声调的分析，我们可做如下总结：

一声：长音节核，第一莫拉突显（锦州话，声调轨迹先升后降）或两莫拉皆不突显（北京话，声调轨迹平直无变化）；

二声：短音节核，音高较高；

三声：长音节核，第二莫拉突显（声调轨迹先降后升）；

四声：短音节核，音高较低。

由此形成的是一个相关关系束，由音长相关关系（长：短）和声调轨迹相关关系（突显：不突显）共同构成。这就是他为何强调，具体的声调轨迹有时只是语音学性的实现形式而已，不一定具有音系重要性。

特鲁别茨柯依对汉语四声调的上述论述是否正确？我们不得不承认，从理论上来看，他的论述有一定道理。然而，这样的论述并不方便。他的这一体系中，音长和声调在相关关系束中充当了同一问题的两面。他之所以强调音长一面，是为了把汉语声调融入他所熟悉的"东欧式"乐重音系统中。很明显，这样的分析并不符合汉语母语者对音调的直觉，因而显得十分笨重。从这一点来看，早年他所强调的"语音意象"以及母语者的集体"语音意识"等因素，其实并不完全错误。

8.2.3 英译本中的一处译法商榷

关于汉语声调，我们还需指出《音系学原理》英译本中的一处不太妥当的译法。前文引述过的"长音节要么带有较高的尾部，要么带有较低的尾部"这句话，我们有必要比较一下德文原书、法译本和英译本的措辞：

德语原文：die längeren (sind) entweder mit hohem Schlußteil oder mit tiefem Schlußteil（长[音节]要么带有较高的尾部，要么带有较低的尾部）（Trubetzkoy 1939a: 172）

法译本：les longues ont leur dernière partie soit aiguë, soit grave（长

[音节]的最后一部分或尖锐，或低沉）(Trubetzkoy 1949: 204)

英译本：the longer syllables are either rising or falling（长音节要么升，要么降）(Trubetzkoy 1969: 175)

名词Schlußteil（尾部）在德语原文中是非常关键的信息，这个词表明了长音节核的可分性，法语译为dernière partie（最后一部分）基本对等。而在英译文中，这一信息完全没有体现出来。德语原文中修饰该名词的形容词是hoch（高，与格hohem）和tief（低，与格tiefem），法译本转译为aiguë（锐）和grave（钝）有一定误差，但把这两个形容词引申为声调的"高"和"低"基本还算妥当。然而，英译本把整个结构处理成了长音节本身的rising（升）和falling（降），与特鲁别茨柯依的真实观点产生了冲突。《所谓"音长"在不同语言中的音系学基础》一文中指出："无论是'降调'跟'升调'对比，'降调'跟'平调'对比，还是'升调'与'平调'对比，这一切从音系学角度看皆不太重要，只对语音学有意义。"(Trubetzkoy 1938a: 161) 换言之，长音的声调轨迹本身是升还是降，在特鲁别茨柯依看来只是语音实现形式；指明双莫拉内部的哪一部分（哪个莫拉）得到了突显，才是具有真正音系性质的描写方式。

8.2.4 来自古恒和高本汉的影响

我们还应思考，特鲁别茨柯依为何坚信"对于'短音节'（二声和四声）来说，音高轨迹与音系不相关"(Trubetzkoy 1938a: 161)。这与他所引述的资料有密切关系。前面我们看到，他对汉语声调的看法主要来自波利万诺夫的论述。不过，在《所谓"音长"在不同语言中的音系学基础》一文中，他还列出了另外两本书。一本是古恒[①]的《汉语白话——

[①] 古恒（Maurice Courant, 1865—1935），法国东方学家，外交官。汉学、日本学专家，法国朝鲜学鼻祖。

北方官话语法》(*La langue chinoise parlée: Grammaire du kwan-hwa septentrional*, 1914)，另一本是他9年前的信中提到的当时尚未读到的高本汉著作——《中国音韵学研究》(*Études sur la phonologie chinoise*, 1915)。古恒和高本汉无疑都在20世纪初最具影响力的汉学家之列。然而，这并不意味着这两部著作中没有瑕疵。

如图8-2所示，古恒以五线谱形式展示了北京话四个声调的音长和音高，对于当时的西方读者来说，可谓非常直观。然而，他的"记谱"中，正确成分和错误成分皆有。

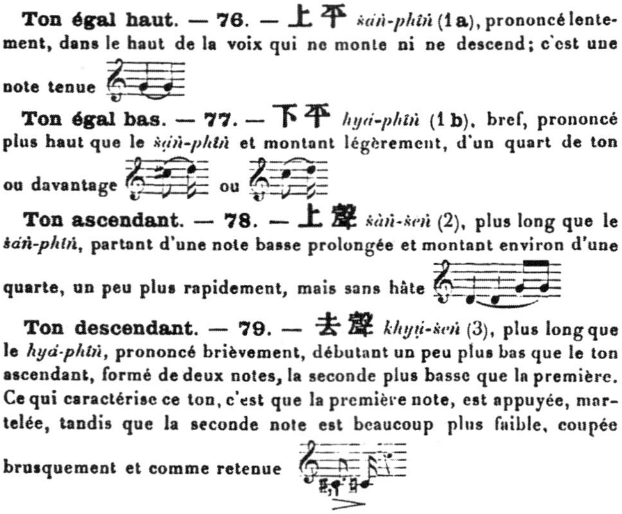

Ton égal haut. — 76. — 上平 *saṅ-phīṅ* (1a), prononcé lentement, dans le haut de la voix qui ne monte ni ne descend; c'est une note tenue

Ton égal bas. — 77. — 下平 *hyá-phīṅ* (1b), bref, prononcé plus haut que le *saṅ-phīṅ* et montant légèrement, d'un quart de ton ou davantage ou

Ton ascendant. — 78. — 上聲 *šaṅ-šeṅ* (2), plus long que le *saṅ-phīṅ*, partant d'une note basse prolongée et montant environ d'une quarte, un peu plus rapidement, mais sans hâte

Ton descendant. — 79. — 去聲 *khyṳ̀-šeṅ* (3), plus long que le *hyá-phīṅ*, prononcé brièvement, débutant un peu plus bas que le ton ascendant, formé de deux notes, la seconde plus basse que la première. Ce qui caractérise ce ton, c'est que la première note, est appuyée, martelée, tandis que la seconde note est beaucoup plus faible, coupée brusquement et comme retenue

图8-2　古恒《汉语白话》中以五线谱形式展示的北京话声调
（阿拉伯数字是该书的节号）
（Courant 1913: 19）

他对音长的标注总体上比较准确。例如，一声用两个四分音符表示，显然比二声、四声长。三声在两个四分音符之外又增加了两个八分音符，这与他所说的"上声比上平（阴平）长"是一致的。二声由一个八分音符加一个十六分音符表示，而四声的八分音符是带符点的，似乎四声比二声略长；但是四声的两音符下方加注了渐弱符号，后面还添了个八分休止符，这就令人怀疑四声是否真的长过二声。因此，他对音长的描写与我们今天所认识的普通话中"上声最长，去声最短"已无太大出入。

然而，古恒对音高的描写问题很多。我们借助他的"五线谱"可看到，他把一声标在C大调sol的位置上，却把二声标注为高音do（或升高音do）向高音re的滑动，这与我们今天所认识的55调和35调的音高关系相比，显得非常夸张。而问题最大的显然是四声，如今我们很清楚，"普通话的去声，降得比较快，音长比较短，读时避免降得不够低，不够快的毛病"（北大中文系2012: 80），因而对古恒标注的四声非常吃惊：两音符竟然是升do和降do的关系，其降调轨迹至多只差一个全音，几乎是平的，全无51调的"俯冲感"。特鲁别茨柯依正是依据这一描写而把四声认定为"平调"。

古恒对音高的描写不准确，自然与他的描写方法有关。他的语音描写采用的基本是旧式语文学的方法，未借助19世纪末兴起的实验语音学手段。他比较相信"耳之所听"，因此对欧洲人较为熟悉的音长把握较为准确，而在欧洲人并不熟悉的音高问题上，暴露出的问题就比较多了。关于四声，对音高感到陌生的欧洲听者把音高的降低误判为强度的渐弱是非常可能的。

与古恒相比，高本汉在《中国音韵学研究》中对声调的描写，的确借助了实验语音学的方法。然而，实验结果中却出现了"二声是降调"的反常结论，如图8-3所示。

语音实验的结果本应客观真实。但是，高本汉的问题出在了发音人的选择上。从书中对发音人的介绍来看，这位发音人的北京话很可能并不标准，因此才造成了如此反常的实验结果。书中提到，这位发音人"在北京出生，在该城市生活到超过20岁，直接来巴黎，没有在中国其他地区居住过。他的家庭是三代北京人。"（Karlgren 1915: 256-257）按说这样的发音人的北京话应当是标准的。但是我们注意到了关于他的另一条信息："他受雇于巴黎附近的Teou-fou kong-sseu。"（同上，256）这家公司尽管准确中文名称已无从考证，但从名称来看显然是一家华人公司。

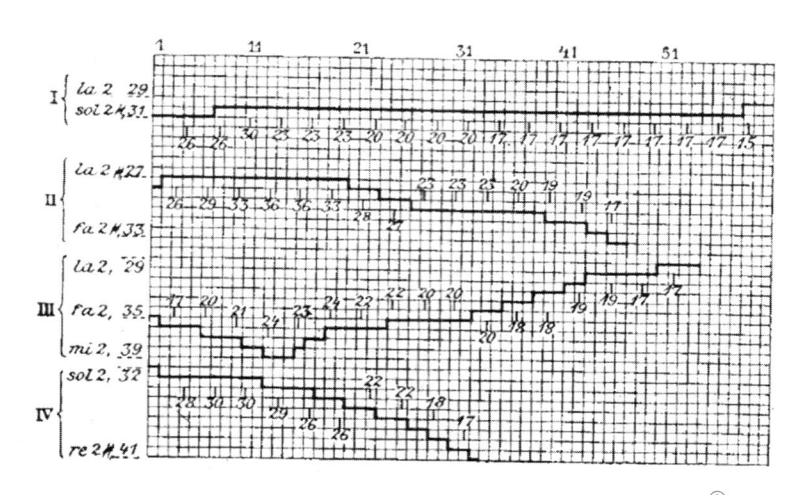

图8-3 高本汉《中国音韵学研究》中的北京话四声调图[①]
(Karlgren 1915: 257)

高本汉没有提及合作时这位发音人的年龄，也没有提到他已在法国生活了多久。假如这位北京人此时已离乡五年、十年乃至更长，在法国的一间满是各地华人的公司工作，每天听着南腔北调的汉语，声调被"带跑"是再自然不过的事情了，而二声（阳平）呈降调的汉语方言并不少见。

而高本汉本人把自己的结论与古恒的著作做对比时[②]，也一定程度上承认了对这一实验结果的怀疑："古恒先生指出，下平调（按：阳平调）是个迅速上升的调。其实该声调的这两个变体在北京都存在，很难确定哪个才应视为最"地道"的。可能那个升调更常见些。"（Karlgren 1915: 259）不过，在《中国音韵学研究》后来的版本中，他没有对此处做改动。

综上可见，特鲁别茨柯依研究汉语声调时依赖的这几种素材当中，

---

① 这部分内容在《中国音韵学研究》中译本（1940）里看不到。译者赵元任、罗常培、李方桂三位先生删除了此部分未译，并在该位置上以译者注形式说明："原书256—259页记载北平声调的实验，因为发音人不是个好代表者，结果（特别是阳平）不能用，所以略去不译。"（高本汉1940: 167n）这个决定很正确。从我国30年代末、40年代初的出版印刷条件来看，花高成本复制一张错误的图显然没有道理。

② 高本汉非常熟悉古恒的《汉语口语》，该书出版伊始就为其撰写了书评（Karlgren 1914），刊于当时非常有影响力的荷兰汉学学术刊物《通报》(T'oung Pao)上。

波利万诺夫的著作只是一部导论教材而已，未对这个话题做太深入的论述；古恒的著作中的语音描写，方法不合理，因此对音高的描写经不住细节推敲；高本汉的著作拥有实验理据，但因未能选用正确的发音人而影响了实验结果的可信性。特鲁别茨柯依关于北方汉语的声调的结论，依赖的正是这些方法上或语料上存在问题的资源，最终导致了偏差。

8.2.5 汉语声调中的多边对立

总体来看，韵律成分是特鲁别茨柯依把音系二元对立观运用得相对顺畅的领域。重音的有与无从最初即被归纳为"最大强度"与"最小强度"的对立，没有中间项，是很明显的双边对立。元音截短对立从音长对立中分离出去之后，短与长被称为点与线的对立，同样实现了二元化。至于音高，他把声调对立阐释为由音长和重音两种强度模式结合成的相关关系束之后，声调也呈现出二元属性。至此，具有普遍性的韵律成分二元对立系统，似乎已经构建起来了。

然而，特鲁别茨柯依发现并不是所有汉语方言都能够被纳入这样的二元化韵律系统，他清醒地意识到，"南方汉语"中存在比波利万诺夫描写的北京话、东北话更为复杂的声调系统。例如，他在《语音学教师》中看到一种汉语方言，拥有高、中、低三种音高域。《音系描写指南》中论述"构峰式莫拉重音语言"和"非构峰式莫拉重音语言"的区别时（二者定义见5.4），他把这种方言用作"非构峰式莫拉重音语言"的例子，与以东欧声调语言以及日语、汉语大多数方言、缅甸语为代表的"构峰式莫拉重音语言"相对立，从而印证"非构峰式莫拉重音的语言"里区分高、中、低三种音高等级的莫拉，而"构峰式莫拉重音语言"永远只区分两种莫拉（有重音莫拉和无重音莫拉）。

《语音学教师》的那篇文章，是周辨明[①]转写的闽南语（厦门话）音

[①] 周辨明（1891—1984），中国语言学家，1949年定居新加坡。主要著作包括《中华国语音声字制》（1923）、《万国通语论》（1933）、《厦语入门》（1949）等。

标样本,包括《伊索寓言·北风和太阳》的闽南语语音转写,以及对厦门话音系的简短介绍。如图8-4所示,周辨明描写的厦门话的8个声调中,可看到水平走向的3种舒声调和1种入声调;在图8-5中的句子里,同样能够看到这些高、中、低的平声调并存的局面。这样的声调格局无疑颠覆了特鲁别茨柯依此前对汉语声调的印象。

图8-4　周辨明描写的闽南语(厦门话)8个声调
(Chiu 1930:39)

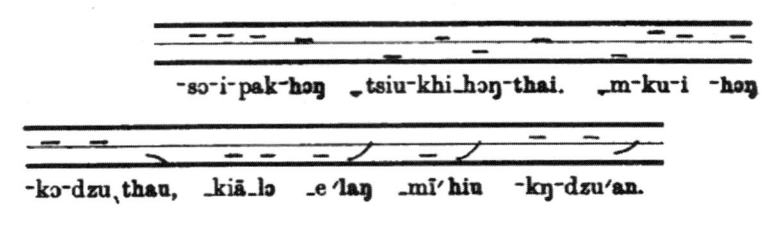

图8-5　周辨明转写的闽南语《北风和太阳》片段(1)
(Chiu 1930:40)

"所以北风就起风飚。毋过伊风顾愈透,行路的人棉猴卷愈绲。"[①]
(所以北风就刮起台风。但是他风弄得越猛,走路的人棉袄就裹得越紧。)

中等高度的平声调在闽南语中的存在,使音高域对立成为一种多边对立。如今的厦门话,与周辨明(1930)的描写已有一定差别。如表8-1所示,最明显的差别是阳上调(图8-4中的第六声)的消失,因而只剩下了两种平声调。不过,在泉州话中,我们仍能看到三种平声调构成的多边对立:阴平(33)、阴上(55)、阳上(22)。

[①] Chiu(1930)仅以国际音标转写。汉字版本及普通话译文为笔者所加。闽南语用字参考周长楫(2006)及在线版"教育部"《台湾闽南语常用词辞典》。下文图8-8同。

表8-1　当今的闽南语厦、泉、漳声调比较

（周长楫2006：引论17）

	平声		上声		去声		入声	
	阴平	阳平	阴上	阳上	阴去	阳去	阴入	阳入
厦门	44	24	53	——	21	22	32	4
泉州	33	24	55	22	41		5	24
漳州	44	13	53	——	21	22	32	121

特鲁别茨柯依对闽南语声调多边对立的印象，又因粤语而得到了加强。《音系学原理》引述了粤语音节fan的6种不同声调，将其作为"三音高域系统"（Dreiregistersystem）之代表。（Trubetzkoy 1939a: 185）他所依据的是琼斯和胡炯堂对香港话的描写，图8-6中列举的例词分别是：

阴平（fan^{53}）：分，婚，昏

阴上（fan^{35}）：粉

阴去（fan^{33}）：瞓，粪，训

阳平（fan^{21}）：焚，坟

阳上（fan^{13}）：奋，愤

阳去（fan^{22}）：份

琼斯和胡炯堂对粤语的描写里没有闽南语那样的三种平声调。[①]但是，中等音高虽不参与三种音高域的构建，但却参加了音高轨迹的构建。在这样的声调系统里，中等音高作为"高"和"低"之外的第三种音高，扮演重要的角色，否则既无法区别两种上升轨迹的声调（阴上[35]、阳上[13]），也无法区别两种下降轨迹的声调（阴平[53]、阳平[21]）。

[①] 琼斯和胡炯堂（Jones & Woo 1913）描写的粤语是香港话。三种平声调的多边对立在广州话中存在：阴平（55），阴去（33），阳去（22）。（参见白宛如1998：引论5）

```
`fan,  divide, marriage, twilight.
´fan,  powder.
-fan,  sleep, manure, teach.
ˌfan,  burn, grave.
ˏfan,  courageous, angry.
˗fan,  duty.
```

图 8-6　琼斯和胡炯堂描写的粤语 6 种舒声调

（Jones & Woo 1913: 16）

如果说元音的开口度对立和辅音的位置化对立使特鲁别茨柯依放弃了音段成分彻底二元对立化之努力，那么汉语声调中的多边对立问题也在韵律成分方面发挥了类似的作用。这一点，在《音系描写指南》和《音系学原理》中都有所表现。因此，韵律成分在特鲁别茨柯依的音系对立系统里最终也未能成为彻底的二元对立。

8.3　浊塞音声母与塞音三分

特鲁别茨柯依在《音系学原理》中多次提到汉语的 Siang-tang 方言，还提到一次 Siang-siang 方言，他以夹注说明该方言分布于 Provinz Honang，并将二者作为汉语中部方言的代表。Honang 是个很明显的误拼（书中另有一处印成了更错误的 Hanang），法译本译者冈蒂诺未发现这个错误，将其全部照抄；英译本译者巴尔塔克斯注意到了这个地名的反常，将其订正为 Honan。然而，观察书中对 Siang-tang 方言音系的描述，我们一定会发现这个 Honan(g) 不可能是"河南"。Siang-tang 方言中呈现出塞音三分（声母除不送气清塞音、送气清塞音之外，另有浊塞音），还存在鼻化元音音位。这些显然不是中原官话的特征，而是湘语的特征。Honang 或 Hanang 实为 Hunan（湖南）之误，Siang-tang 是"湘潭"，Siang-siang 是"湘乡"。

第 8 章　回视东方：特鲁别茨柯依音系学著作中的汉语　　　219

《音系学原理》中关于湘潭话和湘乡话的资料，引自苏联汉学家龙果夫夫妇（Alexander Dragunov / Александр Александрович Драгунов, 1900—1955；E. N. Dragunova / Екатерина Николаевна Драгунова, 1901—1964）合写并发表于《苏联科学院学报》上的《论中国中部方言的拉丁化》（К латинизации диалектов центрального китая, 1932）一文①。龙果夫的俄文原文中"湖南"拼作Хунань，并无拼写错误。文中为湘潭话和湘乡话各列出了一份声母表（表中含少量"潜在的浊咝音"[потенциально звонкие спиранты]，用斜体表示，可理解为音位变体），如图8-7所示。

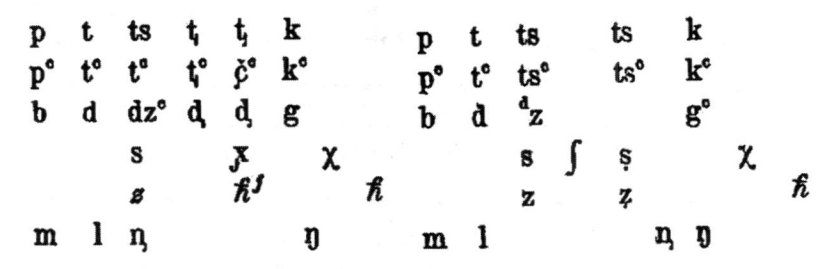

图 8-7　龙果夫描写的湘潭话声母（左）和湘乡话声母（右）②
（Dragunov & Dragunova 1932: 241, 244）

特鲁别茨柯依正是基于龙果夫的上述描写，把湘潭话用作"具有两种第二级除阻方式相关关系的语言"之例（关于第二级除阻方式的分类，见4.4.2）。具体来说，就是同时涉及"浊声参与性相关关系"（浊：清）和"送气相关关系"（送气：不送气），也就是我们平时所说的"塞音三分"（含塞擦音），如 /p : pʰ : b/ = /t : tʰ : d/ = /ts : tsʰ : dz/ = /k : kʰ : g/ 等。这解释了特鲁别茨柯依为何如此重视这两种湘语方言，将其归类为独特的"中部汉语"，因为这样的"塞音三分"在他经常能够从文献中接

---

①　这篇文章曾由曾毓美译成中文。遗憾的是，这篇原文31页的文章，《古汉语研究》1995年增刊仅刊出了开头的四个段落的中译文。

②　左侧图第三列第二行的 t°（/tʰ/）很明显是排印错误，应为 ts°（/tsʰ/）。

触到的"北方汉语"(北京话、东北话、东干语)和"南方汉语"(粤语)里确实不存在。

然而在汉语七大方言中,塞音三分并不是湘方言的专利。吴方言和闽方言也都是塞音三分的典型。特鲁别茨柯依似乎从未接触到吴语,因而对这一情况可能并不了解。值得思考的是,他读过周辨明发表在《语音学教师》上的《汉语(厦门方言)》(Chinese [Amoy Dialect], 1930)一文,为何没有注意到闽南语也存在塞音三分现象?我们从周辨明(1930)的转写中再选取一段来观察一下这一问题(见图8-8)。

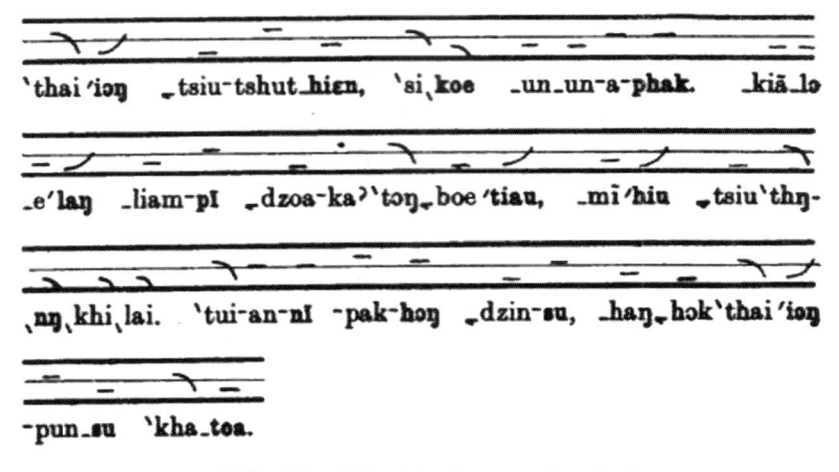

'thai ˌei ˌtsiu-tshut ˌhien, 'si ˌkoe ˍun-un-a-phak. ˍkiã ˌlo

ˍe'laŋ ˍliam-pI ˍdzoa-ka'ˌtoŋˍboeˈtiau, ˍmĩˈhiuˍtsiuˈthŋ-

ˌŋŋ, khi ˌlai. 'tui-an-lI ˍpak-hoŋ ˍdzin-su, ˍhaŋˍhok'thai ˌei

-pun ˍsu 'khaˍtoa.

图8-8 周辨明转写的闽南语《北风和太阳》片段(2)
(Chiu 1930: 40)

"太阳就出现,四界温温仔曝。行路的人连鞭热甲挡袂牢,
棉猴就褪图起来。对按呢,北风认输,降服太阳本事较大。"
(太阳就出现了,到处晒得暖暖的。走路的人立刻热得受不了,
棉袄就脱了收起来。就这样,北风认输,承认太阳的本事比较大。)

这段文字中涉及的以塞音和塞擦音为声母的音节如下:

(1)不送气音:tsiu(就),koe(界),kiã(行),pī(鞭),kaʔ(甲),toŋ(挡),tiau(牢),tui(对),pak(北),pun(本),toa(大);

第 8 章 回视东方：特鲁别茨柯依音系学著作中的汉语　221

（2）送气音：thai（太），tshut（出），phak（曝），thŋ（褪），khi（起），kha（较）；

（3）浊音：dzoa（热），boe（袂），dzin（认）。

笔者的推测是，周辨明（Chiu 1930）把送气音转写成 /ph/、/th/、/tsh/、/kh/（而不是 /pʰ/、/tʰ/、/tsʰ/、/kʰ/），很可能被特鲁别茨柯依误解成了音位组合。这从一个侧面佐证了他在《拉丁字母的普遍采纳》里的一个观点："像英语 sh、法语 ch、德语 sch 那样的复合字母，只有在少数没有复杂辅音丛的高加索语言（如车臣语和印古什语……）里才有可能。"（Trubetzkoy 2001 [1934]: 177）他未注意到送气音的存在，因而未能辨认出闽南语是塞音三分的语言。

湘语、闽南语的这种塞音三分欧洲人其实并不陌生，因为古希腊语的塞音三分是与之相同的"不送气音∶送气音∶浊音"（π∶φ∶β = τ∶θ∶δ = κ∶χ∶γ）。其他类型的辅音三分，特鲁别茨柯依还举了南高加索格鲁吉亚语以及北美原住民语言海达语（Haida）中的"清音∶浊音∶挤喉音"三分（如 /p∶b∶p'/）。这些"具有两种第二级除阻方式相关关系"的语言类型在全球范围内并不罕见。

回到龙果夫夫妇为湘潭话和湘乡话设计的拉丁字母转写方案中，他俩的方案中设计的这些附加符号使用起来并不方便。但是，这份方案却意外地为近百年前的湘潭话和湘乡话留下了一份珍贵的"即时照片"，而特鲁别茨柯依对此的引用则使《音系学原理》成为这张照片的索引。如今，湘潭话的浊塞音声母已清化，"从老湘语中脱胎而来成为了新湘语的代表"（印有家 2015: 96），与古全浊舒声字依然保持浊塞音声母的湘乡话拉开了更大距离，前者因而属于湘语的长益片，而后者则是湘语娄邵片的代表。（参见鲍厚星、颜森 1986: 273，鲍厚星、陈晖 2005: 263；另见许宝华、宫田一郎 5 卷本《汉语方言大词典》附录《全国各县市汉语方言系属简表》，59 页。）两地方言的差别中与今日不同的细节，无意间被特鲁别茨柯依的《音系学原理》记录了下来。

8.4 成节辅音与舌尖元音

8.4.1 北京话的韵母er

《音系学原理》中论述音节核的种类时，提到了汉语中的两类较为特殊的音节核。一种是以流音为音节核，另一种是以咝音[①]为音节核。

特鲁别茨柯依引述亨利·弗莱[②]（Frei 1936）对北京话音系的描写，把数词"二"视为流音音节化的表现，转写为 l⁴，即 [l⁵¹]。用流音来描写这个数词非常出乎我们的意料。此前古恒对"二"的转写是 óḷ（Courant 1913: 53），óḷ 被释为"由一个元音加一个辅音构成的"韵母（同上，11）。带有下点的 o 用来表示法语 eu（即 [ø]），o 上方的锐音符表示四声，带有下点的 ḷ 表示用作韵尾的 l。可见，古恒的这个转写并不准确。弗莱的转写中，这个"流音"之前并无元音，特鲁别茨柯依因而认为 l 直接充当了音节核。

以流音为音节核，偶见于斯拉夫语言的西支和南支。例如，我们将下列捷克语、克罗地亚语的词和其俄语同源词做对比，会发现俄语元音有时在捷克语、克罗地亚语中对应"零元音"。此时，流音作为响音承担通常由元音承担的角色，成为音节核：

表8-2　捷克语、克罗地亚语充当音节核的流音示例

捷克语	克罗地亚语	俄语
prst（手指）	prst（手指）	перст（手指）
vlk（狼）	vlk, vuk（狼）	волк（狼）
krt(ek)（鼹鼠）	krt（脆弱的）	крот（鼹鼠）
vrh（抛扔）	vrh（顶端）	верх（顶端）

[①] 狭义的咝音仅指 [s]、[ʃ] 等气流在窄道间摩擦而发的擦音（最狭义的"咝音"仅指 /s/)，此处采用这一概念的广义，把 /ts/、/tʃ/ 等塞擦音也涵盖进来。但需注意，塞擦音不一定都含有咝音成分，如德语塞擦音 /pf/ 就没有。

[②] 弗莱（Henri Frei, 1899—1980），汉名斐安理，瑞士语言学家、东方学家，精通日语、汉语。

第 8 章 回视东方：特鲁别茨柯依音系学著作中的汉语

如果把北京话的数词"二"描写为 /ļ/，那么此词的音系结构比上述捷克语、克罗地亚语的例子更为"激进"，因为这个成节辅音此时无须与任何其他辅音组合，自身就是一个词，而且不是较为边缘的感叹词或拟声词，而是个"非常常规的数词"（Trubetzkoy 1939a: 167n）。

如今我们把"二"记录为 /ər/，视这一组合为"元音 + 流音"构成的复韵母。不过，我们有必要思考弗莱为何将其视为 /ļ/。是因为他的转写不够准确吗？

事实正相反，他在对北京话语音成分清单的描写中，非常精确地把这个复韵母转写为 [əλ]，之所以自创 [λ] 这个音标符号，就是因为他注意到这个流音"似乎与任何印欧语流音都不等同"（Frei 1936: 126）。然而，他没有止步于这个精确的语音学描写，而是更进一步采取了"音位原则"。他指出，"从音系学角度看，[əλ] 这个语音学上的复合体构成的是个单一音位。"（同上，127）这一点与特鲁别茨柯依（Trubetzkoy 1935a）提出的"把语音组合判定为单音位"之原则是一致的。事实上，弗莱是特鲁别茨柯依语音学-音系学二分法的追随者，他对汉语语音的转写正是基于特鲁别茨柯依式的音系学原则。（参见 Frei 1936: 123）也正因为此，他没有把 [əλ] 认定为音位，理由是 [əλ] 和 [l] 之间呈互补分布关系：

> 大多数转写体系，包括国语字母表[①]，都用不同符号来记录 [l] 音和 [əλ] 音。然而，二者出现于相互排斥的位置上：[l] 永远作声母，从不位于词末，也从不具有音节性；与之相反，[əλ] 从不作声母。因此，应当将二者视为同一音位的组合变体，我把这个音位简单地转写成 l。
>
> （Frei 1936: 127）

[①] 指民国政府推行的注音符号：[l] 的符号是"ㄌ"，是声母；[əλ] 的符号是"ㄦ"，是韵母。

由此可见，弗莱把er和ḷ处理为同一个音位的两个变体，理论依据是特鲁别茨柯依《音系描写指南》中判定音位与变体的"规则3"，尤其是其下的C款：

> 规则3：某一语言中两个声学上或发音上相互联系的音，若从不在同一语音环境中出现，则判定为同一音位的组合性变体。
> ……
> C. 该语言中仅存在一个只出现于某一特定语音位置的音，且仅存在另外一个不出现于该位置的音。
>
> （Trubetzkoy 1935a: 9）

换言之，把"二"视为流音音节化的产物都是从音系系统角度做的归纳，绝不是在展示其语音实现形式。《音系学原理》中引述的以"流音音节核"身份出现的"ḷ⁴"，是音位性、音系学性的，而不是语音学性的。特鲁别茨柯依的引述容易让人误认为弗莱的转写不准确，但事实上，弗莱对此做的语音学描写和音系学归纳都很准确，并且严格遵循了特鲁别茨柯依的设想。

8.4.2　北京话的舌尖元音

《音系学原理》中提及的另一类特殊的汉语音节核，是"四""石""日""十"等词的音节核。如今，我们通常称这类音节核为"舌尖元音"，把与/ts, tsʰ, s/相拼的舌尖元音记作[ɿ]，把与/tʂ, tʂʰ, ʂ, ʐ/相拼的舌尖元音记作[ʅ]。

弗莱将此元音称作"零元音"（voyelle zéro），似乎暗示/ts, tsʰ, s, tʂ, tʂʰ, ʂ, ʐ/这几个擦音和塞擦音皆有其成节音版本。那么，可充当音节核的辅音，是否并不局限于响音（如流音和鼻音）？关于这个问题，我们仍需注意弗莱对特鲁别茨柯依语音学-音系学二分法的强调。他的"零

第 8 章　回视东方：特鲁别茨柯依音系学著作中的汉语　225

元音"是个音系学角度的术语，其语音学实现形式是"比 ö 短[①]且多少有些听不见的唏唏声"。（Frei 1936: 128）因此从生理 – 物理层面上看，此位置上并不是完全没有元音存在。弗莱认为这个"零元音"在北京话音系中之所以重要，是因为它和真正的"ö"之间构成了词义区别，故而具有音系价值和音位地位。他举了下列词对，来证明"零元音"是真正的音位：

sö^4	色	s^4	四
šö^2	舌	š^2	石
žö^4	热	ž^4	日
ζ^{c}ö^4	册	ζ^{c4}	次

（Frei 1936: 129）

弗莱采用的这种基于语义区别的音位对立分析，同样与特鲁别茨柯依思路一致。不过，从特鲁别茨柯依对此的回应中，也不难发现两人对此问题的分歧之处。特鲁别茨柯依在《音系学原理》中如此回应弗莱的观点：

> 从语音学来看，这个音发得非常严格时，是一种比 i 之类的音开口度小很多、发音位置靠前很多的元音，因此发音时可听到一种类似摩擦声（Reibegeräusch）的嗡嗡（Summen）[②]。成节的 z 或 ž 可作为选择性变体（fakultative Variante）取代它；也有些时候（特别是出现在非重读词末时），这个音位完全没有实现形式。北京话里，这个音位仅出现于咝音（c、c^h、s、č、č^h、š、ž）之后。这个大家习惯于用 ï 来转写的音位，亨利·弗莱认定其为"零元音"（voyelle zéro），人们可能会倾向于认为 sï（四）这样的词里有成节的 s。不

[①] 弗莱用 ö 指元音 [x]。下文中他的辅音音标符号，š =[ʂ]，ž =[ʐ]，ζ^c =[tʂ]。
[②] 源于德语动词 summen，可以指昆虫发出嗡嗡声、机器发出震动声或是人哼唱发声。

过，北京话里并没有咝音与正常的 i 之组合，所以 ï 更应视为 i 在咝音后的组合变体。

（Trubetzkoy 1939a: 167-168）

首先我们看到，特鲁别茨柯依对这种"特殊元音"的语音实现形式的描写更加详细，尤其补充了此元音在不同话语风格中的差异。仅在部分风格中、部分位置上，这个元音才完全没有语音实现形式，如名词后缀"子"。因此，他不赞成弗莱的"零元音"这个术语，认为这个术语暗示此元音在一切环境下皆无语音实现形式，因而具有一定误导性。①

而最关键的一点差别是，弗莱注意到该元音与"普通的 [ɤ]"的所构成的音系对立，因而将其认定为音位；而特鲁别茨柯依则注意到该元音与"普通的 [i]"之间的互补分布，因而认为该元音仅为音位 /i/ 的组合变体，并不具有真正的音位地位。这表明，音位的语义区别功能原则和位置互补分布原则之间有时会产生冲突。

特鲁别茨柯依还提到，"成节的 z 或 ž"可作为可选变体取代这个元音，这无疑为我们前面提出的"可充当音节核的辅音是否仅局限于响音"这一问题做出了明确的答复。把这种"嗡嗡作响"的特殊元音分别描写为成节的 [z] 和 [ʒ]，固然混淆了元音与辅音的界线。但是，[i] 是公认的开口度最小、发音部位最靠前的元音，所以发"元音"时如果开口度和发音部位皆超越了这个极限，实际发出的音其实就是浊擦音。正如叶斯柏森在《用非字母符号表示的语音发音》(*The Articulations of Speech Sounds Represented by Means of Analphabetic Symbols*, 1889) 一书所述，用数字来表示开口度时，法语中发音紧张的 /i/ 可标注为第 3 度，英语中

---

① 弗莱提到，"汉学家们用显性的符号来转写这个元音，如 ï；但是，最好能遵循该语言自身之例，把这个音位表示为符号之缺省，国语字母表就是这样做的"（Frei 1936: 129）。由此来看，注音符号不标舌尖元音的做法（如"ㄙˋ"[四]、"ㄕˊ"[石]、"ㄘˋ"[次]、"ㄖˋ"[日]）对弗莱提出"零元音"这一术语有一定启发作用。1932 年，教育部国语统一筹备委员会曾为注音符号补入一个用来表示舌尖元音的"ㄭ"（见黎锦熙 2011 [1934]: 273），但这个符号从未真正推广使用过，似乎也不为弗莱所知。

发音相对松弛的 /i/ 标注为第 4 度，而第 1 度和第 2 度所表示的音已不是元音，而分别是辅音 /s/ 和 /f/ 所代表的开口度。[1]

因此，如今汉语拼音写作 si、zi、ci、shi、zhi、chi 的这几个音节，国际语音学会曾在所发布的《国际语音学会的原则》(The Principles of the International Phonetic Association, 1949) 中规定亦可转写成 sz、tsz、tshz、ʃʒ、cʒ、chʒ。(IPA 1949: 42)[2] 李小凡、项梦冰 (2020: 41–42) 指出，国际语音学会把舌尖元音视为辅音，北京话的 [ɿ, ʅ] 严式记为 [ʐ̩, ʒ̍]。从这一情况来看，特鲁别茨柯依的观点直至今天依然有效。

8.4.3 湘语的舌尖元音

《音系学原理》中还提到了湘语湘乡话中的舌尖元音，资料来源仍是上文提到的龙果夫夫妇的文章。他指出，"有些方言，如湖南省的湘乡话，甚至区别两个这样的元音，一个是前元音，另一个是后元音" (Trubetzkoy 1939a: 168)。但他同时补充，"但二者的实现形式永远取决于其前面的辅音，在这类方言中应视作'不明确'(unbestimmt) 的元音"(同上)。因此，特鲁别茨柯依正确认识到了 [ɿ] 和 [ʅ] 在湘乡话里其实是同一音位的两个变体，而不是两个独立的音位。

他一定注意到了龙果夫的湘乡话音节表里记作 ï (即 [ɿ]) 和 ï̈ (即 [ʅ]) 的两个韵母呈现的是互补分布：前者仅与四个 /ts/ 类声母相拼，例字分别为"子""次""四""字"；后者与仅与四个 /tʂ/ 类声母相拼，例字分别为"战""赤""煽""善"。(见 Dragunov & Dragunova 1932: 254–255) 特鲁别茨柯依的这一观察无疑是正确的。他因此在 1932 年 10 月 29 日写给雅柯布森的信中指出，龙果夫对辅音和元音的描写中均存在遵守音位原则不彻底的问题，有时会把音位变体混同为音位，造成"杂乱"

---

[1] 中文节译见叶斯柏森 (2021: 201–232，尤其是 216–218)。

[2] 注意 40 年代末国际音标的附加符号还远不如今天详尽，有些音标符号的用法与今天也不完全一致。如果按照当今通用的 2005 版国际音标表来做标注，这 7 个音节分别应写成 /sz̺, tsz̺, tsʰz̺, ʂʐ̩, tʂʐ̩, tʂʰʐ̩, z̺/。

（пестротой）、"不对称"（несимметричностью）。（Trubetzkoy 1975: 260-261 / 2006: 308）把互补分布的两个舌尖元音变体当作音位，分别列进音位表，即是这一问题的表现。

从我国当今的方言学者对湘乡话的描写中，我们可以更完整地看到，湘乡话（以城关为例）的舌尖前元音 [ɿ] 与 /ts，tsʰ，dz，s/ 相拼，舌尖后元音 [ʅ] 与 /tʂ，tʂʰ，dʐ，ʂ/ 相拼。（见蒋军凤 2008: 27）

但是，两个呈互补分布的舌尖元音配合两组不同性质的咝音声母，这显然并不是湘乡话或湘语的独有特征。[①] 特鲁别茨柯依似乎没有注意到北京话中的所谓"ï音"也有前（[ɿ]）、后（[ʅ]）两种实现形式。假如他意识到了这一点，就会发现湘乡话拥有两个舌尖元音的情况并不独特，这之中除了涉及浊声母之外，[ɿ] 和 [ʅ] 的存在环境与北京话并无不同。

8.5　东干语的音系系统

8.5.1　东干语及其拉丁化文字

特鲁别茨柯依论述过北方汉语的一种特殊的变体——东干语。东干语是19世纪中后期迁居至中亚今吉尔吉斯斯坦、哈萨克斯坦等国的回族人的后裔所讲的汉语方言，是西北兰银官话在境外的延伸，成为突厥语、俄语世界里的汉语方言岛。"东干"一词的起源众说纷纭（参见丁宏1999: 20-22），但可以肯定的一点是，"东干语"是个"外称"（exonym），本族人仍称自己的语言为"回族语言""中原话"。

20世纪20年代，苏联大规模开展为境内各少数民族创制文字的工作。所创制的文字以拉丁字母为基础。据全苏新文字中央委员会（Всесоюзный центральный комитет нового алфавита, ВЦКНА）主持此

[①] 真正独特的问题是，这些在北方话里韵母为 /an/ 的字，为何在湘乡话里韵母为 [ɿ]？（参见蒋军凤2008: 164-165）然而，这是历史语言学问题。特鲁别茨柯依对音系系统共时结构的描写无须涉及这一问题。

第 8 章　回视东方：特鲁别茨柯依音系学著作中的汉语　　229

项工作的语言学家雅克弗列夫（Nikolai Jakovlev / Николай Феофанович Яковлев, 1892—1974）统计，截至1932年，"在苏联的172个东方民族中，80多个已经有了文字和学校，其中大约有半数民族的文字和学校是在十月革命之后才出现的"（阿尔帕托夫1994: 16）。拉丁化因而成为这一时期苏联政界及语言学界津津乐道的"东方的伟大革命"。（参见周有光2003: 384-385）

东干语曾长期只有语言，没有文字。因此，东干语的拉丁化也在这一时期开展。1928年，吉尔吉斯的东干族青年文化人士为东干语创制了基于拉丁字母的字母表，他们当中包括后来极具影响力的诗人、作家亚塞尔·什娃子（Iasyr Shivaza / Ясыр Шиваза, 1906—1988），后来编撰了《简明东干语俄语词典》（Краткий дунганско-русский словарь, 1968）的尤素甫·杨善新（Janshansin / Юсуп Яншансин, 1909—1999）以及后来担任《十月的旗》（Шийүэди чи）① 编辑的侯赛因·马凯耶夫（Хусеин Макеев, 1907—1970）。这一文字方案在1932年定稿，开始在教育、出版等领域推广，直至1954年被基里尔字母文字方案取代。②（参见林涛2007: 209-211）

在东干语拉丁化文字方案的早期推广使用中，一些问题逐渐显现。1937年，此时任职于吉尔吉斯语言文字研究院的杨善新为东干语提出了一份"东干语正字法方案"（Проект орфографии дунганского языка）。这份24页的方案（另附音节总表）试图解决的是推行东干语拉丁字母文字以来出现的某些拼写方式上的混乱。有些属于对音段的感知上的分歧，也有些不仅涉及音段本身，还涉及分词连写原则之类的问题。前者如"今儿个"（今天）一词，至少存在5种拼法：zjaŋgь、zjeŋgь、ziəŋgь、

---

① 创刊时名为《东火星》（Дун хуэщир），今名《中亚回民报》（Жун-я Хуэймин бо）。

② 同样是这群青年文化人士，1927年为东干语设计了以阿拉伯字母为基础的文字，但受当时的条件限制未能推广。（林涛2007: 210）50年代初东干文基里尔字母方案的设计工作由龙果夫主持，参与者名单中，我们再次看到了杨善新和什娃子的名字。（Janshansin 2009 [1968]: 9）

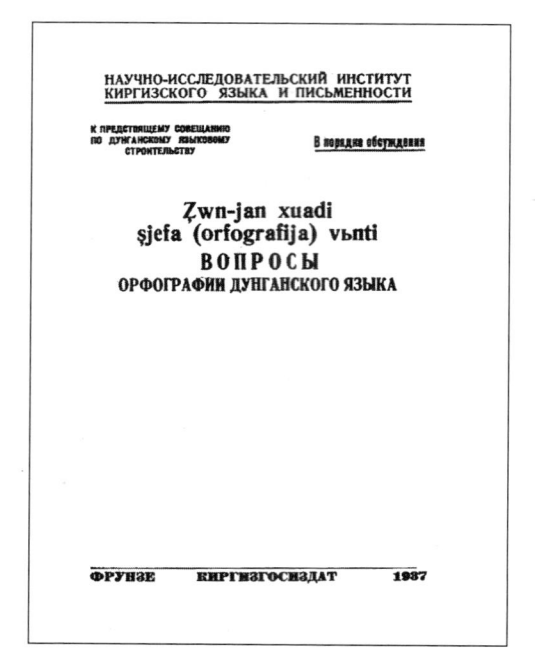

230　特鲁别茨柯依音系学思想初探

图 8-9 《东干语正字法问题》
（俄文书名上方，是东干语书名"中原话的写法问题"）

ziɔɿgь、zijəɔɿgь；① 后者如"黄花儿菜"（黄花地丁）一词，出现了 xuonxuaɔɿce、xuonxuaɔɿ ce、xuon xuaɔɿ ce、xuonxuoɔɿ ce、xuonxuɿɔɿ ce 等不同写法。（Polivanov & Janshansin 1937: 4）杨善新因而从"单个音节的拼写""多音节词的连写与分写""前置词与前缀的拼写""各类小词和后缀的拼写""外来词和国际词的拼写""大写字母使用规则"6 个方面，撰写了这份正字法方案，以期对东干文拼写加以规范。

波利万诺夫的建议中则指出，东干语的文字方案的修订应符合三个方向：（1）应在拼写中节省字母，例如，"一"应写成 i 而非 yi，"儿子"写

---

① 字母 ɔɿ 源于 q 的变体，20 世纪曾被多种突厥语言的拉丁字母方案采纳，用来表示软腭浊擦音 [ɣ] 或小舌浊擦音 [ʁ]，即阿拉伯字母 غ 所代表的音，今多被 ğ、gh 等写法取代。我国 60 年代至 80 年代试行的维吾尔语拉丁字母方案（"新维文"）也使用过这个字母。（见傅懋勣、朱志宁 1964: 4，胡振华 1979: 157）1928 年东干语拉丁化方案借用该字母表示儿化音。

成 сjzь 而非 әсjz；（2）应与中国国内其他汉语北方方言的拉丁化方案保持统一[①]；（3）应实现字母使用的理性化（рационализация）。（Polivanov & Janshansin 1937: 25）

杨善新的正字法方案与波利万诺夫对方案的建议和评述，[②]被合订成题为《东干语正字法问题》(Вопросы орфографии дунганского языка)的71页小册子（图8-9），供研究院筹备的东干语语言建设会议的与会者讨论时使用。特鲁别茨柯依（Trubetzkoy 1939d）对东干语音系的论述就是对这本小册子的回应。

8.5.2 特鲁别茨柯依对东干语音系的思考

特鲁别茨柯依对《东干语正字法问题》的看法，反映了他一贯的"音系学原则"之主张。波利万诺夫的一部分观点符合这一原则。例如，关于字母使用的理性化，波利万诺夫举例：应当写 sja、cja、zja 而非 şja、çja、zja，应当写 si、ci、zi 而非 şi、çi、zi。（Polivanov & Janshansin 1937: 25）原因他未做解释，但我们不难理解，i 或 j 足以使 z、c、s 实现腭化，因而无须引入专门表示腭化音的特殊字母作声母。这一点显然符合特鲁别茨柯依经常强调的音位原则。

而在另一些问题上，特鲁别茨柯依的看法与杨善新和波利万诺夫相左，同样不令人意外。特鲁别茨柯依临终前口述的《东干语的音系系统》一文，对两人的薄弱之处直言不讳：他认为波利万诺夫是杰出的东方学家，因而难以摆脱汉语音韵研究传统的束缚；杨善新是东干语母语者，

[①] 汉语的拉丁字母拼写方案，除了民国政府1928年颁布的"国语罗马字"方案之外，苏联这一时期的拉丁化运动也对中国产生了影响。1931年在海参崴举行的中国新文字第一次代表大会上，汉语"拉丁化新文字"问世，倡议者瞿秋白、参与者吴玉章皆有苏联工作背景。（参见戚雨村等 1993: 307）

[②] 除了波利万诺夫对方案的直接评述（5页）之外，书中还收录了波利万诺夫的三篇文章：《东干语甘肃方言的音系系统》(Фонологическая система ганьсуйского наречия дунганского языка)、《东干语的乐性音节重音，即"声调"》(Музыкальное слогоударение, или „тоны" дунганского языка)、《论正字法设计的三条原则》(О трех принципах построения орфографии)。

但也是普通语言学素人，因而有可能对音系学问题做出误判。

　　从《东干语的音系系统》一文来看，特鲁别茨柯依与波利万诺夫、杨善新最突出的分歧之处是对东干语辅音音位系统的阐释。谙熟汉语音韵传统的波利万诺夫，坚持把东干语音节分析为"声母+介母+韵母"的结构，故认定"[东干语]音节最多可含四个成分：1. 辅音，2. 非音节性元音，3. 音节性成分，4. 响音（鼻音或与[俄语] p相似的 ɒɹ）"（Polivanov & Janshansin 1937: 34）。非音节性元音无疑指充当介母的i、u、ü，亦可视之为复韵母的韵头。音节性成分是韵母必须具备的韵腹，而韵尾位置上的响音是可选项，若有，只能是鼻音尾-ŋ或儿化尾-ɒɹ。（参见林涛 2007: 38–39的韵母表）但是，在特鲁别茨柯依看来，这样的分析正是过于受到汉语音韵传统的束缚之结果，因为从音系学原则来看，这个四分法既未做到统一化，也未做到最简化。

　　特鲁别茨柯依认为，"音节首辅音后面的'非音节性u和i'不是独立的音位，不是词根的自主成分，而只是腭化辅音、圆唇辅音跟后续的元音之间的滑离（Gleitlaut）[①]而已"（Trubetzkoy 1939d: 23）。他之所以强调这一点，原因在于波利万诺夫承认了东干语辅音中腭化相关关系的存在，却未承认与之平行的圆唇相关关系。对于音系系统来说，这样的归纳未达到一致性。

　　波利万诺夫在《东干语甘肃方言的音系系统》中列出了10对软硬（非腭化–腭化）相对的辅音音位和11个在腭化方面不成对的辅音音位。（Polivanov & Janshansin 1937: 35）既然承认东干语辅音拥有音系性的腭化特征，"非音节性元音i"就不必再单列了，带有"非音节性元音i"的整个系列（齐齿呼）可完全取消，音节里的成分随之由最多4个简化为最多3个。这样的分析是合理的，但是问题在于与"非音节性元音i"地位

[①] "滑入"（on-glide）和"滑离"（off-glide）是语音学术语，见于斯威特《语音学手册》（*A Handbook of Phonetics*, 1877）。斯威特认为，一切辅音皆由三个成分组成，依次为滑入、辅音本身、滑离。（Sweet 1877: 73）例如，音节aka中的k所处的语音环境，使它除了"辅音本身"之外，还具有"浊滑入"和"送气滑离"这两个成分。（同上，76）

第 8 章 回视东方：特鲁别茨柯依音系学著作中的汉语

同等的"非音节性元音 u"和"非音节性元音 ü"并未能得到这样的分析，带有这两个成分的音节（合口呼、撮口呼）故无法简化，从而造成音系系统描写思路的不统一。

为此，特鲁别茨柯依拿出了早年在《音系系统》一文中分析辅音音位系统时使用过的"多元素相关关系束"来解决这一问题。如果齐齿呼音节中的声母可分析为"腭化辅音"，那么合口呼音节中的声母可相应地分析为"圆唇辅音"。至于撮口呼，他显得有些拿捏不定，但最终将其定位为"阿布哈兹语布兹皮（Bzyb）方言那样"的唇腭辅音（labiopalatalisierter Konsonant），也就是既圆唇又腭化的辅音。至此，波利万诺夫的东干语音节公式中的第 2 项（非音节性元音）就可以彻底被化简掉了，所有涉及此项的音节可含的最大音位数量，就都可以由 4 个减少到 3 个了。如图 8-10 所示，东干语辅音音位之间由此形成了"四元素相关关系束"（尽管只有少数辅音能够四者皆备）。

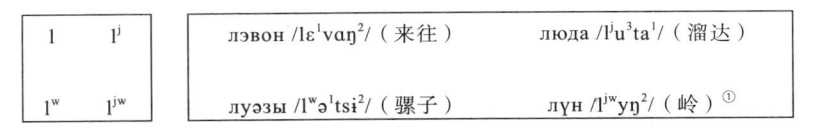

l	lʲ	лэвон /lɛ¹vaŋ²/（来往）	люда /lʲu³ta¹/（溜达）
lʷ	lʲʷ	луэзы /lʷə¹tsɨ²/（骡子）	лүн /lʲʷyŋ²/（岭）①

图 8-10　东干语辅音"四元素相关关系束"示例

特鲁别茨柯依对东干语辅音的上述分析是否合理？从音系学角度来看，这一系统至少做到了音系系统上的简洁、统一。不过从正字法角度来看，这样的分析对改良拼写并无实际帮助。对于正字法来说，把 луэ（骡）分析成 л-уэ /l-uə/ 还是 лу-э /lʷ-ə/，并无太多意义。而从东干语与其他汉语北方方言之间的关系来看，特鲁别茨柯依的分析就显得十分另类了，他似乎是在用分析高加索语言音系的思路分析汉语方言，不符合汉语母语者的直觉。

---

① 例词选自 Janshansin（2009 [1968]），拼写形式为 1954 年之后的斯拉夫字母式，国际音标为笔者所加，声调符号依原词典。笔者选取的 4 个例词中，лүн 显然不是个很好的撮口呼例词，但是该词典的词条中没有符合"l + ü + 其他元音"格式的音节。

与辅音系统相比，《东干语的音系系统》对元音的分析较为成功。特鲁别茨柯依把东干语的音系性元音系统分割成了6个子系统分别加以分析。我们可看到相同的元音音位在不同辅音环境及音节环境下产生的众多实现形式。从音系学视角来看，这类实现形式是同一音位的变体，仅反映语音学特征，正字法对其不加考虑是十分合理的。

遗憾的是，这篇《东干语的音系系统》最终未能完成，使我们无法看到特鲁别茨柯依的思路全貌。不过，即使该文是一篇未竟且有瑕疵之作，仍有其独到的价值。桥本万太郎（1986: 366）指出，研究语言学的人，倘不熟悉苏联中亚的语言研究，又没有精通俄语、东干语或日语，一般都是因特鲁别茨柯依的《东干语的音系系统》而了解东干语的。吉尔吉斯学者穆罕穆德·伊玛佐夫（2002: 61）亦指出，特鲁别茨柯依的这篇文章在史上第一批东干语言著作之列。因此，特鲁别茨柯依的这篇并不完美的短文，使西方语言学家注意到了东干语的存在，成为西方学者了解这种分布于中国境外的特殊汉语方言的窗口。

8.6　中国人发不出/ki/？

8.6.1　国际人工辅助语设计思路中的一处"贴心考量"

特鲁别茨柯依在《人工国际辅助语的语音系统应当如何构建？》一文中提出，"对于外语学习来说，困难的语音系统造成的是跟复杂的语法同样大的障碍"（Trubetzkoy 1939c: 5）。因为他观察到，欧洲语言的语音系统对于日本、中国等远东地区的文明民族来说，"展现出了某些几乎不可逾越的困难"（同上）。他因而建议在国际人工辅助语的创制中剔除某些不易被东方人发出语音成分。由于特鲁别茨柯依不仅关注音位，同样也关注音位组合等问题，所以在上文7.4.2中我们看到，他认为设计者不仅应对国际人工辅助语的音位清单加以斟酌，对音位组合亦应如此。

欧洲语言中十分常见的ki这个音组，就在他所建议的应剔除成分之列，理由是中国人"对清晰发出 ki 这个组合表现出很大困难，……转而将其发成一个介于 tchi 和 tschi 之间的中间音，非中国人很难将其辨认为 ki"（同上，14）。这条建议对中国人和欧洲人来说似乎都很"贴心"，然而我们需思考，发出 ki 这个组合对中国人来说真的很困难吗？

我们有必要还原与这一结论相关的时空背景。30 年代末，我国的外语教育仍很薄弱，仅有极少数知识精英才具备娴熟掌握至少一门欧洲语言的机会。精英群体很可能自幼已在进行外语学习，对他们来说，适应类似 /ki/ 这样的音组并非难事，正如我国当今的英语学习者似乎并未把 /ki/ 当作很难发的音。然而，国际人工辅助语的倡导者所关注的对象未必局限于这个精英群体，他们期望人工语言能够在更广的人群中充当交际工具。30 年代我国的社会环境中，有声的大众传媒（如广播）可发挥的影响有限，对于从未接触过其他语言（甚至从未接触过汉语其他方言）的人来说，领会另一种语言中陌生的音或音组的发音，的确是不小的障碍。

特鲁别茨柯依已认识到，缺少 ki 这个组合的只是"北方汉语"，即"官话"。（同上，14）不过，他想必高估了"官话"30 年代在我国的通用程度。事实上，30 年代的国人对"国语"的掌握程度并不高，正因为此，"推广普通话"直至 20 世纪后半叶仍是一项艰巨的任务。因此，他不如换个角度思考这个问题：有国际交流需求的中国人的汉语方言中是否缺少 ki 这个组合？如果不缺少，ki 自然就不难发音。

8.6.2　音节 ki 在汉语方言中的分布

借助我国 1993 年至 2003 年十年间陆续出齐的 42 卷本《现代汉语方言大词典》，我们会发现，虽然普通话确无 ki 这个组合，但是在那些 30 年代时经常与"洋人"打交道的沿海省份的方言中，ki 其实并不缺乏。沿海地区的许多方言中，/ki/（送气声母和不送气声母都考虑进来）不仅存在，而且声调齐全，读此音的词经常是非常核心的常用词，用马泰修斯及特鲁别茨柯依的术语来说，音节 /ki/ 在这些汉语方言里的"功能负载"并不低。我们可按地理上从北向南的顺序，把 /kʰi/ 和 /ki/ 的分布列成表 8-3。

表 8-3　音节 /kʰi/ 和 /ki/ 在沿海地区汉语各方言里的分布[①]

方言	方言点		阴平	阳平	阴上	阳上	阴去	阳去	阴入	阳入
胶辽官话	牟平	kʰi	欺	旗	起		气		—	—
		ki	鸡	既	急		季		—	—
吴语	崇明	kʰi					去			
		ki	○							
	宁波	kʰi					看			
		ki	肝		赶					
	温州	kʰi								
		ki			几				○	
闽语	福州	kʰi	欹	蜞	起		汽	柿	喫	渴
		ki	基	其	纪		记	忌	急	及
	厦门	kʰi	欺	骑	起		器	柿	-p 吸	-p 及
									-t 乞	
									-k 刻	
									-ʔ 缺	
		ki	基	旗	纪		记	技	-p 级	-p 及
									-t 讫	
									-k 革	-k 极
									-ʔ ○	
	雷州	kʰi	区	其	起		气	缺	-p 级	
									-k 隙	
		ki	机	旗	举	忌	记		-p 芨	-p 及
									-k 击	-k 极
	海口	ki	机	旗	举		记	具	-p 急	-p 及
									-t 吉	-t 渴

[①] 灰色空格表示词汇（语素）空缺，圆圈表示有词无字，"——"表示该方言无此调类表中例字依据：胶辽官话，罗福腾（1997）；吴语崇明话，张惠英（1993）；吴语宁波话，汤珍珠、陈忠敏、吴新贤（1997）；吴语温州话，游汝杰、杨乾明（1998）；闽语福州话，冯爱珍（1998）；闽语厦门话，周长辑（1998）；闽语雷州话，杨振兴、蔡叶青（1998）；闽语海口话，陈鸿迈（1996）；客家话，黄雪贞（1995）；粤语广州话，白宛如（1998）；粤语东莞话，詹伯慧、陈晓锦（1997）；平话，覃远雄、韦树关、卞成林（1998）。

第 8 章　回视东方：特鲁别茨柯依音系学著作中的汉语　　237

续表

方言	方言点		阴平	阳平	阴上	阳上	阴去	阳去	阴入	阳入
客家话	梅州	kʰi	欺	奇	启		具		-p 级	-p 及
										-t 极
		ki	饥	佢	举		句		-p 急	-p ○
									-t 吉	-t ○
粤语	广州	kʰi							-t 揭	
		ki	叽						-p 笈（上入）	-p 狭
									-p 劫（中入）	
									-t 结	-t 傑
	东莞	kʰi	○						-t ○	-t 揭
		ki								-t 结
平话	南宁	kʰi					契		-t 揭	
		ki	基	奇	已	倚	记	技	-p 劫	

　　由上述例子可见，ki这个组合其实在我国沿海各地的汉语方言里十分常见，不仅在闽、客方言中声调齐全，即使在"北方汉语"内部，在胶辽官话区也极为发达（见罗福腾1997：引论10）。整个沿海地区只有吴语区基本没有这个组合，影响力强大的苏州话和上海话尤其如此（见叶祥苓1993：引论9；许宝华、陶寰1997：引论13），但即便如此，这个组合仍可在其他吴语方言中见到，如崇明话里有动词"去"/kʰi³³/以及有词无字的指示词/ki⁵⁵/（这、那）（张惠英1993：14-15），宁波话读音为/ki/的字不少，其中包括"看"/kʰi⁴⁴/这个核心常用词（汤珍珠、陈忠敏、吴新贤1997：38-39），温州话里也有"几"/ki³⁵/和"该"/ki³¹³/（游汝杰、杨乾明1998：47）。

　　粤语区ki较少见于非鼻韵母的舒声字，但仍常见于入声字。这背后的原因之一，是单韵母/i/的利用率（功能负载）在粤语中本来就相对偏低。舒声调的单韵母/i/不仅罕与腭声母相拼，与唇声母、齿声母相拼的情况也非常少（参见白宛如1998：引论7；詹伯慧、陈晓锦1997：引论9），这一状况与大量使用单韵母/i/与/p, pʰ, m, t, tʰ, n, l/相拼的其他汉语方言形成鲜明对比。但是，即便如此，ki这个组合的发音对讲粤语者来说仍不是"不可逾越的困难"。《东莞方言词典》中列出了有词无字的/kʰi²¹³/，例词为"啱○"，表示"合得来"之义。（詹伯慧、陈晓锦1997：引论9）近年新出版的《香港粤语大词典》把这个/ŋa:m⁵³ kʰi⁵³/写为"啱key"，指出此语素源于表示"乐调"的英语词（张励妍、倪列怀、潘礼美2020：434），而发音几乎与英语原词完全相同。这一词源一定程度上也表明，粤语并不排斥带有ki组合的词。而在广西，平话中/kʰi/不算发达，但/ki/非常发达。（见覃远雄、韦树关、卞成林1997：引论7）

上述分析中没有涉及鼻韵母/-im/、/-in/、/-iŋ/，也没有涉及以i开头的各种复韵母，如果将这些韵母与/kʰ/、/k/的组合也计入，上述汉语方言中ki的数量就更大了。

既然特鲁别茨柯依承认国际人工辅助语的设计应优先考虑"国际语言之需求非常强烈"的民族（Trubetzkoy 1939c: 5），那么在这样的民族内部，"国际语言之需求非常强烈"的地区理应成为设计者的关注对象。可惜ki的功能负载最强的汉语方言区（胶辽官话区、闽语区、客语区），几乎全部位于特鲁别茨柯依的视野范围之外，因此他才形成了中国人发出ki这个音组很困难的印象，从而影响了他对国际人工辅助语语音设计思路的看法。

8.7 小结

特鲁别茨柯依对汉语显示出非常浓厚的兴趣，这之中最初的动因很明显：汉语是远东地区声调语言的典型，研究汉语的声调现象对于构建普遍性的韵律成分理论具有重要意义。他早年对汉语的认识主要来源于波利万诺夫的著作中对"北方汉语"的论述，但是随着他把关于更多汉语方言的更多著作纳入视野，他对汉语的看法渐趋全面，研究的问题也渐趋多元。他的研究视角始终未能彻底摆脱来自斯拉夫语研究和高加索语研究的束缚，致使某些结论出现了一定偏差。不过即便如此，他的这些阐述仍是积极有益的，为我们思考汉语音系提供了另一种视角。

第 9 章
再论名与实："音系学"与"音位学"考辨[①]

> What's in a name?
> William Shakespeare, *Romeo and Juliet* (1597)
>
> 名字又如何？
> ——莎士比亚，《罗密欧与朱丽叶》(1597)

9.1 特鲁别茨柯依对"音位学"一称的建议

语言学领域内关于语音的研究，除了"语音学"和"音系学"之外，我们还可见到"音位学"（phonemics）[②]这个称呼。人们常把"音系学"和"音位学"视为同义词，认为二者皆指基于音义关系的语音研究，以区别于基于生理－物理事实的"语音学"。纵观特鲁别茨柯依的音系学著

---

① 本章部分内容曾发表于《浙江外国语学院学报》（2021年第2期），题为《特鲁别茨柯依"音系学"与"音位学"名称考辨——语言学史视角下的名与实》。

② phonemics 是以英语 phoneme 为词根派生而来的。如果改以 phoneme 的希腊词根 φώνημα 为基础来派生，得到表示"音位学"的词是 phonematics。美国《麦林－韦氏英语在线词典》今释 phonematics 为："即 phonemics，尤指 segmental phonematics（音段音位学）"(<https://www.merriam-webster.com/dictionary/phonematics>, 2023-2-15)。结构主义时代，哥本哈根学派的叶尔姆斯列夫（Louis Hjelmslev, 1899—1965）使用的正是 phonematics 这个术语。由于 phonematics 的通行远不如 phonemics 广泛，此处我们略去不谈。

作，我们发现他始终使用德语Phonologie及法语phonologie来称呼基于音义关系的语音研究。那么，为何另需"音位学"一称呢？关于这一点，他在《音系学原理》里做过如下说明：

> 近年来，英美人士已使用"音位学"一词来表示我们所说的"音系学"。由于"音系学"这个术语在英语中已获得了别的意义，因此说英语的人大可保留"音位学"一词（或许也有必要把这个术语引入瑞典语）。但是对于"音系学"一词并无他义的其他语言来说，"音系学"应按我们建议的意义来用。
>
> （Trubetzkoy 1939a: 12）

这段文字中的"近年来"（in der letzten Zeit）这个状语用得恰到好处，因为phonemics这个术语确实不是英语中根深蒂固的名称。埃利斯（Alexander John Ellis, 1814—1890）、斯威特等英国语音学派19世纪中后期代表人物的著作始终围绕的中心是"语音学"；在他们的著作中，"音系学"一词显得边缘，"音位学"一词从未出现过。美国的辉特尼（William Dwight Whitney, 1827—1894）、鲍阿斯（Franz Boas, 1858—1942）等语言学早期开拓者的著作中，同样未见"音位学"一词的踪影。直至对后世影响深远的布龙菲尔德《语言论》（*Language*, 1933）一书中，语音研究仍被称为"语音学"和"音系学"，而非"音位学"。那么，这个"音位学"的称呼兴起于何时？我们有必要简略回顾phonetics、phonology、phonemics三个术语在19世纪以来的英语文献中的历史，以及这三个术语的中文译名"语音学""音系学""音位学"在我国的使用历程。

9.2 "语音学""音系学"与"音位学"在英语文献中的出现

9.2.1 19世纪英语文献中的"语音学"与"音系学"

由希腊语词根φωνή（声音）派生出的phonetics和phonology这两

个词在英语中历史相对悠久，而同根的phonemics历史则短得多。《牛津英语词典》(*NED*)第1版里，phonetics和phonology两个词条都已收录。该词典释phonetics为"语言科学中研究语音的那部分"，同时释其等同于phonology，此外phonetics还释有"（某一语言或方言的）语音现象"之义（第7卷，P部，1909: 788）。① 从该词典记录的词源信息来看，phonetics的首条词源记录引自英国语文学家莱瑟姆（Robert Gordon Latham, 1812—1888）为大学生编写的《英语语言手册》(*A Handbook of the English Language*, 1841)；而phonology一词出现得比phonetics更早，1799年已出现于英国铸字印刷业者弗莱（Edmund Fry, 1754—1835）出版的世界各国文字字模样本集Pantographia一书的书名页上，该书副标题里称其所收录的世界各国语言的文字样本可充当"对音系的全面概述"（a comprehensive digest of phonology），但书中并未对phonology做任何具体定义；《牛津英语词典》里的第二条引文引自1828年版《韦氏美国英语词典》(*American Dictionary of the English Language*)，后者把phonology释义为"对音的论述，或是关于人说话发出的基本声音的科学或学说，包括对声调的各种区别和划分"。而《牛津英语词典》自身对phonology一词的定义是："关于人声（vocal sounds）的科学（= phonetics），特别是关于某一具体语言的音的科学；对发音的研究；引申指某一具体语言的语音系统"（第7卷，789页）。phonetics和phonology两词在权威工具书中互为释义，可见，在公众当中，二者当时并无明确分工。

而对于专业的语音学家，phonetics和phonology并非没有分工。19世纪中后期，语音学在英国发展成一门领先的科学，其代表人物主要包括埃利斯、贝尔、斯威特等。埃利斯撰写过《语音学基础》(*The Essentials of Phonetics*, 1848)，斯威特撰写过《语音学手册》(1877)，"语音学"无疑

---

① 与英语相比，德语中更倾向于使用由本土语素构成的Lautlehre来表示"语音学"。与牛津*NED*齐名的格林兄弟《德语词典》(*Deutsches Wörterbuch*)中，P部所在的第7卷于1889年出版时，仍未把Phonetik或Phonologie收作词条。

是作为正式的学科名称使用的。

19世纪英国语音学家对语音现象的分析,常给人一种描写极其细致的印象。这一印象的形成与贝尔设计的"可视言语"(Visible Speech)系统不无关系。贝尔的语音研究以实践为导向,旨在向人们传授如何以"正确方式"讲话,即当时社会上流行的所谓"演说术"(elocution)。这一学问在当时可谓包罗万象,包括如何让外乡人摆脱乡音,如何让外语学习者学会外语中的某些特殊发音,如何让口吃者及口齿不清者学会正常说话,如何尽可能地帮助聋哑人恢复语言功能,等等。这类实践需求促使贝尔设计出了这套基于发音生理的符号系统,可极其精确地把语音中的各类细节记录下来。虽然他在约翰·霍普金斯大学和牛津大学的讲座后来被整理成了一本题为《大学语音学讲座》(*University Lectures on Phonetics*, 1887)的集子,但他本人并不主动使用phonetics一词,他的著作中似乎也从未出现过phonology字样。

这一时期为语音学撰写出真正意义上的理论专著的,是贝尔的同代人,皇家学会院士埃利斯。埃利斯撰写《语音学基础》这本著作,目的在于促进拼写改革之实践。他是英语拼写改革运动的强力推动者,对英语语音的详尽分析源于他对英语拼写改革事业的执着。他认为英语发音和拼写之间巨大落差严重阻碍了识字的普及,因而主张深入研究英语语音,并依此制定新的正字法体系,使英语语音和书写严格对应,从而让识字、读书变得简单,推动教育的普及。为此,他先后出版了《关于语音印刷与语音书写的请愿书》(*A Plea for Phonotypy and Phonography*, 1845)、《语音拼写请愿书》(*A Plea for Phonetic Spelling*, 1848),公布了自己新设计的"英语语音字母表"(English Phonetic Alphabet),并身体力行地用这套新正字法排印了自己的著作《语音学基础》。

《语音学基础》一书中对语音学做了广义和狭义的两个定义:"语音学这门科学,涵盖普通声学中与语言器官所发出的声音相关的所有部分;或者用本书中所采用的狭义,指声学中与语言里有意义的音(significant sounds)相关的部分。"(Ellis 1848: 1)可见,埃利斯的"语音学"注重

第 9 章 再论名与实:"音系学"与"音位学"考辨

的不仅是机械式的物理-生理观测,更与语义因素密切关联,他所论证的许多问题完全可置于今音系学的名下。正因为此,斯威特同样竭力澄清英国语音学派重视语音细节描写的真正目的:

> 许多承认语音学有用的人,却认为语音学"不应被搞得太过头"。他们认为语音学家只要区分好大致差别即可,应避免"把一根头发剖成几股",他们认为"剖头发"恰恰就是贝尔先生和埃利斯先生创建的英国语音学派根深蒂固的过错。这些批评者忘记了语音归纳只能以精密的细节研究为基础,忘记了在一切科学中,获得可信结果的唯一途径就是把细节观察推至人力之所能及。同样,谁也不敢先验地认定,某一观察者认为几乎无法察觉的某个差别,在讲另一种语言的另一位观察者眼里是不是个非常明显的差别。
>
> (Sweet 1877: 86)

语音研究并不是为了细节而追求细节,呈现细节是为了获得事实基础,而细节重要与否,仍有待进一步做归纳评判,这种归纳评判与具体语言相关,同一语音细节因此在不同语言中可具有不同地位。斯威特最为后世所知晓的"宽式罗马字"(Broad Romic)与"严式罗马字"(Narrow Romic)之区分,正是基于这样的认识而形成的。今被归入音系学的诸多思想,斯威特的著作中已具备。因此,他才被特鲁别茨柯依列为音系学的早期先驱之一。

不过,无论是埃利斯还是斯威特,都不曾尝试把描写语音细节的研究和描写具体语言音义关系的研究分作两门不同的科学。埃利斯著作中时常出现的 phonology 一词,通常指具体语言或方言的语音系统,而不是学科名称,即更多指"音系",而不是"音系学"(在美国,辉特尼对 phonology 一词也是这样使用的)。例如,埃利斯全面描写英语语音-拼写关系史的著名 5 卷本巨作《论早期英语的发音》(*On Early English Pronunciation*, 1869—1889)多次提及英语各方言的"音系",其第 5 卷的标题就是"英语各方言今之音系"(The Existing Phonology of English Dialects)。

与埃利斯不同,斯威特的确曾把phonology作为学科名称使用,他1877年在牛津语文学会发表的题为《论英语语文学与音系学》(On English Philology and Phonology)的主席致辞里,把"音系学"定义为"教我们观察、分析、描写语言的语音的科学""语言观察之科学"。(Sweet 1879: 85)从这个定义中似乎看不出"音系学"和"语音学"有何区别,但是这两个学科名称在斯威特的著作中绝不是可随意做相互替换的同义词。他为"音系学"下的这个定义,针对的是具体语言(英语)的语音以及历史比较语言学视角下的语音。与之相反,斯威特的《语音学手册》、《语音学初步》(A Primer of Phonetics, 1890)等非历史视角、非具体语言的一般性语音著述,向来冠名为"语音学",从不提及"音系学"一称;而"音系学"通常只出现于他关于具体语言和语音史的著述里,如《英语语音史》(History of English Sounds, 1874)、《新英语语法》(New English Grammar, 1892)。《新英语语法》一书中,"语音学"和"音系学"区分得最为直观:"音系学"是这部语法书的语音部分的总标题,下辖"语音学""音变定律"以及对古英语、中古英语、现代英语语音系统的描写。

综上可见,英国语音学派把语言学视角下的语音一般性研究称为语音学,而不是音系学。"音系学"偶尔作为学科名称出现时呈现出一定矛盾:一方面,它充当了语言学视角下语音研究的统称;另一方面,这一称呼常出现于与语音史相关的语境中,而不是普通语音学语境中。

9.2.2 "音位学"一称在美国语言学文献中的出现

与phonetics和phonology相比,《牛津英语词典》原版中并未收录phonemics一词。《牛津英语词典》的收词范围之广是人所共知的,对此我们或可理解为:截至P部所在的第7卷首次出版时(1909年),这个词在英语中尚不存在。直至1982年出版补编第3卷时,这个词才有机会得

第 9 章　再论名与实："音系学"与"音位学"考辨

到补录，释义为"对音位和音位系统的研究；音位分析"（431 页），给出的第一个例子取自特瓦德尔 1936 年发表于《语言》的一篇文章。但是，熟悉美国结构主义语言学文献的研究者都很清楚，特瓦德尔并不是 phonemics 一词的创造者，他的文章也绝不是这个词首次出现之处。

虽然 phonemics 是个公认的北美概念，但布龙菲尔德的《语言科学的一套公理》（A Set of Postulates for the Science of Language, 1926）中并无 phonemics 一词出现。他后来在《语言论》（1933）一书中划定了三种不同的语音研究：他把以纯声学、纯生理描写为任务的语音研究称为"实验室语音学"（laboratory phonetics），把法国语言学家帕西所做的那类研究具体语言的说话人如何发音的语音研究称为"实践语音学"（practical phonetics），而把以"区别性单位"（distinctive unit）为对象的语音研究称为"音系学"（phonology），这一分类中同样未出现"音位学"。

结构主义时期，美国语言学家对音系问题的研究探讨十分活跃。萨丕尔和布龙菲尔德的弟子们对这一领域的诸多话题展开了深度研究，我们今天所熟悉的许多音系学术语，如"音位变体"（allophone）、"自由变体"（free variant）、"互补分布"（complementary distribution）、"音渡"（juncture）等，都在这一时期得到了详述与巩固。其中，萨丕尔的弟子斯沃迪什（Morris Swadesh, 1909—1967）1934 年发表于《语言》上的《音位原则》（The Phonemic Principle）一文非常引人注目，他对音位的特征、分布、种类以及确定音位的方法等做了条理清晰的论述，使音系学的各个核心概念得到了系统而集中的阐释。正是在这篇文章中，"音位学"（phonemics）这个名称首次在美国结构主义语言学文献中登场[①]。

　　[①]　谷歌开发的出版物词频统计器 Google Books Ngram Viewer 显示，phonemics 一词在 20 年代末已有极其少量的出现。但是，这样的数据仅有纯统计学意义而已。phonemics 一词作为语言学术语真正发挥影响力，应从斯沃迪什（Swadesh 1934）开始算起。此外，"音位学"一称此前在非公开场合已得到过探讨。萨丕尔在 1931 年 1 月 21 日致马泰修斯的信中表示，"我觉得您提议作为一种可能性的'phonemics'的确是个很好的术语"（见 Toman 1994: 145）。这封信全文的中译文，见钱军（2016: 39-40）。

简单地说，音位学就是围绕音位而进行的研究。文末的小结中，斯沃迪什再次紧紧围绕音位这个核心概念，对语音学、词法学、历史音系学、音位学的关系做了一目了然的归纳：

> 语音学为音位的发现和定义提供技术；词法学涵盖对语素的音位结构的研究，以及对充当语素之成分的诸音位之间的形态关系的研究；历史音系学研究音位的演化；通过这些方式，音位学使语言科学的其他领域相互联系起来，但无意与这些领域抗衡。
>
> （Swadesh 1934: 129）

北美学派后来的语音研究大致遵循了这篇文章中的基本框架。例如，虽然"音位学"以音位为核心，但并不排斥将非音段性音系成分纳入研究范围。斯沃迪什指出，音位分为三种，除了独立音位本身之外，还包括"句子音位"（sentence phoneme）和"音节音位"（syllable phoneme），前者指"句子韵律模式"，后者指声调语言的声调位（toneme）和非声调语言的重音位（taseme）。（同上，122）

斯沃迪什所使用的"音位学"一称以及对音位范围的划定，在布洛克（Bernard Bloch, 1907—1965）和特雷格（George L. Trager, 1906—1992）合著的《语言分析纲要》（*Outline of Linguistic Analysis*, 1942）中得到了强化。该书被视为美国结构主义语言学继布龙菲尔德《语言论》之后的又一经典之作，具有很强的影响力。书中把音位学作为与语音学、词法学等平行的语言学分支学科，将其研究范围设定为语音材料中的"区别性差异"（Bloch & Trager 1942: 38），与不考虑此差异的语音学相对立。与斯沃迪什（1934）相同，该书为英语音位划定的范围，同样不仅包含元音和辅音，而是把"音渡、重音、辅音、元音、语调"（同上，47及后）全部涵盖了进来。

"音位学"一称，还因派克（Kenneth L. Pike, 1912—2000）的《音位学——把语言变为文字的技法》（*Phonemics: A Technique for Reducing*

Languages to Writing, 1948）一书而得到了进一步强化。该书为深入部落研究北美原住民语言、为原住民语言创制文字并将圣经翻译成原住民语言的田野工作者而编写。此前派克已为这一群体编写过一本《语音学——对语音学理论的批评分析及语音描写实践的技法》（*Phonetics: A Critical Analysis of Phonetic Theory and a Technic for the Practical Description of Sounds*, 1943）。两书皆把为实践工作者充当实用工具作为撰写目的，因而副标题中皆有"技法"这一关键词（无论拼作 technic 还是 technique），这两种技法的区别正如派克的老师弗莱斯（Charles C. Fries, 1887—1967）为《音位学》作序时所言，语音学技法处理"一切音的本质与构成，无论在语言中使用与否"，而音位学技法旨在"找出任何语言中切题（pertinent）的语音单位"（Fries 1948: v），通俗些说，这差别可概括为派克那句今已成为名言的话："语音学采集原料，音位学将其烹熟。"（Pike 1948: 68）美国语言学家所罗门·萨拉（Solomon Sara）把派克的《音位学》视为与特鲁别茨柯依的《音系学原理》平起平坐的重要著作，认为"如果特鲁别茨柯依的书在语言学中确立了一个分支，即欧陆音系学流派，那么另一个分支，即美国结构主义语音分析法，则由派克的《音位学》来代表。"（Sara 1990: 212）派克的《音位学》是否应被提升至如此高的地位有待商榷，但是有一点是可以确定的：这本书的问世无疑表明"音位学"一称已不局限于理论界的抽象探讨，而是在更广阔的实践领域得到了更普遍的接受，已成为通用术语，因为派克并不是以美国语言学会（Linguistic Society of America，简称 LSA）为中心的美国结构主义的核心圈成员[①]；他兼任圣经翻译组织"暑期语言学院"（Summer Institute of Linguistics，简称 SIL）的主席，更能够代表的是翻

[①] 例如，时任美国语言学会主席的裘斯（Martin Joos, 1907—1978）在其主编的《语言学集——美国语言学 1925 年以来的发展》（*Readings in Linguistics: The Development of Descriptive Linguistics in America Since 1925*, 1957）里面并没有收录任何派克的著作。安德森（2015: 444）认为这一点"特别令人吃惊"，并指出"无论从其［派克的著作］学术质量上来看，还是从其与美国结构主义探讨中的主流问题之间的关联来看，都无法解释"。

译实践工作者的声音。

"音位学"这个称呼在40年代美国语言学界的通行程度，还可以由雅柯布森这一时期的著作印证。早在布拉格语言学小组成立之前，雅柯布森就已在论述音系学与语音学的不同，并把这一差异运用于比较诗学的研究；而后来作为布拉格学派的核心人物，雅柯布森是使语音学－音系学二分法得以普及的最重要推动者之一。然而40年代迁居美国之后，他用英语撰写的著作中（Jakobson 1949, Jakobson & Lotz 1949等）开始入乡随俗地出现了"音位学"一称，虽然他并没有放弃"音系学"一称，并且倾向于使用"音系学"。

9.2.3 "音位学"一称的衰落与废弃

随着"音位学"一称逐渐得到接受，语言学文献中对该词的使用也逐渐增多。我们今天从Google Book Ngram Review提供的美国出版物词频统计（图9-1）中可以看到，phonemics一词的使用频率在20世纪30年代至50年代陡增，至60年代中期达到峰值，随后开始下降，在整个70年代可谓经历了断崖式暴跌，80年代之后在较低频率段仍缓慢下降，至2000年后保持非常低的使用频率，不再有显著变化。

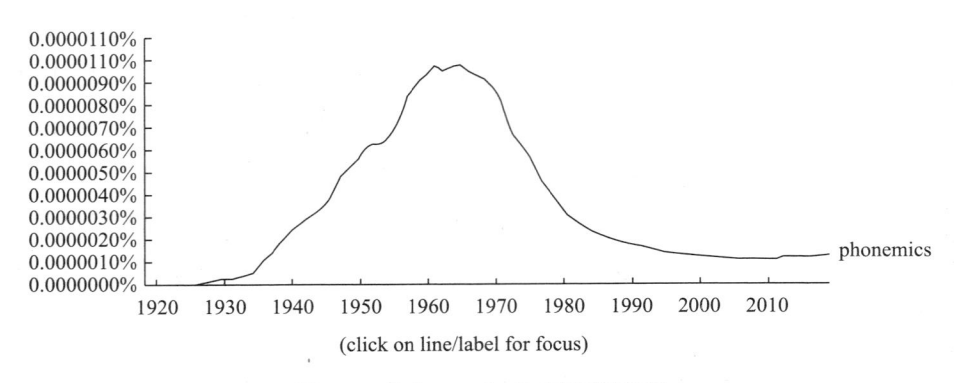

图9-1 "phonemics"词频演变图

而如图9-2所示，在phonemics一词衰落的同时，可看到phonology一词在美国英语中使用频率增长迅猛：

第9章 再论名与实:"音系学"与"音位学"考辨

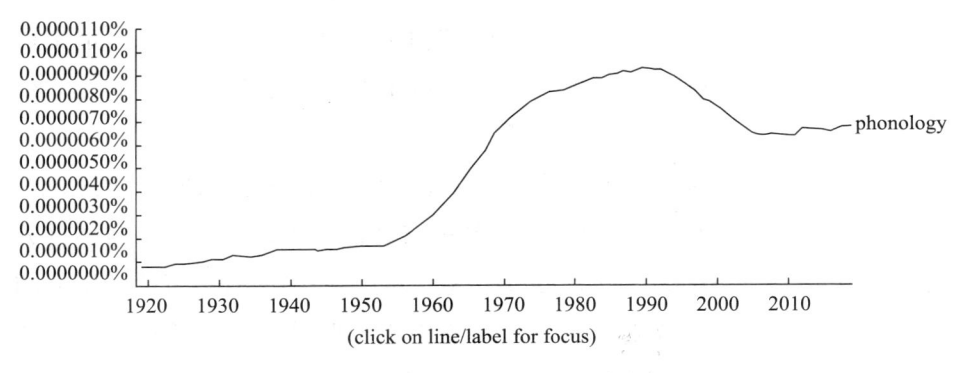

图9-2 "phonology"词频演变图

事实上,即使是在"音位学"一词的全盛期,美国结构主义语言学主流中仍有人坚持使用"音系学"一称,而非"音位学"。这之中就包括被认为"清晰而稳固地"继承了布龙菲尔德地位的霍凯特(Charles Hockett, 1916—2000)。(参见 Anderson 1985)霍凯特那本最为我们所熟知的《现代语言学教程》(A Course in Modern Linguistics, 1958)的目录里,以醒目的大写字母形式与语法学、方言学、文学等相平行的,是"音系学"而不是"音位学"。作为教材,书中仅简单地交代了一句音系学又名音位学而已。(Hockett 1958: 15)

不过,霍凯特的早期著作中,"音系学"和"音位学"这两个名称是有分工的。刊于《语言》的《描写音系学系统》(A System of Descriptive Phonology, 1942)一文中,霍凯特把音系层面和语法层面视为语言的两个最基本平面(Hockett 1942: 3),故而文章标题中使用的是"音系学",是语音研究的最高层级统称;与之相比,"音位学"显得具体而局限,仅被定义为"由 β-语音材料(β-phonetic material)至音子(phone)之分析,以及由音子至音位之归类"(同上,9)。霍凯特这篇文章中,α-语音成分(α-phonetic element)可指一切语音特征,而 β-语音成分仅指具有区别性的语音特征。(同上,8)这组概念很有意思,可惜在他后来的著作中没有再出现过。而霍凯特《音系学手册》(A Manual of Phonology,

1955）一书的书名同样显现出他倾向于使用"音系学"而非"音位学"；当然，他也没有忘记提醒读者，美国结构主义语言学把"音位"定义得比欧洲更宽泛，不仅包括"音段音位"，也包括"超音段音位"和"非线性音位"。（Hockett 1955: 74）

后布龙菲尔德时期的美国结构主义语言学家中，坚持使用"音系学"一称的还有海里斯（Zellig Harris, 1909—1992）。他的《结构语言学的方法》（*Methods in Structural Linguistics*, 1951）一书中对语言语音层面的分析仍然以音位（美式的广义音位）为中心，但是用来概括这一研究的学科名称，同样是"音系学"而非"音位学"。

美国结构主义语言学家对具体语言的分析中，有时也可看到音系学与音位学之分，例如特雷格和史密斯（Trager & Smith 1957）对英语结构的分析中以使用"音系学"一称为主，偶尔使用"音位学"时，"音位学"充当的并不是"音系学"单纯的同义词。书中不乏"音位学层面上不存在'语调'问题"（Trager & Smith 1957: 52）之类的表述。

从上述情况来看，40年代虽然是"音位学"一词的黄金时期，但这一时期的美国语言学家对布拉格学派意义上的"音系学"并不陌生，反倒是英语原有的以"音系学"表"语音史"的这层旧义，已基本被遗忘。这一点或许是特鲁别茨柯依撰写《音系学原理》一书时未能预料到的。

对"音位学"一称的最重一击，来自转换生成语言学以及生成音系学的兴起。1957年，乔姆斯基那部篇幅不大的《句法结构》（*Syntactic Structures*）为语言学掀起了一场革命，开启了20世纪语言学由结构主义到转换生成主义的转向。但句法并不是发生这一转向的唯一领域，乔姆斯基不赞同把音系置于语法结构之外。在《句法结构》一书出版前，他和哈勒、卢可夫（Fred Lukoff, 1920—2000）合著的《英语的重音与音渡》（On Accent and Juncture in English, 1956）一文已经问世，被视为"生成音系学的第一篇论文"（王嘉龄 1998: 88）以及"整个生成理论的第一篇有影响的论文"（王洪君 2008: 9）。12年后，他和哈勒共同出版了转换生成视角下的音系学专著《英语语音模式》（*The Sound Pattern of English*, 1968），该书为音系学带来的理论突破正如安德森所言："像1968年那样十分清晰地标示为音系学史中的分水岭的年份显然并不多。"（安德森 2015: 520）

不过，"分水岭"并非与往昔的彻底决裂。事实上，乔姆斯基和哈勒分别代表了对结构主义音系学北美、欧陆两大流派的继承。乔姆斯基的老师海里斯是后布龙菲尔德时期美国结构主义的重要代表人物，赵世开（1989: 90）把起于《结构语言学的方法》出版（1951）、迄于《句法结构》出版前一年（1956）的这一历史阶段称为美国语言学史的"海里斯时期"，可见海里斯在结构主义与生成主义之间的衔接作用十分重要。关于音系学的内容大约占《结构语言学的方法》1/3 的篇幅，词法学部分也有相当一部分内容是在论述词法与音系之关系。而哈勒的音系学思想则直接得益于雅柯布森，因此他对布拉格学派的音系学理论十分熟悉，哈勒还是雅柯布森多部著作的共同撰写者，尤其对区别特征理论的形成有巨大贡献。

乔姆斯基和哈勒（1968）虽以《英语语音模式》为题，但并不局限于对英语音系的描写以及对英语音系演化史的论述，这部著作更重要的意义在于对音系普遍规律的揭示，系统呈现了生成音系学理论最重要的原则：首要一点，生成音系学放弃了以音位为核心的阐述方式。乔姆斯基和哈勒（Chomsky & Halle 1968）认为，结构主义音系学过于重视"音位表达式"（phonemic representations），而生成音系学的重心在于揭示"音系规则"（phonological rules）。[①] 其次，语言的音系系统也和句法系统一样，除了拥有表层结构之外还拥有底层结构。音系规则与词法、句法转换规则相配合，完成由底层音系表达式向表层语音表达式的转换，这就使生成音系学跟生成句法学一样，以抽象性为最显著特点。

---

① 安德森的《二十世纪音系学》（1985）即是以规则和表达式为切入点，对20世纪各主要流派的音系学思想做了再思考，故而该书副标题为"规则理论与表达式理论"（Theories of Rules and Theories of Representations）。不过，该书中文版（2015）省略了这个副标题，英文第2版（2021）也未再使用这个副标题。

音位在海里斯的音系分析（以及词法分析）中尚且居于重要地位，但生成音系学放弃了音位概念，改用区别特征来进行音系描写。乔姆斯基和哈勒（1968）所使用的二元对立的区别特征共有20余个，被后世称为"SPE特征系统"。与从声学角度定义区别特征的雅柯布森-哈勒体系不同，SPE特征系统是个基于发音的系统。例如，英语短音/i/被阐释为下列特征之集合：[+音段性]、[+元音性]、[-辅音性]、[+高位性]、[-低位性]、[-后位性]、[-圆唇性]、[-紧音性]（Chomsky & Halle 1968: 64），生成音系学把每个音段都视为这种由若干特征构成的集合，称"特征矩阵"（feature matrix）。这种矩阵与布龙菲尔德所提的"束"（bundle）不完全等同；因为生成音系学已放弃音位的概念，所以在音系分析中，并不需要表述每个音段的全部区别特征，仅需呈现与论述相关的一个或数个特征即可，音位由此失去了其存在的必要性。phonemics一词无疑是由phoneme派生而来，随着音位概念的式微，以音位为中心的"音位学"必然随之失去光彩。

生成音系学以区别特征为基础，通过公式化方式呈现人脑中的语音系统。语音知识以底层形式存在于人脑词库中，经音系规则的作用生成表层的语音表达式，每种具体语言都具有自己的一套音系规则。这一过程可概括为公式A → B / X_Y，即"在XAY条件下，A变为B"，A为底层形式，B为表层语音表达式，X_Y是此规则发生作用的环境。生成音系学对这一过程的描写，描写的不是音位，而是区别特征。例如，英语actual、gradual、sensual、visual等词里的t、d、s、z发生的腭化，其规则被描写为：

$$\begin{bmatrix} -响音性 \\ +舌前箍 \end{bmatrix} \rightarrow \begin{bmatrix} -前部性 \\ +刺耳性 \end{bmatrix} / \underline{\quad} \begin{bmatrix} -后部性 \\ -元音性 \\ -辅音性 \end{bmatrix} \begin{bmatrix} -辅音性 \\ -重音性 \end{bmatrix}$$

（Chomsky & Halle 1968: 230）

第9章 再论名与实:"音系学"与"音位学"考辨　　253

[+刺耳性]特征体现了由塞音至擦音或塞擦音的变化,而音系规则的环境中也是利用特征来突出了滑音和非重读元音等必不可少的语音变化条件。语言中的每个语音过程,皆通过若干这样的音系规则依次进行。这样一来,音位被完全绕开了。

《英语语音模式》开启了音系学领域的生成主义范式时代,20世纪最后30年的诸多音系学理论,很大程度上都是围绕生成音系学标准理论的批评与论争,因而被称为后SPE时代。赵忠德等(2011)收录了与之相关的24个音系学流派,将其划分为"理论构建"和"多维表征"两大类,前者如自然生成音系学、词汇音系学、依存音系学等,后者如自主音段音系学、节律音系学、CV音系学等。如萨拉指出,60年代之后,再也没有出现过重要的结构主义音位学流派。(Sara 1990: 216)70年代美国出版的回顾音系学发展史的著作和选集,从书名到内文中出现的大多也是"音系学"一词。例如,马开(Valerie Becker Makkai)的经典著作选集《音系学理论的演化与当今的实践》(*Phonological Theory: Evolution and Current Practice*, 1972)将所收录材料编入"布龙菲尔德派音系学""韵律分析""区别特征与生成音系学""哥本哈根学派音系学与层次音系学"四大部分,从不主动使用"音位学"一词。萨默斯坦(Alan H. Sommerstein)的《现代音系学》(*Modern Phonology*, 1977)作为生成主义范式的代表作之一,仅把"经典音位学"作为背景简要加以叙述,主要篇幅聚焦于生成音系学理论的发展路径。至90年代中期特拉斯克(L. R. Trask)的《语音学与音系学词典》(*A Dictionary of Phonetics and Phonology*, 1996)出版时,"音位学"一词已彻底被贴上了"废弃"(obsolescent)的标签,注为"曾经用作音系学的同义词"(Trask 1996: 267)。

由此就不难理解,为何虽然特鲁别茨柯依本人强调"音系学"相当于英语文献中的"音位学",但巴尔塔克斯却仍将英译本书名译为Principles of Phonology(音系学原理),而不是Principles of Phonemics(音位学原理):phonology一词在英语中的使用状况,60年代时与30年代时已完全不可同日而语。对于本书9.1引用的那段特鲁别茨柯依的话，巴尔塔克斯的回应是："虽然作者如此建议，但我还是选择了phonology这个术语而非phonemics来翻译[德语] Phonologie，因为布拉格语言学学派意义上的phonology，在英语中已是稳固的用法。"（Trubetzkoy 1969: 9n）这一阐述反映出的显然是生成主义范式时代美国语言学界对"音系学"一称的主流看法。

9.3 中文文献中的"音系学"与"音位学"之争

从上节的分析中我们可以看到，phonology和phonemics并不完全等同。中文文献里，假如把二者分别译作"音系学"和"音位学"，那么这两个名称即可各司其职，不会引发任何误解。然而纵观近几十年来我国语音研究领域的文献，我们却发现这两个名称的分工并不那么整齐：我国学者早年较多使用的是"音位学"一词，使"音位学"长期以来既作phonemics的译名，又兼作phonology的译名，难免引发混淆，尤其是对于已废除音位概念的生成音系学各流派来说，"音位学"无疑成了一个自相矛盾的译名。

把phonology译成"音位学"的例子，至少从50年代起已出现，如李振麟（1955）、桂灿昆（1956）在特殊时代背景下对"资产阶级唯心论音位学"的那些严重有失公允的"批判"，其对象实质上囊括了喀山学派以来西方音系学的所有主流学派，无论这些学派把这类研究称为phonology还是phonemics；"音位学"一称在这两篇文章中不仅涵盖美国结构主义音位学，也涵盖了布拉格学派及欧洲其他结构主义流派的相关研究。

甘世福（1957）从喀山学派的音位理论出发，正面论证了该理论对我国语言学界当时正蓬勃开展的汉语拼音制定、少数民族文字创制、汉语方言调查、普通话推广等工作所带来的益处；虽然喀山学派实际使用的是俄语фонология一词（即英语phonology的同根词），但这篇文章中采用的却是"音位学"这一译法。刘相国（1964）撰写专文论述特鲁别茨柯依及布拉格学派对欧美语言学界的重大影响时，使用的同样也是"音位学"一称。此外，颇具影响力的岑麒祥《语言学史概要》（1958）一书，叙述布拉格学派的phonology用的也是"音位学"一词。"音位学"在这一时期俨然成为phonology的标准译法。

这一"标准译法"在改革开放之初出版的著作中得到了延续。80年代初出版的结构主义语言学经典名著中译本，如索绪尔的《普通语言学教程》（1980年高名凯译本）、布龙菲尔德的《语言论》（1980年袁家骅、赵世开、甘世福译本），都是把phonology译为"音位学"。80年代影响力较强的几部普通语言学教材，也都在强化"phonology = 音位学"这一等式，继续掩盖了二者之间的不对等性。例如，叶蜚声、徐通锵的《语言学纲要》（1981）、戚雨村的《语言学引论》（1985）、王钢的《普通语言学基础》（1988）等当时高校中的标准教材，都沿用了以"音位学"一称表示社会功能视角下的语音研究之惯例。

之所以这样译，岑麒祥《普通语言学人物志》（1989）一书的论述中透露出了一定缘由。书中有专门一章论述特鲁别茨柯依及其"对音位学的贡献"，但同时却也出现了"音系学"这个名称。他指出"在欧洲各国，phonology常被用来指'语音系统学'，即'音系学'"，并指出这样的phonology"不是今天的……'音位学'"（岑麒祥2008: 146）。可见，他充分考虑了phonology英语文献中的多重含义，才做出了这样的区分：在生成音系学产生重要影响之前，以"音系学"指旧时研究具体语言的语音系统的学问，以"音位学"指布拉格学派的功能语音研究，不失为消除phonology一称自身的歧义的一种有效手段。

然而，80年代我国关于生成主义的研究若继续沿用把phonology译为"音位学"之惯例，就势必会出现术语上的尖锐矛盾，因为如前所述，生成音系学并不承认音位之存在，"生成音位学"因而成了"无音位的音位学"。例如，徐烈炯的《两种新的音位学理论》（1979）一文介绍的"生成音位学"和"层次音位学"里，其实都没有音位的地位。该文因此在非常显著的位置上以脚注形式向读者强调：此"音位学"是指 phonology，绝非 phonemics，译为"音位学"只是要突出它不同于"语音学"；这个脚注里还特别提醒，乔姆斯基和哈勒是不承认音位之存在的。（徐烈炯 1979: 1n）"音位学"这个矛盾的译名甚至蔓延进了这一时期关于非线性音系学的译介中，如陆至极（1985）分两期连载于《国外语言学》上的《关于"非线性"音位学》一文，系统介绍了后 SPE 时期的若干理论与流派，这些理论与流派无一以音位为中心进行研究，却皆被冠以"音位学"之译名（如，"自主音段音位学""韵律音位学"等）。

上述矛盾突显出，此时中文里十分需要一个不同于"音位学"的术语来翻译 phonology，从而避免 phonology 和 phonemics 之混淆，避免这样的混淆远比区别 phonology 自身的两层含义更重要。

瑞典汉学家高本汉（Bernhard Karlgren, 1889—1978）的 *Études sur la phonologie chinoise*（1915）一书 40 年代初被译介至中国时，被译为《中国音韵学研究》（赵元任、罗常培、李方桂译）。此后的研究者偶尔会沿袭此例，把 phonology 称为"音韵学"（如，傅懋勣 [1951]）。但是，由于我国本土的音韵学研究传统与近代以来西方传入的语音学和音系学在研究对象与研究方法上存在显著不同，支持把普通语言学领域的 phonology 译成"音韵学"的人似乎从来都不多。并且，高本汉的 phonologie 实为关于具体语言的语音系统及其演化的研究，接近于英美旧时的 phonology，而不是布拉格学派的 phonology，是"音系"，而非"音系学"。不过，这类音系研究虽然不是像布拉格学派音系学那样的思想前沿，却带动了我国关于汉语各地方言以及少数民族语言的语音系统的研究，这一背景下产生的大量田野研究成果中，众多"xx 音系"的书名出现在人们面前，例如赵元任的《南京音系》（1929），罗常培的《厦门音系》（1931）、《临川音系》（1940），岑麒祥的《广州音系概况》（1946）等。其中，《厦门音系》一书所附的英文摘要，将书名译为 *Phonetics and Phonology of the Amoy Dialect*。对于 20 世纪后半叶的研究者来说，"音系"二字充当了翻译 phonology 一词时的一个可用的备选项。

第9章　再论名与实："音系学"与"音位学"考辨

中国知网收录的资源显示，把 phonology 称为"音系学"的第一批文章，包括郑武的《〈语言与语言行为文摘〉杂志简介》（1979）、吴宗济的《什么是"区别特征"》（1980）、周绍珩的《马丁内的语言功能观和语言经济原则》（1980）等。周绍珩另有《节律特征·超音段特征》（1980）一文，对布拉格学派音系学和美国音位学的节律（韵律）处理方式做了简要的比较。生成音系学领域对 SPE 和后 SPE 流派的正名很快就开始了。吴宗济（1986）、王嘉龄（1987）介绍自主音段音系学和词汇音系学时，已不再将这些流派名称中的 phonology 译成"音位学"，而是用"音系学"。赵忠德（1988）、徐烈炯（1989）深入论述生成音系学的一些疑难问题时，使用的同样也是"音系学"一称。徐烈炯还在其专著《生成语法理论》（1988）里明确表态："由于生成学派认为音位并非独立的表达层次，最好把他们的研究称'音系学'，以别于结构主义的'音位学'"（徐烈炯1988：126n）；同时，他不主张把布拉格学派的结构主义语音研究称为"音位学"，我们在该书同一页上看到了这句话："语音学是语言学的边缘学科。语言学核心学科中研究语音的是音系学，布拉格学派的特鲁别茨柯依和雅可布逊等人对音系学做出过不少贡献。"（同上）

推动使用"音系学"一称的另一部重要著作，是王理嘉的《音系学基础》（1991）一书。该书是我国首部介绍音系学基础知识的著作，也是首部以"音系学"为书名的著作，书中对"音位学"和"音系学"的关系论述得清晰而详尽：

> 音位学创立于19世纪末20世纪初，在30年代发展成熟。……80年代后音位学在我国又逐渐称为音系学。追溯历史，音位学（phonemics）这个术语美国语言学家仅用于对某种语言的语音系统作共时的分析。欧洲的语言学家则用音系学（phonology，全译为音位系统学）这个名称，并且包括语音变化的历史分析，所以从学科研究的范围来说音系学可以包含音位学。目前，国际语言学界已经通行用音系学这个名称通称早期的音位学、区别特征理论、韵律学、

生成语音学以及当代许多以语音的功能系统作为研究对象的学派。

（王理嘉1991: 8-9）

如今，中文文献里30多年间为音系学正名的努力，已逐渐收到了应有的效果。如表9-1，对比中国知网收录的篇名中含"音系学"和含"音位学"的期刊论文的数量，我们会发现"音位学"一称逐渐被淘汰的趋势是非常明显的。

表9-1 "音系学"和"音位学"两术语在期刊论文题名中的数量对比

	1979—1990	1991—2000	2001—2010	2011—2020
篇名中含"音系学"的文章数量	17	38	84	69
篇名中含"音位学"的文章数量	18	11	20	7

而如表9-2所示，中国国家图书馆馆藏中文图书目录的检索结果显示出的也是完全相同的趋势。

表9-2 "音系学"和"音位学"两术语在著作题名中的数量对比

	1979—1990	1991—2000	2001—2010	2011—2020
题名中含"音系学"的著作数量	1	4	11	12
题名中含"音位学"的著作数量	0	3	1	1

帮助"音系学"取得绝对优势地位的推动力当中，必须提到2000年出版的《语音学与音系学词典》。该词典是特拉斯克编纂的 *A Dictionary of Phonetics and Phonology*（1996）的中译本。这个中译本对新世纪我国语音学与音系学研究的术语规范化发挥了决定性作用。该词典中，phonology词条仅列"音系学"和"音系"两个译法，彻底否定了"音位学"的译法；而phonemics词条则仅列"音位学"的译法，加之词典英语

原文中已为phonemics注上了"废弃"的标签，我国研究者使用这本工具书时必然会充分了解到，英文的phonemics和中文的"音位学"，很大程度上已是历史名称，今已无太多生命力可言。可见，在推广使用"音系学"这一术语方面，为词典中文版音系学词条定译名的王洪君、王嘉龄两位先生，发挥了至关重要的作用。

80年代、90年代出版的语言学经典教材和著作，新世纪以来的修订版里亦可见到"音位学"改为"音系学"的例子，如2010年修订的《语言学纲要》，不仅将"音位学"改为"音系学"，还增加了这样一个脚注："音系学旧称音位学，20世纪30—50年代，结构主义语言学对语音系统的研究集中在对音位的研究，故称音位学。后来语言学界对语音系统的研究重心转向了其他方面，就不再使用音位学这一术语。"（叶蜚声等2010：40n）

这似乎暗示，叙述布拉格学派的音系学理论时，仍可从学科历史角度称其为"音位学"。事实上，特鲁别茨柯依《音系学原理》2015年中译本的确是这样处理的，因而将书名定为《音位学原理》。但是，从上面的分析以及从术语名称的统一性角度来看，既然特鲁别茨柯依的德语原书名是 *Grundzüge der Phonologie*，还是译成《音系学原理》较为妥当。

特别值得注意的一个例子是，90年代对布拉格学派语言学理论做了全方位系统论述的钱军教授，在当时发表的论文（1993, 1995, 1999等）及其专著《结构功能语言学——布拉格学派》（1998）中，一直依照岑麒祥（1989）的惯例，用"音位学"来称呼布拉格学派的phonology，然而在其近年的新著《〈布拉格语言学派〉导读》（2016）中，"音位学"一称已完全被放弃，全面改用了"音系学"一称。

透过上述分析我们会发现，"音系学"和"音位学"不应单纯理解为同一名称的两种不同译法。试比较，理论语言学的另一核心分支学科morphology亦存在两个中文译名："形态学""词法学"。虽然中文里这两个能指共存造成了术语上浪费，但是由于二者完全对应同一个所指，并不存在第二个所指，因而不会出现混淆之隐患。"形态学"一称更忠于外文原词的词源，符合翻译中的"信"之原则；"词法学"一称更易于被中文读者理解，符合翻译中的"达"之原则。或许这就是二者谁也打不倒谁的原因所在。与这一情况相比，"音系学"和"音位学"的问题在于两个能指以错位且不统一的方式对应两个所指，以图9-3表示，"音位学"一称侵入了原本不属于自己的所指域（图中虚线），这样的情况的确应当避免为佳。

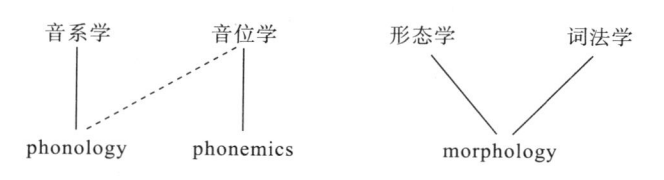

图 9-3 "音系学""音位学""形态学""词法学"
"phonology""phonemics""morphology"对应关系示意图

基于上述考量，本书按照《语音学与音系学词典》中的用法，完全使用"音系学"来表示英语phonology及其在其他欧洲语言中的对应词；"音位学"仅指北美学派曾经使用过的phonemics。

9.4 诺伦的瑞典语著作中的"音系学"

最后，还应当简单说说特鲁别茨柯依多次提到的另一位音系学先驱——瑞典语言学家诺伦。本章9.1所引用的那段关于"音位学"的论述中，特鲁别茨柯依除了强调自己所说的"音系学"相当于当时英语中的phonemics之外，还建议把"音位学"一称引入瑞典语。这一建议与诺伦对音系学的论述密切相关。

与斯威特、索绪尔、叶斯柏森等人相比，诺伦的名字似乎已不为当今的语言学研究者所熟悉。诺伦是瑞典科学院院士，是新语法学派在瑞典的代表人物，著述丰硕，尤其对北欧的方言学、历史语言学等领域贡献巨大。他著有关于古瑞典语、古冰岛语等古代北欧语言的语法书，对瑞挪边境韦姆兰（Värmland）、达拉纳（Dalarna）等地的方言有深入研究。而他最富影响力的著作，是其构思的9卷本鸿篇巨制《我们的语言——现代瑞典语语法详解》（*Vårt språk: Nysvensk grammatik i utförlig framställning*, 1904—1924）。该著作由导论及音系学、语义学、词法学四部分构成，至诺伦去世时实际完成了第1、2、3、5、7卷以及第4卷的一部分。由于第1卷后半部、第2至3卷全文、第4卷已出版部分均为关于"音系学"的论述，"音系学"俨然成为这部巨著中的重头，这必然成为特鲁别茨柯依格外重视诺伦的论述的原因之一。

那么，诺伦对"音系学"做了何种界定呢？诺伦实际上使用了两个表示"音系学"的术语，一个是瑞典语本族词 ljudlära，另一个是希腊词源的国际通用术语 fonologi，他把二者视为同义词。瑞典语 ljud 一词指语音，与丹麦语 lyd 及德语 Laut 同源同义，因此 ljudlära 对应丹麦语的 lydlære 和德语的 Lautlehre，字面上看是个泛指一切语音研究的词。

不过，诺伦的确提出了"语音学"和"音系学"之区分。他这样论述二者之别：

> ljudlära，亦称 fonologi，论述的是最基本、最重要的语言即口头语言中构成"所发出的语音"（[瑞] artikulerade språkljud）的物理材料，通过这种"发出的语音"，思想内容得以交际。音系学切不可像有些人那样，跟与它最相近的辅助科学"语音学"（[瑞] fonetik）弄混，当然更不同于其辅助科学"声学"（[瑞] akustik），即物理学中研究声音的那部分，因此，并非所有跟音相关的东西都可为语言目的充当手段。
>
> （Noreen 1907: 50）

关于诺伦的这段定义，特鲁别茨柯依强调了两个关键点：诺伦的音系学"是关于语言的物理材料的科学，是关于所发出的音的科学"（Trubetzkoy 1939a: 12）。诺伦的"音系学"的确是个覆盖面极广的术语，似乎囊括了与语音相关的一切方面,从而与语义学、词法学共同构成语言学的三大组成部分。诺伦认为音系学由两部分组成,一是研究音位([瑞] fonem)及其构成与存在的"描写音系学"([瑞] deskriptiv ljudlära),二是研究音位历史演化的"词源音系学"([瑞] etymologisk ljudlära)。(Noreen 1907: 340)这种共时与历时之分在当时并不罕见。他还把描写音系学进一步分为研究"音位绝对特征"的"质音系学"([瑞] kvalitativ ljudlära)和研究响度、长度、力度、高度等"音位相对特征"的"韵律音系学"([瑞] prosodisk ljudlära)(同上,406),这之中兼有今音系学和语音学的研究对象。

从上述定义中可看到"音位"在诺伦的体系中十分重要,因此必须仔细审视他对"音位"的定义才能够明确知晓他的"音系学"究竟指何种研究。我们发现他仅将其定义为"语音物质、语音量子"(同上,340)而已,和布拉格学派后来定义的"音位"差别非常大。因此,他的"音位"只是个微小的结构单位,未必具有区别词义之功能。对这样的"音位"的构成与存在进行研究,必然无法脱离对发音部位、发音方法的分析。这再次证明他的"音系学"会大量涉及今语音学的研究对象。

而被诺伦定义为"语言学的辅助学科"的领域,除了"语音学"之外还包括语言哲学、语文学(文学理论)、格律学、修辞学、语言病理学、文字学、正字法、正音法(同上,44-47),这之中有数个领域与语音研究关系密切,可见诺伦的"音系学"虽然覆盖面很广,但并非把所有和语音相关的事物不加选择地置于其下。其中,他这样定义"语音学":

> 语音学(常被错误地称为"语音生理学"):关于语言的物理条件(含解剖学、生理学、声学条件)的科学。
>
> (同上,44)

正因为此,他才在真正开始论述"描写音系学"之前,对"语音声学""语音解剖学""语音生理学"分别做了概要描述。

综上而述，诺伦的"音系学"所研究的对象很多时候涉及的是今天的语音学。而诺伦的"语音学-音系学"二分法，主要目的在于把纯自然科学的话题排除在语言学研究之外。既然瑞典语当时最重要的语法著作已为"音系学"下了这样的定义，特鲁别茨柯依自然会担心布拉格学派的"音系学"会被错误理解，故而希望瑞典语言学家能够把一个相当于英语 phonemics 的词引入瑞典语的语言学文献，从而表现出布拉格学派的"音系学"不同于诺伦的"音系学"。不过，特鲁别茨柯依的英灵定会感到欣慰，因为布拉格学派的"音系学"概念最终在全世界范围内得到了普遍接受，瑞典语中也不例外。1925 年出版的《瑞典科学院词典》(*Svenska Akademiens ordbok*, SAOB) 第 8 卷曾经依照诺伦的定义，把 fonologi 释为 "den del av grammatiken som redogör för det i ett språk förekommande ljudmaterialet"（语法中描写某一语言存在的语音材料的那部分），而今瑞典最权威的 20 卷本《国家百科全书》(*Nationalencyklopedin*)，已转而将 fonologi 释为 "vetenskapen om språkens ljudstruktur"（关于语言之语音结构的科学），并明确强调音系学研究的是语音如何"跟其他语音相互关联"（[瑞] förhåller sig till andra ljud），而不是像语音学那样研究语音如何发音、有何物理特征等，该词条还特别指出了博杜恩、索绪尔以及包括特鲁别茨柯依在内的"布拉格音系学派"（[瑞] pragfonologiska skolan）对这一领域的贡献。《国家百科全书》中确有 fonematik（音位学）词条，但是与 600 余字的 fonologi 词条相比，这个短短 10 几字的 fonematik 词条存在的唯一目的，只是介绍 fonologi 在英语国家曾经存在过另一个名称而已。而《瑞典科学院词典》，则完全未收录 fonematik 这个词。"音位学"一称显然未能在瑞典站稳脚跟。

9.5 小结

斯威特等英国经典语音学家从未使用过"音位学"一称，但特鲁别茨柯依撰写《音系学原理》一书时,"音系学"一称在英语文献中尚存歧义。布拉格学派的"音系学"与美国语言学界经常使用的"音位学"有异曲同工之处。不过,随着生成音系学的兴起,"音位学"一称逐渐淘汰,"音系学"最终成为功能视角下的语音研究之名称。中文文献中,我们对这两个名称的使用经历了与英语文献类似的过程。由于特鲁别茨柯依的影响,英语和瑞典语原有的"音系学"一词出现了词义转向,布拉格学派赋予该词的新意义取代了旧时原有的意义。

下篇

特鲁别茨柯依音系学短篇经典著作选译

论音系性元音系统的普遍理论

Zur allgemeinen Theorie der phonologischen Vokalsysteme

（1929）

　　［译者按］《论音系性元音系统的普遍理论》是特鲁别茨柯依发表的第一篇以共时普通音系学为对象的论文。此前他关于语音的著作，阐述对象都是具体语言或语群的音系演化史。这篇文章标志着他的研究重心开始转向共时层面的普遍性问题，是他的"音系学黄金十年"的首篇重要著作。1928年9月19日，他在写给雅柯布森的信中兴奋地描述了自己的一项新发现："我开始了另一项很感兴趣的工作：我把心里能默记起来的所有语言（共34种）的音系性元音系统放在一起，尝试对其做相互比较。……我会继续一点点地做，直到收集100种语言为止。得出的结果极其有意思，比如，我至今没发现有任何语言，元音系统不是对称的。所有这些系统都可纳入数量不大的几种类型，全都可以用对称图形来表现（如三角、平行线等）。"（Trubetzkoy 1975: 117 / 2006: 150）他推测，这样的归纳很可能对一切语言皆有效，因而开始了这篇探究音系性元音系统普遍性的论著的写作。

　　《布拉格语言学小组活动记录》（Compte-rendu de l'activité du cercle linguistique de Prague）显示，1928年，特鲁别茨柯依曾两度在小组内部做关于此话题的报告，一次是在2月6日，报告题目为《字母表与音系系统》（L'alphabet et le système phonologique）；另一次是在12月18日，报告题目为《元音系统之比较》（Comparaison des système de vocalisme）。这两次报告无疑代表了《论音系性元音系统的普遍理论》的雏形。

特鲁别茨柯依对现代音系学的那些最引人瞩目的贡献，都不难在这篇《论音系性元音系统的普遍理论》中找到原型，如音系学与语音学的区别、音位概念、构成音位的若干语音成分、语音成分的音系效力、音位与语音实现形式的关系、韵律成分的性质，等等。这篇文章得到过萨丕尔的高度评价。（参见钱军 2018）因此，瓦海克非常重视它，将其收入《布拉格学派语言学选读》（1964）。但总体来看，在特鲁别茨柯依的诸多音系学著作中，这篇文章经常受到低估，例如利伯曼就未将其收入 Trubetzkoy（2001），所以这篇文章从未得到过英译。这或许跟特鲁别茨柯依的一句自我评价有关。他在《音系学原理》中表示，"关于音位，我在一些早期的音系学著作里曾用过'语音意象'这个表述，这个表述是不妥当的。"（Trubetzkoy 1939a: 37）事实上，不妥当的只是"音位 = 语音意象"这个等式及其背后的心理学视角，而且《音系学原理》原文此处使用的德语形容词是 verfehlt（见 Trubetzkoy 1939a: 37），只是不够妥当、未抓住问题的重点而已，并不是极为严重的大错（比较德语形容词 falsch）。只要忽略这个"心理学旧瓶"，会发现这瓶中的"音系学新酒"其实为布拉格学派音系学未来十年的发展指明了方向。

本译文由《布拉格语言学小组文集》第 1 卷里刊载的版本译出，原文是德文。①

1

从语音学思考语音，和从音系学思考语音，二者间的差别是根本性

---

① 本译文曾刊载于北京大学外国语言学及应用语言学研究所《语言学研究》第 31 辑（2022），收入本书时略有改动。

的，无论如何也不会被夸大。语音学是一门自然科学（Naturwissenschaft），研究人类言语的声音，与之相比，音系学研究的是音位，也就是人类语言的语音意象。音系学因而是语言科学（Sprachwissenschaft）的一部分。音系学就像词法学和句法学一样，是语法的一部分。

语音学视角显现出的是与词法学等视角完全不同的言语感知方式，与之相反，音系学视角使用的感知方式与词法学视角基本相同。通过音系学视角，口语中的词被分割为一个个音位，被感知为由这些音位组成，这跟词法学视角下把词拆分成词法成分（即语素）的联想分析（assoziative Analyse）相同。捷克语 duby（橡树）一词为何被视为主格复数？因为它一方面和 zuby（牙齿）、hrady（城堡）等词相关联，另一方面又与 dub（橡树，主格、宾格单数）、dubu（橡树，属格、与格单数）、dubem（橡树，工具格单数）相关联，并可依此分为两个词法成分，或称两个语素（dub + y）。但是，同一个 duby 一词还可以被理解为由音位 d + u + b + y 组成，因为这之中每个音位都不只出现于这一个词里，而且还存在于下列词中：duby 一词因首音 d 而与 dáti（给）、deset（十）、dýka（匕首）、dolů（向下）等词相关联，因 u 而与 zuby（牙齿，复数）、ruka（手）等词相关联。通过同一语言中不同词之间的这类语音联想，某一具体的词，或者确切说，某一具体的词意象（Wortvorstellung），可拆分为若干音系成分，即一个个的语音意象，亦称音位。

联想分析并不止于单个音位。如果把德语 Keil（楔子）一词跟 geil（旺盛的）做比较，会发现二者之间存在与 Pein（疼痛）和 Bein（腿）完全相同的区别。语言意识中存在等式"k : g = p : b"，因此该等式中的每个项皆可做音系拆分：k 一方面与 g 形成关联，另一方面与 p 形成关联，k 这个音位由此触发两种发音-声学语音意象成分（motorisch-akustisches Lautvorstellungselement），一是"舌面后部塞音"（dorsaler Verschlußlaut）这个发音-声学意象，二是"清塞音"（Tenuis）之意象。

当然，并不是所有的音位都能够这样按心理方式来拆分。例如德语的 l 音就无法拆分，它只含有一个发音-声学语音意象。只有那些自身的发音-声学语音意象也出现于其他音位中的音位，才可加以拆分。因此，音位的心理内容（psychologischer Gehalt）由该语言的整个音系系统的性质决定。同一个音，在两个不同音系系统中对应的是两套全然不同的心理意象整体。德语的k仅含有两个意象成分："清塞音"和"舌面后部塞音"。而在加赫切尔克斯语（Kjachisch-Tscherkessisch）中，虽然k的发音客观上与德语的k完全相同，但却对应6种意象成分："清音性"（与g对立）、"弱音性"（与强音k或双音k对立）、"声门内呼气"（与咽腔阻塞而发的k对立）、"非圆唇性"（与圆唇的k°对立）、"软腭前部性"（与软腭后部的q对立）、"舌面后部性"（与舌冠或舌尖的t对立）。因此，虽然德语k和加赫切尔克斯语k的所有发音-声学特征皆相同，但这些特征中只有2个在德语中有音系效力（phonologisch gültig），而在加赫切尔克斯语中却是6个，这一差异只是因为德语的整个音系系统与加赫切尔克斯语极为不同。

如我们所见，有的音位心理内容简单，有的则复杂，而复杂程度也是各有不同。因为一切皆基于音系系统之本质，所以对音位的心理内容的研究就成了对音系系统之本质的研究。迄今为止，罕有对音位心理内容的关注。的确，人们感兴趣的不是音位（即语言的语音意象）本身，而是音位的语音实现形式（phonetische Realisierung）。因此，音系系统也一直被忽视。语音研究本该是对音系系统的研究，却变成了对单个音的研究，充其量是对每个音位的研究。对世界所有语言的音系系统开展比较研究，是当今语言学最急迫的任务。

下文我将尝试为元音系统勾勒出普遍性理论。这其实只像是更深入的研究进行前的抛砖引玉式尝试，而非确切的理论。这之中我只使用那些我对其元音系统非常熟悉的语言和方言为例。这些语言的选择较为随机，取决于我个人的语言学兴趣方向和研究范围。

2

从语音学视角来看，元音是若干发音动作的组合，每个发音动作都有其特定的声学效果。下颌的运动导致元音的不同开口度（Grad der Öffnung），从声学上看对应不同的语音饱和度（Schallfülle）等级。唇与舌的运动使口腔管道的形状和周长（尤其是长度）发生变化，在声学上对应不同的音高等级。元音的音长、力度、声调轨迹因声带震动的时长、强度和速度而产生。从客观上看，每个元音都具有a）特定的开口度，即饱和度；b）特定的（舌唇）发音位置，即自有音高（Eigentonhöhe）[1]；c）特定的时长（Dauer）；d）特定的呼气力度（exspiratorische Stärke）；e）特定的声调轨迹（Melodieverlauf）。然而从音系学视角来看，上述特征并不是每一个都对应特定的语音意象成分。多数时候，元音的客观语音学特征中只有一部分具有音系效力。

对于元音音位来说，不可或缺的只是开口度意象，或称饱和度意象。有些语言，元音音位仅由这一种意象构成。例如，阿迪格语（西高加索语系）就是如此。阿迪格语中被N. 雅克弗列夫[2]记作ə的那个音位，位于硬腭音之后时，具有i的客观语音学音值；位于圆唇软腭音之后或之前时，其值为u；位于两个唇音之间时，其值为ü；位于齿音之后时，其值为y，等等。音位e，位于圆唇软腭音之后时，客观上发o音；位于两个

---

[1] "自有音高"是音段本身的自有属性，不同于超音段特征意义上的"音高""声调"等概念。例如，元音/i/的自有音高较高，元音/u/的自有音高较低，后来的区别特征理论称前者为"锐音性"（acute），称后者为"钝音性"（grave）（参见Jakobson 1949, Jakobson & Lot 1949, Jakobson, Fant & Halle 1952等）。雅柯布森（Jakobson 1939）把这样的自有音高由元音延至辅音，如辅音/t/具有锐音性，/p/、/k/具有钝音性，从而统一了元音和辅音的区别特征。——译者注

[2] N. 雅克弗列夫（N. Jakovlev），《卡巴尔达语语音列表》（Таблицы фонетики кабапдьинского языка），《莫斯科东方学研究院北高加索语言系学报》（Труды подразряда исследования северокавказских языков при институте востоковедения в Москве），第1期（莫斯科，1923）；另见同一作者《卡巴尔达语词典资料》（Материалы для кабардинского словаря）（第1卷），苏联东方民族语言与族裔文化研究委员会（Комитет по изучению языков и этнических культур восточных наропов СССР），第6卷（莫斯科，1927）。——原注 ［译者按：雅克弗列夫（Nikolai Jakovlev / Николай Феофанович Яковлев, 1892—1974），俄国语言学家、高加索语专家。雅克弗列夫出身哥萨克贵族家庭，是富尔图纳托夫（Filipp Fortunatov / Филипп Фёдорович Фортунатов, 1848—1914）弟子，与雅柯布森同为莫斯科语言学小组创始成员，20年代主持全苏少数民族文字拉丁化工作。］

唇音之间时，发ö音，等等。阿迪格语元音的发音位置，或称自有音高，由语音学环境决定，以语音学环境为条件；不受这种环境影响的，也就是具有音系效力的，仅有元音的开口度。因此，阿迪格语的元音音位是纯粹的开口度意象，也就是饱和度意象：即最小开口度的ә，中等开口度的e，最大开口度的a。与之具有可比性的关系，亦存在于其他西高加索语系语言中（如阿布哈兹语和尤比克语）。

发音部位意象，或者说自有音高意象，在元音音位当中从不单独出现，而是永远与开口度（饱和度）意象相组合。至少我从未在我所知晓的语言中发现过整套心理内容仅由前、中、后发音位置意象来表现的元音音位。只要元音音位具有自有音高意象（发音位置意象），就一定也有饱和度意象（开口度意象）。大多数语言里，元音音位只有这两种意象成分，也就是开口度（饱和度）意象成分和发音位置（自有音高）意象成分。

关于音长意象、呼吸力度意象必须注意到，R. 雅柯布森构建了一条定律：拥有自由呼气重音（即具有音系效力的呼气重音）的语言不允许拥有自由音长，而拥有自由音长（即具有音系效力的音长）的语言同样不允许拥有自由呼气重音。[①]这条定律鲜有例外。如果忽略这些情况，或许可认为语音意识中仅存在"总体强度"之意象，这些意象从语音学角度看，在有些语言中以音长对立实现，在另一些语言中以呼气对立实现。换言之，此处涉及的语言仅存在"最大强度"与"最小强度"之对立，而从语音学角度来看，有些语言中是"长音"与"短音"之对立，另一些语言中是"重读"与"非重读"之对立。因此，"音长"和"呼气重音"这两个术语不属于音系学，而属于语音学。从音系学角度看，有自由呼气重音且无自由音长的语言，和有自由音长且无自由呼气重音的语言，二者之间唯一的差别就在于，在前一种语言类型中，每个独立的词都必须包含强元音音位，同一个词里的其他所有元音都是弱元音音位；而后一种语言类型中，

[①] 罗曼·雅柯布森，《论捷克语诗歌——主要与俄语诗歌相比较》（*О чешском стихе, преимущественно в сопоставлении с русским*）（=《诗歌语言理论丛书》[Сборники по теории поэтического языка]，第5卷），柏林/莫斯科，1923。——原注

每个独立的词里强元音音位和弱元音音位的数量是不确定的。但是，由于"独立的词"是个词法学概念，所以我们发现上述两种语言类型之区别本质上不在于强度意象，而仅仅在于强度意象的词法功能。——呼气强度意象和音长强度意象之间的音系区别，很可能只存在于那些同时拥有自由呼气重音和自由音长的极少数语言里。我只知道两种这样的语言——德语和英语。

强度意象充当元音音位的组成部分，并不是所有语言里都有。波兰语、索布语、亚美尼亚语里，元音音位仅包含饱和度意象和自有音高意象，没有强度意象；这类语言的呼气重音永远束缚于词的某一特定音节上（末音节、首音节、倒数第二个音节，等等），只是词界的语音学信号而已，不会激发语言意识中的任何强度意象。

如果再看那些元音音位中包含强度意象的语言，就会发现所有这类语言中，元音音位都包含自有音高意象。前面提到过的阿迪格语，元音音位不包含任何自有音高意象，同样不包含强度意象；该语言的重音是"束缚住"的（永远位于词干的倒数第二个音节）；长元音要么被视为二合元音（ē = ei̯, ō = eu̯, ī = ǝi̯, ū = ǝu̯），要么被视为音长中立；因此，客观上来看，元音音位a（最高饱和度）永远是长音，短ă音存在，但是被视为音位e的外部性语音学变体（位于喉化音之后等位置）。阿布哈兹语的情况基本上与之类似，长ā和短ă之间的区别不视为音长区别，而是视为饱和度区别。

声调意象（声调高度意象以及声调运动意象），在许多语言中充当元音音位的组成部分；我个人了解的这类语言非常少。我所掌握的材料中，声调高度意象和声调运动意象仅见于元音音位亦含有强度意象的语言中。①

---

① 见本人发表于《斯拉夫语文学学报》（*Zeitschrift für Slavische Philologie*）第1卷的文章，303页及后。——原注 [译者按：指《简论俄语语音演化及共同罗斯语统一体的瓦解》（Einiges über die russische Lautentwicklung und die Auflösung der gemeinrussischen Spracheinheit, 1924）一文。]

我们因此可得出下列结论：——声调意象预示强度意象之存在，强度意象预示自有音高意象之存在，自有音高意象预示饱和度意象之存在。——从心理内容来看，元音音位可属于下列四种类型之一：第一种类型——元音音位仅具有一种语音意象，即饱和度（开口度）意象；第二种类型——元音音位具有两种语音意象成分，即饱和度意象和自有音高意象；第三种类型——元音音位具有三种语音意象，即饱和度意象、自有音高意象、强度意象；第四种类型——元音音位具有四种语音意象成分，即饱和度意象、自有音高意象、强度意象、声调意象（声调音高意象、声调运动意象）。

3

如果忽略那些元音音位毫无例外地仅涉及饱和度意象的少量语言，我们可认为饱和度（开口度）和自有音高类别（Eigentonklasse）是相辅相成的，每个元音系统皆基于此而构建。这类系统的结构，主要取决于饱和度等级数量和自有音高类别数量。元音系统必须包含至少两个饱和度等级（最大值和最小值）；大多数元音系统还包括第三个（中间值），有的甚至还包括第四种饱和度（也是中间值）：我们因此可以说某一元音系统是个具有两种、三种、四种饱和度的元音系统。同样的情况亦适用于自有音高类别，但区别在于大多数元音系统仅包含两种自有音高类别（最高类、最低类）；含有第三个类别并不常见，含有两种自有音高中间类别则更为罕见。必须强调，所有这些意象都是相对的；每个圆唇元音的自有音高都低于其相对应的非圆唇元音，舌部也都比相对应的非圆唇元音更加后缩；而"最低""最高"之类的术语仅指特定的系统，可能会出现这样的情况：某个元音从某一系统的视角来看是"最低类"，而在另一系统看来却属于中间类（这一情况当然也适用于"最大饱和度""最小饱和度"等术语）。

除了饱和度等级和自有音高类别的数量之外，还有一个因素在元音系统结构中也发挥作用。我们刚刚说过,(除了元音音位完全不含自有音高意象的那些语言之外)每一元音系统都必须至少含有两种饱和度和两种自有音高类别。因此,存在两种元音系统类型:第一种类型中,最大饱和度的元音一个自有音高最高,另一个自有音高最低;第二种类型中,仅存在一个最大饱和度(开口度)的元音音位,这个元音音位没有自有音高类别问题。前一种元音系统类型我们称之为四角系统(或四角类型),后一种我们称之为三角系统(或三角类型)。

最简单的元音系统是仅含有两个饱和度等级且仅含有两种自有音高类别的元音系统:——鲁图尔语(Rutulisch,达吉斯坦①南部)等语言的系统由此呈现四角类型②:

a	ä
ə	i

——而许多语言构建起的是三角类型,如拉克语(Lak,达吉斯坦中部)③、现代波斯语④、阿拉伯语⑤等:

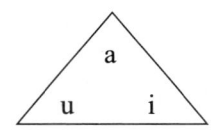

a
u i

---

① 俄罗斯国内的联邦主体之一,位于内高加索地区、里海西岸,西临同为联邦主体的车臣共和国。——译者注

② 从语音实现形式来看,鲁图尔语的这个ə位于w之后或位于圆唇辅音后时,读成u音。——原注

③ 从语音实现形式来看,拉克语的所有元音位于"强势(emphatisch)腭化"辅音之后时,都发成带有挤喉声音(gepresster Stimme)的音,因此,a发ä、u发ö、i发e;这些元音位于其他位置时,发"纯"的a、u、i音。——原注

④ 从语音实现来看,现代波斯语的短音u、a、i被发成o、ä、e;而长音ā发音时带有圆唇性(方言中几乎发成ō)。——原注

⑤ 从语音实现形式来看,阿拉伯语位于强势辅音、软腭后部辅音和喉化辅音之后的所有元音都经历一定变化。因此,i位于q之后和强势音之后读ï(=ы)音,位于喉化音后读e音;u和a本来有些腭化,但在这样的位置上发成更靠后的元音,u发成o,a发成"纯"a或略带圆唇的ɑ或å。——原注

现在，可以把中等饱和度的元音音位考虑进来了，但是，这类音位在最高、最低自有音高类别中的数量永远相等。带中等饱和度的四角类型如达尔金语（Dargwa，达吉斯坦东部）：

a　　　　　ä

o　　　　　e

u　　　　　i

三角类型如拉丁语、现代希腊语、波兰语（标准语）[①]、塞尔维亚-克罗地亚语、埃尔齐亚莫尔多瓦语（Erza-Mordwinisch）、阿瓦尔语（Awarisch，达吉斯塔西部）[②]、安迪语（Andisch）等安迪柯依苏河（Andischer Kojssu）下游各语言（达吉斯坦西部）、阿奇语（Arčinisch，达吉斯坦中部）、格鲁吉亚语以及大量其他语言：

　　　　　a

o　　　　　　　　e

u　　　　　　　　i

有两种中间饱和度的系统，四角类型的如部分波兰语方言[③]：

---

① 从语音实现形式来看应注意，波兰语的这个音位 i，位于硬辅音（即非腭化辅音）之后发中间一列的元音 y（= ы）。——原注

② 阿瓦尔语和阿尔齐语里，元音 u、o、a 位于强势喉化辅音之后都发成 ü、ö、ä。——原注

③ 这些方言里，á 和 a 之间的关系从语音学角度看，常实现为圆唇 á 音（å）和非圆唇 a 音之关系。但是也有些方言，a 发成腭化音（即 ä），而 á 发成非圆唇音。（参见 K. 尼奇 [K. Nitsch] 在《波兰百科全书》[*Encyklopedya Polska*] 第 3 卷，第 2 册，264 页的叙述。）音系图景并未因此而发生变化。——原注 ［译者按：《波兰百科全书》是波兰学术院（Polską Akademię Umiejętności / Polish Academy of Learning）主持编纂的大型百科全书，1905 至 1923 年间分学科陆续出版，共 25 卷。其中第 3 卷是语言学卷，题为《波兰语及其历史，兼论波兰境内其他语言》（*Język polski i jego historia z uwzględnieniem innych języków na ziemiach polskich*, 1915）。尼奇（Kazimierz Nitsch, 1874—1958），波兰语言学家，方言学家，卡舒比语专家，《波兰百科全书》语言学卷撰稿人之一。］

论音系性元音系统的普遍理论　　277

$$\begin{array}{cc} á & ä \\ o & e \\ ǫ & ę \\ u & i \end{array}$$

三角类型的如意大利语的系统，索布语的系统构成与之相同，但语音学实现形式不同[①]：

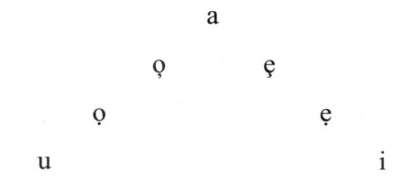

$$\begin{array}{c} a \\ ǫ \quad ę \\ ǫ \quad ę \\ u \quad\quad\quad i \end{array}$$

目前为止论及的语言都只含有两种自有音高类别。含有三种自有音高类别的系统不太寻常，但也常能遇到。这样的系统里，具有中等自有音高类别的元音音位在语音学角度实现为圆唇前元音（ü、ö）还是非圆唇中元音（y、æ）[②]并不重要。从音系学角度看，这些元音音位至关重要的只是它们在元音系统中的地位，也就是它们与最低、最高自有音高类别的区别——它们居于那两个类别之间的中间位置。[③]

在中等自有音高类别里，饱和度等级的数量必然永远无法多于其他两种自有音高类别。具有三种自有音高类别的元音系统因而可归入两组：A. 三种自有音高类别中的饱和度等级数量相同；B. 中等自有音高类别的饱和度等级少于其他两个类别。属于第一组的，四角类型如爱沙尼亚语词首音节的元音系统[④]：

---

① 意大利语以单元音 ǫ、ę 呈现的"第一组"中间饱和度，在索布语中的语音实现形式为二合元音 ó（发 uǫ）和 ě（发 ię）；位于非腭化辅音之后的 i、e 发成中元音（y、æ）；位于腭化辅音之前的 e 发成紧音（窄音），等等。——原注

② 本文 ä = IPA [æ]，ü = IPA [y]，ö = IPA [ø]，y = IPA [ɨ]，æ = IPA [ɘ]。——译者注

③ 这也解释了 y（= ы）被 ü 取代时的心理现象，比如，这一过程常能在学习俄语或波兰语的德国人那里观察到。——原注

④ 此例中的 õ = IPA [ɤ]，这个写法源于爱沙尼亚语的字母表（参见 Metslang 2022: 351），不是鼻化元音。——译者注

```
          a    õ    ä
          o    ö    e
          u    ü    i
```

而三角类型如沃恰克语（Votjakisch）：

```
             a
          o  æ  e
          u  y  i
```

或是如音系学角度具有显著可比性、语音学角度却有所不同的齐良语（Zyrjänisch）的系统：

```
             a
          o  ö  e
          u  ü  i
```

第二组，四角类型如芬兰语的系统：

```
          a       ä
          o   ö   e
          u   ü   i
```

库里语（Kürinisch）和塔巴萨兰语（Tabasaranisch）（达吉斯坦南部）的系统[1]：

```
          a       e
          u   ü   i
```

以及一些较为古旧的现代保加利亚语方言[2]：

---

[1] 塔巴萨兰语中，ü位于软腭后部辅音之后时发ö音，有时候u也发o音。——原注

[2] 尤其见 J. 伊万诺夫（J. Ivanov）描写的萨罗尼基（Saloniki）不远处的苏霍村（Suho）（见《斯拉夫研究述评》[*Revue des études slaves*]，第2卷，861页）；关于语音实现形式只需注意，元音 o、a、e、ä 在重读音节里发开音（宽音），在非重读音节里发闭音（紧音）。——原注

论音系性元音系统的普遍理论　　279

$$\begin{matrix} a & & ä \\ o & & e \\ u & ъ & i \end{matrix}$$

而三角系统，如晚期古希腊语（即中古希腊语）的系统：

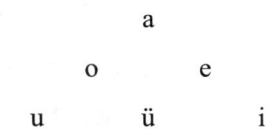

$$\begin{matrix} & a & \\ o & & e \\ u & ü & i \end{matrix}$$

或车臣语的系统[1]：

$$\begin{matrix} & a & \\ o & & e \\ ω & ö & ε \\ u & ü & i \end{matrix}$$

类似保加利亚语这样的元音系统，其音系学结构较难确定：既可表现为三种自有音高类别的饱和度等级数量皆相同的四角系统：[2]

$$\begin{matrix} o & a & e \\ u & ъ & i \end{matrix}$$

也可表现为第二组那样的三角系统：

$$\begin{matrix} & a & \\ o & & e \\ u & ъ & i \end{matrix}$$

---

[1] 关于语音实现形式应注意下列问题：中等自有音高类别的元音音位，实现为更靠前的元音，但圆唇状况不均，只有在第一部分里是圆唇音，在第二部分里则是非圆唇音；元音音位ω、ö、ε则实现为松紧程度不均的元音，在词首比在词末更紧（因此有ω = u͡o，ε = i͡e，ö = ü͡e）。——原注

[2] 关于保加利亚语的例子中，ъ = IPA [ɤ]，这个写法源于保加利亚语的正字法。（参见 Ternes & Vladimirova-Buhtz 1999: 56）——译者注

以音系学方式构建的乌克兰语（y取代了ъ）、马来语以及部分较古旧的塞尔维亚-克罗地亚语方言同理（参见M. 列谢塔尔《施托卡维方言》[M. Rešetar, *Der Štokavisch Dialekt*]，90页；另见A. 莱斯琴《塞尔维亚-克罗地亚语语法》[A. Leskien, *Grammatik der serbokroatischen Sprache*]，108页）。需要注意的是，所有这些系统里，中等自有音高类别的最小饱和度（=最小开口度）元音音位所实现的元音，从客观角度、语音学角度来看，开口度大于其他两种自有音高类别的最小饱和度元音音位，这一点从四角系统的角度来理解比从三角系统来理解或许会容易些。

拥有四种自有音高类别的元音系统似乎非常罕见。这一类，我只知道有四角系统，即饱和度等级数量相等的系统，例如见于奥斯曼土耳其语以及许多其他突厥语里的这类系统：

o　a　ö　ä
u　y　ü　i

以及两种中等自有音高类别里饱和度等级数量都低于其他两个类别的系统，如科依巴尔语（Koibalisch）和卡拉加斯语（Karagossisch）的系统：

a　　　　ä
o　œ　ö　e
u　y　ü　i

或是古教会斯拉夫语[①]的系统：[②]

[①] 此例中的ъ和ь是古教会斯拉夫语字母表的写法，据Lunt（2001: 30），ъ是[+后,+高,-紧,±圆唇,-鼻]，ь[-后,+高,-紧,-圆唇,-鼻]。由此可判断，ъ = IPA [ʊ]，ь = IPA [ɪ]。——译者注

[②] 此处是我对《佐格拉夫手抄本》（Codex Zographensis）和《玛利亚手抄本》（Codex Marianus）等古教会斯拉夫语古卷里的古字符的语音系统之理解。关于其语音实现形式应注意下列问题：位于词首以及位于元音ü、ö、i、e之后，读jü、jö、ji、je；同样位置上的ě，读jɑ；除此之外，读ěɑ（但是位于硬腭边缘的ñ、î、r̂之后，读a）；y、œ、ъ、ь只出现于辅音之后；œ、ö只出现于ŋ之前（=格拉哥里字母Ɇ），如glagoiöŋtъ（他们说），ědœŋ（正在吃）；与之不同的是，e、o既出现于ŋ之前（如peŋtъ[五]，zoŋbь[牙齿]），也出现于其他位置上。——原注

```
        a       ä
    o   œ   ö   e
    ъ           ь
    u   y   ü   i
```

只要能够从少数例子中做出判断，同样的规则似乎就适用于拥有四种自有音高类别的元音系统，与拥有三种自有音高类别的元音系统同理。

4

在那些元音音位有强度等级（Intensitätsstufe）区别的音系系统中，永远只存在两种强度等级——"最大强度"和"最小强度"。音长性语音实现形式之中客观出现"半长"（即"中等时间长度"）元音之处，或是呼气性语音实现形式之中客观出现"伴随性音高"（Nebenton）之处，皆乃纯语音学现象，而非音系学现象。这样的例子里，半长音在特定语音条件下替代了某个长音或某个短音，但从音系学角度看，仍要视为它所替代的这两种强度等级之一。与之类似，伴随性音高也只在语音学角度下存在，因为它在音系学性的语言意识中并无效力。拥有两种以上强度等级的音系系统似乎完全不存在。

在那些每个元音音位都是两种强度等级皆有的语言里，最大强度元音音位的结构与最小强度元音音位的结构是相同的。语音学角度，长元音（重读元音）无须在发音特征上和其所对应的短元音（非重读元音）完全一致。现代波斯语中，如前所述（参见275页注4），短元音（o、ä、e）与长元音（ū、ā、ī）并不相同；但是，短元音和长元音的系统结构却是相同的。二者都有一个音高最低且饱和度最低的元音（短音是ŏ，长音是ū），都含有一个音高最高且饱和度最低的元音（短音是ĕ，长音是ī），也都含有一个饱和度最高的元音（短音是ä，长音是ā）。拉丁语很著名的一点就是，所有短元音都是开音（非紧音），所有长元音都是闭音（紧音），然而，最大强度元音系统（长元音系统）与最小强度元音系统（短元音系统）却是完全相同的。其他古意大利方言，尤其是奥斯坎语（Oskisch）①，和拉丁语一样，拥有由两种自有音高类别和三种饱和度等级构成的三角系统，长短元音之间的语音学差异非常显著，显著到中等饱和度的最大强度元音音位的语音实现形式，竟然与最小饱和度的最小强度元音音位在音质上完全相同（即：长音是 ū、ọ̄、ā、ẹ̄、ī，短音却是 ǒ、ǫ̆、ă、ę̆、ĕ）；② 而这两种强度级别的音系学系统结构，却是相同的。音系学构造相同的两个元音系统，相对应的元音之间强度等级不同，音质存在局部差异，这样的情况也可通过强度意象的呼气性语音实现形式而存在。③

与上述例子不同的是，两种强度等级的元音系统，其音系学结构也可以不同。这样的情况种类非常复杂。不过，在这两个不同强度等级的元音系统之间构建起几种特定的关系类型还是可行的。下文中我想指出两种这样的类型：

A. 很常见的是，两个强度等级的元音音位构成了两个三角系统，其中，最大强度元音音位含有的中等饱和度等级，多于最小强度元音音位。例如，由此形成这样的组合：

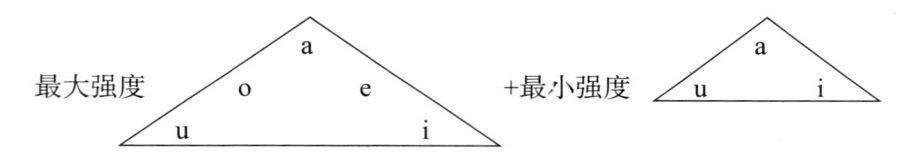

最大强度　　△（a, o, e, u, i）　　+最小强度　　△（a, u, i）

这一关系如大俄罗斯语④以及现代希腊语一些北部方言中的呼气性语音实

---

① 分布于今意大利南部的古代语言，拉丁语的近亲，曾使用古意大利字母（Old Italic）书写，公元1世纪末消亡。——译者注

② 或许应该问，此处 ǫ、ę 所代表的元音，是中部位置的紧元音，还是偏高一些的松元音？众所周知，二者在奥斯坎语里的写法是 ú 和 í。——原注

③ 例如，可参见上文278页注2。——原注

④ 沙俄时代的俄国学者常把俄语称为"大俄罗斯语"（Great Russian language，[俄] Великорусский язык），把乌克兰语称为"小俄罗斯语"（Little Russian language，[俄] Малороссийский язык），视二者为方言关系。这两个称呼十月革命后已不再流行，但在特鲁别茨柯依的著作中仍可时常见到。——译者注

论音系性元音系统的普遍理论　　283

现形式①。古希腊语的某个演化阶段，音长性语音实现形式可能形成过这样的组合：

$$\text{最大强度} \quad \begin{matrix} & \bar{a} & & \\ \bar{o}\,(=\text{ov}) & \omega & \eta & \bar{e}\,(=\varepsilon\iota) \\ & \bar{v} & \bar{\iota} & \end{matrix} \quad +\text{最小强度} \quad \begin{matrix} & & \alpha & \\ o & & & \varepsilon \\ v & & \iota & \end{matrix}$$

这种呼气性语音实现形式还出现于通俗拉丁语里，以及一些乌克兰语北方方言②、大俄罗斯语北部方言里③。大俄罗斯语有些所谓"古旧"的南方方言里，可见到呼气性语音实现形式这样组合④：

$$\text{最大强度} \quad \begin{matrix} & a & & \\ \hat{o} & o & e & \hat{e} \\ & u & i & \end{matrix} \quad +\text{最小强度} \quad \begin{matrix} & & a & \\ & & & \\ u & & i & \end{matrix}$$

相反的关系，也就是最大强度等级呈现"较小"三角系统、最小强度等级呈现较大三角系统的组合，迄今为止我只遇到过一次——是在捷克语的一些哈纳克（摩拉维亚）方言⑤里，这些方言里没有长音 í、ý、ů；其（以音长实现的形式的）元音如此组合：

---

①　关于语音实现形式：e、i 位于"硬音"（非腭化辅音）之后，发中元音 œ、y；u、o、a 位于两个腭化辅音之间，发 ü、ö、ä；e 在腭化辅音之前发窄音（紧音），其余情况发宽音（松音）；最小强度（非重读）的 a，位于词首、位于元音之后、位于重音之前的那个音节里，发 ɑ 音，其余情况发 ə 音（即 ъ）。——原注

②　从语音实现形式来看，此处较紧的中元音发二合元音（ō = ou, ue；ē = ie），在非重读音节里发较紧的 ǫ 和 ę；在硬辅音（非腭化辅音）之后，ę、ę、i 发中元音（œ、œ、y）。——原注

③　例如，O. 布洛赫（O. Bloch）描写的托季玛（Totjma / Тотьма）方言。——原注

④　此处 ô、ê 是紧元音，位于词首比位于词末（uǫ、ię?）更紧；非重读的 a 有时发 ɑ 音，有时发 ə 音（ъ）。——原注

⑤　哈纳克方言（Hanak）又称哈纳方言（Haná），是摩拉维亚中部地区的方言，因哈纳河（Haná）而得名。奥洛穆茨市（Olomouc）被视为哈纳文化之都。——译者注

		a				a		
最大强度	o		e	+ 最小强度	o		e	
					u			i

B. 许多语言里，最大强度元音音位构成三角系统，最小强度元音构成四角系统。这样的组合如匈牙利语：

		á			a		e
最大强度	ó	ő	é	+ 最小强度	o	ö	ë
	ú	ű	í		u	ü	i

以及英语（以音长实现形式）[①]：

			ā							
最大强度		ǭ		ę̄		+ 最小强度	ɒ		ä	
	ọ̄				ẹ̄		o		e	
ū					ī		u	ə	i	

而波拉布语（Polabisch）[②]元音系统也是依此原则而构建的（同样通过强度意象的音长实现形式而构建）[③]：

---

① 我用ɒ表示英语but（但是）等词里的元音，用ə表示后缀-ed、-es等“非重读音节里的不确切元音”；长音ẹ̄多数时候都具有二合元音性（ẹi）。——原注

② 波拉布语（Polabian），曾分布于易北河流域的斯拉夫语，18世纪随着普鲁士在这一区域的崛起，逐渐消亡，被德语取代。特鲁别茨柯依著有《波拉布语研究》(*Polabische Studien*, 1929）一书。——译者注

③ 指主要反映在普菲芬格的记载中的那种波拉布语方言，这里我还必须指出，我对波拉布语语音系统的看法与T. 雷尔-斯普瓦文斯基（其奠基之作《波拉布语语法》[*Gramatyka polabska*]，利沃夫，1929）的看法有很大不同，因此我必须使用完全不同的转写。我用α表示雷尔-斯普瓦文斯基转写为å的元音。我区分波拉布语的两种e音：——波拉布语的ê是个紧元音（窄元音），历史上源于原始斯拉夫语鼻音（至少是n）之前的*e，以及除硬齿音之前所有位置上的*ě。普菲芬格有时把它写成e，有时把它写成i，有时把它写成ey，米特霍夫（Mithoff）有时把它写成e，有时把它写成ey；波拉布语的e是个宽元音，历史上源于原始斯拉夫语除n（或许还有m？）之外的“硬辅音”（非腭化辅音）之前的*e，以及我们的资料中所有写e的地方（e、ee、eh）；雷尔-斯普瓦文斯基转写成ė的那个音，仅出现于j、ħ、ђ之后——即直接接在这几个

```
                      a
                   α     e                          o a ö e
最大强度                              ＋最小强度      ə
                   o ö ê                            u   ü i
                   u ü i
```

挪威拉普语（音长实现形式）亦可见到这一类型：

```
                      ā
                   oa    ea                         o   a
最大强度           uo    ie            ＋最小强度     ə
                   ū     ī                          u   i
```

与之相反的关系，即最大强度等级的四角系统和最小强度等级的三角系统之组合，我只遇到过一次，是在保加利亚东部的某些方言里（呼气实现形式）：①

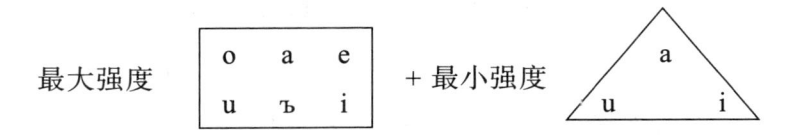

```
                 ┌─────────┐              △
最大强度          │ o  a  e │   ＋最小强度   a
                 │ u  ъ  i │              u   i
                 └─────────┘
```

然而，如前所述，由于现代保加利亚语最大强度元音音位系统可阐释为三角系统（参见上节），所以保加利亚语东部方言的元音系统也可做另一种解读，即：

音之后，这个位置上不出现正常的宽e音，——在语言意识中，这个音必然被认为是音位e的语音学变体。——波拉布语的u，仅出现于波拉布语本族词里和其位于同一个音节的鼻音之前。波拉布语的ü和ö，在我看来仅第一部分是圆唇的（实为üi和öe）。最小强度元音（"弱元音"），在波拉布语本族词里仅呈现为ă和ə̆，其他音只见于来自低地德语的借词；ă永远是开音，ə̆在闭音节里比在开音节里紧。——原注［译者按：普菲芬格（1667—1730），法学家、数学家，曾编写过一部《汪达尔语手册》(*Vocabulaire Vandale*)，实为波拉布语－汪达尔语对照词典。雷尔－斯普瓦文斯基（Tadeusz Lehr-Spławiński, 1891—1965），波兰斯拉夫学家，撰写过多部关于波兰语、捷克语、卡舒比语等斯拉夫语言的著作，编写过波拉布语词典。］

① 这个最小强度（非重读）a的语音实现形式非常窄，以至于它所对应的音，客观语音值不是带重音的a而是带重音的ъ。——原注

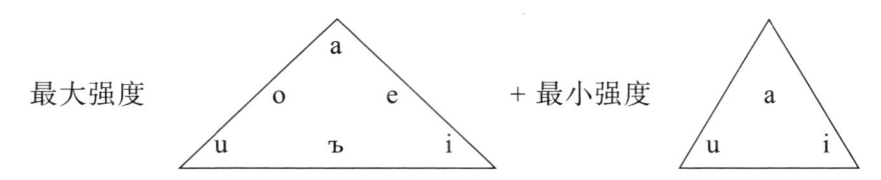

$$\text{最大强度} \quad \begin{matrix} & a & \\ o & & e \\ u & \text{ъ} & i \end{matrix} \quad + \text{最小强度} \quad \begin{matrix} & a & \\ u & & i \end{matrix}$$

如果依此解读，该体系就应属于上面讨论过的 A 类型。

此外，最大强度级别的四角系统与最小强度等级的四角关系相组合也正常，此时这些四边形的"大小"（即该四边形所涵盖的饱和度等级数量和自有音高类别数量）是无关紧要的。我只遇到过少量几个这样的例子。——例如，通古斯语的元音系统（据卡斯特兰 [Castrén]），强度意象的音长实现形式如下：

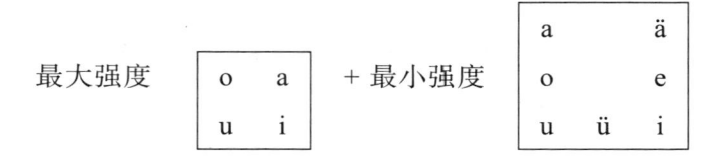

$$\text{最大强度} \quad \begin{array}{|cc|} \hline o & a \\ u & i \\ \hline \end{array} \quad + \text{最小强度} \quad \begin{array}{|cc|} \hline a & ä \\ o & e \\ u & ü \quad i \\ \hline \end{array}$$

此外，卡尔梅克语首音节的元音系统（音长实现形式）如下：

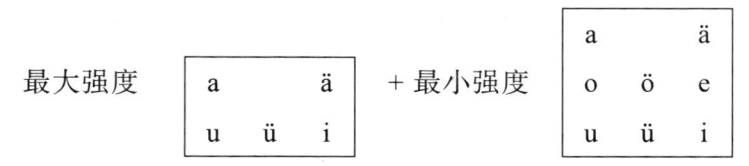

$$\text{最大强度} \quad \begin{array}{|ccc|} \hline a & & ä \\ u & ü & i \\ \hline \end{array} \quad + \text{最小强度} \quad \begin{array}{|ccc|} \hline a & & ä \\ o & ö & e \\ u & ü & i \\ \hline \end{array}$$

立陶宛语元音系统（音长实现形式）如下：[①]

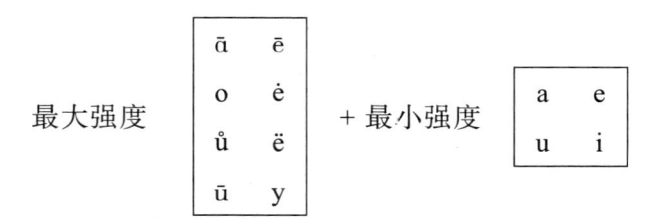

$$\text{最大强度} \quad \begin{array}{|cc|} \hline \bar{a} & \bar{e} \\ o & \dot{e} \\ \mathring{u} & \ddot{e} \\ \bar{u} & y \\ \hline \end{array} \quad + \text{最小强度} \quad \begin{array}{|cc|} \hline a & e \\ u & i \\ \hline \end{array}$$

另外还有些其他例子。

---

① 立陶宛语 y = ī, ů = uo, ë = ie; ė 是 ē 的窄音（紧音）；而立陶宛语的 ē 和 e 都是松音。——原注

附 录

从上述部分例子中可以看到，最大强度元音音位系统里的一种或两种中等饱和度，经常以二合元音形式呈现出来：举几个前面提到过的元音系统之例，立陶宛语、拉普语、大俄罗斯语的一些北方和南方的方言、乌克兰语的一些北方方言都是如此。这些例子里都是饱和度上升的例子（uo、ie、oa̜、eä 等）。但是有些语言里，"下降"二合元音具有同样的功能。这样的例子似可用标准德语为例，三个二合元音 au、eu（发 öü 音）、ei（发 äi 或 äe 音）可视为最大强度等级元音系统的第二组中间饱和度：

```
                        a
最大强度         au   öü   äi        +最小强度    o   a   ö   e
（长音）         ǫ    ǫ̈    ę         （短音）    u   ə   ü   i
                 u    ü    i
```

下降二合元音在梵语里扮演的是同样的角色（强度意象的音长实现形式）：①

---

① 从结构来看，这一系统与上面提到的较古旧的俄语南方方言是完全相同的：

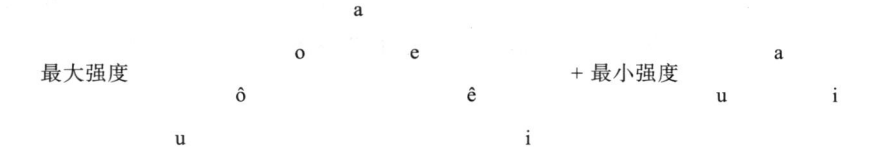

```
                     a
最大强度          o     e          +最小强度       a
                  ô     ê                        u    i
                  u     i
```

但是，这两个系统的语音实现形式非常不同。除了梵语的强度以音长形式实现，大俄罗斯语的强度以呼气形式实现之外，我们只需再指出二者在中等饱和度的实现形式上的差别："第一组"中等饱和度在梵语中通过单元音 ō、ē 实现，而在大俄罗斯语方言里通过上升二合元音 "ǫ、 i̯ę 实现；"第二组"中等饱和度在梵语中通过下降二合元音来实现，在大俄罗斯语里通过单元音 o、e 来实现。——原注

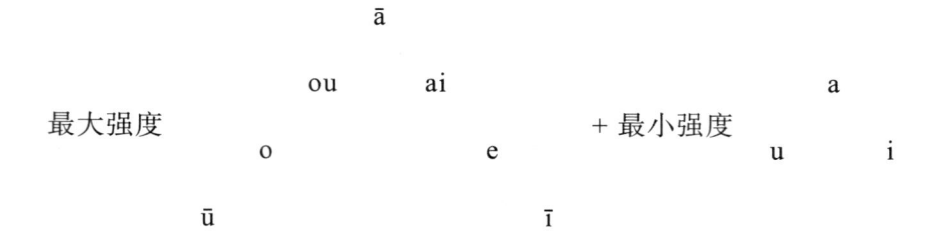

```
                        ā
              ou     ai                           a
最大强度                              + 最小强度
              o      e                       u       i
              ū            ī
```

中间饱和度在最大强度元音系统里呈现为二合元音，其必要的先决条件是这些二合元音具有音系上的不可拆分性（phonologische Unzerlegbarkeit）。由于对语音复合体（Lautkomplex）做音系学拆分永远要通过联想分析来进行，所以，只有当二合元音的前一个成分或后一个成分跟它所接的其他元音具有不同功能时，这个二合元音才是音系上无法拆分的。只有这样的二合元音，才能够在元音系统中充当语音饱和度之呈现：例如，只有在无其他"i类二合元音"的语言里，二合元音 ai 才能发挥这样的功能。

最大强度元音音位系统里的二合元音，有时也见于那些最大、最小强度元音音位构成的系统完全相同的语言里。由此，捷克语民间口语的最大、最小强度元音皆可构建成由5个项组成的三角系统，各含两种自有音高类别和三种饱和度：最小强度元音（＝短元音）音位系统里所有的项都是单元音（u、o、a、e、i），而最大强度元音（＝长元音）音位里，中间饱和度以二合元音呈现（ů、ou、á、ej、í）。① 如果把标准斯洛伐克语的 ia 视为自有音高较低的 á 音所对应的自有音高较高的音，那么斯洛伐克语呈现为两种相同的元音系统之组合，最小强度单元音音位对应的是最

---

① 捷克语民间口语二合元音性的 ou、ej，从音系学角度看是不可拆分的：ou 是唯一一种 u 类二合元音（像 paušál [总付金额]这样的外来词已在民间口语系统之外，不应算进来）；而 i 类二合元音，oj、aj、áj 永远可以从词法角度拆分为"元音＋j"（如 dojnice [奶牛]—dojiti [哺乳]，等等），只有 ej 是真正在词法上和音系上不可拆分的整体（如 dejm、bejk 等）。——原注

大强度系统里的二合元音：①

	á	ia		a	ä
最大强度	ô (= uo)	ie	+ 最小强度	o	e
	ú	í		u	i

　　透过元音系统中那些无法从音系学角度进行拆分的二合元音，或可解释哥特语字母表中 ai 和 au 这两个写法的歧义问题。哥特语元音音位具有强度意象，语音上以音长实现。两种强度等级的元音系统皆构成"三角"，最大强度元音音位含有4种饱和度，最小强度元音音位只有3种。长元音系统的"第一种"中等饱和度呈现为非常紧的 ô 和 ê，"第二种"则呈现为音系上不可拆分的下降二合元音；短元音系统唯一一种中等饱和度呈现为非常松的 ǫ 和 ę，因此：

	ā			a	
	au	ai		ǫ	ę
最大强度	ô	ê	+ 最小强度	u	i
	ū	ī			

　　这样一来，开音 ǫ、ę 和闭音 ô、ê 之间音质的区别非常显著，以至于 ǫ、ę 作为最小强度元音音位，被视为对应最大强度元音音位系统的"第二组"中间饱和度，而不是"第一组"。虽然客观上来看，au 是个二合元音，ǫ 是个单元音，但 au : ǫ（或 ai : ę）在音系性语言意识里的关系，与 ū : u 或 ā : a 之间的关系基本相同，也就是被理解为同一元音音位两种强

---

　　① 关于斯洛伐克语 ia 的这一阐释如果不正确（如 R. 雅柯布森向我指正），那么斯洛伐克语的元音系统或可理解为这样的组合：

	á			a	ä
最大强度	ô	ie	+ 最小强度	o	e
	ú	í		u	i

——原注

度等级之间的关系。由于哥特语字母表里的元音音位强度（音长）无标记（除了 i 之外），所以 au 和 ai 必然具有两种音值：最大强度（长音）时，音值是下降二合元音 au、ai；最小强度（短音）时，音值是较宽的单元音（开音）ǫ、ę。

5

众所周知，"图兰"（turanisch）语言或"原始阿尔泰"（uraltaisch）语言①，构词性成分从不以前缀形式出现，而是始终仅以后缀形式出现：在那些严格遵循这一原则的语言中，词首音节必然永远是词根音节。这就赋予该音节一种特别的心理地位：该音节吸引了说话者和听话者的关注，不仅关注程度比词里的其他音节更高，而且关注的方式亦有不同。因此，词首音节对于语言意识来说格外强烈，可称之为词法学强度（morphologische Intensität）。许多这种类型的语言，词首音节的元音音系系统不同于其他音节。（非自由的）呼气重音位置无任何作用：许多这种类型的语言，此类重音不在词首音节，而在词末音节。词根音节的词法学强度，竟与重读音节的语音学强度完全不符。

对于上述类型的语言来说，一定要构建起两组元音系统之组合：一个是"词法强音节"的元音系统，一个是"词法弱音节"的元音系统；以坦波夫州（Guvern. Tambov）坦尼柯夫地区（Kreis Termnikov）卡利亚耶沃村（Dorf Kaljajevo）的埃尔齐亚莫尔多瓦语方言为例：②

词法强音节　　　a　o　e　　＋词法弱音节　　a
　　　　　　　　u　　　i　　　　　　　　　u　i

---

① 这些术语不应从发生学角度（genetisch）理解，而应从类型学角度（typologisch）理解。这些语言之间是否有较近的亲缘关系尚未定论。——原注

② 从语音实现形式来看，i 位于词首或位于腭化辅音之后发真正的 i 音，而位于非腭化辅音之后发中元音 y（= ы）。——原注

词法弱音节的元音音位，常以自有音高意象（即发音位置意象）之缺失为特征。这类元音音位仅具有饱和度意象（即开口度意象）是非常常见的；从语音实现形式来看，这类元音的发音位置由其周围辅音的音质决定，或是由前一个音节的元音的自有音高决定。例如，埃尔齐亚莫尔多瓦语有些方言里，词法弱音节中有A、E、I三个元音音位，无一例外地只具有饱和度（开口度）意象：I在腭化辅音后实现为i，在非腭化辅音后实现为y（=ы）；E在腭化辅音后实现为e，在非腭化辅音后实现为œ（前一个音节含有i、y、e或œ时）或o（前一个音节含有u、o或a时）。A. 沙赫马托夫（A. Šachmatov,《莫尔多瓦民族志学选集》[*Мордовский этнографический сборник*]，圣彼得堡，1910，721页及后）描写过的奥尔基诺村（Orkino）和卡拉布拉克村（Karabulak）的埃尔齐亚莫尔多瓦语方言里，词法弱音节中只有两个元音音位，二者都是仅具有饱和度意象：呈现最大饱和度的那个元音音位，在语音学上永远实现为a；另一个呈现最小饱和度的元音音位，因语音环境而实现为u、o、y、œ、i或e。这一关系极为复杂：位于腭化辅音之后，如果前一个音节里含有o或e，呈现为e，否则呈现为i；位于非腭化的舌前（koronal）辅音之后，且前一个音节里含有o或e，呈现为œ；位于唇音之后或之前，以及位于舌面（dorsal）音之后，呈现为o或ö，条件相同；如果前一个音节里含有u，且位于舌面音之后、唇音之前及之后，呈现为u，否则呈现为y（=ы）。因此，此处发挥作用的一方面是周围的辅音，另一方面是前一个音节的元音。不过，所有这些都只跟语音学实现形式相关；从音系学角度看，词法弱音节里的元音音位完全不含任何自有音高意象，仅含饱和度意象。

对这一原则进行概括简化和一致贯彻，号称"元音和谐"（Vokalharmonie）的现象就出现了。突厥语言，如哈萨克语（吉尔吉斯语）[1]、喀山鞑靼语等当中，这一现象非常普遍，词法弱音节（即"非第

---

[1] 哈萨克语和吉尔吉斯语是可互通的两种突厥语，但今视为两种不同的语言。——译者注

一音节")里仅呈现两个元音音位,这两个元音音位仅具有饱和度(开口度)意象:A——最大开口度意象,I——最小开口度意象。而从语音学实现形式来看,这些元音获得的是前一个音节的元音的发音位置(但又保持自己的开口度)。喀山语音学家G.沙拉夫(G. Šaraf)已通过实验证实,喀山鞑靼语以及其他许多突厥语中,"后元音词"里所有的辅音都发生了软腭化,而"前元音词"里所有的辅音发生了硬腭化:[1]因此,词法弱音节("非第一音节")里的元音,其语音学性音值(更确切说,是发音位置和自有音高)既由前一个音节的元音的音质决定,又由周围辅音的音色决定。

词法弱音节里的元音音位系统不同于位于词首的词法强音节,这一原则在那些元音和谐较为模糊且存在漏洞的图兰语言里同样存在。例如,芬兰语中,ü音(书面写作y)和ö音在词首、词中、词末音节里均可出现,但是其心理内容却在不同音节里有所不同:词首音节中,ü和ö是独立的、无依赖性的音位;而在词中及词末音节里,ü、ö(或ǖ、ȫ)仅是u、o两个音位因外部性条件、语音学性条件(因前一个音节里有ö、ü、ä)而产生的语音变体。芬兰语因此呈现出这样的组合:[2]

	a	ä			a	ä
词法强音节	o	ö e	+词法弱音节	o	e
	u	ü i			u	i

出现纠结不清的情况,有时是由于词法学强度等级和音系学强度等级出现了交错。一种语言中,如果首音节的元音系统不同于其他音节,

---

[1] 噶利米江·沙拉夫(Галимджан Шараф),《鞑靼语语音腭位图——与俄语相比较》(*Палятограммы звуков татарского языка сравнительно с русским*),喀山,1927。——原注

[2] 我想强调,这张表反映的只是芬兰语元音系统的心理内容、音系学值,不是语音学成分。此外,从单个音位的语音实现形式来看,芬兰语词首音节和其他音节的元音系统之间似乎也存在某种区别。因此,中等饱和度的元音音位,如果是长音,则位于词首音节时语音学上以二合元音实现(读uo、yö、ie),位于其他音节时语音学上以长单元音实现(读oo、öö、ee)。——原注

且音系性最大强度（长音）元音音位系统显现出不同于最小强度（短音）元音音位系统的结构，那么该语言就会具备三至四种相互联系却又互不相同的元音系统之组合。卡尔梅克语就是这样的例子。据莱姆施泰德（Remstedt）的论述，该语言首音节（即词法强音节）的元音系统组合如下：

	ā	ǟ		a	ä
最大强度音节			+ 最小强度音节	o	ö e
（长音）	ū	ǖ ī	（短音）	u	ü i

其他音节（即词法弱音节）里的元音系统的组合则是：[1]

最大强度音节	ā	ǟ	+ 最小强度音节	A
（长音）	ū	"ɛ̄" ī	（短音）	I

再详细些研究，很可能会找到许多其他类似例子。

6

研究声调意象（Melodievorstellung，亦称Intonationsvorstellung）[2]在音系性元音系统之构建中所发挥的作用，需要参照东亚语言和非洲语

---

[1] 我的资料来源是 G. J. 兰姆施泰特（G.J. Ramstedt）的《卡尔梅克语研究》（*Kalmückische Sprachproben*）（芬兰-乌戈尔学会著作[Mémoires de la société finno-ougrienne]，第27卷，赫尔辛基，1909—1919）。从语音实现形式来看：——音位 ū 在词法弱音节里由 u 或 ŭ 实现，取决于其前一音节中含有后元音还是前元音；a 位于含有后元音的音节之后实现为 ɒ，位于含有前元音的音节之后实现为 ə；兰姆施泰特把自由位置上（例如词末音节中）的 i 转写为倒写的 i；位于同一个音节内的流音和鼻音时，i 完全无实现形式。此时客观来看，流音和鼻音呈现成节性。——有些方言中，a 和 i 之间的差别似乎完全消失了。今天的标准卡尔梅克语（卡尔梅克自治区的官方语言）中，词法弱音节里只有一种短元音，在新正字法中写作 ə。——原注

[2] 术语 intonation 今主要指短语、句子层面上的音高特征，译为"语调"。特鲁别茨柯依的著作中常用这个术语描写词内部的韵律特征，故本文中这个术语译为"声调"。——译者注

言，而我对二者极其缺乏了解。因此，我只能略微评述少量几种具有所谓"乐重音"（musikalischer Akzent）的印欧语言。首先必须强调，在这一问题上同样必须严格区分音系学视角和语音学视角。"乐重音"的客观语音学本质，并不总那么清晰。很难确定它是基本音高（Grundton）之高低，还是共鸣音高（mitschwingender Ton）之高低。音高运动和呼气力度变化之间的关系同样很难确定，——无论如何，呼气成分在每个"乐重音"里都发挥了重要作用。但是，从纯音系学视角来看，我所了解的所有带有"乐重音"的语言，却都能够清晰地识别出几种声调意象成分。一方面，存在两种音高等级（最大音高即"高调"；最小音高即"低调"）；另一方面，存在两种音高运动方向（或称音高运动种类）。音高运动方向至少在我接触过的语言里，只能借助最大音高意象来呈现（即"处于某种调"）。这两种"音高运动意象"，一种叫"降调"，另一种叫"升调"。从语音学视角来看，这些术语非常不准确，因为每种语言的调型种类和声调种类的实现形式相互间差别很大：有的语言中真正存在音节首和音节尾之间的调高差异；另一些语言中则有单峰调型（eingipfliger Akzent）与双峰调型（zweigipfliger Akzent）相对立；塞尔维亚-克罗地亚语的施托卡维方言中，某一音节的音节峰与下一个音节的音节峰之间的音高关系，是要发挥作用的。不过，音系学角度至关重要的是，这两种音高运动意象在语言意识中不仅被视为相互区别，而且被理解为相互对立。因此，"降调"和"升调"这两个术语虽然明显不准确，却可作为纯粹的习惯性术语予以保留。

在我所了解的那些语言中，声调意象关系和强度意象（=音长意象）关系有很大不同。在塞尔维亚-克罗地亚语的施托卡维方言中（确切说，就是在被武克·卡拉季奇[①]提升为文学语言的那种方言中），存在

[①] 卡拉季奇（Vuk Karadžić, 1787—1864），塞尔维亚语文学家，塞尔维亚语改革的推动者，被誉为塞尔维亚现代文学之父。卡拉季奇倡导的改革促使塞尔维亚文学语言脱离教会斯拉夫语传统的束缚，更加贴近大众口语。他为这种新的标准书面语编写了第一部词典，并按照该标准翻译了新约圣经。——译者注

三种声调意象（"降调""升调""低调"），每一种都可以跟两种强度意象（长音、短音）相结合，由此形成6种组合："长降调""长升调""长低调""短降调""短声调""短低调"。而塞尔维亚-克罗地亚语的查卡维方言①中有4种声调意象（"降调""升调""低调""高调"），其中前两种只能与最大强度意象相结合（＝"长音"），第四种只能与最小强度意象相结合（＝"短音"），仅有第三种与两种强度意象均可结合。因此，该方言共有5种组合："长降调""长升调""长低调""短低调""短高调"。查卡维方言里的音系图景亦见于立陶宛语，古希腊语的声调系统从其音系价值来看必然也与之相同。②斯洛文尼亚语的声调系统显得不同：该语言中的最大强度（＝长音）元音音位可为"降调"或"升调"，但从无低调，而最小强度（＝短音）元音音位可为"低调"或"高调"，故而共形成4种组合（"长降调""长升调""短低调""短高调"）。最后，斯洛温齐语（实为卡舒比语的斯洛温齐方言）显现出又一幅图景：该语言的最大强度元音音位（洛伦茨[Lorentz]称"超长音""长音""半长音"）可呈现出降调（洛伦茨称"处于尖调"）升调（洛伦茨称"处于展调"）低调（洛伦茨称"无调"），而最小强度（＝短音）元音音位永远仅为低调（"无调"），因此再次出现4种组合（"长降调""长升调""长低调""短低调"），并且不同于斯洛文尼亚语的声调系统。

在我所了解的大多数语言里，具有不同强度等级的元音系统独立于这类声调类型之外。例如，立陶宛语处于"长降调"跟处于"长升调"

---

① 克罗地亚三大方言之一。克罗地亚语的标准语以施托卡维方言（Shtokavian）为基础，查卡维方言（Chakavian）主要分布于达尔马提亚沿海，另有卡伊卡维方言（Kajkavian）分布于北部地区，与斯洛文尼亚语接近。三种方言的名称源于"什么"一词在三者中的读音：što、ča、kaj。——译者注

② 扬抑符必须视为"降调"，长音节的锐音符视为"升调"；短音节中没有扬抑符和锐音符的区别，所以音高轨迹意象不存在于短音节中，"短音节上的锐音符"从音系角度看必须视为高声调。锐音和钝音之对立，以外部因素为条件（是语音学性的），因此只能具有语音学价值，无法具有音系学效应。——原注［译者按：本注释谈的是古希腊语的情况。］

或"长低调"的元音音位是完全相同的。但是也有些语言里，因声调类型不同而存在一些差异，和因强度等级不同而存在的差异形成交错。斯洛文尼亚语中，最小强度（短音）元音音位处于低调时与处于高调时有所不同，因此可构建起三个元音系统的组合：①

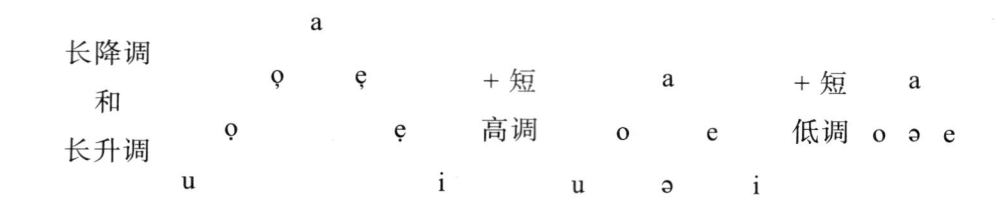

长降调
和　　　　　　　ǫ　ę　　　+短　　　a　　　+短　　a
长升调　　　　　ọ　ẹ　　　高调　o　　e　　低调　o　ə
　　　　　　　　u　　i　　　　　　u　　i　　　　　　i

卡舒比语的斯洛温齐方言里，甚至存在四种这类相互组合且互为不同的元音系统：②

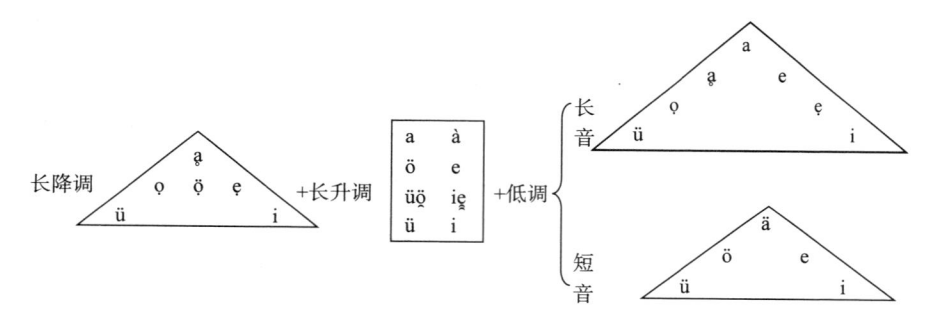

我只能论述这些个案。只有当尽可能多的带"乐重音"的语言都

---

① 较低音高的o位于声调之前的音节时非常窄，偶尔可被u取代；而位于声调之后的音节时则显得很宽。详见O. 布洛赫《斯拉夫语语音学》（*Slavische Phonetik*），122页及后。——原注

② 关于语音实现形式：——低声调的最大强度元音音位比高声调的短（因此称为"半长音"）。降调长元音是紧音，并且越来越紧，因此借助这一有利条件变成了下降二合元音：ą、ǫ、ö 在自由位置上发成ąu、ǫu、öu；这些音作为单元音仅出现于j之前（ǫj、öj）以及同一音节里的r之前（ǫr、ǫr）；位于同一个音节里的š音以及舌面后音（k̇、ġ、χ̇）之前时，e也发成二合元音（即发成ęi）。升调长元音是松音，这一点和低调元音相同。低调长元音当中，ā、a、e是松音，而ü、ǫ、i、e是紧音。各类强度方式和声调方式中，ü和ö所表示的圆唇元音不是前元音而是中元音。详见F. 洛伦茨（F. Lorentz）《斯拉夫语语法》（*Slowinzische Grammatik*），圣彼得堡（科学院），1903。——原注

已按这一视角得到研究时，才可能为这类元音组合系统结构构建起一般规则。

7

我相信上文我已阐明，音系学性元音系统的结构受特定的一般性规则和法则的制约，全球越多种语言得到研究，研究得越深入，这些一般性规则和法则的数量就越会增加。研究元音乃至所有语音的音系系统中的这类结构法则（Strukturgesetz），其重要性是无可争辩的。不仅"静态"的描写语法可以从这类结构发现中受益，历史语法，即语言史（Sprachgeschichte），亦是如此。解读已消亡的古代语言的字母表，对语音演化的较古阶段进行理论重构，确定特定语音变化的相关年代表，——了解音系结构法则皆可让研究者避开诸多错误。音系结构法则经常提供有关某些语音变化的原因（Ursache）的信息：许多语音变化，源于构建有生命力的语音系统之需（也就是让语音系统更符合结构法则）。音系系统中的每个语音变化，皆暗示其他语音变化，由此，整个系统得到恰当的重构，并且"构建起一种秩序"。因语音史而获取的语义，被用于系统的合理重组。至于音系结构法则对静态描写语言学的意义，则是显而易见的，无须强调。最后，还应指出构建音系结构法则的纯实用价值。

我在本文中勾勒的对元音音系系统结构的观察并不充分，因为我能够使用的语言的数量与全球语言总数相比，都可以忽略不计了。只有识别并比较全世界尽可能多（如果不是全部）的语言的音系系统，才能够构建起十分可靠的法则。不过，大多数语言在确认音系系统时都存在巨大的技术困难。当然，几乎每本语言研究著作或语法书都会以"语音研究"或"语音系统"作为开篇一章。许多书中，甚至可能是大多数书中，这样的开篇章提供的关于该语言的音系系统的信息非常少：多数时候，这样的开篇章里给出的只是该语言中实际出现的每个音的客观语音学值，而没有清楚表明该语言的音系系统由多少个音位构成，都是哪些音位。简单描写某一语言的全部语音，不足以确认该语言的音系系统。若要以这样的语音清单为基础，提炼出音系系统，首先必须了解所描写的每一个音在该语言的哪些语音位置上、何种语音条件下实际出现，又在哪些其他位置上绝不会出现。然而许多语法书中论"语音系统"的那章，完全没有提供这样的信息。研究者若要确定该语言的音系系统，必须自行确定每一个音出现的条件；他无法对题为"语音系统"的那一章感到满意；不得不读完整部语法书，查词典，还常常要研读文本。对于不懂该语言、也从未接触过该语系的任何语言的研究者来说，这样的工作太困难、太耗时；因此，研究各种语言的音系系统时，每位研究者只能局限于自己所熟悉的语系里数量有限的几种语言，也是很自然的事情。

进一步说：首先，音系结构法则研究以全世界所有语言或尽可能多的语言的音系系统比较研究为基础，这样的研究只能通过国际合作途径而展开，必须求教不同语系领域的语言研究者；其二，将来编写语言教材、语法书或对不同语言及方言做描写，应特别注意对该语言口语的音系系统做确认及精确描述。

海牙第1届国际语言学家大会（1928）期间，与会者们在私下讨论中对这类实际问题做了很多探讨。与会者中的一小部分，包括W. 切尔马克教授（维也纳，非洲学家）、N. 雅克弗列夫教授（莫斯科，高加索学家）、A. W. 德·赫罗特教授（阿姆斯特丹，古典语文学家）、V. 马泰修斯教授（布拉格，英语学家）、R. 雅柯布森博士（布拉格，斯拉夫学家）以及笔者，决定建立一个"世界音系系统比较研究学会"。[①]到目前为止，这一决定尚未付诸实践；只有当引领我们做出上述决定的那些想法被其他语言研究圈子所知晓时，付诸实践才能成为可能。通过上面对元音音系

---

① E. 萨丕尔（E. Sapir）（芝加哥，非洲语学家、美洲语学家）未参加会议，但他论语音意象的文章（《语言》第1卷，第2页）完全符合上述语言学家们的观点，我们邀请他参加以后的会议，他欣然同意。——原注

统普遍性理论的论述，我主要想向语言学家们展示对音系系统比较理论的思考，以及对全世界的音系系统做比较研究可带来的好处，鼓励大家沿着这一方向开展工作。如果有语言研究者希望加入本文提到的筹划中的普通音系学与比较音系学学会，请告诉我。[①]

[①] 地址：维也纳I区，多萝西街12号（Dorotheergasse 12），N. 特鲁别茨柯依教授；或维也纳I区，利比希街5号（Liebiggasse 5），斯拉夫语言学系。——原注

音系系统

Die phonologischen Systeme

（1931）

［译者按］ 1930年12月18日至21日，布拉格语言学小组精心筹办的"国际音系学会议"在查理大学隆重召开。这次会议是小组推动的"音系学运动"的重要一环，如马泰修斯在会议开幕式上的致辞所言："我们的会议不是个孤立事件，它有它的历史，……是1928年海牙会议和1929年布拉格会议的延续，也为1931年即将在日内瓦举行的会议做准备。"(Mathesius 1931b: 291–292)

作为这场"音系学运动"的核心人物，特鲁别茨柯依和雅柯布森为会议投入了大量精力，两人在会上各做了3场发言，这6篇论文涵盖了会议涉及的所有的主要论题（包括音位与音系系统、音系与语法的关系、音系地理问题、历时音系学普遍理论）。

18日下午，特鲁别茨柯依做了题为"论音系系统的普遍性理论"（Zur allgemeinen Theorie der phonologischen Systeme）的发言。这篇《音系系统》，即是此发言稿在会议文集里刊出的最终修订版本。

与1929年发表的《论音系性元音系统的普遍理论》类似，这篇《音系系统》中也显现出诸多心理学色彩，对音系效力的阐述很大程度上仍依赖于"语言意识"。随着心理学视角淡出音系学理论，也随着《音系学原理》中对音系成分对立系统做了重新归纳，这篇《音系系统》往往被遗忘。然而，这篇早期著作仍有其独到的价值：

——特鲁别茨柯依首次将其构想的音系成分普遍性对立系统的全貌完整呈现出来，正是在这篇文章中。他此前在《论音系性元音系统的普遍理论》中已呈现了这一系统中的元音部分，《音系系统》一文将与之类似的思路延伸至辅音。因此，文中我们可看到三角、四角或是五角的音系性辅音系统的构建，而这些系统中的辅音音位依靠相关关系建立起来，还时常因多种相关关系同时并存而形成相关关系束。

——本文阐述了构成相关关系的两音位之间的不平等性，由此引申出"标记""超音位"等概念。这些概念在特鲁别茨柯依的音系学思想中具有重要地位。

——文中还提出了通盘思考元音成分与辅音成分的主张，虽然这一主张后来在《音系学原理》中被放弃，但是从二战后雅柯布森对区别特征理论的发展完善来看，这一主张的方向无疑是正确的。

本译文由《布拉格语言学小组文集》第4卷里刊载的版本译出，原文是德文。

1

如果某一语言中只存在析取性音系对立，换言之，如果该语言的每个音位跟其他所有音位的对立关系皆相同，那么这样的语言就根本没有音系系统可言。构建音系系统之所以可能，就是因为在现实中，每种语言的单个音位之间不仅呈析取性，而且呈相关性。研究相关性音位关系的存在形式和存在条件，亦可为构建音系系统提供前提。

析取性音位关系和相关性音位关系之间的区别，近来多次得到论述。我们仅列举：《第一届国际语言学家大会提案》(*Premier Congrès International de Linguistes. Propositions*)，36页及后；R. 雅柯布森《论俄语音系演化》(*Remarques sur l'évolution phonologique du russe*，=《布拉格语言学小组文集》，第2卷)，第6页及后。N. S.特鲁别茨柯依《波拉布语研究》(*Polabische Studien*，=《维也纳科学院会议通讯》[*Sitzungsberichte der Akademie der Wissenschaften in Wien*]，211卷，第4期)，120页及后。通过参考这些文献，我们可为音系对立的一般性理论做些补充。

2

两音位之间的关系，只有当同样的关系至少在另一对音位中重现，但这些音位对之中涉及的音位不可因任何其他相关关系而相互联系时，才被感觉为相关关系。

捷克语齿辅音和硬腭辅音之间的对立，存在于 t : t'、d : d' 和 n : ň 这几个音位对之中。但是，因为这些音位对之中所涉及的音位还相互存在于其他相关关系对立之中（即 t : d 和 t' : d' 之间存在与 p : b、k : g、ch : h、s : z、š : ž、f : v 相同的清浊对立，d : n 和 d' : ň 之间存在与 b : m 之间相同的对立），所以 t、d、n 和 t'、d'、ň 之间的关系不能被感觉为相关关系。"齿音"和"硬腭音"在捷克语的语言意识中是析取概念，齿音和硬腭音之对立，位于与齿音和唇音等相同的平面上。而在加利西亚①乌克兰语方言中，虽然 t'、d'、ń 的硬腭发音与捷克语基本相同，但齿音和硬腭音之对立却是相关对立，因为这一对立在该语言中不仅存在于 t : t'、d : d'、n : ń 之中，而且存在于与 t、d、n — t'、d'、ń 并无相关关系的 c : ć、ʒ : ʒ́、s : ś、z : ź、l : l' 之中。②

3

相关对立中的两个项并不平等：其中一个项具有相应的标记（或者说相应的标记为正值），另一个项没有这个标记（或者说这个标记

---

① 加利西亚（Galicia），指位于今波兰与乌克兰两国交界处的加利西亚，即利沃夫（Lviv）所在的地区，不是西班牙西北部与之同名的加利西亚。——译者注

② 从上述情况可知，相关对立只能存在于亦存在析取对立的系统之中。——原注

为负值）。我们称前者为有标记的（merkmalhaltig），后者为无标记的（merkmallos）。

从"有声∶无声"①"圆唇∶非圆唇"等常见的相关性音系对立的名称里已经能够看到，人们一直按照对某一相应特征的正面肯定和负面否定来思考这类对立。但很重要的一点是，这不是约定俗成或随心所欲的主观评价，而是客观事实。相关关系中哪个项视为有标记的，哪个项视为无标记的，并不是无关紧要的事。这完全不取决于个人的意愿，对于每个例子，该语言共同体中的每位正常成员都会做出方向相同的判断。每一相关关系中有标记的项和无标记的项，都拥有非常具体且非常客观的特征，以决定其在该相关关系取正值还是负值。

对于一切正常语言意识来说，超音位的符号（即充当某一相关关系之基础，并从该相关特征中抽象得出的一般性语音概念的符号）永远是相关关系的无标记项，从不是有标记项。即使是那些受过语音学训练，对语音的音系评判已丧失了正常的原初性、直观性的人，此时也会把无标记的相关关系项视为整个相关关系之代表。说到"唇塞音"时，每位俄罗斯人（即使受过语音学训练的人也不例外）都会本能地想到p，而绝非p'或b（更不用说b'了），尽管他们非常清楚p'、b、b'也是唇塞音。同理，每位受过语音学训练的捷克人听到"较高位置上的非圆唇前元音"时都会本能想到短音i，绝不会是长音i。下面这个现象，或可视为这一情况之产物：

某一音位的相关关系特征若在某些位置上丧失其音系效力（phonologische Gültigkeit）②，该音位即被视为无标记相关关系项，即使客观上与有标记相关关系项相同亦不例外。——俄语大多数语音位置上都存在腭化辅音和非腭化辅音之对立；但是在有些位置上，这一对立丧失其音系效力。例如，非腭化齿音之前，一切辅音（l除外）客观上都永远是非腭化音；腭化齿音之前，有时还包括腭化的v'音之前，一切辅音

---

① "有声""无声"指声带震动与否，即我们通常所说的"浊""清"。——译者注
② 参见本人《波拉布语研究》一书，122页及后。——原注

（r、l、t、d除外）客观上都永远是腭化音。但是，俄语的语言意识却把s'v'ěč'kə（蜡烛，свечка）①、s't'inà（墙，стена）、s'l'èt（痕迹，след）等词中的s'视为非腭化。至少直觉印象如此。不过，仔细做些自我观察，每位正常的俄罗斯人都会抛弃这样的第一印象。可是随后，他又会得出一种摇摆不定的判断（"不是硬音，也不是软音"）——只有受过语音学训练的人，才能毫不含糊地指出此处确为腭化的s，从其对语音做出的音系学性判断来看，他们已经不是"正常"的俄罗斯人了。而另一方面，stòł（桌子，стол）、slòn（大象，слон）、snòp（一捆，сноп）里的s会立刻被无偏见的语言意识判定为非腭化音，判断时完全不会出现摇摆不定——尽管其自有音高概念被自然削弱，与位于词末或位于元音前相比，弱了很多。这一现象只能解释为：俄语的"硬音：软音"（=非腭化音：腭化音）相关关系中，非腭化音是无标记项。自有音高概念（"非腭化－腭化"相关关系之特征）若从音系角度消失，该音位就变成了与之对应的超音位，在语言意识中表现为相对应的相关关系的无标记项。因此，才会把s't'inà中的s'判定为语音学上的软音，把stòł中的s判定为语音学上的硬音，尽管音系学上二者都是son（睡梦，сон）中的硬音s。

构建音系系统，必须始终详细准确地指出该系统中出现的相关关系对立里，哪些项应视为有标记，哪些项应视为无标记。这一任务并不轻松，须避免受到常规术语的误导。作为俄语母语者，我可以向大家保证，对于正常的俄语语言意识来说，元音强度相关关系中的无标记项不是非重读元音，而是重读元音。

4

通过参与相关关系，音位可在语言意识中分解成若干特征（Eigen-

---

① 原文只有俄语例词的语音转写形式，为方便读者，译文中补充了汉语释义和俄语原拼写形式，下同。——译者注

schaften)。涉及多种相关关系的音位，永远以特征组合的形式呈现。然而，这些特征并非完全等值。它们相互关系各异，且处于不同的天然联系等级（Stufe der Wesensverwandtschaft）。音位特征所基于的相关对立（korrelative Gegensätze），亦是如此。例如在法语中，ǫ∶u之对立（如 peau [兽皮]∶pou [虱子]）不同于ǫ∶ö之对立（如peau [兽皮]∶peu [少]），但是二者却处于同一平面，而ǫ∶ǭ之对立（如peau [兽皮]∶pont [桥]）就处于完全不同的平面上。与之类似，德语的语言意识把u∶o和u∶ü感受为两组互不相同却又处于同一平面的对立，而重读元音和非重读元音之间的对立就完全在这一平面之外。

语言意识可以依照各种音系对立的天然联系程度，将其投射到同一平面或不同平面上，这一能力对于音系系统的构建是至关重要的。由此可依据音系对立之间的天然联系，为音系对立做自然分类。被语言意识投射至同一平面的那些对立，必然构成特定的天然联系群（Wesensverwandtschafts-Gruppe）。

这里，我们要尝试为常见音系对立的自然分类勾勒出概貌。

5

元音音位中存在的音系对立可划分成下列三种天然联系群。[①]

I. 质性对立（qualitativen Gegensätze）。这一类包括：——A. 饱和度对立（如 i∶e，u∶o 等），这类对立不是相关对立而是析取对立，在有些语言中（如西高加索语言）是唯一一种元音质性对立；——B. 自有音高对立，这一类包括两类相关关系：a）圆唇相关关系，b）腭化相关关系，——许多语言中，这两类元音性自有音高对立相互联系，而也有一

[①] 本文的主要观点，一定程度上由我的《论音系性元音系统的普遍理论》一文（《布拉格语言学小组文集》，第1卷，39页及后）衍生而出。该文发表后，我和部分专家通过口头形式及书面形式，就该文所涉及的问题做过很多探讨；我在本文中的论述，许多内容都是在这些探讨中逐渐清晰起来的。我特别感谢R. 雅柯布森和Ed. 萨丕尔。——原注

些语言，这两类只有一类单独存在；① ——c）元音质性对立之第三类，或许是**紧张度对立**（Spannungsgegensatz），假如可以作为独立的相关关系存在，该对立即紧元音与非紧元音之间的对立（但我们所知的例子中，紧张度对立只是其他音系对立的伴随现象而已）。——所有这些质性对立都可由语言意识投射到同一平面上，这一事实使我们能够把不同的元音质性特征置于同一个简单的几何形体之内（如"三角系统""四角系统"——参见《布拉格语言学小组文集》第1卷，45页及后）。

II. **共鸣腔对立**（Resonanzgegensätze），这之中首要的是鼻化元音和非鼻化元音之间的对立，这样的对立在许多语言中都存在；②此外还有挤声元音（Preßstimmvokal）和纯声元音（Reinstimmvokal）之间的对立，或是带有嘶哑的软骨声门噪声的元音和不带这种声音的元音之间的对立——最后这种对立，是在某些东高加索语言中（如阿古尔语[Aghulisch]）可观察到的一种有特色的相关关系。——所有存在共鸣腔对立的语言中，共鸣腔对立都构成一个特殊的平面，不可跟质性对立投射到同一平面上。鼻化元音和非鼻化元音共同出现时，二者构成不平等的系统（三角系统或四角系统），鼻化元音的系统在元音音位系统中通常较弱。安东·普法尔茨描写的德语马赫菲尔德③方言在这方面很典型，④该方言中，鼻化元音和非鼻化元音之间的对立呈现出系统性：非鼻

---

① 如R.雅柯布森所阐述，俄语就属于这类语言。俄语元音音位可划分为圆唇音（u、o）和非圆唇音（i、e、a）；位于两个腭化辅音之间时，这些元音全部属于前元音（l'üd'ĭ [人们，люди]、t'öt'ă [姑姑，тётя]、p'it' [喝，питье]、p'ęt' [唱歌，петь]、p'ät' [五，пять]，从音系学角度看是 l'ud'ĭ、t'ot'ă、p'it'、p'et'、p'at'），位于非腭化辅音之后时，有些属于后元音（u、o、a），有些属于中元音（i语音学角度看是y，e语音学角度看是æ），其他位置上，u、o、a属于后元音，i、e属于前元音。因此，对于俄语元音来说，只有唇位置（以及开口度！）具有音系效力；而舌位置完全取决于语音环境。波兰语的元音系统展现的是类似的图景。——原注

② Ed. 萨丕尔让我注意到了把鼻化元音视为一个特殊范畴的必要性。——原注

③ 马赫菲尔德地区位于奥地利北部与捷克接壤区域。——译者注

④ 参见《维也纳帝国科学院录音档案委员会报告》（Berichte der Phonogram-Archiv-Kommission der kaiserlichen Akademie der Wissenschaften in Wien）第27辑，《德语方言》（Deutsche Mündarten）第4卷，安东·普法尔茨博士：《马赫菲尔德方言》（Die Mundart des Marchfeldes）。——原注

化元音构成了一个拥有 5 种开口度等级和 3 种自有音高类别的三角，而鼻化元音三角则只有 4 种开口度等级和 2 种自有音高类别：

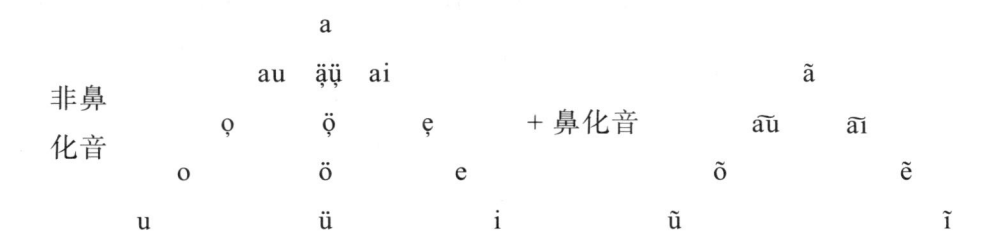

非鼻化音	au ạụ̈ ai ǫ ọ̈ ẹ o ö e u ü i	a	+ 鼻化音	aũ aĩ õ ẽ ũ ĩ	ã

类似的关系同样存在于其他拥有共鸣腔对立的语言。

III. 韵律对立（prosodische Gegensatz）包括：——A）强度对立（Intensitätsgegensatz），分为两种，a）力度型（dynamisch）（"重读"："非重读"，即"有重音"："无重音"）和 b）音长型（"长音"："短音"）；——此外还有 B）声调对立（Melodiegegensatz），分为 a）音高轨迹对立（Tonverlaufgegensatz）（"升调"："降调"等）和 b）音高位置对立（Tonlagegegensatz）（"高声调"："低声调"）——韵律对立的第三种，或可称为 C）音节截短对立（Silbenschnittgegensatz）或峰值位置对立（Gipfelstellungsgegensatz），即"强截短型"（scharfgeschnitten）重音和"弱截短型"（schwachgeschnitten）重音之间的对立，如德语或荷兰语。必须格外强调，这一对立不是一种强度对立。强截短的元音若短于弱截短的元音，那是一种次要结果。从音系学角度来看，这之中最重要的仅仅是音节峰的不同位置：涉及强截短的元音时，音节峰的位置与元音发音的末尾及后续辅音的开端重合；而涉及弱截短的元音时，音节峰的位置并不与元音发音的末尾重合。①

强度对立可在无声调对立的情况下存在，但声调对立却不能在无强

---

① 因此，强截短重音是相关关系中的有标记项，弱截短重音是无标记项。——关于音节截短相关关系（Silbenschnittkorrelation）的这部分，我是在布拉格音系学会议之后才加进文章中的。能把这个问题弄清楚，我要感谢与 J. 凡·希尼肯（J. van Ginneken）教授的饶有趣味的讨论，这讨论对我非常具有启发性。——原注

度对立的情况下存在，这一点我已在前边引用过的我的那篇文章里（44页）展示过。这里我只想指出，强度对立和声调对立若一同出现，则存在于与质性对立、共鸣腔对立全然不同的平面上，但二者本身却居于同一平面。二者之间的近密关系，恰似自有音高对立和饱和度对立之关系。而强度对立和音节截短对立之间的关系，亦可认为如此。

6

辅音音位比元音音位更富多样性，因而其分类也难得多。主导音系学性辅音系统的最重要对立，可按下列几种天然联系群进行划分：

I. 位置化对立（Lokalisierungsgegensatz），即各种发音位置之对立，不是相关对立而是析取对立。从运动角度（发音角度）看，或许可以构建起一定数量的相关性位置化对立——例如，喉音和口腔音之对立，而口腔音可再分为唇音和舌音之对立，舌音又可进一步分为舌后音和舌尖音之对立，等等。——但是，从声学角度无法做这样的划分。从声学角度看，每个发音位置皆对应其特有的声音，这样的声音并无具体的两两联系，而是和其他一切具体声音相对。由于声学观察对音系学来说比运动观察重要得多，所以位置化对立从其音系学本质来看永远是析取性的。

II. 发音方法对立（Artikulationsartgegensatz）十分多样；我们可列举其中几个——A）浊声参与性相关关系（Stimmbeteiligungskorrelation）（"浊"："清"）；——B）呼气方式相关关系（Exspirationsartkorrelation）分为两种：a)"送气:不送气"和 b)"喉阻塞（Kehlkopfverschluß）（= 声门外音 [supraglottal]）:无喉阻塞（= 声门内音 [infraglottal]）"；——C）近距性相关关系（Annäherungskorrelation）（即擦音和塞音之间的对立）。①——但是必须注意，上述最后一种对立绝非永远为相关对立，如果

---

① 塞音此处既指爆破音，也指塞擦音，因为"阻塞"（Verschluss）这个术语指的是辅音的开端部分（成阻）。——原注

感觉该对立是析取对立，切不可视之为发音方法对立，而应视之为位置化对立，——换言之，塞音和擦音此时被视为发音器官的两种不同位置，而不是发音器官的两种相互接近度。

III. 自有音高对立十分复杂。最常见的相关性自有音高对立类型包括：——A）"腭化与非腭化"，如俄语、乌克兰语、波兰语、波拉布语、东保加利亚语、莫尔多瓦语、沃恰克语、齐良语；——B）"圆唇与非圆唇"，如阿迪格语、诸多种达吉斯坦语言（如查胡尔语[Tsachurisch]、鲁图尔语[Rutulisch]、阿奇语[Artschinisch]、库里语[Kürinisch]、阿古尔语、达尔金语[Darginisch]以及库巴奇语[Kubatschinisch]）。不太常见的，自有音高对立从发音角度来看由舌后部和喉头协同作用而形成，因此，有标记的相关关系项除了拥有具体的自有音高之外，还具有喉部共鸣：此类对立是相关对立；——C）"强势硬腭化与非硬腭化"（如拉克语和车臣语）；——D）"强势软腭化与非软腭化"（如阿拉伯语）；最后可能还有E）"卷舌音与齿音"，由于不是析取对立而是相关对立（如古印度语言，但不含印度中部语言），所以必须视为自有音高对立。——通过上述所有对立必须注意到，只要对立是相关性的，就不再被感觉为是位置化对立，而是与之不同的自有音高对立。（关于相关关系性之条件，见上文1、2两节。）例如在塔巴萨兰语[Tabasaranisch]里，存在特殊的"唇咝音"（Labiosibillant），这样的音客观上看似乎跟其他北高加索语言里的圆唇咝音相同；但是，由于塔巴萨兰语的其他辅音音位中并不存在"圆唇：非圆唇"之对立，该语的唇咝音必须被视为独立的音位，与s音和š音的关系是析取性位置化对立。古印度语言中，"卷舌音：齿音"之对立不仅存在于相互呈现相关关系的塞音和鼻音，而且还见于擦音（ṣ : s），与塞音或鼻音均无法构成任何相关关系，——所以，此时"卷舌音:齿音"必须视为相关关系（确切说是自有音高相关关系）。但是由于ṣ : s和ṇ : n在印度中部语言中已消失，"卷舌音：齿音"之对立就只存在于因相关关系而维系的塞音中了（ṭ : ṭh : ḍ : ḍh与t : th : d : dh），因此变成了析取性的位置化对立。（参见上文第2节）

IV. 强度对立分两种——A）以力度形式出现（"强音：弱音"或"挤喉音：简单音"），如达吉斯坦语言中除鲁图尔语之外的全部语言，亦存在于上德意志方言（Oberdeutsch）①中；B）以音长形式出现（"长音：短音"或"叠音：非叠音"），如意大利语、匈牙利语、芬兰语、楚瓦什语、奥塞梯语、车臣语等。

除了上述四类音系性辅音对立之外，还存在一些对立，我们对其天然联系并不完全清楚。例如，由所谓"响音"（Sonorlaut）构成的关系就很不清楚。"鼻塞音：非鼻塞音"之对立（如n∶d，m∶b，ŋ∶g等）应算作发音方式对立，还是须为其创建一组特殊的"共鸣腔对立"（就像上文元音音位那样）？流音作为一个整体，无疑在语言意识中构成了较为紧凑的一组，但是问题来了，通过这一天然联系群构成的是何种对立呢？流音在语言意识中和其他哪些音位构成对立呢？虽然我们当前必须搁置这类问题以及其他一些类似问题，但是我们相信，此处勾勒的这些音系对立分类原则应当得以遵守。

7

某一音位只要参与了同一天然联系群里的若干组相关关系，那么这些相关关系中涉及的所有音位就一同构成了多元素相关关系束（mehrgliedrige Korrelationsbündel）。这种束的结构非常多样，不仅依靠该相关关系中的项，而且依靠这些项之间的相互关系。

最常见的是拥有两种天然关联的相关关系的束，可能出现两种情况：有时每一相关关系中的项皆参与另一相关关系，有时两种相关关系仅有一个共同的项。前一种情况呈现为四元素相关关系束，后一种情况呈现为三元素相关关系束。这一区别可分别由古印度语和古希腊语来做绝佳

---

① 上德意志方言（英语文献称Upper German）是高地德语的分支，主要分布于奥地利、瑞士、法国阿尔萨斯以及德国南部巴伐利亚等地。巴伐利亚方言、阿勒曼尼方言等都属于上德意志方言。——译者注

诠释。这两种语言中，塞音皆参与浊声参与性相关关系和呼气方式相关关系。但是这一过程中，古印度语呈现为四元素相关关系束：

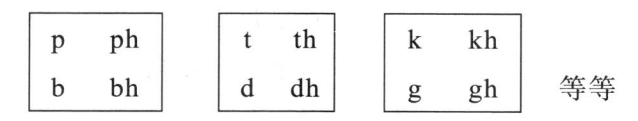

p	ph
b	bh

t	th
d	dh

k	kh
g	gh

等等

而古希腊语呈现为三元素相关关系束：

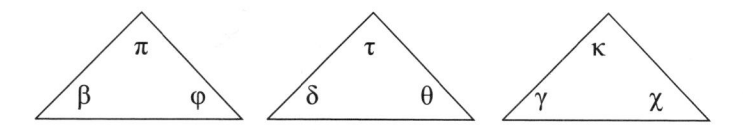

```
    π           τ           κ
  β   φ       δ   θ       γ   χ
```

希腊语中，这两种相关关系（和古印度语中一样）完全平等，这之中的每个相关关系项皆从两组相关关系的角度得以清晰刻画：γ、δ、β"浊"而"不送气"，χ、θ、φ"清"而"送气"，κ、τ、π"清"而"不送气"。因此，这一相关关系束按两种方式皆可加以分解，一种是：

$$浊（γ、δ、β）—— 清 \begin{cases} 不送气（κ、τ、π） \\ 送气（χ、θ、φ） \end{cases}$$

另一种是：

$$送气（χ、θ、φ）—— 不送气 \begin{cases} 清（κ、τ、π） \\ 浊（γ、δ、β） \end{cases}$$

而这两种视角是平等的。不过，也有些三元素相关关系束仅允许一种分解。例如现代希腊语的阻塞音（Geräuschlaut）[①]，这个相关关系束由浊声参与性相关关系和近距性相关关系组成，其中，浊声参与性相关关

[①] 阻塞音是塞音、擦音、塞擦音的总称，与上文提到的"响音"相对。德语 Geräuschlaut 相当于英语文献中的 obstruent。——译者注

系仅作用于擦音（f-v、þ-đ、x-ɣ、s-z），而与之对应的塞音（p、t、k、c）①在浊声参与性相关关系角度呈音系中立，换言之，这些塞音的浊与清完全取决于外部性的语音学环境（位于鼻音后面时为浊音，其他位置上为清音）。因此，分解这一相关关系束仅存在一种方式：

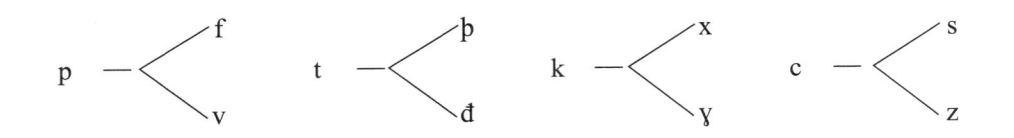

$$p - \genfrac{}{}{0pt}{}{f}{v} \qquad t - \genfrac{}{}{0pt}{}{þ}{đ} \qquad k - \genfrac{}{}{0pt}{}{x}{ɣ} \qquad c - \genfrac{}{}{0pt}{}{s}{z}$$

哥特语里，同样的相关关系也结合成束，其分布似乎恰好相反："塞音：擦音"之对立仅对清音性拥有音系效力，而浊音在这方面呈现中立，即浊音在元音后面变为擦音（至少通常是这样认为的），在鼻音、r音后面变为塞音，在其他位置上很可能也实现为塞音。因此：

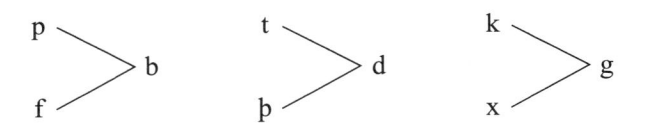

$$\genfrac{}{}{0pt}{}{p}{f} > b \qquad \genfrac{}{}{0pt}{}{t}{þ} > d \qquad \genfrac{}{}{0pt}{}{k}{x} > g$$

通过把三种天然关联的相关关系相互组合，四元素、五元素、六元素相关关系束在理论上是可能的。以这种方式构成的四元素相关关系束在大多数东高加索语言中都存在，这些语言里，近距性相关关系（"塞音：擦音"）仅对清音性发挥音系效力，而呼气方式相关关系仅作用于塞音，浊音音位从发音面的近距离程度来看呈音系中立（例如，车臣语里，z、ž位于音节首实现为塞擦音 dz、dž，其他位置上实现为擦音 z、ž；库巴奇语的 g 与 ġ、d 与 đ、b 与 þ 之间存在选择性变体关系[fakultatives

---

① 音位 c（书写形式为 τσ）仅出现于外来词，但出现得很频繁，有时已不再有外来之感，因此 c 应视为一个单独的音位。——原注 [译者按：c 指 /ts/，严格来说是塞擦音。]

Variantenverhältnis]）。因此，以鲁图尔语为例，相关关系束如下：①

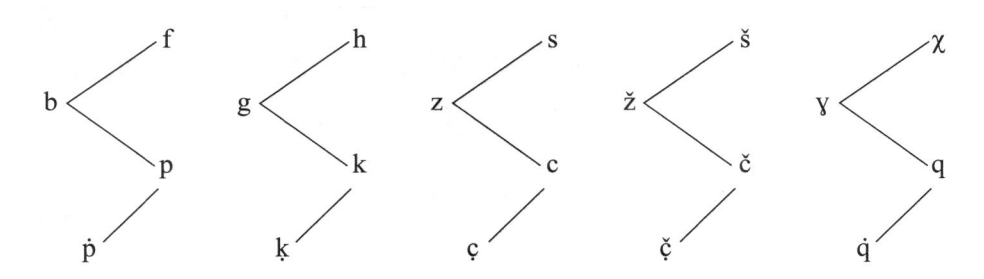

```
        f              h              s              š              χ
    b <              g <            z <             ž <            ɣ <
        p              k              c              č              q
        |              |              |              |              |
        ṗ              ḳ              ç              č̣             q̇
```

这样的束在大多数达吉斯坦语言里以及在车臣语里大同小异（虽然我们得暂时忽略自有音高相关关系和强度相关关系）。其他北高加索语言、南高加索语言以及奥塞梯语、东亚美尼亚语里，同样的相关关系还可构成五元素相关关系束，因为近距性相关关系（塞音：擦音）不仅对清阻塞音音位具有音系效力，而且还对浊阻塞音音位具有音系效力，例如：

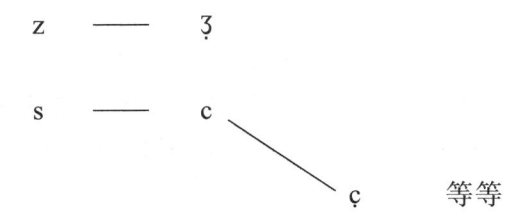

```
    z ——— ʒ

    s ——— c
              \
               ç        等等
```

加赫语（切尔克斯语）里，"有喉塞：无喉塞"之对立不仅作用于塞音，而且还作用于擦音，因而形成六元素相关关系束：②

ẑ	ŝ	ṣ̂
ʒ̂	ĉ	ĉ̣

---

① 此处及下文，提及高加索语言时，我们用圆点表示"声门之外"呼气（即带有喉部阻塞）；ɣ、q、χ是软腭后音（hintervelar），g、k、x是软腭前音（vordervelar），đ、ƀ、ǥ是擦音。——原注

② 符号 ˆ 表示"硬腭音"（是呈析取关系的位置化概念）。——原注

上面讨论过的所有具体例子皆涉及辅音性发音方法对立。不过，从其他辅音性及元音性天然联系群当中引述例子也不难。因此，阿布哈兹语的某些辅音音位，"圆唇：非圆唇"和"腭化：非腭化"这两组辅音性自有音高相关关系组合起来，构成三元素相关关系束。例如：①

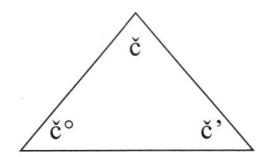

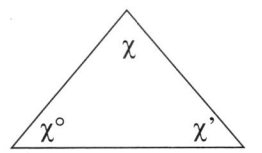

$$\begin{array}{c} \check{c} \\ \check{c}° \quad \check{c}' \end{array} \qquad \begin{array}{c} \chi \\ \chi° \quad \chi' \end{array}$$

关于阿布哈兹语擦音 ž、š，或许还存在一种四元素的自有音高相关关系束；当然，阿布哈兹语的腭化圆唇音 ž、š 似乎也可理解为圆唇的 z、s。真正的四元素自有音高相关关系束，（据波利万诺夫）存在于日语的一些方言中，即：

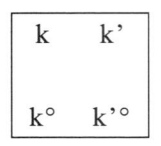

$$\begin{array}{cc} k & k' \\ k° & k'° \end{array}$$

关于元音音位，我在《论音系性元音系统的普遍理论》（《布拉格语言学小组文集》第1卷）里论述的强度对立系统和声调对立系统当然就是韵律相关关系束。

8

我们思考那些拥有相关关系束的音系性语音系统（尤其是辅音系统），会注意到大多数时候，这种相关关系束仅为理论可行音位中的一部分。有些音位中只有单个的相关关系，并未组合成束，因此可将其视为未完全成型的相关关系束；另一些音位则完全不在相关关系之内。古印度语和古希腊语中，如前所述，所有口部塞音音位皆可依照浊声参与性

---

① 我们用 ° 表示圆唇，用 ' 表示腭化（二者皆为相关关系特征）。——原注

对立和呼气方式对立，归入相关关系束；擦音 s 位于相关关系系统之外，而喉音音位（"元音插入"[Vokaleinsatz]）只有呼气方式相关关系（"送气：不送气"），没有浊声参与性相关关系。[1] 哥特语里，咝音仅呈现浊声参与性相关关系（z-s），而无近距性相关关系（即不存在相对应的塞音 c）。高加索语言，上文我们论述了复杂的辅音性发音方法相关关系束，这些语言中，喉部音仅呈现近距性相关关系（ɔ：h），而 t 类音却无近距性相关关系（d：t：ṭ），这种相关关系在唇音中也经常缺失（如阿瓦尔语[Awarisch]、安迪语[Andisch]、拉克语[Lakkisch]、达尔金语、阿奇语）；有时候，唇音中也缺少呼气方式相关关系，因而只有浊声参与性相关关系（b：p）（如阿瓦尔语、安迪语、拉克语）；此外，阿瓦尔语和安迪语的边音同样未呈现浊声参与性相关关系（这些边音全都是清音）。在这些具有五元素、六元素相关关系束的高加索语言里，诸如此类的辅音系统"缺口"、不完整相关关系束、孤立相关关系对、单个音位，同样也非常多。例如，思考加赫切尔克斯语沙普苏格方言（Schapsughisch）的阻塞音系统（尽管我们暂时要忽略其自有音高对立和强度对立），我们发现了 1 个六元素相关关系束（硬腭咝音——ȝ̂：ĉ：ĉ̣：ẑ：ŝ：ṣ̂）、1 个五元素相关关系束（简单咝音——ȝ：c：ç：z：s）、1 个四元素相关关系束（舌面后音——q：q̇：γ：χ）、4 个三元素相关关系束（唇音——b：p：ṗ；齿音——d：t：ṭ；舌面前音——g：k：ḳ；边擦音——l：ŋ：ŋ̇）、2 个孤立相关关系对（一个涉浊声参与性对立——g：x[2]；另一个涉近距性对立——ɔ：h）、3 个孤立音位（ẖ，š，f）。当然，这个阻塞音系统特别不规则。但是，其他高加索语言辅音丰富的系统也显现出了同样的特点，不规则程度当然会轻些。例如，可参考 P. K. 乌斯拉尔男爵描写的那种库里语方言的阻塞音系

---

[1] 天城体字母中，非呼气性（即不送气）元音插入并无统一符号，但一定会被感受为是一种特殊的辅音音位，这一点可由连读规则以及此后的印度语语音史（参考 g > ɔ 等实际变化）证明。——原注

[2] 这些音位的实现形式永远是非圆唇软腭前音，而软腭前部的塞音有时实现为硬腭音，有时实现为圆唇软腭前音；因此，对于这些音位来说，近距性相关关系在语言意识中不存在。——原注

统（忽略自有音高对立和强度对立）：

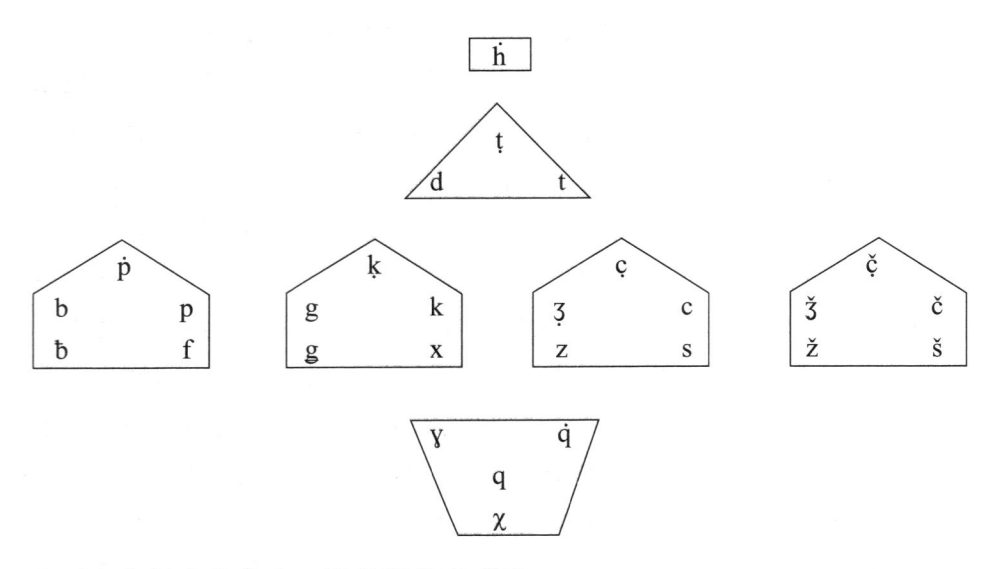

```
                    ḣ

                   ṭ
                 d   t

   ṗ           ḳ           ç           č
 b   p      g    k      ʒ    c      ž    č
 ƀ   f      g    x      z    s      ž    š

                 ɣ     q̇
                   q
                   χ
```

也可参考标准格鲁吉亚语的阻塞音系统：

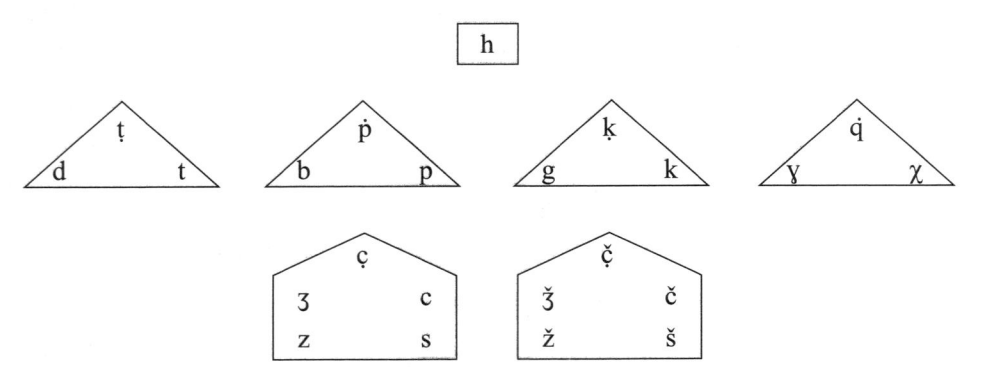

```
                    h

    ṭ          ṗ          ḳ          q̇
  d   t      b   p      g   k      ɣ   χ

           ç              č
         ʒ   c          ž   č
         z   s          ž   š
```

或参考奥塞梯语迪格尔方言（Digorisch）的阻塞音系统（忽略强度对立）：

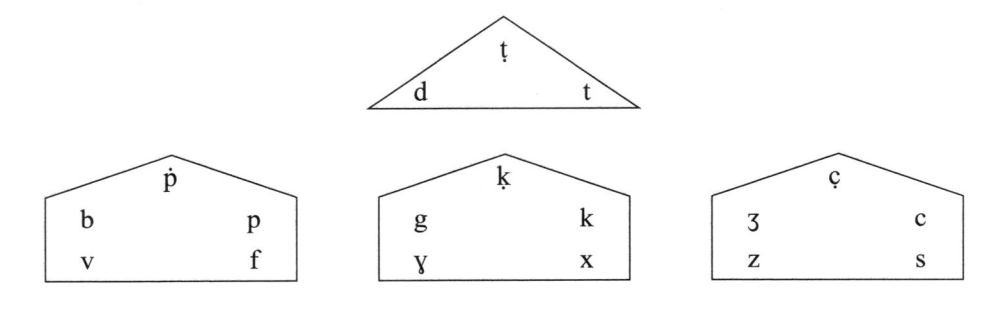

```
                    ṭ
                  d   t

    ṗ                ḳ               ç
  b   p           g     k         ʒ     c
  v   f           ɣ     x         z     s
```

而在自有音高相关关系束当中，亦可观察到同样的现象。阿布哈兹语中，舌面前音与舌面喉音、š类擦音与s类擦音皆呈现三种自有音高形式（腭化、圆唇、中立）；h以及齿部塞音仅有"圆唇：非圆唇"之对立；s类塞擦音仅有"腭化：非腭化"之对立；唇音则完全不存在自有音高相关关系。

相关关系束原则贯彻中的不一致性，对于语音系统单个元素之间的关系非常重要。毫无疑问，塞音和擦音之间的关系在格鲁吉亚语的语言意识中必然远远松于现代希腊语，后者的整个语音系统完全被吸收进了相同的相关关系束；此外，哥特语中浊声参与性相关关系亦可独立出现（z-s），这一相关关系就必然远比现代希腊语更加突显，后者的这种相关关系仅以束的形式出现（参考现代希腊语塞音清浊音的语音学波动）。

研究音系系统、构建音系系统时，上述所有情况都必须认真加以思考。

9

相关关系束和相关关系层（Korrelationsschichtung）必须严格加以区分。相关关系束由属于同一天然联系群的若干相关关系组成，之所以存在，是因为这样的相关关系被语言意识投射到了同一平面上。由于这个原因，相关关系束构成了可直接感受到的有机整体，只有仔细观察才能够拆分成其组成部分，即单个的相关关系。而相关关系层则由不同天然联系群中的相关关系组成，被语言意识投射到不同平面上。因此，这样的相关关系层是很容易被直接的第一印象分解的。

元音音位的相关关系层之例，如质性相关关系和强度相关关系的结合，这一情况在我们经常提到的《论音系性元音系统的普遍理论》一文中已得到讨论（50页及后）。相关关系层还可通过质性相关关系与共鸣腔相关关系的结合而构建，如法语中可观察到的情况。元音强度对立和共鸣腔对立只能以相关关系层的元素身份出现，也就是只能通过与质性相关关系相结合而出现。这些相关关系始终构成一种上层结构（Überbau），即元音系统的较高楼层。在上面提到的那篇文章里我们看到，"最小强度"和"最大强度"（即强度相关关系的两种元素）经常扩张至全然不同的元音质性，换言之，最大强度的元音系统和最小强度的元音系统经常不平衡。共鸣腔相关关系中亦可观察到类似情况（参见上文第5节第II点）。

关于辅音音位，也存在极其多样的相关关系层。意大利语和匈牙利语中，浊声参与性相关关系上叠加了强度相关关系（"长音：短音"），但是该强度相关关系并不局限于浊声参与性相关关系范围之内，同样扩张到了响音上。一些上德意志方言中（如上文提到的马赫菲尔德方言），近距性相关关系（ds-s，dš-š，bf-f，kh-χ）上叠加了强度相关关系（"强音[fortis]：弱音[lenis]"），这种强度相关关系还扩张至处于近距性相关关系之外的音位 d、b、g 上，从而涵盖了几乎整个阻塞音系统（仅 h、w、j 例外）。由浊声参与性相关关系和自有音高相关关系构成的相关关系层存在于许多语言中，如俄语、波兰语、莫尔多瓦语等。这两种相关关系的适用域各不相同，有的语言中许多音位仅涉及浊声参与性相关关系，另一些语言仅涉及自有声调相关关系，只有少量语言同时涉及这两种相关关系。楚瓦什语是辅音性自有声调相关关系（"腭化：非腭化"）直接与辅音性强度相关关系（"长音：短音"）相结合的典型语言，——该语言没有浊声参与性相关关系，也没有其他的发音方法相关关系。①

因此，辅音音位相关关系层的可行分类似乎比元音音位更具多样性。不过，一切此类相关关系层始终具有相同的基础，皆是基于析取性位置化对立。该情况与这一事实有关：相关性对立只能存在于同时拥有析取性对立的系统中。（参见302页注释2）但是，由于这一命题的逆命题不成立，因此必然存在辅音音位全无相关性位置化对立、仅存析取性位置

---

① 语音学角度看，楚瓦什语所有的"短"阻塞音在响音之间的位置上都实现为浊音，在其他位置上都实现为清音。但是，这种由语音学决定的对立并不具备音系效力，在其民族语言书写形式中亦未被考虑。——原注

化对立的语言。这一类型见于某些中部阿尔贡金族群的印第安语言：例如福克斯族印第安人（密西根湖以西）的语言只有p、t、č、k、š、s、h、m、n、w、y这些辅音，相互间无任何相关关系维系。① 这类语言的辅音音位提供的音系内容极少，某种程度上可用"单维度"（eindimensional）一词对其加以形容。

整个相关关系束也有可能再叠加其他天然联系群。古希腊语辅音系统，如前所述，由3个相关关系束组成，同时还具有长度性辅音强度相关关系。古印度语言，尤其是印度中部语言（巴利语、普拉克里特），同样有这一情况。北高加索语言，如前所述，拥有异常丰富的辅音性相关关系束，东高加索语言中除了鲁图尔语之外，皆呈现出强度相关关系与发音方法对立相叠加的情况：这类强度相关关系（主要为力度型）出现于所有这些语言里的无喉部阻塞的清塞音中，出现于除库里语和达尔金语之外其他语言的擦音中，出现于部分语言（尤其是查胡尔语、阿奇语以及所有阿瓦尔语言）带有喉部阻塞的音中，还存在于某些语言的流音和鼻音中。某些加赫切尔克斯语方言以及奥塞梯语里，强度对立存在于无喉部阻塞的清塞音中（加赫切尔克斯语方言里还有š）。除了发音方式相关关系束之外，许多北高加索语言还呈现出辅音性的自有音高相关关系，大多数是"圆唇∶非圆唇"（如加赫切尔克斯语、卡巴尔达语、达尔金语、查胡尔语、阿奇语、鲁图尔语、库里语、阿古尔语以及库巴奇语），不太常见的是"强势腭化音∶非腭化音"（车臣语和拉克语）。

有时两种全然不同的相关关系束可相互叠加。阿布哈兹语中，浊声参与性相关关系、呼气方式相关关系、近距性相关关系叠加了辅音性自有声调相关关系束（"圆唇∶腭化中立音"），由此出现了复杂的相关关系层，例如：

---

① 参见列奥纳德·布龙菲尔德《论中部阿尔贡金语的语音系统》（On the Sound-Systems of Central Algonquian, 1925），《语言》，第1卷，130-156页，尤其是143页的表格；福克斯语的辅音组合仅有hp、ht、hk、hč、šk，且仅出现于词中部。——原注

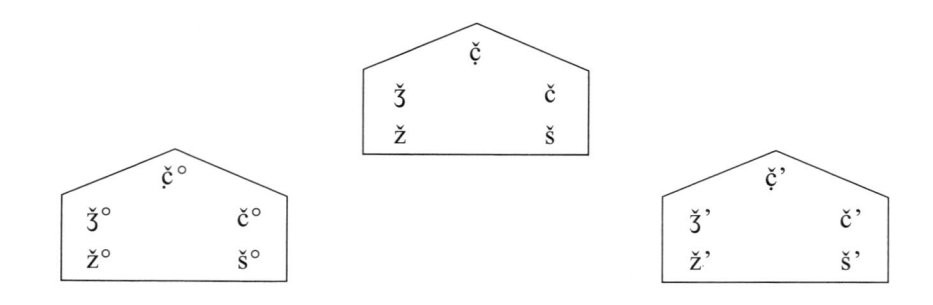

```
        č
    ǯ       č
    ž       š


    č°                      č'
ǯ°     č°              ǯ'       č'
ž°     š°              ž'       š'
```

古印度语里，辅音性自有音高相关关系束"卷舌音：硬腭音：齿音"不仅存在于 ṣ：s：ś 和 ṇ：n：ń，而且还存在于构成发音方法相关关系束的塞音。而对于元音音位，一切具有所谓"乐重音"或"复调"的语言里都可观察到两个全然不同的相关关系束所构成的层，因为声调对立（或音高轨迹对立）永远只能和强度对立相结合，构成韵律相关关系束，而韵律相关关系束永远与质性相关关系束相叠加（"三角系统及四角系统"）。这会带来何种复杂相关关系层，我已在《论音系性元音系统的普遍理论》一文中做过论述（63页及后）。

10

音系系统不应止步于对元音系统和辅音系统分别做研究。必须研究这两个系统之间的相互联系，以及将二者维系在一起的途径。强度和自有音高是在两个系统中皆发挥作用的因素（共鸣腔的质性亦是，虽然作用逊之）。这之中可出现大量各式各样的组合。匈牙利语中，元音音位和辅音音位皆有音长性强度对立，元音和辅音在音长方面是相互独立的。在某些上德意志方言中（例如上文提及的马赫菲尔德方言），重读元音的音长由辅音的力度型强度对立决定：每个重读元音（以及二合元音）在"强音"之前都是短音，在其他位置上都是长音。俄语中，所有元音在非腭化辅音之后都是软腭音，在两个腭化辅音之间都是硬腭音，因此，"软腭－硬腭"自有音高对立完全是辅音的特征；而在德语中恰好相反，这种自有音高对立完全是元音的特征。大多数突厥语言中（但不包括奥斯曼土耳其语），"软腭–硬腭"自有音高对立既是元音特征也是辅音特征，因此无法确定是辅音受了元音的影响，还是元音受了辅音的影响。只有辅音系统和元音系统不再分开来单独探究，而是相互结合起来探究时，语言思想及语音感知中的这些深层次差异才能够得到正确认识。有些音系现象并不能局限于元音系统或辅音系统的界限内。立陶宛语中的音高轨迹对立（"急促调[Stoßton]：舒缓调[Schleifton]"）[①]不仅存在于长元音和真正的二合元音，还存在于"元音 + 流音"和"元音 + 鼻音"之组合，并且类似的情况在其他语言中亦可观察到。元音系统和辅音系统不过是更高整体——语音系统——的成员。

　　此处的一般性论断就是：音系学思考必须始终从整体出发，必须把每一现象理解为更高级别的整体的组成部分，即语音系统的组成部分。音系系统之构建，就应视为语言特定整体中的一部分。

　　与个体的、原子主义的语音学观以及基于常规语音研究的语音学观不同，这种普遍性、整体性的音系学观，很可能是我们的音系科学最本质的特征之一。这就把音系学放置在了一系列现代性、整体性、科学性的方向之中。

---

　　① 德语Stoß字面义为"撞击"，Schleif(e)字面义为"扭结"。这两种声调仅见于立陶宛语长音节，语言学文献中分别以"ˊ"和"˜"标注，因此有时被称为"锐调"和"折调"。据特鲁别茨柯依的阐释，前者实为降调，后者实为升调。——译者注

莫尔多瓦语音系系统与俄语音系系统之比较

Das mordwinische phonologische System verglichen mit dem russischen

（1932）

[译者按] 特鲁别茨柯依多次强调，音系描写绝不仅仅是对音位的罗列。音位清单相同或相似的语言，音位的实际使用状况可存在重大差别，马泰修斯提出的"功能负载"概念，目的即在揭示这类语言事实。若要为此举例，最理想的方式是把音位清单碰巧雷同的两种非同源语言拿来做对比。而俄语和莫尔多瓦语的情况恰好符合这一要求。俄语是典型的斯拉夫语言，语法屈折高度发达；莫尔多瓦语是典型的乌拉尔语言，以黏着为主要语法手段。这样的语法差异在音系层面也有所反映。因此，本文也佐证了布拉格学派所强调的音系研究与语法研究之间的统一性。

这篇短文原载于《学生及布拉格语言学小组成员敬上的威廉·马泰修斯五十华诞集》（*Charisteria Guilelmo Mathesio quinquagenario a discipulis et circuli linguistici pragensis sodalibus oblata*, 1932），本译文由该论文集里的版本译出，原文是德文。

某一语言的音系系统和语法结构之间是否存在内在联系，这个问题只有做过详细研究才能明确。为此，音系系统相同或相近但语法结构有根本不同的语言，尤须做相互比较。俄语和莫尔多瓦语的比较，是这方面很有启发的例子。①这两种语言从语法角度来看迥然不同，因为俄语是一种印欧语，而莫尔多瓦语是一种芬兰乌戈尔语。但是，这两种语言的音位清单却几乎完全相同。②当然，某些共有的语音对立，在莫尔多瓦语中的音系价值未必总与俄语中相同。③但无论如何，莫尔多瓦语的音系系统和俄语的音系系统如此相似，以致莫尔多瓦人把俄语字母表运用于自己的语言时，未做任何增补和修改，完全未感到一丝困难。

然而，这种相似性仅限于音位清单（相同超音位，相同相关关系）。④在音系性的功能研究及组合研究方面，两种语言就分道扬镳了。这一差异可用公式概括为：音位的某一音系成分的丧失（或中和），在俄语里因下一个音位的影响而发生，而在莫尔多瓦语里却因上一个音位（或"零

---

① 此处我们限于莫尔多瓦语的标准语，并且基于柯茨洛夫卡村（Kozlovka）的埃尔兹亚莫尔多瓦语。参见 D. V. 布伯里赫（D. V. Bubrich）教授《埃尔兹亚语的语音与形式》（*Звуки и формы эрзянской речи*，莫斯科，1930）对该语言的描写。另见 M. E. 叶弗谢夫耶夫（M. E. Evsevjev）《莫尔多瓦语语法基础》（*Основы мордовской грамматики*，莫斯科，1929）。——原注［译者按：布伯里赫（Dmitry Bubrikh / Дмитрий Владимирович Бубрих，1890-1949），俄国语言学家、方言学家。］

② 参见 D. V. 布伯里赫教授的论述，《选集》（*Sborník prací*）第1卷《1929年布拉格斯拉夫语文学大会》（*Sjezdu slovanských filologů v Praze 1929*，布拉格，1932），455页及后。——原注

③ 因此，呼气性的强元音（"重读元音"）和弱元音（"非重读元音"）之对立在俄语中具有音系效力，而在莫尔多瓦语里却没有（参见布伯里赫《语音与形式》，23页，§32）。——腭化唇音与非腭化唇音之对立也是如此，在莫尔多瓦语里是纯外部决定的（所有唇音在 e、i 之前及之后皆为腭化，在其他一切位置上皆为非腭化）。标准莫尔多瓦语的 v 跟 u̯ 呈组合变体关系，——v 仅出现于元音之前（e、i 之前是 v'），u̯ 只出现于辅音之前以及词末（e、i 之后是 ü̯），因而属于响辅音，而俄语的 v/v' 却是阻塞音（当然，是特殊的阻塞音）。——由于莫尔多瓦语的 č（不同于俄语的 č）跟 š/ž 发音部位相同，并且莫尔多瓦语除了 c 之外还有腭化的 c'（俄语就不是这样的情况），所以 s : c = s' : c' = š : č 之关系在莫尔多瓦语里是相关关系（近距性相关关系），而在俄语中，c、s 是析取性音位。——关于"音系价值""析取性音位""相关性音位"等概念，参见我的《波拉布语研究》（维也纳科学院通报，语文学与历史学类，211/4）111页及后，以及《音系系统》（《布拉格语言学小组文集》第4卷，96页及后）。——原注

④ 更确切说：——共同的超音位是：U、O、A、E、I、P、T、K、F、S、Š、X、R、L、M、N、J；这之外，俄语还有 S'（щ, хж）、Č（ч）、C（莫尔多瓦语的 c、c' 属超音位 S），莫尔多瓦语还有 V（是响辅音，而俄语 v、v' 属超音位 F）。——共有的相关关系是：辅音的浊声参与性相关关系、辅音的腭化相关关系；这之外，俄语还有元音的强度相关关系（u : ŭ = a : ă = i : ĭ），莫尔多瓦语还有近距性相关关系（s : c = s' : c' = š : č）。——原注

音位"）的影响而发生。这两种语言里，浊声参与性相关关系①和腭化相关关系②皆按此原则处理，莫尔多瓦语里另有近距性相关关系③亦如此。因此可以说，莫尔多瓦语的语音规则大多是逆行（regressiv）方向的，而俄语的则是顺行（progressiv）方向的。④ 与莫尔多瓦语音系这种普遍的逆行趋向相关的，是莫尔多瓦语词首音节的特殊地位。u、o、a、e、i 这 5 个元音音位只有在词首音节才被视为真正的独立音位。在其他音节中，元音 o、e、u 的出现是纯外部性的，由逆行方向的语音规则决定，o 和 e

---

① 俄语词中部的多个阻塞音构成的组合里，所有阻塞音在浊声参与性方面都要依从于最后那个阻塞音（如 kās'it' [割草，不定式，косить]—kăz'ba [割草，动名词，косьба], kălodă [大木墩，колода]—kălotkă [木把手，колодка]）。莫尔多瓦语中，只有当后面的阻塞音是清音时，才会发生这一情况（如 kuz [纵树]—kustomo [没有纵树]）；此音如果是个浊音，在清阻塞音后面它自己也会变成清音（如 kudo [房子]—kudodo [房子，离格], kuz [纵树]—kuzdo [纵树，离格], 但 šokš [盆]—šokšto [盆，离格]）。俄语中，词末的阻塞音在浊声参与性方面中和，在浊阻塞音前面实现为浊音（如 naž dom [我们的家，наш дом]—naš āt'ec [我们的父亲，наш отец]），在其他一切情况中均实现为清音（nož d'ad'ǐ [叔叔的刀，нож дяди]—noš ātca [父亲的刀，нож отца]）。莫尔多瓦语恰好相反，词首的阻塞音在浊声参与性方面中和，在停顿之后以及清音的后面实现为清音，在其他一切位置上实现为浊音（例如，panar [上衣]—orčak panar [穿件上衣!]—ašo banar [白上衣]—od banar [新上衣]—c'oran' banarzo [男式上衣]）。——只有在多音节词里，莫尔多瓦语的词末浊音才会清化，但不是句子语境中，而只是出现于停顿之前。这一规则（其作用空间本来就已很窄）没有例外。多音节动词形式词末的 z'，即使位于停顿之前，也仍保持其浊音性。——原注

② 关于腭化，俄语某些位置上的辅音从音系角度看已被中和，重音之前的 ă 前面的所有辅音，非腭化齿音前面的所有辅音（l 除外），词中部的 u、ŭ 前面的所有唇音，永远读非腭化；e 前面的所有辅音，永远读腭化；v' 前面以及腭化齿音前面，s 类音读腭化，其他辅音（l 除外）读非腭化或半腭化。莫尔多瓦语中，这样的音系性自有音高中和不是发生在某些音位前面，而是发生在它们后面。——原注

③ 确切说，齿音之后只发 c、c'、č（以及仅在此位置出现的 dz、dz'、dž），但却被感知为 s、s'、š（以及 z、z'、ž），因为擦音是近距性相关关系的"无标记"项。——原注

④ 完整起见还应指出，莫尔多瓦语另有一条双方向的语音规则：不直接接触元音的阻塞音，其浊声参与性从音系角度来看是中立的，并且实现为清音（例如，andoms [喂养]，频繁式为 antnems）。——原注 [译者按：频繁式（[德] Frequentativ，[英] frequentative），乌拉尔语言动词的一种黏着形式，表示反复发生的动作。]

须理解为某些音位的组合性变体。① 因此，词首音节的元音系统跟其他音节的元音系统有本质区别，而且由于词首辅音也显现出特殊性，② 所以词首音节就整体上成了音系性的特殊位置。——最后还有一点，莫尔多瓦语的相关关系对立与俄语相比，运用得相对较少。元音的强度对立在俄语里发挥重要作用，在莫尔多瓦语里完全没有。腭化对立在俄语中延伸至齿音和唇音，在莫尔多瓦语里仅延至齿音为止。浊声参与性相关关系的情况是，在俄语的话语里，浊阻塞音（即有标记的阻塞音）占37%，清阻塞音（即无标记的阻塞音）占39%，音系角度浊声参与性中立的阻塞音（如词末等位置）仅占24%，而在莫尔多瓦语的话语里，浊音占18%，清音占38.7%，音系角度清浊中立的音占43.3%。③

莫尔多瓦语所有这些特征，都和莫尔多瓦语的语法结构密切相关。作为典型的"图兰语言"，莫尔多瓦语没有前缀。词首音节故永远是词根音节，因而从语法角度来看，其特殊地位显得合理。莫尔多瓦语没有用于语法目的的词根语音内容交替。构造词形的唯一途径就是黏着，也就

---

① 更确切说，在非词首音节里，o仅位于带有u、o、a的音节后面的非腭化辅音之后；而e只是在前一个音节里含有e或i的情况下，才会出现于非腭化辅音之后；在腭化辅音之后出现的是e，无须参照前一个音节里的元音。因此，在词首音节里能够导致语义区别的o和e之对立（如kov [月亮]—kev [石头]），在非词首音节里是语音学性的，纯外部决定的。元音u在非词首音节里出现于带u、o、a的音节和带a、i的音节之间的非腭化辅音之后（如amul'ams [舀]—kulcuni [他听]），o也是出现于同样的位置上（如kudoška [像个房子]），但e并非如此。——参见我的《论音系性元音系统的普遍理论》一文（《布拉格语言学小组文集》第1卷，39页及后），尤其是58页及后。——原注

② 如前所述（见324页注释1）词首的阻塞音在浊声参与性方面已中和。浊阻塞音和清阻塞音之间的对立，在词中和词末能够导致语义区别（如kozo [从哪里]—koso [哪里]，lugas' [草地]—lukas' [前后移动]，ked' [手，单数]—ket' [手，复数]，noldaz' [允许，过去分词]—noldas' [允许，不定式]），而在词首位置是语音学性的，纯外部决定的（如orčan banar [我穿着件上衣]—orčak panar [穿件上衣！]）。在词首，除s、z之外的齿音在e前面永远腭化，而词中部也是在e前面，齿音却要保持非腭化（如s'este [从村里]）。——原注

③ 这些数字通过 D. V. 布伯里赫《埃尔兹亚语的语音与形式》附录里刊出的莫尔多瓦语文本及其俄语译文得出，两份文本都不算太长（莫尔多瓦语文本含有大约1120个音位，俄语文本含有大约1180个音位）。但我相信，更长的文本里的比率与之大致相同。若能按照 V. 马泰修斯的方法为莫尔多瓦语音位的使用做更精确的统计，会很有意思。——原注

是在不变的词根上依次添加形式成分。逆行方向的语音规则确保了词根语音内容的最大稳定性，同时充当一种黏合手段，把构词成分跟词根牢牢连接在一起。但黏着还继续运作，把一个又一个成分连接起来，逆行向的语音规则因而将其效应延伸至整个词。莫尔多瓦语的语法结构是理性而规则的，不允许任何例外，也不允许词性变化上有任何非理性的多样性。一切都已严格规定，自由选择的空间已限制至最低。存在少量轮廓清晰、定义严格的语法模式，每一次的思考都必须被塞入这样的模式里。这些模式当然非常粗暴，极少给更为细微的差异留空间。这种模式上规则的语言思维方式与莫尔多瓦语的音系相一致，极少自由使用相关关系对立，主要靠超音位来运作。莫尔多瓦语音系上的单调性也和该语言语法结构上的单调性相一致。由此，莫尔多瓦语显现出音系性语言结构和语法性语言结构之间的完全平行。

音系系统本身及其与语言一般性结构的关系

Les systèmes phonologiques envisages en eux-mêmes et dans leurs rapports avec la structure générale de la langue

(1933)

[译者按] 1931年8月25至29日，第2届国际语言学家大会在瑞士日内瓦大学召开。会议设定了5个讨论专题，"音系系统本身及其与语言一般性结构的关系"是其中的第3个。来自不同国家、具有不同研究背景的6位语言学家对此专题提案，特鲁别茨柯依应邀对这一主题做了主旨发言。

会议文集于1933年在巴黎正式出版，完整记录了关于这一专题的讨论过程。我们首先读到的是特鲁别茨柯依、赫罗特、鲍厄、卡尔采夫斯基、巴依、薛诗霭6位语言学家的提案。这6份提案各具特色：特鲁别茨柯依的提案一如既往地强调了布拉格学派的整体论、目的论、系统论的音系学观；赫罗特提出了实验语音学可为音系学研究提供的实证支持；鲍厄简短地表述了具体语言实践工作（闪米特语言研究）对音系学思想的佐证；卡尔采夫斯基探索了音系学研究如何与词法、句法等层面实现结合；而代表会议主办方声音的巴依和薛诗霭，分别从微观和宏观角度出发，讨论了索绪尔语言符号视角下语音现象与语法现象的统一。之后，特鲁别茨柯依结合上述提案，围绕音系学与语音学之比较，做了主旨发言。最后是主持人对主旨发言的点评及多位与会者对此议题的进一步讨论。整个过程中显现出的观点的对撞及方法论的差异，使这份文献成为我们理解特鲁别茨柯依音系学思想的重要材料。

本文译自1933年正式出版的会议文集的相应部分，由原文完整译出。其中，本主题的总标题"音系系统本身及其与语言一般性结构的关系"原文为法文，特鲁别茨柯依、赫罗特、鲍厄的提案原文为德文，卡尔采夫斯基、巴依、薛诗霭的提案原文为法文。特鲁别茨柯依的主旨发言原文为德文。最后的发言点评与讨论部分以法文记录（包括主持人的话以及对叶斯柏森、梅耶、多洛舍夫斯基、赫尔曼的发言的转述）；直接引述的发言中，帕默和田中馆爱橘的发言原文为英文，乌伦贝克的发言原文为法文。

一、大会收到的回复

1. N. 特鲁别茨柯依亲王，维也纳

对全世界所有语言做音系系统描写是急切之需。但是，这样的描写只有按照尽可能统一的方式通过国际合作来开展，才能够成功。因此，成立一个"国际音系学协会"（Internationalen Phonologischen Arbeitsgemeinschaft）是绝对必要的。

音系学关注的不是作为物理、生理或心理-生理现象的语音，而是音位，即实现为语音且生存于语言意识中的语音意图（Lautabsicht）。只有那些在某一具体语言中可用于区别语义的语音差异才具有音系效力，因为从该语言系统的角度来看，只有这样的差异才具有意图性。某一语言的音系系统，是该语言中具有语义区别功能的语音意图之化身。审视这样的音系系统可发现，系统中的单个成分相互之间处于十分多样的关系之中：借助某些共有标记，有些成分之间相互联系得比跟另一些成分更为紧密。由此可见，具体语言的音系系统始终具有一定的个性结

构。先前的研究已表明，音系系统的可行结构类型数量并非无限，有些组合从不出现，另一些组合则永远通过相同的条件维系在一起。换言之，先前的研究促使我们认识到制约音系系统结构的某些法则之存在。音系学不满足于构建某一语言的音位清单以及澄清该音位系统的结构，音系学还研究单个音位之间所允许的组合以及实际出现的组合，此类组合出现的相对频率，以及此类组合用于语义目的的程度。这样的研究必然要使用多种方法（包括统计方法），要揭示所研究语言的个性特征。不过事实证明，在这方面，可行类型的数量也不是无限的，这之中同样存在某些可通过对比不同语言来确定的一般性法则。音系学如前所述，研究的是可区别语义的语音意图（语义永远仅指"理智语义"）[①]，因而成为语言表述语义之途径。普通音系学或词汇音系学之外还有词法音系学，研究词法对音系手段的运用，再之后还有句子音系学，研究与句法功能相关的音系现象。前面提到的构建一般性法则之努力，适用于音系学的所有各部分。

音系学视角还可运用于时间与空间中的语言生命。某些音系标记或结构类型的地理分布，不仅可在某一语言的边界之内进行探究，还可在多语言地理区域的边界之内进行探究。这一研究已带来一些很有意义的重要结果。事实证明，音系标记与结构类型的分布边界经常超出语言边界，地理相邻但无亲缘关系的语言经常属于同一音系结构类型。而把音系学视角运用于语音史，可产生与先前截然不同的研究方法。由于音位的性质和其在音系系统中的地位密不可分，所以某一音位的变化同时也是音系系统结构之变化，系统结构之变化同时也是音位性质之变化。这就是为何从音系学视角来看，语音史永远是音系系统之重组。这就促

---

① 理智语义，指可对词等语言单位做出质性区别的的语义，与"情感语义"相对。例如，长短元音之对立在许多语言（如汉语普通话）中不具备区别词义的功能（即不具备区别理智语义的功能），但在这样的语言中仍可区别"情感语义"，如用元音加长的方式表示感叹、惊讶、厌烦等情绪。特鲁别茨柯依等布拉格学派学者的著作中经常强调，"语义"一词应仅限于指"理智语义"，只有做此限制，探讨某一音系对立是否具有语义区别功能才可行。参见本书上编3.1.2。——译者注

成了一种全新的整体性（ganzheitlich）语音史观，与先前的原子主义（atomistisch）语音史观形成强烈对比。这就让语音史成为具有语义的历史，不像原有的原子主义视角那样，呈现为无语义的状态。"音位"这个术语作为语音意图及语义区别途径，已自带目的性成分，因此，从音系学视角审视语音史时，目的论成分（teleologische Moment）必然要发挥作用，这在以往的以语音学为导向的方法中不可能做到。借助音系学视角，构拟原始语或推断演化阶段亦可获得全新的方向。以实证方式存在着的语言，其音系系统永远要依从某些结构性法则而构建，认识到这一点，让我们在为较早的演化阶段做理论推断时，只能认可那些与音系结构普遍法则不矛盾的组合。对语言生命的空间与时间之思考，产生了不少具体而极其有趣的问题，这些问题迄今尚未得到过探究。

音系学视角不仅为语言生命的空间之思考、时间之思考开辟了全新的道路，还为审视语言生命开启了第三条路，即对语言的特定社会功能的观察，尤其让对文学语言和诗学的研究进入了人们的视野。文学语言的音系系统不同于具体方言的音系系统，也不同于"普通大众"语言的音系系统，其差异方式让人类语言音系层面的目的论成分格外清晰。关于诗歌，许多通过原子论及语音学视角完全无法解决的问题或是解决得极其错误的问题，一旦改用音系学视角，就得到了合理的解决。

透过音系学视角，语言与文字之关系问题可获得独特的新启示。实用的书写系统，其目的不是重现所有真实发出的音，而是仅重现那些具有音系价值的对立。写下的不是实际发出的音，而是欲表达的义或欲说出的意图。首先，这对研究那些得以书面传承的死语言产生了一定的方法论影响。通过分析某一死语言字母表的特性来推断其语音系统的特性时，切不可根据该书写系统为每个音的音值直接下结论（这样的做法至今仍经常出现）；传统的书写系统和通过理论而得出的语音系统之间的不对等性，切不可像我们经常见到的那样，透过所谓字母表的缺陷和不完善性来解释。必须始终牢记，文字体现的不是语言的语音系统，更不是语言的音系系统，音系系统和语音系统也并不重合。利用古碑铭和手抄卷的正字法及拼写错误而得出的关于各种语言的语音史的结论，同样必须通过音系学视角来订正。不过，除了这些受音系学启示而显现出全新样貌的纯科学问题之外，事实证明音系学视角还在一系列实践问题上极富成效。这之中首先包括为迄今无文字的语言设计实用的字母表。值得注意的是，许多语言学家恰是因为这类实践问题而接触了音系学。而与这一点密切相关的，当然是对与功能不符的已有字母表加以改革的问题。另外一个可通过音系学视角得以阐释与提升的实践问题，是速记及速记系统改革的问题。最后，初等教育同样向语言学家呈现了一系列问题，这些问题只有把音系学视角连贯地运用到其语境中才能解决。

从上面的概述中可以看出，对人类语言语音层面做音系学思考，涉及语言学数个重要方面的深层改革。一方面，音系学是一门极具实证性的科学，另一方面，音系学竭力揭示普遍性法则，透过已发现的法则，音系学已显现出比以往的语言学试图构建的法则更宽阔的视野、更具普遍性的特质。音系学思路的这两个方面，即具体语言方面和普遍法则方面，联系得非常紧密，二者无法相互分离。普遍性的音系法则只是实证之归纳，因而只能建立在尽可能对全世界所有语言所做的音系思考之基础上。而某一具体语言的音系系统之个性，只有依据普遍性音系法则搞清该语言音系系统中的一切，才能得到正确认识，——这就要求了解此类法则。对具体语言的音系描写，必然始终和其他语言做比较，换言之，对全世界所有语言进行音系学思考必须分头同步展开。因此，对音系学工作进行组织的问题才成了音系学的重大问题。

1930年12月在布拉格召开的音系学会议以及会上的著作应当被第二届国际语言学家大会的与会者们所了解，布拉格会议决定成立国际音系学协会，其任务是通过相互提供信息与建议来促进音系学研究。该音系学会议还授权我，向第二届国际语言学家大会寻求对国际音系学协会的道义支持。为此，我谨代表布拉格会议向第二届国际语言学家大会提交了以上论述。

2. A. W. 德·赫罗特[①]，阿姆斯特丹

第一，对某一语言进行音系描写，除了其他信息之外，也必然会用到实验语音学信息。这也是在对不同语言进行描写时达到统一的唯一途径。只有通过这一途径，一些基本问题才能够得到最终解决，例如有峰元音三角或无峰元音三角是否可能存在的问题。我（根据埃克曼[②]的信息）给出了荷兰语的例子，这两幅图表明，亮元音（heller Vokal）无疑构成了有峰三角（见图 B-1），而暗元音（dumpfer Vokal）则构成了无峰三角（见图 B-2）。当然，与这两幅图相关的许多问题，我在这里无法做深入讨论。

第二，建议普通格律学和普通诗学的方法和术语，以及格律系统、诗歌结构系统与音系系统之间的关系，都能进入下届大会的议程。

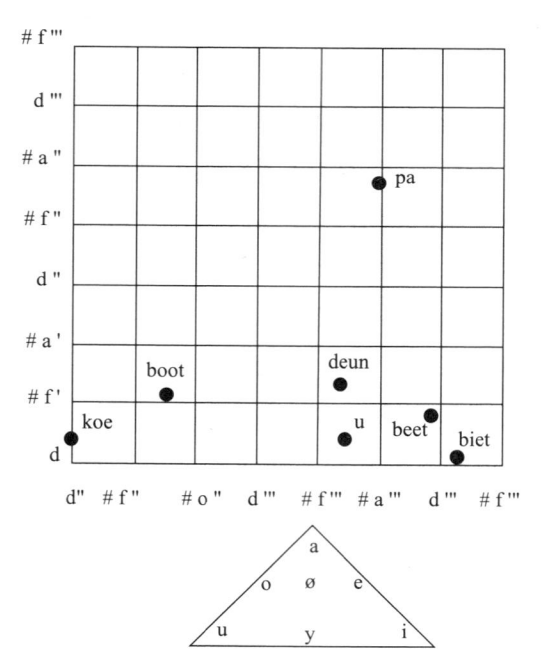

图 B-1　赫罗特，荷兰语亮元音系统，有峰三角

[①] 赫罗特（Albert Willem de Groot, 1892—1963），荷兰语文学家，著有基于统计数据的《古典散文节奏手册》（*A Handbook of Antique Prose-Rhythm*, 1919）一书。——译者注

[②] 埃克曼（Leonard Pieter Hendrik Eijkman [亦拼作 Eykman]，1854—1937），荷兰语音学家，著有《荷兰语语音学》（*Phonetiek van het Nederlands*, 1937）。——译者注

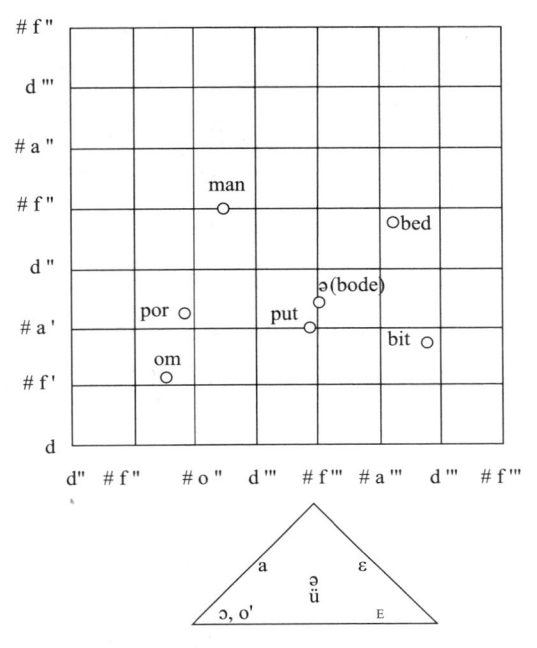

图 B-2　赫罗特，荷兰语暗元音系统，无峰三角

3. 汉斯·鲍厄[①]，哈勒

我想指出音位这个术语对理解阿拉伯语元音系统很重要（虽然这一点对这个问题可能不太切题）。阿拉伯语的三个基本元音（a、i、u）是音位，其语音特征完全由其周边的辅音来决定。

4. 谢尔盖·卡尔采夫斯基[②]，日内瓦

语言系统是一套机制，运作于思想领域的区别活动和语音领域的区

---

①　鲍厄（Hans Bauer, 1878—1937），德国闪米特学家，著有大量关于阿拉伯、希伯来语、阿拉米语的著作，晚年成功破译了乌加里特语楔形文字。——译者注

②　卡尔采夫斯基（Sergej Iosifovic Karcevski, 1884—1955），俄国语言学家，日内瓦学派巴依、薛诗霭弟子，是将索绪尔语言学思想传入俄罗斯的关键人物。卡尔采夫斯基也是布拉格语言学小组的重要成员，因此是兼具日内瓦学派和布拉格学派身份的语言学家。主要著作包括《语言、战争与革命》(*Язык, война и революция*, 1923)、《俄语动词系统——共时语言学论》(*Système du verbe russe: Essai de linguistique synchronique*, 1927) 等。当代俄罗斯学者伏日隆（Ирина Ильинична Фужерон）编辑出版了 2 卷本《С. И. 卡尔采夫斯基——语言学遗产选》(*Карцевский С. И. Из лингвистического наследия*, 2000, 2004)。——译者注

别活动之间，为二者构建起关联：而这两个领域都位于语言（langue）之外。这种运作涵盖四个传播等级（étape de transmission），亦称传播平面（plan de transmission），各自都有决定语言的语音层面和概念层面之关系的组织原则，并依据其组织原则来管控相应的传播等级。每个平面都是同时和其前面及后面的平面相联系，且再进一步分出两类关系。这八个类别相互"契合"（s'emboîtent，薛诗霭语），从最具体的音位类开始（质关系），直至最抽象的有关句线（ligne de la phrase）[①]的"量关系"。由近至远，所有的语言关系皆受能指的线性特征之掌控（索绪尔、薛诗霭）。

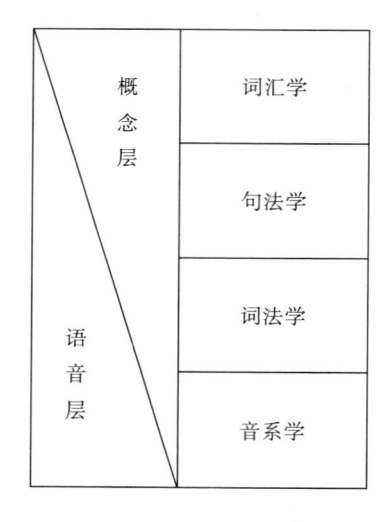

	词汇学
概念层	句法学
语音层	词法学
	音系学

图 B-3　卡尔采夫斯基的音系-语法关系图

词汇平面（plan lexicologique）的要素是句子。（不要把句子[phrase]和短语[proposition]搞混！[②]）句子是对话的函数项，是实际交际的单

[①] "句线"指因句子的语调而形成的旋律线，下文提到的其他层级的语言单位的"音线"（ligne phonique），道理相同。详见卡尔采夫斯基《论句子音系学》（Sur la phonologie de la phrase, 1931）一文（载《布拉格语言学小组文集》第4卷，188-227页）。——译者注

[②] 之所以可能搞混，是因为 phrase 一词在法语中指句子，在英语中指短语。法语中指短语的是 proposition 一词。——译者注

位，句子不仅要有语法结构本身，而且要有具体语音结构，即其语调（intonation）。这一平面存在两种区别：一种是"量性"区别：即整体（句子）、局部、外置成分[1]之区别。另一种是"质性"区别：包括a）平等关系：1.对称，2.相同；b）非平等关系：3.不对称，4.渐进。由此形成具有不同语调的四种"句子成分"（即"意义单位"）。这一平面的单位趋于词汇化，往往变成不可拆解的块状。

句法平面（plan syntaxique）上，逻辑关系往往构建于交际单位的内部。这造成两种顺次性的区别等级：一种是非组合关系：a）并列（各项可逆），b）从属（各项不可逆），c）插入（incise）（不属于上述二者）；另一种是组合关系（即被限定项与限定项之关系[2]，tt'）：a）一致（t的形式值由t'反映），b）管辖（t'的形式值依据t的影响而变化），c）附加（不属于上述二者，如副词和动词之间的关系）。组合关系可以是谓语性的（=短语）。

词法平面（plan morphologique）上，第一个区别是每个组合项内部的普遍成分和具体成分之区别。其结果就是形式值和语义值之间的对立，前者约束后者，并将后者分配至不同语法范畴（即"词类"）。第二个区别在于音线（ligne phonique）：词法单位（以及句法单位）依其在音线上的位置（前缀、词根、后缀、词尾）而获取意义。

音系平面（plan phonologique）上，两种区别影响音节和音位的构成。这之中包括在音线上部署音色、音长、强度、音高等特征。语言做到这一点，是通过把音线划分为不同音色的质性单位（音位），并且给每个这样的质性单位都"强加上"具有量性差异的音长、强度和音高。因此，音位其实具有所有语音特征，但音长、强度和音高却只能依据词的

---

[1] 原文为enclave，原义为"飞地"，即与一国领土的主要面积不相连接的小块领土。——译者注

[2] 此处的"组合关系"（syntagmatique）等是巴依的术语（详见Bally 1944: 102），"组合关系"指限定项（déterminant）和被限定项（déterminé）之间的关系。限定项（记作t'）如偏正结构中的修饰语、动宾结构中的宾语、主谓结构中的谓语，被限定项（记作t）如偏正结构中被修饰的名词、动宾结构中的谓语动词、主谓结构中的主语。——译者注

不同部分和语言的不同平面而在音节里得以实现。

在所有的语义结构单位中，词是最重要的，也是最复杂的。词既是音位之集合，也是有组织的音节组；词既是语素之集合，也是形式值和语义值的结构组合；此外，词既可以是个组合项，也可充当非组合关系成分，还可充当句子成分，甚至本身就是句子。但是，词却是个可以永远定义为语音复杂体的概念，是个双面单位。

毫无疑问，各个平面的重要性及结构特征皆因语言不同而不同。

下面，有必要按相反顺序重新梳理一遍，随时停下问问每个平面上用到了这四类语音特征中的哪一类，以何种方式用到的，当然还要考虑产出性过程和非产出性过程之间的区别。若无特殊回答，即对所有语言皆有效。有的语言中，某些语音现象专属于词法区别（如语音交替）或专属于句法区别（如连音异读）等；也有的语言中，没有这样的现象。不过，总会有些具有普遍特征的现象，与语法、构词、句子皆无关，仅依音节而存在。这类现象就是专属于音系平面的现象。

语言通过语音传送思想，而不是通过思想传播语音。因此，我们必须承认存在句子音系学、句法音系学、词音系学、词法音系学以及音系学本身（尚不提语义音系学）。它们的重要性及特征是因语言而异的。

5. 夏尔·巴依[①]，日内瓦
语法结构与音系系统一致性例析

法语

现代法语的基本特征中，显现出两个倾向：一是法语受制于分析性机制（非屈折性机制），二是法语偏爱简单而任意的符号。这两个倾向对

---

① 巴依（Charles Bally, 1865—1947），瑞士语言学家，日内瓦学派核心人物之一，与薛诗霭共同编辑出版了索绪尔的遗作《普通语言学教程》。著有《法语文体学特征》（*Traité de stylistique française*, 1909）、《语言与生命》（*Le langage et la vie*, 1913）、《法语的危机——我们学校教育中的母语》（*La crise du français, Notre langue maternelle à l'école*, 1930）、《普通语言学与法语语言学》（*Linguistique générale et linguistique française*, 1932）等。——译者注

立而行，音系系统中有与之相关联的现象。

A）法语具有分析性；它已消灭大多数拉丁语词尾（désinence）[①]，用独立于义位（sémantème）[②]之外的语法词取而代之；拉丁语词根往往变成了自主的词：如拉丁语 lup（-us，-i，-o，-orum 等）和法语 loup(s)（狼）；组合中呈顺行顺序：

1. 取代词尾的语素位于义位之前，而不是固定于词末。例如，**le** loup（狼，确指），**du** loup（狼，不确指）等；**je** souffre（我受苦），**qu**'il entre!（愿他进得来）等[③]。

2. 两个词汇符号并行时，限定项（t'）位于位于被限定项之后（t）。例如，la terre est ronde（地球是圆的），la terre tourne（地球旋转），trahir un ami（背叛朋友），obéir à son maître（服从主人），chapeau gris（灰色帽子），pot à lait（牛奶罐子）等等。[④]

音系学中的对等情况：——顺行顺序（tt'）由兼具心理性和物质性的节奏造成；义位的强度大于语素，限定项的强度大于被限定项；因此，上述成分发音的力度更大；法语的节奏是尾重型（oxyton）[⑤]，词组里如此（la terre est **ronde**, pot à **lait**，等等），词里如此（hab**it** [衣服]，moiss**on** [丰收]，等等），音节里也如此；音节重音故而总是由元音来承载；音节

---

① 词尾（désinence），古典语法学术语，指屈折后缀。——译者注

② 义位（sémantème），巴依的术语，指"表示纯词汇概念的符号"，可以是词根、简单词、复合词等，与表示语法功能的"语法符号"（包括"语法词"）相对。详见 Bally（1944: 288-289）。——译者注

③ 对上述例子的结构分析如下：le loup（定冠词 + "狼"），du loup（部分冠词 + "狼"）；je souffre（第一人称代词 + 动词），qu'il entre!（引导词 + 第三人称代词 + 动词）。可参考这几个词在拉丁语中的对应形式：lup**us**（狼），suffer**ō**（我忍受），intr**et**（愿他进得来），都是通过屈折形式（词尾）体现语法功能，而不是像现代法语那样的分析形式。——译者注

④ 对上述例子的结构分析如下：la terre est ronde（定冠词 + "地球" + "是" + "圆"），la terre tourne（定冠词 + "地球" + 旋转"），trahir un ami（"背叛" + 不定冠词 + "朋友"），obéir à son maître（"服从" + 介词 + "主人"），chapeau gris（"帽子" + "灰色"），pot à lait（"罐子" + 介词 + "牛奶"）。——译者注

⑤ 古希腊诗学术语，尾重（oxytone）即重音位于最后一个音节。若重音位于倒数第二、第三个音节，分别称为 paroxytone、proparoxytone。——译者注

通常以元音结尾，如 un-beau-pe-tit-cha-peau-gris-fon-cé（漂亮的深灰色小帽）①。正因为此，法语没有下降二合元音（如 oi、au 等），有鼻化元音而没有"元音+鼻辅音"，长元音非常少，等等。

B）法语倾向使用任意性符号，而不是目的性符号，换言之，使用简单符号，而不是复合符号。法语对概念贴标签，而不是下定义或做描述：例如，法语 pendule（挂钟）德语是 Wanduhr；法语 assommer（打死）德语是 totschlagen。法语"开宗明义"，而不"转弯抹角"；其理想在于清晰性（即笛卡尔式的"清晰"，参见戈布洛②《逻辑的特点》[Goblot, *Traité de logique*]，100 页）。不简短的结构倾向于变得简短，复合结构会浓缩并黏合。因此，获得自主性的词仍臣服于它以前的语素，不可能造出个叫 chien ami d'homme（充当人的朋友的狗）的词，正如拉丁语不可能说 can-amic-homin。复合词不太受宠，跟句法式词组差别不大（如 pot à lait，parler français 等）。复合学问词无法一目了然地分析出意思，词根是外来的，顺序是 t't：例如，viticulture（酿酒）、anthropophage（食人生番），与之相比，德语用 Weinbau（酿酒）、Menschenfresser（食人生番）。后缀更简单、更抽象，比复合构词更受欢迎（试比较，法语 arrosoir [喷壶]，德语 Giesskanne [喷壶]）③。后缀和前缀自身的构词能力不够自由（例如，用 -ment 构成像 courtement [简短地]那样的副词有时很难）。语法关系通常简明而抽象；词序本身经常足以标注出语法关系，如法语 Le soldat tue son ennemi.（士兵杀敌），德语 Der Soldat töt**et** sein**en** Feind.（士

---

① 这个词组的正字法形式：un beau petit chapeau gris foncé；语音形式：[œ̃-bo-pə-ti-ʃa-po-gri-fõ-se]，所有音节都是以元音结尾；语义结构为：不定冠词+"美"+"小"+"帽子"+"灰色"+"深"。——译者注

② 戈布洛（Edmond Goblot, 1858—1935），法国哲学家、逻辑学家。——译者注

③ 这些例词，德语词都是复合词：Wand+Uhr（墙+钟表）、tot+schlagen（死+打）、Wein+bau（酒+构建）、Menschen+fresser（人+吃）、Giess+kanne（泼水+罐）。与之对应的法语词大多为单纯词或派生词，单纯词如 pendule；派生词如 a+sommer（表抽象的前缀+"睡着"）、arros+oir（"浇水"+表动作执行者的后缀）。法语 viti+culture（酒+培育）和 anthro+pophage（人+吃）是复合词，但构词部件均为外来成分（前者是拉丁语，后者是希腊语）。——译者注

兵杀敌）；法语 nommer général（封为将军），德语 **zum** General ernennen（封为将军），等等。语法连接机制很少会词汇化，如法语 la bataille **de** Leipzig（莱比锡[城]战役）、la bataille **de** Alma（阿尔马[河]战役），德语 die Schlacht **bei** Leipzig（莱比锡[城]战役）、die Schlacht **an der** Alma（阿尔马[河]战役）；法语 **de** la fenêtre（往窗外），德语 **vom** Fenster **hinaus**（往窗外），等等。

音系学中的对等情况：简洁性。——法语的元音和辅音都是简单、清晰且在语链中界线分明；没有复合音位（没有二合元音，也没有 ts、tsch 等塞擦音），也没有送气辅音音位等。音系系统同样符合句段浓缩之要求：词组仅有一个尾重音，从而降低了每个成分的独立性；词的内部，重音（尾重音）极少触及词根（目的性部分）。成分的融合还通过较弱的分读（hiatus）以及普遍存在的省音（élision）来加强。最后还有一点尤为重要，音节的切分，有时跟语义成分的界线并不重合：如 C'es-t̮affreux（真可怕），tro-p̮heureux（很高兴），mo-n̮ami（我的朋友），i-noui（从未听说过的），dé-sorganiser（解散）。

注：上面描述的机制仅限于常规的非情绪性法语。该机制受两个因素制约：一是情感行为，二是学问借词的引入，尤其是拉丁语词。情感行为导致出现尾音节无重音的节奏（rythme baryton），这既是语法性的也是音系性的；例如，Magnifique, ce tableau!（太漂亮了，这桌子！）。而来自拉丁语的借词则有许多闭音节（如 extraction [提取]，suggestion [建议]，等等）。

德语

德语有两个特点不同于我们上面对法语的总结。德语更具综合性和屈折性；这也因而促使德语大量使用复合且可直观分析的符号。这两个倾向造成矛盾效应，在音系结构中有所体现。

A）德语依然保留词尾屈折。组合顺序很大程度上是逆行类型（t't）：例如，(Ich sehe) dass du **krank** bist（[我看到]你病了），ein **grauer**

Hut（灰色的帽子），**fünf Meter** lang（五米长），**einen Freund** verraten（背叛朋友），**Milch**topf（牛奶罐子），**aus**trinken（喝光），**Lehr**-er（教师），**tun**-lich（可能的）。元音交替（apophonie vocalique）在语法中扮演重要角色：如Gast（客人，单数）—Gäste（客人，复数），binden（捆绑，不定式）—band（捆绑，过去时）—bände（捆绑，虚拟式）—gebunden（捆绑，过去分词），等等。

音系学中的对等情况：——德语的节奏总的来说是无尾重音节奏：如**Grau** ist alle Theorie（一切理论都苍白无力），ich bin **krank** gewesen（之前我病了），dass du **krak** bist（你病了），**Milch**topf（牛奶罐子），**Leh**rer（教师），**Ga**bel（叉子）。大多数音节常是闭音节：如ein-hüb-scher-dun-kel-grau-er-Hut（一顶漂亮的深灰色帽子）。二合元音是德语音系系统中固有的一部分：tauchen（跳水）、täuschen（欺骗）、leiden（受苦）；长元音比法语更长。

B）德语的大量存在有目的性符号。如果说法语崇尚清晰，那么德语崇尚的是精确，确切说，是合成式的精确；德语展示事物之细节（如Erdteil［德语，大洲］, continent［法语，大洲］[1]；Wanduhr［德语，挂钟］, pendule［法语，挂钟］），展示事情之过程（如totschlagen［德语，打死］, assommer［法语，打死］；sich krank arbeiten［德语，过劳］, se surmener［法语，过劳][2]）。法语很难像德语那样，通过前缀来标记an-füllen（装满）、aus-füllen（填写）、er-füllen（充满）或be-schneiden（修剪）、ver-schneiden（剪短）、zer-schneiden（剪碎）、an-schneiden（切［未断开］）、aus-schneiden（剪下）、ab-schneiden（剪断）等等之区别。这些合成词不仅具有连贯性，分析时更具透明性。这样的词在德语中自成一类，其成分可以相互分离，如aus-ge-trunken（喝光，过去分词），trink dein

---

[1] 德语Erdteil是复合词，Erd+teil（"地球"+"部分"）；法语continent是单纯词。——译者注
[2] 德语sich krank arbeiten是复合式结构，由反身代词+"病"+"工作"构成；法语se surmener中，se是反身代词，surmener是由前缀sur-（超过）加动词mener（进行）构成的派生词而非复合词。——译者注

Bier aus!（把你的啤酒喝光！）①，这在法语中非常罕见。复合词大量存在，后缀经常难以跟复合词成分分清（如 liebe-voll [充满慈爱的]、liebens-würdig [和蔼可亲的]等）。语法关系呈现强烈词汇化：如 zum Jüngling heranwachsen（成长为青年）、von Anfang an（从一开始）、um die Stadt herum（城市周围）。

音系学中的对等情况：——复合音位大量存在：如二合元音、塞擦音（ts、pf）、送气塞音，还有常见的音组（cht、chp、chr、chl②，如 stehen [站立]等）。单辅音在若干类型之间摆动（如 p 和 b），很难充当语链中的界线。③

德语的重音具有目的性：重音位于限定项上（词根、前缀、复合结构的第一个成分皆可，如 **trinken**、**aus**trinken、**Milch**topt）。音节也具有目的性，因为音节通常与具有语义的成分的界线吻合；在词首以及复合结构组成成分开头处，经常存在 h 或喉塞音（'）：如 ein Haus（一座房子），daher（这里），ein'Adler（一只鹰），Wert-'urteil（估价），er-'öffnen（开启）；词末辅音弱化成不爆破（implosion）④，试比较德语 ein Bad（澡）（读 Bat/）和法语 ils battent（他们打）（读 ba/tᵊ）。所有违反这些规则之处，皆是黏合之标志，如 herein（这里面）不读 her-'ein。

拉丁语

拉丁语的内部峰节奏（rythme à sommet interne）更靠近末尾处，而

---

① 德语"喝光"一词的不定式是 austrinken，由前缀 aus-（完）加动词 trinken（喝）复合而成，前一例子中，表示过去的词缀 ge- 插在了该词的两成分之间，后一个例子中，宾语同样使两成分相互分离。——译者注

② 此处巴依是用法语的拼法注德语的音，cht、chp、chr、chl 在德语中的实际拼写形式是 st、sp、schr、schl，发音为 [ʃt、ʃp、ʃʀ、ʃl]，例词 stehen 发音为 [ʃteːən]。——译者注

③ 指德语浊塞音在词末的强制清化。此提法难免有混淆语音和字母之嫌。——译者注

④ 这种所谓的"不爆破"是与爆破异常强烈的法语词末辅音相比较而言的，如果与汉语南方各方言的"入声尾"或泰语传统上所说的"死音节"的尾辅音相比，根本不能算作"不爆破"。——译者注

不是开头处：例如，连接主语与宾语的动词，往往位于句尾，主导成分因此既不在句尾也不在句首。如，Romani Carthaginem deleverunt.（罗马人摧毁了迦太基），Caesar summa ope bellum gerit.（凯撒全力发动战争）。参见 E. 利希特《论拉丁语到罗曼语的词序演化》（E. Richter, *Zur Entwicklung der romanischen Wortstellung aus der lateinischen*），7—81 页。

换言之，这种或可称为以倒数第二个成分为重心的节奏，呼应的是历史上的词重音位置：如 Rom**a**ni（罗马人）；Carth**a**ginem（迦太基），主格为Carth**a**go；delev**e**runt（摧毁）。又如，**a**nimus（灵魂，主格单数），但anim**o**rum（灵魂，属格复数）；c**o**ndidi（完成体第一人称单数），但condid**i**stis（完成体第二人称复数），等等。

音节重音也符合这一规则。拉丁语音节通常允许在元音峰之后出现一个闭音节成分再加一个单音（二合元音及长元音的后半部分在节奏上算作闭音节成分），如 certus（肯定）、altus（高）、gestus（手势）、aptus（合适）、aurum（金子）、pūrus（清晰）。而 auctor（作者）一词中，c 基本消失；monstrum（凶兆）里的 n 也是如此（参见 mostellaria [凶宅]）；而 arctus（短）、sumptus（设想）等朝向 artus、sumtus 演变；torstus（弯的）变成了 tostus，同理，fulgmen（闪电）— fulmen, quinctus（第五）— quintus, torcsi（弯折）— torsi, caussa（理由）— causa, aksla（拖拽）— āla, scantsla（梯子）— scāla, dicsco（学习）— disco, porcsco（恳求）— posco，等等。

6. 阿尔贝·薛诗霭[①]，日内瓦

若要研究音系系统与语言系统中其他部分之关系，无疑就应注重研究音位或音位系统与符号或符号系统之间可观察到的相似点和不同点。

---

① 薛诗霭（Albert Sechehaye, 1870—1946），瑞士语言学家，日内瓦学派核心人物，著有《理论语言学纲要与方法》（*Programme et méthodes de la linguistique théorique*, 1908）、《句法构建方法》（*La méthode constructive en syntaxe*, 1916）、《论句子的逻辑结构》（*Essai sur la structure logique de la phrase*, 1926）等。——译者注

关于这个重要主题，这里给出几个观点。

1. 该比较之基础，似乎可由这一论断来提供：声学音位（phonème acoustique）较之于发音音位（phonème articulé），恰如能指较之于所指。

实际上，每个人构建自己所使用的音位的运动印象（image motrice），都是借助于他对接收到的音位所做的个人阐释，恰如每个人对词表示什么的想法，都是根据他听到词是如何使用的。我们立足于语言（langue）领域，即把所有在场的成分：能指与所指，音与发音，皆视为具有区别性的典型概念，而它们的偶发性实现形式，属于言语（parole）。但我们强调一个事实：能指和音，都是听和说的对象，这样的对象观察即可；而所指和发音，却都是阐释之结果。故而我们提出，能指与所指之关系和音与发音之关系具有明显的平行性。

2. 这一观点，确立了不同层面上的两种单位性质上的共同点，这两种单位一是音位，二是符号，二者共同构建了语言系统。这一观点也揭示出二者间的重大区别。事实上，对音位的发音阐释完全依据音位的声学方面，不含任何任意性。而对符号的阐释却不依据能指，通常是任意性的、无目的性的，依据的是语境与情景。

3. 音位的确立，取决于依据音的发音印象而做的阐释，正因为此，音位系统才以若干发音类别之区别为基础：如后元音与前元音，圆唇音与非圆唇音，清辅音与浊辅音，腭化音与非腭化音，等等。而在各种词概念中，同样可看到意念分类之倾向：如静词的分类、普通名词与专有名词、指示词与关联词、同义词与反义词，等等。如果说这两个领域的结论不具可比性，那是因为我们在音位层面处理的是基于少量材料的相对简单的问题，而符号层面则恰恰相反。但是语法系统，我们就不能说它是通过某种阐释而构建起来的。

4. 使音位的发音印象与符号的能指层面得以统一的本质共同点，在语言演化中亦有显现。语音演化通常受制于发音条件（同化，异化，以及口腔器官运动中的前进现象）。而词汇演化或语法系统演化受制于心理因素，这些心理因素把符号视为表达手段，而不是视为物质形式。

5. 此处我们只提醒大家一处充当其他平行性之基础的平行性。音位不是孤立存在的，正如符号不是孤立存在的；二者皆需整体地看。费尔迪南·德·索绪尔第一个指出了一个重大事实：音位作为语言符号，既存在于联想轴，又存在于句段轴[①]（见《普通语言学教程》第 2 版，180 页）。如果符号是句子的可能函数（fonction possible），那么音位就可依照语言的要求，成为音节、词根、词、词组的可能函数。因此，存在"音位之语法"，正如存在"符号之语法"，这两种语法中可发现相同的普遍趋势表现。

6. "符号之语法"或句法中的一切规则性事实，皆涉及非目的性语音成分与目的性抽象形式之组合。例如，拉丁语 dominī（主公，属格）、dominō（主公，与格）、servī（仆从，属格）等词是具有任意性的形式。但是，如果说 dominō 是属格 dominī 的与格，那么说 servō 是 servī 的与格就是合乎逻辑的。从这一现象中抽象出来的形式是自然的。与之相比，"音位之语法"中同样存在规则性事实，即目的性事实；不过，如前所述，这些规则性事实中完全不包含任何任意性因素。因此，具有规则性的只是对立本身而已，如法语中 ils viennent [viɛn]（他们来）和 il vient [viɛ̃]（他来）之对立，与 donnner [dɔne]（给）和 le don [dɔ̃]（赠礼）之对立是相同的。

7. 正如句法系统中存在不规则性，音位之语法当中也存在不规则性。萨丕尔先生正是这样说的（见《语言》第 1 卷《语言的语音模式》一文，1925 年 6 月）。二者之中，都是把联想之习惯置于事物的自然联系之上。例如法语中，marcher（走，不定式）—marche（走，命令式）、avancer（前进，不定式）—avance（前进，命令式）等规则词对跟 savoir（知道，不定式）—sache（知道，命令式）、aller（去，不定式）—va（去，命令式）等不规则词对，是处于同一框架之中的。正因为此，在音系学中，虽有 iɛ 与 iɛ̃ 对应、ɔ 与 ɔ̃ 对应，却也有 i 与 ɛ̃ 对应、y 与 œ̃ 对应，后两对音虽然鼻

[①] 联想轴即聚合轴，句段轴即组合轴，此处从高名凯译本（1980）译法。——译者注

化元音的发音位置有偏离，却是前两对的平行对。试比较donner—don，finir（结束）— fin（终点），brune（棕色，阴性）— brun（棕色，阳性）[①]等等。

只要该句法规则或音系规则依然活跃，各种不规则对应所依赖的联想关系就会继续存在下去。但是，这种联想关系也可以消失并使其成分落单，除非该成分再获取新的联想关系。这两个领域中，演化皆是通过对思维的干涉而发生，这种干涉推动具体材料利用语言生命提供的规则性成分来进行重新分类。

8. 音系系统和句法系统之间的巨大相似性在于，二者虽然或多或少具有动机性，因而具有天然性，却都不具备必要性。我们在这两个系统中处理的是可能性的偶然实现，这种可能性永远可被其他可能性所取代。

二、特鲁别茨柯依的主旨发言[②]

主持人：P. 克莱彻默先生
8月28日星期五，9∶15
秘书：阿尔贝·薛诗霭先生、安托万·格雷格瓦[③]先生

语音意图（Lautintention / Lautabsicht）（音位）和真实发出的语音之间的巨大差别，早已得到了认识，但是大多数语言学家却依然忽视这一事实。只有少数人不时在著作中对音位和语音加以区别使用。这一概念仅被博杜恩·德·库尔德内的学派系统贯彻和深化，但是直到近期，也就是直到大战期间那几年，该学派仍然处于主流语言学界视野之外。

[①] 后两对例词的读音：finir [fiˈniʀ] — fin [fɛ̃]，brune [bʀynʲ] — brun [bʀœ̃]。——译者注

[②] 这份主旨发言没有标题，利伯曼将其选入Trubetzkoy（2001）时为其加了标题"音系学与语音学之对比"（Phonology vs. Phonetics）。——译者注

[③] 格雷格瓦（Antoine Grégoire, 1871—1955)，比利时语言学家，以研究儿童语言见长。——译者注

一直到战后,各方才有了明显的变化,语言学家们各自独立地得出一个结论,那就是对于语言学来说,研究语音意图或语音概念,或许比研究生理发音过程和物理声学音值更为重要。由此才呈现出语音学和音系学这两个学科之间的根本差别。

音系学致力于音位,也就是致力于具体语言中用来区别语义的语音意图,或者更通俗地说,是致力于语音概念(Lautbegriff)。一个音,永远包含一整套语音标记;语音学家必须研究所有这些标记。但是,每种语言只运用其中几个标记来区别语义,而不是运用所有这些标记,其他标记从这一角度看是不重要的(irrelevant)。音系学只关注排除一切对语义区别不重要的标记之后的语音概念,研究这类语音概念的内容及其相互关系。音系学家明白,这些语音概念在说话时转换为语音意图,实现为客观上可感知的语音,而这样的语音除了包含具有音系效力的标记之外,当然也包含许多音系上不重要的标记。不过,音系学家把对这类语音或语音实现形式的研究,留给了需要完全不同的研究方法的语音学家。音系学家同样明白,同一个音位可依据不同的位置以及其他外部条件,实现为不同的音,有时一个音位可实现为语音组合,有时音位组合也可实现为一个单音。①但对他来说,这恰好证明了音系学的目标与语音学的目标差别有多大:语音学家力求发现普通人说母语时根本注意不到的语音差异。而音系学家则力求研究那些人人都必须在自己的母语中注意到的差异,因为那些语音差异可区别词和句子的语义。语音学家力求钻研发音器官,像研究机械运作那样研究其最微妙的运作。而音系学家则力求钻研语言意识,研究具体语言中构成词和句子的每个语音概念的内容。

语音学视角与音系学视角之间的深刻对立是无须夸大的。音系学家绝不能寻求用实验语言学来解决问题或是停滞于实验语音学而止步不前。语音学可以展示某一个音的全部标记,但却无法确定哪些标记对语义区别是重要的。因此,对于A. W. 德·赫罗特教授把实验语音学的元音研究

---

① 关于这类情况,详见Trubetzkoy(1935a)。中译文已收于本书中。——译者注

成果引入音系学领域的号召（见332页），我想发出高度警示：语音概念之系统全然不同于一张通过精确测量而得的描述高低共振峰距离的表格。汉斯·鲍厄教授正确地论述道（见333页），阿拉伯语三个元音音位依其语音环境而实现为不同形式。如果我们向A. W. 德·赫罗特教授那样用实验语音学的方法研究阿拉伯语的元音系统，就必须为每个元音细微差别都测量出低共振峰和高共振峰，并将其全部记入共振峰表。我们得到的就不是三个点了，得到的点数量会大得多，谁也不知道这些点联结起来会形成三角还是四角。从语音学角度来看，这是对阿拉伯语元音系统的图示阐述。但是从音系学角度来看，这幅图严重错误，因为阿拉伯语的音系系统只有三个元音音位。然而，我们若是转向阿拉伯语的本族文字，就会发现该文字在这方面恰好反映了此音系实情：该文字只有三个元音符号而已。这一情况并非孤例。那些专门为某一语言而设计且在实践中行之有效的较好的本族文字体系，音系学从中可获取的信息，远远超过精确的实验语言学测量和研究，因为好而实用的字母表力图再现且必须再现的不是音，而恰恰是该语言可区别语义的语音概念，这正是音系学须研究的对象。但是，正如好而实用的本族文字可为音系学发挥有益的作用，反之亦然：有了音系学，设计出这样的文字也变得容易很多。当前，许多语言都正在进行文字体系的改革，对其古老的本族字母表进行拉丁化；实用的字母表还正在被介绍给许多此前并无文字的民族。我们若是审视这一领域的专业文献，就会发现这项工作不是以语音学为指导，而是完全以音系学为指导。当今日语的官方拉丁文字，就是个极好的例子，表明了音系学在设计实用字母表时的重要性。欧美转写日语的专名和词汇时，至今使用的仍是仅再现语音学值却不考虑该语言的音系学层面的拉丁字母转写系统（即所谓"黑本式"）。日本人自己想把历史悠久的本国文字转换为实用的拉丁字母文字时，发现以语音学为导向的黑本式并不合乎日语的语言意识。该体系中标示出的某些语音区别，被证明是不重要的区别。日语中ts仅出现于u之前，而t仅出现于a、o、e之前；故ts和t永远位于不同的语音环境，自身无法区别语义；因此，二者在日语的语言意识中并无区分，在实用书写体系中必须用同一个字符来记录，这正如德语的硬腭 k 音和软腭 k 音是用同一个字符表示的。

语音学和音系学之间的差别，不仅在于其研究对象不同并导致研究方法必然不同，而且在于对其研究对象的整体观点不同。语音学是孤立而原子主义的。人类言语中的一个音，可以这样按语音学方式来做孤立研究（也就是研究这个音本身），不考虑该语言中的其他音。这样的过程在音系学中不可行。因为音系学的研究对象是可区别语义的语音概念，所以音位绝不可能是孤立的，而是要永远将其作为同一系统中其他音位的对立物来研究。事实上，音系学家主要研究的就是某一具体语言中可造成语义区别的对立类型。某一音位的音系内容，取决于该音位在音系性语音系统中参与语音对立的方式，因此也取决于它和同一系统中其他音位的关系，也就是该音位在这一系统中的地位。这一情况造成了语音学和音系学方法论背景上的巨大差异：以原子主义为导向的语音学，研究的是孤立的语音及语音现象；而以整体为导向的音系学，其出发点是离不开整体的音系系统。

语音对立经常只是在特定的位置上才引起语义区别。这必须承认，同一音位的内容随不同位置而变化。音系学家不仅必须研究全部音位在所有位置上的内容，而且必须研究所有可能的音位组合，并查看这些组合的出现情况及其功能。

因此，音系学和语法学之间存在一定可比性。由于音位终究是个规约性符号，而词又由这样的符号构成，所以音系系统是个符号系统，音系学家研究这一系统中的符号的内容、其相互关系及其可允许的组合。而语法学家对语法形式做的也是同样的事情，其实就是把符号置入某些形式范畴。当然，二者间还存在重大内部差异。但是，这个外部比喻却是完全正确的，因此，A. 薛诗霭把音系学称为"音位之语法"（见344页）非常正确。这是个可深入探讨的有益想法，我认为不仅对音系学的研究方法很有价值，对语法学的研究方法也是如此。

音位是用来区别语义的，这就让我们有理由研究音位对立可造成什么样的语义区别。许多语言中，有些音系对立仅用来区别形式意义。还有些音位组合具有词法功能，如有些音位组合不可出现于词根，仅可出现于词根连接词缀之处，因而可标示出词法接缝处（morphologische Naht）等。① 简言之，有些音系现象具有词法目的。而另有一些音系现象，可用于句法目的，比如可标注出词界，或是帮助突显某一个词。例如捷克语中，重音对于区别词义来说是不重要的，故而在所有的词里永远位于第一个音节。然而对于句法角度的词组，重音首先标示出的是词界，其次用来突显哪个词得到了强调。最后，还有些音系现象用于区别某些句子类型，如语调。因此，音系系统与语言的语法结构密切相关。卡尔采夫斯基（见333-336页）希望音系学分为普通音系学、词音系学、词法音系学、句法音系学、词音系学，是完全正确的。

但是，不应认为对语音研究做音系学思考仅对共时语言学或描写语言学重要。正相反，这一思考对语言之历时思考或历史思考同样具有价值。音系学是新兴的结构主义语言学的一部分，而结构主义语言学正如 W. 马泰修斯恰到好处地指出②，旨在对洪堡特和葆朴的语言学方向加以综合。以语音学为主导的语音史必然具有孤立性，记录的是单个音之历史，而非语音系统之历史。有些手册甚至是按照字母表顺序给出的每个音的历史。与之相反，以音系学为导向的语音史学者，把语音演化视为音系系统的重组。对于每个音变，他都要质问音系系统发生了什么变化。连贯一致地运用这一原则，语音史就会呈现出全新的面貌，这面貌有时会极其意外。我们可从中看到音变的内在逻辑，看到其意义，——如果不考虑音系学，就很难做到这一点。

---

① 例如，叶斯柏森在《英语的单音节词》一文中列出了英语中可出现于词末的99个辅音组合，但是这些辅音组合中有相当一部分仅见于词的屈折形式（如名词复数、动词过去式等），换言之，这样的辅音组合内含语素界。见Jespersen（1929: 9）；中译文见叶斯柏森（2021: 455）。——译者注

② 见马泰修斯在1930年布拉格国际音系学会议上的开幕致辞（Mathesius 1931b: 292），另见马泰修斯在日内瓦第2届国际语言学家大会上的发言（Mathesius 1933: 145）。——译者注

不过，如果音系系统是个有意义的整体，如果音系系统与语言的语法结构紧密关联，并且让每种语言的特性清晰地显现出来，那么就必然要问，语言的语法结构和音系结构之间是否存在必然的联系。这个问题已由我们会议的组织委员会提上了日程。Ch. 巴依用法语、德语、拉丁语的例子回答了这个问题，以显现出语言语音层面和概念层面之间的联系（336-342页）。他那睿智而犀利的论述非常有趣。这里我只想强调方法论方面。首先，巴依的论述表明，这类研究需要对比多种语言，这种对比不是亲缘关系之比较，而是类型学之比较。由此产生的问题是，对比的结果是否不受选来对比的语言之影响？巴依能够刻画出法语之特点，是因为他把法语跟德语、拉丁语做对比。但是，如果他用的不是德语而是意大利语，或者干脆是像日语这样的非印欧语言，结果会如何？法语的特点在某些方面显然会有所不同。但是，如果语言的语音层面与概念层面之联系问题的解决，前提是与其他语言的比较，并且所对比语言的选择会影响问题之解决，那么这个问题客观的解决方法就只能是把全世界能够找到的所有语言都拿来做对比。然而，只有全世界所有语言都按照类型学原则得到了研究、描写、分类之后，这样的对比才能成为可能。

然而，这项工作只有从国际层面上组织起来，才能够成功。为了这一目的，去年在布拉格召开的国际音系学会议已决定成立"国际音系学协会"。这个协会现恳请第二届国际语言学家大会给予道义上的支持。我们诚邀本大会对音系学感兴趣的与会者参与我们的协会，同时我们也申请：国际语言学家常设委员会（C.I.P.L.）可与国际音系学协会建立友好的官方关系。

三、发言点评与讨论

主持人评论：这里提出的音系学问题非常新颖。音系学原则对语音史的诸多问题皆有启示。这就是为何存在两类语音现象：一类是某个音被同化进了一个已有的音，另一类是某个音在某些条件下转化为了一个新音。音位的数量或减或增，是音系学性的事实。同化是一种语音学性的同音；对同化变化的抗拒，引发了反方向的变化，这同样是一条具有解释性的原则。例如日耳曼语的辅音转化，通常是通过假说性的底层[①]来着力阐释的，但是从音系学角度看，很可能会做出不一样的阐释。由 bh 到 b 的变化最先发生；而原有的 b 变成了 p，正是为了避免与从 bh 变来的 b 同音；而与之并存的原有的 p 也因此在 b 面前"逃跑"了，变成了 ph、f。我们还可举出其他例子。

叶斯柏森先生满怀喜悦地向音系学运动致敬，但同时认为，有必要强调一下这一新理论中呈现出的部分创新源于何处。若要避免夸大其词，那么这里提出的方法，其实是对我们早已了解并且一定程度上已重视过的语音学概念做的综合。

把语音学搞得僵硬而机械，仅思考语音自身的质，只是新语法学派的做法而已。而叶斯柏森先生所在的斯威特学派，并未忽视语音学必须考虑音位被赋予的语义角色之事。这一点已在诸多场合得到了贯彻，叶斯柏森先生本人27年前也在其《语音学的基本问题》一书中阐明："我越来越觉得应当思索一下，语言中的外部因素和内部因素之间，即语音和语义之间，存在着最紧密的关系，如果对一方投入精密研究，却不考虑另一方，是个极大的误区。语言的语音研究中有许多东西，如果不涉入语义研究，就无法理解，无法解释。"而在其《语音学教程》一书中，音长和重音都是从语义功能角度加以研究的。其中题为"本国语的系统"的一章，完全就是在论述音系系统。"语言经济"（Sprachökonomie）这个概念，同样也是个在方方面面都很重要的因素。[②]

[①] 底层（[法] substrat，[英] substratum 或 substrate），历史语言学指语言竞争与融合中，未生存下来的语言在生存下来的语言中留下的痕迹。例如汉语史研究中有时会探讨闽、粤方言中的百越语词汇底层问题。——译者注

[②] 上述观点的出处，即《语音学的基本问题》中"语音的系统化"一章以及《语音学教程》中"音长""重音""具体语言的语音体系"三章，中译文见叶斯柏森（2021: 257-271, 272-287, 288-307, 308-313）。——译者注

有个术语问题突显了出来：phonème（音位）这个术语具有清晰的意义；但是，morphème（语素）和sémantème（义位）就不能说有那么清晰，morphonème（词法音位）就更差了。

叶斯柏森先生最后表示，语音学和音系学必须得到区分，但不要割裂：语音学家必须是音系学家，音系学家也必须是语音学家。

帕默[①]先生：过去的一年里，我对我们现在讨论的这个问题做了些研究，并把研究成果写在了题为《罗马字化的原则》(*The Principles of Romanization*)的书中。我在书里展示了罗马字的三重功能：1) 用于正字法本身，2) 用于为不使用罗马字的语言转写专名等，3) 用于注音。我很高兴地注意到，高本汉在其论述汉语罗马字化问题的著作中，早已独立地得出了同样的结论。

我还在书中指出，对发音现象的研究可按两种形式进行。一种形式（可称之为"语音学"或"语音学本身"）研究言语的原始声音，不考虑其可能出现于哪些语言中；另一种形式（可称之为"音系学"）研究言语声音现象及其在某一具体语言中可做何组合、受何影响。这些单位有时是"单音"(monophone)，但更常见的是充当我所说的"变异音"(metaphone)，变异音可分为5种：

1. 两个或两个以上音，依周围音的性质而可互替。琼斯把这样的音定义为"音位"。我称之为"接触音位"(contactual phoneme)。

2. 两个或两个以上音可互替，并无特殊理由（如日语中的 l 和 r），我称之为"自由音位"(free phoneme)。

3. 两个或两个以上音，依方言而可互替。琼斯称之为"跨方言音"(diaphone)。

4. 两个或两个以上音，依赋予音节的重音程度或突显程度而可互替；如

---

① 帕默（Harold Edward Palmer, 1877—1949），英国语言学家、语音学家，英语教学专家。曾担任日本文部省（教育部）语言学顾问十余年，创立了日本"英语教学研究所"(The Institute for Research in English Teaching)。著有《语言学习的原则》(*The Principles of Language-Study*, 1921)、《英语常用词语法词典》(*A Grammar of English Words*, 1938)等。——译者注

英语 can（能够）可为 [kæn] 或 [kən]。我称之为"力度音"（dynamophone）。

5. 一个音（单音或变异音）和它所有的祖先形式（ancestral form）或称"历时单位"（diachronic unit），可总称为"音原"（phonogene）。

梅耶先生首先想感谢特鲁别茨柯依先生做了这场令人仰慕的演讲。他指出，语言学家的兴趣，主要应聚焦于可用来表示语义的东西。这样的东西可把我们从某种重压在头顶的噩梦中解救出来。方言学研究中，人们竭力记下所有发音上的细微之处，甚至连那些最细碎的东西都不放过，把文本搞得难以读懂、难以印刷。如果能够只记下有价值的东西，就能清晰而便捷地从中受益了。理论的价值常常可以通过它的实践效应来衡量。

不过，我们不应当对语言史研究者不公平。只要打开布鲁格曼的《纲要》（*Grundriss*），就会发现他并不是那种一定要把音位驱逐出去的纯原子主义者。布鲁格曼并不觉得一切语音对立重要性皆相同，他对重要的语音对立和不重要的语音对立做了区分。①

此外，还应该做到简化。因此，法语只有两种 e，一个是开音 e，一个是闭音 e；并不存在第三种 e，也就是有些语音学家所说的中间音 e。中间音 e 是音节无重音时出现的变化形式（accident）。不应该忽视这样的变化形式，但也不应该将其摆进图景。

多洛舍夫斯基②先生已经愉快地参加过了布拉格的活动，但他有些保留意见。他对音系学的基本论断及其演绎做了区分，认为音系学的影响深远，但其论断本身很不坚实且不够准确。

语音和"音位"之对立已表现出两种方式。博杜恩·德·库尔德内坚持认为音之本身（son lui-même）和音之表现（représentation du son）

---

① 提出这一质疑的除了梅耶之外，还有凡·维克（见凡·维克《现代音系学与语言范畴的界定》[De moderne phonologie en de omlijning van taalkategorieën, 1932] 一文）。特鲁别茨柯依对这一观点的反驳，见其用法语撰写的《当今的音系学》（La phonologie actuelle, 1933）一文。——译者注

② 多洛舍夫斯基（Witold Doroszewski, 1899—1976），波兰语言学家，二战后当选波兰科学院院士，是多部波兰词典的主编，著作丰富。——译者注

之间存在差异，而另一方面，音之本身又可与作为区别单位及功能单位的音构成对立。前一组对立一定程度上建立于一种误解之上。而"语音意图"这个概念则把人们引向了危险的心理学下坡，很容易导致混乱。

多洛舍夫斯基先生还对语音学使本领域陷入语音的"原子主义"研究一说提出质疑。语音学长久以来一直懂得语音之间的相互联系。关于发音基础（base d'articulation）[①]的论述，尤其与每种具体语言相关。这已经是在以综合方式思考音位了（整体性观）。各种手册的那些被公认为最有学问的编写者们，早已把大量篇幅用在了论述语音组合现象及语音相互间的影响与反制上。

"音位"作为区别性语音单位，无论如何都不是绝对稳定的东西，也无法与语音的浮动变幻形成绝对的对立。有些"音位"也是浮动变幻的，音位发生演化，常常正是因为此。这样的例子很容易举出。

多洛舍夫斯基强调，布拉格会议上，音系学的代表人物们曾坚持认为，仅把音位概念理解为区别性单位是不充分的，他们觉得有必要把"音之表现"与"音之本身"之间的对立补充到概念之中。刚刚特鲁别茨柯依先生在日内瓦大会上的主旨发言，完全是基于区别性音位单位之概念。音系学的基本概念已经取得了一点进步了？概念完善之前，这一进步还应继续下去。

田中馆[②]先生：听闻音系学这门新科学的发展与进步，我难以表达自己的感激与喜悦之情，特鲁别茨柯依先生极富才华地让这门新科学得到了充实。为汉语和日语这样的文字创制字母文字转写系统时，音系学的重要性绝非夸张。关于日语的字母转写系统，过去45年来我一直高度关注。

---

① 19世纪末的语音学文献中，"发音基础"指讲某一语言或方言的个人及群体发音时的总体习惯姿势，由此可形成许多发音细节上的特征，是形成"口音"的重要原因，详见Sievers（1876: 50; 1893: 105），Franke（1884: 18-19）叶斯柏森在《语音学》和《语音学教程》中把这一概念用于分析具体语言的语音系统，由此引申出"语音经济"这一话题。——译者注

② 田中馆爱橘（Tanakadate Aikitsu, 1856—1952），日本物理学家，是位视野开阔、爱好广泛的学者，1885年设计了"国语罗马字"，该体系至今广泛运用于以外语学习者为对象的日语教学，也是将日语转写为拉丁字母的重要依据。——译者注

昨天上午，我有幸向大会汇报了国际联盟知识合作委员会的决议。我原本打算为该决议增加"按照广义语音学或音系学"的字样。但是，起草委员会认为这一提法对于知识合作委员会来说太过专业，于是我不得不将其改为"适应每种语言的属性"。

最幸运的一点是，这场聚集了整个文明世界各个区域的重要权威人士的大会，已经对呈现当今各国语言的内部结构的音系学原则予以了肯定。我作为日语正字法标准化官方机构的成员，要恭喜自己，因为本大会为我们节省了原本可能要花上数年时间进行的讨论。

关于叶斯柏森先生对本问题经济方面的论述，我想提及我对黑本式和日本式所做的数据比较。我查数了某刊物16页中的字母数，得出的结果是，日本式可节省3.14%的字母，而查数另一份小册子的结果是3.42%。语法体现的是心理上的经济性，黑本式须将日本式中用一条原则即可囊括的动词变位分为三类。类似的优势在复合词构词时发生的悦耳性变化（euphonic change）中也可观察到，这一点可在我用法语写的短文的重印件里看到，现已分发给大家。①

本次大会推动了音位与音系学研究，将为世界各地各种文字的转写做出巨大贡献，也将成为促进全人类相互理解的重要有效指标，成为博爱的初步基础。

乌伦贝克②先生：术语上有个问题需要修正。想把音系学跟语法学相对立，但音系学却是语法的一部分。所以使用"语法"这个术语时应仅限于其常规意义，这一意义上，音系学应当与词法学、句法学相对立。

除了"音位"的概念之外，乌伦贝克先生还询问了特鲁别茨柯依先生对阿尔贡金语言（克里语、奥吉布瓦语、黑脚语等）中几个有异议的

---

① 《日本国文罗马字之推荐》（Recommandation des caractères romains pour l'écriture nationale du Japon），载于巴黎法日学会第46期通报，1920年10—12月号。——原注

② 乌伦贝克（Christianus Cornelius Uhlenbeck, 1866—1951），荷兰语言学家、人类学家，涉猎广泛，所研究语言除梵语等印欧语系语言之外，还包括巴斯克语以及北美原住民语言黑脚语（Blackfoot），编有黑脚语词典及语法书。——译者注

例子的看法。

  特鲁别茨柯依先生感谢了对其论文进行了点评的同行们。他对那些已成为全新研究问题的批评意见做出了回应。他之前没有考虑过这些问题，因而不敢妄做论述。有些思想已存在了，但是目前为止，对音系原则的重要性认识得还不够，尚无法从中得出所有结论。他并未遗忘叶斯柏森先生等语音学家的学说之价值。但是，把面向语言原子的纯语音学研究跟面向既是语音学现象又是语言学现象的研究区分清楚，是十分重要的。

  他答复帕默先生说，他认可帕默先生所做的区分，这只是术语的问题。

  关于多洛舍夫斯基先生提出的问题，他承认博杜恩·德·库尔德内的说法表述得不好，但人人都已理解这之中的意思。

  赫尔曼先生[①]也做了关于音系学的简短发言，但主要围绕大家读他的《语音定律》(*Die Lautgesetze*)一书第二部分时引发的争论。

  赫尔曼先生主要是说："音变只随语言变化条件运作，而语言变化只在特定的说话者条件或环境条件下发生，思想、感受、意志中的灵魂力量都要发挥作用。"

[①] 赫尔曼（Eduard Hermann, 1869—1950），德国语言学家，印欧语学者、希腊语学者。参会之时他新出版了《语音定律与类推》(*Lautgesetz und Analogie*, 1931)一书。——译者注

为具体语言做系统性音系描写的性质与方法

Charakter und Methode der systmatischen phonologischen Darstellung einer gegebenen Sprache

（1933）

［译者按］ 1930年6月，国际实验语音学学会（Société internationale de phonétique expérimentale）第1届大会在波恩举行。同年9月，学会主席斯克里普丘（Edward Wheeler Scripture, 1864—1945）与希尼肯等荷兰同行商讨在阿姆斯特丹召开该学会第2届大会之可能。双方决定，新一届大会应超越实验语音学的限定，从"语音科学"的最广义定义出发，把会议办得"越广泛越好"。（Van Ginneken, Kaiser & Roozendaal 1932: 1）布拉格语言学小组也收到了邀请，小组欣然接受邀请的同时，申请在大会框架下召开国际音系学协会第1次会议，得到了批准。然而，席卷欧美的严重经济危机迫使国际实验语音学学会中途退出，荷兰承办方最终决定以"语音科学国际大会暨国际音系学协会第1次会议"（International Congress of Phonetic Sciences, First Meeting of the Internationale Arbeitsgemeinschaft für Phonologie）的名义继续办会，大会于1932年7月3日至8日在阿姆斯特丹召开。

7月4日，特鲁别茨柯依以国际音系学协会主席身份登台，宣读了这篇《为具体语言做系统性音系描写的性质与方法》。虽然语音描写对于语言学家来说并不陌生，但国际音系学协会力求推动的，是为全世界所有语言做音系性的描写。这样的描写与传统意义上的语音描写有何区别？

这样的描写应从哪些方面进行？本文对这类问题做了回答，因而成为音系描写的宏观路线图。

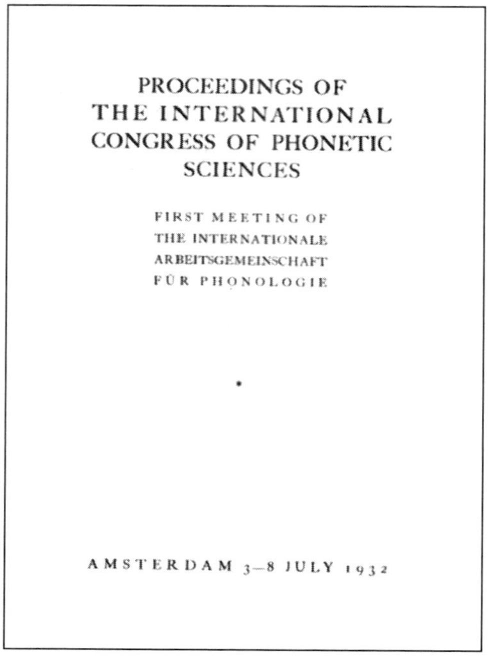

图 B-4 《语音科学国际大会暨国际音系学协会第1次会议论文集》

此会议的论文集除了非正式印刷的版本之外，还在《荷兰实验语言学档案》(*Archives néerlandaises de phonétique expérimentale*) 第 8—9 卷（1933）正式刊载。本译文由《荷兰实验语言学档案》上的版本译出，原文是德文。

世界上所有语言的比较音系学，如今已摆上日程：其必要性很明显，无须论证。不过，这样的比较音系学的前提，是按照尽可能统一的蓝图和方案开展全世界语言的音系系统描写。

对某一语言音系系统的描写，包括词音系学（Wortphonologie）和句子音系学（Satzphonologie），前者又分为词汇音系学（lexikalische Phonologie）

和词法音系学（morphologische Phonologie）。对一切语言皆有效的词法音系学和句子音系学方案在多大程度上可以构建起来，我和S.卡尔采夫斯基已在布拉格音系学会议上提过建议，并且发表在了会议文集里。[①]关于词汇音系学或更广义的词音系学，必须完整包含下列组成部分：1.音位系统清单及其结构探索；2.对音位出现规则和音位组合规则的探索；3.对每个音系对立的语义效用的统计研究；4.对每个音位及音位组合的频率的统计研究。——关于音位系统的结构，我已经做过论述[②]，对之前所说的今天没什么可做新补充。而与词音系学统计部分相关的方法论问题，迄今尚未成型。因此，我今天只想谈谈出现规则（Vorkommensregel）之探索。

单音位及音位组合的出现或使用，在差不多每种语言里都受到特定规则的限制，这些规则可称作"音系性语音规则"，当然因语言而异。对出现或使用的限制，可依照其作用于音位组合、孤立的音位还是音系对立，而分为三类。音位使用上的这三类限制的音系效果是全然不同的。某一音位组合绝对不允许或是在某条件下不允许，完全不影响系统中的音位总数，也不影响单个音位的内容，而仅仅限制了可能组合之数量。通过禁止某个音位出现于某一特定位置（如德语 ŋ 禁止位于词首及辅音之后，w 禁止位于辅音之前），不但可能组合之数量减少了，而且在该位置出现的音位的总数量也减少了。但是，单个音位的内容却保持不变。最后，某个特定位置上某一音系对立的取消，不仅使组合数量和音位数量发生变化，而且使该位置上的音位的内容发生变化。例如，在许多语言里，清浊阻塞音之对立在元音及响音之前具有音系效力，但在另一个阻塞音之前就按纯机械方式来处理了，位于清阻塞音之前只能是清音，位

---

① 参见《国际音系学会议》（=《布拉格语言学小组文集》，第4卷），S.卡尔采夫斯基《论句子音系学》（Essai sur la phonologie de la phrase），163页及后；特鲁别茨柯依《词法音系学思考》，160页及后。——原注

② N.特鲁别茨柯依《论音系性元音系统的普遍理论》（《布拉格语言学小组文集》，第1卷，39页及后）以及《音系系统》（《布拉格语言学小组文集》，第4卷，36页及后）。——原注

于浊阻塞音之前只能是浊音。因此在这样的位置上，浊音性和清音性从音系学角度看皆不重要，音系性的浊声参与性对立被取消，浊声参与性也就从这些音位的内容中消除了。这些音位从浊声参与性来看是中立化的。这类情况中，通常涉及相关关系型对立（如"浊－清、送气－不送气、长－短、升－降"）的取消或中和。不过，音位的析取关系型特征亦可按照相同方式消除。例如，许多语言里，鼻音（m、n、ň、ŋ等）的发音位置都只在元音之前才具有音系价值，而在辅音之前，鼻音的发音位置由其后续的音来做机械处理——这样一来，鼻音在该位置就被认为没有自己的位置特征了。

在音位使用上的各类限制当中，音系对立的取消是最重要的一类。由此产生的中和音位在语言意识中被感受为特殊音位。这解释了为何在许多"本民族"文字系统里，这类音位中有些要用特殊字符来表示。① 这种对中和音位的感受，有时在语音实现形式里也能体现出来，因为这样的音实际上发成此相关关系中的有标记项和无标记项的中间物。② 但是，

---

① 古希腊语中，塞音一方面存在于浊声参与性对立之中（τ∶δ = π∶β = κ∶γ），另一方面存在于呼气方式对立之中（τ∶θ = π∶φ = κ∶χ）。二者在元音或响音之前皆具有音系效力。两个塞音的组合与单独出现的塞音无异，呈现出相同的发音方式对立（κτ∶γδ∶χθ = πτ∶βδ∶φθ）。但是，在咝音 s（σ）之前，塞音的发音方式对立被取消，从浊声参与以及呼气方式角度看，这些塞音在该位置上发生了音系中和（这类塞音该位置上的语音实现形式是什么，是另一个问题，此处我不想深入进去）。这些音系上已中和的塞音，在语言意识里被感知为非常特殊的音位，不被视为三种塞音（"清音""浊音""送气"）中的任何一种，因此必须用特殊的字母来表示。但由于这类塞音仅出现于 s 之前，所以造出的特殊符号是"中和塞音 + s"的合体字，即 ξ 和 ψ。阿维斯陀字母表里，齿音在词末以及在阻塞音之前，用一个跟 t、d 都不一样的特殊字母表示——显然是因为在这些位置上，塞音从浊声参与性角度来看呈音系中和，而在其他位置上，t∶d 之对立是具有音系效力的。古印度的天城体字母表也有个特殊符号（即所谓 anusvara），用来表示因发音位置而呈音系中和的鼻音。——原注［译者按：anusvara 写成一个圆点，加在字母正上方。据罗世方（1990: 36），anusvara 字面义为"跟随元音"，作用是使该鼻音前面的元音鼻化。］

② 举几个例子。——波兰语里，元音及响音之前的浊声参与性对立，在词首及词中部具有音系效力，在词末则取消。词末的阻塞音在以元音或响音开头的词之前，在一部分波兰语方言里实现为清音，在另一部分波兰语方言里实现为浊音。不过，H. 康尼奇娜博士（Frau Dr. H. Koneczna）精准的实验研究显示，后一类方言里，该位置上的阻塞音并未显示出正常的浊音性，其实是"半浊音"。（参见康尼奇娜博士在阿姆斯特丹语音科学大会的发言，171 页。）——爱斯

从音系学角度来看，这类音位具有特殊地位，这地位和其语音实现形式全然无关。因此，在音系统计中，这类音位必须单独做计算，不应跟某一相关关系的无标记项混同，因为某一特征是单纯缺少还是被主动地否定掉，二者间具有根本区别。

决定音位的出现及使用的音系性语音规则，必须从其作用域（Spielraum）、方向（Richtung）以及对象点（Angriffspunkt）的角度加以研究。

语音规则的作用域，包括该规则如何限制某一音位的使用、某一组合或某一音系对立的存在。多数时候，这类作用域范围很容易用数字（百分比）表示。德语 ŋ（ng）仅出现于 u、ü、i、e、a 之后，这条音系规则的作用域为 84.4%，因为由于这条规则，ŋ 被排除于德语 84.4% 的音位之后。较为复杂的，是计算那些使某一对立在某些位置上被取消的语音规则的作用域。但即便是这类，通常也能给出数学公式。所有这些对音系性语音规则的作用域的数字表述，皆可称为作用域指数（Spielraumexponent）。如果某一音位（或音位组合、音位对立）的使用时受到多条语音规则的限制，所有这些语音规则的作用域指数的和就是该音位的作用域的数字表述。显然，所有这些数字和百分比，涉及的都只是该语言中存在的音位使用之可能性。但是，这些数字和百分比对词

基摩语里，口腔塞音和鼻腔塞音（t∶n = p∶m = k∶ŋ = q∶ɴ）在词中及词首有音系性对立。在格陵兰方言中，这类对立在词末取消。此位置上产生的鼻音性已发生音系中和的塞音，在有些方言（西格陵兰、拉布拉多）里实现为口腔清音（t、p、k、q），在另一些方言（北格陵兰、东格陵兰）里实现为鼻音。于恩·福赫哈默（Jörgen Forchhammer）研究过一位北格陵兰方言的发音人，发现他的这类格陵兰方言词末塞音只是"半鼻音"而已：这样的音开头时没有鼻音性，结束时才带有清鼻音（J. 福赫哈默，《语音学基础》[Die Grundlage der Phonetik]，192 页及后）。——俄语里，腭化辅音和非腭化辅音之间的对立发挥非常重要的作用，但在腭化的 r'、l'、n' 之前，这一对立取消。（至少在一部分人的发音里，）这几个音前面的唇音和齿音显示为一种"半腭化音"；从腭化角度看，这些音在此位置上已发生音系上的中和。——上德意志语里，阻塞音众所周知存在"强音∶弱音"（Lenis∶Fortis）之强度对立。在巴伐利亚-奥地利方言中，这一对立在词首取消。从强度来看已发生音系中和的词首阻塞音，在这些方言中实现为"半强音"，即强音和弱音的中间音。这样的例子很容易就能举出更多。——原注

音系学的统计部分也很重要，那部分里要探究所存在的可能性的实际使用情况。

语音规则的作用方向可以是顺行的（progressiv），可以是逆行的（regressiv），也可以是双向而行的（nach beiden Seiten）。语音规则若使某一音位（或某一音位组合）的出现与否取决于其后面的音位或词界，这条语音规则就是顺行的。例如，德语中有条语音规则："w不能位于辅音之前，也不能位于词末（即词界之前）。"① 与之相反的是前面提到过的那条规则，德语ŋ（ng）只可出现于u、i、ü、e、a之后，这条规则就称作逆行方向的语音规则。双向而行的语音规则相对罕见。

对于语言类型来说，确定某一语言里顺行的语音规则还是逆行的语音规则居于主导，确定两种语音规则方式中哪一种的活动域更广，是极其重要的。有些语言里，所有语音规则都是顺行方向的；而另一些语言里，逆行方向的语音规则占绝对优势。例如，俄语属于前一类，莫尔多瓦语属于后一类。这两种语言之间反差非常明显，因为二者的音位清单本来几近相同。②

音系性语音规则的对象点，我们指该语音规则发挥作用的语音位置，如辅音之前的位置、元音之间的位置、词首位置，等等。同一位置可充当多条语音规则的对象点。在某一特定位置上作用于同一对象点的语音规则数量越多，该位置上允许出现的音位数量就越少。所以，应为大多数语言构建最小音位区别位置（Stellung der minimalen Phonemunterscheidung）和最大音位区别位置（Stellung der maximalen Phonemunterscheidung）。为一条或多条语音规则充当对象点的每个位置，都可构建起此位置的局域音位清单（lokale Phoneminventare）。有时候，语音规则非常分散，以至于该语言里没有任何位置上可以出现全部音位，各个音位清单（如词首音位清单、词末音位清单）相互间无重合。

---

① 德语w指/v/。——译者注

② 详见我在《马泰修斯五十华诞集》里的那篇文章（布拉格，1932，21页及后）。——原注［译者按：即《莫尔多瓦语音系系统与俄语音系系统之比较》一文，中译文已收入本书中。］

因此，有时似乎无须构建音位总清单，只需构建若干局域音位清单即可。

为语音规则充当对象点的位置，因语言不同而有很大差异。这些位置完全无须与任何语音学现实相对应。许多规则的对象点是词界，而众所周知，从语音学角度来看，词界在连贯语流中根本不存在。不过，词内部的语素界亦可发挥同样功能。界内有音系性语音规则发挥作用的单位不是词，而是语素，即词法上不能继续拆分的词部件。这类状况就是德语音系学的特点。总的来说，为语言类型学确定哪些位置充当音系性语音规则的对象点，哪些位置在这方面格外受青睐，是十分重要的。

当今的音系学

La phonologie actuelle

（1933）

［译者按］ 1933年刊于法国《常规心理学与病理心理学学报》（*Journal de psychologie normale et pathologique*）的《当今的音系学》一文，详细而全面地阐述了音系学的产生背景、研究对象、研究方法、研究前景。与他此前论述音系学问题的论文相比，这篇文章的独特性非常明显：首先，这是篇期刊论文而非会议论文，因此不受会议发言时间限制，有足够的空间把问题阐述得更加深入。其次，这篇文章是对此前多次会议发言的归纳与综合，尤其对会上的一些质疑声音和不同意见做出了回应。最后还有一点很重要，他此前论述音系学的文章多以德文撰写，而这篇改用了法文，因此可把他的理念传递给新的读者群体，从而推动了音系学思想的进一步传播。上述独特性使这篇《当今的音系学》的价值十分突出。当然，作为特鲁别茨柯依"音系学黄金十年"的早期阶段的总结，文中的"心理学视角"也很明显，依然存在过于依赖"语言意识"的问题。但无论如何，此文都是特鲁别茨柯依为1928年海牙会议以来对音系学的思考做的一次非常全面的总结。

本译文由刊于《常规心理学与病理心理学学报》上的版本译出，原文是法文。

1

正是瑞士方言学家J. 温特勒，在其研究格拉鲁斯州的瑞士德语方言的著作中（《格拉鲁斯州的克伦茨方言》[*Die Kerenzer Mundart des Canton Glarus*]，莱比锡，1876），第一次提出了区分两种类型的语音对立之必要：具体语言中，一种用来表达语义区别或语法区别，另一种无法用来区分词义。J. 温特勒的研究或可视为首度尝试将科学的语音学运用于德语方言描写，取得了可喜的成功，充当了后来许多其他著作的范本。不过，J. 温特勒关于区分两类语音对立的真知灼见却未对语音科学的发展发挥影响，一经问世即被遗忘。

略晚些时候，英国著名语音学家H. 斯威特也构建出了类似的思想，但是他和J. 温特勒之间似乎并无关联。按照是否用于区别词义来区分两类语音对立，H. 斯威特将这一原则传递给了他的弟子们，尤其是O. 叶斯柏森先生。但是必须承认，无论是H. 斯威特还是O. 叶斯柏森先生，都未能将这一原则推向极致：两位学者都未能从这一原则中提炼出方法论性的结果，而是按照纯语音学的方法继续研究所有的音、所有的语音对立。

总的来说，F. 德·索绪尔在解决这一问题上取得的成就不大。我们在他的《普通语言学教程》里看到，一方面，"物质性"（matériel）的音和"无形性"（incorporel）[①]的语言能指之间的区别表述得比H. 斯威特清晰得多[②]；而另一方面，F. 德·索绪尔并未发现不同于语音学家的方法来

[①] 法语incorporel即非实体性、非物质性，此处从《普通语言学教程》高名凯中译本，译为"无形"。——译者注

[②] 例如，参见下列表述："词之中重要的不是语音本身，而是使这个词区别于所有其他词的语音区别，因为承载了语义的恰是这些区别"（第2版，163页）；"[充当某一语音对立项的两个音] 绝无可能以此方式到达意识中的这些区域，意识永远将其理解为（二者之间）的差异"（164页）；"[语言能指]，其本质绝不是声响性的，而是无形的，不是由其物质性实体所构建，而只能由把它的声学形象和其他一切音位的声学形象区别开的区别所构建。音位首先是对立性、相对性、否定性的实体"（164页）。——原注

描写音位、研究音位。研究音位的科学，"音系学"，（从 F. 德·索绪尔赋予这一术语的意义来看）在他看来只是一门自然科学：是语音生理学（《普通语言学教程》，55页），只是个"体现言语（parole）"的学科（同上，56页），而不是体现语言（langue）的学科。索绪尔虽然认识到了"能指"的无形性特征以及构成"能指"的单位的区别性、对立性、相对性特征，但却未决定在两个领域之间划上一条界线，一个领域"属于语言"，研究无形性所指的区别性成分，另一个领域"属于言语"，其对象是人类语言的语音，无关乎区别功能。

第一个为两个领域划界线的，是 J. 博杜恩·德·库尔德内，他未受 F. 德·索绪尔的影响。[①] 正是他，宣告了人类语言活动中的声音（son du langage humain）和构成语言中的词的声响形象（image phonique）之间的本质区别；也正是他，从这一断言中得出了方法论上的结论，指出应存在两个科学领域，一个基于生理学和物理学，以声音为研究对象，另一个与心理学相关，研究声响形象的语言学功能。最终，正是 J. 博杜恩·德·库尔德内，把"音位"一词固定在了其今日的意义上。[②] J. 博杜恩·德·库尔德内利用心理学术语构建了其理论。他把音位定义为"语音的心理对应物"，并把以音位为研究对象的领域定名为"心理语音学"（与研究语音本身的"生理语音学"相对）。这一表述方式是错误的，因为一方面，"语音"从其定义来看（语音是"通过听觉而得以感知的物理现象"，或者说是"由物理现象导致的听觉印象"[impression auditive]），不是纯物理现象，而是心理-物理（psycho-physique）现象；而另一方面，使音位区别于语音的，不是其纯心理特征，而是其区别特征

[①] J. 博杜恩·德·库尔德内承认，他创建自己的音位理论时，最初受了其弟子克鲁舍夫斯基的影响。不幸的是，克鲁舍夫斯基英年早逝。J. 博杜恩·德·库尔德内似从 F. 德·索绪尔那里借用的，只是"音位"这个术语而已，他赋予这个术语的意义，与这位日内瓦的大师全然不同。——原注

[②] F. 德·索绪尔似乎把"音位"这个术语引入了语言学，但他赋予音位的是全然不同的意义：对他来说，"音位是听觉印象和发音动作的总和，听到的单位和说出的单位的总和，二者互为条件"（《普通语言学教程》，65页）。——原注

（caractère différentiel），后者使之具有语言价值（valeur linguistique）。不过，这些定义上的错误并未阻碍 J. 博杜恩·德·库尔德内本人及其追随者们（至少是其俄国追随者们[①]）按照他所下的定义来使用音位之概念，也未阻碍他们从语音与音位之区别的实践应用中获益。[②] 此外，"博杜恩·德·库尔德内学派"在其发展过程中，倾向于摆脱其创建者所下的最初定义中的心理主义（其俄国学生们尤其如此）。

尽管博杜恩·德·库尔德内呈现其音位观与语音观的著作已于1895年译成了德语，但他的理论长期以来没有被欧洲语言学家注意到。博杜恩·德·库尔德内一方面被视为斯拉夫学家，另一方面被视为国际人工辅助语的倡导者，但他的普通语言学理论一直位于语言学发展的主线索之外。这些理论无人过问，不仅在欧洲如此，在俄国也是如此，当然，彼得堡除外。[③] 直至最近15年左右，关于语音和音位之间的本质区别的

[①] J. 博杜恩·德·库尔德内是波兰人，但一生大部分时间都在俄国担任教授，起初在喀山大学，后在圣彼得堡大学。因此，他的大多数学生和追随者都是俄国学者。——原注

[②] 若要研究 J. 博杜恩·德·库尔德内、其追随者以及当今的"音系学家"著作中"音位"这一术语的意义，就不能只浏览这些著作的前言以及开头的几章，这些部分通常给出的是临时性的定义，常常模糊而不准确。必须把这些著作作为整体来研究，并观察"音位"这个术语究竟用何种意义。如果在术语已发生变化时仍然聚焦于基本模式和临时定义，并经常机械地重复着这些东西，就很可能会把时间浪费在肤浅而无益的批评上。尽管 J. 博杜恩·德·库尔德内及其弟子的心理学模式的错误的，但他们并不像 W. 多洛舍夫斯基先生（W. Doroszewski）在其《论音位》（Autour du phonème）一文中力图描述的那样，无知而荒谬（《布拉格语言学小组文集》，第4卷，61页）。因此，虽然直接的听觉印象（impression）跟听觉之呈现（représentation）或形像（image）都是心理现象，但是二者无疑是具有本质区别的现象。本尼先生（Benni）使用"语音意图"（[法] intention / [德] Absicht）这个术语，表示的显然不是由神经中枢出发导导至发音肌肉的脉冲，而是"人们认为自己发的音"。不过，"人们认为自己发的音"跟人们实际发出的音是有本质区别的。这些都是很明显的事情。这些表述，或许在形式上不够精确，但却十分清晰，在具体的语境中并无任何歧义；如果有人假装不懂，就只能是出于偏见了。——原注

[③] 或许存在一些插曲式的例外，但不会改变此事的本质。很不寻常的一件事是，J. 博杜恩·德·库尔德内的理论经其弟子俄国东方学家波利万诺夫的中介，传播到了日本，神保先生（Jimbo）以一种略为简化的方式推广了博杜恩的理论。——原注 [译者按：神保格（Jimbo Kaku, 1883—1965），日本语言学家，著有大量英语语音学、日语语音学、普通语言学著作，曾与有日本英语学之父之誉的市河三喜（Ichikawa Sanki, 1886—1970）共同将叶斯柏森《语言论》译成日语。]

思想才开始在全世界传播开。许多语言学家各自独立地得出了这一思想。这些语言学家中首先应指出爱德华·萨丕尔先生，他的"语音模式"理论是在未受 J. 博杜恩·德·库尔特影响甚至未受 F. 德·索绪尔影响的情况下独立构建起来的。① 与之不同的是，有些在其著作中利用了"音位"概念的欧洲语音学家，似乎受到了 J. 博杜恩·德·库尔德内学派的影响，尤其受到了 M. 谢尔巴的影响。

1928 年，一组俄国语言学家（S. 卡尔采夫斯基、R. 雅柯布森以及笔者，碰巧我们谁也不是 J. 博杜恩·德·库尔德内或其弟子的学生）向海牙第 1 届国际语言学家大会提交关于音位系统的研究之构想时，或者说提交这份小型宣言性计划时（见《第 1 届国际语言学家大会》[*Premier Congrès International*]，提案，36-39 页），道路已经铺就。来自不同国家的许多语言学家加入了这一计划，布拉格语言学小组尤其对这一问题拥有特别的兴趣。海牙大会一年半之后，布拉格语言学小组将其《文集》第 1 卷设定为"第一届斯拉夫语文学大会"专号，刊载了不同作者的若干文章，这些文章大部分都在谈论音系学。同时出版的还有该《文集》的第 2 卷，即 R. 雅柯布森先生的杰作《论俄语的音系演化》（*Remarques sur l'évolution phonologique du russe*），这是历史音系学的首论，是一部充满深邃而丰富思想的著作。由于这两卷文集，"音系学"（作为"从语言的功能视角研究语音现象的语言学分支"）吸引了许多语言学家的兴趣，一年后，已经足以在布拉格召开一次"国际音系学会议"（Réunion Phonologique Internalionale），会议由布拉格语言学小组组织，来自 9 个

---

① 类似的思想经常在研究无文字语言的语言学家当中独立自主地出现，注意到这一点很有意思。这样的思想不仅见于德国著名非洲语学家麦因霍夫先生（Meinhof）的著作（见于其著《语音学对于普通语言学的价值》[*Der Wert der Phonetik für die allgemeine Sprachwissenschaft*，1918]），也见于曾在 19 世纪 60、70 年代研究北高加索语言的俄国业余语言学家 P. K. 乌斯拉尔男爵那一知半解的著作。——原注 [译者按：彼得·冯·乌斯拉尔（Peter von Uslar, 1816—1875），俄名彼得·卡尔洛维奇·乌斯拉尔（Пётр Карлович Услар），德国贵族血统的俄国军官、工程师，未受过正式的语言学训练，曾作为俄国地理学会成员研究北高加索民族的历史与民俗。]

国家的代表参加了这次会议。研究音系学的国际学会成立了，1931年于日内瓦召开的第2届国际语言学家大会对成立这一组织表示赞誉，并建议CIPL（国际语言学常设委员会）和其建立官方联系。

2

短暂回顾这段历史后，我们来描述一下当今意义上的"音系学"。

首先跃入眼帘的是音系学和语音学之间的巨大差别。当今的音系学基于对这一根本差别的认识，继续投入尽可能大的力度来强调这一差别。当今的语音学旨在研究人类言语声音的物质因素：包括与这类声音相关的气流震动，也包括发出这类声音的器官位置和器官运动。与之不同的是，当今的音系学旨在研究的不是语音，而是音位。换言之，是语言能指的构成成分①，是无形成分，因为能指本身就是无形的（据 F. 德·索绪尔）。语音在音系学家看来，只是音位的语音实现形式，即音位的物质符号。语音学家力求在语音当中发现常人讲母语时完全意识不到的差异；而音系学家只想研究每个人都应在母语中注意的差异，因为正是这些差异用于区别词句意义。因此，语音学家力求透视发音器官，极其细微地研究发音器官的功效，故而研究的是机械结构的运作；而音系学家力求透视某一语言共同体（即某一民族、某一阶层等）的语言意识，从而研究某一具体语言里构成词的能指的区别性语音概念之内容。简单地说，语音学研究人们说某一语言时真正所发的音，而音系学研究人们认为自己发的音②。"真正所发的音"随时发生变化，随不同个体而变化。让若干名法国人把 temps（时间）这个词念若干遍，用语音设备把他们的发音录

---

① 在提交给1930年国际音系学会议的《音系学术语标准化方案》中，可找到下列定义：音系对立是"某一具体语言中可用于区分语义的语音差异"；每个"音系对立项"都是一个音系单位；音位是"无法分解为更小、更简单音系单位的音系单位。"（《布拉格语言学小组文集》第4卷，311页）——原注

② "认为自己发的音"，法语原文为 ce qu'on s'imagine prononcer；从此处的 s'imaginer 一词中可体会到索绪尔 image acoustique（声学形象）概念的影响。——译者注

下来，就会观察到，不仅不同的人发音有差别，而且同一个人每次念同一个词的发音也有差别。但是，"认为自己发的音"不会发生变化（至少在语言的某一具体阶段不会发生变化），我们刚才提到的那些法国人，每个人都认为自己每次发的都是同一个词 temps 的音。他会认为自己在该词里发的前一个音跟 toit（屋顶）、tige（竿子）、tache（污渍）里的第一个音相同（这个音跟 dent [牙齿] 里的前一个音不同，其理由跟 pas [不] 的首音不同于 bas [低]，camp [营地] 的首音不同于 gant [手套] 是一样的），也会认为自己发的后一个音与 champ（田野）、gland（橡子）、vent（风）里的最后一个音相同（这个音跟 ta [你的] 里的后一个音不同，其理由跟 champs 的尾音不同于 chat [猫]、vent 的尾音不同于 va [走] 是一样的）。很明显，若要一方面研究"真正所发的音"，另一方面研究"认为自己发的音"，就需要两个全然不同的科学领域。语音学和音系学之间的巨大差异，无论如何强调都不过分。

这个差别不仅体现于这两个学科的对象和方法，还体现于对二者的研究对象的总态度。语音学家必然是原子主义者、个体主义者（知识论角度的个体主义者）。人类言语中的每一个音，都可以在脱离同一语言里其他任何音的情况下孤立地加以研究。关于某一语言中所有的音、该语言的"发音基础"或是与所有相同类型的音的每条一般性阐述，都只是在对围绕孤立的音而进行的大量局部研究做做综述。音系学中，这样的过程是不可行的。音位由于是区别性成分，是 F. 德·索绪尔所说的语言价值，所以只能从其跟同一系统里其他音位的关系的角度来定义。①音位故无法脱离音系系统来研究。定义音位，就是指出其在整体音系系统里地位，只有考量该系统的结构才可能做到这一点。因此，音系学家的出发点，正是整体的音位系统；只有通过论述音系系统，音系学家才能够得到孤立的音位。这一情形在语音学的方法论态度和音系学的方法论态度之间构建了巨大对立。

---

① 用 F. 德·索绪尔的话来说就是，"它最确切的特征就是：它不是（同一系统中）别的（音位）"；见《普通语言学教程》，162 页。——原注 [译者按：见高名凯中译本 163 页。]

语音学本质上是个体主义的、原子主义的，研究孤立的语音现象；而音系学本质上是普遍主义的，从作为有机整体的系统出发，研究系统之结构①。虽然有些语言学家持反对意见，但是当今音系学特有的这种普遍主义的方法论态度，就是音系学最本质的特征之一。②

---

① 然而，"普遍主义"方法或"结构主义"方法（由整体出发，并把孤立的成分视为该整体之成员）亦可运用于语音学。不过，此时充当出发点的整体（集合）不是具体语言的语音系统，而是被视为发音整体的一个词或一句话，其结构须加以研究。例如，可参见拉格克兰茨先生关于拉普语语音学的几部有趣著作。毫无疑问，这一方法本质上仍然是个体主义、原子主义的：个人说出的句子和词皆为孤立的语音现象，与语音无异。语音学无法摆脱方法论上的个体主义，这是因为语音学关注的不是语言，而是言语。——原注〔译者按：拉格克兰茨（Eliel Lagercrantz, 1894—1973），芬兰语文学家，拉普语专家。此处提及的拉格克兰茨"关于拉普语语音学的几部有趣著作"应该包括《据威夫森方言撰写的南拉普语语音学》（*Sprachlehre des Südlappischen nach der Mundart von Wefsen*, 1923）、《据阿耶普洛格方言撰写的西拉普语语音学》（*Sprachlehre des Westlappischen nach der Mundart von Arjeplog*, 1926）和《据海岸拉普语各方言撰写的北拉普语语音学》（*Sprachlehre des Nordlappischen nach den seelappischen Mundarten*, 1929）。此外，他还编有2卷本《拉普语词表》（*Lappischer Wortschatz*, 1939），7卷本《拉普语民间诗歌》（*Lappische Volksdichtung*, 1957—1966）。拉普语是北欧北极地区的乌拉尔语系原住民族语言，"拉普"一词今被视为带有贬义，故改用本族称呼"萨米语"（Sami）。〕

② N. 凡·维克（N. van Wijk）先生称（《新语言指南》[*De nieuwe Taalgids*]，第26卷，65页），音系系统之概念已存在于19世纪语言学家当中，已存在于新语法学派学者当中（尤其是K.布鲁格曼[K. Brugmann]），也已存在于H. 舒哈特（H. Schuchardt）那里。可惜这是个误解。只有视盲耳背才会注意不到塞音在希腊语中构成三个平行系列（τ-κ-π; δ-γ-β; θ-χ-φ），在梵语中构成四个平行系列（k-c-t-ṭ-p; g-j-d-ḍ-b; kh-ch-th-ṭh-ph; gh-jh-dh-ḍh-bh），等等。由于新语法学派和舒哈特皆是视不盲耳不背，所以他们都没有注意不到这一情况，并且将其记录下来。不过，这样的观察与当今意义上的音系系统概念之间，不仅存在相当大的距离，而且还存在本质的区别。对于新语法学派来说，"语音系统"不过就是孤立成分之综合，其常规结构是偶发的、不可预见的、不可解释的，尤其是受束缚。人们注意到了这个事实，却竭力将其忘掉，否则就要被迫研究这一事实本身及其成因了。把系统视为出发点，由系统到孤立音位，恰恰会被新语法学派视为不得法，他们带着迷信对一切目的论色彩反复加以质疑。凡·维克先生还引用了O. 叶斯柏森先生《语言学教程》里的一段话，他认为那里也包含了对一切语言的音系系统之存在的论述。然而，只要把O. 叶斯柏森先生书中该引文所在的第252节读完（O. 叶斯柏森《语音学教程》，242页及后），就会明白那不是音系系统，而是"发音基础"（或称"运行基础""口腔位置"），是个纯语音学概念，与音系学完全没有联系。——大战前只有两位语言学家认为音系系统并不是带有或多或少偶发性、不可预见性（因此亦带有不合理性）的综合之产物，而是研究之基础，方法之根本原则，他们是F. 德·索绪尔和J. 博杜恩·德·库尔德内。凡·维克先生认为当今的音系学家远未认识到其思想源头及先行者，可是当今的音系学家一直强调自己与这两位大师的联系。不过，每位公正的观察家都必然会赞同，当今的音系学与F. 德·索绪尔和J. 博杜恩·德·库尔德内的体系相比，摆脱原子主义成分更为彻底，两位大师毕竟生于原子主义和个体主义的哲学家主导整个科学的时代。——原注

3

与这一方法论态度相呼应，当今的音系学把最大的注意力投向对"音系对立"的研究（关于这一术语的定义，见上文369页注释1）。在这一领域，当今的音系学已构建起若干分类原则，我们发现这些原则对其他科学领域似乎也具有启示。音系学家区分两种音系对立：析取关系类（les disjonctions）和相关关系类（les corrélations）。"相关关系属性"包括某一音系特征的有与无的对立，这样的对立可区别若干组成对的音系单位：例如法语中使 p∶b、t∶d、k∶g、s∶z、f∶v 等音对相区别的响度的无与有的对立，或是使 a∶ã（拼作 an 或 en）、e∶ẽ（拼作 in 或 ain）、o∶õ（拼作 on）、ö∶õ（拼作 eu）∶õ（拼作 un）等音对相区别的鼻腔共鸣的无与有的对立①。相关关系对的两个项（如 p 和 b，或 a 与 ã）称相关项（corrélatifs）或相关性单位（unités corrélatives），以共同"相关关系属性"为特征的对立系统，可冠以"相关关系"之名（因此，法语中有"响度相关关系"[corrélalion de sonorité]、鼻化相关关系 [corrélation de nasalité] 等）。属于同一系统的两个（或多个）音系单位，如果相互对立却并不构成相关关系对，则为析取项（disjointes），它们的对立称为"析取关系"（例如法语中 a∶u、p∶l、m∶s 等的析取关系）。②对这两类对立（相关关系对和析取关系）之间的不同关系的分析，以及对与之相关

---

① 存在若干组相关关系对，意味着无须考虑具体的对立对，即可设想相关关系之特征。——原注

② 由这一定义可知，同一组音位在一种语言中呈析取项，在另一种语言中却可能是相关关系。例如，ā∶a 在许多语言中属于长度相关关系（如捷克语、芬兰语、拉丁语等），因为这些语言中这个音位对与显现同一相关关系属性的其他音位对相关联（如 ū∶u、ī∶i 等）。但是，在阿布哈兹语（西高加索语言）中，"长音"和"短音"之对立不出现于 ā∶a 之外的任何元音对，ā∶a 之对立被感觉为析取关系：ā 的较长音长在阿布哈兹人的语言意识中没有得到那样的感知，ā 和 a 之间的区别似乎不是量的区别，而是质的区别、响度的区别（这一点尤其可通过短 a 音在某些位置上的语音实现形式显现出来，例如短 a 音位于 j 的前面或后面时，往往被发成 e，等等）。——原注

的一切音系现象的分析，揭示出大量新区别，构建起一些新概念，这些新概念需要新的术语体系来阐释。这一术语体系有时会激怒旧学派的学者们，或许还会阻碍当今音系学的成就，但却是必不可少的，因为这一术语体系关乎全新的概念和全然未探索的领地。

　　这里我们无法详述细节。我们将只限于有关音系相关关系之本质的少量评述。我们已经说过，在每一相关关系之中，一个系列的单位以具有某一音系特征为标志，另一系列的单位以没有这一特征为标志（我们称前者为"有标记系列"[série marquée]，称后者为"无标记系列"[série non marquée]）①。我们将一直使用这一论断，其范围非常大，超出音系学本身。有些语言学家（如梅耶先生和凡·维克先生）觉得这一论断很可疑，并且提出要将其局限于以具有某一特征为标志的相关关系项可造成"简单音位加另外成分"之印象的情形。例如，A. 梅耶先生引述了俄语的软辅音，"因为人们会觉得软辅音中存在典型辅音＋某种y音"（《巴黎语言学学会学报》[Bulletin de la société de linguistique de Paris]，第32卷，12页②）；而凡·维克先生除了软辅音（即腭化辅音）之外还引述了送气辅音。③这两位显赫的语言学家都选了外语音位类型做例子，而非自己的母语，这一点绝非偶然。人人都觉得母语的音位是无法拆解为更小的顺次性单位的单位。没有哪个俄罗斯人会觉得自己的软辅音是"典型辅音＋某种y音"：p'os（狗）里的软p'音对俄罗斯人来说是个无法从时间上分解的音位，与bos（他赤着脚）中的响塞音b完全同理。但是，对于外国

---

① 这对略显笨重的法语术语借自维利耶（Verrier）先生的诗律学，雅柯布森先生建议用其来翻译德语术语merkmalhaltig（有标记的）和merkmallos（无标记的），笔者将其用在了《音系系统》（Die phonologischen Systeme）一文中（《布拉格语言学小组文集》，第4卷，97页及后；参见该卷314页）。——原注

② 指书评部分第12页。《巴黎语言学学会学报》刊载的论文和书评各有独立的页码系统。——译者注

③ 《新语言指南》，第26卷，75页。凡·维克先生又增加了与塞音相对立的塞擦音。但是，这样的相关关系似乎在任何语言里都不存在。只要塞擦音作为相关关系项出现，就会跟擦音相对立，而不是跟塞音相对立。——原注

人来说，将其母语里缺少的音位感知为两个语音成分的序列或组合是很典型的：这就是为何北德人会把法语的鼻化元音感知为 ang、eng、ong、öng，为何外国观察者会把高加索语言以及美洲语言的边音感知为某种 tl、kl、dl、gl 等等。基于这种外国式感知来限制音系相关关系中的"有标记"系列和"无标记"系列是不可行、不允许的。能够引导我们的，只有"音系意识"（conscience phonologique）。语言共同体的所有成员都会以相同方式评估其母语的音位①。多数时候，这种评估可通过仔细研究整体音系环境而简单地展现出来。有些时候，通过心理实验可得出同样的结果②。为了避免误解，我们要注意，语言共同体的大多数成员并不会意识到某一相关关系"标记"的真实本质。不懂音系学或语音学的俄罗斯人，只觉得软 p' 和响 b 属于以 p 为代表的那一类音位。他当然会意识到 p 是这三个音位里最"简单"、最"正常"的那个，没有任何附加的特征。但他无法准确地构建出 p' 和 b 到底和 p 有何不同：他只知道，p' 和 p 之间的区别跟 t' 和 t、s' 和 s、n' 和 n 等等是相同的，只知道 b 和 p 之间的区别跟 d 和 t、z 和 s、g 和 k 等等是相同的。不仅如此，一切音系对立都是这样，我们再追加一句，大多数语法对立也是如此。

有些相关关系具有相互结合的能力，构成焊合坚固的相关关系束（faisceau de corrélations），以致用直接语言意识对其加以分析显得非常困难。例如，以往的塞尔维亚-克罗地亚语语法学家声称，他们语言里的元音有四种调（如 á、â、à、ä），对四种调的每一种都做了多少有些模糊的描写，却未能指出塞尔维亚-克罗地亚语（至少施托卡维方言）事实上只有两种调，即一升（á、à）、一降（â、ä），两种调皆可与长元音（á、â）和短元音（à、ä）相遇，由此呈现一种由声调相关关系（升调:降调）和

---

① 不过，不同语言之间有时存在重大差别。对斯拉夫人来说，清塞音是"无标记的"，浊塞音是"有标记的"。而对北德人来说，恰好相反。——原注

② 观察儿童学习识字时所犯的错误非常具有启发性。我最小的女儿是由一位受过良好教育且仅能说流利俄语的俄国人带大的，她6岁开始识字时，会把俄语的字母 p 跟 b 搞混、t 跟 d 搞混、k 跟 g 搞混；但是，她总是把 b、d、g 当成 p、t、k，这方向从不会颠倒过来。这是因为，在她的音系意识里，'典型音位'是清音，不是浊音。——原注

音长相关关系（长音：短音）结合而成的束。并不是所有的音系相关关系都能够构成束。很明显，这需要"相关关系标记"之间的某种亲近程度（degré de parenté）。音系学家故而得以在不同相关关系之间构建起这种亲近程度，并将其全部归入一个层级系统。关于相关关系束的研究虽然刚刚启步[①]，但却显得极为重要。我们要注意，塞尔维亚-克罗地亚语的元音音高与音长系统所代表的这种类型里，束中的每个项都要在组合起来的两种相关关系里发挥作用；除了这一类型之外，还存在一种类型的束，束中只有一个项在组合起来的全部相关关系中发挥作用：例如，希腊语的塞音系统里，响度[②]相关关系（τ：δ，π：β，κ：γ）和送气相关关系（τ：θ，π：φ，κ：χ）相互结合；此例中，只有常规的"无标记"项才是组合起来的这两种相关关系所共有的。

音系特征仅作为音系对立项而存在。从语言学角度看，法语的l音是浊音，因为这个音涉及声带的震动。但是，由于法语没有可区分词义的清l音与之对立，所以l的响度就不具备音系学意义。响度仅是该音位发音时的一个"自然"特征，很可能没人注意到。然而，经常出现这样的情况：某一语音特征仅在某些位置上呈现为区别性成分（因而具有音系学价值）。继而，在其他位置上，相应的音位会丧失该特征。例如，法语中，响度对立仅在响度中立的音位之前具有音系学价值，换言之，仅在元音之前和"响辅音"之前具有音系学价值（如pas [不]：bas [低]，poids [重量]：bois [树林]，plant [植物]：blanc [白色]，prune [李子]：brune [棕色]），而在清辅音及浊辅音之前，这一对立并不存在：在t之前，唇塞音只能是清的（如opter [选择]：obtenir [得到]）；在d之前，唇塞音只能是浊的（如abdiquer [君主退位]）。因此，在这个位置上，浊声的有与无只是相关辅音发音时的"自然"特征——这和l音永远具有浊

[①] 见我们的文章《音系系统》（《布拉格语言学小组文集》，第4卷，99页及后）。——原注

[②] "响度"在此指不送气清音与浊音的对立。此处涉及的希腊语塞音系统指古希腊语（不同于现代希腊语），9个塞音分别是：不送气清音τ[t]、π[p]、κ[k]，送气清音θ[tʰ]、φ[pʰ]、χ[kʰ]，浊音δ[d]、β[d]、γ[g]。——译者注

声完全同理。因此，基于响度，法语除了浊唇塞音b和清唇塞音p之外，还有一个中和了的唇塞音：从语音学角度来看，这第三个塞音永远与这两个音之一重合（在apte[灵敏]中与清音重合，在abdiquer中与浊音重合），但是从音系学角度来看，这是另外一个音位。由此可看出，音位的内容永远由其所参与的音系对立之集合来定义，可根据该音位所处的位置而发生变化。故而，具体语言之中，需要研究音位的使用规则，某一具体语音对立拥有音系学价值的条件，以及音位的组合。

与音系单位使用规则研究相联系的，还有对某一具体语言中用于区别词义的不同音系对立的使用程度（即"功能负载"[rendement fonctionnel]）的研究。对于这类研究来说，统计方法是必不可少的。通过合理运用该方法，可为不同音系对立以及词的不同部分的相对重要性获取数学表达（据此可知某一音系对立在词首、词中、词末是否能够区别语义）。然而，对立使用情况统计，只有跟不同音位及音位组的频率统计相结合，才真正具有意义①。所有这类统计研究皆能够让某一具体语言的音系系统列表变得完善而生动，为其塑型，赋予其视角。这类研究可突显该系统的弱势点和强势点，突显控制该系统的正向力量与反向力量，这类研究让人们从中窥见的即使不是演化之趋势，至少也是演化中正在解决的问题。

4

我们在前一节里论及的问题，是关于一般性音系系统结构以及"词汇音系学"（phonologie lexicale）的问题。但是，由于音系学研究语音对立的一切语言学功能，所以必须划分出与语法（索绪尔意义上的语法）数量相同的分支。因此，除了词汇音系学之外，还应当有词法音系

---

① 这种统计既可以基于十分广泛的文本（至少10000个音位），也可以基于词汇（例如限定为不超过2个音节的词，或不超过5个音位的词）。若要获取音系单位频率的完整列表，最好这两套统计数据都具备。——原注

学（phonologie morphologique，或简称为morphonologie）①和句法音系学②。音系学的这些分支，各自皆可提出些十分有趣的特有问题，不过限于篇幅，本文无法论述。我们同样不得不搁置当今音系学为格律学和一般性的诗学语言研究开启的新视角（语言学的这一领域，至今还有完全运用语音学视角而做的研究，这样的方法是非常有害的）③，为文学语言之构建及其与大众方言之关系的研究开启的新视角④，为方言学开启的新视角⑤，最后还有为语言与文字之关系问题开启的新视角⑥。此处我们同样不能去谈音系学的各种实践应用——如基础教学、外语教学、拼写改革、为无文字民族或文字体系不方便的民族创制新文字、改进速记体

---

① 见我的《论"词法音系学"》（Sur la 'morphonologie'）（载《布拉格语言学小组文集》，第1卷，85-88页）以及《词法音系学思考》（Gedanken über Morphonologie）（同上，第4卷，160-163页），和《波拉布语研究》（Polabische Studien）《维也纳科学院会议通讯·哲学历史学系列》[Sitzungsberichte der Akademie der Wissenschaften in Wien, Philosophisch-historische Klasse]，211卷，第4辑）一书中关于波拉布语词法音系学系统的一章（138-167页）。——原注

② 参见S. 卡尔采夫斯基（S. Karcevskij）《论句子音系学》（Sur la phonologie de la phrase，《布拉格语言学小组文集》，第4卷，188-227页）。——原注

③ 参见J. 穆卡洛夫斯基（J. Mukařovský）先生的精彩文章《音系学与诗学》（《布拉格语言学小组文集》，第4卷，278-288页）。雅柯布森先生用俄语撰写的《论捷克语诗歌》（О чешском стихе，柏林，1923）一书（后来译成了捷克语，布拉格，1926）为一般性音系格律学确定了一些基本原则。遗憾的是，俄语和捷克语在斯拉夫学家圈子之外很少有人懂，而圈子内又很少有人对诗学的一般性问题感兴趣。——原注

④ 见哈弗拉奈克先生（B. Havránek）那两篇富有启发性的文章：《文学语言功能对捷克文学音系语法结构的影响》（Influence de la fonction de la langue littéraire sur la structure phonologique et grammaticale du tchèque littéraire，《布拉格语言学小组文集》，第1卷，106-120页）、《论书面语音系统的适应性》（Zur Adaptation der phonologischen Systeme in den Schriftsprachen，同上，第4卷，267-278页）。另见我在《布拉格语言学小组文集》第4卷，303-304页的评论。——原注

⑤ 参见我的《音系学与语言地理学》（Phonologie und Sprachgeographie）一文（《布拉格语言学小组文集》，第4卷，228-234页）。——原注

⑥ 很明显，当某一书写系统刚刚为某一语言创制出来，或是刚刚为某一语言做了改造，尚无所谓历史残存之负担时，人们"按照自认为的发音"来写，这一时期的书写因而反映这一具体语言的音系统。与之相反，语音学（即"按照实际发音来写"）永远无法在真正的实践书写中得以反映。因此，想从文字书写中做引证来得出直接论断是错误的。遗憾的是，语言学家经常犯这样的错误，许多被认为已定论的"历史事实"都是建立在这类错误之上的。——原注

系、研究（或许还可治疗）某些类型的失语症。当今的音系学不仅是一门科学，而且是一场科学运动，我们只想为之刻画出基本特征。想做到这一点，我们必须为当前的音系学回顾历史，为当前的音系学找出不同于其先祖之尝试的最重要特征。

我们已经看到，当今音系学可视为先祖的仅有 F. 德·索绪尔（及"日内瓦"学派）和 J. 博杜恩·德·库尔德内。F. 德·索绪尔注意到语言能指是"无形的"，注意到对语言来说重要的不是音而是音的对立，最终还注意到音位仅作为系统之成员而存在。他所宣告的方法论原则包括言语和语言的严格区分，把语言视为一切皆相互联系的系统（un système où tout se tient）的语言观[①]，以及研究每一语言成分与整个系统的关系之必要性。但是，对于语言的语音层面来说，F. 德·索绪尔仅把自己局限于这一宣言当中，他的学派亦是止步于此。F. 德·索绪尔及其学派的主要兴趣转向了语言的"概念"层面，即对语义学、文体学、句法学问题的论述。无论是索绪尔还是他的追随者们，都未尝试将其理论原则用来解决较为复杂的音系问题，也没有用其来对具体的音系系统做科学描写。然而，理论只有运用于具体物质，才能够成功得到完善与详细化。F. 德·索绪尔的理论缺少了这一完善之动力，因而在语言的语音层面上始终未完工。——J. 博杜恩·德·库尔德内对"系统"之概念的论断比 F. 德·索绪尔少得多，但是对"语音"和"音位"之区别却有比这位日内瓦的大师更为清晰的认识。他和他的学派对语言语音层面的兴趣远超过日内瓦学派。不过必须注意到，博杜恩·德·库尔德内在自己所研究的具体语言的音系领域并无太多发现，他似乎没有完全意识到语音与音位之区别这一发现是何分量，也没有完全意识到这一发现将为具体语言研究带来一场革命。这种摇摆不定的情况下，若要把新发现贯彻下去，就要与传统视角决裂。缺乏这样的决心，就缩窄了这一理论的运用前景，

[①] "一切皆相互联系"（où tout se tient）不是索绪尔《普通语言学教程》中的原话。柯纳（Koerner 1988: 62）指出，此语出自梅耶，并因特鲁别茨柯依的《当今的音系学》（1933）一文而广为人知。——译者注

继而阻碍了这一理论的发展。——新一代音系学家,首要的特征就是这样的决心,这代人以此决心来研究不同语言的音系问题,以此决心让音系学基本理论得以充分发展。由此,音系学研究的前景得到了相当程度的扩大,与F. 德·索绪尔和J. 博杜恩·德·库尔德内的著作相比,理论不仅更加充实了,而且更加连贯、更加彻底。不过,尤为重要的一点是,这一理论以大量具体事实为基础,完全诞生于对全然不同的各种语言的音系中的具体问题的研究。当今的音系学并不局限于宣布音位永远是系统中的成员,还要展示各种具体的音系系统并使其结构得以突显。

当今音系学的这一具体本质,引领其探寻对世界一切语言皆有效的音系法则(lois phonologique)。通过把音系学原则运用于诸多不同的语言从而展示其音系系统,也通过对这些系统的结构加以研究,在不久的将来就会看到,有些相关关系之组合见于全然不同的语言,而有些则完全不存在[1]。这就是音系系统的结构法则。这类法则虽然是通过纯实证归纳得出的,但有时亦可从逻辑角度演绎得出[2],这就赋予其一种绝对特征。对这类法则的探寻即是当今音系学的特点。无论是F. 德·索绪尔还是J. 博杜恩·德·库尔德内都不曾尝试过构建具体的音系法则(虽然这种法则的存在是"一切皆相互联系的系统"之概念的产物)。从这一点来看,当今的音系学在之前几代语言学家当中是没有先辈的[3]。

探寻一般性音系法则,就意味着要对全世界所有语言的音系系统做比较研究,这种比较研究不同于其亲缘关系研究。这种比较研究(迄

---

[1] 例如,所有区别上声调和下降调的语言(如立陶宛语、塞尔维亚-克罗地亚语、斯洛文尼亚语、古希腊语、汉语、暹罗语)都有长短元音之别。这些语言当中,有些语言短元音和长元音一样可带有两种声调(如充当塞尔维亚-克罗地亚语标准语的施托卡维方言),另一些语言只有长元音(或长音节)上两种声调才呈现出音系区别(如立陶宛语、斯洛文尼亚语、希腊语);但是,却没有哪种语言短元音区别两种声调而长元音无此区别。——原注

[2] 例如,"声调相关关系"和"长度相关关系"之间存在的联系可通过这个事实来解释:只有某一元音的开头和结尾被感知为两个不同的瞬间,两种声调之区别才成为可能,——这就暗含了音长之概念。——原注

[3] 格拉蒙先生构建的基本法则,性质极为不同。他的法则是关于语音组合的法则,不是音系系统结构法则。——原注

今为止从未在全世界范围内开展过）不仅能让当今的音系学家构建起某些一般性规则，还能使其注意到，许多音系现象分布于大小不等的广阔地理区域，为不同语系的语言所拥有。这一事实远未得到解释（"底层"[snbstrats]作用的假说是非常不充分的）。不过，对此加以观察需要建立一个新领域——"音系地理学"（géographie phonologique）①。

德·索绪尔和J. 博杜恩·德·库尔德内皆生于科学的语言学几乎就是历史语言学的同义词的年代。历史语言学是原子主义的，只研究孤立成分之历史，所以与新理论的普遍主义、结构主义倾向相对立。因此，F. 德·索绪尔和J. 博杜恩·德·库尔德内要为自己的观点辩护，就必须坚持静态语言学（索绪尔称之为共时语言学）的合法性。这一态度使历史语言学的地位有所降低，从心理上看这很自然。人们不再竭力改革历史语言学，在历史语言学和静态语言学之间构建平衡，而是直接抛弃了语言史。对历史语言学的这类态度在J. 博杜恩·德·库尔德内那里可谓很明显；但是，特别把"共时"和"历时"之对立作为其理论基石之一的，正是F. 德·索绪尔。他认为，只有共时（静态）语言学才把作为"一切皆相互联系的系统"的语言当作研究对象，而历时（历史）语言学只能研究孤立事实、局部变化，这类孤立事实和局部变化把紊乱引入语言系统，而自身却并无意义。——当今的音系学不认可这样的视角，而把这样的视角视为向"新语法学派"原子主义的让步。语言如果在任何具体时间点上均为"一切皆相互联系的系统"，那么从一种语言状态转向另一种语言状态的过程就不可能只受完全无意义的孤立变化的影响。音系系统不是孤立音位的机械集合，而是个有机的整体，音位是这个有机整体的成员，其结构受到法则的制约。——"历史音系学"不能局限于孤立音位的历史，而必须把音系系统视为一个发展变化着的有机整体。从这

---

① 我们应注意，这个新领域与当今音系学的普遍性倾向之特征相关（该领域的首部试验作是雅柯布森先生论欧亚语言的书，其摘要见于他发表于《布拉格语言学小组文集》第4卷234至240页的那篇文章）。某一语言的音系系统似乎是更大的整体之成员，这个更大的整体涵盖了同一地区的各种语言的系统，必须从与同一集合中其他元素的角度加以研究。——原注

一视角来看，音系变化和语音变化皆合情合理，成为存在之理由（raison d'être）。音系系统的演化在一定程度上由一般性结构法则决定，排除某些组合，偏爱另一些组合，在任何时间点上皆由朝向某一目标的趋势所引导。不承认这一目的论元素，就无法对音系演化加以解释。这样的演化因而拥有意义，拥有内在逻辑，历史音系学的重点即在于此①。当今的音系学坚持这一观点。或许这就是当今的音系学和F. 德·索绪尔的理论最明显的区别②。

综上所述我们看到，当今的音系学作为一场科学运动，尤以其系统的结构主义和普遍主义为特征。这个特点使之全然不同于以往各语言学派，特别是个体主义和原子主义各派：即使某些流派接受了结构主义或普遍主义思想，从而与当时的语言学主流相悖，也未能达到与当今音系学等同的系统程度。这是因为，不仅语言学，而且同一时期整个科学都曾被个体主义和原子主义所主导。在这方面，当今的音系学处于更加有利的条件中。我们所生活的这个时代，其特征就是所有科学领域皆呈现出结构主义取代原子主义、普遍主义取代个体主义之趋势（当然是从这些术语的哲学意义来看）。这一趋势在物理学、化学、生物学、心理学、经济学等领域皆可观察到。因此，当今的音系学并不是孤例，而是

---

① 面对目的论阐释（explication téléologique），语言学家至今有种迷信的恐惧，这就让他们排斥一切关于音系系统变化的阐释。这一基本规则之例外非常罕见。法国语言学家当中，必须提到的是梅耶先生和格拉蒙先生，他们俩研究"历史语音学"时广泛地运用了"趋势"（tendance）这个概念（本质上是个目的论概念）；德国语言学家当中，必须提到的是吕克先生（Luick），他在其英语历史语法中把英语元音系统的发展变化视为由内在逻辑驱动。不过，只要下列两个根本原则没有得到阐明，这些例外就依然只是例外：1. 发生演化的不是孤立的音位或语音，而是音系系统；2. 某一系统的所有这类演化，皆由趋势主导，导向某一目标。——原注

② 尤其是R. 雅柯布森先生，在其杰作《论俄语音系演化》（*Remurque sur l'évolution phonologique du russe*，《布拉格语言学小组文集》，第2卷）一书中用斯拉夫语言的诸多历史音系事实阐释了上述思想，以此坚持了这些思想。令人惊讶的是，A. 马宗先生（A. Mazon）在为R. 雅柯布森先生的书撰写的一篇（极不公正的）书评中强调，该书的基本观点无非是"对F. 德·索绪尔某些观点的不断重复"（《斯拉夫研究述评》[*Revue d'études slaves*]，第10卷，104页）。难道F. 德·索绪尔的《普通语言学教程》在法国如此不为人知吗？——原注

更广阔的科学运动的一部分。这一点,可以期待语言学的其他组成部分(词法学、句法学、词汇学、语音学等等)不久就会随音系学一道参与进来。

(维也纳,1932年7月)
N. 特鲁别茨柯依亲王

音系描写指南

Anleitung zu phonologischen Beschreibungen

（1935）

　　［译者按］《音系描写指南》是本书全文收录的唯一一部特鲁别茨柯依的专著。1933年，国际音系学协会在罗马第3届国际语言学家大会上会晤，责成特鲁别茨柯依编写一部关于音系描写的手册，用于指导对语言进行音系学角度的语音描写。1935年，在布拉格语言学小组的协助下，该书在捷克布尔诺出版。书中归纳了42条具有可操作性的音系描写规则，系统阐述了各类语音成分应如何从音系学角度判定其性质。

　　如我们在此书的绪论中看到，特鲁别茨柯依此时已认识到音系学的心理视角与语法、语义等语言其他层面不兼容，因而改把区别功能和语言价值作为音系学视角中的出发点。书中不仅给出了音位的判定规则，还指导语言描写者如何对音位组合、韵律成分以及并无声学外形的语素界等边界信号做出正确的音系学阐释。

　　这部专著原书只有32页，书末甚至未列参考文献和索引，但这并不是缺陷。简洁明了的风格与该书作为"指南"的实用目的刚好一致。事实上，在经济危机笼罩的30年代中期，出版资助难求，降低成本以求此书能够及时面世、及时被其既定读者群获得，无疑是十分正确的策略。诚如特鲁别茨柯依在1935年1月25日致雅柯布森的信中所言，在第2届语音科学国际大会即将在伦敦召开之际，"开印恰是时机。这本书不厚，只有2.5印张，印刷应该不贵，我觉得出版可回本，甚至可能盈利。"

(Trubetzkoy 1975: 314–315 / 2006: 364)

今天，我们依然可享《音系描写指南》的简明扼要带来的便利。《音系学原理》出版之前，这本《音系描写指南》无疑是特鲁别茨柯依音系学思想最完整、最详细的展示。而我们对比两书后会发现，即使在《音系学原理》出版之后，此书仍不失为《音系学原理》的精编版、精华版、实践指南版，因而至今仍有很高的阅读价值。

《音系描写指南》的第一章"音位清单"，是《音系学原理》里"区别之学说"第二章"音位的判定规则"的基础，两书中的11条音位判定规则完全一致，仅在行文上略有差别。《音系描写指南》的第三章"韵律特征"，言简意赅地覆盖了《音系学原理》同名章节（"区别之学说"第四章第5节）里除"句子的区别性韵律对立"之外的所有话题。而《音系描写指南》的第四章"划界途径，亦称边界信号"，是《音系学原理》第二部分"划界之学说"的骨架，同样高屋建瓴。因此，对于既期待了解特鲁别茨柯依的音系学思想概貌，又由于各种原因无法精读《音系学原理》的读者来说，精读《音系描写指南》一定程度上不失为行之有效的替代方式。

特鲁别茨柯依曾考虑过让此书以德、法、英三语分别出版，从而服务于尽可能多的语言描写实践工作者。当时正在他身边学习音系学的琼斯弟子劳伦森（A. C. Lawrenson）曾有意承担英译工作，但是此计划因出版成本无法解决而搁浅。（Trubetzkoy 1975: 315 / 2006: 365）马丁内译出了该书的法文版，但最终也未能出版。（Trubetzkoy 1975: 351, 351n1 / 2006: 403, 406n1）至于澳大利亚学者默里（L. A. Murray）和布鲁默（Herman Bluhmer）出版的英译本（*Introduction to the Principles of Phonological Descriptions*, 1968），已是时过境迁的30多年后。

本译文由1935年在布尔诺出版的版本译出，原文是德文。

目　录

绪　论
   一、音位清单
     （一）音位与变体
     （二）把语音组合判定为单音位
     （三）把单个音判定为多音位
     （四）音系内容与音位的分类
   二、音位组合
   三、韵律特征
     （一）音节核与莫拉
     （二）韵律类型
   四、划界途径，亦称边界信号

绪　论

　　直到不久之前，大多数语言学家还是把人类言语的语音层面视为声学现象和发音现象的无意义集合，顺序和规则在这类现象中只是罕见而十分偶然地显现出来。只要这样的看法依然盛行，对人类言语的语音层面的科学研究就很明显只能借助物理学方法、生理学方法、至多是知觉心理学（wahrnehmungspsychologisch）方法来进行。这就在语音研究和语言学其他领域的研究之间造成了方法论上的鸿沟。但是，人们早已了解到，语音具有区别性的功能和符号价值，这样的符号价值对语言学恰恰最为重要，必须得到科学的探究，一旦人们从这个事实中得出合乎逻辑的结论，上述情况就立刻改观了。因为人类言语的实证声音背后的符号价值之世界，是个有序的系统，该系统由于具有极为规则的结构，故而与语法价值系统有可比性。因此，这一视角下的语音研究，与语法学之间并无本质上的鸿沟，因而以"音系学"的形式成为语言学的一部分，适用于语言学其他领域的研究方法亦适用于这一领域。①

此前的音系学研究已经展示出普遍性结构法则之存在，各种语言的音系系统皆遵循此类法则。很明显，这之中所发掘的结构法则之数量，取决于所使用的材料的丰富性。发掘此类结构法则对语言学的重要意义不言而喻，因此仅凭这一理由，就亟需让材料丰富起来，也就是亟需对尽可能多的语言的音系做系统的描写。此外，此前的音系学研究还表明，具体的音系特征往往可传播覆盖尽可能广阔的地理区域，这类"音系区域"（phonologischer Zone）的边界未必与语言边界相一致，并且经常超过某一语言的边界：例如，可参见R.雅柯布森发现的"欧亚语言联盟"（eurasische Sprachbund）（《布拉格语言学小组文集》第4卷，234页及后，以及他用俄语撰写的更为详细的《论欧亚语言联盟的特征形成》[К характеристике евразийского языкового союза]一书，巴黎，1931），或是参见自由力度重音（不含自由音长）在旧大陆的传播（西班牙语、意大利语、现代希腊语、南阿尔巴尼亚语、保加利亚语、罗马尼亚语、乌克兰语、白俄罗斯语、大俄罗斯语、莫克沙莫尔多瓦语）。如果不对全部或大多数相关例子加以研究，就无法对这一奇特却极为重要的现象做出令人满意的解释，——其前提就是对尽可能多的语言及方言进行系统的音系描写。

因此，音系学此前所取得的成就若要进一步发展，语言学的这一重

---

① "语音学"，即在不考虑语音的语言功能的情况下对语音的物质层面所做的物理学与生理学研究，因此并不是多余的，只是应被移至其在科学体系中的正确位置，即自然科学领域，而非语言学领域。音系学和语音学之间的关系已经在一系列纲领性的文章和讲座中得到了充分阐述。参见V.马泰修斯《比较音系学的目标与任务》，载《来自布拉格的情谊》（1929），432页及后；卡尔·比勒《语言学与音系学》，载《布拉格语言学小组文集》第4卷，22页及后，《语言学的公理》，载《康德研究》B38卷，亦可参见其著《语言理论——语言的表现功能》（耶拿，1934），第3、14、17、29、40、42页及后、58、225、273、279页及后；此外还可参见本人在日内瓦《第2届国际语言学家大会会议文集》（Actes du deuxième congres international de linguistes）54页及后的论述，以及刊于《常规心理学与病理心理学学报》第30卷227页及后的《当今的音系学》一文。——原注

要分支若要取得可喜进步，就只能以广泛开展音系描写为前提。不过，我们若审视以往的语言研究著作以及其他语言记录，就必须遗憾地指出，人类绝大多数语言不仅缺乏正确的音系描写，而且对整个语音层面的描写都极不到位。

　　世界上绝大多数语言及方言不是由训练有素的语言学家描写的，而是由外行人描写的，他们对语音的表述是最难以理解的。即使是欧洲语言的方言，大部分也不是由专门的学者描写的，而是由热爱家乡的业余人士描写的，他们有些人基于书面语思考，有些人认为自己的任务只是记录与书面语不同之处。任何对欧洲各民族（尤其是斯拉夫、乌戈尔、巴尔干各族）的方言学文献有一定了解的人，都知道方言的数量有多么庞大，我们对这些方言的了解，完全就是通过这些方法论上站不住脚且根本无法用于音系学目的的著作。非印欧语言的情况甚至更糟。大多数这类"奇特"的语言，我们能够看到对其的描写，是得益于传教士、殖民官员以及民族学家，而他们通常完全无法理解语言的语音层面。他们把注意力完全放在语法上，或是放在该语言所反映出的文化史事实上，而语音方面仅用几个句子就打发掉了，音系学家通常完全无法从中得到任何东西。研究奇特书面语言的东方学家们，也大多对这些语言的语音层面不感兴趣。他们编写的手册里，关于当地书写系统的发音方面的信息展示得并不充分，当地书吏们为字母做的那些并不合理的分类经常也被沿袭下来。由于这类文字系统通常基于历史原则，且反映的是语音系统的某个早已过时的演化阶段，或是反映对外来字母表的不时有些笨重的改造，因此，以此为基础来呈现这些奇特书面语言的语音层面，常常极具误导性。至于那些"无文字民族"的语言，从音系学视角来看，大多数概述将其语音层面处理得基本相当于未做过描写（前面我已说过，这类概述通常出自未受过足够语言学训练的人之手）。此类事情最糟糕的一点是，这些方法论上的错误（对非专业人士来说情有可原）成了不良传统，并且在学校教学中被沿袭。那些由著名传教士、殖民官员或民族学家撰写的手册或语言概述，虽然方法论上不足因而其语音理论部分无用，却在教会学校及殖民机构中被用作教材，充当未来的研究者的典范。这就是为何有些学派的语言学家，皆对语言的语音层面持有全然错误的看法，皆无法用合理的方式表述某一语言的语音系统。这些语言学家如果接受实验语音学训练，利用声音曲线或腭位图来呈现其不足的表述，情况并不会有所改善。这类不专业的描述方式的主要缺陷，并不会因此而得到修正。如果关于某一奇特语言的语音的一章题为"出现的最重要的音之综览"，那么这"综览"用语音学术语来做还是用该作者自行发明的术语来做都无所谓：这样的综览并无用处，恰恰因为从这样的视角无法知晓这些音为何"重要"，也看不出哪些音（确切说，哪些对立）具有区别功能。

我们如果转而思考那些含有按现代语言学各类规则来做音系系统描写的著作，首先必须认识到这类著作在语言描写类著作中所占比例非常小，而这之中的纯音系学著作则更加罕见。在大多数这类著作中，语音方面要么从纯语音学视角呈现，要么从历史视角呈现，也有些二者兼而有之。从音系学的目的来看，用这样的方法呈现的语音事实首先必须按音系学的方式来重新阐释。但是，这样的阐释却常常无法做到。极其细致的语音描写，如果不给出任何信息来说明每个音出现的位置，或是说明这些音是否能够相互替换且不损害词义，就全然无法用于音系学目的（以及语言学目的）。历史描写亦是如此。这类描写只有考虑了当今语言中全部可能的语音组合，且明确论及了那些与历史语音定律相悖的语音及语音组合，该语言的音系系统才能构建起来。像描写方言时通常做的那样，对较古语言或始祖语言的语音做点今之论述，此类简短而概括的语音史信息通常无法达到这样的要求。

因此必须遗憾地指出，音系学家当前可以获得的材料非常有限。音系学最急迫的任务就是扩充这类材料，而这一任务显然只能通过合作来完成。本资料的目的即是让这一任务变得容易，旨在告诉想描写某一语言的语音系统的语言学家，音系学对这样的描写有何期待，这样的描写应包含哪些东西，方可用于音系学目的。此外还需注意下列几点：首先，本资料只是我们任务的最底线。我们暂时搁置了句子音系学，仅论及词音系学。其次，我们还搁置了词音系学中关于统计的部分。这不是因为音系统计学（phonologische Statistik）不如音系系统学（phonologische Systematik）重要，而只是因为统计学需要大量冗长乏味的工作，但音系学当前发展阶段最重要的却是迅速增加材料。此外，我们还需要详尽的语音学知识。本资料主要面向已具有一定观察、记录纯语音学现象之经验的语言学家，其任务是阐明语音学的观察结果应如何转换为音系学术语。

　　最后还应指出，这份表述音系系统时所依照的指南自然必须依从表述者的判断，不可凌驾于其上。材料当然可以按照"音位——音位组合——韵律——边界手段"之顺序来组织，但也可以采用其他路径，例如 J. R. 弗思在其杰作《泰米尔语发音概要》（A Short Outline of Tamil Pronunciation）（即最新版阿登《通用泰米尔语语法》（Grammar of Common Tamil, 1934）一书[①]的附录）即是如此。文中讨论单个音位时，已经把关于音位组合和边界手段的所有信息给了出来。

一、音位清单

§1. 为某一语言所做的每份音系描写，首先必须包括一份系统而有序的列表，涵盖该语言中出现的全部音位。建议遵循《音系学术语标准化方案》对"音位""音系单位""音系对立"等术语的释义（见《布拉格语言学小组文集》第4卷，311页）：

1. 音位是不可拆分为更小音系单位的音系单位。
2. 音系单位应理解为音系对立的每个项。

[①] 全称《通用泰米尔语循序渐进语法》（A Progressive Grammar of Common Tamil）。阿登（Albert Henry Arden, 1841—1897），英国传教士，达罗毗荼语言专家。除上述泰米尔语语法之外，还著有《泰卢固语循序渐进语法》（A Progressive Grammar of the Telugu Language, 1873）。——译者注

3. 音系对立应理解为具体语言里用来区别理智语义的每组语音对立。

（一）音位与变体

§ 2. 区分音位与音位的语音变体，确定某一具体语言中何为音位、何为语音变体，只需遵循几条简单的规则，即下列规则：

§ 3. 规则1：如果同一语言的两个音出现于完全相同的语音环境，可相互替换且不会导致词义之不同，则这两个音仅是同一音位的选择性语音变体（fakultative phonetische Varianten）。

选择性变体可按两条原则来分类：一是依其跟语言常规（Sprachnorm）之关系，二是依其符号功能（Zeichenfunktion）。——选择性变体按其跟语言常规之关系，可分为普遍型和个别型。前者不会被视为语言错误，也不会被视为偏离语言常规，因而可被全体说话者所使用。而个别型变体则分布于语言共同体的诸多成员之中，仅其中一个特定方式被视为"正确的""好的"或"示范性的"发音，其他各方式皆被视为不同于常规的地方性、社会性、病理性偏离形式。——而选择性变体依其符号功能来分类，一种是真选择型，亦称与风格无关型，另一种无须多言，是与风格有关型（或简称"风格型"）；后者若兼为普遍型，则带有某种感情色彩，若兼为个别型，则表现出说话者的社会地位、年龄、性别等。

例：

a）与风格无关的普遍型变体，如萨克森方言中的不送气清塞音与浊塞音，二者可任意地相互替换；

b）与风格无关的个别型变体，如德语的大舌 r 和小舌 r；

c）普遍型风格变体（即与风格有关的普遍型变体），如匈牙利语词第三个音节上强突显的次重音和弱突显的次重音（用来表达不同感情色彩）；

d）个别型风格变体，如俄语正常男性发音中略微呈现为二合元音的 o（oó）和较做作的女性发音中强烈呈现为二合元音的 o（úo, úe）。

注：
匈牙利音系学家J. 冯·拉季齐乌什[①]建议把与风格有关的变体称为"强调成分"（Emphatika），而把"选择性变体"一称仅留给与风格无关的变体。关于这一术语问题，有待做深入的语言学理论探讨。不过实践中，有时很难确定某一对变体与风格有关还是无关。

§4. 规则2：两个音若出现于完全相同的语音位置，且无法相互替换而不会使词义改变或使词无法辨认，则这两个音是两个不同音位的语音实现形式。

例如，德语 i 音和 a 音之间就是这样的关系：像 Lippe（嘴唇）一词，如果把 i 替换成 a，就导致了词义的变化（Lappe，拉普人）；再如 Flinte（火枪）一词，如果做此替换（变成 Flante），就无法辨认了。——俄语中，ö 和 ä 毫无例外地仅出现于两个腭化音之间。二者相互交换要么使词义变化（t'öt'ə [тётя, 姑妈]—t'ät'ə[тятя, 爸爸]），要么使词无法辨认（id'öt'i [идёте, 你们走]—id'ät'i??, p'ät' [пять, 五]—p'öt' ??），因此二

---

① 拉季齐乌什（1896—1957），德语名尤里乌斯·冯·拉季齐乌什（Julius von Laziczius），匈语名拉季齐乌什·久拉（Laziczius Gyula），匈牙利语言学家，匈牙利科学院院士，有结构主义在匈牙利第一人之誉，被视为20世纪匈牙利最重要语言学家。拉季齐乌什是特鲁别茨柯依及布拉格学派音系学的重要支持者之一，早在1932年，其著《音系学概论》（*Bevezetés a fonológiába*）就已作为"匈牙利语言学会出版物丛书"（A magyar nyelvtudományi társaság kiadványai sorozat）第33卷出版，成为第一部向匈牙利学界及公众系统介绍特鲁别茨柯依的音系学新视角的书。他的其他重要著作还包括《匈牙利语方言》（*A magyar nyelvjárások*，1936）、《普通语言学——原则与方法论问题》（*Általános nyelvészet: Alapelvek és módszertani kérdések*，1942）、《语音学》（*Fonétika*，1944）等。西比奥克（Thomas A. Sebeok）为其撰写过传记（Sebeok 1963），并编辑整理了《久拉·拉季齐乌什选集》（*Selected Writings of Gyula Laziczius*，1966）。——译者注

者应被判断为不同音位的实现形式。①

§5. 规则3：某一语言中两个声学上或发音上相互联系的音，若从不在同一语音环境中出现，则判定为同一音位的**组合性变体**（kombinatorische Variante）。——这一情况可分出若干种类型：

A. 该语言中一方面存在一整类仅存在于某一特定位置的音（α'、α''、α'''），另一方面存在一个从来不出现于该位置的音（α）。这种情况中，α音跟α'、α''、α'''这类音之间只能是变体关系，而这类音与α音在声学上和发音上最为接近。——例如：朝鲜语中，s和r不出现于词末，而l仅出现于词末；由于l作为流音明显更接近于r而非s，因此r和l此处可判定为同一音位（"R"）的组合性变体。

B. 该语言中一方面存在一系列仅出现于某一位置的音，另一方面又存在一系列不允许出现于该位置的音。这种情况中，第一系列里和第二系列里声学上或发音上最接近的音，每个皆呈组合性变体关系。——例如：俄语ä和ö仅出现于两个腭化辅音之间，而a和o从不出现于这个位置；则ä和a之间、ö和o之间皆呈组合性变体关系。因此，语音学上的p'ät'，音系学上判定为p'at'；语音学上的id'öt'i，音系学上判定为id'ot'i。

C. 该语言中仅存在一个只出现于某一特定语音位置的音，且仅存在另外一个不出现于该位置的音。这种情况中，这两个音应判定为同一音位的组合性变体，但是这两个音在声学上或发音上应相互联系。——例如：a）日语口语（东京方言）没有位于元音之间的g，却有位于元音之间的ŋ（舌面后部鼻音）；而词首位置上，情况恰好相反，只允许有g，不

---

① "无法辨认"的程度可能十分不同。德语中混淆f和pf，词义的无法辨认程度通常低于混淆i和a。德国很多地区，受过教育的人把词首的pf系统地替换为f，但却很容易被其他德国人听懂。Pfeil—feil（箭—待售）、Pfand—fand（抵押品—找到）、Pfad—fad（小径—乏味的）等词对的存在，证明标准德语中pf和f在词首也应被视为音位。因此，那些不遵守词首pf和f之区别的受过教育的德国人，讲的其实不是正确的标准德语，而是标准德语和自己家乡方言的混合体。——原注

允许有ŋ；由于g和ŋ都是舌面后部的辅音，所以二者视为日语同一音位（"g"）的组合性变体；b）德语中，h仅可出现于除ə（即无重音的e）之外的元音之前，而ŋ（书写为ng）仅出现于词末（如lang[长]）、辅音前（如langsam[慢]、danke[感谢]）或ə之前（如lange[更长]），也就是位于不允许出现h音的那些位置；但是，由于h和ŋ没有任何语音上的共同标记，故而音系意识并不把二者视为同一音位的变体，而是视为两个不同音位的实现形式。

注：
经常出现这种情况：两个音仅在某一个语音位置代表两个不同音位，而在其他所有位置上，二者的选择由语音环境决定。——例如：波兰语中，软腭塞音和硬腭塞音之间的对立仅在词末e音之前（e在硬腭音后写成ie，在软腭音后写成ę）具有语义区别功能（如Polskę[波兰人，宾格单数]—polskie[波兰的]；drogę[路，宾格单数]—drogie[贵重的]），而在其他情况下，硬腭塞音只出现于前元音之前（写成ki、gi、kie、gie），软腭塞音出现于其他所有位置上。然而，我们却必须把波兰语的硬腭塞音和软腭塞音视为不同音位，当然还需补充一句：这两类音位之间的音系对立非常罕用。由此可得出结论：若要对语音对立做出正确的音系阐释，则具体语音可出现的一切可以想象到的位置都应当极其仔细地考虑到。

§6. 规则4：两个本来符合规则3之条件的音，如果可在该语言中相邻出现，即充当某一语音组合之成分，且在这样的位置上，这两个音之一亦可单独出现，就不可判定为同一音位的变体。——例如：英语r音仅出现于元音之前，而ə音从不出现于元音之前，由于r既无摩擦声也无爆破声，而ə的开口度和音色又极不确定，似乎可以依据§5.C把r和ə视为同一音位的组合性变体。但是，这是不可能的，因为像profession（读prəfešn）这样的词当中，r和ə相邻，而在同一语音环境的另一些词当中，只出现一个单独的ə（如perfection，读pəfekšn）。

（二）把语音组合判定为单音位

§ 7. 把音位组合（Phonemverbindung）与语音组合（Lautverbindung）区分开，其重要性丝毫不亚于音位和语音变体之别。某一音位经常实现为语音组合，而反之，某一音位序列亦可实现为一个单音。前一种情况，该语音组合应判定为"单音位性"（monophonematisch）语音组合，后一种情况，该单音应判定为"多音位性"（polyphonematisch）单音。对此亦可归纳出几条简单规则，用于对语音材料的音系学阐释。某语音组合的构成成分在该语言中从不分别划入两个音节，且通过一体的发音运动而发出，其时长绝不超过正常的单音时长，只有这种情况下，才有可能考虑做单音位性判定。符合上述规定的语音组合，如果依据该语言的语音规则可视为单个音位，或是该语言音位系统的一般性结构要求做这样的判定，也的确应判定为单音位性语音组合（即充当单个音位的实现形式）。如果某一语音组合的构成成分无法理解为任何其他音位的实现形式，就尤其适合将其判定为单音位性语音组合。下面我们来更加详细地思考一下这一理论构想的几个要点：

§ 8. 规则5：只有那些其构成成分在该语言中从不分别划入两个音节的语音组合，才可能被判定为单个音位。

俄语中，ts这个语音组合的两个构成成分永远属于同一个音节（如tsé-ləj [完整的，целый]、l'i-tsó [脸，лицо]、ka-ńets [结尾，конец]），故视为一个音位（上述三例词从音系学来看是celǎj、l'ico、kǎnec）；而芬兰语中，同一语音组合仅出现于词中部，t视为前一音节末，s视为后一音节首（如it-se[自己]），故应判定为音位序列t + s之实现形式。——俄语、捷克语、波兰语等，皆有位于元音前的"元音 + 非音节性i"组合，这个非音节性的i构成下一个音节的首音（如俄语dajú[我给，даю]、zbrú-jə[缰绳，сбруя]，捷克语hra-je[玩]、ku-pu-je[买]等等）；因此，这些语言中，此类组合应判定为音位序列"元音 + j"的实现形式，即使整个结构是单音节结构时亦不例外（如俄语 daj［给，命令式，дай］、捷克语 kraj［地区］等）。与之不同的是德语中，元音前的"i类、u类二合元音"不可划入两个音节（如 Ei-er［鸡蛋，复数］、blau-e［蓝色，阴性］、mißtrau-isch［可疑的］），这些二合元音显现出单音位价值。——大多数语言中，"鼻音 + 同一发音器官发出的塞音"之组合位于两元音之间时划入两个音节（如德语 Stun-de［小时］），因此被视为两个音位的实现形式，即使完全属于同一音节时亦不例外（如德语 Hund［狗］）。然而，许多非洲语言和美洲语言中，这类组合即使位于两元音之间，也要整体划入后一个音节，因而必须视为某一完整音位的实现形式（即"半鼻音"）。

§9. 规则6：某一语音组合，只有由一体的发音动作而发出，或发音结构呈现逐渐分解（allmählicher Abbau）时，才可判定为单一音位的实现形式。

正如瓦海克所正确指出，具有单音位值的二合元音必为"运动性二合元音"（Bewegungsdiphtong），即通过言语器官位置变化而产生的语音复合体，这之中重要的既不是此运动的开头，也不是其结尾，而是其总方向。① 另一方面，像 aia 或 aiu 这样的语音复合体，永远无法判定为某一单个音位的实现形式，因为这些情况中，存在两种方向不同的发音运动。——所谓两个辅音之间的"滑动音"（Gleitlaut），应判定为前一个辅音或后一个辅音实现形式中的一部分。在"s + 由 s 到 k 的滑动音 + s"这一组合中，滑动音应判定为某一特定音位的实现形式（即 k）（即使并未出现真正的 k 发音，亦如此），因为此处的发音运动不是一体的。审视把辅音组合判定为单音位的典型例子，不难发现这之中始终涉及发音

---

① 参见 J. 瓦海克《论二合元音的音系学阐释》（Über die phonologische Interpretation der Diphtonge），载《哲学院科学机构著作选》（Práce z vědeckých ústavů, Filosofická fakulta），第33卷（布拉格，1933）。不过，我个人认为，J. 瓦海克的错误在于他认为单音位效力适用于一切"运动性二合元音"（Bewegungsdiphtong）。——原注

构造的逐渐分解。发塞擦音，始于"阻塞"，扩至"窄缝"，随后整体解除；发送气音，口腔阻塞除阻了，但喉头仍保持口腔阻塞时的位置一定时间，其声学效应就是呼气声继续存在；而发声门塞音，喉头阻塞与口腔阻塞同时形成，而口腔阻塞消除之后（即除阻之后），喉头阻塞先保持一段，再随之除阻，其声学效应就是声门阻塞的消失，等等。腭化辅音或圆唇辅音，给人的声学印象是辅音加上发音不完善的很短的 i（j）或 u（w）的组合，即使是这类音，复杂发音结构也同样呈现出不太同时的分解。上述所有情况，皆涉及按相同方向（实为"分解"之方向，即返回静态位置之方向）发生的一体发音运动。与之不同的是，st 之类的语音组合从不被判定为单音位性组合，因为这样的组合是在逐渐构建起一个后来才分解（除阻）的阻塞。与之类似，ks 之类的组合也不能被判定为单音位性组合，因为这类组合要求两种不同的发音运动。

注：

此处论述的内容不应被误读。语音领域的每一现象皆有两个层面——发音层面和声学层面。如果说"规则6"仅以发音术语表述，只是因为当今的科学技术可为准确描写声学印象提供的资源太少。然而毫无疑问的是，一体发音运动与非一体发音运动之区别，以及运动构建与运动分解之区别，在声学方面必有十分准确的对等情况，因此，即使无法准确了解发音条件，也能够仅凭声学印象来确定某一语音组合是否属于"潜在的单音位性"组合。

§ 10. 规则 7：某一语音组合的时长如果不超过该语言中出现的其他音位实现形式的时长，则可判定为某一单个音位的实现形式。——在所有关于"潜在的单音位性"语音组合的语音实现形式的规则中，最后这条规则是最不重要的。至少可以强调，像俄语塞擦音 c、č 的时长，正常情况下并不长于其他"短"辅音，并且无论什么情况下，都绝不会达到 ks、kš 等语音组合的正常时长；此外还可强调，捷克语 ou 的时长明显超过了捷克语正常的长元音的时长，把这个二合元音判定为复音位，这一情况似乎具有决定意义。

§11. 规则8：符合规则5至7之要求的语音组合，如果被处理为单个音位，也就是说可出现于该语言中不允许出现音位组合的语音位置上，就必须判定为某一单个音位的实现形式。——例如，许多语言都不允许在词首位置出现辅音组合。pf、kx、ts或tw、kw等语音组合如果在这类语言中允许出现于词首，就显然应被判定为一体性音位的实现形式（送气音、塞擦音等）。举例来说，这一点适用于特林吉特语、日语、蒙古语、鞑靼突厥语的dz、ts及dž、tš，适用于汉语的ph、kh、th、ts、tš等，适用于阿瓦尔语ph、th、kh、qx、kx、ts、tš、t'、k'、ts'等，也适用于其他许多类似情况。德语允许词首出现带有l或w的辅音组合（前者如klar [清楚]、glatt [光滑]、Blick [一瞥]、plump [笨拙]、fliegen [飞]、schlau [精明]，后者如Qual [痛苦]、schwimmen [游泳]），但是"两个辅音＋l或w"之结构，却仅允许pfl（如Pflaume [李子]、Pflicht [职责]、Pflug [犁]、Pflanze [植物]）和tsw（如zwei [二]、zwar [虽然]、Zwerg [矮人]、Zwinger [狗窝]等）。由于德语词里并不允许其他三辅音组合（以sch开头且以r结尾的组合除外，即str和spr），仅凭这一理由，就有必要把德语pf和ts视为一体的音位（至少标准德语如此）。

§12. 规则9：符合规则5至7之要求的语音组合，如果在音位清单中构建了平行关系，就应判定为某一单个音位的实现形式。——车臣语、格鲁吉亚语、齐姆仙语等语言，辅音组合允许位于任何位置上，然而，这些语言中的ts和tš必须判定为一体的音位（塞擦音），而非音位组合的实现形式，因为这是其音位系统的整体环境所要求的。这些语言中，一切塞音皆有两种形式——喉化的和非喉化的；而擦音就没有这一对立。由于无喉阻塞的ts、tš与有喉阻塞的ts'、tš'（美国将其记作ts!、tc!）并存，故而加入塞音行列（p—p'、t—t'、k—k'），并且ts∶s或tš∶š之间的关系，与 k : x 或 q : χ 之间的关系完全平行。

§ 13. 规则10：如果某一语音组合的构成成分（符合规则5至7之条件）无法被判定为该语言任何音位的组合性变体，整个语音组合就必须被判定为某一单个音位的实现形式。

塞尔维亚-克罗地亚语以及保加利亚语中，r经常发挥成节音之功能。这两种语言中总有些由r加上一个音质不确定、因语音环境而异的滑动元音（Gleitvokal）而构成的组合，后者有时出现于r之前，有时出现于r之后。塞尔维亚-克罗地亚语中，"不确定元音"不出现于其他位置，故而r前或r后不确定的滑动元音无法归属该音系系统中的任何音位，必须把r加上不确定的滑动元音之整体组合，判定为一个单个音位。与之不同的是，保加利亚语其他位置上确有"不确定元音"（通常记作 ă）[①]（如 kăsta [房子]、păt [路]）。伴随成节音r出现的元音，此时属于这个不确定元音的组合性变体，这整个语音组合（ăr或ră）就是多音位性的了。

§ 14. 规则10带来的一个推论是，符合规则5至7的语音组合，如果在该语言中对应的音位组合仅可由不符合规则5至7的其他语音组合来实现，就必须判定为单个音位的实现形式。因此，波兰语č（写成cz），时长没有超过正常辅音的时长，出现于元音之间时完全归属于后一个音节，必须判定为单个音位的实现形式，因为音位组合 t + š（写成dsz、tsz或trz）在波兰语中由与之不同的语音组合来实现，其时长超过了正常一个辅音的时长，在元音之间的位置上（如 podszywać [缝制衬里]之类的情况）有时要划入两个音节（读 pot-šywać）。同理，俄语中，让音位组合 t + s、t + š 得以实现的语音组合，从时长以及与音节界的关系来看，完全不同于判定为单音位的c和č。西阿迪格语（今称阿迪格语或切尔克斯语）的喉塞硬腭咝擦音（如在 γeṣaγ°o [奇怪的]一词中），其实现方式也迥异

[①] 保加利亚语正字法用字母ъ表示这个音，这两个例词分别写成 къща 和 път。——译者注

于"硬腭咝擦音 + 喉塞音"（如 əʂ'aγ [他知道]一词中），因此只能被判定为具有单音位性。这类例子很容易举出很多。

（三）把单个音判定为多音位

§15. 语音组合的单音位性判定，与单个音的多音位性判定恰好相反。这之中几乎始终涉及一种情况：元音加上位于其前面或后面的辅音构成的音位组合，要么实现为一个辅音，要么实现为一个元音。只有当其他位置上"被压制"（unterdrückte）的元音（即无实现形式的元音）的饱和度（Schallfülle）特别低，因而在声学上及发音上接近于辅音时，才会发生前一种情况。相反，只有当被压制的辅音在其他位置上特别"开放"，即实现形式的饱和度尽可能高、噪声尽可能低，因而接近于元音时，才可能出现后一种情况。实践中，前一种情况涉及的是短而无重音的窄元音或不确定元音，后一种情况涉及的是响音（流音、鼻音以及w、j）。——关于单个音的多音位性判定，存在一些语音学上的要求。而这一现象的音系学条件，可以用一条公式来囊括，不妨称之为"规则11"。

§16. 规则11：如果某一单个音和某一（符合§15之条件的）语音组合之间存在某种变体关系（参见§3和§5），该语音组合须依此判定为某一音位组合的实现形式，那么该单个音也必然是同一音位组合的实现形式。这一点可分为三种典型情况：

A）该单个音仅出现于该语音组合绝不可以出现的位置上。——例：德语中，成节音l、m、n仅出现于非重读音节里的辅音之前或词末位置，而语音组合əl、əm、ən仅出现于非重读音节里的元音之前（这些语音组合据§8必须视为音位组合的实现形式）。因此，德语成节音l、m、n判定为音位组合əl、əm、ən的实现形式（在慢速而清晰的话语中经常发成后者）。——波兰语的许多方言中（尤其是标准波兰语的ą对应o、u或om、um的那些方言），鼻元音仅出现于擦音之前，而"元音 + 鼻辅音"组合仅出现于塞音之前。由于"元音 + 鼻辅音"组合的时长超过正常的单元音时长，其构成成分在其他位置上又充当独立音位的变体，因此不可判定为单音位性组合（参见§10和§13），这类波兰语方言中的鼻元音必须判定为"元音 + 鼻辅音"音位组合的实现形式。

B）该单个音α仅出现于某一特定语音组合（αβ或βα），在该组合中被视为某一音位的组合性变体，并可出现于不允许出现该语音组合（αβ或βα）的其他位置上；最后这种情况，该单个音必须判定为整个语音组合（αβ或βα）的实现形式。——例：俄语ǫl组合中，闭音ǫ判定为音位o的组合性变体。除了这一语音组合（以及ŭ之前的位置，如pǫ́-uxu [耳朵上，по уху]）之外，这个闭音ǫ仅出现于sǫ́ncə（太阳，солнце）一词。由于ǫl（以及所有"元音 + l"之组合）从不出现于"鼻音 + 辅音"之前，sǫ́ncə里的ǫ可视为代替了ǫl组合，整个词从音系学角度看应判定为solncǎ。——俄语中，无重音的ŭ在腭化辅音之后以及j之后实现为ü，而其他位置上实现为u（如jül'it'、t'ül'èň = 音系角度的jŭl'it' [旋转，юлить]、t'ŭleń [海豹，тюлень]）。非重读音节里ü在元音之后出现时，应阐释为代替音位组合jŭ，后者在此位置上无法实现为其他形式（如znáüt = 音系学角度的znajŭt [他们知道，знают]）。——捷克语中，i在j之后（以及硬腭音t'、d'、ň之后）实现为紧元音，在软腭音、齿音、咝音之后实现为非紧元音。连贯话语中，词首ji组合里j位于上一个词的词末辅音之后时被压制（即无实现形式）。由此，紧音i（记作ì）就直接位于齿音、软腭音或咝音之后了，于是在这一位置上被判定为音位组合ji的实现形式：例如，书面上的podte k jidlu（来吃饭）—口头上是potekì:dlu；书面上的vytah ji ven（拽她出来）—口头上是vitaxìven；书面上的už ji mám（我拿到了）—口头上是ušìma:m，等等。

C）许多语言不允许词首有辅音组合，在这样的语言中，词首音节里的非重读的紧元音可选择性地受压制（即无实现形式）。乌兹别克语pиširmoq（做饭）一词，通常读作pširmòq；列兹金语（库里语）中，人们通常把gizaf（非常）说成gzaf，等等。所有这些例子中，词首辅音皆应判定为"辅音 + 紧元音"组合的实现形式。

（四）音系内容与音位的分类

§ 17. 上文（§3—§16）给出的规则若得以正确运用，即可得到该语言的完整音位列表。但是，这些音位还必须得到正确命名，即从其音系内容角度对其加以定义。音位定义中仅应包括音系学上重要的特征（phonologisch relevante Eigenschaften），换言之，首先包括某一音位的全部变体所共有的特征，其次包括使某一音位不同于同一语言中和其关系最密切（nächstverwandt）的其他音位的特征。例如，把俄语 o 定义为后元音是不正确的，因为这个音在两个腭化辅音之间实现为前元音（类似 ö）。同理，德语 k 也绝不能定义为"软腭音"，因为这个音在 i 和 ü 之前实现为硬腭音。另一方面，把德语 k 定义为"舌音"（Zungenlaut）也有明显不妥，因为 t、s 之类的音也可以这样定义。标准德语中的 k，与音系学相关的是下列四个标记（Merkmal）：1) 完全形成阻塞（与 ch 相对立），2) 口腔器官（舌）肌肉紧张，同时喉部肌肉松弛（与 g 相对立），3) 软腭升起（与 ng 相对立），4) 舌面后部参与其中（与 t、p 相对立）。第 1 个标记使 k 与 t、p、d、b、g、pf、tz 同类，第 2 个标记使 k 与 t、p、f、ss、sch 同类，第 3 个标记使 k 与 g、t、d、p、b 同类，第 4 个标记使 k 与 g、ch、ng 同类。k 的独一无二之处，正在于它是这四个标记的同一体（Gesamtheit）。——从这一点可以看出，正确为音位下定义，首先需要依据某一语言中对音系重要的标记来正确划分其所有音位。是用声学术语还是用器官生理（解剖学）术语其实基本上无关紧要，因为这些术语只是拿来充当音系学概念之符号的。语音学家审视语音（而非音位）的物质层面，须用其术语把发某个音的全部细节考虑进来，而音系学家命名音位，只需将这个音位中对音系重要的东西明确表达出来即可。有时，音系学定义（无论整体还是局部）还可反向（negativ）进行。例如，从音系学角度看，德语 h 是个"不定阻塞音音位"（unbestimmtes Geräuschlautphonem）（即没有口腔器官参与的阻塞音），而德语的"流音"是"非鼻音、非阻塞音的辅音"，r 音则是

"非边音性"的流音，等等。

§ 18. 描写音位、为音位归类时，除了考虑音位的那些对音系重要的标记之外，还必须考虑其他一些环境因素（Umstände）。许多语言都有些仅出现于外来词的音位，可以说就是在充当异域性之标记。例如，捷克语的 dz、dž、g 即是如此（只要不是在浊阻塞音之前充当音位 c、č、k 的组合性变体）。而与之相反，斯洛伐克语中这几个音位所在的词，其外来词源已不再感受得到，有时甚至已无从证实。关于这类音位的判定，捷克语和斯洛伐克语之间的差异显然只能通过分别描写二者的音系系统来弄清。这类音位从当前语言意识（heutige Sprachbewußtsein）角度来看，呈现出的是词的异域性（Fremdartigkeit），故而必须明确地定义为"外语"音位（„fremdsprachige" Phonem），因为这些音位是来自外语音系系统的闯入者，即使能够轻松融入本国语的音系系统，也依然保持着其外来祖先的印记。但是，必须小心，不要落入历史视角。俄语的 f，尽管在所有词源确切的词里都具有外来源头，但却并未被当前语言意识判定为外语音位（参考那些今被视为"本族词"的词，如俄语 fănar' [灯笼，фонарь]、prăstăf'ilă [笨蛋，простофиля]，等等）。①

§ 19. 仅见于"象声词"（Schallwort）、感叹词以及呼喊家畜用的命令词的音位，同样位于正常音系系统之外，因为这样的音位从卡尔·比勒所指出的语言的三大功能（描述功能、表现功能、呼吁功能）角度来看，并不是常规语言的一部分，而是属于第二类或第三类功能。这之中经常有该语言的常规音系系统中不存在的发音类型（如吸气音，以及俄国人赶马时用唇部发的 r 音）。然而，这类音位在为某一语言做音系描写时必须提及，虽然必须明确标明其特殊功能，但不要将其融入常规音位清单中。

---

① фонарь 的词源是希腊语 φανάριον（火把）；простофиля 是复合词，前一个语素是本族成分 просто-（简单），后一个语素 -филя 源于希腊语 -φιλία（喜欢）。——译者注

二、音位组合

§ 20. 除了音位之外，该语言中出现的所有音位组合也应列出。若是不列，语言的音系描写就不完整。两种语言之间的差别，常常不在于音位之清单，而在于可允许的音位组合之清单。对音位组合的罗列必须尽可能完整，因为不完整的列表有时会让对音系系统的判断也带上缺陷。因此，对于音位组合，最好不仅给出正向规则，还应给出反向规则：例如，不应只说"德语 h 可出现于所有确定的元音之前"，还必须明确指出"h 不能出现于不确定的元音 ə 之前、辅音之前以及词末"。

§ 21. 某一语言中出现的所有音位组合列表和不允许出现的音位组合列表相对比，显示出的是该语言对音位组合的有效利用率，因而属于音位描写的统计学部分，本资料不打算详述这一部分。但是，研究音位组合所必备的一些论述，对于任何音系描写来说都是不可缺少的。只有研究音位组合，才能确定某音系对立是在一切可以想象的位置上皆存在，还是在有些位置上会被"取消"（aufgehoben）。例如，许多语言中，浊辅音和清辅音之间的音系对立仅存在于元音及响音之前，而在阻塞音之前，浊还是清由下一个音的性质自动确定，因此对音系已不重要。这种情况下，浊辅音和清辅音之对立（即"浊声参与性对立"）在此位置上必须视为已发生"音系中和"（phonologisch neutralisiert）或"取消"。同理，标准塞尔维亚-克罗地亚语的长元音和短元音之对立，位于有声调音节之前时也被取消，或者说发生了音系中和。同样的情况还见于：法语的闭音 e 和开音 e 之对立位于非词末开音节中时，格陵兰语的鼻塞音和非鼻塞音之对立位于词末时，古希腊语的 m 和 n 之对立位于阻塞音之前或位于词末时，捷克语硬腭音（t'、d'、ň）和舌尖音（t、d、n）之对立位于硬腭音和舌尖音之前时，等等，等等。

§22. 在某些位置上会被取消的音系对立（称"可取消对立"），在其他位置上（即不会被取消的位置）获得了一种特殊的品质。两个音位乃至两个音位类之间，其音系对立若是可取消，首先应判定它们相互之间存在特别近密的关系。这一可取消对立若是能够视为某一标记"存在"与"不存在"之对立，则这之中涉及的音位可判定为"携带标记"（merkmaltragend）的音位和"无标记"（merkmallos）的音位。某一对立发生了音系中和（只要这情况不是因同化造成的），使某一音位成了这对音位的唯一代表，这样的音位永远是无标记的。例如，捷克语口语中，所有元音的音长对立在词首皆被取消，因为词首只可出现短元音，所以捷克语里短元音被视为无标记的，长元音被视为有标记的。而德语中，音长对立在词末重读开音节中取消，此时该位置上只可出现长元音，故而长元音被视为无标记的，短元音被视为有标记的。这类事实对于确定单个音位的音系内容以及理解该系统的整体结构都非常重要。因此，对语言进行的每一份音系描写，即使不是在专门为这类问题而做详细描写，也一定要让人能够毫不费力地从中看出，哪些音系对立在该语言中是可取消的，这样的对立里哪些项必须视为有标记项，哪些项必须视为无标记项。

§23. 从做得好的语言音系描写中，一定能清楚地看出该语言中哪些语音位置应视为"最大音位差之位置"（Stellung der maximalen Phonemunterscheidung）。这个术语非常重要，对于某一音系系统的普遍特征如此，对于研究单个音位的音系内容亦如此。

§24. 前文§18和§19对外来音位和象声音位的论述，亦适用于音位组合。有些音位组合，在本族词里仅出现于复合词接缝处（Kompositionsfuge）（如德语Auszeichnung [勋章]一词里的sts）或是完全不出现于某些位置（如德语词的词首不允许出现ps、ks），但在外来词中就没有这样的限制（如Szene [场景]、Psalm [赞美诗]、Xylophon

[木琴]）。这些组合在不同寻常的位置上出现，本身就是一种"异域性之标记"。这一点同样适用于那些仅出现于外来词里的音位组合（如法语sphère [球体]、blasphème [亵渎]里的sf，俄语d'iăfragmă [隔膜，диафрагма]里的gm，等等）。列出某一语言中出现的音位组合时，这类情况必须明确加以强调。——另有一些音位组合，仅见于象声词、感叹词以及向家畜下命令的词，如部分德语方言中的üa!（赶马的词）。这样的事实当然也必须在列出音位组合时得到明确强调。

三、韵律特征

§ 25. 韵律特征（prosodische Eigenschaften）应理解为音节之特征，是更广义的节奏-声调特征的组成部分。此处涉及：音长、强度、音高、声调等。对于音系学来说，音节的这些特征当然只有"对音系学至关重要"时，即构成前文（§1）所说的"音系对立"时，才可加以考虑。

（一）音节核与莫拉

§ 26. 音节核（Silbenträger）应理解为音节之中韵律特征所在的部分。研究某一语言的韵律关系，首先必须确定该语言中哪些成分可充当音节核。从这一点来看，各种语言可分为若干种类型。世界上大多数语言，音节核由一个元音性的单音位构成。另有一些语言，除了元音性单个音位充当音节核之外，还允许真性二合元音（即两个元音音位的组合）（如芬兰语）或"成节"辅音（如塞尔维亚-克罗地亚语）充当音节核，或是三者皆可充当音节核（如捷克语）。最后还有一种语言，元音性单个音位、真性二合元音、元音加流音或鼻音的组合，皆可发挥音节核之功能，如立陶宛语、拉脱维亚语、汉语、日语、暹罗语等。

§ 27. 一种语言是仅用元音性单音位充当音节核，还是也可用真性二合元音充当音节核，是个重要的问题。这一问题的答案，取决于该语言中出现的语音学上的二合元音应判定为多音位性的，还是单音位性的；如前所述（第一章，第二节），某一元音组合，如果再遇到一个元音（或者说是音节核），原组合就要划入两个音节（§8），如果其整体时长超过了同一语言中的"最长"元音的时长（§10），如果其构成成分在同一语言的其他类似组合中具有音位身份（§13），那么该元音组合应判定为具有多音位性。而某一元音组合如果符合§8至§10中所给出的单音位性判定之语音学要求，就必须判定为单音位性的，因为此时从韵律视角来看，处理这类组合的方式与单个元音相同（参见§11）。判定为多音位性的元音组合，存在两种可能性。其一，是真正的元音音位之组合；其二，该组合中的一个成分是某一辅音音位（如j、w、r）的语音实现形式。二者之判断，取决于该语言中j和i之对立（以及w和u之对立、r和ə之对立）是否具有音系效力，以及该语言除了有i-类二合元音（以及u-类、ə-类二合元音）之外，是否还有j-类组合（w-类组合、r-类组合）。——这里可以给出一些不同的元音组合判定的具体例子。a）索布语（卢萨－文德方言[Lausitzer-Wendisch]方言）中存在元音ĕ和ŏ的组合，L. 谢尔巴将其描写为"高而宽"的元音向"中而窄"的元音的渐进性过渡。这类组合永远是单音节性的，不超过正常单元音的时长，并且不可做音系学上的拆分。因此，这类组合必须被判定为单音位性的。——b）捷克语 ej 遇到元音时，ej 要划入两个音节（即 e-je），其两个构成成分皆具有独立音位之身份（e 和 j 都跟 i 有音系学上的差别）。因此，像捷克语 bejk（牛，写成 býk）这样的词里，只有元音 e 才可视为音节核。——c）捷克语 ou 仅出现于词末或辅音前，因而永远是单音节性的。但是，它却超过了正常长元音的音长，两个构成成分皆具有独立音位之身份（即音位 o 和音位 u；捷克语没有 w）。因此这个组合被视为真性二合元音，像 kout（角落）这样的词，必须把两个元音都视为音节核。——d）保加利亚语中，j 只是非重读 i 的一个组合性变体。重读的 i 永远具有音节性（位于元音前或元音后时，在 i 和该元音之间出现一个过渡的 j 音，但这个过渡音没有音系效力：如 moi [我的]、nie [我们] 读作 mojì、nìje）。与之相反，非重读的

i位于元音前或元音后时，永远实现为非音节性的音（即j）。因此，像保加利亚语màika（母亲）这样的词，虽然第一个音节包含一个音系性的元音组合，却只能由a来充当真正的音节核。

§ 28. 辅音可否在某一语言中充当音节核这个问题，实践中仅见于某些位置上拥有语音学角度的"成节性"流音和鼻音的语言，这个问题的答案主要取决于这样的音应判定为单音位性的还是多音位性的。成节性的流音和鼻音，只有可视为某个饱和度特别低的元音加流音或鼻音之组合的选择性变体或组合性变体时，才有可能被判定为多音位性，所以，做此判定的前提，是该语言的音系系统中存在这样的低饱和度音位（不确定音、短音、窄音、非重读音等）（参见§15、§16，另见§13）。因此，德语成节音l、m、n只是əl、əm、ən的组合性变体，俄语成节音r（如skóvrdy [煎锅，сковороды]）只是ără（音系学形式是skovărădi）的选择性变体，等等。如果该语言不可能做到这样的多音位性判定，那么其成节性流音和鼻音就必须视为真正的单音位性音节核。但是，这又有两种可能性。其一，音位的这种"成节"功能由语音环境自动决定——如捷克语里，r、l、m出现于辅音之间或词末辅音之后时充当音节核，而在其他位置上呈现为非音节性辅音。其二，成节性流音、鼻音是与非成节性流音、鼻音具有音系学差别的特殊音位（至少在某些位置上如此）。例如，标准塞尔维亚-克罗地亚语里，r位于一个辅音和一个元音之间时，在有些词里是成节音，在另一些词里是非成节音：如，gřoce（小喉咙）是个三音节词（gr-o-ce），而gròza（发抖）只有两个音节（gro-za）。

§ 29. 音节核并不一定是最小的韵律单位。有些语言，一部分音节核的头和尾可具有两种不同的韵律特征，且这一差异是对音系学至关重要的特征。例如，有些语言中，存在降调音节核与升调音节核之区别；也有些语言中，存在气流不间断的音节核与气流中间有完整喉塞或不完整喉塞的音节核之区别，音节核结尾因而要么完全"被吞掉"，要么明显比开头弱。这类情况中，音节核的头和尾应通过特殊的韵律单位来处理，这种韵律单位称为莫拉（More）。不过，此处这个音系学角度的术语"莫拉"，切不可跟诗律学以及基于语音学的语音研究中的同名术语弄混。

（二）韵律类型

§30. 为了正确判断某一语言的韵律系统，必须考虑下列音系概念。

1. **突显**（Hervorhebung）应视为一种音系特征，这样的特征一经实现，即可强化某一音节核（或莫拉）的声学感受（akustische Wahrnehmung），使之不同于其他各音节核（或莫拉）。突显通过何种途径而达到不重要，可通过乐调式上升，可通过声音音高增强，可通过拉长音，也可通过把相应的音发的更准确、更有力。

2. **构峰式突显**（gipfelbildende Hervorhebung，亦可简称**构峰**[Gipfelbildung]）是某一音节核或某一莫拉成为词里唯一的峰值的过程。在具有这一现象的语言里，一个词只能有一处峰值。通常，构峰式突显被称为"重音"（Betonung 或 Akzent），虽然 Betonung、Akzent 之类的术语有歧义[①]，但是可以用在不可能引发误解之处。

3. **语义区别**（bedeutungsdifferenzierend）现象和**划界**（abgrenzend）现象之间的差异，后文（第四章）会详细探讨，这个差异对于判断韵律特征非常重要。因此，通过声音增强而达到的突显，在有些语言中用来区分语义（如俄语），而在另一些语言中仅用来划界（如捷克语，重音永远位于词的第一个音节，故成为词首之标志）。[②]

[①] 德语文献中用 Betonung 或 Akzent 表示"重音"，虽然主要指"力重音"，但两词在词源上皆与"乐重音"有联系。Betonung 的词根是 Ton（音高），Akzent 最初是表示古希腊语乐重音的术语，因此特鲁别茨柯依认为这两个术语皆含一定歧义。叶斯柏森（Jespersen 1904b）曾尝试引入 Druck 一词来指重音（本义为"压力"），但未能得到广泛认可。与之相比，英语中表示重音的术语 stress 没有这样的歧义。——译者注

[②] 关于这个韵律特征，常用"自由重音"表示"区分语义的重音"，而用"非自由重音"表示"划界重音"。——原注

§31. 从韵律类型学的角度来看，把语言分成音节型语言（Silbensprach）和莫拉型语言（Morensprach）是极其重要的。§29定义的音系学术语"莫拉"若在某一语言的韵律系统中发挥作用，该语言就属于莫拉型语言，反之则属于音节型语言。N. 杜尔诺瓦（N. Durnovo）在《俄语史导论》（Введение в историю русского языка）217页及后，R. 雅柯布森在《布拉格语言学小组文集》第4卷166页及后，使用了其他术语，如"复调语言"（polytonische Sprach）和"单调语言"（monotonische Sprach），《音系学术语标准化方案》中论述韵律类型时采纳了他们的术语。

§32. 对音节型语言再做细分，最好的依据是该语言中构峰和音长的情况。构峰和音长皆有"自由"和"非自由"之分，由此形成四种韵律类型：

A. 完全不自由的韵律特征（即划界韵律特征）：音节数量相同的词，重音分布及音长分布皆相同。重音仅具有划界功能，音长仅是重音的副产品。——例：波兰语（重音位于倒数第二个音节）、亚美尼亚语（重音位于最后一个音节），等等。

B. 构峰通过非自由音长来区别词义：音节数量相同的词，重音未必位于同一个音节，存在仅依靠重音而区别词义的词对；重读音节长于非重读音节，换言之，音节时长由其他原则自动规定。——例：西班牙语、意大利语、现代希腊语、保加利亚语、罗马尼亚语、乌克兰语、俄语。[①]

C. 语义由音长来区别，非自由重音（划界重音）；有些词对，其语义区别仅取决于音节的长短。[②] 重音位置自动决定（由外部因素决定）。这一类可分为两个亚类：

[①] 这之中当然包括重音的"自由度"受到一定局限的语言，如阿瓦尔语、阿奇语、列兹金语（库里语）仅词的第一个或第二个音节可重读，再如现代希腊语重音仅可位于最后三个音节之一。——原注

[②] 有些这种韵律类型的语言中，音长的自由度受到某些规则的限制。例如，标准斯洛伐克语中，两个长音节绝不能连续出现。——原注

a）有些语言，音节数量相同的词，重音位于相同的音节——重音位于词首音节的语言如拉普语、芬兰语、匈牙利语、斯洛伐克语、捷克语、拉克语、车臣语、蒙古语，重音位于词末音节的语言，如土库曼语。

b）有些语言，重音不仅取决于词界，而且取决于最后一个音节或第一个音节的长短，因此，这类语言中，音节数量相同且长度分布相同的词，重读音节位置皆相同。——例如，拉丁语、波拉布语、奥塞梯语等。①

D. 既有区别语义的构峰，又有区别语义的音长：音节数量相同的词，重音未必总位于相同的音节，重读音节中（有些非重读音节亦如此）有长短音之区别，但存在一个重要的限制：位于词末的重读开音节永远是长音。——例如，德语、荷兰语、英语。

注："自由"重音与"自由音长"相结合时，词末开音节的音长对立被取消，此时被视为无标记的不是短音，而是长音。这一情况是有原因的。此处涉及的其实不是（像类型C那样的）强度区别（Intensitätsunterschiede），而是音节截短区别（Silbenschnittunterschiede），换言之，是路径不受拘束的音节核和路径被下一个辅音打断的音节核之间的区别——显然，这一区别只能发生于辅音之前。所谓具有"自由力重音"且具有不受上述限制约束的自由音长的语言，始终值得怀疑。更仔细地检视这样的语言通常会证实，这样的语言根本不是音节型语言，而是莫拉型语言。区分两种以上音节核长度的音节型语言同样值得怀疑。更仔细地检视，也证明许多这样的语言是莫拉型语言，其所谓的"中等"音长其实是音高轨迹的特殊类型。其他语言中，所谓音长等级的多层次性只是元音性音长对立和辅音性音长对立共存之结果。例如拉普语所呈现出的情况，辅音在词的内部既可以是简单的（einfach），也可以是重叠的（geminiert），

---

① 划界重音是"乐重音"还是"力重音"，这个问题对音系学来说意义不大。或可考虑构建一个"亚类c"，这类语言的任何音节里，既没有明显的乐重音，也没有明显的力重音（至少对于观察者的耳朵来说显然如此）。不过，其中一个音节（通常是词首音节）经常因音节核发音格外清晰而得到突显。——原注

重叠辅音又区别两个亚类，弱音（较短）和强音（较长）。拉普语的音节核（元音及二合元音）在所有位置上都只有两个强度等级（长度），但是其客观时长却始终与下一个辅音的长度相反。因此，从语音学角度来看，音节核的"长度等级"分为六种，但从音系学角度看，却只有两种。

§33. 为莫拉语言做恰当的分类不那么简单。这一问题上，与音长的关系无法充当分类原则。从音系角度看，莫拉型语言里永远只存在"双莫拉音节核"和"单莫拉音节核"。单莫拉音节核，开头和结尾永远具有相同的韵律特征，构成音系学角度的"点状"单位；而双莫拉音节核，开头和结尾韵律可以有所不同。从语音实现形式来看，单莫拉音节核通常短于双莫拉音节核，但有些语言显然并非如此，这样的语言里，不同单莫拉音节核之间的差异仅通过平稳的音高轨迹和非平稳的音高轨迹而实现。① 因此，有音长对立的莫拉型语言和无音长对立的莫拉型语言之间的差异，从音系学角度来看并不重要，而是属于语音学领域。更有意义的是构峰式莫拉型语言和非构峰式莫拉型语言之间的差异。实践中，这两个类型的下列标记应得以呈现：

1. 构峰式莫拉重音有时通过乐性音高升高呈现，有时通过力度声音增强呈现，还有时二者兼而有之，而非构峰式莫拉重音则完全通过乐性音高升高产生。

2. 非构峰式莫拉重音的语言，音高较低的单莫拉音节核可位于两个音高较高的音节之间，——这一点在有构峰式莫拉重音的语言中无法做到。

3. 有些非构峰式莫拉重音的语言里，莫拉区分三种音高等级（更确

---

① 此外，上升声调和下降声调在这类语言中未必总应视为双莫拉之标志。这全然依赖声调在语音系统中的角色。因此，像东非的甘达语（Ganda）里，"低调"始终实现为一种陡而低的下降声调，区别于音系角度的真正的"降调"，二者的区别首先在于结尾部分低的程度，其次在于"低调"不仅影响长音节，而且影响短音节（单莫拉音节），而真正的"降调"只出现于长音节（双莫拉音节）。至于甘达语的升调，仅能够以表示疑问的动词形式出现，因此完全不属于词音系学，而是属于句子音系学。——原注

切的名称是音高域[Register]）：高调、低调和中调①；与之相比，拥有构峰式莫拉重音的语言永远只区分两种莫拉：有重音莫拉和无重音莫拉。

　　拥有构峰式莫拉重音的语言，如塞尔维亚-克罗地亚语、斯洛文尼亚语、古希腊语、立陶宛语、拉脱维亚语、日语、汉语大多数方言、缅甸语等。拥有非构峰式莫拉重音的语言，如埃菲克语（Efik）、伊博语（Ibo）、隆孔多语（Lonkundo）、阿丘马维语（Achumawi）以及其他许多非洲语言和美洲语言，但是汉语有些方言也属于这一类（例如《语音学教师》第3系列，1920年第30期②38页及后论述的那种方言），等等。

　　§34. 依据莫拉重音类型来做分类意义不大，因为这只是个语音学差异的问题。前文（§33.1）已提及，通过声音增强来做突显，仅仅是有构峰式莫拉重音的语言独有的现象，而用乐性音高来充当莫拉重音途径，在两类莫拉语言中均可见到。——另有一种情况更为重要。如前所述（§29），双莫拉的音节核开头部分和结尾部分的独立性，有时体现为存在对音系重要的音高轨迹对立（如降调-升调之对立、降调-非降调之对立、降升调-升降调之对立，等等），有时体现为存在无中断声调与有中断声调之对立。由此可区别出三类莫拉型语言：第一类仅有音高轨迹对立，第二类仅有声音中断对立，第三类两种现象同时兼而有之。第一类如塞尔维亚-克罗地亚语，第二类如丹麦语，第三类如拉脱维亚语部分方言（如沃勒马尔[Wolmar]方言③）。

---

　　① 如果具有音系区别性的音高域超过三种，通常都是把三度音高域系统和"纯音"与"粗糙音"之对立相结合造成的，这本身不属于上文（§25）所定义的韵律问题。据C. M. 多克（C. M. Doke），祖鲁语应区分不少于9种音高域，这样的案例有待从音系学角度详细加以考证。——原注

　　② 原文如此。"1920年"为"1930年"之误。因第一次世界大战爆发，《语音学教师》于1914年9月起停刊，直至1923年复刊。1930年第30期38-40页确有这篇关于汉语方言的文章，是周辨明转写的闽南语（厦门话）音标样本（《伊索寓言·北风和太阳》）及简短的音系介绍。——译者注

　　③ 沃勒马尔今称瓦尔米耶拉（Valmiera），拉脱维亚东北部城市。——译者注

注：应注意不要混淆作为韵律现象的"声音中断"和作为特殊辅音音位的喉塞。"声音中断"作为一种韵律现象，仅发生于"长"音节核，即双莫拉音节核（无论是元音、二合元音，还是"元音 + 响音"之组合），带有声音中断的音故而被判定为具有单音位性。此类条件若是不存在，就不是韵律性声音中断的问题，而是个带有喉塞的组合（喉塞被视为特殊的音位），或是与音系无关的现象。后一种情况如缅甸语中，音节末的喉塞仅仅是前一个音节核具有短音性（＝单莫拉性）之标记。①

§ 35. 具有韵律性声音中断的莫拉型语言，似乎永远具有构峰式莫拉突显。因此，§34所述的三个类别，可能只是具有构峰式莫拉突显的语言类型的亚类。而具有非构峰式莫拉突显的语言，可依据另一条原则做分类，即按照具有音系区别的音高域之数量来分类。据此可区分拥有两种音高域的语言和拥有两种以上音高域的语言（参见§33脚注）。

§ 36. §33至§35勾勒出的莫拉型语言的类型学分类，只应视为初浅的分类。值得一提的是，虽然应当注意到可能有若干类型之混合，但是认定这样的混合类型时必须极其小心。暹罗语中似乎存在音节类型D与某一莫拉类型（即构峰式莫拉突显）之结合。文献中有些信息显示，有些语言，既没有音高轨迹对立，也没有韵律性的声音中断，故本应归为音节型语言，但却同时又存在音系学性的非构峰式音高域对立。这类情

---

① 从 J. R. 弗思的《简论缅甸语转写》（Note on the Transcription of Burmese）一文（《伦敦大学东方学院学报》[*Bulletin of the School of Oriental Studies, London Institution*]第7卷上，137页及后）来看，缅甸语区别"长"（双莫拉）音节核和"短"（单莫拉）音节核，"长"音节核有"降调"（前一个莫拉突显）和"平调"（前一个莫拉不突显）之分，"短"音节核有"高"（突显）和"低"（非突显）之分。因此，与双莫拉音节核相比，单莫拉音节核不仅时长较短，而且在音节末的发音带有不纯的粗糙声以及喉塞。这类"单莫拉性标记"在突显的单莫拉音节核中尤其明显。——原注

况，必须搞清楚该语言是否为莫拉语言。①

四、划界途径，亦称边界信号

§ 37. 把某一语言的所有语义区别途径（音位、音位组合及韵律特征）展示出来之后，还必须研究该语言的划界途径（Abgrenzungsmittel），即音系性的边界信号（Grenzsignal）。这类途径可从不同角度做分类。

§ 38. 首先，要区分音位性（phonematisch）和非音位性（aphonematisch）的划界手段。"音位性"划界手段，除了其边界功能之外，还在该语言中发挥语义区别功能。例如，德语 j 只可出现于词根首音，因此是词根起始边界的信号，但是同时，它又可用作区别语义的音位（参考 verjagen [驱逐] — versagen [失败] — vertagen [推迟] 等）。与之不同的是，"非音位性"划界途径仅发挥边界信号之功能，无法用来区别词义。例如，德语里，较紧的元音导入（feste Vokaleinsatz）不是个音位，而只是元音音位位于词根或前缀的首音时的一个发音特征而已，因此仅有标示出前缀或词根的起始边界之任务。那些只有一种"非自由重音"的语言里，"非自由重音"皆属于这一类（如匈牙利语、捷克语、波兰语、土耳其语等）：由于这类语言里，音节数量相同的词的重音皆位于同一音节，所以词义无法通过重音来区别，重音唯一的角色就是标示出词界的位置。

---

① 有些这样的语言（如北美的阿丘马维语，罗德西亚的兰巴语[Lamba]和肖纳语[Shona]），除了长元音（永远为"平调"）之外还有"叠元音"（doppelte Vokale），后者被视为两个相邻且音长相同但声调上不同的元音，这一情况恐怕绝非偶然。这种"叠元音"从其音系本质来看，极有可能是一种双莫拉音节核，有音高域差异存在于其开头莫拉和结尾莫拉之间。之所以引起"双音节"之印象，是因为从一个音高域到另一个音高域的过渡不是渐进的，而是非常突然（阿丘马维语中这种突然的音高域变化还引起了一种喉塞。肖纳语中"叠元音"和"长元音"之间似乎还存在选择性变体关系（参见 C. M. 多克《肖纳语语音学比较研究》[*A Comparative Study in Shona Phonetics*]，约翰内斯堡，1934，204 页）。——原注

§ 39. 其次，要区别复合信号（Kombinationssignal 或 Gruppensignal）和单信号（Einzelsignal）。"复合信号"应理解为仅可位于词界（或语素界）的语音组合或音位组合，既可以是音位性的，也可以是非音位性的。音位性复合信号含有亦可出现于其他位置的音位，但在特定组合中仅充当界线信号。例如，德语中仅见于两词边界或两语素边界的"辅音 + h"以及 stl 等音位组合（前者如 man hat [人们有]、du mußt lernen [你必须学会]，后者如 anhalten [停止]、Dummheit [蠢笨]、köstlich [好吃]），就属于这一类。而非音位性复合信号不是特定的音位组合，而是某一音位在特定组合中的特定实现形式。例如德语中，音位 g 和 ch 位于后元音之后时，如果与该后元音在同一语素中，则实现为软腭音（如 im Zuge fahren [坐火车]、machen [做]、Kuchen [蛋糕]）；相反，如果该后元音和 g 或 ch 之间存在一个词界或语素界，那么 ch 永远为硬腭音，g 至少在 e 前亦为硬腭音（如 zugefahren [驶向，过去分词]、zu gefährlich [太危险]、Mamachen [小妈妈]、Kuhchen [小牛]等①）。俄语中，弱音 a（即非重读 a）在词首音节里以及重音之前的音节里实现为 a，在其他位置上实现为 ə，因此，zvúkabryvá(j)itcərázəm 这句连贯的话，拆分成一个个的词只有一种结果，即 zvúk abryvá(j)itcə rázəm（声音突然断了，звук обрывается разам）。——至于"单信号"，§38 里列举的例子均属于单信号，如德语中的 j 以及较紧的元音导入。

§ 40. 从"划界隔开了什么"这一角度看，还可区分词划界途径（Wortabgrenzungsmittel）和语素划界途径（Morphemabgrenzungsmittel）。德语中的划界途径，几乎全都是语素划界途径（大多数时候界线信号仅用来标示前缀和词根之间的界线，用来标示后缀则少得多，用来标示词尾则仅限于例外情况）。但是，有些语言恰好相反，划界途径仅用于词的

---

① 这几个拼写上看不出语素界的德语例子，其词法结构如下：zu+ge+fahren（表方向的前缀["向"]+ 过去分词前缀 + 词根["行驶"]），Mama+chen（词根["妈妈"]+ 指小后缀），Kuh+chen（词根["牛"]+ 指小后缀）。——译者注

界线。大多数语言同时使用词划界途径和语素划界途径。

§41. 最后还应区分肯定性边界信号（positive Grenzsignal）和否定性边界信号（negative Grenzsignal）。§38和§39里的边界信号皆属于肯定性边界信号：所有这些例子中，词界及语素界之存在皆通过语音形式表现出来。但是也有些语音信号承担的是否定性的功能，也就是仅表明相应位置上不存在词界或语素界。这种否定性边界信号当然（和肯定性边界信号同理）既可是音位性的也可是非音位性的，既可是复合信号也可是单信号，既可标示出无词界也可标示出无语素界。例如，芬兰语词首和词末皆不允许出现辅音组合，且词末只可出现元音、s、t、n及喉塞音，故而ks、lt等组合（如kaksi [二]、silta [桥]）成为否定性、音位性的词界复合信号；泰米尔语k位于词首时实现为塞音，位于词中时实现为擦音（即x），完全不出现于词末，因此x是个否定性、非音位性的词界单信号，等等。几乎所有语言中都可以举出这样的例子。

§42. 最后还应当注意，划界途径或边界信号并非在一切语言中皆存在，也并非在一切语言中皆同等重要。词及语素中的严格划界与分割在有些语言中具有重大意义，在另一些语言中就没有这么重要。这一点，只需观察德语和法语的情况差异有多大即可。因此，对每种语言的音系描写，都应当详细展示出该语言的划界途径。

论音系对立理论

Essai d'une théorie des oppositions phonologiques

（1936）

［译者按］ 特鲁别茨柯依早期把"相关－析取"二分法作为研究音系对立的理论基础。对立的两个音位因某一标记的有或无而构成相关关系对，因此他认为析取关系对于音系学研究并不重要。然而，随着对各种具体语言的音系系统的分析不断深入，他发现"析取关系"这一概念涵盖面过于广泛，非常有必要进行细化，因而在1935年11月26日写给雅柯布森的信中细致论述了他所构想的新的分类系统。

他此时刚好收到法国心理学家迈耶松（Ignace Meyerson, 1888—1983）的约稿，希望他能够再为《常规心理学与病理心理学学报》撰写一篇音系学主题的论文。（之前他的《当今的音系学》一文即是发表于此刊。）因此，他把上述构想用法文写成了《论音系对立理论》一文，从多个角度为音系对立做了新的归类，取代了原有的"相关－析取"二分法，成为他的音系对立观的新起点。本文是《音系学原理》"区别之学说"中第3章"区别对立的逻辑分类"的基础。

20世纪二三十年代，《常规心理学与病理心理学学报》不仅在法国心理学界拥有重要地位，在语言学界的影响力非常可观。例如，巴依和叶斯柏森关于个人言语与社会语言之关系的论战，即是在此刊上展开的（见 Bally 1926, Jespersen 1927）；萨丕尔著名的《音位的心理现实》（La réalité psychologique des phonèmes）一文最初也是以法译文形式发表于此刊（与特鲁别茨柯依的《当今的音系学》载于同一卷）并引发深远影响。

本译文由《常规心理学与病理心理学学报》第33卷上刊载的版本译出，原文是法文。

1

当今的音系学涉及心理学问题、哲学问题非常深入，因而迅速吸引了心理学家、哲学家的注意。我们无法评判音系学如今可对心理学家、哲学家发挥多大作用，但却能够肯定，与心理学家、哲学家之间的合作，已经为音系学发挥了重要作用。D. 契热夫斯基（D. Tschizewskij）先生[①]和H. 珀斯（H. Pos）先生的文章对音系学的发展发挥了作用（前者见《布拉格语言学小组文集》第4卷；后者见《第1届语音科学国际大会文集》[*Proceedings of the 1st International Congress of Phonetic Sciences*]，1933）。特别重要的是卡尔·比勒先生，他那两篇极富启示性的文章（一篇见《布拉格语言学小组文集》第4卷，另一篇见《康德研究》第38卷）以及那部出色的专著《语言理论》（耶拿，1934），让音系学的理论基础变得清晰。专业哲学家树立的榜样，已吸引诸多关注普通语言学问题的语言学家思索了音系学的基本概念。因此，国际音系学研究协会公报（*Bulletins d'information de l'association internationale pour les études phonologiques*）第1期和第2期里，可看到一系列有趣而极具价值的文章。此外，还应加上 W. F. 特瓦德尔（W. F. Twaddel）的《论音位的定义》

[①] 契热夫斯基（Dmytro Čyževśkyj / Дмитро Іванович Чижевський，1894—1977），乌克兰学者，十月革命后移居德国。布拉格语言学小组成员。此处提及的文章指他在1930年布拉格国际音系学会议上宣读的《音系学与心理学》（Phonologie und Psychologie）一文，收于《布拉格语言学小组文集》第4卷，3-22页。本文中的Tschizewskij是法文转写，他本人在《布拉格语言学小组文集》里署名时使用的转写形式是Čyževśkyj。——译者注

（*On Defining the Phoneme*）一书（《语言著作》[*Language Monographs*]，第16种，巴尔的摩，1935）以及莫里斯·斯沃迪什（Morris Swadesh）先生和B. 特伦卡（B. Trnka）先生为该书撰写的很有道理的书评（前者见《语言》第11卷，244页及后；后者见《词语与文学》[*Slovo a Slovesnost*]，1935，238页及后）。

  音系学领域与语音学领域的界线、"音位"的定义、"语言功能"等问题，迄今为止得到的关注无疑已证明其非常合理，我们也始终期待对这些问题的看法能够得以深化。然而，对于音系学家来说，这些问题并不是最重要的问题。无论接受什么样的音位定义公式，所有音系学家都非常清楚为某一具体语言识别音位、构建音位清单时必须做哪些事情。实践工作中，呈现出的难点不是音位与语音变体之间的区别，而是诸如德语Zahn（牙齿）一词词首的塞擦音（ts）应视为单独的音位还是辅音音位组合之类的问题。如今，研究具体语料时产生的这类问题，完全未被以音系学的知识论基础（fondement gnoséologique）为目标的研究所触及。但是在音系学的当前阶段，恰恰是这些或多或少具有技术性的问题才是最重要的问题，才是最需要得到清晰而无争议的解决的问题。

  这是否意味着，音系学发展的当前阶段，心理学家和哲学家已不再扮演重要角色？音系学家已不再需要他们的协助？下这样的结论恐怕太过草率。正相反，当前阶段，哲学家和心理学家对我们的帮助可能比以往任何时候都更加必要。只是我们应让哲学家和心理学家关注的问题，已不再是音位定义问题和语音学与音系学的领域界线问题，而是一系列新的问题。

2

  无论如何定义音位，都始终要涉及对立（opposition）这个概念。音位这个术语，表示的是无法拆分成更小、更简单的音系单位的音系对立。（参见《布拉格语言学小组文集》第4卷，311页）正因为此，音位系统以对立系统为前提，音位的分类以对立的分类为前提。但是，"对立"不仅仅是个音系学概念，而且还是个逻辑学概念，对立在音系学中扮演的角色使人清晰联想起其在心理学中扮演的角色。研究音系对立（音位只是音系对立中的对立项而已）却不从心理学及逻辑学角度分析对立之概念，是不可行的。这就是心理学家和哲学家对我们的帮助的格外有用之处。

我近年来一直致力于有关音系系统的理论，这期间也一直须攻克同一个困难：关于对立，一直缺乏令人满意的理论。缺乏这样的理论可能只是个假象，只是因为我对心理学及哲学问题缺乏了解而造成的。但无论如何，我们迄今仍未能找到一套广为接受的术语体系，来指称音系学中发现的各种对立。在《当今的音系学》一文中（《心理学学报》第30卷，1933，227页及后，特别是234-239页），我已向《心理学学报》的读者们展示了我们关于音系对立的部分研究成果。如今，我们想更加详细地探讨这一话题，期望这一问题或可吸引心理学家的关注。我们承认，在《心理学学报》上讨论这一问题无法推脱利己之干系。不过，我们并不仅仅是在向感兴趣的心理学家们传递这些事实，更是在恳求心理学家们帮助我们完成本文中所开展的这类研究。

3

第一组需要悉心观察的区别，是双边对立（opposition bilatérale）（亦称"单维对立"[opposition à une seule dimension]）和多边对立（opposition multilatérale）（亦称"多维对立"[opposition à plusieurs dimensions]）之区别[①]。每组对立皆以其两个对立项之间存在若干共同特

[①] "单维对立"和"多维对立"这两个术语，是卡尔·比勒先生向我推荐的，在此向他致谢。德语中，eindimensionaler Gegensatz（单维对立）和mehrdimensionaler Gegensatz（多维对立）这两个术语很方便，而且不像zweiseitig（双边的）和mehrseitig（多边的）那样容易引发

征为前提。如果这种共同特征之和仅为某一对立中的两个项所独有，则该对立为双边对立。相反，如果某一对立中的两个项的共同特征之和亦见于该系统的其他单位，则该对立为多边对立。例如法语中，t-d之对立是双边对立，因为这两个音位是法语音系系统中仅有的两个无鼻腔共鸣的舌尖塞音（即"齿音"）；而p-t之对立是多边对立，因为这两个音位之间的共同特征之和（口腔闭塞、声带不震动）亦见于另一个法语音位：k。

很明显，双边对立和多边对立之区别，并不仅为音系学所独有。这一区别在其他对立系统中亦存在，尤其见于一切符号系统（因为符号永远是对立项）。因此，以拉丁字母表中的大写字母系统为例，E和F之间的对立是双边对立，因为这两个字母之间的共同特征之和（即含有两个右向短横划，且一个与竖划交于最高处，另一个与竖划交于中间处）在该字母表的其他任何字母中皆无；而X和Z之间的对立是多边对立，因为这两个字母之间的唯一共同特征（自右向左的对角线）亦见于同一字母表中的其他字母（如A、V等）。

每一对立系统中，多边对立的数量皆多于双边对立。音系系统的每个成分，皆作为少量双边对立中的对立项而参与音系系统。许多语言中（如德语），都存在仅充当多边对立项的音位。但是对于音系系统的结构来说，最重要的无疑是双边对立。双边对立项之间的相互联系，比多边对立项更紧密。

误解。而法语中，由于缺少相当于德语eindimensional和mehrdimensional的形容词，情况变得更加复杂了。我不是法国人，不能随意创造诸如multidimensional（多维的）之类的新词，而诸如oppositions à une ou plusieurs dimensions（一个或多个维度上的对立）之类的笨重表达又非常不方便，所以我倾向于使用拉丁形容词bilatéral（双边的）和multilatéral（多边的）。——原注［译者按：德语zweiseitig和mehrseitig的词根是Seit（平面、层面），因而亦可理解为"双平面的""多平面的"，与特鲁别茨柯依的原义不符，他因而认为这样的术语易引发误解。此外，今天的法语中已有multidimensionnel（多维的）这个形容词。］

4

双边对立和多边对立之间的巨大区别，要我们对《音系学术语标准化方案》（见《布拉格语言学小组文集》第4卷）里"音系对立"和"组合性变体"的定义做些修改。今后有必要对直接音系对立（opposition directement phonologique）和间接音系对立（opposition indirectement phonologique）加以区分。音系对立在《标准化方案》中被定义为"某一具体语言中可用来区分理智语义的语音差别"。这个定义对于我们建议称之为直接音系对立的那些对立来说依然有效。实践中，如果两个对立项在某一具体语言中见于相同的语音环境，自身即可用于区别词义，那么这一语音对立必须视为直接音系对立。这样的对立既可以是双边的（如法语 toit [屋顶] — doit [应该] 中的 t-d 之对立），也可以是多边的（如 pousser [推] — tousser [咳嗽] 中的 p-t 之对立）。但是，如果某一对立的对立项依据具体语言的规则，永远无法出现于相同的语音环境中，就应区别两种可能。该对立若是多边的，那么只有当这两个对立项的共同特征之和亦见于可与二者之一构成直接音系对立的其他语音成分时，这两个对立项才可视为不同音位的实现形式。因此，在德语中，虽然 h 和软腭鼻音 ng 从不出现于同样的语音环境中，却依然是不同音位的实现形式，因为 h 和 ng 之间唯一的共同特征只是其辅音功能而已，这一特征为所有德语辅音所共有，大多皆可与 h 和 ng 构成直接音系对立（例如与 p、ts 之间，既有 hacken [砍] — packen [打包] — Zacken [尖角] 之区别，又有 Ringe [圆环] — Rippe [肋骨] — Ritze [裂缝] 之区别，等等）。与之同样的情况，建议使用"间接音系对立"这一术语。与上述标准不相符的情况中，涉及的是音系之外的对立（opposition extra-phonologique），其对立项只是某一音位的组合性变体。因此在德语中，i 音前出现的前腭音 k 和 u 音前出现的唇化后腭音 k 构成了多边对立，因为二者的共同特征（用舌面发音、肌肉紧张、送气、声带不震动）亦见于德语 k 的诸多其他细微变体（nuance）（例如a前的k、e前的k、词末的k，等等）；但是这些细微变体哪个都无法与前腭k或唇化k构成直接音系对立，因此所有这些细微变体都必须视为同一个音位k的组合性变体。法语中，清音l出现于词末c、p、f之后，浊音l出现于其他所有位置，这两种l永远不出现于相同的语音环境中，构成双边对立，必须视为同一个音位l的两个组合性变体。

如我们所见，直接音系对立和间接音系对立之间的区别成为可能，只是因为双边对立和多边对立之间存在区别。[①]

5

对音系学同样重要的另一组区别，是等比对立（opposition proportionnelle）和孤立对立（opposition isolée）之区别。某一对立的对立项之间的关系，如果与该系统中其他对立的对立项之间的关系相同，那么该对立就是等比对立。如果对立项之间的关系在该系统中无重复，该对立则为孤立对立。这两种对立显然既可以是双边的，也可以是多边的。因此，以法语为例，t-d之对立是双边对立兼等比对立（t-d = p-b = k-g = s-z = ch-j = f-v），p-t之对立是多边对立兼等比对立（p-t = b-d = m-n），r-l之对立是双边对立兼孤立对立（因为r和l是法语音系系统里仅有的两个流音），而f-z是多边对立兼孤立对立（因为这两个对立项之间仅存在把二者和s、ch、v、j维系在一起的"擦音"这个共同特征）。

正如双边对立和多边对立之区别，等比对立和孤立对立之区别也不是仅为音系系统所独有，而是可运用于许多其他系统，包括各类符号系统。因此，举例来说，拉丁字母表中的小写字母系统中，b-q之对立是等比对立，因为同样的形状倒置关系亦见于同一字母表中的其他符号之对立（如d-p、n-u），而t-l之对立就是孤立对立。

[①] 这一区别不会对《音系学术语标准化方案》中推荐的"音系单位"和"音位"的定义造成实质改变。"音位"依然是"无法拆分为更小、更简单的音系单位的音系单位"。而"音系单位"，如今应定义为"间接音系对立或直接音系对立的对立项"。——原注

所有的音系系统中，等比对立都是少数，而等比对立和孤立对立之间的数字关系，因语言不同而差异巨大。因此，德语的辅音系统里，等比对立在可能的对立中仅占10.5%，而在法语的辅音系统里，这样的对立占26.6%。对于系统结构来说，尤为重要的对立恰恰就是等比对立。这类对立中的每个对立项所特有的区别特征（trait différentiel），正是由于两个对立项之间的相同关系在同一系统中多次重复，才格外清晰地展现出来。这一情况方便了从音系角度把音位拆解成等比对立项，也就推动了把音位定义为音系特征之和。

6

如前所述，只有当双边语音对立的两个对立项在某一具体语言中允许出现于相同的语音环境中，且用于区分词的理智语义时，这个双边语音对立才是音系性的。某一双边语音对立的两个对立项如果不允许出现于相同的语音环境中，就只是同一音位的变体而已，该对立不是音系性的，而是纯语音学性的。不过，很常遇到的情况却是，仅在有限的几种语音位置上，某一双边对立的两个对立项才皆可出现，而在其他位置上，只允许出现二者之一。显然，这样的对立只有在其两个对立项皆允许出现的位置上，才具有音系价值，而在其他位置上，其音系价值被中和了。

因此，在音系性双边对立中，有必要区分可取消对立（opposition supprimable）（亦称可中和对立 [opposition neutralisable]）和常态对立（opposition constante）。故而，法语中，"闭音é"和"开音è"之间的对立是可取消的，因为该对立的两个对立项只允许在词末开音节中发挥区别功能（如porter [承担，不定式] — portait [承担，过去式]，les [定冠词复数] — lait [牛奶]，fée [仙女] — fait [事实]），而在其他位置上，二者各自依照既有公式自动加以规范："闭音é"出现于开音节，"开音è"出现于闭音节。与之相反，i-e之对立却是常态对立，因为这一对立的两个对立项在一切可以设想的位置上皆允许具有区别功能：如irriter（激怒）— hériter（继承），crie（呼喊）— crée（创造），lycée（中学）— laisser（让），piste（痕迹）— peste（瘟疫），等等。

上述法语例词清楚地表明了可取消音系对立和常态音系对立之间存在的巨大心理差异。从纯语音学角度来看，i 和"闭音 é"之间的差异并不比"闭音 é"和"开音 è"之间的差异更大。但是，é 和 è 之间的亲缘关系，却比 i 和 é 之间的亲缘关系更近密——这一主观感受即取决于 é 和 è 之对立可取消，而 i 和 é 之对立却并非如此。这一心理差异的理由不难理解。可取消对立的对立项只有在其差异具有音系效力的位置上，才是不同的音位。其他位置上，二者只是同一个"超音位"（archi-phonème）的组合性变体而已，换言之，就是某一音位的音系内容简化成了该对立的两个对立项之间的共同特征。因此，这样看来，可取消对立里的每个对立项，皆依据其在词里所占据的位置而拥有两种不同的音系内容；在有些位置上，所有这类特征皆具有音系效力，而在另一些位置上，部分特征不具有音系效力，因而不再必不可少。这种"两面性"（double existence）造成的结果就是，可取消对立的对立项，即使在其所有特征皆具有音系效力的位置上，依然可以分解为"超音位 + 特殊特征"。与之相反，常态对立的对立项，其所有特征在一切位置上皆保持其音系效力，为其析出超音位（即该对立的两个对立项之间的共同特征）因而变得困难得多。

显然，可取消双边对立和常态对立之间的区别，也和其他许多情况一样，不仅仅是音系学所独有的，在其他符号系统中亦可观察到[1]，但是对于音系系统的结构来说却是至关重要。有些语言里只有常态音系对立，而另一些语言里，所有的双边音系对立都是可取消的。大多数音系系统的常态对立和可取消对立都呈现出不均衡的比例（例如，法语的音系系统中，可取消对立占全部双边对立的71%；德语的音系系统中，可取消对立占全部双边对立的58%；等等。）

---

[1] 以词法学为例，我们会想到德语中复数的性对立的取消，还会想到拉丁语中，第一变位动词单数第一人称的将来时和虚拟式现在时之间的对立的取消。——原注

7

　　双边对立的两个对立项之间的逻辑关系种类很多样。

　　对立中的一个对立项如果拥有另一个项所不具备的特征，该对立就是有无的（privative）。例如法语中，鼻元音和口元音之对立就是有无对立（bon [好] — beau [美]，main [手] — met [放置]，un [一] — eux [他们]，sang [血] — ça [如此]），因为鼻化仅为鼻元音所特有，口元音不具备。如果某一对立的对立项的同一个特征呈现出不同等级，该对立就是渐进的（graduelle）。例如，法语 i-e 之对立是渐进的，因为该对立中的两个元音因开口度而相互区别。对立还可以是均等的（équipollente），这种对立的每个对立项皆具有一种特殊的特征，s-ch 之对立是均等的（sang [血]—champ [田野]，casser [打碎]—cacher [隐藏]，Perse [波斯]—perche [杆子]），因为从法语的视角来看，咝音特征（caractère sifflant）和嘘音特征（caractère chuintant）是两种不同的特征，既无法视为同一特征的两种等级，也无法视为任何特征的有与无。

　　更细致地研究上述三种类型，很快就会注意到，有无对立和均等对立很大程度上取决于从哪个角度来看。浊塞音（d、b、g）具有清塞音（t、p、k）所不具备的声带震动；但是，清塞音却具有口腔器官的肌肉紧张性，这是浊塞音所不具备的。因此，从纯语音学角度来看，清塞音和浊塞音之间的对立是均等的。不过，无论忽略声带活动还是忽略口腔器官肌肉活动，都足以让这一对立变成有无的。大多数有无对立，都是只有忽略其中一个对立项的某些特征时，才是有无对立，否则就是均等对立。而另一方面，有无对立和渐进对立之间的区别也依赖于从哪个角度来看。短元音和长元音之对立应视为渐进对立，因为二者是时长上的两种等级。但是，一旦把短元音的时长视为一种最小值，长短对立就成了有无的，因为此时长音拥有超过时长最小值的特征——这一特征是短音所不具备的。最后，有些情况中，均等对立可化简为渐进对立，反之亦然：假如法语除了 s 和 ch 之外还有个（像印度许多语言那样的）"卷舌"（cacuminal）类咝音①，那么我们前面引作均等对立之例的 s-ch 之对立，就应视为渐进对立了。

因此，有无对立、渐进对立和均等对立之区别，依赖于从哪个角度对其加以思考。不过，认为这一区别是主观而任意的，同样错误。须用哪种"角度"来审视某一对立，涉及该系统的背景。前面我们已经看到，可取消对立中的一个对立项是唯一允许的项时，这个对立项等同于该对立中的超音位。此时，其特殊特征就丧失了音系效力，应被忽略；由此，同一对立中的另一个对立项就成了其"伙伴"不具备的某个特征的唯一载体，这两个项之间的对立就明显而无疑地变成了有无对立。所以，在俄语中，d、b、g 和 t、p、k 之对立在词末被取消之处，仅允许出现 t、p、k，这样的位置上，应忽略清塞音特有的肌肉紧张性，并把 d、b、g 和 t、p、k 之间的关系视为有无对立，声带震动成了唯一的区别性"标记"。典型的情况是：对立要想明显是有无对立，就必须是可取消的。而至于渐进对立，其所在的音系系统必须另含有一个音位，这个音位要拥有与那两个对立项相同特征，并且该特征的等级大于或小于那两个对立项，只有这样，该对立才可明显视为渐进对立。这就是为什么长短元音之对立绝不可视为渐进对立：正如我在其他著作中竭力阐述的，不存在区别两种以上音长等级的音系系统。② 与之不同的是，像 i-e 那样的对立（如法语中）是渐进的，因为该音系系统另有一个音位（a），呈现出比 e 的特有开口度更大的开口度。最后，还必须考虑到不同对立之间的平行性，并视之为具有等比性。日语中，唏音和咝音之间的对立是可取消的，在前腭元音（e、i）之前尤其如此：i 之前只允许唏音，e 之前只允许咝音。不

---

① 卷舌清擦音即梵文字母ष所代表的音，拉丁字母通常转写为带有下加点的 ṣ，国际音标为 [ʂ]。汉语普通话的 sh 也是这个音，不同于英、法、德等语言中常见的齿龈后部擦音 [ʃ]。据《国际语音学会手册》，字母ष在今印地语中代表的音已是 [ʃ]（Ohala 1999: 100），但是 [ʂ] 音在信德语（Sindhi）中依然存在（Nihalani 1999:131）。——译者注

② 参见我在 A. 特隆贝蒂（A. Trombetti）先生的纪念文集里的那篇论述音长问题的文章。——原注

过，与之完全相同的关系，还存在于硬腭塞音和软腭塞音之间，硬腭擦音（即德语 ich［我］中的 ch 音）和 h 之间，tch、dj 和 t、d 之间，腭化唇音和非腭化唇音之间。这种平行性让我们相信，上述每一组对立中至关重要的都只是音色（timbre）之区别，因此，日语的咝音和嘶音之对立，可化简为腭化咝音和非腭化咝音之间的有无对立。

那些不具备上述条件的情况中，对立仍然是均等对立。因此，虽然德语 sch 和 ss 之对立可取消（位于辅音之前时，sch 只允许出现于词根首音，ss 只允许出现于词根内部①），但却仍然是均等对立。不符合渐进对立条件的常态对立，同样也是均等的。我们经常会想把这样的对立视为有无对立；但是只要该音系系统的背景中不涉及这种阐释，这种阐释就只有逻辑学意义，而并无音系学意义。我们至多只能说，这样的"均等"对立，是"潜在的有无对立"。

上述关于有无对立、渐进对立、均等对立的论述，涉及的仅是双边对立。多边对立之间的逻辑关系更为复杂，但是对于音系系统的研究来说却不那么重要。这就是本文为何没有必要对此话题展开论述。②

8

我们在本文中勾勒出的音系对立理论，是研究真实语料的实践工作之产物。对极具多样性的语言的大量音系系统加以研究使我们认识到，

---

① 与这条规则相悖的只有外来词和借自大众方言以及带有土话词源痕迹的词。前者如 Skandal（丑闻）、Szene（场景）、Sphynzx（斯芬克斯）、Slave（斯拉夫）、Smoking（燕尾服）、Snob（傲慢的人），后者如 Würstel（香肠）、Kasperl（小丑）（这两个词的 s 发 sch 音）。——原注

② 我们简单举几个这样的例子。某一多边对立，如果其对立项可理解为完全由双边对立项组成的链状结构（chaîne），就是同质的（homogène）；如果无法满足这一条件，则是异质的（hétérogène）。因此在法语中，ou-an 之对立是同质的，因为其对立项可视为双边对立链（ou-o, o-on, on-an）中的成分；而 t-a 之对立则是异质的。同质多边对立中，可进一步区分出**直线对立**（opposition rectiligne）和**曲线对立**（opposition curviligne），前者只允许一条中介性的双边对立链（如法语 ou-i = ou-u, u-i），后者允许若干这样的链（如法语 ou-e = ou-o, o-eu, eu-e 或 ou-u, u-eu, eu-e 或 ou-u, u-i, i-e）。——原注

像此前的音系学那样把一切音系对立仅归结为两种类型（"相关关系"和"析取关系"）是不可行的，我们因而认为有必要用更为复杂的分类法来取代这一分类。①

双边且等比且可取消且有无的对立，和多边且孤立的对立，是两个极端；这两个极端之间，是与不同分类原则相结合的各种对立。某一音系系统的连贯程度、对称程度、平衡程度，皆取决于我们刚刚研究过的各类对立的数量分布。

把我们的音系对立理论呈现于心理学家和逻辑学家面前，我们旨在表明，期待他们在此类问题上的帮助与合作，正如在以往的音系学问题上一样，会对音系学家们发挥作用。

---

① 我以前所说的"相关关系"是有无且等比的对立，而其他所有对立类别都被称为"析取关系"。——原注

音系对立的取消

Die Aufhebung der phonologischen Gegensätze

（1936）

[译者按] 特鲁别茨柯依1935年11月26日写给雅柯布森的长信中不仅详述了多种视角下的音系对立分类，还对其中一种特殊的对立做了更加详细的描述。这种对立被称为"可中和对立"，亦称"可取消对立"，其特殊之处在于其局限性：具体语言中，有的对立仅在一部分位置上具有音系重要性，在另一些位置上区别力消失，这样的对立就是可中和对立（可取消对立）。正因为有这一问题的存在，所以特鲁别茨柯依一直强调，判定音位、列出音位清单只是音系描写的第一步，音系学必须重视对音系规则的刻画。

早在《莫尔多瓦语音系系统与俄语音系系统之比较》一文（1932）中，他就给出了具体语言里音位中和之实例；而在《为具体语言做系统性音系描写的性质与方法》一文（1933）中，他又从普遍性角度出发，指出音系学应把"对音位出现规则和音位组合规则的探索"作为四大任务之一，以揭示出"音系性语音规则"。

而这篇《音系对立的取消》，是对这一问题的研究意义、表现形式、发生条件的全面论述，最初发表于《布拉格语言学小组文集》第6卷，曾在瓦海克《布拉格学派语言学选读》（1964）中重印。本文是《音系学原理》中"区别之学说"第五章"区别对立的取消方式"的基础。

本译文由《布拉格语言学小组文集》第6卷里的版本译出，原文是德文。

1

　　语音对立的对立项（如开音ε和闭音e）在某一具体语言中，既可以从不分布于同一位置，故无法区别两词的词义（如俄语中，e仅出现于腭化辅音及j之前；ε与之相反，仅出现于非腭化辅音之前以及词末），也可以一个对立项出现于与另一个对立项完全相同的语音位置上，从而使词义得以区别（如丹麦语中，ε和e在一切可能位置上皆可出现）。第一种情况中，该语义对立不具备音系价值，是音系之外的语音对立（außerphonologischer Lautgegensatz），其对立项被视为同一音位的组合性变体。第二种情况中，该对立与音系学相关，可称为常态性音系对立，其对立项应视为两个独立的音位。然而，第三种情况亦有可能。有些语音对立，仅在某些特定语音位置上对音系重要，因为只有在这些位置上，两个对立项才同样允许出现，而在其他位置上，只能出现二者中的一个：法语的e和ε即是如此，二者仅在开音节词末位置上皆可出现且区别词义（如 les [定冠词复数] — laid [丑], allez [走，现在时] — allait [走，过去式]），而在其他位置上，e和ε由一条公式自动规范（即"开音节中皆为e，闭音节中皆为ε"）。我们称这类对立为可取消（aufhebbar）对立；这种对立被"取消"的位置，称之为"可取消位置"（Aufhebungsstellung），而对立对音系重要的位置，称为"重要位置"（Relevanzstellung）。

　　上述三种语音对立的心理差异非常大。音系之外的语音对立，说这种语言的人若未受过语音学训练，通常根本注意不到。与之相反，即使是语言共同体中未受过语音学训练的成员，也能清楚地感受到常态性音系对立，这类对立的对立项被视为两个不同的"语音个体"（Lautindividuum）。而在音系对立可被取消之情形中，这种感受是波动的：在重要位置上，对立的两个项区分得很清楚；而在可取消位置上，常常无法阐明听到或说出的是两个中的哪一个。不过，即使是在重要位置上，可取消对立的两个对立项也可仅感知为两个可区分词义的细节特征，感知为两个不同但又近密联系着的语音单位，这种近密联系感对于这类对立项来说格外典型。从纯语音学角度来看，法语 i 和 e 之差别并不比 e 和 ε 之差别更大。然而，e 和 ε 之间的关系之近密，对每位法国人来说都很明显，而 i 和 e 之间就无法说有这样的近密性：这当然是由于 e-ε 之对立是可取消的，而 i-e 之对立是常态的。

但是，不应认为可取消性音系对立和常态性音系对立之差异仅对心理学有意义。这一差异对于音系系统的运作至关重要，必须视为音系系统理论的支柱。因此，音系对立的取消及可取消性值得详细探讨。

首先，这个概念要得到清晰界定。并不是每种音系对立都能够"取消"。音系对立的详细分类有另文论述[①]。这里只需注意，每一对立之前提，不仅仅是那些使对立项相互区别的特征，而且还包括对立项所共有的那些特征。如果没有这样的共同特征，对立就无法存在：例如，Fenster（窗户）和 Sozialismus（社会主义）这两个概念就无法形成对立。两个对立项的共同特征之和在同一系统的其他成分中不存在，该对立就是一维的（eindimensional）。如果对立项的共同特征之和在该系统的其他成分里也存在，这个对立就是多维的（mehrdimensional）。因此，以德语为例，d-t 之对立是一维的，因为 d 和 t 是德语音系系统中仅有的非鼻舌尖塞音；而 d-b 之对立则是多维的，因为这两个德语音位的特性（口腔阻塞、肌肉紧张度较松弛、软而上升、声带可震动）也是另一个德语音位 g 的特性。在那些可取消对立确实被取消的位置上，其中一个对立项的特有特征丧失其音系效力，仅剩下两个对立项共有的那些特征依然对音系重要。这样的可取消位置上，对立项之一因而成为该对立的"超音位"代表（Stellvertreter des „Archiphonems"）（我们故而用超音位指两个音位的共同特征之和）。可见，只有一维对立才有被取消之可能。事实上，只有这类对立才拥有超音位，可跟该系统内其他一切音系单位相对比，——这样的对比尤其为音系性的存在（phonologische Existenz）充

[①] 即我的《论音系对立理论》一文，即将刊于《心理学学报》。——原注

当了基本条件。德语中，一维对立d-t在词末被取消时，出现于可取消位置上的对立项从音系学角度来看既不是浊塞音，也不是清塞音，而是个"一般的非鼻音性齿部塞音"。因此，这个音一方面与鼻音性齿音n形成对立，另一方面与非鼻音性唇塞音和腭塞音形成对比。与之相反，德语t和d在词首位于l音之前时就不允许出现这样的情况；而这个位置上出现b和p时，不会造成d-p之对立、t-p之对立被取消：像Blatt（叶子）这样的词，b保留了其全部特征，即b依然是唇部浊塞音，不能视为d-b之对立的超音位代表，因为这样的超音位的音系内容只能是"一般的浊塞音性"；Blatt中的b无法等同于"一般的浊塞音性"，因为glatt（光滑）中的g也是个浊塞音。因此，真正的取消仅在一维音系对立中才可能发生，这样的取消使某一对立的对立项成为该对立的超音位代表。但是，不能因此而认为所有一维对立都能真正被取消：几乎每种语言中都存在常态性的一维对立。但是，如果某一语言中存在可取消对立，这对立就永远是一维的。

2

可取消对立的超音位代表，又须如何构成呢？

首先，可取消对立在取消位置上出现的超音位代表，不一定需要与对立项之一相同；有时，可以实现为一个语音学上和那两个对立项皆有关、但却与二者皆不同的音。俄语中，腭化唇音与非腭化唇音之对立在腭化齿音前取消，取消位置上出现的是个特殊的"半腭化"唇音；切列米斯语（马里语）中，清塞音（p、t、k、c、ć、č）和浊擦音（β、δ、γ、z、ź、ž）之对立在鼻音后取消，取消位置上出现的是特殊的浊塞音（b、d、g、dz、dź、dž）。德语的一些巴伐利亚-奥地利方言中，强音（Fortis）和弱音（Lenis）[①]之对立在词首处取消，此位置出现的是特殊的"半强音"或

[①] 强音指发音时使用较大能量的音，此处指不送气清辅音；弱音反之，此处指浊辅音。——译者注

"半弱音",等等。这类例子很容易就能越举越多。不过,超音位由两个对立项的中间物(Mittelding)来代表的情况相对少见。通常,取消位置上出现的音,与相关位置上的某个对立项的实现形式大致相同,超音位的功能故而仅由两个对立项之一来承担。因此,必须研究可取消对立中哪一个对立项可以作为这个超音位的代表而出现。

可取消对立的取消有时取决于与某个音位相邻,此时经常(但不是永远)是与那个相邻音位更接近、更具联系甚至完全相同的对立项成为超音位代表。许多语言中,浊阻塞音和清阻塞音之对立,在相同发音类型的阻塞音之前取消,这样的位置上,浊阻塞音前仅出现浊音,清阻塞音前仅出现清音;俄语中,腭化辅音和非腭化辅音之对立在非腭化齿音前取消,这样的位置上只允许出现非腭化辅音。这类例子中(相对少见),选择哪个对立项作为相应的超音位之代表就纯粹由外部决定了(取决于取消位置的性质)。

不过,大多数时候,并不存在这样的外部条件:取消位置上出现的是对立项之一,其选择与这个取消位置本身的性质完全无关。但是,对立项之一由于在此位置上充当了超音位代表,其特有特征就变得不重要了,而另一个对立项的特有特征则获得了全面的音系重要性;因此,前一个对立项被判定为"超音位 + 零",后一个对立项则为"超音位 + 某一特定标记"。换言之:从音系系统的角度来看,每个允许出现于取消位置上的对立项都是无标记的,该对立的而另一个对立项则是有标记的。这一事实极其重要。从这一意义来看,我此前的著作中关于无标记对立项和有标记对立项的论述应当修正。必须格外强调,无标记项和有标记项只存在于可取消对立中。只有这类情况中,无标记对立项和有标记对立项之间的区别才具有客观的音系存在,也只有这类情况中,才真正可能用全然客观且无语言学之外的研究方法确定音系对立的特征。如果某一音系对立是常态对立,那么其对立项之间的关系有时也可视为无标记与有标记之区别,但这只是逻辑事实或心理事实,而非音系事实。①

　　大多数可取消性音系对立皆可判定为无标记项和有标记项之对立，其对立项在取消位置上被视为无标记的。②当然，这样的判定未必适用于一切可取消对立。例如，有些音系对立，其对立项呈现的是某一特征等级或梯度，如元音的不同开口度等级，或是音高的不同等级。如果该特征在某一语音系统中有两个以上这样的等级，那么这个相对应的"渐进性"对立就不能归结为"无标记—有标记"这个公式。如果仔细审视这类渐进性对立的取消，会发现取消位置上出现的总是那个"外侧"（äußere）对立项或者说"极值"（extreme）对立项：保加利亚语和现代希腊语的一些方言中，u-o之对立以及i-e之对立在非重读音节中取消，在取消位置上充当超音位代表的，是紧张度最高的u和i（实为宽度最小值）；俄语中，o-a之对立在非重读音节中取消时，重音之前第一个音节中相应的超音位，由宽度最大的a（实为紧张度最小值）来代表；兰巴语（Lamba，北罗德西亚的班图语言）中，低声调和中声调之对立在词末取消时，取消位置上（即词末音节）只允许出现低声调，等等。很容易就能举出更多例子。这一现象的原因非常明显。我们已经强调过，只有同一音系系统中另有一个特征相同、等级不同的成分时，渐进性对立才

---

①　超音位代表之选择由外部决定的可取消对立亦是如此。俄语中，浊阻塞音和清阻塞音之对立在词末取消时，取消位置上出现的是清阻塞音，应判定为无标记的。（见我在《心理学学报》第30卷237页注释2里的论述）而法语中，同样的对立仅在阻塞音前取消，此时超音位代表由外部决定，两个对立项被视为价值完全等同，A. 马丁内让我注意到了这一点。——原注

②　有时会出现这种情况：某一可取消性音系对立的超音位，并不是在所有的取消位置上都由同样的对立项来代表。这种情况中，只有那些从该语言的角度来看是"最正常"的取消位置上的对立项，或是能够让最大数量的音位得以区分的位置上的对立项，才可视为无标记的。例如德语中，"钝s"和"锐s"之对立在词界处取消，相应的超音位在词首由"钝s"代表，在词末由"锐s"代表，——从德语的角度来看，只有"钝s"才是无标记的，因为德语词首是"辅音区别最大化位置"。法语中，开音ε和闭音e之对立在除了开音节词末之外的位置上取消时，开音ε仅见于闭音节，闭音e仅见于开音节，——闭音e必须被视为无标记，因为从法语整体结构的角度看，开音节被视为"正常"的音节。——原注 [译者按："钝s"指浊音/z/，"锐s"指清音/s/。特鲁别茨柯依此处援引的是旧时语文学的术语，二者今通常已不再作为语音学和音系学术语使用。]

可视为渐进性对立。这个等级必须永远高于"中等"对立项：如i-e之对立，只有同一元音系统中另有一个开口度等级大于e的元音时，才构成渐进性对立。因此，渐进性对立中那个"极值"对立项构成了该特征的等级之最小值，而同一对立中那个"中等"对立项则超越了最小值，表现为"最小值 + 同一特征的其他某个方面"。由于超音位仅含有两个对立项的共同特征，故而只能由那个极值对立项来代表。①

对立项既不能视为同一特征的无标记项和有标记项，也不能视为同一特征的最小等级和中等等级的可取消对立较为少见。即使确实存在，也无法为其取消位置上的超音位代表归纳出特殊规则。这类情况中，超音位代表的选择通常由外部因素决定（例如捷克语、斯洛伐克语、匈牙利语里，齿音和硬腭音之对立在另一齿音和硬腭音之前取消，此时出现于取消位置上的对立项永远与后续音位发音位置相同），或是由两个对立项的中间值来充当超音位代表（例如塞尔维亚－克罗地亚语施托卡维方言里，s、z与š、ž之对立在硬腭音ć、đ、ń、lj之前取消，取消位置上出现的是介于s、z和š、ž之中间的硬腭擦音）。两个对立项出现于不同位置的情况较为少见，如德语s和sch之对立在辅音前取消，sch只允许出现于词根首，s只允许出现于词根末。②

---

① 这一论述自然仅适用于可取消的渐进性对立，这类对立中有一个"极值"项。如果该对立的两个项显现出该特征的不同"中等"等级，那么这两个项中必有一个可成为超音位代表，哪个项作为代表取决于这个特征从该语言的角度是如何被理解的。实践中，这一点涉及的主要是两种e类元音或两种o类元音之对立。有些语言里闭音e、o被视为无标记的，另一些语言里开音e、o被视为无标记的，这可以通过取消位置上出现的是哪个音而展现出来。因此，从音系学角度看，这样的对立并不是渐进性的。——原注

② 不过要注意此公式在德语中遇到的限制：词首的"s + 辅音"成了"外来词信号"，如Skandal（丑闻）、Sphäre（范围）、Szene（场景）、Slave（斯拉夫）、Snob（傲慢的人）、Smoking（燕尾服）；词根中部的"sch + 辅音"见于方言词及土话词，并且赋予这类词某种风格特征，如Würstel（香肠）、Kasperl（小丑）、Droschke（出租马车）、es ist mir Wurscht（我无所谓），也见于不属于常规词汇的专有名词；最后，"s + 辅音"这个音位组合还充当词界信号。因此，标准德语里s和sch之对立在辅音前的取消并不是不受限制，无法跟词末清塞音和浊塞音之对立的取消相提并论。——原注

3

我们如果对音系对立取消的条件加以审视，会发现在这一问题上必须区分出若干类型的取消。依据取消是因邻近某一音位而引起，还是因处于某个词（或语素）的整体结构中而引起，可区分出环境决定型取消（kontextbedingte Aufhebungsart）和结构决定型取消（strukturbedingte Aufhebungsart）。两种类型内部，取消皆可以出现于"某成分"的后面或前面，因此可相应分出逆行型（regressiver Typus）和顺行型（progressiver Typus），不过这一分类未必总是可行，因为许多时候，取消在词里既发生于某一点之前，也发生于这一点之后。

环境决定型取消和结构决定型取消皆可分成若干亚类型。

A. 环境决定型取消可再分出异化性的（dissimilativ）、同化性的（assimilativ）以及组合性的（kombiniert）。这些名称有可能导致误解，因为语音学中这些术语已用于全然不同的意义。因此必须特别强调，音系异化和语音异化是非常不同的事情。

1. 异化性取消，指音系对立因邻近某个相同或相似的对立项而取消。这种情况中，异化不涉及音或音位，只涉及相邻两音位的某些固有特征对于音系学来说是否重要。依据相邻音位的性质，可区分出下列类型：

a. 取消发生于邻近同一对立中的任意一个对立项之处。——例如，许多语言中，浊阻塞音和清阻塞音之对立在另一个浊阻塞音或清阻塞音之前取消（超音位代表的选择通常由外部因素决定）；[①] 再如法语中，鼻元音和非鼻元音之对立在一切元音之前取消，也就是说在鼻元音前和非鼻

[①] 某一音系统里有些音位，没有相应的"对子"，却与可取消对立的对立项属于同一类型，则按同一方式运作：如俄语 c、č，德语 pf、ts，像正常的清音一样跟其前面的阻塞音保持清浊一致，虽然俄语和德语的语音系统中并没有与之对应的浊音。——原注〔译者按：俄语 c（ц）= /ts/，俄语 č（ч）= /tʂ/。〕

元音前皆如此。①

b. 音系对立的取消发生于邻近同一对立的有标记项之处，不发生于邻近同一对立的无标记项之处。——例如：斯洛伐克语中（尤其是标准斯洛伐克以及中部各方言），长短元音之对立在含有长元音的音节之后取消，但在含有短元音的音节之后则保持为长元音（此例中的超音位由短元音代表）。——有一种情况可视为一个特殊的亚类：取消并不发生于邻近这之中涉及的所有音位时，而是只发生于邻近其中一部分音位时。例如，古印度语中，齿音和卷舌音之对立涉及6对音位（t-ṭ, th-ṭh, d-ḍ, dh-ḍh, n-ṇ, s-ṣ），但是，n-ṇ之对立并不是在所有这些卷舌音之后皆取消，而是只在ṣ之后取消，即使这两个音位之间夹着元音、软腭音、唇音时亦如此（超音位代表的选择，由上文定义过的"外部因素决定"）。

c. 某一音位对立，无论邻近与之关联的对立的两个对立项中的哪一个，对立皆会取消。这一类型似乎非常罕见。我只能举出一个可靠的例子：库里语中（或者按照当今苏联官方的名称，称为"列兹金语"），圆唇阻塞音和非圆唇阻塞音之对立在紧元音（u、ü、i）前面和后面皆取消，因为这些元音自身就是圆唇元音（u、ü）与非圆唇元音（i）之对立的对立项；但另一方面，邻近松元音（a、e）时，圆唇阻塞音和非圆唇阻塞音之对立并不取消，因为这类元音并不涉及圆唇性对立。

d. 音系对立在邻近某一音位时取消，但该音位不是同一对立的有标记项，而是与之关联的对立的有标记项。——例如：所有具有圆唇阻塞音和非圆唇阻塞音之对立的东高加索语言中（如阿奇语、查胡尔语、鲁图尔语、阿古尔语、达尔金语以及库巴奇语），该对立在圆唇元音之前（即在u-i、o-e之对立的有标记项之前）皆取消（超音位代表由非圆唇阻塞音充当）；日语、立陶宛语以及保加利亚语（东部方言）中，腭

---

① 这一规则仅适用于同一语素，"鼻元音 + 非鼻元音"的音位序列可出现于两个语素的边界处（如enhardir [为……壮胆]），故而可视为边界信号。——原注 [译者按：这个法语动词的发音是[ɑ̃aʁdiʁ]，其语素构成是：前缀en- [ɑ̃]（使）+ 词根hardi [aʁdi]（鲁莽）+ 不定式词尾-r。]

化辅音（即带有 i 音色彩的辅音）与非腭化辅音之对立仅在后元音之前具有音系效力，而在前元音之前则取消；法语鼻元音与非鼻元音之对立在 m 之前（即 m-b 之对立的有标记项之前）取消；[①] 拉普语的一些方言中（如帕沃·腊维拉在其杰作《马提诺沃地区的海岸拉普语方言的音长系统》[Pavo Ravila, *Das Quantitätssystem des seelappischen Dialektes von Maattivuono*，赫尔辛基，1932]一书中描写的那种方言），长短元音之音系对立在长双辅音之前（即长双辅音和短双辅音之对立的有标记项之前）取消。——上述各例中，两种对立之间的"关联"是毋庸置疑的（其中一种对立，邻近另一种对立的有标记项时被取消）。但是，也有一些情况中，这类关联不那么明显。这类情况中，对立 X 在对立 Y 的对立项之前的取消，客观上证明了这两种对立从音系系统角度来看必须视为相互关联。[②] 塞尔维亚-克罗地亚语施托卡维-埃卡维方言（Stokavisch-ekavisch）[③]中，s、z 与 š、ž 之对立在硬腭音 ć、đ、ń、lj 之前的取消即是这类情况（ć、đ、ń、lj 与 t、d、n、l 之间只是一维对立关系而已），证明了 s、z 与 š、ž 之对立和 ć、đ、ń、lj 与 t、d、n、l 之对立从这类方言的音系系统角度来看是相关联的对立，尽管这种关联性从纯语音学角度来看根本不明显。

---

① 法语中，位于 m 音之前的鼻元音，是边界信号（如 nous vînmes [我们来了]，emmener [带走]）。法语的 o-õ、e-ẽ、œ-œ̃ 之对立位于 n 音之前时也同样取消：语音序列 õn、ẽn、œ̃n 只作为词末鼻元音的组合性变体，出现于元音开头的词之前。而像 ennui（烦恼）一词里位于 n 之前的 ã，从今天的法语词法学视角来看，已无法分离（此外，同样的音位序列也出现于语素接缝处，如 ennoblir [使……变得高贵]）。——原注 [译者按：vînmes /vẽm/ 是 venir 的历史现在时第一人称单数形式，由词根 vîn- /vẽ/ + 人称词尾 -mes /m/ 构成；emmener /ãmºne/ 由表抽象的前缀 en- / ã / + 词根 mener /məne/（带）构成；后面两个例词里前缀 en- 和词根之间的关系同理。严格来说，此处的 o 类、e 类元音都是开元音。]

② 此外，这类情况还表明了对立 Y 中哪一个对立项应视为有标记项——即使对立 Y 是常态对立也依然如此。——原注

③ 施托卡维方言内部分为东部地区的埃卡维方言（Ekavian）和西部地区的伊卡维方言（Ikavian），前者主要分布于今塞尔维亚、黑山境内，后者主要分布于今波黑境内。参见 Browne（1993）。——译者注

2. 同化性环境型取消，指音系对立邻近某个从可取消对立的区别性标记角度来看十分中立的音位时，所发生的取消。——例如：切列米斯语中，清塞音和浊擦音之对立，在鼻音之后取消（超音位代表由浊塞音充当）；埃尔齐亚莫尔多瓦语①中，咝音性塞擦音和咝音性擦音之对立（c-s、ć-ś、č-š），在非咝音性齿音（t、d、t'、d'、l、l'、n、ń）之后取消。从上述例子中可看出（很容易就能举出更多例子），可取消对立的对立项，和靠近了就会使对立取消的音位之间，永远存在某种语音学上的联系：切列米斯语的鼻音跟浊擦音一样是浊音，跟清塞音一样是"闭塞音"（okklusiv）；埃尔齐亚莫尔多瓦语的咝音跟 t、d、l 等音一样是"齿音"。因此，可以把同化性取消概括成下列公式（这公式确实非常复杂）：音位"a+b+c"和音位"a+b+d"中，特征 c 和特征 d 在邻近某一含有特征 a 且不含有特征 b、c、d 的音位时，丧失其音系效力。故而，同化涉及的是某一特征在音系学上不重要的方面。

3. 混合性的环境型取消，指任何异化性取消和同化性取消的结合。拥有辅音性腭化对立或辅音性圆唇对立的语言中，所有的辅音皆分为两类：涉及该对立的辅音（无论有这一特征还是无这一特征）归为一类，在该对立面前保持中立的辅音归为另一类。许多这样的语言当中，腭化对立及圆唇对立仅在元音前具有效力，而在辅音前则被取消。这一取消对于前一类辅音（即该对立中的项）来说是异化性的，而对后一类辅音（即在腭化或圆唇问题上呈音系中立的辅音）来说则是同化性的。②混合性环境型取消的很好的例子，是库里语的一个例子。该语言在重读元音之前区别两种声门内的 [infraglottal] 的清塞音，即"重"与"轻"之别：当其前面的音节以下列音开头时，该对立取消：a）自带喉塞的清塞音，

---

① 莫尔多瓦族（Mordvin，旧时亦作 Mordvinian）由埃尔齐亚（Erzya）和莫克沙（Moksha）两个族群组成，埃尔齐亚莫尔多瓦语和莫克沙莫尔多瓦语同属乌拉尔语系语言，但彼此不相通。参见 Hamari & Ajanki（2022）。——译者注

② 腭化对立在辅音前取消的语言如保加利亚语（东部方言）、立陶宛语、波拉布语；圆唇对立在辅音前取消的语言如达尔金语（达吉斯坦）。——原注

b）清擦音，c）声门外音[supraglottal]（即喉阻塞音[glottokklusiv]）或d）浊塞音。——其中a类情况中的取消显然是异化性的，而其他三类则是同化性的。① 与之相反，如果其前面的音节以元音、响音（w、j、r、l、m、n）或浊擦音开头，则声门内的强清塞音和弱清塞音之间的对立依然对音系学很重要。——显然，这是因为这一对立的对立项和其环境中的这些音位毫无共同特征，既不可能构成异化性取消之前提，也不可能构成同化性取消之前提。

B. 关于结构决定型取消，可区分出两种类型——离心性的（zentrifugal）和缩减性的（reduktiv）。

1. **离心性**，指音系对立在词（或语素）的边缘处取消。这样的取消可以是逆行的、顺行的或双向的，换言之，可以仅发生于词首或仅发生于词末，也可以既发生于词首也发生于词末。——"清音"和"浊音"之对立的取消即是如此，在埃尔齐亚莫尔多瓦语中发生于词首，在德语、波兰语、捷克语、俄语中发生于词末，在部分突厥语中既发生于词首也发生于词末，如吉尔吉斯语（旧时称"卡拉吉尔吉斯语"[Karakirgisisch]）。② 长短元音之对立在德语、荷兰语、英语词末取消（其超音位由长元音代表），以及在捷克语口语（确切说是波西米亚中部方言）词首取消（超音位由短元音代表）。莫尔多瓦语中，塞擦音与擦音之对立（c-s、ć-ś、č-š）在词首取消；立陶宛语中，"急促调"长元音和"舒缓调"长元音之对立在词末取消，等等。这类由结构决定的取消，很容易举出更多例子。

2. **缩减性**，指词里除了构成"音系性词峰"（phonologische Wortgipfel）的音节之外的各个音节中的音系对立的取消。这种取消可分为三种亚类型。

---

① 这条规则实际上更为复杂：如果前一个音节以带有内部喉塞的清辅音（塞音或擦音）开头，取消仅发生于紧元音（u、ü、i）之后；如果前一个音节以浊塞音或外部喉塞音开头，取消仅发生于松元音（a、e）之后。——原注

② 德语中，锐s音和钝s音之间的对立也是在词首和词末皆取消。——原注［译者按：德语词首只出现浊音/z/，词末只出现清音/s/。］

a. 拥有所谓"自由重音"的语言中（见我的《音系描写指南》24 页），重读音节是词峰，缩减性取消因而发生于各个非重读音节。例如，这样的取消见于俄语o-a及e-i之对立、现代希腊语和保加利亚语方言o-u及e-i之对立、斯洛文尼亚语长短元音之对立，以及A.伊萨琴科（A. Issatschenko）所论述的克恩顿－斯洛文尼亚语（Kärntner-Slovenisch）扬塔尔（Jauntal）方言[①]（《斯拉夫研究述评》[*Revue des études slaves*]，第15卷，57页及后）鼻元音与非鼻元音之对立，等等。所有这些例子中，取消都是双向性的，即取消作用于全部非重读音节，无论其位于"峰音节"之前还是之后。但是，也存在一些仅逆行或仅顺行的取消方向（虽然较为少见）：如塞尔维亚－克罗地亚语施托卡维方言中，长短元音之对立，仅在重音之前的音节里取消；库里语中，圆唇阻塞音和非圆唇阻塞音之对立以及强清塞音和弱清塞音之对立，仅在重音之后的音节里取消。

b. 没有自由重音的语言中，边缘音节（Randsilbe）之一（即词首音节或词末音节）承担音系性词峰之功能，音系对立故发生于其他所有音节。如法语中，众所周知，开闭e音之对立仅在词末具有音系效力，而在其他所有音节中皆取消。在得到C. H. 博尔斯托姆（C. H. Borgström）精湛描写的巴拉岛（Insel Barra）苏格兰语方言中[②]（见《北欧语言学学报》[*Norsk tidskrift for sprogvidenskap*]第8卷，1935，71页及后），闭e音和开e音仅在词的第一个音节里具有音系重要性（其他音节里只出现开音ε，开音ε因而代表了这个超音位）。该苏格兰语方言有送气塞音和不送气塞音之对立，也是仅存在于词首。车臣语中，外部喉塞音和内部喉塞

[①] 克恩顿（Kärnten）位于奥地利和斯洛文尼亚交界的阿尔卑斯山山区，一战前为奥匈帝国治下大公国，英语文献称Carinthia。扬塔尔位于奥地利一侧，部分居民为讲斯洛文尼亚语的斯拉夫人。——译者注

[②] 此处"苏格兰语"指苏格兰盖尔语（Scottish Gaelic），不是当今被称为"苏格兰语"（Scots）的日耳曼语族语言。巴拉岛（Isle of Barra）位于外赫布里底群岛南部，至今仍为广泛使用盖尔语的地区。博尔斯托姆（Carl Hjalmar Borgstrøm, 1909—1986），挪威语言学家，盖尔语专家。——译者注

音之对立（q'-q之对立除外）以及强势性腭化辅音与非腭化辅音之对立，仅在词首具有音系效力。通常，这类语言中的"非自由"（或称"划界性"）呼气重音，位于扮演音系性峰音节角色的边缘音节，如在法语中位于词末音节，在苏格兰语和车臣语中位于词首音节。但是，这一点并非绝对必要。在连贯一致地贯彻元音和谐的突厥语言里，前元音和后元音之对立在词的所有非第一音节里皆取消（有些突厥语里圆唇与非圆唇元音之对立亦如此），词首音节因而成为该对立唯一的重要位置，清楚地扮演着音系性词峰之角色；然而这些语言的"非自由"重音却落在词末音节上。

c. 在a、b两种情况之间还存在一些语言，其重音的"自由性"局限于若干音节。有些这样的语言中，部分可取消对立仅在带有重音的边缘音节里保持其音系效力（这类对立似乎永远仅是轨迹性对立[Verlaufsgegensatz]）。古希腊语中（重音的自由性受到所谓"三音节法则"的限制），上升调和下降调（即"锐调"[Akut]和"折调"[Zirkumflex]）之间的对立即是如此，二者仅在带有重音的词末音节里具有音系重要性；今天的标准塞尔维亚-克罗地亚语中（该语言重音不可位于词末音节），上升调和下降调之间的对立仅在带有重音的词首音节里具有音系效力。

同一语言中可同时存在两种结构型取消。许多"图兰语言"的特色都在于，某些辅音性对立（尤其是清浊阻塞音之对立）在词首取消，而某些元音性对立在非第一音节里取消。斯洛文尼亚语中，长短元音之对立一方面在非重读音节里取消（减缩性取消），另一方面在重读元音皆为长音、非重读音节皆为短音的词末开音节里取消（离心性取消）。两种由结构决定型取消，皆可与各种环境决定型取消相结合，由此产生十分复杂的模式。在A.贝立奇描写的诺维地区的查卡维-克罗地亚语方言中（《帝国科学院二部公报》[*Izvestija II-go otdelenija imperatorskoj akademii nauk*]第14卷，2），"长音节"（即双莫拉音节）和"短音节"（即单莫拉音节）之对立，在"降调重读长音节"（即第一个莫拉得到突显的双莫拉音节）之前取消[①]，就可以视为A1b取消类型和B2a取消类型的结合。在阿迪格语（切尔克斯语）中，最小紧张度的元音（a）和中等紧张度的元音（e）之间的对立，在词首取消时与后续音节无关，在重读音节里取消时须位于带有e的音节之前（此时超音位以a为代表），等等。

因此，一切音系对立取消之例，皆可视为环境决定型取消里的一种，结构决定型取消里的一种，或是二者之组合。

4

对上述取消类型进行心理学阐释并不困难。取消的实质在于，对立项的一部分特征，在重要位置上必须清晰感知，因为它们在此位置上具有音系价值；而这些特征在取消位置上却无须清晰感知，因为它们在这样的位置上并不具有音系重要性。故而，取消导致了关注度的降低、重视阈的下降。这样的下降由环境决定，邻近具有音系重要性且可明显感知为具有相同、相似特征的音位，就非常容易理解了。不过，结构决定型取消在心理学上同样清晰。重视阈在格式塔的边缘下降，只有在格式塔中心才会上升——没有什么比这更自然了！因此，取消或许是节省区别力的手段。

心理学家应当来评判一下，问题真的是这样，还是另有他途。而我们音系学家必须强调取消对于音系系统之存在与运作所发挥的巨大意义。我们已经看到了，取消使客观确定有标记和无标记对立项成为可能，有时还能够客观指明理解一系列对立等级以及不同对立之间关系的方向。尤其是减缩性取消，指出了音系性词峰的位置。因此，各种各样的取消

[①] A. 贝立奇本人并未明确论述这一现象；在他引述的大量形式材料、词语材料以及他的著作中所记录的方言文本中，完全没有提及位于带有"长降调重音"的音节之前的长音节。对于诺威方言的音系特征来说，这一情况极其重要（我觉得对于整个查卡维方言的韵律系统来说，都是如此）。——原注 ［译者按：贝立奇（Aleksandar Belić, 1876—1960），塞尔维亚语言学家，标准塞尔维亚-克罗地亚语正字法的推动者，著有《标准塞尔维亚-克罗地亚语正字法》(*Pravopis srpskohrvatskog književnog jezika*, 1923)，曾担任塞尔维亚科学院院长。］

皆属于最重要的音系学现象之列。

　　最后，可能还要再加上一点。我们到目前为止所审视的取消，完全是从共时角度进行的，因而才能够确定出诸多法则，而其逻辑基础和心理基础都很容易看到。但是，从历时角度（历史角度）来看，取消通常都是音变的结果。共时视角下可视为取消法则之基础的，很可能充当了历时视角下取消过程之驱动力。这一过程一方面基于不断降低重视阈、从而缓解区别力之期望，另一方面基于音系系统结构中的清晰性之要求、对音位做清晰的音系拆分之要求。取消和音变一样，首先必须降低相应的语音位置上的对立的功能负载（funktionelle Belastung）。音系演化永远选择阻力较小的方向。音系对立的功能负载最薄弱之处，就是取消导致困难最少之处。除此之外，有的语言倾向于逆行型取消，也有的语言倾向于顺行型取消，这与该语言的整体结构密切关联。我在别处对此做过论述（参见《威廉·马泰修斯五十华诞纪念文集》[*Charisteria Guillelmo Mathesio quinquagenario*]，21页及后）[①]。这类因素决定了取消位置的选择，但仍须与上文（第3节）的类型之一相对应。

　　这些论述或已充分表明，只要语言学家思考的不是单个的音位（更不用说单个的音），而是由音位充当对立项的对立，以及构筑音系系统的对立间关系，面前就豁然开朗了。

---

　　① 该文题为《莫尔多瓦语音系系统与俄语音系系统之比较》（Das mordwinische phonologische system verglichen mit dem russischen），已收于本书中。——译者注

所谓"音长"在不同语言中的音系学基础

Die phonologischen Grundlagen der sogenannten „Quantität" in den verschiedenen Sprachen

（1938）

[译者按] 特鲁别茨柯依对音系系统的研究绝不局限于元音、辅音等音位本身。韵律特征即使在《论音系性元音系统的普遍理论》《音系系统》等早期音系学著作没有获得独立地位，也始终在他的关注范围之内，是音系系统中不可或缺的重要成分。此后，韵律特征在《音系描写指南》里正式获得了与音位清单、音位组合平行的地位，又在《音系学原理》中与元音成分、辅音成分并列，共同构筑区别性音系对立系统。

这篇《所谓"音长"在不同语言中的音系学基础》的雏形可追溯至特鲁别茨柯依1933—1934年度冬季学期在维也纳语言学会（Wiener Sprachwissenschaftliche Gesellschaft）做的题为"音长作为音系学问题"（Die Quantität als phonologisches Problem）的报告。此后不久，1934年3月17日，他在巴黎语言学会（Société de Linguistique）再次做了以此为题的讲座。从他1934年5月写给雅柯布森的一封信来看，此前在维也纳的发言曾形成过一份草稿，但截至在巴黎发言时，很大程度上仍为口头即兴形式（Trubetzkoy 1975: 300 / 2006: 349）；而在7月31日的另一封信中，他表示文章已写完（同上，308 / 358），作为约稿提交给将在意大利出版的《阿尔弗莱多·特隆贝蒂纪念文集》(*Scritti in onore di Alfredo Trombetti*)（因此他在文末署了"1934"字样）。

特鲁别茨柯依对这一话题的论述形成了两个版本的论文，短的版本宣读于1936年8月在哥本哈根举行的第4届国际语言学家大会，并收入1938年正式出版的《第4届国际语言学家大会会议文集》(*Actes du quatrième congrès international de linguistes*)，题为《音长作为音系学问题》。长的版本即发表于《阿尔弗莱多·特隆贝蒂纪念文集》(1938)里的版本，题为《所谓"音长"在不同语言中的音系学基础》。

这两篇论文是体现特鲁别茨柯依的音系性韵律成分观的重要著作。例如，长音和短音的音系性区别不在于物理时间的差别，而在于"不可延长性"与"可延长性"的对立，即"点"与"线"之对立，这一著名论断，即是在这两篇文章中提出的。除了音长本身之外，本文还阐释了不同类型的语言中与音长密切关联的构峰、声调、音节截短等问题，并依此将语言划分为音节计数型语言和莫拉计数型语言。因此，本文是《音系学原理》出版之前特鲁别茨柯依对韵律特征的最全面的论述。

本译文由《阿尔弗莱多·特隆贝蒂纪念文集》里的长版本译出，原文是德文。

1

每个音都有自己的音长，这被理解为物理现象。语音学由于是研究语音物质层面的自然科学，所以有理由也有责任尽可能精确地测量和研究语音的长度。关于这一论题，做的工作越多，做的测量越精确，我们对言语行为中出现的语音就会认识得越加深入，这一点当然有益无害。但是，如果采取音系学视角，就会出现一个问题：这样的音长，是否具有符号价值（Signalwert）？是否属于语音之语言功能？因为对于语音来说，只有在语言构造中承担功能的成分[①]才属于音系学范畴。

[①] "言语行为"（Sprechhandlung）和"语言构造"（Sprachgebilde）这两个术语是卡尔·比勒所造，他用这两个术语描述与索绪尔的"言语"（parole）和"语言"（langue）大致相同的东西。参见卡尔·比勒《语言学的公理》（载《康德研究》第38卷）。——原注

早在奥托·叶斯柏森的《语音学教程》一书中，这位丹麦语言学家就沿袭其英国导师 H. 斯威特之路，对拥有由外部决定的音长的语言和拥有由内部决定的音长的语言做了区分。[①]音系学自然只考虑那些拥有"由内部决定"的音长（我们今称之为"具有音系效力"的音长）的语言，即用音长对立来区别语义的那些语言。当然，这只是个"相对"长度的问题，不是个"绝对"长度的问题。这两个概念之区别并不新。但是必须指出，先前的语音学家并未从二者的逻辑效应角度深入思考"相对"长度和"绝对"长度之区别。人们因源于音乐的类比而受到误导。在音乐中，无论出现何种速度（绝对长度）变化，二分音符、四分音符、八分音符之间的相对长度差异依然保持不变。但是，之所以如此，只是因为这些充当各个小节之组成部分的长度等级从属于更高级别的节奏整体，受控于节奏系统之惰性。类似情况在朗诵诗歌时也存在，但却从不出现于正常的"散文式"言语。绝不应该忘记，"言语行为""散文式节奏系统"之类的术语只是隐喻而已。假如语言遵循音乐模式，从音系学角度（即从词义区别角度）区分八分音符、四分音符、二分音符和全音符，就放弃了语速的自由性；语言就必然构建起了某种永久性的说话速度，相对音长因而必然会变成绝对音长。但是，这与人的本性相悖，因为言语的速度始终须是具体的言语情景及个人性情的函数项。所以，具有音系效力的相对音长不能简单地跟音乐上的相对音长等同起来：音乐音长永远从属于更高级别的节奏整体，而单个词里的语音"长度"发挥自己的音系功能，并不取决于任何具体的句子语境。

2

观察那些具有音系性音长的语言，会发现只有两种音长等级相互对立。如果有观察者指出存在两种以上的长度等级，那么从音系学角度更

[①] 见叶斯柏森（2021：277及后）。——译者注

仔细地观察，会发现他们的论述实为误解。安东·巴拉诺夫斯基（巴拉诺斯卡斯）主教[1]断言，他的母语立陶宛语东部方言中区分长音节、半长音节和短音节。[2] 但是，审视他为这些方言记录的文本，就会发现其音长等级是这样分布的：重音之前的音节，若是位于带重音的词末短音节之前，则既可以是长音节，也可以是短音节，但一定不是半长音节；而其他非重读音节，以及所有带重音的词末音节，既可以是半长音节，也可以是短音节，但一定不是长音节；带有重音的非词末音节，既可以是长音节，也可以是半长音节，但一定不是短音节（带有a的音节除外，永远是短音节）。故而，所有位置上都只区别两种音长等级，即长音和短音。"半长音"只是长音或短音的语音学变体而已。这样的情况非常典型：大多数据认为存在两种以上音长的语言里，这类问题其实都只是长音位和短音位的纯外部决定的等级而已，因此在每个语音位置上，永远只可能有两种音长。——另外一些情况中，错误的看法是基于音长和音高轨迹的混合。塞尔维亚–克罗地亚语语法学家施默·斯塔切维奇（Šimo Starčević, 1812）断言，其母语除了两种短声调之外，还有一种"略微加长"的声调和一种"完全加长"的声调[3]。但是，若审视他所引述的例子就会发现，那种"略微加长"的调必须理解为长音节的降调，那种"完

---

[1] 巴拉诺斯卡斯（Antanas Baranauskas, 1835—1902），俄名巴拉诺夫斯基（Anton Baranowski），立陶宛诗人，天主教主教。所著诗歌《阿尼克什奇艾的森林》（Anykščių šilelis, 1861）是立陶宛文学经典作。——译者注

[2] 胡戈·韦伯、安东·巴拉诺夫斯基，《东立陶宛语文本》（Hugo Weber & Anton Baranowski, Ostlitanische Texte），魏玛，1882，整部书。——原注

[3] 《利卡地区诺维教区神甫施默·斯塔切维奇为克拉依纳从军青年精心而作的新编伊利里亚语语法》（Nová ricsôslovica ilìricskà: vojnickoj mladosti krajicsnoj poklonjena, trúdom i nástojànjem Shíme Starcsevicha xupnika od Novoga u Lići，的里雅斯特大学，1812），113 页——斯捷潘·依维西奇在《南斯拉夫科学与人文科学院学报》（Rad jugoslavenske akademije znanosti i umjetnosti）第194卷67-68页脚注中作了引用。——原注 [译者按：伊利里亚（Illyria）是古希腊文献中对巴尔干半岛西南部的称呼。奥斯曼帝国时期，该地区的通用斯拉夫语被称为伊利里亚语，成为后来塞尔维亚–克罗地亚语的前身。斯塔切维奇（Šime Starčević, 1784—1859），克罗地亚神甫、语言学家。依维西奇（Stjepan Ivšić, 1884—1962），克罗地亚语言学家、方言学家。]

全加长"的调必须理解为长音节的升调①。如果消除这样的误解，从严格的音系学视角审视任何语言的音长关系，就会始终得出一个结论：每种语言（只要涉及的完全是音系效力角度的音长区别）都只区分两种音长，一种是"长音"，另一种是"短音"。②

对存在具有音系效力的音长的语言加以审视，进一步显现出"短音"比"长音"更常见。说话速度变化主要因改变"长音"的长度而致，"短音"很少受到影响。同理，因强调或情绪而突显某一个词时，通常只有"长音"得到延长。"长音"的本质恰恰在于能够无限超出"短音"的长度界限，而"短音"的本质在于无法超出这样的界限，维持在狭窄的界线之内。"短音"必然具有一定长度，这是显而易见的。然而，正是这种显而易见性，让这情况被理解为与音系意识无关，"短"被理解为"无时长"（Dauerlosigkeit），成了一个点。因此，语言构造中的"短音"和"长音"不是两种不同长度的时间片段（如音乐中的八分音符、四分音符等），而是两种行进方式（Aspekt der Laufung）——一种是点状的，另一种是线状的。"短音"和"长音"之间的关系，就是点（Punkt）与线（Linie）之关系。"短音"是点状的、无尺度的、不可延伸的；"长音"是线状的、有尺度的、可自由延伸的。

这一点我们还可参考几乎所有信号语言里（Stgnalsprache)的信号对立。此外还应指出，许多语言中，与之相同的点与线之差异，充当了所谓动词的体（Verbalaspekt）之基础，并控制着整个变位系统。不过，这一对立最为关键的一点是，正如语言构造中（以及其他符号系统中）其他许多对立一样，这一对立亦可回溯至"是与否"的模式。"长

---

① 关于爱沙尼亚语（常规的语法学家给出4种元音音长等级），参见 E. D. 波利万诺夫《为东方研究编写的语言学导论》(E. D. Polivanov, Введение в языкознание для востоковедных вузов, 列宁格勒, 1928), 197-202 页。北阿尔巴尼亚语的类似情况极可能也是如此（最近由 G. S. 洛曼 [G. S. Lowman] 做了很不充分的描写，《语言》，第6卷, 1932, 271-293 页），另外还有语言地理学角度的论述。(参见 B. 哈弗拉奈克,《荷兰实验语音学档案》, 第8-9卷, 1933, 29 页）——原注

② 关于拉普语，见下文。——原注

音"是可延长的成分,"短音"是不可延长的成分。我们若是把可延长性（Dehnbarkeit）视为一种相关关系标记,那么"长音"是该相关关系的有标记项,"短音"是该相关关系的无标记项,亦可称这一相关关系为音长相关关系（Quantitätskorrelation）。①

因此,"由内部决定"的音长,或称具有音系效力的音长,其本质与物理时长概念相差甚远。物理时长永远可测量,无论多么短。从物理角度看,对比的只是较短时间片段和较长时间片段,而不是无尺度的点和可任意延长的线。必须非常清楚这一点：从音系学角度以及一切从与语言构造角度思考的音长,皆与语音学家（以及一切言语行为观察者）所研究的音长有本质差别。

现在我们要问,把音长定义为音长的可延长性之差异,对音系学来说是否充分？我们习惯于把每种能力都理解为某一本质特征之结果：鸟会飞（有飞之能力）,是因为有翅膀。音系学中,我们如何看待事物的方式始终很重要,所以上面给出的音长之定义无法让我们完全满意。我们会觉得有必要问：哪些特征让一个音位可延长,让另一个音位不可延长？这才是音长之音系本质的真正问题。

仔细审视多种语言让我们相信,为这个问题给出个适用于所有语言的简单答案是无法做到的。有证据表明,不同语言中存在多种（至少三种）通过"音长"而体现出的不同音系特征,全世界的语言可依此划分为若干种类型。

下文中,音长关系首先将从音节核音位角度思考,之后再从非音节核音位（辅音）音位角度思考。

3

最简单的长度概念,见于具有非构峰式强度相关关系的语言。这类

---

① 参见《布拉格语言学小组文集》第4卷,96-99页。——原注

语言中，音节核有"强"与"弱"之分。前者因其重量或力度而可延长，轻而弱的音节核则不可延长。可延长之能力，是强度的结果与表现。某一语言如果不存在其他音系性的音节核强度，换言之，不允许任何可区别语义的自由呼气重音，就的确如此。这类语言中，呼气重音位置永远自动规定：要么仅通过词界来规定（参考芬兰语、匈牙利语、捷克语、斯洛伐克语、车臣语、拉克语、卡尔梅克语等的词首音节重音，以及波斯语、雅库特语等的词末音节重音），要么通过词界音节的"音长"来规定（可从词末音节起计数，如古典拉丁语、阿拉伯语、波拉布语①、普拉克利语等；也可从词首音节起计数，如奥塞梯语）。因此，重音在这类语言里不是用来区别语义的，而是仅用来为词划界。凡是出现"自由音长"和"不自由呼气重音"之处，就存在这种"能量性"音长概念，也就是表现为强度的可延长性概念。

拥有"自由呼气重音"的语言与上面讨论过的类型唯一的不同在于，音节核的强度用于词峰（Wortgipfel）之构成，这就使强度无法用于任何其他功能。因此，这类语言没有"自由音长"，而是在重读音节中呈现"长音"，在非重读音节中呈现"短音"：如西班牙语、意大利语、现代希腊语、保加利亚语、罗马尼亚语、乌克兰语、俄语、阿瓦尔语、列兹金语（库里语）等②。因此可以说，在强度相关关系不用于构筑词峰的语

---

① 虽然T. 雷尔－斯普瓦文斯基（T. Lehr-Spławiński）反对（见《献给J. J. 米柯拉的语文学文集》[Mélanges de philologie offerts à J. J. Mikkola]=《芬兰科学院编年史》[Annales Academiæ Scientiarum Fennicæ] B.27卷，108页及后），但我还是要坚持自己在《斯拉夫语》（Slavia）第9卷156页以及《波拉布语研究》（《维也纳科学院工作简报，哲学历史学系列》第211卷第4期）77页提出的观点。让短音的出现依赖于次重音的位置是不可行的，因为次重音本身就依赖于周围音节的音长：如果说jod'ādɑi（啤酒）的次重音在第一个音节上，zilozü（铁）的次重音在第二个音节上，这正是第二个音节的长度造成的。至于那些后两个音节里都有短音的词，我相信像mŭtkā这样的词已不被感觉是外来词了。——原注

② 自由音长和自由呼气重音无法在同一系统中共存，这条定律是罗曼·雅柯布森在其论捷克语诗学的著作中最先提出的（《论捷克语诗歌》[俄语版，O чешском стихе，柏林，1923；捷克语译本，O českém verši，布拉格，1926]）。不熟悉俄语和捷克语的读者第一次知晓这本书，是通过我的《俄语语音演化杂论》（Einiges über die russische Lautentwicklung）一文（载《斯拉夫语文学学报》[Zeitschrift für Slavische Philologie]，第1卷）。这一话题后来在《布拉格

言中，强度相关关系实现为"自由音长"；在音系性强度用作词峰构筑之途径的语言中，可延长性只是个可选性的伴随现象，强度差异主要实现为力度差异。强度相关关系的音系学本质在二者之中是相同的：即充当"重"音节核（"强"）和"轻"音节核（"弱"）之间的对立。

4

关于音长的另一种观点在于，"长音"被视为头和尾分开的音位，而"短音"被视为头尾重合于一点的音位。"长音"的可延长性，只不过是这类音位头尾分开的产物，头尾之间可存在的时长是任意的，而这对于"短音"来说不可能，也正是由于"短音"的头和尾重合于一点。这种音长观（即"分析性音长观"，亦称"算术性音长观"）最广为人知的一点就是，长音中存在语义区别性的音高轨迹差异，而短音中就不存在这样的差异。无论这轨迹差异是乐调性的还是力度性的，也无论是"降调"跟"升调"对比，"降调"跟"平调"对比，还是"升调"与"平调"对比，这一切从音系学角度看皆不太重要，只对语音学有意义。这一问题上，音系学角度重要的只是对长音节核的某一部分加以突显或不加以突显的问题，这就需要把音节核拆分成两个成分。而对于"短音"来说，这样的拆分无法进行，加以突显或不加以突显的只能是整个音节，即"有重音"与"高声调"，或"无重音"与"低声调"。这样的系统在立陶宛语、北卡舒比语、斯洛文尼亚语、塞尔维亚-克罗地亚语查卡维方言等语言中呈现得最为清晰。不过，如果这种重音的自由度受到某种限制，情况并无变化，轨迹差异的原则依然如故，如日语、古希腊语（"三音节法则"）、某些克罗地亚卡伊卡维方言（重音仅可位于最后两个音节之一）以及拉脱维亚语（重音位于词首音节）。

语言学小组文集》里由R. 雅柯布森（第4卷，182页）和我（第1卷，42页及后；第4卷，102页及后）进行了讨论。这条定律最初构建时，认为"音长"这一术语从音系学角度看并无歧义，这是不正确的。——原注

汉语中，复合词里所谓的"声调"仅位于峰式音节核所在的音节。——"长音节"（一声和三声）存在音高轨迹差异，三声的末尾得到了清晰的突显，而一声有时前一部分得到突显，有时两部分都不突显。而对于"短音节"（二声和四声）来说，音高轨迹与音系不相关：重点仅在于二声更高，四声更低。① 不过也有些汉语方言，四声（"短低调"）不仅低，而且永远是降调，而二声（"短高调"）不仅高，而且永远是升调（如锦州府省的谋克敦方言②）。上升的音高运动仅展示突显，下降的音高运动仅展示非突显，这一点可从长声调的本质上看出：一声（前部突显，后部不突显）在这样的方言里呈现为升降调，三声（后部突显）成为双峰降升调。③ 此时，虽然二声的上升特征和四声的下降特征不仅是可选性现象，而且是常态现象，但是二者从音系角度看仍是不重要特征，只应视为"高"（= 有突显）和"低"（= 无突显）的表现。④

与之相同的分析性音长观还经常见于一类语言，这类语言"长"音

---

① 这两种短声调的音高轨迹在音系上不相关，这一点可从语音学家所做的描写的分歧中看出。古恒（Courant）把二声描写为升调（《汉语白话》[*La langue chinoise parlée*]，巴黎，1914，19页），高本汉则描写为降调（《中国音韵学研究》[*Études sur la phonologie chinoise*]，莱顿、斯德哥尔摩，1915，257页）；四声，据库朗应为"平调"，而高本汉描写为降调。两位观察者的论述都是基于北京的发音。——原注

② 原文如此。其实应该是"谋克敦省的锦州府方言"。特鲁别茨柯依引用波利万诺夫时，誊错了原书中谋克敦和锦州之间的关系。谋克敦省即奉天省（今辽宁省），谋克敦（Mukden）是沈阳的满语旧称。——译者注

③ 参见E. 汲利万诺夫、N. 波波夫-塔提瓦（N. Popov-Tativa）《汉语转写指南》（*Пособие по китайской транскрипции*，莫斯科，1928），90页及后；另见波利万诺夫《为东方研究编写的语言学导论》，118页及后。——原注

④ 关于短音节核拥有音系性音高轨迹区别的其他语言，参见R. 雅柯布森，《布拉格语言学小组文集》第4卷，175页及后。只要短音音高轨迹的两种类型不是相应音节核突显与非突显（即"高"与"低"）的简单实现形式，两种类型中仅有一种拥有纯语义区别功能，另一种仅拥有词界功能。因此，武克·卡拉季奇的语言里，其实并不存在任何真正的音高对立，仅存在具有"自由"重音的词和不具有"自由"重音的词（后者第一个音节永远拥有划分词界的降调）之对立。有趣的是，许多塞尔维亚人讲波斯语时重音不是放在词末音节上，而是放在词首音节上（并带降调）。这个明显具有悖论性的现象在R. 雅柯布森的塞尔维亚语重音系统观里得到了完美解释。——原注

节核（即长元音、二合元音以及"元音+响音"组合）的平稳发音和带有喉塞断点（丹麦语称之为斯特德）的发音之间呈音系性区别，而"短"音节核并无这一区别。这类语言的音系意识中，"长"音节核必然具有头和尾，二者之间可存在有断点的语音物质或无断点的语音物质（参见音乐里的连音[legato]和跳音[staccato]之概念），而对于"短"音节核来说，这一区别是不可能的，这正是因为"短"音节核里只含有一个点。[①]丹麦语、拉脱维亚语、立陶宛语和其他许多语言都属于这类语言。

最后，同样的"分析性"或"算术性"音长观在某些非洲语言和美洲语言里也可推断出来，这些语言使用无构峰功能的乐调性音高对立（更好的名称是音高域对立）。E. 萨丕尔（《语言》第7卷，第1期）描写的贾博语（Gweabo）（利比里亚）在这方面格外富有启示性，因为该语言的韵律原则贯彻得惊人一致。此处我们使用"莫拉"（More）这个术语表示兼具音长和声调的单位。每个莫拉都有其特定的乐调特征：莫拉分为4种音高域，外加升调和降调。长音节由乐调特征或相同或不同的两个莫拉组成：音节mū，前一个莫拉处于最高音高域、后一个莫拉处于最低音高域时，表示"门"；前一个莫拉处于最高音高域、后一个莫拉处于正常音高域时，表示"我放手"；前一个莫拉上升至正常音高域、后一个莫拉处于比它略低的音高域（"中等"音高域）时，表示"你们放手"。多音节词里，每个音节或每个莫拉都有自己的声调特征。

贾博语之例特别清晰地展示出了"分析性"或"算术性"音长概念的本质何在，这本质正是长音节核存在音高轨迹相关关系或音高断点相关关系的语言以及拥有非构峰式音高域相关关系的语言的典型特征。那些拥有"能量性"音长概念的语言里，仅存在整体性的音节，有些是重音节，有些是轻音节。而那些拥有分析性音长概念的语言里，被视为单位的不是音节，而是莫拉。这样的语言里没有重音节和轻音节，只有双

[①] 关于"音高断点相关关系"和"音高轨迹相关关系"之间的关系，R. 雅柯布森在其前述文章中已指出（《布拉格语言学小组文集》第4卷，108页及后）。——原注

莫拉音节和单莫拉音节。不过，这一语境下，"莫拉"不应理解为时间尺度单位，而只应理解为不可进一步拆解的音系性音节核构成成分。[①]具有分析性音长概念的语言，可称为"莫拉计数型"（morenzählende）语言，与"音节计数型"（silbenzählende）语言相对。[②]

5

第三种音长概念，存在于德语、荷兰语、英语等语言中。这类语言中，"长"元音可视为完整而正常的元音，而"短"元音可视为被截短的不完整元音，发音过程被其后续辅音的开头阻断。因此，这类语言中，只有"长"元音（完整元音）才可出现于词末，音长对立仅发生于辅音之前；[③]此时"完整元音"自然是可延长的，"截短元音"自然是不可延长的。这类语言里故而不存在音长相关关系，只存在音节截短型相关关系（Silbenschnittkorrelation）[④]。而由于此类音节截短与强度并无共同之处，

[①] 因此，实现形式上，双莫拉音节的长度不需要是单莫拉音节的两倍。实验语音学研究表明，拥有分析性音长概念的语言中，音长差异远小于拥有能量性音长概念的语言。这或可解释为，"莫拉数量"通过音高轨迹等足以表明，因而不需要通过音的长度进一步精确。有些拥有音高域相关关系的非洲语言里，观察者仅能客观感觉到声调差异，感觉不到音长差异。不过，这样的例子里，对于母语者的音系意识来说，非常可能依然存在莫拉数量对立，但这类对立只能通过音高轨迹来呈现。——原注

[②] 当然，这一命名与这些语言的格律无关。拉丁语六音节音步（Hexameter）是按莫拉计数的，虽然拉丁语从我们的意义上来说是音节计数型语言。塞尔维亚-克罗地亚语的格律是以音节计数为基础的，虽然塞尔维亚-克罗地亚语大多数方言从我们的意义上来说是莫拉计数型语言。某一语言的格律系统和音系系统之间的相互联系，成为一个特殊的复杂问题，本文无法做论述。——原注

[③] 据 E. 萨丕尔（《心理学学报》第30卷，262页及后），未受过语音学训练的常规英美人士完全想象不出短元音后面没有辅音。美国学生在语音学课上听到仅以孤立的短元音为结尾的开音节时，坚信自己在该短元音之后听到了喉塞音（即所有已知辅音中"最缺乏实体性的"）。——原注

[④] 唱歌时，德语的"短"元音经常被拉长，或是跨若干个音符。词源学角度的"长"元音和"短"元音有时完全是通过该元音与后续辅音的结合方式来呈现（即"松散结合"[loser Anschluss]和"紧密结合"[fester Anschluss]），或是通过该辅音的发音来呈现。布鲁诺·索奈克博士（Bruno Sonnek）让我注意到了这一情况，这情况表明，对德语所谓的"音长"来说，最关键的不是音的时长，而是音节的切截。——原注

音节截短型相关关系可以跟构峰式强度相关关系相互组合。这样的组合在具有"自由呼气型重音"的德语、荷兰语、英语中确实存在。

然而，音节截短性相关关系似乎可以与音高轨迹相关关系相结合。如果我这个外行人对该语言复杂的韵律关系理解得正确，那么这一组合在暹罗语里应该是存在的。长音节核和短音节核之差异[①]仅存在于词末阻塞音前；如果音节核本身就位于词末，则永远是长的。这一关系让人联想起英语、荷兰语或德语的情况（如德语satt[饱]：Saat[种子]：sah[看见]），显现出音节截短性相关关系。但是除此之外，暹罗语的"长音"还存在"降调"（特立特尔[②]称之为"回转调"[rückkehrender Ton]）与"升调"（特立特尔称之为上升调[ansteigender Ton]）之间的音高轨迹对立。该对立仅与相对较高的音高共存，换言之，当长音节核（完整音节核）得到"突显"时，如果声调较低，这个完整音节核就呈现为"平调"。音高轨迹对立在"短音"中不存在：短音只区别两种高度等级——一种较高且有突显（特立特尔称之为"高收缩调"[hoher eingehender Ton]），另一种较低且下压（特立特尔称之为"低收缩调"[tiefer eingehender Ton]）。与之类似的关系如立陶宛语，长音节核可以是降调且有重音（"急促调"）、升调且有重音（"舒缓调"）或非突显（"无重音"）。不过，暹罗语的特殊性在于，上述三种声调，"回转调""升调""平调"仅存在于词末音节的长音节核（完整音节核）中，而完整音节核位于词末k、t、p之前（很可能还包括喉塞音之前）[③]仅有两种"声调"（特立特尔称

---

① 暹罗语中，短元音被视为短音节核，长元音、二合元音以及"元音+鼻音"组合被视为长音节核。——我对暹罗语的认识局限于沃尔特·特立特尔的《暹罗语导论》（*Einführung in das Siamesische*，柏林东方语言研修班教材之34，1930）。——原注

② 特立特尔（Walter Trittel, 1880—1948），德国东方学家，汉语、泰语专家，一战前曾任德国驻胶州湾行政官员。——译者注

③ W. 特立特尔没有提过带有"降调"或"升调"的长音节核后面是否有喉塞音，仅在20页的脚注1里说："遇到降调时，元音经常缩短"。出现"长音+喉塞音"时，很容易解读成这样的声学错觉。——J. 福赫哈默（J. Forchhammer）在其著《语音学基础》（*Grundlage der Phonetik*）一书中也讨论过暹罗语，认为这类情况中存在"急刹音"（Stimmstoss），并举出了类似mai（不）这样的词作为例子；W. 特立特尔把这个词注为"降调"。暹罗语词末的k、t、p不是爆破音，而是不爆破音。——原注

之为"降调"和"挤压调"[niedergedrückten]），这些声调的音系本质很难确定。

如果对暹罗语关系的上述解读正确，那么我们就有证据证明，音节截短性相关关系不仅在音节计数型语言中是可能的，而且在莫拉计数型语言中亦如此，后者的"完整"音节核同时也被视为双莫拉音节核。此外，充当音节截短性相关关系之基础的音长概念，似乎很难与能量性音长概念相统一。许多捷克人和匈牙利人，虽然自己的母语里音长差异非常重要，却无法正确区分德语的"长音"和"短音"，解释这一悖论，上述观点是唯一的途径。与之相反，许多德国人也觉得很难区分捷克语的"长"元音和"短"元音（在词末以及在非重读音节中尤其如此）。很明显，捷克语和匈牙利语的音长与德语的音长不一样，这是因为，前者以（非构峰式的）强度相关关系为基础，后者以音节截短性相关关系为基础，习惯了其中一种的人学习另一种，会觉得很难。

6

显然，充当音节截短性相关关系之基础的那种音长概念仅适用于音节核。而上述其他两种音长概念（"能量性"音长和"分析性"音长）从本质上看亦适用于非音节性的辅音，而二者也的确出现于辅音。

分析性音长概念是辅音性叠音相关关系（konsonantischen Geminier-ungskorrelation）的基础。从语音学角度看，双辅音通常在诸多特征上都不同于非双辅音，包括其时长，也包括其较强的发音。但是，对音系重要的只是双辅音的导入部分（即"头"）和导出部分（即"尾"）要归入不同音节（或者说不同莫拉），非双辅音的导入部分和导出部则视为同一整体，属于同一个音节（莫拉）。从音系学角度考虑，非双辅音是个没有尺度的点，而双辅音包含两个不同的点（头和尾），因为二者独立存在，所以才归入了不同的音节（莫拉）。因此，辅音性叠音相关关系，与前文我们所说的"分析性"音长概念基于相同的基础，尽管与音节界的关系让辅音性叠音相关关系与音节截短性相关关系之间产生了某种联系。①

正常情况下，辅音性叠音相关关系只存在于词中部。上面提到的 E. 萨丕尔描写的贾博语，词首位置也呈现出这种相关关系，其双辅音的"头"（导入部分）构成一种特殊的莫拉，这种莫拉跟该语言中其他一切莫拉一样，具有乐调特征，并且永远处于最低音高域②（贾博语的双辅音可以是响音，也可以是浊阻塞音）。这种特别的语言还提供证据证明，辅音性叠音相关关系之基础，与基于单莫拉元音和双莫拉元音之对立的分析性音长概念相同。如前所述，元音中的分析性音长概念经常呈现为："长"（两莫拉）元音显示出"短"（单莫拉）元音所不具备的音高轨迹区别。贾博语辅音也存在类似情形。贾博语里除了简单的双辅音之外（E. 萨丕尔将其记为 'b、'd、'm、'n、'ñ、'ŋ、'y、'w），还有"强势"（emphatisch）双辅音，与前者相比，后者发音更强。但是，这种"强势"叠音，或称加强型叠音，分为两类：一类强势双辅音（E. 萨丕尔转写为 "B、"D 等），其前半部分显现出某种延迟（"略有延迟"），强度随即提升，并在后续元音开头处达到极值，故而，以这种不寻常强度开头的元音，强度只能陡然下滑、迅速下降（"在结尾处迅速消失"）；另一类强势双辅音（E. 萨丕尔撰写为 'B、'D 等），显现出更为均衡的发音强度分布，不仅辅音如此，其后续的元音也是如此（"元音保持平稳"）③。很明显，这之中涉及一种轨迹区别，这种轨迹区别通常只发生于得到突显的（加强的）呼气重音型

---

① 这种联系在语音学实现形式中也有体现。双辅音和其前面的元音之间存在"紧密结合"，与辅音和其前面被截短的元音之间的"紧密结合"大致相同。意大利语中，众所周知，双辅音前面的重读元音发"短音"，而非双辅音前面的元音发"长音"。但是，如果意大利语的音系意识中没有元音性的音节截短性相关关系，只有辅音性的叠音相关关系（这与德语、荷兰语、英语等语言截然相反），那么很明显，"长元音+紧密结合的辅音"和"短元音+紧密结合的辅音"之间的语音学对立，在意大利语里仅出现于词中部（如 pica [喜鹊]：picca [矛]），而在德语里仅出现于词末（如 Kahn[小船]：kann [能够]）。——原注

② 当然，这类辅音性莫拉的客观时长短于常规的"短"元音（单莫拉元音），这就是 E. 萨丕尔为何不称之为"莫拉"，而是称之为"弱起"（Anakrusen），——这不可能是音系学差异，只可能是语音学差异。——原注 [译者按：弱起，借自诗学及音乐术语，英语为 anacrusis。]

③ 参见 E. 萨丕尔，《语言》第 7 卷 36—37 页。——原注

双辅音：一种类型展示对辅音结尾部分的突显（后续元音的开头部分被拖至中部，应该只是一种语音学现象），另一种类型则不具备这种对结尾部分的偏爱。贾博语"В：'В：'b之关系，等同于"结尾莫拉得以突显的双莫拉元音""两个莫拉皆得到同等突显的双莫拉元音"和"两个莫拉皆无突显的双莫拉元音"之间的关系，这种关系在许多拥有音高轨迹相关关系的莫拉计数型语言里都存在。①

7

把双辅音的导入部分和导出部分划入不同音节（或莫拉），要求开头部分和结尾部分有所不同。但是，对于那些并不符合这一条件的"长"辅音，导入部分和导出部分并不能判定为不同的点，而只能判定为一个整体。这一情况发生于那些"长"辅音不仅出现于词中部，而且出现于词首或词末的语言中（但是没有韵律性的音节标注或莫拉标注）。由于此类"长"辅音通常与所对应的"短"辅音的区别，不仅在于时长更长，而且发音时能量也更强，故而此类情况中存在辅音性的强度相关关系，这种强度相关关系与前文讨论过的充当元音性强度关系之基础的"能量性"音长概念是相同的。常有些时候，时长上的区别根本不是绝对必要，更大强度之印象，仅通过提升发音能量即可做到（如相应发音器官的绷紧、更紧的闭塞或更窄的缝隙、更强烈的呼气，等等）：例如东高加索语系大多数语言里都是如此，时长上的差异仅可视为辅音性强度相关关系的选择性副效应。②不过，即使是在那些时长是"强"辅音或"重"辅音必备的语音学特征之一的语言里（如匈牙利语），较长的时长也仍然伴有

---

① 贾博语中得到强化的双辅音（即"强势双辅音"）的轨迹区别呈现为力度区别，而大多数拥有元音性音高轨迹相关关系的语言里，影响的主要是乐调区别，——这可能不是由于这些辅音和元音的音系性本质，而是由于其语音学本质。——原注

② 参见我在《高加索语言》（Caucasica）第3卷7—36页和第8卷1—52页的论述。——原注

发音总能量的增加。较长的时长和发音能量的增加因而为音系意识构筑了不可分割的整体，成为一种"复合音长"（Komplexqualität）。因此我们认为，有必要把关于辅音的"长-短"之术语替换为"强-弱"或"重-轻"。

关于辅音性的强度相关关系和叠音相关关系之间的关系，特别需要研究的是那些二者同时并存的语言。有些语言，语音学角度时长较长、能量较强的辅音在词末或词首出现时与音节界无关，但在词中部出现时却要把导入部分（Einsatz）和导出部分（Absatz）分配至两个不同音节，这样的语音必须排除出去。对匈牙利人来说，hossz（长度，读hɔs·）中的长音s和hosszú（长，读hɔs/suˑ）中的长音s是相同的，尽管前者的导入部分和导出部分属于同一个音节，而后者中二者之间存在音节界。由于hossz里位于音节末的s无法被视为双辅音，所以hosszú里把导入部分和导出部分分配至两个音节的音系意识，也必然是个不重要且"不言自明"的特征，应视为重辅音在两元音之间的实现形式。此时，具有音系性的只是强度而已。

叠音相关关系和和辅音性强度相关关系真正的共存，只可能以两种形式存在。其一，两种相关关系分布于不同的辅音：如拉克语（达吉斯坦中部）里，叠音相关关系只存在于鼻音，强度相关关系只存在于清阻塞音。其二，这两种相关关系构成一个"束"（Bündel）[①]，如拉普语中，强度区别仅存在于双辅音，因此从音系学角度看，该语言存在三种辅音——非双辅音、轻双辅音、重双辅音。从音系学角度来看，拉普语的非双辅音与双辅音的区别仅在于，后者的导入部分和导出部分划入不同音节，而前者的情况并非如此；双辅音比非双辅音长，只是"不言自明"而已，是个与音系学无关的副效应现象。而重双辅音与轻双辅音的区别仅在于前者发音能量较强、时长较长。因此，对于站在语音学角度的观

[①] 关于"束"以及"相关关系束"的概念，见《布拉格语言学小组文集》第4卷，105页及后。——原注［译者按：即《音系统》一文，已收于本书中。］

察者来说，拉普语似乎可区分出三种辅音音长等级——"短辅音"（非双辅音）、"长辅音"（轻双辅音）、"超长辅音"（重双辅音）。这一观点仅考虑了语音学特征（因而仅考虑了音的时长），却完全没有考虑这所谓三种音长等级仅在词中部才具有语义区别功能这一重要情况，因此这样的观点在音系学角度是绝对站不住脚的。①——辅音性强度相关关系和叠音相关关系的结合在前文提到的贾博语里也存在。贾博语不同于拉普语之处主要在于，贾博语双辅音的强度相关关系主要通过发音能量来体现，而拉普语中语音的时长也要发挥作用。此外我们前面还看到了，贾博语的重双辅音（强势双辅音）区分两种情况，取决于"重心"是否位于末尾部分——这一区别在拉普语中不存在。②

8

上述研究显示，可延长性语音和不可延长性语音之间的对立，永远是某种深层次音系对立的表现。有些语言中，可延长性是强度的表现（"重量""力度"）；另一些语言中，可延长性是某些音位的导入部分和导出部分分别存在的伴生物（与那些头与尾重合的音位相对）。还有一些语

---

① F. 埃依麦（F. Äimä）、E. 拉格克兰茨（E. Lagercrantz）、K. 尼尔森（K. Nielsen）、J. 基格斯塔德（J. Quigstad）、P. 拉维拉（P. Ravila）、B. 柯林德（B. Colinder）、T. 伊特克嫩（T. Itkonen）对拉普语各方言做的那些出色的语音学描写都存在这一欠缺，绝不应当苛求这些深受尊敬的学者，因为缺乏音系学视角的不仅仅是他们，而几乎是以前整个语言学的特点。——先前的这些拉普语方言描写里，拉普语元音的音长关系从语音学角度展示得非常正确，只是在音系学角度不正确而已。从音系学角度来看，拉普语只有一种元音强度相关关系，即只区别两个元音类别：重元音和轻元音。迄今为止得到过描写的大部分拉普语方言里，这两类元音都是既出现于非双辅音前，又出现于双辅音之前，既出现于轻双辅音之前，又出现于重双辅音之前（但是也有些方言里，重双辅音之前只允许出现轻元音——例如，马特湾[Maattivuono]地区的沿海拉普语方言）。语音实现形式中，元音的音长和后续辅音的音长之间呈反比例关系。如果只考虑拉普语元音的物理音长，有些方言中可得至少6种音长等级。这一情况当然只有从纯语音学角度看才是正确的！——原注

② 爱沙尼亚语同样具有由辅音性强度相关关系和叠音相关关系构成的束。不过，有必要进一步研究该语言的双辅音是否还存在轨迹区别。——原注

言中，音节核的可延长性是其自身完整性的表现，无须受其后续辅音的影响（与那些被"强行截短"的音节核相对）。上述音系特征都与语音时长无关。这一点也很好理解，因为这类语言构造是非时间性的（zeitlos），只有在言语行为中，与时间、时长的关系才会出现。言语行为与语言构造之间、语音与音位之间、语音学与音系学之间的这一根本区别，一定要竭尽可能牢记在心：这一差别就像钱币（Münze）与币值（Währung）之间、钱币学（Numismatik）与金融学（Finanzwissenschaft）之间的区别一样重要。①

然而，上述论述，还带来了术语体系上的现实结论。"语音时长"（Lautdauer）这个术语应当只用于对语音的言语行为层面的研究或规范（如语音学、声音治疗学[Phonoiatrie]、正音法[Orthoepie]等）。而从古典语法学引入的"音长"（Quantität）、"长音"（Länge）、"短音"（Kürze）等术语，则可以用于以语言构造为对象的各科学之中（如音系学、语法学），不过必须格外小心，应该对其严格加以限制：这些术语只是临时性的名称，换言之，仅用于相应现象的音系学本质尚未确立时，或因材料不足而无法构建时。因此，音系学的图景一旦变得清晰了，就应当把这类术语替换为在上文中所使用和阐释的那些相对应的术语。

特鲁别茨柯依亲王，维也纳，1934

---

① 那些认为严格区分这些概念是在倒退的人（例如，参见《印欧语研究》第52卷，65页），显然还没有搞清语言学的本质及其跟其他社会科学的关系。——原注

论"词法音系学"[①]

Sur la "morphonologie"

（1929）

[译者按]　这篇刊于《布拉格语言学小组文集》第1卷里的短文，如作者在题注中所言，是对布拉格语言学小组1929年主办的第1届斯拉夫语文学家大会的"祝愿"（vœux）。这或在一定程度上解释了该文为何以法文撰写。这一时期的语言学国际会议文集，虽然作者可选择德、法、英语撰写自己的论文，但文集里的"叙事语言"常为法文。

不过，与同一时期其他会议不同的是，布拉格第1届斯拉夫语文学家大会的会议文集并没有出版，"连为此文集准备的材料都神秘消失了"，（Jakobson 1971 [1965]: 535）雅柯布森将这一反常状况含糊地归结为"布拉格语言学小组的主导角色"（同上），安德森故将其解读为"小组的提纲引发的争议似乎太过激烈"。（Anderson 2021: 107）因此，我们无法看到特鲁别茨柯依这篇《论"词法音系学"》宣读的具体语境。

但是有一点是可以肯定的：特鲁别茨柯依认为对具体语言进行描写时，必须涵盖该语言的"词法音系"层面。他同年出版的专著《波拉布语研究》（1929）中，对该语言"词法音系系统"的分析就是与语音学性语音系统分析、音系系统分析相平行的三大主体模块之一。此外，他1929年7月13日写给雅柯布森的信附带一份题为《苏联的语言》

[①] 这则小文，只是本人对布拉格第1届斯拉夫语文学大会表达的祝愿，别无他图。——原注

（Sprachen der UdSSR）的附件，这是两人筹划的一本从语言学发展最新角度对苏联境内所有语言加以描写的书的撰写计划。计划里列出了对所有语言的描写都必须统一包含的49个方面，其中第13个方面即是"词法音系学"方面，该领域被定义为"具体语言里的音位在词法方面的使用方式"（Trubetzkoy 1975: 140），这之中"不仅应列举'语法变化'（grammatischer Wechsel）及'换音'（Ablaut）的不同类型，而且还要给出其使用规则，以及每个语素类别的音系结构的特殊性"（同上）。

词法音系学为何如此重要？这篇《论"词法音系学"》，回答的正是这个问题。

本译文由《布拉格语言学小组文集》第1卷里的版本译出，原文是法文。

音系学研究音位系统，把音位视为具体语言中有意义的最简声学-发音意象，而词法学研究语素系统；除此之外，语法书中还应另有一章，研究音系差异在词法上的运用，这部分可称之为morpho-phonologie（词法音系学），或是简称为morphonologie。

并不是所有语言中，语素都代表语音形式之交替（alternance），但无论如何，大多数印欧语言都属于这一类型，其中斯拉夫语言全部属于这一类型。斯拉夫语言中，同一语素依照与之组合的其他语素而呈现出不同语音形式，从而共同构成一个完整的词汇整体或句法整体。因此，俄语рука（手）和ручной（手提的）两词里，语音组合рук和руч被感知为同一语素的两个不同语音形式；在语言意识中，该语素同时以这两种语音形式存在，或者更确切地说，是以рук/ч之形式存在；这个рук/ч当中，к/ч是个复合观念（idée complexe）："音位к和音位ч，可依据词的词法结构条件相互替换"。两个或两个以上音位，可依据词的词法结构条件而在同一语素中相互替换，这样的复合观念或可称作"词法音位"（morpho-phonème或morphonème）（术语morpho-phonème及其简称 morphonème 是乌瓦申先生发明的，但是他将其用作了其他意义。）需要特别强调的是，这个问题完全是可交替音位的问题，而不是可交替语音的问题。因比，虽然俄语 рука 里 к 是硬腭后部音（postpalatal）①，руки 里的 к 是硬腭音，但这两个音只是同一音位的两个不同的语音实现形式，选择哪一个完全取决于外部语音环境：音位 к 在音位 а 之前始终实现为硬腭后部音，在音位 i 之前始终实现为硬腭清塞音，词法音系学完全不涉及这样的问题。而 рука : ручнóй 之例中 к 和 ч 之间则完全不同。首先，к 和 ч 是两个可在相同语音位置上出现的音位，二者之区别可造成语义区别（如 кума [教母]：чума [瘟疫]，кот [猫]：чот [偶数]②）。这两个音位均可以出现于 а 之前（如 каша [粥]：чаша [碗]）、n 之前（如 на кнут [用鞭子]：начнут [将要开始]）。并且，在 рука : ручнóй 之例中遵循的两个音位之交替，不是语音上的配合引起的，而是词的词法结构引起的——这跟 рука : руки 之例中遵循的硬腭后部塞音和硬腭塞音之交替是完全不同性质的事情。

  为了同一音位的不同语音形式被感觉为可相互替换，某一具体语言里存在的词法音位的数量必须十分确切且数量有限。这类词法音位在每种斯拉夫语言里数量都不大，某一词法音位在语素内部可占据的位置同样要十分确切且数量有限。因此，举例来说，当今所有斯拉夫语言里，词法音位 к : č 和 х : š 都只允许用作语素的结尾成分：俄语中，рука : ручной 或是 ухо（耳朵）：ушной（耳朵的）之例中，к : č 和 х : š 并不影响语素的完整性，而像 коса（辫子）：чесать（挠）或 ходить（走，不定式）：шедший（走，分词）之例中，同样的 к : č、х : š 之交替就不可能带来任何语素单位感（conscience de l'unité des morphèmes）（但是尽管如此，像 воз [平板大车]：везет [运走]、водить [驾车]：ведший [引

---

① 称其为软腭音也未尝不可，但特鲁别茨柯依此处对发音位置及语音变体的划分更为精细。这个俄语 /a/ 的发音位置比 /u/ 或 /o/ 略靠前，所以与之组合的 /k/ 被他视为硬腭后部音，而不是软腭音。——译者注

② 今拼作 чёт。——译者注

领性的]这类类推形式中，v∶v'之交替却绝不会阻碍语素单位感）。这一情况在其他斯拉夫语言中亦是如此：k∶č和x∶š之交替不允许出现于语素开头：历史上曾经存在过（如kosa [辫子]∶česati [挠]、xoditi [走，不定式]∶šьdъši [走，分词]①），但是该语素的两个语音形式之间的联系已佚，在语言意识中今已不再被视为同一语素，而是被视为两个独立存在的语素。不仅词法音位在语素内部可占据的位置受到严格限制，允许出现具体词法音位的语素种类通常也受到严格限制。有些只允许出现于词根语素和后缀语素的词法音位，不能出现于前缀语素，也有些词法音位只出现于后缀语素（如捷克语 i/e、ů/o），等等。最后，还可对词法音位的不同功能加以区别：有的语素，在各种屈折形式中皆保持一种语音形式，仅在词根构成形式上显现出语音形式之交替；也有些语素，即使是屈折形式中也显现出交替。有的词法音位只允许于这两类语素中的前一类，反之亦然。

斯拉夫语言的词法音系系统非常多样。每种斯拉夫语都有自己的系统，和其他斯拉夫语有本质不同。但是通常，这一多样性在各种斯拉夫语的语法书中被掩盖了：面对词法音系学事实，斯拉夫学家一般会陷入历史语法之中，因而会回避现存的各个词法音系系统中的个性。他们习惯性地把某一语言中存在的各种语音交替简单罗列出来，既不区分哪些"仍活跃"、哪些"已死亡"的类型，也不思考决定某种语音交替存在的特定条件，甚至常把词法音系交替跟由外部条件（语音学条件）决定的交替搞混，跟某一音位的不同语音实现形式搞混（如清辅音在浊辅音前被替换为浊辅音，浊辅音在清辅音之前被替换为清辅音之类）。这样一来，最终得到的就是对词法音系学的完全失真的呈现，或者更准确地说，是让充当描写语法特定组成部分的词法音系学之概念彻底消失了，仅剩下了对个别具体词法音系例子的列举，这就意味着，只能等到后面论述词法学时，再回到这一话题上，列举些与此不同的孤立例子。然而，词

---

① 这两组例子是原始斯拉夫语。可参见 Derksen（2008）——译者注

法音系学实现的是词法学与音系学的结合，在语言生命中占有极为重要的位置。无论是对语言做静态描写研究（共时研究）还是做历史研究（历时研究），无论是研究具体语言还是研究方言学，都绝对不能对词法音系系统视而不见。词法音系学经常成为促进或阻碍具体语音变化、词法变化扩张的因素。许多这样的变化是因词法音系系统的重组之需而引发的。无论如何，在语音变化和词法变化的研究中，都始终有必要澄清某一具体变化是否引发了词法音系系统的变化。

综上所述，我们希望斯拉夫学家们能够真正重视上面所定义的词法音系系统之精确描写，让词法音系学不仅在共时研究中得到思考，在历时研究和方言研究中同样能够得到思考。

词法音系学思考

Gedanken über Morphonologie

（1931）

［译者按］ 特鲁别茨柯依在1930年布拉格国际音系学会议上做的第2场发言，题为"某些词法音系学问题"（Einige morphonologische Fragen），收入会议文集（即《布拉格语言学小组文集》第4卷）的终稿，标题改为《词法音系学思考》。12月19日下午的这一场，集中讨论的是音系与语法的关系问题。其他学者在同一场次宣读的论文包括：雅柯布森的《重音及其在词音系学和组合音系学中的作用》（Die Betonung und ihre Rolle in der Wort- und Syntagmaphonologie）、贝立奇的《句子的音高重音与词的音高重音》（L'accent de la phrase et l'accent du mot）、卡尔采夫斯基的《论句子音系学》（Sur la phonologie de la phrase）。

如果说1929年的《论"词法音系学"》论述的是为何应进行词法音系学研究，那么这篇《词法音系学思考》围绕的则是应如何进行词法音系学研究。文中提出的"完整构建起来的词法音系学"所应包含的三个部分，为词法音系学的研究问题提供了路线图。他本人后来撰写《俄语的词法音系学系统》（1934）一书的目的，正是借助这一路线图为各种具体语言的词法音系学描写提供范例。由于特鲁别茨柯依未能写出包含词法音系学在内的《音系学原理》第2卷，这篇文章一直被视为特鲁别茨柯依关于词法音系学的最重要著作，受到格外的重视，被瓦海克的选集原文收录（Vachek 1964），也被利伯曼的选集英译收录（Trubetzkoy 2001），还在《音系学原理》的冈蒂诺法译本和巴尔塔克斯英译本里充当了附录。

　　本译文由《布拉格语言学小组文集》第4卷中刊载的版本译出，原文是德文。

　　众所周知，我们把词法音系学（Morphophonologie或Morphonologie）理解为对某一语言的音系手段进行词法运用的研究。这一领域在欧洲至今仍是最受忽视的语法分支。如果把古希腊、古罗马的研究跟希伯来语、阿拉伯语语法学家的研究做对比，尤其再跟古印度语法学家的研究做对比，就会看到欧洲古典时期及中世纪对词法音系学问题的忽视。不过，即使是近现代，这一情况仍罕有明显改善。现代闪米特语研究仅仅采纳了阿拉伯语、希伯来语语法学家们的词法音系研究而已，并未透过现代科学视角对这类研究加以改进。而印欧语学家则是把印度学者的学说拿来作为原始印欧语词法音位系统的基础，对词法音系学做了详细的扩充，由此产生了所谓印欧语元音换音系统（Ablautsystem）以及整套印欧语词根学说与后缀学说。但是，我们若是看看现代印欧语著作，就会发现此类著作完全缺乏对词法音系学的真正思考：词根与后缀带有形而上特征，而元音换音搞成了魔法师的法术。无论如何，此类研究的典型情况就是缺乏与活语言的联系。词根理论、元音换音系统等，似乎只对假说中的原始语可行而必要，似乎只存在于历史传承语言的残存之中，即使这些残存，也被后来的演化所覆盖，以至于根本算不上是个系统。施莱歇尔为此而严格区分了原始语构建阶段（ursprachliche Aufbauperiode）和语言历史衰败阶段（Sprachzerstörungsperiode），尽管该视角的理论构想已被所有人否定，但大多数印欧语学家却在无意识中将该视角沿袭至今。各种印欧语言中的元音换音关系以及各类音变，始终是从历史角度呈现的，而现存的各类音变，皆被追溯至其历史源头，却忽略了其当前的价值。由于仍具生命力的词法音系事实和已无生命力的词法音系事实被等同起来，其功能完全未得到思考，因而这类事实的系统本质必然无法得到认识。词法音系学构成了语法中特殊而独立的分支，不仅对原始语如此，对每种语言亦是如此，——印欧语学家一直不愿意承认，词法音系学应阐释为语音史（Lautgeschichte）和形式史（Formengeschichte）相互妥协、相互作用之产物，因此，语音研究中有些词法音系现象，要转而在形态研究中加以探讨。

这一情况不应在继续下去。作为音系学和词法学之间的联系环节，词法音系学必须在语法中获得应有的地位，在每种语言的语法中皆应如此，而不是仅在闪米特语和印欧语言的语法中如此。只有那些并无真正意义上的词法的语言，才可以没有词法音系学；但是这样的语言里，通常属于词法音系学的章节转至音系学。

完整构建起来的词法音系学包含下列三部分：1. 关于语素的音系结构的研究；2. 关于语素在语素组合中发生的组合性音变的研究；3. 关于承担词法功能的音变系列（Lautwechselreihe）的研究。

这三部分中，只有第一部分适用于所有语言。在所有区分不同语素属类（Morphemgattung）的语言中，每个语素属类皆有特殊的语音标记，此类标记在不同语言中各不相同。词根语素特别体现各种结构类型。众所周知，闪米特语言的名词词根语素和动词词根语素大多由三个辅音构成，而这一限制并不适用于代词词根。但是，非闪米特的其他语言也可构建起这样的规则。例如，在某些东高加索语言中，动词词根语素和代词词根语素永远包含一个辅音，而这一限制不适用于名词词根语素。不过，类似的规则在印欧语言中同样存在。斯拉夫语言中，含有单独一个辅音的词根语素仅作为代词词根存在[①]；仅含有一个元音且不含辅音的词根语素，除了像波兰语 obuć（穿鞋）中的 u 这样的古代孑遗之外[②]，在今

---

① 注意此处说的是"词根"，不是"词"。据特鲁别茨柯依在《俄语的词法音系学系统》（1934）中的解释，俄语"仅含一个辅音"的代词词根包括 k-（谁）、č（什么）、t-（那）、s'-（这）、j-（他）。（Trubetzkoy 1934: 17）——译者注

② 波兰语 obuć 的词源是原始斯拉夫语 *obuti（Derksen 2008: 363）；前缀 ob- 是个表示方向的前缀（同上，361），-ć < -ti 是动词不定式词尾。因此，真正的词根只有 u 这一个元音。——译者注

天的斯拉夫语言中完全不存在。俄语中，名词词根语素和代词词根语素必须显示出以辅音结尾[1]，等等。各语言的其他语素属类（词尾语素、前缀语素、后缀语素等）也存在少量可能的语音结构类型。词法语素的任务，恰恰就是确定各个语素属类的语音结构类型。[2]

关于因语素复合而引起的语素组合性音变的研究，相当于古印度语法书中所说的"内部连接音变"（innerer Sandhi）。词法音系学的这一部分对不同语言有不同意义。在某些"黏着语"中，这部分再加上前面论述过的语素的语音结构理论，就是词法音系学之全部，而在另一些语言中，这部分完全不发挥作用。

同样情况亦参照适用于词法音系学的第三部分，即承担词法功能的音变系列的研究。

严格区分仍具生命力的现象和已无生命力的现象，继而区分其在各种音变系列中的特定功能，是非常重要的，对于词法音系学的这一部分来说尤为如此。例如，对俄语词法音系学的研究表明，该语言名词形式的音变系列不同于动词形式的音变系列，屈折形式构成中的音变系列不同于派生形式构成中的音变系列。其他许多语言中亦可见到类似的关系。

语素的语音形式变化不仅在所谓屈折语中（如印欧语言、闪米特语言、东高加索语言等）发挥作用。对此我们只需指出乌戈尔语言对音长性和音质性元音换音的词法运用，以及芬族语言的辅音音变。而另一方面，许多语言中无疑都有语素不发生语音变化的情况，词法音系学中的这个第三部分，在这样的语言中显然应略掉。

词法音系学因而是几乎一切语言的语法中发挥重要作用的一部分，

---

[1] 关于代词词根以辅音结尾，特鲁别茨柯依把я /ja/（我）、ты /ti/（你）、мы /mi/（我们）、вы /vi/（你们）视为"明显例外"，但认为亦可把后三者的首辅音视作"词根"（虽然ы并不是个语素），而я是真正的"例外"，因为这个词"在语言意识里既没有词缀，也没有词根"。（Trubetzkoy 1934: 17n14）——译者注

[2] 不区分语素属类的语言（如汉语），也必须为其确定词的可能语音类型；不过这无法通过词法音系学进行，而应当在音系学中特别的一章里进行。——原注

然而在几乎一切语言中都尚未得到研究。词法音系学研究可极大加深对各种语言的了解。语法中的这个分支对于语言类型学来说格外重要。旧时的类型学把语言分成孤立语、多式综合语、黏着语和屈折语在许多方面并不令人满意。如前所述,词法音系学由于在语法系统中居于中心地位,是语音研究和形态研究之间的连接环节,故而可用于全面描写每种语言的特色。基于词法音系学思考的语言类型,或可推动为全世界的语言构建起更为理性的类型学分类。

海牙第 1 届国际语言学家大会 16 号提案

Proposition 16, Le premier congrès international de linguistes à la Haye

（1928）

［译者按］ 1928 年 4 月 10 日至 15 日，第 1 届国际语言学家大会在荷兰海牙举行。会议设定的六大讨论主题中的第二个，是"技术性术语的构建与界定"（Etablissement et delimination des termes techniques），副标题为"不同语言（法、英、德）中的技术性术语，何谓精确翻译？"（Quelle est la traduction exacte des termes techniques dans les differentes langues [français, anglais, allemande]?）三位与会者提交了四份提案，分别是梅耶提交的 13、14 号提案，赫斯特曼[①]提交的 15 号提案，和特鲁别茨柯依提交的 16 号提案。正是在这一提案中，特鲁别茨柯依提出了"语音联盟"这一概念。

以下是 16 号提案的完整内容，译自 1972 年在列支敦士登重印的《海牙第 1 届国际语言学家大会会议文集》（Actes du premier congrès international de linguistes à La Haye）中的版本，原文是德文。

N. 特鲁别茨柯依，维也纳

　　许多误解和错误之存在，源于语言学家使用"语群"（Sprachgruppe）

---

① 赫斯特曼（Ferdinand Hestermann, 1878—1959），德国民俗学家、语言学家。——译者注

和"语系"（Sprachfamilie）这两个术语时，慎重度不足，意义也不够确切。我对此术语系统提出下列建议：

提案16：因数量显著的系统性对应关系而相互联系着的若干语言之集合，我们称之为语群。

语群之下，我们区别两种类型。

语群中的语言，若显现出句法方面的巨大相似性以及词法构造原则上的相似性，显现出大量共同的文化词汇，有时还在语音系统清单上显现出外在相似性，然而却没有系统性的语音对应关系，在词法成分的语音形式方面没有一致性，也没有共同的基本词汇，——这样的语群我们称之为语言联盟（Sprachbund）。

语群中的语言，若拥有相当数量的共同基础词汇，在词法范畴的语音表现上显现出相似性，并且最重要一点，显现出恒定的语音对应关系，——这样的语群我们称之为语系。①

例如，保加利亚语一方面属于斯拉夫语系（与塞尔维亚-克罗地亚语、波兰语、俄语等一道），另一方面属于巴尔干语言联盟（与现代希腊语、阿尔巴尼亚语、罗马尼亚语一道）。②

上述称谓或概念必须严格区别。语言学家确定某一语言在某一特定语群中的归属时，必须准确而清晰地表明他所说的语群是语言联盟还是语系。这样就能避免许多仓促而轻率的论断。

---

① "语系""语族""语支"这三个由大到小的术语，实际上是中文自创的体系。德、法、英等西方语言中并无三个术语分别与之对应。因此，德语Sprachfamilie、英语language family、法语famille de langues等究竟译为"语系""语族"还是"语支"，应依具体语境而定。——译者注

② 此处的"斯拉夫语系"，中文文献中更常规的提法是"印欧语系斯拉夫语族"。特鲁别茨柯依用作"语言联盟"之例的现代希腊语和阿尔巴尼亚语，在印欧语系中各成一族，而罗马尼亚语属于罗曼语族，三者与斯拉夫语族有亲缘关系，但亲缘关系较远。雅柯布森（Jakobson 1931）把"语言联盟"概念扩展至完全无亲缘关系的语言，如斯拉夫语言和乌拉尔语言、突厥语言等之间呈现出的相似特征。——译者注

音系学与语言地理学

Phonologie und Sprachgeographie

（1931）

［译者按］ 特鲁别茨柯依在1930年布拉格国际音系学会议上宣读的第3篇论文，题为《音系学与语言地理学》。12月20日下午的这一场是语言地理学的专场，其他学者在同一场次宣读的论文包括雅柯布森的《论音系性语言联盟》（Über die phonologischen Sprachbünde）和贝克的《充当标准语音位的方言语音》（Dialektlaute als schriftsprachliche Phoneme）。

语言学家对语言地理问题的兴趣，随着19世纪中后期对活语言的关注而兴起。历史比较语言学研究将方言视为语言演化的活化石，方言调查、方言地图绘制、方言词典编纂等工作因而在这一时期进展迅速，意大利的阿斯科里（Graziadio Isaia Ascoli, 1829—1907）、德国的舒哈特（Hugo Schuchardt, 1842—1927）、法国的吉耶隆（Jules Gilliéron, 1854—1926）、英国的赖特（Joseph Wright, 1855—1930）皆在最富成就的方言学家之列。

这类研究显然离不开对语音的科学描写。进入20世纪，在方言研究继续纵深发展，不断取得进步的背景下，特鲁别茨柯依在这篇《音系学与语言地理学》中强调，现代方言学必须正确区分音系学性、语音学性、词源学性的方言语音差异，区分清单差异和功能差异，从而避免精确导致的复杂为这一领域的研究带来负面效应。

本译文由《布拉格语言学小组文集》第4卷里刊载的版本译出，原文为德文。

1

两种方言之间的语音差异可在于三个方面：此差异可涉及音系系统，可涉及单个音位的语音实现形式，亦可涉及词里音位的词源分布。因此，我们可论述音系学性、语音学性、词源学性的方言差异。

音系性的方言差异可分为清单差异和功能差异。某一方言若有另一方言所不具备的音位，就产生了清单差异。某一音位在某方言里出现于某个特定位置，而在另一方言里无法出现于该位置，就产生了音系功能差异。音系清单差异如大俄罗斯语北部各方言和南部各方言之间，前者有4个非重读元音：ŭ、ŏ、ă、ĭ，而后者只有3个：ŭ、ă、ĭ，没有ŏ。音系功能差异如大俄罗斯语南部各方言和中部各方言之间，后者的音位ă仅出现于硬辅音（非腭化辅音）之后，而前者则是软辅音（腭化辅音）、硬辅音之后皆可；后者内部存在另一种音系功能差异，有些方言里位于软辅音后面的非重读ă仅可出现于硬辅音之前（v'ădu—v'ĭd'oš型），有些方言则无此限制（v'ădu—v'ăd'oš型），等等。

语音学差异如果涉及某一音位在所有位置上的发音，则该差异是绝对差异，如果仅涉及部分位置上的发音，则为有限差异（组合差异）。绝对差异，如波兰语把ł发为ḷ（略靠后的l）的方言和把ł发成u̯的方言之差异；有限差异，如l在i前发生腭化的波兰语南部方言（l'is [狐狸]—las [森林]）和该位置上不发生此变化的波兰语北部方言（lis—las）之差异。

词源性语音差异也可分为两种类型。有些词源性语音差异与音系功能差异相联系：即，某个特定音位在某一方言中的功能，与另一方言相比受到限制，这样的限制通常有利于让另一个特定音位使用得更加充分（后者出现于前者不得出现的位置），这在一定程度上补偿了前一个音位所受的功能限制。此类情况可称之为补偿性词源语音差异。而另一种情况，词源性语音差异与任何功能差异皆无关，可称之为自由性词源语音差异。补偿性词源语音差异之例，可举白俄罗斯语西部方言和东部方言之差异：非重读ă在西部方言中可出现于所有位置，而在东部方言中不允许出现于含有带重音的á的音节之前，这样的位置上，西部方言出现ă之处，东部方言出现的通常是ĭ。而自由性词源语音差异之例，可举波兰语小波兰方言①之例。原始波兰语的"紧音é"在部分小波兰方言里已变成i，而在波兰语其他方言（如沃维奇[Łowicz]地区的方言）里则变成了e：把这些方言相互做对比，如果忽略语音史之阐释，或许也仅能发现有些词在前一组方言里出现了音位i，在后一组方言里出现了音位e，这一现象与任何特定音系位置皆无关。

2

方言学迄今一直在使用历时术语，因而把每一语音差异皆阐释为离散式语音演化之结果。现代方言学，或称语言地理学，在有意识地摆脱"语音定律无例外"学说的过程中宣告，每个发生了音变的词皆有自己的分布边界，音变的地理分布边界因而永远无法绘制得精确而尖锐。

此论断的理由在于，上文中阐述的三类语音差异（音系学性语音差异、语音学性语音差异、词源学性语音差异）通常无法相互分割。

如果把方言差异仅仅理解为词源性语音差异，那么关于方言边界的不精确性和模糊性的论述就是完全正确的。词源性语音差异中不存在彻底的分布规则性。某一区域里，某音变连贯一致地发生了，也就是某一旧音位（或旧音位组合）在所涉及的所有词里都被某一新音位取代，但是其周围的区域里，通常却有一部分词显示为别的音位，而不是预期的

---

① 小波兰方言指波兰南部及东南部地区的波兰语方言。以克拉科夫为中心的这一地区传统上称为"小波兰"（[英] Lesser Poland，[德] Kleinpolen，[波] Małopolska），该方言故而得名。下文提到的沃维奇地区的方言属于另一方言区，称"马佐夫方言"（Masovian）。——译者注

音位；这样的"例外"，其原因无从知晓。而距此不远处通常还存在另一些区域，"例外"在那里已经形成了"规则"。因此可以说，具有最大词源性语音差异的两区域之间（即两区域各自的语音差异在最大多数的词里已发生）始终存在些过渡带（Übergangsgebiet），单个的词在这些过渡带里有时显现出对旧音位的这一种"处理"，有时则显现为另一种，而这些单个词里不同的语音形式，其分布界线相互之间完全独立。

透过语音学性的语音差异，展现出的是全然不同的关系。假如某一音位在两种方言里以两种不同方式得到语音实现，那么同一位置上，这个音位必须在所有的词里皆如此——否则，不同的语音实现形式就会在语言意识里具备语义区别功能，由此获得音系效力，换言之，语音差异将会变成音系差异。即使透过语音学性的方言差异，有时也很难在两个区域之间划上一道精确的边界；这是因为，语音实现形式差别极大的两区域之间，有时存在所谓"中间性"（mittel）或"中介性"（vermittelnd）的语音实现形式，使从一种实现形式类型到另一种实现形式类型之间的过渡成为渐进性的；还有些时候，语音实现形式在有些区域呈现为同一音位的可选性变体。不过，这两种情况下，此语音现象必须在含有该音位的所有的词里都发生。"过渡带"这个术语此时已与词源学性语音差异角度下的意义全然不同。

我们若是转向音系学性的语音差异，就必须宣布："过渡带"这一术语完全无法运用于与音系学意义。某一音位或音位组合在某一方言中要么存在，要么不存在——没有第三种情况。当然，经常还存在另一种情况，某一方言里现存的音系学对立，由其相邻方言中的语音学对立做了所谓的准备。① 我们前面提到过西白俄罗斯语 văda—vădi̯ 和东白俄罗斯语 vi̯da—vădi̯ 之对立；而东白俄罗斯语本身和其他白俄罗斯语方言相邻，这些方言里，ă 位于带有重读 á 的音节之前时，实现为含混的元音 ə，客观

---

① 也可与之相反，相邻方言区的某一音系学差异退化成了语音学差异——从共时观点来考量，这两种情况是等同的。——原注

上既不同于 i̯，也不同于 ă，但从语言意识来看，这个 ə 并不是个独立的音位，而是被感受为音位 ă 的组合性语音变体。发音如 vădă—vădi̯ 的区域，可视为东白俄罗斯语（vi̯da—vădi̯）和西白俄罗斯语（văda—vădi̯）之间的过渡地带。——但这个论断只在纯语音学视角下成立：从音系学视角来看，这一区域属于西白俄罗斯语。更确切地说："激进"的西白俄罗斯语区域与 vădă—vădi̯ 区域之间的差别，是纯语音学差别；而前者与东白俄罗斯语区域之间的差别，是音系学差别。为"激进"的西白俄罗斯语划界或许显现出一定难度（尤其因为 ă 与 ə 之间存在若干渐进过渡层次），而为东白俄罗斯语划界则非常简单：vi̯da 第一个音节里的元音被感受为与 bi̯la 第一个音节里的元音相同，这一点存在于东白俄罗斯语的音系中，在西白俄罗斯语的音系中却并非如此。与之相似的例子中，情况皆如此。语音学性语音过渡显现出的渐进性，使具有语音学差异的方言区域的划界变得困难，与之相比，音系学差异带来的始终是清晰而尖锐的边界。

　　上述考量为绘制方言语音差异地图提供了准绳。——词源学性的差异，在地图上不应只停滞于统一的等语线形式。呈现这类差异，要用词语地理学制图法（wortgeographische Methode der Kartographierung）才可：每个显现出相应音变的词，其等语线必须分别绘于各自的地图上，之后把这些图相互叠放；由此而做出的综合图上，共有的等语线（即重合的等语线）呈现为粗而深色，不重合的等语线则细而浅色；过渡地带呈现出这种浅色线的聚集，而那些"音变贯彻得一致"的区域则完全（或几乎完全）没有这样的浅色线。——语音学性的差异最好能在地图上用不同颜色或不同蚀刻方式来表现，而过渡音区域或两个音呈选择性并置的区域，可通过两种颜色的混合或两种蚀刻方式的结合来表现，语音实现形式的渐进过渡由此可直观地展示出来。——而对于音系学性的差异，其地理边界在地图上可用简单、明显、清晰的线条表示，不同"音系疆域"可用不同颜色表示，也可同时使用这两种途径：无论如何，绘出音系学差异非常简单，因为不需要考虑过渡区域问题。

3

若要确定词源学性语音差异及其分布界线，就必须记录同一个词在某一语言区域内不同地区的方言发音。为这一目的而准备的调查问卷上的问题为："某某词在某某方言里如何发音？"因此，研究词源学性语音差异，必然以拥有统一的词汇表为前提。这样的研究只在同一语言内部可行，至多只在一组较为接近的亲缘语言内部可行。

若要确定语音学性语音差异及其界线，需要研究同一音位在各地的发音（即语音实现形式）；是否始终选择同样的词作例子显然并不重要，重要的是从该方言中选来的词里要有所研究的音位。因此，对语音学性语音差异的研究可独立于词汇表的性质之外，但是其前提是所研究的所有方言要有相同音系系统，或者至少有相似的音系系统。

若要研究音系学性语音差异，就必须为每种方言确定音系清单以及每个音位的功能。方言学家此时要回答的问题是："某某方言中是否真的存在某某音位？""某某音位在某某方言中处于何种音系地位？"所研究的所有方言是否拥有相同的词汇表，是否拥有相同的语法结构，此时显然已不重要。与词源学性语音差异研究相比，音系学性语音差异研究可在某一语言的边界之外开展，甚至可以在某一语系的边界之外开展。即使涉及研究若干种语言时，上述关于绘制音系学性语音差异地图的论述依然全部有效。

让音系学性的方言研究法超出单个语言之界线（无须顾及语言间的亲缘关系），是很有意义的，这一点毋庸置疑。有些音系现象从其地理分布来看，存在于若干种无亲缘关系但在地理上相邻的语言里，或是在某个较大地理区域内的若干种语言中皆不存在。R. 雅柯布森已为辅音性自有音高对立和元音音高轨迹对立证明了这一点，但是，同样的情况很可能也存在于其他音系现象之中。例如，"有喉塞—无喉塞"这组呼气方式型相关关系，在高加索地区所有语言中皆存在，无论这些语言是何来源

（不仅存在于北高加索语系语言和南高加索语系语言里，而且存在于此区域的印欧语系语言和突厥语系语言里），而这一相关关系在欧洲以及亚洲、欧亚洲邻近区域皆不存在。也可为单个音位确定此类地理分布区域。应当注意，音系现象的分布界线不一定总是和语言界线重合，而是经常超出某一语言的疆域，其分布界线因而只能通过音系学－方言学研究来确定。

  若干邻近而无亲缘关系的语言或方言中出现共同的音系学性语音特点，已多次得到关注。但是，解释这类事实还为时过早；对此曾有过底层理论（Substrattheorie），也曾有过关于某一"主导性"语言之影响的设想。这样的解释只要还是在解释个别案例，就并无价值。在集齐所有材料之前，最好能够暂时回避这样的解释。当今的任务是做好穷尽性的材料收集，对大量事实素材做好认定。对全世界语言做音系学－地理学性的描写，如今已摆上日程。而这样的描写，其前提就是对每种语言做音系学性的方言研究。

大语群之间的亲缘关系问题

Il problema della parentele tra i grandi gruppi linguistici

（1935）

[译者按] 1933年9月在罗马召开的第3届国际语言学家大会，或许是二战前的5届大会中受关注度最低的一届。严重的经济危机使许多学者因无力支付差旅费用而无法参会，另有许多学者因对墨索里尼政府的厌恶而对意大利方面主办的会议避而远之。主办方的一些民族主义举措，同样令人反感，二战前的几届国际语言学家大会无论在海牙（第1届）、日内瓦（第2届）、哥本哈根（第4届）还是布鲁塞尔（第5届）举办，皆以法语作为发布会议议题、编写会议文集的语言，而罗马会议将其变为并无国际通行性的意大利语，背后动机不言自明。特鲁别茨柯依1933年6月10日致雅柯布森的信中提及的一些细节耐人寻味："没有法国人参加，令人震惊"，"他们没有寄来任何对议题的回复，只公布了5篇摘要"，"总体印象就是极为简陋（скорее убогое）"，"提交摘要的截止日期已延长到7月15日"。（Trubetzkoy 1975: 277 / 2006: 325-326）不过，特鲁别茨柯依最终还是参加了这次会议。他对会议议题之一"大语群之间的亲缘关系问题"做了回复，宣读了下面这篇短文。

对语系亲缘关系加以夸大，在19世纪并不罕见。"图兰语系"这一提法，就是依据乌拉尔语言和阿尔泰语言之间呈现出的众多类型学相似特征而提出的，但事实上二者间并无发生学亲缘关系，甚至阿尔泰语系自身内部的发生学亲缘关系都存在争议性。然而，对语系亲缘关系的夸大并不止于此。20世纪初出现了不少探索语系之间亲缘关系的尝试，如丹麦语言学家裴得生（Holger Pedersen, 1867—1953）在《突厥语语音定律》（Türkische Lautgesetze, 1903）一文中提出了涵盖印欧、乌拉尔-阿尔泰、闪米特-含米特等语系的"诺斯特拉语系"（Nostratic Languages）这个概念。而在意大利，颇具影响力的语言学家特隆贝蒂是全人类语言同源论的支持者，他的《语言起源的统一性》是该理论的代表作。

关于"大语群之间的亲缘关系问题"，特鲁别茨柯依强调应从词的音系结构特征之事实出发，对语系间的发生学相似性和类型学相似性严格加以区分，而不应把一切相似性皆笼统臆断为"亲缘关系"。如今，我们十分清楚历史语言学和语言类型学研究的绝不是同一问题。特鲁别茨柯依的建议无疑显示出音系学在这类问题中的应用价值。

这篇短文自身并无标题，此处的意大利文标题是他所回复的大会议题。本译文由《第3届国际语言学家大会会议文集》里的版本译出，原文是德文。

要从科学上证明两种语言间或两个语系间的亲缘关系，就必须对拥有规则的语音对应关系的词进行大量比较。语言学家如果不愿服从这一原则，就无法在每一具体情形中证实或否定语言的亲缘关系（以及亲缘关系的程度）。在这类语言学家眼里，一切语言要么皆有亲缘关系，要么皆无亲缘关系，最终导致的是同一结果。但是，如果借助科学的语言比较研究来处理两个极不相同的语系，恐怕会相信语系之间的差别是不可调和的。只有具有可比性的东西才能拿来比较。不过，语言结构中有些差别造成了某些语系的语言成分的不可比性。阿尔泰语词根里严格而不变的元音，与印欧语词根受到换音（Ablaut）影响的元音有本质上的不同，与闪米特语那不仅音质和长度有变化，而且连在词根里的位置都有变化的元音也有本质上的不同。闪米特语和印欧语里，一切辅音无论其在词根中处于何位置，皆平等且拥有相同的音系特征。而在"图兰语言"

（即乌拉尔语言和阿尔泰语言）的结构里，词首辅音拥有的音系特征少于词中辅音和词末辅音（元音系统与之相反，词首音节里的元音音位，音系内容通常比其余音节里的元音音位更丰富）。众所周知，元音对于闪米特语来说并不重要；而对于东高加索语言（车臣－达吉斯坦语）的词根来说，不仅元音不重要，响音也不重要。闪米特语动词词根几乎永远由三个辅音组成；而东高加索语言动词词根通常仅含一个阻塞音。许多时候，闪米特语的三辅音词根，很可能是因词根形体（Wurzelkörper）加上了某些构词语素（Formantien）而形成的，而东高加索语的仅含一个辅音的词根恰好相反，很可能是因原有的多辅音词根里的词末辅音或词首辅音消失而形成的。与之类似，阿尔泰语不变的词根元音很可能是因换音环节固定化或统一化而形成的，而印欧语的换音很可能是原本机械性的语音定律发挥作用而形成的。所有这些可能性，原则上都不能排除。但是在每一具体情形中，语言结构的某一成分（音位词根等）在其形式通过语系内部的比较法构拟出来之前已经历过哪些变化，谁也无法带着客观的把握加以确定。由于不同语系的成分必须做好相应"准备"才能拿来相互比较，所以这类语言比较，永远与一定程度的任意性和某种臆测性相联系。——由于所依赖的词汇对比的量通常不大，所以问题就更严重了。

因此，要从科学角度令人信服地证明出印欧语与闪米特语、乌拉尔语或北高加索语的亲缘关系，我怀疑这没有可能。我把"亲缘关系"（Verwandtschaft）这个术语完全用于直接亲缘关系之义，即发生学（genealogisch）意义上的亲缘关系。与之不同的，是类型学（typologisch）上的亲缘关系，这一关系不可否认地存在于某些发生学上并无相互联系的语言当中。我依然把语言的形态学比较视为语言学中非常重要的领域，视为有许多工作可做的领域；但是，这一领域必须使用其特有的研究方法，而这一点至今仍不完备。

论音系性世界地理

Zur phonologischen Geographie der Welt

（1939）

［译者按］ 30年代中期，特鲁别茨柯依开始筹备世界语言音系地图集的编制。1936年夏，这一构想在哥本哈根第4届国际语言学家大会上的国际音系学协会会议上得到了讨论。10月5日，他在信中告诉雅柯布森："关于音系地图集，我觉得用我自己的方法即可绘出与t和s相区别的音位c（按：/ts/）在欧洲的分布图。这张图画起来很容易，但同时也很有功效，可清楚呈现出音系制图法可以多么富有成果。"（Trubetzkoy 1975: 373 / 2006: 425）为了开展这项工作，次年他编制了一份由70个问题组成的《欧洲（苏联以外）音系调查问卷草案》（Entwurf eines phonologischen Fragebogens für Europa [mit Ausschluss der USSR]）（Trubetzkoy 1975: 380-383），调查各类音位在不同语言及方言中的分布情况。他计划以《论音系性世界地理》为题，在第3届语音科学国际大会上公布这项研究的初步成果。

然而，1938年3月13日，纳粹德国悍然吞并奥地利。特鲁别茨柯依因其鲜明的反纳粹立场而遭到盖世太保逮捕审讯，家中大量文稿被查抄毁坏。他被释放后不久，于6月25日与世长辞，终年48岁。7月18日至22日，在战争阴云中，第3届语音科学国际大会在比利时根特大学如期召开。次年正式出版的会议文集里刊出了《论音系性世界地理》仅存的这段摘要，并且特别配发了特鲁别茨柯依的整页肖像以及签名（图B-5），以缅怀这位不朽的现代音系学奠基人、俄国亲王、语言学家、文化学者、反法西斯战士。

本译文据《第3届语音科学国际大会会议文集》(*Proceedings of the 3rd International Congress of Phonetic Sciences*, 1939）里的版本译出，原文是德文。

图B-5 《第3届语音科学国际大会会议文集》里的
特鲁别茨柯依肖像及下方带有签名的《论音系性世界地理》摘要

每种语言的音位，皆构建起一种由音系对立组成的有规则系统。但是，如果对各种语言相互比较，会发现每个音系对立皆具有其分布域，而这分布域会超越某一语言的边界。每种语言的音系系统，伴随着各种音系对立分布界线的犬牙交错状而存。因此，必须对全世界范围内各个音系对立的分布域进行细致研究，——只有通过各国方言学家和语言学家的有组织合作，才能够达到这一目标。例如，ts这个音位（确切说是ts-s之间以及ts-t之间的音系对立），存在于中部德语和高地德语里，存在于所有斯拉夫语言里，还存在于立陶宛语、匈牙利语、罗马尼亚语、现代希腊语、阿尔巴尼亚语以及意大利语里，由此覆盖了东南欧一大片连贯区域，——而在西班牙语、法语、英语、荷兰语、低地德语以及斯堪的纳维亚各语言里，却并不存在。由此，"有 ts 语言"和"无 ts 语言"之分布就可粗略地表现出来了。但是，更加精确的界线必须一方面由德语方言学家来绘制，另一方面由意大利语方言学家来绘制，因为这类界线把德国的疆域切开了，把意大利的疆域也切开了。软腭擦音的分布（确切说是 k-x 之间的音系对立）在欧洲很特别。存在一个集中的有 x 音区域，从荷兰语区一直绵延至现代希腊语区，该区域的两侧皆被无 x 音的语言包围（一侧是斯堪的纳维亚语言和波罗的语言，另一侧是英语、法语和意大利语）。然而，西班牙语也有 x 音，似乎违背了这一连贯分布域原则。但这一矛盾只是表面上的：因为阿拉伯语和土耳其语也有 x 这个音。由此，西班牙语通过北非和小亚细亚，跟"希腊语-荷兰语 x 音区域"连成了一片。这个例子表明，在音系学的视野中，各大洲都不应当孤立地研究。

高加索语言

Caucasian Languages

（1929）

　　[译者按]"高加索"这个名称对许多人来说不算陌生，人们或记得高加索山脉是欧洲和亚洲的自然地理分界线中的一段，或对20世纪90年代以来这里不时出现的政治军事冲突感到关切。而对于语言学家来说，高加索是个具有不寻常意义的区域。这片面积不大的土地处于多民族、多文化、多宗教的交界地带，语言的高度多样性同样令人称奇，因而一直为历史比较语言学、语言民族志、语言类型学等研究领域所重视。

　　特鲁别茨柯依对高加索语言的研究，至少可追溯至其大学时代。雅柯布森整理的特鲁别茨柯依自述记载，虽然该时期莫斯科大学的语言学课程聚焦的仍是印欧语，尤其是斯拉夫-波罗的语言，但特鲁别茨柯依的很大一部分兴趣早已延伸至"印欧语系之外"。

　　1911年暑假，特鲁别茨柯依随奥塞梯语专家米勒远赴高加索地区，深入黑海海岸的切尔克斯族聚居村落，考察其语言及民间诗歌，通过田野调查收集了许多一手资料。托曼编辑的通信资料集（Toman 1994）里收录了特鲁别茨柯依1912年写给米勒的三封信，信中除了他对这位学术引路人的谢意与敬意之外，我们注意到三封信中最长的一封（Toman 1994: 4-11）已在论证语音史问题：他援引拉克语、安迪语、阿瓦尔语、阿迪格语、尤比克语等高加索语言中的实例，展示了这些语言中 /ʃ/、/x/、/f/ 等擦音之间的对应关系，从而完成了对此地区阿谢河（Ashe / Аше）

的名称溯源的论证。

20年代，流亡海外的特鲁别茨柯依陆续发表了一些关于北高加索语言历史比较研究的高质量文章（Trubetzkoy 1922a, 1922b, 1924, 1926），引起西欧主流学界的关注。他因而受邀为《不列颠百科全书》（第14版）撰写了题为《高加索语言》（Caucasian Languages）的百科词条。虽然音系不是这个词条中聚焦的唯一问题，但是高加索地区三个语群的基本音系特征在此刻画得十分清晰。

词条中反映的是尚未经历大清洗、二战以及苏联解体后的动荡的高加索，如今这一地区（尤其是北高加索）的语言地图已有很大改变，有些语言已濒危或消亡。因此，这一词条具有不同寻常的史料价值。

本译文由《不列颠百科全书》（第14版，第5卷）的Caucasian Languages词条译出，原文是英文。这个翔实而精炼的词条，是特鲁别茨柯依罕有的以英文撰写的著作。

这个术语适用于高加索地峡那些既不属于印欧语系，也不属于闪米特语系或突厥-蒙古语系的语言。这些语言分作三个语群——东高加索语群、西高加索语群和南高加索语群。东高加索语群可分为八支：1. 车臣语支（主要语言是捷列克河[Terek]中游以及达吉斯坦的车臣语）；2. 阿瓦尔-安迪语支（Avaro-Andic）（西达吉斯坦的12种语言，主要语言是阿瓦尔语[Avar]）；3. 达吉斯坦语（东达吉斯坦）；4. 萨穆尔语支（Samur）（南达吉斯坦，主要语言是杰尔宾特[Derbent]附近的库里语[Kuri]）；5. 拉克语（Lakk），亦称卡西-库木克语（Kasi-Kumuk）（中达吉斯坦）；6. 阿奇语（Artchi）（中达吉斯坦的一个村子）；7. 希纳鲁格语（Hinalugh）（沙达格山[Shah-Dag]附近的一个村子）；8. 乌迪语（Udi）（努哈城[Nukha][①]附近的两个村子）。西高加索语群有三支：1. 阿布哈兹

---

① 今阿塞拜疆共和国舍基市（Shaki）。——译者注

语——苏呼米–加里（Sukhum-Kale）地区；2. 尤比克语（Ubykh）——曾为索契地区的主要语言，但今仅剩下小亚细亚的几户人家还在讲；3. 阿迪格语（Adyghe），有两种方言——卡巴尔达语（Kabardi）（分布于所谓卡巴尔达[Kabarda]，主要城市是纳尔奇克[Nalchik]），加赫语（Kiakh）又称切尔克斯语（Cherkess）（库班地区[Kuban]以及黑海的高加索海岸）。南高加索语群即：1. 格鲁吉亚语及其各方言；2. 明格列尔语（Mingrelian）和拉兹语（Laz）；3. 斯瓦涅季语（Svanetian）。①

东高加索语和西高加索语有亲缘关系，可视为北高加索语群的两支。该语群跟南高加索语群之间的亲缘关系尚未经过科学证实，从我们目前所知的情况来看，北高加索语群和南高加索语群必须视为独立的语群。

北高加索语言以极其丰富的辅音为特征，切尔克斯语有57个辅音。北高加索语言语音系统非常典型的特征包括边音辅音，给人一种kl、gl、thl组合的印象；此外还有大量k类辅音，在腭后深处等位置上发音。辅音数量之庞大，在东高加索语群中有所缓和，这些语言里辅音极少相互邻近；但是在西高加索语群中，辅音的相邻和组合出现得非常频繁，即使发音十分困难的最复杂组合也允许出现。

东高加索语言中，名词按类或"性"而划分；其数量因语言而不同（2类至6类）。多数情况下，无论通过词义还是任何外部形式迹象都无法知晓某一名词属于哪一类。同一个名词，经常是单数属于一类，复数属于另一类。每一类的专属辅音（w、b、d、r、y）以前缀、中缀或后缀的形式加在形容词、动词、代词、副词等词上，与名词相联系。例如，阿瓦尔人说：Dow tchi wugo roqow——"这个男人在房子里"；Dob keto bugo roqob——"这只猫在房子里"；Doy thladi yigo roqoy——"这个女人在房子里"。名词、形容词和代词有变格；数量庞大的格，用来表达其他语言里通过与介词的组合而表达的意思。塔巴萨兰语（Tabassaran）有

---

① 英文夹注中的专有名词，依照特鲁别茨柯依原文拼写。部分名称为当时的旧拼法：Artchi 今作 Archi；Hinalugh 今作 Khinalug；Shah-Dag 今作 Shahdagh；Kale 今作 Gali；Cherkess 今作 Circassian。——译者注

35个格。变格系统以施动格（Casus Agens）和受动格（Casus Patiens）之对立为基础。施动格用于及物动词的逻辑主语，受动格用于及物动词的逻辑宾语和不及物动词的逻辑主语。施动格和受动格之间的外在区别，因不同名词而以不同方式表达。因此，库里语Lam"驴"有施动格Lamra，ghum"烟"有施动格ghumadi。其他所有的格，皆由施动格加不同词尾而派生。复数也因不同名词而有不同构成，东高加索语言的名词变格因而充满了不规则形式。这些语言的变位大多也是如此。动词词根，即所有动词形式的不变部分，大多由一个辅音构成。词根之前是前缀，表示动词的体（即动作应理解成持续的过程还是完结了的动作）以及前面提到的那种与句子宾语相一致的性标志。词根辅音之后，是表示时、式（mood）的成分，有时还表示人称。动词形式很多，其语义区别常常非常微妙，很难定义。因此，东高加索语言拥有的是一套复杂的语法，形式极为丰饶而奢侈。同样的奢侈还体现于词汇方面；例如，表示"五年前""四天前"等概念，各有特别的副词——这些词跟所对应的数词没有任何共同点。

西高加索语言中，变格缩至最简；阿迪格语和尤比克语只有三个格，阿布哈兹语完全没有变格。动词形式比东高加索语言少。词汇较贫乏，故而最简单的概念也要由复合词来表达，如络腮胡子在阿迪格语里表述为"嘴的尾巴"，等等。西高加索语言的典型特征就是喜欢把词进行复合。虽然东西高加索语言之间有这样的差别，但是这两个语群之间仍有重要的相似之处——包括大多数基本词汇，如人称代词、数词、简单的动词词根等，因此，二者无疑有亲缘关系。语法方面还存在一些个别的相似之处，如施动格和受动格的对立，名词不同类别的痕迹，等等。

南高加索语系语言的语音结构比北高加索语言简单；南高加索语言对辅音聚集（agglomeration of consonants）的喜好令人惊讶（例如，格鲁吉亚语mghwdlis，"神甫"，属格）。只存在一种性。格形式方面的变格很丰富，但是其构成很规则。动词变位发达；通过某些前缀和后缀的组合来表达人称形式的途径很复杂。南高加索语中，动词与主语和宾语的一致因动词时态而各异。现在时里，主语是主格，宾语是与格-宾格。不定过去时（aorist）里，主语是一种特殊的格（施动格？），宾语是主格。完成体里，主语是与格，宾语是主格。

只有格鲁吉亚语拥有古代书面文学，始于公元5世纪。近些年，其他高加索语言的书籍和报刊开始出现了。

参考文献：——北高加索语言的文献，见梅耶和科恩《世界语言》（Meillet & Cohen, *Les langues du monde*，巴黎，1924）以及A. 迪尔《高加索语言研究导论》（A. Dirr, *Einführung in das Studium der Kaukasischen Sprachen*，莱比锡，1928）。关于格鲁吉亚语，见A. 迪尔《现代格鲁吉亚语理论语法与实践语法》（*Theoretisch-praktische Grammatik der modernen Georgian [Grusinischen] Sprache*，哈特雷本[Hartleben]"多语言艺术"丛书[Kunst der Polyglottie]，第81种）；F. N. 芬克，《语言结构的主要类型》（F. N. Fink, *Die Haupttypen des Sprachbaues*，莱比锡，1910，132–149页）。

（N. S. T.）

人工国际辅助语的语音系统应当如何构建？

Wie soll das Lautsystem einer künstlichen internationalen Hilfssprache beschaffen sein?

（1939）

［译者按］ 特鲁别茨柯依的骤然离世令学界震惊。布拉格语言学小组特地为这位杰出的核心成员编纂了一部《纪念N. S. 特鲁别茨柯依亲王先生音系学研究集》（*Études phonologiques dédiées à la mémoire de M. le Prince N. S. Trubetzkoy*）。此文集以《布拉格语言学小组文集》第8卷的形式出版，卷首特别刊登了特鲁别茨柯依本人的两篇嗣后作，之后的主体部分是来自欧美11个国家的31位学者撰写的关于普通音系学及历时音系学的论文，末尾是哈弗拉奈克编写的特鲁别茨柯依著作目录，还附了从特鲁别茨柯依1937年12月3日写给雅柯布森信中节选的关于东干语音系系统的论述。

《人工国际辅助语的语音系统应当如何构建？》是文集里的两篇嗣后作中的第一篇（第二篇是《东干语的音系系统》），从音系学视角论述了人工语言语音层面的设计应遵循哪些原则。创制国际人工辅助语，使之在母语各异的人们之间充当高效率的交流桥梁，这一追求曾在19世纪末、20世纪初形成过高潮。但是随着第一次世界大战使各国交恶，这场运动很快搁浅。两次世界大战之间，人们对国际人工辅助语的兴趣再起，特鲁别茨柯依也参与在其中。在英语已成为事实上的全球通用语的今天，创制国际人工辅助语言已失去了其最初的动力，但本文仍不失为特鲁别茨

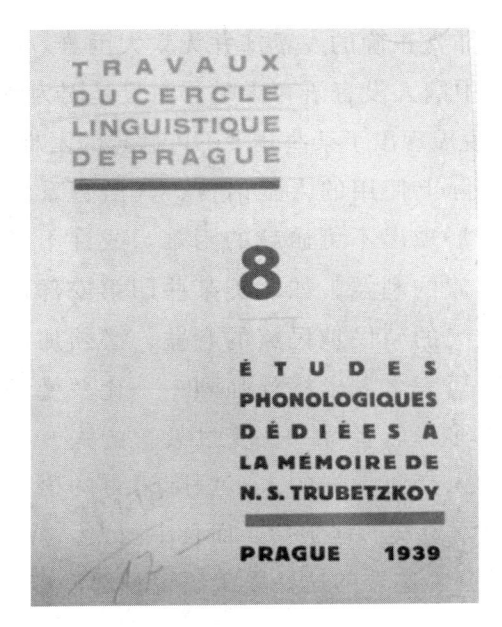

图 B-6 《布拉格语言学小组文集》第 8 卷：
《纪念 N. S. 特鲁别茨柯依亲王先生音系学研究集》

柯依音系学思想在实用领域的一次全面展示。

本译文由《布拉格语言学小组文集》第 8 卷中的版本译出，原文是德文。

国际人工语言的设计者们竭力把语法创制得尽可能简单，以便让极不相同的各国代表们的人工语言学习变得轻松。但是，人工语言的语音层面却很不受关注。而对于外语学习来说，困难的语音系统造成的是跟复杂的语法同样大的障碍。外国人用不正确的发音讲着某一语言，和他交流有时几乎是不可能的。任何曾经跟讲着不完善的德语、法语或英语的中国人、朝鲜人、日本人交谈过的人，都会欣然相信这一点。在中国或日本工作的语言教师凭借经验即明白，仅教这些国家的人们把欧洲语言的发音掌握到可勉强接受，就已经艰巨得难以置信。不过，日本人掌握汉语或缅甸语的非常正确的发音却并无太大困难。所以，这不是因为日本人、朝鲜人、中国人没有语言天赋，而只是因为欧洲语言的语音系统对于这些民族来说展现出了某些几乎不可逾越的困难。

力求真正在国际上使用的人工语言，其语音系统绝不能在这世界上的任何民族面前展现出不可逾越的困难。或许不必考虑某些微不足道且即将消亡的民族的利益，如北美某些印第安部落。但是，那些异域文明民族以及较大的殖民地民族的利益，必须加以考虑，因为在这些民族当中，国际语言之需求格外强烈——比罗曼语、日耳曼语、斯拉夫语民族强烈很多，后者每一位受过教育的人，都能够不太费力地跟其他欧洲民族的人交流。好的人工国际语言的语音层面，必须构建得不仅欧洲人可以不费气力地学会，而且中国人、马来人、苏丹黑人都能够不费气力地学会。迄今的这些人工语言，都没有达到这一要求，这是它们很大的缺点。

掌握语音层面之难，未必在于习得外语语音的正确发音，而更在于专注某些语音区别，这些语音区别在所学的外语中具有语义区别，但在自己的母语中却无关紧要。对德国人来说，按照高音、中音、低音唱出一个元音，或者让声音在发音时呈升调或降调，是毫无困难的。但是，德国人若要按中国南方（粤语）发音来学汉语，该语言那著名的"九个声调"对他来说就成了不可逾越的困难。不可能记住，句子里每次出现 fan "分开"这个词，a 都必须以高声调开始，而 n 应发成中等声调，由此整个音节呈下降的乐调。如果把高声调一直持续至 n 结束，fan 的意思就不是"分开"，而是"睡觉"了；如果下降的声调轨迹起得不够高，a 以中等声调开始，n 以非常低的声调收尾，fan 的意思就成了"烤"。① 此处

---

① 这三个 fan 分别是 fan^1（分）、fan^3（瞓）、fan^4（燔）。虽然文中未给出例子的出处，但这三个例词必然取自琼斯和胡炯堂合著的《粤语语音读本》（1913）。《音系学原理》中也引用过该书。注意琼斯和胡炯堂把 fan^3（瞓）的声调称为"高平调"（upper level tone）是跟"低平调"（lower level tone）的 fan^6（份）（调值 22）相对而言的（参见 Jones & Woo 1913: 16），严格来说，fan^3（瞓）的声调应称作中平调（调值 33）。特鲁别茨柯依明显把这个调误当成了真正的高平调（调值 55）。——译者注

显现出的困难，不在于具体发音动作的习得，而在于专注音节旋律和声调高度，并进行专门的记忆训练。人工语言必须完全避免可能造成这类困难的东西，而永远应当从尽可能最简约的语言意识之角度来构建。对德国人来说，记住南方汉语中的那三种声调是困难的。而对中国南方人来说，学习一种没有区别词义的声调的语言并无困难：他只要记着，在所学的语言里把所有的音节都发成中等声调即可——他这样讲话时，所有人都听得懂。而人工语言的设计者可由此得出结论：此语言里不应当有区别词义的声调，这样一来，欧洲人的利益得到了维护，而远东人的利益又没有受损。同样的原则，必须同样运用于其他类似的情况。

　　语言不仅以说者为前提，而且以听者为前提；人工国际语，以两种不同母语故而代表两种不同语言习惯的说者和听者为前提。相同的语音现象可被语言不同的人做出不同解读，是个广为人知的事实。俄罗斯人习惯把所有重读元音发成长音，把所有非重读元音发成短音。重音和音长对他来说意义相同。捷克人始终把每个词的第一个音节重读，重音对他来说只是个词首信号，元音的长与短在捷克语中完全独立于重音之外，在该语言中扮演重要角色，经常用于词义之区别（如 pīt'i [喝] — pit'ī [饮料]，lāska [爱] — laskā [他抚摸]①）。讲捷克语的俄罗斯人，不是把每个词首音节都发成带重音的长音，把每个非词首音节都发成短音，就是把捷克语的长元音理解成重读元音，发得不仅长而且带重音，而忽视了词首音节的重音（词首音节为短音时尤其如此）；多数时候，这两种错误都会出现，以致整个捷克语韵律系统在俄罗斯人的口中似乎都走了形，变得无从辨认了。而另一方面，讲俄语的捷克人也不习惯俄语的重音关系：他会像自己的母语里那样重读词首音节，并把俄语的重音理解成元音音长（于是，俄语句子 přińiśít'i mńe stakán vadý 在捷克人口中就成了

---

① 这些例词是语音转写形式，即 /ˈpiːcɪ/—/ˈpɪciː/；/ˈlaːska/—/ˈlaskaː/。它们的正字法形式分别为：píti（喝）—pití（饮料）；láska（爱）—laská（他抚摸）。——译者注

priňisīt'i mňe stakān vadȳ）①，或者为了避免这一情况，他会尽可能地把重音往后推，且不把元音拖长，以致所有俄语词的重音都跑到了最后一个音节上，且没有变长。由于俄语重音具有词义区别功能，因而会不断出现误解。不过，即使某一语音差异在两种语言中皆具有词义区别功能，如果该语音差异在这两种语言中的实现方式全然不同，那么讲这两种语言的人之间仍可产生误解。法国人声称，德国人（其实是阿勒曼尼方言群的代表）把法语的b、d、g跟p、t、k混淆了——非常值得注意的是，b—p、d—t、g—k之差别在德语里也具有词义区别功能（比较 Bein [腿] — Pein [折磨], raube [我抢] — Raupe [毛毛虫], Drohnen [雄蜂] — thronen [统治], leiden [忍受] — leiten [引领], geil [旺盛的] — Keil [楔子], lagen [放置] — Laken [床单]）。此事似乎可以解释成，阿勒曼尼语的b、d、g和p、t、k，跟所对应的法语语音发音并不全然相同；因此，阿勒曼尼语的b和p皆位于法语b与p之间：阿勒曼尼人想说法语bière（啤酒）时，实际所说出的介于法语bière和pierre（石头）之间，法国人若只关注自己习惯了的发音差别，就会相信听到的是pierre。通过上述情况（都是不同民族之间的交际中特别常见的情况），人工国际语言的设计者可得出结论，这类语言的语音系统中，所谓相关关系必须尽可能避免。无论长短元音之区别，还是清浊辅音（即强弱辅音）、送气不送气辅音之区别，抑或是词重音位置之区别，都不应当在人工国际语言中用来区别词义。这一点实在太重要，因为所有这些区别对于世界上相当一部分语言来说都是全然陌生的。

最终，很明显，所有给有些民族带来困难的发音，都必须避免。当然，这一问题上不应考虑那些半消亡的语言。阿留申族、特林吉特族、胡帕族印第安人的语言里没有唇塞音，对陌生的p、b的发音有异议，而这一情况不阻碍人工国际语的语音系统采纳唇塞音。然而，h音对法语、

---

① 此例为语音转写，元音上方的ˉ表示长音，元音上方的ˊ表示重音，辅音上方的ˊ以及t右侧的'表示腭化（"软音"）。书面形式为：Принесите мне стакан воды.（请给我拿一杯水来。）——译者注

意大利语、现代希腊语、泰米尔语等语言来说是陌生的，似乎表明人工语言的语音系统不应采用这样的音。从上述原则出发，我们试构建一下人工国际语的理想语音系统。

关于元音，拉丁语的5个元音——u、o、a、e、i，差不多所有民族都发得出来。比它贫瘠的元音系统，要么存在于因文化影响域小而无须考虑的语言（如拉克语），要么存在于缺失的元音在特定条件下仍可出现的语言。例如，波斯语里只有3个长元音和3个短元音，优雅发音中，3个长音的音值呈现为ū、ā、ī，但3个短音呈现为o、ä、e；因此，对波斯人来说，那5个元音全都能发出来，只是波斯人会有把o和e发得比其他3个元音短的倾向。由于元音音长不用作词义区别，所以这倾向完全不会造成误解。因此，这5个元音全部可为国际语言的语音系统所采纳。不过，仅此5个元音足矣：无论ö、ü，还是所谓o类音和e类音的"开"与"闭"，都不应当用作独立的语义区别成分。这5个元音的发音，必须交由每个民族自行决定。不如建议英国人（美国人更是如此）、德国人、阿拉伯人永远把国际语中的u和i发成长音，他们的语言里短音u和i发得十分开阔（有些方言里甚至趋向o和e）。此外，u-o、i-e之对立不应承担过强的功能负载，换言之，应当力求把因u-o、i-e之对立而相区别的词对（如德语Russ—Ross，winden—wenden，法语doux—dos，prix—pré）①设计得尽可能少些。

关于辅音，首先，国际语的语音系统里应采用3个塞音：唇音（p）、齿音（t）和腭音（k）。世界上似乎没有哪种语言里没有齿塞音。唇塞音只在美洲的极少数"原始"语言中缺失（如阿留申语、特林吉特语、胡帕语等），腭塞音只在若干语言的少量较小方言里缺失（如克恩顿斯洛文尼亚语的罗森塔尔方言 [Rosentaler Mundart des Kärnter-Slovenisch]、伏尔加鞑靼语的卡西莫夫方言 [Kasimovscher Mundart des Wolga-Tartarisch]

---

① 这些例词的发音及词义如下：德语Russ /ʁuːs/（煤灰）— Ross /ʁɔs/（骏马），winden /ˈvɪndən/（蜿蜒）— wenden /ˈvɛndən/（转动）；法语doux /du/（柔和的）— dos /do/（后背），prix /pʁi/（价钱）— pré /pʁe/（草地）。德语Russ今拼作Ruß。——译者注

等）。因此国际语中应自信地采纳p、t、k。它们的发音，也同样必须交由各民族自行处理。一些民族将其发为浊音，另一些民族将其发为清音；一些民族将其发为送气音，另一些民族将其发为不送气音，等等。由于塞音的清浊之别、强弱之别、送气与不送气之别在国际语中皆不应具有词义区别力，所以各民族发这3个塞音的差别并不会引发误解。对于许多民族，总的来说仅有一种发音是可能的发音。例如，希腊人的语言里仅有不送气清音p、t、k，而在鼻音之后，仅有浊音b、d、g：他们当然也会依此去发国际语里的塞音。有些语言，某些语音位置上仅允许一种塞音，另一些语音位置上则区别两种塞音。例如爱沙尼亚语即是如此，词首仅有清塞音，但词中却区别清浊塞音；与之相反的是苏格兰盖尔语的某些方言，词中仅有不送气清音，而词首则有送气塞音和不送气塞音的词义区别对立。这类情况应当建议他们，发国际语一切位置上的塞音，都按他们自己母语里发"最小区别位置"的塞音那样发。（所以，按爱沙尼亚语的词首发，按苏格兰盖尔语方言的词中发。）两种或三种塞音在一切位置上皆具有词义区别功能的语言，如英语、法语、汉语、暹罗语，讲这些语言的人确定如何发国际语里的p、t、k会困难些。但只需构建下列规则即可：母语中区分清浊塞音的民族，"国际语p、t、k"发成清音；母语中送气塞音和不送气塞音的民族，"国际语p、t、k"发成不送气音；母语中区分强音和弱音的语言，"国际语p、t、k"发成强音。尽管有上述规则，国际语p、t、k的发音仍可因不同民族而异（例如，阿拉伯人可将p发成浊音b，而把t、k发成送气清音t'、k'，[①]等等）。但无论如何，国际语的p、t、k要永远能辨认出来——这才是交际中的根本问题。关于鼻音，国际语言只要有m和n即可，因为其他鼻音（如法语的硬腭gn或德语的软腭ng）并不是在全世界所有语言里都存在，许多民族都发不出来。不过，有人把k前的n发成软腭音，或是把j前的n发成硬腭音，显然并不跟这条原则相冲突。

---

① 阿拉伯语有音位/b/，但没有音位/p/。参见Thelwall & Sa'adeddin（1999: 51）。——译者注

国际语语音系统采用何种擦音，遇到了很大的困难。唇擦音 f 对地球上的许多民族来说都是发不出来的。这个音在芬兰语、爱沙尼亚语、拉脱维亚语、立陶宛语、亚美尼亚语、泰米尔语、缅甸语、蒙古语等语言中都没有，在日语和朝鲜语中仅在 u 之前出现①。腭擦音 x，对意大利语、法语、英语、挪威语、瑞典语、丹麦语、立陶宛语、拉脱维亚语、孟加拉语等语言来说都是陌生的。因此，无论 f 还是 x，都不应在真正的国际语言中占据一席之地。所有的擦音中，只有 s 才应被这样的语音系统采纳，因为除了像努尔语（埃属苏丹②）或是一些澳大利亚原住民语等由于文化意义有限而无须考虑的语言之外，s 在全世界所有语言里都存在。不过，各民族的 s 发音差别显著。然而只要国际语的语音系统里没有与 s 相似的其他擦音，s 就能始终清晰可辨。但不建议再引入 sch 这样的擦音，因为对与非常多的民族来说，这都是个发不出来的音。

如前所述，法语、意大利语、希腊语等缺失的 h 音，切不可被国际语言的语音系统采纳。

与之相反，j 音和 w 音应毫不犹豫地被国际语言的语音系统采纳。当然存在没有 j 的语言，如格鲁吉亚语。但是，讲这类语言的人却可以把 j 发成非音节性的 i，而 i 存在于所有的语言中，把一个紧元音发成非音节音从来不是什么难事。至于 w，可以让各民族自行决定要把它发成唇齿 v、双唇 w 还是非音节性的 u：透过这三种发音只承认国际语中唯一的 w，就绝不会造成麻烦。

最难的恐怕是流音问题。四个流音、三个流音、两个流音、仅一个流音的语言皆存在，汉语和日语等重要语言就属于最后这一类。依据上文所构建的原则，应遵照最贫瘠的系统，因此国际语言的语音系统中仅

---

① 严格来说，日语和朝鲜语的这个唇擦音是双唇的 [ɸ]，而不是唇齿的 [f]。——译者注

② 苏丹 19 世纪 20 年代被并入奥斯曼帝国治下的埃及，后由埃及和英国共管（即"英埃苏丹"政权，Condominium of Anglo-Egyptian Sudan）直至 1956 年苏丹独立。努尔语（Nuer）是努尔族人所讲的尼罗-撒哈拉语系语言，其分布区域主要位于 2011 年独立的南苏丹共和国境内。——译者注

需采纳一个流音。但是还需问问应让哪个流音享此殊荣。汉语只有一个l（元音之前），而日语只有一个r。国际语里的流音当然可以被中国人发成l，被日本人发成r；毫无疑问，相互会话时，日本人听中国人发的l，中国人听日本人发的r，都会辨认为"国际语的流音"。不过，现在的问题是，母语中区别两个、三个、四个流音的民族，应如何发国际语的流音。要解决这一问题，就应考虑到流音在各种不同的语言和方言中就极其多样的发音方式。我们比较各种只有一个r音的语言里r的发音，如英语、法语、意大利语、西班牙语、丹麦语，等等，会看到这些r的发音非常不同，以至于有的民族几乎无法把外语里的r辨认成r。一个阿拉伯人，可能会把法语（巴黎话）trois（三）里的r当成自己的x，把丹麦语的r当成自己的"ain"①。与之相反，l在不同语言里的发音差异就远没有这么多样。尤其是那些有两个l音的语言，总有一个接近某一中间值：例如，俄语里"软音"l'最接近中间值，塞尔维亚-克罗地亚语里是"齿音"l，斯洛文尼亚语里是"硬腭"lj，②等等。因此，把国际语言中唯一的流音职责委托给l，误解之风险远远小于把这样的职责委托给r。

所以，国际语言的语音系统，只应包含14个音：5个元音——u、o、a、e、i；3个塞音——p、t、k；2个鼻音——m、n；2个半元音——w、j；1个擦音——s；1个流音——l。

重要的不仅是所构建的国际语语音之清单，还有可允许的语音组合之清单。因为并不是某一语言里存在的所有语音组合，都能被讲另一种语言的人发出来；许多语音组合，有的民族发音发得让别的民族根本无法辨别其成分。关于元音组合，必须区别两类：单音节性元音组合和多音节性元音组合。或者我们若只谈两个元音之组合，就是区

---

① [x]是软腭清擦音，即阿拉伯字母ﻉ所代表的音。ain（英语拼作ayin）是咽部浊擦音，国际音标为[ʕ]，即阿拉伯语字母ﻉ所代表的音。而法语和丹麦语的r通常为小舌浊擦音[ʁ]，法语中有时也发成小舌颤音[ʀ]。——译者注

② 原文如此。斯洛文尼亚语没有齿龈/l/和硬腭/ʎ/之音位对立（参见 Šuštaršič, Komar & Petek 1999: 135-136），疑为"斯洛伐克语"之误印。——译者注

分单音节性元音组合和双音节性元音组合。由两个元音构成的单音节性组合就是众所周知的二合元音。对此，依据开元音位于前面还是后面，又有下降二合元音和上升二合元音之区别。由 i 和 u 充当后一个成分的下降二合元音，跟由 e 和 o 充当后一个成分是的下降二合元音很难区分。极少有语言（及方言）有这样的区别。对于一种有 5 个元音的语言来说，只需考虑 6 种下降二合元音：ou、au、eu、oi、ai、ei。但是对此必须想到，这 6 个二合元音并不是对所有民族来说都很好区分。德国人把 ou 跟 au 混淆（例如力图念出捷克专名时），把 ei 跟 ai 混淆（例如说英语时），还把 eu 跟 oi 混淆；英语的 au 发起来常常太接近 eu；许多语言只有 ai、au，讲这些语言的人无法正确分清其他二合元音。因此，最谨慎的处理方式，或许是仅让国际语言采纳 ai 和 au 这两个下降二合元音。至于上升二合元音，其单音节发音给许多母语里没有这类二合元音的民族带来了极为严重且不可逾越的困难。因此，似乎毫无疑问，国际语言中切不可采纳上升二合元音。

双音节性的元音组合，在全世界的语言中实在太不常见。但是，似乎谁也不至于发不出来。所以，国际语言应予以采纳。不过，必须采取手段使其跟某些其他组合严格区别。因此，一切以 u 和 i 为后一个成分的双音节组合（o-u、a-u、e-u、i-u、o-i、a-i、e-i、u-i）都必须排除在外，因为人们很容易将其发成二合元音，故而与双元音相混淆。此外，前一个成分是 u 和 i 的双音节组合，只应出现于不能跟"w 或 j + 元音"之组合相混淆的语音环境中。最后，两个相同元音构成的组合必须避免，因为这样的组合一定会被讲有些语言的人缩合成长元音，又被讲另一些语言的人理解成简单（短）元音。因此，在 25 个理论上可能的语音组合中，有 13 个完全应排除（即 uu、oo、aa、ee、ii、ou、au、eu、iu、ui、oi、ai、ei），有 6 个仅有限允许（即 uo、ua、ue、io、ia、ie），只有 6 个是无条件允许的（即 oa、oe、ao、ae、eo、ea）。

有些辅音加元音的组合，若要避免误解之风险，就不应当允许在国际语言中存在。首先是 wu、ji 之类的组合，对许多民族来说都是完全发不出来，很容易跟简单的 u 和 i 相混淆。此外还必须排除 tu、ti 这类组合，这些组合对日本人来说是发不出来的。这个陌生的 tu，日本人会发成 tsu，而陌生的 ti 则会被发成 tschi（朝鲜人也是把 ti 发成 tschi）。但是，非日本人基本无法把和他讲话的日本人发的 tsu 和 tschi 辨认为国际语的 tu 和 ti。而由于日本人又在对人工辅助语最感兴趣的民族之列，所以他们的发音特点必须得到考虑，只有拒绝 tu 和 ti 之组合才能达到这一点。另一个对国际辅助语之创制非常感兴趣的重要民族是中国人，他们对清晰发出 ki 这个组合表现出很大困难：北方汉语（即所谓官话）没有这个组合，他们转而将其发成一个介于 tchi 和 tschi 之间的中间音，非中国人很难将其辨认为 ki。所以，ki 这个组合也必须从国际辅助语的清单中剔除。由此，辅音加元音构成的 45 个可能的组合中，只有 5 个应排除（wu、ji、tu、ti、ki），其余 40 个皆可无条件地使用。

"元音加辅音"的组合，我们必须排除的只有 ij 和 uw 之组合：这类组合在元音之前会与"i、u + 元音"的双音节组合相混淆，在辅音（词末辅音）之前会与简单的 i、u 相混淆。其他所有元音后接辅音的组合皆允许。关于 u 和 i 的论述，亦适用于二合元音 au 和 ai：像 auw、aij 这样的组合是不允许的，而在其他一切辅音之前，au 是 ai 是可以出现的。

关于两个辅音之组合，不同语言中有各式各样的限制在发挥作用，正是在这一问题上，某一民族才显现出最低适应性。最极端的例子如某些东亚语言和南非语言。缅甸语完全不允许任何辅音组合（该语言的"辅音 + j"组合发成腭化辅音，"辅音 + w"组合发成圆唇辅音，因此不应当视为组合）。日语仅容许鼻辅音跟同器官的辅音之组合。汉语其实同样属于这一类，至少对于北方方言和中部方言（词干成分内部）来说如此，此外还有祖鲁语和其他一些班图语言。可把这类系统视为应考虑的系统中最贫瘠的一类。另一方面，因为似乎找不出在哪种语言里，鼻辅音后面不能接同器官辅音，所以我们相信，国际辅助语在此问题上应依据日语来设计（缅甸语等确无此类组合的语言拥有鼻化元音，可以很容易视其为用鼻化元音替换掉了"元音 + 同器官鼻辅音"之组合）。① 在两个不同辅音的72种理论上可能的组合中，国际辅助语仅允许7种组合，即 mp、nd、nk、ns、mw、nj、nl。对此问题的任何其他解决办法都只会在与东亚民族的交际中导致误解。受过教育的日本人，即使在海外居住很久，细致地学习了欧洲语言，仍发不出辅音组合。他们总是在辅音之间插入u或i，把 Berlin（柏林）、Leipzig（莱比锡）、Christ（基督）、Spital（医院）、nicht（不）、Napht（石油）说成 Berulinu、Raipitschichi、Kirisuto、schipitaru、nichito、Nafuto，他们的这种发音特征，使他们在说外语时很难让人听懂。中国人的情况与之类似。如果国际辅助语里引入各种辅音组合（除上述7种之外），就必须考虑到对这类辅助语最感兴趣的东亚民族讲起这语言的方式会让其他民族听不懂——这就让此语言的设计完全失去了意义。

是否应当允许国际语言里有重叠辅音，是个难题。重叠辅音或称双辅音，在世界上各不相同的语言中很常见（在日语中也习以为常），即使其语言中并无辅音重叠的人，也会觉得重复这样的双辅音并不难。但是另一方面，对于许多母语里没有辅音重叠的民族来说，从听觉上分清楚重叠辅音和简单辅音是极为困难的，这就很让人担心，国际辅助语里引入辅音重叠会导致误解。此外，还有些民族，会把国际辅助语里某些原本不是双辅音的音发成双辅音。例如，泰米尔人就属于这种情况：他们的母语中，存在于元音之间的，要么是双清塞音，要么是双清擦音——这样一来，他们会把国际语里元音之间的p、t、k始终发成pp、tt、kk，无法区别双p、k、t和非双p、t、k。这一问题上我们相信，辅音重叠的引入必须被放弃。

还有一个要探讨的问题，是语音及语音组合与词首、词末、词中的

---

① "同器官"（homorgan）发音部位相同。相同发音部位上可依不同发音方法而发出辅音，如齿龈部位的塞音[t]、鼻音[n]、擦音[s]等。元音和"同器官鼻辅音"之关系，如前元音[i]和具有[−后位性]特征的鼻辅音[n]，或后元音[u]和具有[+后位性]特征的鼻辅音[ŋ]之关系。——译者注

关系。世界上大多数语言在词首位置既容许辅音，也容许元音。但也有些语言词首仅允许辅音，不过那大多是不重要的语言，无须加以考虑。辅音当中，流音经常避免出现于词首。例如，大多数突厥语言即是如此。然而在阿拉伯语和波斯语的影响下，信奉伊斯兰教的突厥民族（我们要考虑的也正是这部分突厥民族①）放弃了这条限制，如今他们的语言里以流音开头的词并不少。日语情况类似，流音（r）原本不得位于词首，但是在大量汉语学问词的影响下，这一限制被铲除了（例如，填字谜游戏爱好者们众所周知的"日本长度单位 ri［里］"）。我们需加以考虑的文明世界的语言中，如今似乎只有朝鲜语不容许词首的流音。但是我们基本没有理由把这一限制转移到国际辅助语里。至于辅音组合 mp、nd、nk、ns、mw、nj、nl，当然不应该存在于词首：这位置上，我们所考虑的大多数民族都发不出这些组合。而在词中位置上，所有的允许引入的音和音组都允许出现。只是二合元音 au、ai 后接上述辅音组合（mp、nd、nk、ns、mw、nj、nl）的组合必须排除在外，因为这样的语音序列，许多民族都发不出来。

词末位置，所有元音都应当允许出现，世界上似乎找不出哪种语言不许元音出现在词末，这一点恐怕是毫无疑问的。但是，词末位置上的辅音，情况就大不相同了。非常多的语言里，词末可容许的辅音数量很受限制。古希腊语这一位置仅容许 n、s 和 r，今天的意大利语词末仅允许 n、r、l，芬兰语则仅允许 n、t、s。这一问题上最极端的例子，我们还是要看日语以及汉语的北方方言和中部方言，词末位置上仅允许一个鼻辅音。以一个其他辅音结尾的外来词，中国人把这个辅音简单地删除，而日本人会为其添加一个元音（例如，英语 pound = 汉语 pan，日语

---

① 伊斯兰教突厥民族，包括与欧洲关系密切的土耳其人，中亚的哈萨克、吉尔吉斯、乌兹别克、土库曼等族，以及我国的维吾尔族等。非伊斯兰教的突厥民族，通常人口较少，分布区域有限，如我国的裕固族（藏传佛教），俄境内的哈卡斯族（Khakas）（萨满教）等。——译者注

pando，①等等）。这些都是全无意识且"带着最好的意图"发生的：因为日本人和中国人只习惯在元音之前说出辅音、听到非鼻音的辅音，而对外语的词末辅音，要么全然注意不到，要么假想自己听到了一个短元音跟在后面。人们要想在人工国际辅助语中避免这样的误解，就同样不应在此语言的词末允许出现 n 之外的其他辅音。

我们来总结一下前文各部分的结论即可发现，语音按照上述原则来构建的国际辅助语，可以仅含 110 个单音节成分和 10542 个双音节成分。由此可给出下列计算出的数字：②

1. 以元音开头的单音节：5 个单元音 + 2 个二合元音 + 5 个以 n 结尾的 = 12。

2. 以辅音开头的单音节：由单元音构成的 40 个（即 $9 \times 5 - 5$）+ 由二合元音构成的 18 个（$= 9 \times 2$）+ 以 n 结尾的 40 个 = 98。

总计 12 + 98 = 110 个单音节。

3. 以元音开头的双音节：

a）两元音之间没有辅音：由单元音构成的 6 个（eo、ea、ae、ao、oa、oe）+ 带二合元音的 4 个（oai、oau、eai、eau）+ 第二个音节带有鼻辅音的 6 个 = 16。

b）两元音之间有辅音：

（α）第一个音节里是单元音：第一个音节里是开元音（e、o、a）且以元音结尾的 120 个（$= 3 \times 40$）+ 第一个音节里是闭元音（u、i）且以元音结尾的 72 个（$= 2 \times 36$）+ 以 n 结尾的 192 个（$= 3 \times 40 + 2 \times 36$）+ 第一个音节里是开元音且以二合元音结尾的 54 个（$= 3 \times 18$）+ 第一个音节里是闭元音且以二合元音结尾的 32 个（$= 2 \times 16$）= 470。

（β）第一个音节里是元音 + 鼻辅音：以元音结尾的 200 个（$= 5 \times 40$）+

---

① 原文如此。作者此处描述的汉语中的删除过程和日语中的增音过程都是正确的，但是两个词的语音细节都有不准确之处：汉语应为 [paŋ]（镑/磅），日语应为 [pʰondo]（ポンド）。——译者注

② 这些数字并非没有瑕疵。参见 Trubetzkoy（2001: 264）。——译者注

以n结尾的200个（=5×40）+ 以二合元音结尾的90个（5×18）= 490。

（γ）第一个音节里是二合元音：以元音结尾的72个（=2×36）+ 以n结尾的72个（=2×36）+ 以二合元音结尾的32个（=2×16）= 176。

总计470 + 490 + 176 = 1136个以元音开头的双音节。

4. 以辅音开头的双音节：

a）两元音之间没有辅音：以二合元音结尾的62个（=31×2）+ 第一个音节里是闭元音且以单元音结尾的39个（=13×3）+ 第一个音节里是开元音且以单元音结尾的54个（=9×6）+ 带有n的93个（=13×3 + 9×6）= 248。

b）两元音之间有辅音：

（α）第一个音节里是单元音：第一个音节里是开元音的1080个（=27×40）+ 闭元音的468个（13×36）+ 以鼻辅音结尾的1548个（27×40 + 13×36）+ 558（31×18）= 3654。

（β）第二个音节的辅音之前是鼻辅音：以单元音结尾的1600个（=40×40）+ 以n结尾的1600个（=40×40）+ 以二合元音结尾的720个（= 40×18）= 3920。

（γ）第一个音节里是二合元音：以元音结尾的648个（=18×36）+ 以鼻辅音结尾的648个（=18×36）+ 以二合元音结尾的288个（=18×16）= 1584。

总计（3654 + 3920 + 1584 =）9158 + 248 = 9406个以辅音开头的双音节。

大家经常声称，语言演化以词的单音节化为方向，并由此得出结论认为，人工国际辅助语原则上应当只有单音节词或者至少是只有单音节词干。但是，这一要求在语言学方面遇到了不可逾越的障碍。以单音节为主，就预示着丰富多彩的语音清单，或是可允许的语音组合灵活多样，或是有可区别词义的声调差异。缅甸语基本上只存在单音节词干，并且不允许任何辅音组合，竟区别多达61种辅音和元音（含音长区别和声调区别）；英语倾向于单音节化，其单音节词在词首位置和词末位置呈现出各种各样的辅音组合，并且在其清单中拥有……①个辅音和元音（含二合元音）。这类手段上的丰富性无法赋予国际语言。国际语言若要真正国际，即让所有民族皆容易讲，就必须仅有很少量的音，并且语音组合不能有太大的自由度。然而，语音清单越贫乏，语音组合的可能性越受限制，可能的单音节词之数量就会越低。

因此，人们必然会习惯于认为，国际辅助语不可能是"单音节"语言。其词表大多数时候由多音节词构成。不过，这一倾向也不能太过夸大。全然充斥着长词的语言，学起来很难——对于其母语显现出单音节词偏好的人来说尤为如此。长词若能轻易地做词法上的拆解，将其记住就不难了。因此，国际语言允许长词，其条件应是这类长词具有清晰的词法可拆解性，可拆分为较短成分。国际辅助语词汇的基本成分，无论是词根还是词干，都必须相对较短。

前面我们已提到过，利用国际辅助语所需的语音手段和语音规则，可构建1万多个双音节词。如果把这个数字视为完整词的数量，对于文明语言来说就太低了；但这数字若只是词根或词干的数量，那么就完全足够了，一部分已具备的可能性甚至会闲置不用。词干可由双音节词根加单音节词缀派生而成：用110个单音节足以达到这一目标。词缀必须永远在同一位置上，使词源分解的清晰性得以实现。例如，词缀若永远位于词干末尾，或是附着在词根上，那么在多于两个音节的词里，除前两个音节之外的所有音节就都是词缀，而每个词缀则只应当有一个音节。不过，这样的构词系统里不应有单音节词根，否则就会出现单音节词根加后缀而构成的词干跟双音节词根混淆的情况——这会导致误解。单音节词，应只允许充当非独立的语法功能词。

上文刻画的人工国际语言的理性词法结构，预示着词和词之间有清

---

① 原文如此。本文是嗣后作，作者在此处空白。当然，熟悉英语音系的读者自行补入这个数字并不难。英语教科书通常会指出英语的辅音和元音共有44个（一些教科书把不可位于词末的 /tr/、/dr/ 以及除少量新近借词之外仅可跨语素出现的 /ts/、/dz/ 也算作"塞擦音"，因而是48个）。——译者注

晰的分界；同理，辅助语语音手段的贫瘠，意味着其语音层面极为单调。唯一合适的词界手段，似乎是让重音位于每个独立词的第一个音节。许多民族，其母语里已经有了这样的重音（如爱尔兰人、冰岛人、芬兰人、爱沙尼亚人、拉普人、拉脱维亚人、捷克人、斯洛伐克人、匈牙利人、泰米尔人、蒙古人，等等），所以不会把人工国际语的这一特征当作障碍。辅助语的词首重音也不会给那些母语里重音位置自由的民族造成困难，如英国人、荷兰人、德国人、丹麦人、挪威人、瑞典人、立陶宛人、俄罗斯人、乌克兰人、罗马尼亚人、保加利亚人、希腊人、阿尔巴尼亚人、塞尔维亚-克罗地亚人、意大利人、西班牙人，等等。可能只有母语里重音既不自由，也不位于词首音节，而是位于最后一个音节（如法国人、亚美尼亚人、土耳其人、波斯人，等等）或倒数第二个音节（如波兰人、斯瓦希里人、祖鲁人，等等）的民族，才会遇到困难；此外还有那些完全没有我们所说的重音的民族（如日本人、朝鲜人，等等），也是如此。不过，大多数情况下，这种困难都不是不可逾越的。大多数母语里永远把词末音节或倒数第二个音节重读的民族，很容易就能习惯其他固定重音位置，包括此处的词首固定重音。只有法国人，他们的语言里，重音与其说是在词末，不如说是在句子成分（Satzabschnitt）末，因而很难适应前述重音模式。在句子成分末尾做的加重，为他们构建了带有停顿的有机整体，说外语时，只要一有停顿打断话语，他们就会把这样的加重迁移过来。不过，对于句子里词的分界来说，这种位于停顿之前的词末音节重音并不危险，法国人说国际辅助语时也可保留这一习惯——只要保证再额外重读每个词的词首音节即可，此事稍加练习就很容易做到。而像日本和朝鲜这样的民族遇到的情况是，外国人在他们的话语里完全感受不到重音突显（Hervorhebung）（虽然更仔细些观察，能辨出某种比起呼气重音更像是乐重音的重音），因此不如建议他们，使用国际辅助语时在每词之间插入一个很短的停顿。

　　上述研究表明，迄今为止的人工国际辅助语尝试，距离严格的普通音系学的要求还差多么远。世界语、伊多语、西方语、诺维亚语，等等——所有这些语言都只是让罗曼语民族和日耳曼语民族学起来相对轻松而已,对于其他许多民族来说,仍有不可逾越的难点。然而,正是那些既非罗曼也非日耳曼的民族,才真正需要国际辅助语。若将他们的利益纳入考量,就会合情合理地得出上文所勾勒出的每条结论。真正的国际辅助语,可不应当只用一张罗曼语和日耳曼语的词表。理想的辅助语的整个语音结构(只有一种塞音,没有s以外的擦音,没有除"鼻辅音 + 辅音"之外的辅音组合,没有除n之外的词末辅音)和词法构造(词根双音节,词缀及语法功能词单音节),皆与罗曼语和日耳曼语有本质区别。

我的音系学卡片选（一）
——东干语的音系系统

Aus meiner phonologischen Kartothek: I. Das phonologische System der dunganischen Sprach

（1939）

［译者按］ 东干语是中亚地区的回族后裔所讲的汉语方言。由于历史原因，他们大多数人并不会读写汉字。20世纪20年代，在苏联政府号召为国内各少数民族创制文字的背景下，东干族文化人士成功地为自己的母语创制了以拉丁字母为基础的文字方案并加以推广。1937年，为推动东干文的拼写规范化，文字方案的设计者之一杨善新编写了"东干语正字法方案"（Проект орфографии дунганского языка），方案与苏联著名东方学家波利万诺夫对方案的评述合订一册，题为《东干语正字法问题》（Вопросы орфографии дунганского языка），由吉尔吉斯国家社（Киргизгосиздат）出版发行。

波利万诺夫为远在布尔诺的雅柯布森寄去了一册。由于东干语受其周边突厥语言以及俄语的影响无疑超过汉语任何其他方言所受的影响，雅柯布森将此书借给了正在研究语言联盟问题的特鲁别茨柯依。（特鲁别茨柯依此前对东干语的情况已有一定了解。他曾在1929年6月24日写给雅柯布森的信中尝试对苏联境内各语言进行结构特征分类，把东干语作为这一分类体系中"孤立语"的代表。[Trubetzkoy 1975: 134/2006: 167]）

我的音系学卡片选（一）——东干语的音系系统　　513

　　布拉格语言学小组为《音系学原理》德文第1版（即《布拉格语言学小组文集》第7卷）配发的编者按指出，特鲁别茨柯依在撰写该书的过程中细致研究了大约200种语言的音系系统，他原本准备写完《音系学原理》之后，用其中一部分资料撰写一系列文章，来展示如何用普通音系学原理对具体语言做分析。他把这个新系列命名为《我的音系学卡片选》（Aus meiner phonologischen Kartothek）。然而，1938年欧洲风云突变，纳粹德国3月悍然吞并奥地利，包括特鲁别茨柯依在内的文化界进步人士遭到残酷迫害。经历了逮捕、抄家、审讯、折磨之后，奄奄一息的特鲁别茨柯依在病榻上口述了《我的音系学卡片选》的第一篇，就是这篇《东干语的音系系统》。口述未能最终完成，特鲁别茨柯依于6月25日与世长辞。（波利万诺夫的结局更为凄惨，1937年8月，他在苏联的大清洗运动中被捕，经历酷刑折磨后，于次年1月25日惨遭枪决，直至1963年才得到平反昭雪。）

　　布拉格语言学小组将《东干语的音系系统》编入小组文集第8卷——《纪念N. S. 特鲁别茨柯依亲王先生音系学研究集》，于是这篇残缺的文章成为《我的音系学卡片选》中唯一与读者见面的部分。文章探讨的问题曾在特鲁别茨柯依1937年12月3日写给雅柯布森的信中出现过，布拉格语言学小组因而决定，把信中与此相关的部分由俄文译成德文，附于文集卷末供读者参照。口述记录中一些语焉不详的部分，信件中的相关内容可做补充。例如，东干语的6个元音子系统中的元音音位，口述记录中仅以圆点做了简单示意，而信件中把每个具体的元音音位清楚地写了出来。此外，口述中未能来得及谈东干语的声调系统，而信件中有一个段落是关于声调系统的论述。

　　本译文由《布拉格语言学小组文集》第8卷中的版本译出，原文是德文。其中选自书信的部分（"关于特鲁别茨柯依《我的音系学卡片选》里未写完的文章"）翻译时参照了雅柯布森编辑、注释的《N. S. 特鲁别茨柯依书信集》（N. S. Trubetzkoy's Letters and Notes, 1975）里的俄语原文，以及帕特里克·西略的法语译文。

东干人是信奉伊斯兰教的中国人，主要居住在甘肃省。①一部分东干人迁至今苏联境内吉尔吉斯人（旧称"卡拉吉尔吉斯人"）和哈萨克人（旧称"吉尔吉斯人"）②的居住地，主要包括米粮川（Miljanfan）、卡拉科尔（Karakol）、阿列克桑德罗夫卡（Alexandrovka）等地，以及伏龙芝城。东干人的语言是一种北方汉语方言，但是该族群的特殊经历（皈依伊斯兰文化，经常与突厥游牧民族接触，可能一定程度上还受到了古时回鹘等民族的同化），对其语言造成了深刻的改变。无论如何，今天的东干语与中国北方的书面语言已有非常显著的差别。

居住在苏联境内的那部分东干人（约1.5万人），和苏联所有其他民族一样，必须打造自己的文献。为了这一目的，1928年创制了以拉丁字母为基础的专用字母表。不过，其正字法依然很任意、不统一，需要再做些局部修改。这些年来，对稳定而统一的正字法的需求与日俱增。由于这一需求，应当对《东干语正字法问题》（*Вопросы орфографии дунганского языка*，吉尔吉斯语言与文献研究院 [Научно-ислъедовательский институт киргизского языка и письменности]，伏龙芝，1937）这本小册子做些思考。这本小册子由两位作者合写：一位是俄罗斯著名东方学家波利万诺夫，另一位是东干语母语者杨善新，该书实际上是由 E. 波利万诺夫评述的杨善新东干语正字法草案，包括 E. 波利万诺夫对东干语音系系统的简要描写，E. 波利万诺夫对不同正字法方案的综合探讨，最后是依照杨善新的新正字法而列的东干语音节表。

两位作者的合作互补得非常完美。波利万诺夫教授对多种东方语言极为了解，对汉语语文学尤其如此，某种程度上到了有失公允的地步，而杨善新评估自己母语的音位时则是不偏不倚；另一方面，杨善新作为

---

① 这是苏联方面当时使用的称呼。在我国，"东干人"一称通常仅用来指居住在中亚地区的回族后裔。此外，民国时期的甘肃省亦包括今宁夏的部分地区。——译者注

② 沙俄时期为区分 Казах（哈萨克）和 Казак（哥萨克），称哈萨克人为 Киргиз-Казак（吉尔吉斯哈萨克），称吉尔吉斯人为 Каракиргиз（卡拉吉尔吉斯）。（参见 Sokol 2016: 15，另见 Czaplicka 1918）捷连季耶夫（1983: 530-531）记载过因混淆"哈萨克"和"哥萨克"而引发的误解。——译者注

普通语言学的素人，对自己母语里某些复杂的音系学事实无法做出正确判断。

E. 波利万诺夫描写东干语音系系统时开篇即表示（34页），东干语的音节（其实也是东干语的词根，因为东干语作为一种汉语方言，属于所谓单音节语言）最多可包含四个成分，即1. 辅音，2. 非音节性元音，3. 音节性元音，4. 音节结尾的响音N或R。这一论断从汉语语文学角度来看非常正确，但是却与东干语的当前现状不符。E. 波利万诺夫本人承认，其他汉语方言中非音节性i跟着音节首辅音之处，东干语表现为腭化辅音（35页）；但是，他却不想沿着这一方向继续走。他又指出（36页），音节首的t和d在所谓"非音节性u"前面实现为"像阿布哈兹语那样的唇震动音（Lippenzitterlaut）"，同样位置上的塞擦音č和ǯ表现为"tf以及dv式的发音"。换言之，所谓词根首辅音与"非音节性u"的组合，是简单的圆唇辅音。东干语中，不仅存在腭化相关关系，而且存在圆唇相关关系，而音节首辅音后面的"非音节性u和i"不是独立的音位，不是词根的自主成分，而只是腭化辅音、圆唇辅音跟后续的元音之间的滑离（Gleitlaut）而已。至于"辅音+y"的组合，从波利万诺夫和杨善新给出的词来看，辅音在此位置上很明显是腭化音；其他位置上，y是德语ü的音值。不如认为，这种情况下我们遇到的是唇腭辅音（labiopalatalisierter Konsonant）（就像阿布哈兹语布兹皮[Bzyb]方言那样）。

腭化相关关系和圆唇相关关系在东干语里构成的是四项的相关关系束。东干语里没有非音节性的元音音位，东干语音节（词根）可含的最大音位数量不是4个，而是3个：辅音＋元音＋N或R。

并非所有的东干语辅音都能参与上述两种自有音高相关关系。这方面，这些辅音可分为下列几组：1. 两种自有音高相关关系皆不参与的辅音，这类辅音因此永远在自有音高方面中立——这类辅音一方面包括咝音性擦音ž、š，另一方面包括唇齿音v、f。2. 仅参与腭化相关关系的辅音——包括双唇音b、p、m～b_c、p_c、m_c；3. 仅参与圆唇相关关系的辅音——

包括咝音性塞擦音 č、ǯ ~ čₒ、ǯₒ 以及软腭音 g、k、x ~ gₒ、kₒ、xₒ；4. 在三项束①中两种相关关系皆参与的辅音——包括舌尖音 d、t、n ~ d꜀、t꜀、n꜀ ~ dₒ、tₒ、nₒ；5. 在四项束中两种相关关系皆参与的辅音——包括舌尖咝音 z、c、s ~ z꜀、c꜀、s꜀ ~ zₒ、cₒ、sₒ ~ zᵥ、cᵥ、sᵥ 以及仅有的流音 l ~ l꜀ ~ lₒ ~ lᵥ。j 的情况不清晰。"腭化的 j"和"圆唇的 j"似乎有区别。然而令人疑惑的是，杨善新的音节表里同时有音节 jun 和 jyn。

除了自有音高相关关系之外，东干语辅音还涉及其他一些相关关系。E. 波利万诺夫只提到了浊音参与性相关关系，但是与此同时，应注意他把这个术语用得有些走样：东干语只有擦音才存在浊辅音和清辅音之对立，而塞音 b、d、g、z、ǯ 只有可选性的浊声，多数时候是清音，而与之对立的"清塞音"（Tenues）p、t、k、c、č 不仅永远清，而且是送气音。我们相信，"浊声参与性相关关系"这个术语在此例中并不正确。由于"清塞音"和"浊塞音"（Mediae）之对立在擦音和塞音中皆不可取消，所以无法说清相关关系列中谁是无标记的，谁是有标记的。这样的例子中应使用较为模糊的术语；由于"清塞音"与口腔器官肌肉的紧张相联系，"浊塞音"与口腔器官肌肉的松弛相联系，建议把前者称为"强音"（stark），把后者称为"弱音"（schwach）。用我们的音系学新术语，可把整个这套相关关系称作"第二级除阻对立"（见下）。除了这一相关关系之外，东干语还存在近距性相关关系，以音位对 c-s、č-š、ǯ-ž、k-x 为代表；最后还有鼻化相关关系，以音位对 b-m（以及 b꜀-m꜀）、d-n（以及 d꜀-n꜀、dₒ-nₒ）为代表。表示"鹅"的那个词，在东干语一部分方言中是 ŋə，另一部分方言中是 ɣə；由此，"ŋə 类方言"里多出一个鼻化相关关系的音位对，"ɣə 类方言"里多出一个近距性相关关系的音位对。

东干语的元音系统，依据音节首辅音的性质而显现出极为不同的结构。最多可显示出 6 个元音音位（∴∴），而在有些位置上，最少只有 2 个元音音位（⋮）。这些局部系统的实现形式非常多样。E. 波利万诺夫在这

---

① "拥有三个元素的相关关系束"的简称，下同。——译者注

一问题上受到了汉语语文学的过多影响，因此建议把杨善新提议的 u 换成了 ou（26 页），尽管此处从东干语的角度来看，应处理为一个统一的音位；此音位在圆唇辅音之后实现为单元音 u，在非圆唇音位之后才实现为二合元音 ou。对东干语元音关系的理解更加糟糕的一点是，E. 波利万诺夫还把东干语非腭化辅音之后最大亮度的元音阐释为二合元音，即ьj（此处 ь 的音值就是俄语的 ы）。东干语元音的每个局部系统，可表示如下：

一、含有不确定元音的三阶式三角系统（⋰⋱），存在于具有自有音高的双唇音、软腭音以及舌尖咝音之后。实现形式：这类位置上所有的最大暗度元音音位都实现为二合元音（ou），唇音和咝音之后的最大亮度音也实现为二合元音（ьj），软腭音之后实现为单元音（i）；中间层的元音永远实现为二合元音（ɔo、ɛe），最大开口度元音实现为单元音（a）；不确定元音在唇音和软腭音之后实现为相对较开的 ə，而在咝音之后实现为汉语方言里非常独特的最大闭口度的"嗡嗡式"齿龈 ï 音[①]。

二、不含不确定元音的三阶式三角系统（⋰⋱），存在于：A）自有音高中立的舌尖音 d、t、n 之后，流音 l 之后以及咝音性塞擦音 ʒ、č 之后。实现形式：音位 u、o、a 的实现同第一类位置；两个亮元音在舌尖音以及 l 之后实现为二合元音（ɛe、ьj），在 ʒ、č 之后实现为单元音，即相对较开的 ə 和齿龈 ï 音。由此，不确定元音和两个亮元音之间的对立在此位置上被取消，此音位在 d、t、n、l 之后由最大亮度的 ɛe 和 ьj 代表，而在 ʒ、č 之后则由不确定元音的两个亚类 ə 和 ï 来代表。B）腭化唇音 b_c、p_c、m_c 和腭化咝音 z_c、c_c、s_c 之后，腭化的 n 之后，以及 j 之后。实现形式：u、o、a 实现同第一类位置；e、i 永远实现为单元音，一个是相对较开的 e，一个是非常紧闭的 i。

三、含有不确定元音的两阶式四角系统（⋰⋱），存在于唇齿音 v、f 之后以及圆唇音 $ʒ_o$、$č_o$、g_o、k_o、x_o 之后。四角不是基于唇位对立，而是

[①] 指舌尖元音 [ɿ]、[ʅ]。——译者注

基于舌位对立，即两个最大开元音是a和e。实现形式：a和i永远实现为单元音，e永远实现为二合元音（εe），不确定元音实现为相对较开的ə；u在v、f之后实现为二合元音（ou，书写形式为u），在ʒ。、č。、g。、k。、x。之后实现为单元音（u，书写形式为w）。

四、不含不确定元音的两阶式四角系统（∷），一方面存在于咝音性擦音ž、š之后，另一方面存在于腭化的d꜀、t꜀、l꜀之后。实现形式：最大暗度元音实现为二合元音（u = ou，o = ɔo），而最大亮度元音实现为单元音，在d꜀、t꜀、l꜀之后实现为i和e，在ž、š之后实现为齿龈ï以及ə。

五、两阶式三角系统（∴），存在于圆唇音d。、t。、l。、z。、c。、s。之后。实现形式：最紧元音实现为单元音u和i，最开元音实现为单元音ə。

六、两阶式线性系统（⋮），存在于唇腭辅音lᵥ、zᵥ、cᵥ、sᵥ之后。实现形式：最紧元音实现为y（书写形式为ü），最开元音实现为ə。

较为复杂的问题，是位于部分东干语音节尾的响音N和R。关于这两个音位的实现形式，E.波利万诺夫和杨善新都没有明确做论述。……[①]

关于特鲁别茨柯依《我的音系学卡片选》里未写完的文章
Zum unbeendeten Artikel Trubetzkoys „Aus meiner phonologischen Kartothek"

特鲁别茨柯依《我的音系学卡片选》里未写完的文章的内容，曾在他1937年12月3日的信中简要地概述过：

在论东干语音系的文章中，波利万诺夫注意到了腭化相关关系，但却没有认识到东干语里还存在与之相伴的圆唇相关关系；音节性以及非音节性w前面的齿音和š音的细微差别，他以为是组合性变体，但实际上只是圆唇的齿音和š音。从这一点来看，整个元音系统以及整个词根结构

---

① 本文未写完，到此处结束。以下为选自书信的部分。——译者注

就都变了。不存在元音性的二合元音。词根要么由两部分组成（非音节性音 + 音节性音）要么由三部分组成（非音节性音 + 音节性音 + 非音节性音），非音节性音的部分永远是一个辅音。并不存在像 xuan 或 sui 这样的词根，写成那样的词其实是 x°an、s°i。"双元音" ьj 其实是音位 i 在非圆唇、非腭化的辅音（即 b、p、m、d、t、n、l、z、c、s）之后的实现形式，但是并不是唯一的实现形式，因为该音位在非圆唇、非腭化的 š 音之后，实现为嗡嗡响的"舌尖"元音 ï。与"ьj"平行，最大暗度的元音音位（"u"）在非圆唇辅音之后实现为 ou，波利万诺夫建议把它也写成 ou。东干语把这个音写成 u，是更为合理的，因为这个音不应视为二合元音，而应视为单元音（圆唇辅音之后，这个音实现为单元音，这种情况下东干语将其写成 w）。

自有音高相关关系在辅音中的分布如下：a) š 类擦音和唇擦音一样，两种相关关系都不参与，但是从对元音系统的影响来看，属于圆唇且非腭化的这一类；b) 唇塞音（b、p、m）只参与腭化相关关系；c) š 类阻塞音（ǯ、č）和软腭音（g、k、x）只参与圆唇相关关系；d) 舌尖音（d、t、n）两种相关关系都参与，构筑三种自有音高系列（d-t-n ~ d'-t'-n' ~ d°-t°-n°）；e) s 类擦音（z、c、s）以及 l，同样是两种相关关系都参与，但构筑的是四种自有音高系列（l-l'-l°-l'°）。

元音系统依赖其前面的辅音的自有音高系列。最大元音区别位置是非圆唇且非腭化的辅音 b、p、m、g、k、x、z、c、s 之后的位置：此位置区别 6 个元音音位（三角 + 不确定元音，

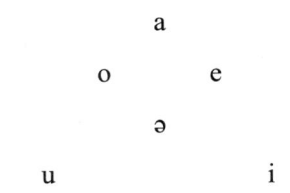

$$\begin{matrix} & a & \\ o & & e \\ & \text{ə} & \\ u & & i \end{matrix}$$

这之中"ə"和"i"各有不同的实现形式：b、p、m 之后为 ə 和 ьj，g、k、x 之后为 ь 和 ьj）；

非圆唇且非腭化的 d、t、n、l、ʒ、č 之后只有 5 个元音（三角，

$$
\begin{array}{ccc}
 & a & \\
o & & e \\
& u \quad i &
\end{array}
$$

这之中 i 在 d、t、n、l 之后实现为 ьj，在 ʒ、č 之后实现为 ь）；

在 ž、š 之后，4 个元音：

$$
\begin{array}{cc}
o & ə \\
u & ï
\end{array}
$$

不确定元音不出现于非圆唇且腭化的辅音之后：z'、c'、s'、n' 之后区别 5 个元音（u、o、a、e、i），与之相比，腭化的唇音之后不出现 u（只有 o、a、e、i，跟俄语相同！），d'、t'、l' 之后不出现 a（只有 u、o、e、i）。圆唇且非腭化的辅音之后（以及 v、f 之后）是两阶式的系统：要么是 v、f、ʒº、čº、gº、kº、xº 之后的带有不确定元音的四角系统：

$$
\begin{array}{cc}
a & e \\
& ə \\
u & i
\end{array}
$$

要么是 dº、tº、lº、zº、cº、sº 之后的三角系统：

$$
\begin{array}{c}
ə \\
u \quad i
\end{array}
$$

最后，在圆唇且腭化的辅音（l'º、z'º、c'º、s'º）之后，只允许呈线性系统排列的 2 个元音：

$$
\begin{array}{c}
ə \\
y
\end{array}
$$

东干语的实用字母表，必须依此来做彻底修订！

韵律区别，波利万诺夫理解得也不准确。他援引了madi一词[①]，di上带有力重音。既然他在所有其他例子里标的都是重读音节的"声调"（用符号I、II、III来标注），可以设想，di这个音节即使带重音也没有"声调"（很可能其他类似的"后缀"语素，如ni、li、le、c'i、zu、zь等也是如此）。由此或可得出结论，单莫拉元音只区别呼气重音，双莫拉元音才区别其声调。双莫拉结构，要么以不平直的音高轨迹（上升调或下降调）为信号，要么以同一"声调"的拉长为信号。由此，重读音节可出现4种韵律的组合：短音、同调长音、升调长音、降调长音（ˊ，ˊˊ，˗ˊ，ˊ˗）。

[①] "麻的"，有斑点的。（Janshansin 2009 [1968]: 158）——译者注

附录1：布拉格学派在华译介史[①]

Introducing the Prague School: Efforts of Chinese linguists in the past half-century

Changliang Qu

(Communicated on 22 April 2021 at the Annual Colloquium of the Henry Sweet Society for the History of Linguistic Ideas)

Wars and turbulences violently interrupt international academic communications. In the 1950s, as China was finally recovering from the bitterly prolonged World War II and the civil war, linguists in the country were trying their best to re-establish the prewar discourse with the broader linguistic world. This task was not as easy as it seemed, since postwar China switched side to the Soviet Union. The climate of the Cold War absurdly introduced intensified ideological pressure to the field of linguistics where ideology had once scarcely played any role. Consequently, the prewar orientation toward Western Europe and North America, which at this moment had little hope of coming back, was replaced by a new trend following the footsteps of the Soviet Union,

---

[①] 本文宣读于英国亨利·斯威特语言学思想史研究会2021年度年会（2021年4月22日，英国伦敦，威斯敏斯特大学）。与此略有不同的版本刊载于德国 *Chinese Semiotic Studies* 19(4): 687-702，即 Qu（2023）。

where the common ideological stance was expected to bring fewer risks to the linguists under the new academic circumstances. It was within this context that linguistic theories from Eastern Europe started to be noticed. An important part of these theories was from the Prague Linguistic Circle (Pražský lingvistický kroužek), the group of linguists and literary critics whose innovation rocked the linguistic and poetic world during the decade before the WWII.

1. The early interest in the Prague School in China

Among the Chinese linguists who published in the 1950s, Cen Qixiang (1903–1989) was among the first to introduce the contributions of the Prague School. In his *A Concise History of Linguistics* (1958), the Prague School was juxtaposed with the Copenhagen School and the "American School" (i.e. American Structuralism) and regarded as one of the linguistic schools that had diverged from Ferdinand de Saussure's structuralist theory on linguistic system. Besides Vilém Mathesius (1882–1945), Bohumil Trnka (1895–1984) and Roman Jakobson (1896–1982), Cen Qixiang especially focused on Nikolaj Trubetzkoy (1890–1938), noting that Saussure's conception of sound-sense relationship had first been adopted in Trubetzkoy's study on speech sound, developed into modern phonology and then extended to the other aspects of language. This concise history mentioned not only the landmark *Grundzüge der Phonologie* (1939), but the importance of Trubetzkoy's earlier article "Zur allgemeinen Theorie der phonologischen Vokalsysteme" (1929). The year 1929, witnessing the publication of the first two volumes of *Travaux du cercle linguistique de Prague*, was claimed by Cen Qixiang as the starting point of the high-speed progress of structuralism. He also wrote a brief comparison between the above-mentioned three schools of structuralist linguistics and discussed on their mutual complementarity.

Cen Qixiang's attention on the Prague School was soon echoed by the linguists who contributed in the 1960s to the newly started Chinese journal *Materials in Linguistics*. In spite of its status of "restricted publication", this new journal soon became a window to the latest linguistic development abroad ever since its debut in 1961. In 1962, Wang Shixie (b. 1932) translated and published in this journal the Chinese full-text of "Kodaňský strukturalismus a 'pražská škola'" (Copenhagen Structuralism and the 'Prague School'), a classical work by Vladimír Skalička (1909–1991) that had originally been published in *Slovo a slovesnost* in 1948. This comparison between the two structuralist schools not only elaborated the description in Cen Qixiang's book, but more importantly presented an invaluable opportunity for the Chinese researchers to read the Prague School first-handedly, although it was actually translated from the Russian version. Skalička's view in this article that the Copenhagen School is *funkční* while the Prague School is *funkčně-strukturální* has proved far-reaching: when Qian Jun (b. 1961) published the first Chinese book-length monograph on the Prague School more than three decades later, he named it *Structural-Functional Linguistics: The Prague School*. In 1965, there appeared in *Materials in Linguistics* another of Skalička's articles, the Russian article "Типология и тождественность языков" (Typology and the Linguistic Identity, 1963) which he published in Moscow and discussed on one of the most "fashionable" topics of the 1960s. This Chinese version was translated by Wang Dechun (1934–2011), the renowned scholar who later wrote extensively on various fields of linguistics since the 1980s.

Among the founding members of the Prague Linguistic Circle, Chinese linguists showed special interest in Roman Jakobson, who emigrated to the United States in 1941 and directly influenced two generations of American Slavists and general linguists. This was partly because when the first volume of his *Selected Writings* was published in 1962, this news was quickly captured by the contributors to *Materials in Linguistics*. A book review by Xiao Kai entitled "An Introduction to the Recently Published *Selected Writings* of Jakobson" soon appeared in the journal in 1963. He informed the Chinese readers that Jakobson used to be a pillar to the Circle, and a whole paragraph was devoted to introducing the various academic positions Jakobson had once held in Europe and America. Xiao Kai did not hesitate to list all the titles anthologized in the volume and translated these titles into Chinese. Although his incorrect (See Ivić 1965, Qu 2019) claim that "the author edited some of the articles but did not change their contents" shows that he probably did not compare all the anthologized works with their original versions, this book review was fairly informative in an age when imported books were completely inaccessible to most of the Chinese readers except for those who worked at the Academy and the few top universities.

Cen Qixiang's discussion on Trubetzkoy was elaborated by Xue Si's biographical overview (1965) on this founding father of modern phonology. This two-page overview discussed on Trubetzkoy's contributions to both historical linguistics and phonology. For the former field, Xue Si summarized the six features Trubetzkoy suggested for the identification of an Indo-European language in "Gedanken über das Indogermanenproblem" (1936); for the latter, he concentrated on meaning differentiation, phonological oppositions and the neutralization of these oppositions proposed in *Grundzüge*. It is especially worth mentioning that while this overview gave highly positive evaluation to *Grundzüge*, readers were also alerted on its limitation, making this biographical overview a well-written critical review:

> During the recent twenty years, phonology has developed swiftly. Some of Trubetzkoy's views have appeared out-dated. For example, theories on distinctive features, stress, and syllable have all been further developed. As for the studies on historical phonology, Martinet and others should be credited. Trubetzkoy generally did not deal with this issue.
>
> (Xue Si 1965: 29)

Critical reviews in this stage also centered on Vilém Mathesius, especially on his most famous theory of *aktuální členění větné*, or as is more commonly known internationally, Functional Sentence Perspective (FSP). The discussion of this issue was put in the context of the comparison with the American School's immediate constituent analysis (IC analysis). Among the series of articles either favoring or doubting on FSP, the one written by Hua Shao (930-2020) (1965) was by far the most thorough and persuading. This long article redefined sentence from the perspective of FSP, investigated various ways of presenting theme and rheme (e.g. through word order, intonation, lexical method, etc.), and compared the FSP with traditionally defined syntactic constructions. Throughout his arguments there were the large number of illustrating sentences in Russian and Chinese, and occasionally in English and German. Besides his affirmation that the theory of FSP well suits the relationship between language and mind, he also anticipated its application in the field of translation.

In addition to the articles on the specific members of the Prague School, *Materials in Linguistics* also included Dong Ping's (1965) article on the linguistic school as a whole. Aside from a systematic description of its philosophical basis and its main claims on phonology, grammar and stylistics, he reminds readers of the Prague School's position in the broader picture of the history of linguistics: Ideas of the Prague School often originated from the doctrines of the Polish linguist Jan Baudouin de Courtenay (1845–1929) of the Kazan School in Russia, while the Prague School in turn served as sources for the successors: e.g. Albert Willem de Groot (1892–1963) of the Netherlands, and André Martinet (1908–1999) of France.

A visible feature in this period is that the majority of the scholars who were introducing the Prague School were experts of the Russian language. Their knowledge about the Prague School's works was often mediated by the Russian sources and translations. For example, Wang Shixie's Chinese translation of Skalička, as mentioned above, was based on the Russian text instead of the original Czech text in *Slovo a slovesnost*. Dong Ping's source was *Основные Направления Структурализма* (Main Directions of Structuralism, 1964) published by the Institute of Linguistics of the USSR Academy of Sciences. Hua Shao was later renowned among the Chinese students of Russian language for his widely read books *Очерк Русской Грамматики* (Outline of Russian Grammar, 1990, co-authored with Xin Delin and Zhang Huisen) and *Язык: Меридианы и Параллели* (Language: Longitudes and Latitudes, 2003).

However, there were scholars in this period who did read in Czech and relied directly on the Czech sources. The most visible among them was Wei Ren (1965a, 1965b, 1966), who translated and summarized several pieces of important information from what he read in *Slovo a slovesnost*. With the advantage of this language that circumvented the Russian medium, as well as with his own keen insight, he succeeded in noticing "Mezinárodní kolokvium o algebraické lingvistice a strojovém překladu" (International Colloquium on Algebraic Linguistics and Machine Translation) that was held in Prague in 1964, the launch of the new academic journal *The Prague Bulletin of Mathematical Linguistics* in the same year, and especially some new directions occurring in Czech linguistics in the mid-1960s. As he concluded from his reading of Bohuslav Havránek's (1893–1978) "Stav české lingvistiky v jubilejním dvacátém roce" (The condition of Czech linguistics in the 20th anniversary, 1965), he made the following assertions:

> From this article one can see that the issue which the Czech linguists now care about is no longer the establishment of any Marxist linguistics, but the strong endeavors to recover the traditions of the Prague School, and to confluence with the American School.
>
> (Wei Ren 1966: 34)

Considering the academic atmosphere preceding the first resurrection of *Travaux du cercle linguistique de Prague* (1966–1971) and the Prague Spring in the broader extra-linguistic level, Wei Ren's observation and evaluation very accurately captured Czech intellectuals' tendency of wrestling from the Russian shadow and their desire to rejoin the world in which the pre-WWII Czech linguists had felt more at home.

2. The 1980s: The resumed interest in the Prague School

The Cultural Revolution broke out in China in 1966 with all the schools, universities and research institutions closed throughout the country. Together with all other academic journals, *Materials in Linguistics* ceased to exist during the decade-long havoc. New research on the linguistic theories in Europe and America did not emerge until the early 1980s when life gradually returned to its normal state.

The new round of interest in the Prague School was highlighted with the participation of the scholars outside the departments of Russian. Many of them were teachers and researchers who read from English sources. Several factors led to the interest in the Prague School among the scholars with the background of English.

On the one hand, the Circle members who had fled to the English-speaking world during WWII exerted their influence there and this influence was noticed by the Chinese scholars who focused on the British or American linguistic theories in the 1980s. The most significant case of this type was Roman Jakobson's theory of distinctive features, his most well-known contribution to modern phonology. Although there are evidences to trace his early ideas on distinctive features to his years in Brno (see Qu 2016, 2018), they were not fully formalized until he emigrated to the United States. Naturally, most of the mature works on this topic were published in English. In the 1980s in China, the first published work introducing the linguistic theory of the Prague School was exactly on this topic: Wu Zongji (1909–2010) published in 1980 a thorough article on distinctive features in *Linguistic Abroad*, the resurrected and renamed *Materials in Linguistics*. One year later, also in this journal, Wang Li (1900–1986) published his Chinese translation of the full text of Jakobson, Fant and Halle's (1952) *Preliminaries to Speech Analysis: The Distinctive Features and Their Correlates*. Hu Zhuanglin's (b. 1932) (1984) article on William Haas (1912–1997) also belongs to this type, as the Ostrava-born, Prague-educated linguist fled to Britain during WWII and later became the founding member of the Linguistics Society of Great Britain and one of the earliest editors of its *Journal of Linguistics*.

On the other hand, the rising of functionalism in linguistics in the 1980s offered an opportunity for scholars to concentrate on the Prague School. Even among those who had never heard about this linguistic circle, it was possible to encounter it unexpectedly during their investigations of other functional approaches. When Xu Shenghuan (b.1938) published his article "Theme and Rheme" in 1982, his only main theoretical basis was M. A. K. Halliday's *Exploration in the Functions of Language* (1973). While Xu Shenghuan creatively discussed in this article on the application of this theory to the oral English classroom and the translation practice, he did not mentioned Mathesius at all. However, when he published a second article on the same topic three years later, he added in not only Mathesius's classical model of theme-rheme distinctions, but also its influential post-WWII continuation, Jan Firbas's (1921–2000) theory of communicative dynamism.

In the 1980s, linguists in the departments of Russian continued their interest in the Prague School. Cheng Fang (1981) wrote a biographical overview to Alexandr Vasiljevič Isačenko (1910–1978), Trubetzkoy's doctoral student at the University of Vienna, later one of the earliest members of Cercle linguistique de Bratislava founded in 1945 and one of the editors of *Recueil linguistique de Bratislava* started from 1948. The interest in Trubetzkoy's *Grundzüge* among the scholars of Russian linguistics also continued. Xin Delin (b. 1927) (1985) gave a comprehensive analysis of Trubetzkoy's phonemic concepts and the classification of the phonological oppositions. Probably to echo Xue Si (1965) who pointed out some limitations of *Grundzüge*, he notably reminded the linguists of the fact that the occasional imperfection of this classical book does not lessen its value in the history of the studies in linguistic sounds.

Linguists of the senior generation continued a similar interest in the Prague School. Based on sources in English, French and German, Cen Qixiang's (1984) new article on Roman Jakobson focused not only on the theory of distinctive features, but on the relationship between synchronic and diachronic linguistics, the studies of child language and aphasia, and the ideas on the functions of language. His great efforts were obviously not in vain, since this new article successfully attracted the attention of Zhu Weihua (b. 1934), a linguist of Czech linguistics. Perhaps because of the different processing procedures at different journals, Zhu Weihua's (1983) article was actually published a little earlier than Cen Qixiang's. But the purpose of Zhu Weihua's article was fairly clear from the title "Amendments to Cen Qixiang's Article on Jakobson". Based on the Czech sources, his amendments included Jakobson's contributions to Czech poetics, as well as his participation in the Slavic conferences held in Czechoslovakia in 1957 and 1968.

Later, Zhu Weihua (1987) also wrote in details on Mathesius. It was in his article on Mathesius that Chinese scholars learned about Mathesius's landmark "O potenciálnosti jevů jazykových" (On the Potentiality of Language Phenomena, 1911) and the posthumous monograph *Obsahový rozbor současné angličtiny na żakladě obecně lingvistickém* (*A Functional Analysis of Present Day English on a General Linguistic Basis*, in Czech, 1961; in English, 1975).

As a teacher of Czech language, Zhu Weihua (1989) actively applied the linguistic theories of Trubetzkoy, Jakobson and Mathesius to the practice of language teaching. In his *Mluvnice Češtiny* (Czech Grammar, 1989, co-authored with Xu Zhe), the only Czech grammar book published in China even till today, he described Czech pronunciation with the perspective of phonemic theory and distinctive features. He also discussed the difference between Czech syntax and English syntax by way of Functional Sentence Perspective. At that time in China, these far-sighted endeavors were extremely rare among the language teachers who wrote grammar books for undergraduate students.

The 1980s Chinese scholars who wrote on the Prague School according to Czech sources also included Hua Rujun, a translator of Czech and Slovak poetry. In a letter he wrote to the editors *Foreign Language Teaching and Research*, a mainstream Chinese journal of linguistics, he suggested better Chinese translations to Havránek's literary term *aktualizace* (foregrounding) and Mathesius's linguistic term *aktuální členění větné*. He argued that since *aktualizace* and *aktuální* share the same word root, they should not be translated by scholars of different fields into dissimilar terms that hide this affinity. The letter was published openly on that journal (1985) and soon challenged by Hong Kong scholar Chan Kwok Kou (1986). In Hua Rujun's (1986) answer to this challenge, it was interesting to see that the importance of standardizing the Chinese linguistic terms finally came into the range of attention.

The 1980s also witness the attention to the Prague School among the literary critics in China. Zhang Huisen (1986) introduced the theories of rhetoric by Havránek and Jan Mukařovský (1891-1975). Li Hang (1989) wrote on the Prague School's contribution to structuralist semiotics, again focusing on Mukařovský's ideas on sound, meaning and style.

3. After the Velvet: The two climaxes of the Chinese research on the Prague School

As the interest in the Prague School increased in China throughout the 1980s, one may have shown concerns about its future after the Velvet Revolution that took place in 1989. However, as it finally turned out, this political change did not affect much in the linguistic field where ideology does not play a vital role under normal circumstances. Scholars of English, Russian and Czech linguistics continued dealing with the topics they focused before the Velvet, and they were still capable of publishing them on the mainstream Chinese journals of linguistics. Among them were Qi Yucun (1993) and Zhu Yongsheng (1990, 1995), who proceeded with the analysis of information distribution in sentences and texts with aid of Mathesius's theme-rheme distinction, Wang Lifei (1991) and Zhang Jiahua (1992), who focused on the theory of markedness, and Zhu Weihua (1990), whose article on terminology traced the Prague School's emphasis on the standardization of scientific terms to the Circle's early days but paid special attention to the contributions made by the Slovak linguist Ján Horecký (1920-2006) since the 1950s.

In the 1990s, the most diligent Chinese linguist who wrote prolifically on the Prague School was Qian Jun (1992, 1993a, 1993b, 1994a, 1994b, 1995a, 1995b, 1995c, 1996a, 1996b, 1996c, 1996d, 1997, 1998a, 1999), whose large number of articles on its theories of functional syntax, functional onomatology, phonology, syntactic semantics, etc. powerfully helped linguists become familiar with the Prague School's linguistic ideas. His efforts culminated with the publication of the first book-length monograph on the Prague School ever published in the Chinese speaking world, which may well be regarded as a summit of a first climax of Chinese scholars' decades of interest in this linguistic circle. Entitled *Structural-Functional Linguistics: The Prague School* (1998b), the 427-page book provided a panoramic overview of the Circle's theories of synchronic and diachronic linguistic studies, of system and structure, of function and form, as well as its main contributions to modern phonology, morphology and syntax. These contents are preceded by prefaces written by the Circle's active senior member Petr Sgall (1926–2019) and the renowned American Slavists Catherine V. Chvany (1927–2018) and Edward Stankiewicz (1920–2013). This monograph was published as one of the volumes in the series "Academic Works of Excellence by Contemporary Young Chinese Scholars", a very noticeable project in an age when not much profit could be boasted in the publishing industry of China.

Qian Jun's book succeeded in attracting Chinese scholars' attention to this linguistic school that had looked somewhat mysterious since Czech is never an easily understood international academic language. Linguists came to realize that most of the important works of the school had either been composed in such international languages as English, German and French, or been translated into one of these international languages by experts like Josef Vachek, John Burbank, Peter Steiner, or Patrick Sériot. In the 1990s, some of these works were even translated into Chinese by way of the English translations. On most occasions, Czech language did not act as a hindrance to spread of the ideas of the Prague School. Therefore, during the two decades after the publication of Qian Jun's book, Chinese scholars of different backgrounds wrote on various aspects of the Prague School and practicing its theories on diverse topics. To name a few, Fang Hanquan & He Guangkeng (2005), Wang Zhenglong (2006), Zhang Mingxi (2009), Meng Weigen (2010), Chang Wei (2014) respectively investigated the Prague School's contribution in stylistics, aesthetics, or translation.

During the 2000s, Qian Jun kept working on the Prague School. He edited and translated into Chinese a single-volume *A Roman Jakobson Anthology* (2001). He also wrote reviews to Libuše Dušková's *Dictionary of the Prague School of Linguistics* (2003), as well as to the first four new volumes of *Travaux du cercle linguistique de Prague* when this legendary journal was revived for the second time (since 1995, when the first volume of its new series was published). He propelled the reprinting of three important books of the Prague School and wrote Chinese introductions to accompany the reprinted English texts, which have well facilitated the Chinese readers. These three books are Phillip Luelsdorff's *Praguiana: 1945-1990* (1994, reprinted with Chinese introduction in 2004), Jan Firbas's *Functional Sentence Perspective in Written and Spoken Communication* (1992, reprinted with Chinese introduction in 2007), and Vilém Mathesius's *A Functional Analysis of Present Day English on a General Linguistic Basis* (1975, reprinted with Chinese introduction in 2008). On September 8th, 2009, Qian Jun was awarded Bronze Jan Masaryk Medal by the Ministry of Foreign Affairs of the Czech Republic for his distinguished contributions to the dissemination of Czech linguistic ideas in China. In 2016, for the centennial anniversary of the founding of the Prague Linguistic Circle, Beijing World Publishing Corporation reprinted Josef Vachek's English monograph *The Linguistic School of Prague* (1966) in the series "Classics in Western Linguistics". This edition is accompanied by Qian Jun's highly detailed 154-page Chinese introduction, a de facto new monograph of nearly the same length of Vachek's original book.

Thanks to all these previous works, Chinese linguists of the younger generations have been carrying out even more deepened research on the linguistic theories of the Prague School. Yao Xiaodong (2009) investigated Jan Firbas's theme theory and the challenges it has encountered; Du Hongfei (2010) and Jia Zengyan (2010) studied the Prague School's theory of morphological opposition; Lin Xiaofeng (2011) examined the four principles Mathesius put forward to the word order in English; and Wang Yingjie (2014) explored the Prague School's ideas on language policy.

While these authors have based their research on English sources, those who do read in Czech have showed the advantage of their fluency in this language. Tao Rui (2015) has successfully utilized the first-handed Czech memoirs and dialogues and reached some very distinctive conclusions on the history of the Circle.

In the 2010s, for the first time since Qian Jun's *Structural-Functional Linguistics: The Prague School* (1998b), new book-length monographs were published by Chinese authors on the Prague School linguistics. With Qian Jun's book as the common background, the new generation of linguistic historians began to focus on certain specific members of the Circle and carried out deepened research on the particular fields where these members had made unusual contributions. Liu Xiaoxia (2013) published her study on Mathesius's thoughts on word order. Qu Changliang (2015) published on Jakobson's phonological theories. The latter's 367-page Chinese monograph entitled *A Study of Jakobsonian Phonology: Opposition, Distinctive Features and Sound Shape* explores and analyzes Jakobson's six decades of phonological thinkings from "Футуризм" (Futurism, 1919) and *Новейшая русская поэзия. Набросок первый* (The Newest Russian Poetry, Sketch One, 1921) to *The Sound Shape of Language* (1979). It was the first Chinese book on Roman Jakobson and a continuation of, and a respond to, Qian Jun's book in which its 17-page Section 5.6 ("Jakobson's Ideas on Phonology") has invited a further study on this topic in the future.

A few doctoral dissertations on the Prague School emerged in this period, which are reasonably expected to be published in the following years. Chen Jianhua's *A Linguistic Historiographical Study of Jan Firbas's Thoughts on Functional Sentence Perspective* (Peking University, 2018), for example, is a good representative of these future books.

As for the translation of the Prague School's classics, Yang Yanchun published in 2015 the long-awaited Chinese edition of Trubetzkoy's *Grundzüge der Phonologie* (1939), although it was translated from the 1960 Russian edition rather than the original German book. Chen Jianhua translated from the 1975 English text Mathesius's *A Functional Analysis of Present Day English on a General Linguistic Basis*. Before the full-text book was published in 2020, part of it had been unveiled in 2014 in installment in the journal *Linguistic Research*.

These monographs and translations have suggested the gradual forming of a second climax in the research of the Prague School in the Chinese speaking world.

4. Conclusion

Unlike in some other fields of social sciences and humanities studies, the Velvet Revolution did not abruptly interrupted Chinese scholars' ongoing interest in the linguistic ideas of the Prague School. Instead, the interest has been developing into its maturity and reached two climaxes in the 1990s and 2010s. Looking in retrospect three decades after the Revolution, we may find several factors leading to this consequence:

First, the linguistic theories and ideas of the Prague School are interesting enough to attract the scholars' attention. As proven by the majority of books on the history of linguistics, the Prague School is considered one of the most important parts of the 20th century structuralism. Its originality on phonology, morphology and syntax is well accepted and acknowledged throughout the linguistic world. In the recent decade the Prague School has constantly been revisited and focused, either in Czechia (Vykypěl 2012, 2013; Sládek 2015) or in other countries (e.g. Sériot 2012; Liu 2013; Qu 2015), indicating that the Circle members' works are still active theories instead of mere "historical archives".

Second, the Prague School was twice "rediscovered" in China when there were no overwhelming competitors. Under the circumstances of Cold War psychology in the 1950s and 1960s, Noam Chomsky's irresistible storm of transformational-generative grammar in other countries was considered in China as the "bourgeois" doctrines that one was more likely to avoid. And in the early 1980s when Western linguistics was much more fairly treated, the fervent interest in transformational-generative grammar was beginning to wane and the increasing interest in the functional approaches naturally led linguists to the Prague School where functionalism is one of its most distinctive characteristics. This tendency is particular true at Peking University, where there is a strong tradition of systemic-functional grammar, whose initiator M. A. K. Halliday (2000: 37) acknowledged his indebtedness to the Prague School for the terminology of theme and rheme.

Third, the Prague School linguists wrote in international languages, which prove to be great media for the dissemination of their ideas. As seen from the present essay, most of the Chinese research works on the Prague School were carried out by scholars with the background of English or Russian linguistics. If the Prague School linguists had solely written in Czech, their brilliant ideas may not have travelled so smoothly because of the dearth of linguists who had mastered the Czech language, whereas those who read in English, Russian, German or French are an obviously much larger group.

Last but not least important, scholars nowadays no longer need to show groundless fear of a sudden change of the extra-linguistic atmosphere. The persistence of this healthy social and academic climate is a crucially important condition for the independent thinking among scholars.

Bibliography:*

Cen, Qixiang (岑麒祥). 1958. *A Concise History of Linguistics* (语言学史概要). Beijing: Science Press.

——. 1984. Jakobson and his contributions to linguistic studies (雅各布逊和他对语言学研究的贡献). *Linguistic Abroad* (国外语言学) 2: 55-59.

Chang, Wei (常巍). 2014. On the semiotic aesthetic dimension of Jakobson's translation theory (雅各布森论诗歌翻译与符号美学). *Foreign Language Research* (外语研究) 4: 106-108.

Chan, Kwok Kou (陈国球). 1986. About *aktualizace*, a term of the Prague School (关于布拉格学派的一个术语——aktualizace). *Foreign Language Teaching and Research* (外语教学与研究) 2: 78-80.

Cheng, Fang (成方). 1981. Isačenko (伊萨钦科). *Linguistic Abroad* (国外语言学) 1: 74-75.

Dong, Ping (东平). 1965. Prague Linguistic School (布拉格语言学派). *Materials in Linguistics* (语言学资料) 4: 35-37.

Du, Hongfei (杜宏飞). 2010. A study of morphological oppositions in Prague School (布拉格学派词法对立理论研究). *Linguistic Research* (语言学研究) 8: 50-59.

Fang, Hanquan & He, Guangkeng (方汉泉、何广铿). 2005. On the Prague School and Jakobson's contributions to the development of modern stylistics (布拉格学派和雅各布森对现代文体学发展的贡献). *Foreign Language Teaching and Research* (外语教学与研究) 5: 383-386.

Halliday, M. A. K. 2000. *An Introduction to Functional Grammar*. 2nd ed. Beijing: Foreign Language Teaching and Research Press. (Reprint of the 1994 London Edward Arnold edition with Chinese Introduction by Hu Zhuanglin.)

Hu, Zhuanglin (胡壮麟). 1984. William Haas (威廉·哈斯). *Linguistic Abroad* (国外

---

* Chinese books, journals and journal articles published in China prior to 2000 usually do not have English titles. These titles in this bibliography are translated by the author of the present essay.

语言学) 4: 56-59.

Hua, Rujun (华如君). 1985. Also on the Prague School (也谈布拉格学派). *Foreign Language Teaching and Research* (外语教学与研究) 4: 75-77.

——. 1986. Answering Mr. Chan Kwok Kou of Hong Kong (答香港陈国球先生). *Foreign Language Teaching and Research* (外语教学与研究) 2: 77-78.

Hua, Shao (华劭). 1965. On actual segmentation of sentence (试谈句子的实际切分). *Materials in Linguistics* (语言学资料) 2/3: 16-27.

Ivić, Pavle. 1965. Roman Jakobson and the Growth of Phonology, *Linguistics*, 18: 35-78.

Jia, Zengyan (贾增艳). 2010. Aspects of morphological opposition: A study of Bohumil Trnka (词法对立研究的若干问题——以 Bohumil Trnka 为例). *Linguistic Research* (语言学研究) 8: 60-69.

Li, Hang (李航). 1989. Prague School and the structuralist semiotics (布拉格学派与结构主义符号学). *Literary Criticism Abroad* (国外文学评论) 2: 38-44.

Lin, Xiaofeng (林小峰). 2011. Mathesius's four principles on the word order of English sentences (马泰修斯关于英语句子词序的四个原则). *Linguistic Research* (语言学研究) 9: 126-133.

Liu, Xiaoxia (刘小侠). 2013. *Vilém Mathesius' Thoughts on Word Order: Toward a Linguistic Historiography*. Prague: Bronx.

Meng, Weigen (孟伟根). 2010. The Prague School's contributions to the theory of drama translation (布拉格学派对戏剧翻译理论的贡献). *Foreign Language and Literature* (国外语文) 3: 35-39.

Qi, Yucun (戚雨村). 1993. Prague School and the linguistic theory of Mathesius (布拉格学派和马泰修斯的语言理论). *Foreign Language* (外国语) 5: 49-54.

Qian, Jun (钱军). 1992. About functional syntax (关于功能句法). *Journal of Peking University: Special Issue on English Language and Literature* (北京大学学报：英语语言文学专刊) 1: 93-99.

——. 1993a. About functional onomatolgy (关于功能名称学). *Journal of Peking University: Special Issue on English Language and Literature* (北京大学学报：英语语言文学专刊): 46-54.

——. 1993b. Prague School's phonological studies (布拉格学派的音位学研究).

Foreign Language Research (外语学刊) 5: 1-6.

——. 1994a. Prague School's syntactic semantics (布拉格学派的句法语义学). *Foreign Language Research* (外语学刊) 2: 1-8.

——. 1994b. Mathesius and his linguistic theory (马泰修斯及其语言理论). *Foreign Language Teaching and Research* (外语教学与研究) 2: 57-61.

——. 1995a. A study on the history of the Prague School (布拉格学派历史研究). *Foreign Language Research* (外语学刊) 1: 14-22.

——. 1995b. Czech linguist Jan Firbas (捷克语言学家 Jan Firbas). *Linguistic Abroad* (国外语言学) 4: 36-39.

——. 1995c. Joseph Vachek and the Prague Linguistic School: On Vachek's introduction of the Prague School (Joseph Vachek 与布拉格学派——评 Vachek 对布拉格学派的介绍). *Journal of Peking University: Special Issue on English Language and Literature* (北京大学学报：英语语言文学专刊): 69-73.

——. 1996a. Synchronic and diachronic: A theoretical study on the Prague School, Part 1 (共时与历时——布拉格学派理论研究之一). *Foreign Language Research* (外语学刊) 2: 1-6.

——. 1996b. Core and edge of linguistic system: A theoretical study of the Prague School (语言系统的核心与边缘——布拉格学派理论研究). *Fujian Foreign Languages* (福建外语) 3: 5-8.

——. 1996c. Recent condition and the status quo of the Prague School (布拉格学派的近况与现状). *Linguistic Abroad* (国外语言学) 4: 11-21.

——. 1996d. Prague School Members' Notes (布拉格学派成员笔记). *Journal of Peking University: Special Issue on English Language and Literature* (北京大学学报：英语语言文学专刊): 43-47.

——. 1997. System and structure: A theoretical study on the Prague School, Part 2 (系统和结构——布拉格学派理论研究之二). *Foreign Language Research* (外语学刊) 1: 1-5.

——. 1998a. Function and form of language: A theoretical study on the Prague School (语言的功能和形式). *Shandong Foreign Languages Teaching* (山东外语教学) 2: 1-8.

——. 1998b. *Structural-Functional Linguistics: The Prague School* (结构功能语言

学——布拉格学派). Changchun: Jilin Education Press.

——. 1999. The space of linguistic historiography: A review of *The Magic of a Common Language: Jakobson, Mathesius, Trubetzkoy, and the Prague Linguistic Circle* (语言学史的空间——《共同语言的魅力：雅柯布森、马泰修斯、特鲁别茨科伊和布拉格语言小组》读后). *Foreign Language Teaching and Research* (外语教学与研究) 2: 74-79.

Qu, Changliang (曲长亮). 2015. *A Study of Jakobsonian Phonology: Opposition, Distinctive Features and Sound Shape* (雅柯布森音系学理论研究——对立、区别特征与音形). Beijing: World Publishing Corporation.

——. 2016. Concurrence and successivity in phonological units: A new attempt at the early development of the concept of distinctive features (音系单位的共现性与顺次性——区别特征概念早期发展历程新探). *Linguistic Research* (语言学研究) 20: 95-107.

——. 2018. Linguistic and extra-linguistic history behind Roman Jakobson's distinctive feature: The perspective of European crises and intellectual odyssey. *Interface: Journal of European Literature and Languages* 5: 99-117.

——. 2019. Interlingual textual differences and risk of anachronism: A new study on Jakobson's early thoughts of distinctive features (语际文本差异与时代误植风险——雅柯布森早期区别特征思想新探). *Foreign Languages and Their Teaching* (外语与外语教学) 3: 67-76.

Sériot, Patrick. 2012. *Structure et totalité: Les origines intellectuelles du structuralisme en Europe centrale et orientale*. Limoges: Lambert-Lucas.

Sládek, Ondřej. 2015. *The Metamorphoses of Prague School Structural Poetics*. München: Lincom Europa.

Tao, Rui (陶睿). 2015. Historiography of Prague Linguistic Circle—A study based on original Czech memoirs and dialogues (布拉格语言学小组历史问题考——基于捷克语原文回忆录、谈话录等文献的研究). *Linguistic Research* (语言学研究) 17: 93-102.

Vykypěl, Bohumil (ed). 2012. *Vilém Mathesius: Contributions to His Life and Work*. München: Lincom Europa.

——. 2013. *Bohuslav Havranek: Contributions to His Life and Work*. München: Lincom Europa.

Wang, Zhenglong (汪正龙). 2006. A study of Mukarovsky's conception of aesthetics together with Prague School's contribution to aesthetics (穆卡洛夫斯基的美学思想——兼论布拉格学派的美学贡献). *Journal of Guangzhou University(Social Science Edition)* (广州大学学报·社会科学版) 6: 73-78.

Wang, Lifei (王立非). 1991. Prague School and the theory of markedness (布拉格学派与标记理论). *Foreign Language Research* (外语研究) 1: 1-7.

Wang, Yingjie (王英杰). 2014. From Norm Standardization to Language Management Throey: Prague School and Language Planning (从标准语规范化到语言管理理论——布拉格学派与语言规划). *Journal of Hefei University of Technology (Social Sciences)* (合肥工业大学学报·社会科学版) 6: 100-106.

Wei, Ren (魏任). 1965a. The newly started Czech journal of mathematic linguistics (捷克创办数理语言学杂志). *Materials in Linguistics* (语言学资料) 5: 10.

——. 1965b. International Colloquium on Algebraic Linguistics and Machine Translation in Prague (布拉格国际数理语言学和机器翻译座谈会). *Materials in Linguistics* (语言学资料) 6: 24.

——. 1966. New trends in Czech general linguistics research (捷克普通语言学研究新动向). *Materials in Linguistics* (语言学资料) 1: 34.

Wu, Zongji (吴宗济). 1980. What is "distinctive feature" (什么是"区别特征"). *Linguistic Abroad* (国外语言学) 1: 44-46.

Xiao, Kai (肖凯). 1963. A brief introduction to the recently published selected writings of Jakobson (最近出版的雅柯布逊选集简介). *Materials in Linguistics* (语言学资料) 4: 23-24.

Xin, Delin (信德麟). 1985. Trubetzkoy's perspective of phoneme (特鲁别茨柯伊的音位观). *Foreign Language Research* (外语学刊) 1: 1-14.

Xu, Shenghuan (徐盛桓). 1982. Theme on rheme (主位与述位). *Foreign Language Teaching and Research* (外语教学与研究) 1: 1-9.

——. 1985. More on theme and rheme (再论主位与述位). *Foreign Language Teaching and Research* (外语教学与研究) 4: 19-25.

Xue, Si (学思). 1965. Trubetzkoy. (特鲁别茨柯伊). *Materials in Linguistics* (语言学资料) 6: 28-29.

Yao, Xiaodong (姚晓东). 2009. Jan Firbas' theme theory and his response to the challenges

(Firbas 主位理论及其对外界挑战的响应). *Linguistic Research* (语言学研究) 7: 32-41.

Zhang, Huisen (张会森). 1986. Prague School and rhetoric (布拉格学派与修辞学). *Contemporary Rhetoric* (当代修辞学) 4: 57-58.

Zhang, Jiahua (张家骅). A glimpse at Prague School's theory of markedness (布拉格学派标记理论管窥). *Foreign Languages* (外国语) 4: 27-31.

Zhang, Mingxi (张明玺). A comparative study between Prague School and communicative approach in translation theory (布拉格学派与交际理论派翻译思想之比较). *Journal of Xuchang University* (许昌学院学报) 6: 89-91.

Zhu, Weihua (朱伟华). 1983. Amendments to Cen Qixiang's Article on Jakobson (对岑麒祥介绍雅各布逊一文的补充). *Linguistic Abroad* (国外语言学) 4: 49.

——. 1987. Mathesius (1882-1945) (马泰修斯 [1882—1945]). *Linguistic Abroad* (国外语言学) 2: 86-88.

——. 1990. Czechoslovakian terminologist Horecký (捷克斯洛伐克术语学家霍莱茨基). *Linguistic Abroad* (国外语言学) 1: 44-48.

Zhu, Weihua & Xu, Zhe (徐哲). 1989. *Mluvnice Čestiny* (捷克语语法). Beijing: Foreign Language Teaching and Research Press.

Zhu, Yongsheng (朱永生). 1990. Theme and distribution of information (主位与信息分布). *Foreign Language Teaching and Research* (外语教学与研究) 4: 23-27.

——. 1995. Patterns of thematic progression and text analysis (主位推进模式与语篇分析). *Foreign Language Teaching and Research* (外语教学与研究) 3: 6-12.

附录2：本书涉及的俄境内语言名称对照表

中文名称	英文名称	德文名称	俄文名称	属系	备注
阿布哈兹语	Abkhaz	Abchasisch	Абхазский	西北高加索语系	
阿迪格语	Adyghe	Adyghisch	Адыгейский	西北高加索语系	
阿古尔语	Aghul	Aghulisch	Агульский	东北高加索语系	
阿奇语	Artchi	Artschinisch	Арчинский	东北高加索语系	
阿瓦尔语	Avar	Awarisch	Аварский	东北高加索语系	
埃尔齐亚语	Erzya	Erza-Mordwinisch	Эрзянский	乌拉尔语系	
安迪语	Andic, Andi	Andisch	Андийский	东北高加索语系	
奥斯恰克语	Ostyak	Ostjakisch	Остяцкий	乌拉尔语系	= Khanty
查胡尔语	Tsachur	Tsachurisch	Цахурский	东北高加索语系	
车臣语	Chechen	tschetschenisch	Чеченский	东北高加索语系	
楚克奇语	Chukchi, Chukot	Tschuktschisch	Чукотский	楚科奇-堪察加语系	
达尔金语	Dargwa, Dargin	Darginisch	Даргинский	东北高加索语系	
东干语	Dungan	Dunganisch	Дунганский	汉藏语系	
加赫语	Kiakh	Kjachisch	Кяхский	西北高加索语系	
卡巴尔达	Kabardi	Kabardinisch	Кабардинский	西北高加索语系	
科里亚克语	Koryak	Korjakisch	Корякский	楚科奇-堪察加语系	
库巴奇语	Kubachi	Kubatschinisch	Кубачинский	东北高加索语系	
库里语	Kuri	Kürinisch	Кюринский	东北高加索语系	= Lezgi
拉克语	Lak, Lakk	Lakkisch	Лакский	东北高加索语系	
拉兹语	Laz	Lasisch	Лазский	南高加索语系	
鲁图尔语	Rutul	Rutulisch	Рутульский	东北高加索语系	
明格列尔语	Mingrelian	Mingrelisch	Мегрельский	南高加索语系	

莫尔多瓦语	Mordvin	Mordwinisch	Мордвинский	乌拉尔语系	
齐良语	Zyrian	Zyrjänisch	Сирийский	乌拉尔语系	= Komi-Zyrian
切尔克斯语	Cherkess	Tscherkessisch	Черкесский	西北高加索语系	
切列米斯语	Cheremis	Tscheremissisch	Черемисский	乌拉尔语系	= Mari
斯瓦涅季语	Svanetian, Svan	Swanisch	Сванский	南高加索语系	
塔巴萨兰	Tabassaran	Tabasaranisch	Табасаранский	东北高加索语系	
沃恰克语	Votyak	Votjakisch	Водский	乌拉尔语系	= Udmurt
乌迪语	Udi	Udisch	Удинский	东北高加索语系	
尤比克语	Ubykh	Ubychisch	Убыхский	西北高加索语系	

参考文献

Akamatsu, Tsutomu. 1988. *The Theory of Neutralization and the Archiphoneme in Functional Phonology*. Amsterdam: John Benjamins.

Anderson, Gregory D. S. 1997. Lak Phonology. Alan S. Kaye (ed.). *Phonologies of Asia and Africa (Including the Caucasus)*. Vol. 2. Winona Lake, Indiana: Eisenbrauns. 973-997.

Anderson, Stephen. 1985. *Phonology in the Twentieth Century*. Chicago: Chicago University Press.

——.2021. *Phonology in the Twentieth Century*. 2nd ed. Berlin: Language Science Press.

Ánte, Luobbal Sámmol Sámmol (Ante Aikio) & Jussi Ylikoski. 2022. Marianne Bakró-Nagy, Johanna Laakso & Elena Skribnik (eds.). *The Oxford Guide to the Uralic Languages*. Oxford: Oxford University Press. North Saami. 147-177.

Asu, Eva Liina & Pire Teras. 2009. Estonian. *Journal of the International Phonetic Association* 39 (3): 367-372.

Awde, Nicholas & Muhammad Galaev. 1997. *Chechen-English English-Chechen Dictionary and Phrasebook*. New York: Hippocrene Books.

Bally, Charles. 1926. Langage et parole. *Journal de psychologie normale et pathologique* 23: 693-701.

Baltaxe, Christiane. 1969a. Bibliography of N. S. Trubetzkoy's Works. N.S. Trubetzkoy. *Principles of Phonology*. Trans. Christiane Baltaxe. Berkeley: University of California Press. 324-334.

——.1969b. Translator's Foreword. N. S. Trubetzkoy. *Principles of Phonology*. Trans. Christiane Baltaxe. Berkeley: University of California Press. v-viii.

——.1978. *Foundations of Distinctive Feature Theory*. Baltimore: University Park

Press.

Basbøll, Hans. 2005. *The Phonology of Danish.* Oxford: Oxford University Press.

Battistella, Edwin. 2022. The Prague School: Nikolai Trubetzkoy and Roman Jakobson. B. Elan Dresher & Harry van der Hulst (eds.). *The Oxford History of Phonology.* Oxford: Oxford University Press. 221-241.

Baudouin de Courtenay, Jan. 1894. Próba teorii alternacji fonetycznych. *Rozprawy akademii umiejętności wydział filologiczny (Serya II)* 5: 129-364.

——.1895. *Versuch einer Theorie phonetischer Alternationen.* Strassburg: Commissionsverlag Von Karl J. Trübner.

——.1963. *И. А. Бодуэн де Куртенэ. Избранные труды по общему языкознанию.* 2 vols. В. П. Григорьев & А. А. Леонтьев (eds.). Moscow: Издательство Академии Наук СССР.

——.1972. *A Baudouin de Courtenay Anthology: The Beginnings of Structure Linguistics.* Edward Stankiewicz (ed.). Bloomington: Indiana University Press.

Bauer, Robert S. & Paul K. Benedict. 1997. *Modern Cantonese Phonology.* Berlin: Mouton de Gruyter.

Benni, Tytus. 1929. Zur neueren Entwicklung des Phonembegriffs. *Donum natalicium Schrijnen: Verzameling van opstellen door oud-leerlingen en bevriende vakgenooten opgedragen aan Mgr. Prof. Dr. Jos. Schrijnen bij gelegenheid van zijn zestigsten verjaargad..* Nijmegen-Utrecht: N. V. Dekker & Van de Vegt. 34-37.

Bloch, Bernard & George L. Trager. 1942. *Outline of Linguistic Analysis Bloch.* Baltimore: Waverly.

Brown, Francis, S. R. Driver & Charles A. Briggs. 1907. *A Hebrew and English Lexicon of the Old Testament.* Oxford: Clarendon.

Browne, Wayles. 1993. Serbo-Croat. Bernard Comrie & Greville G. Corbett (eds.). *The Slavonic Languages.* London: Routledge. 306-387.

Brücke, Ernst Wilhelm von. 1856. *Grundzüge der Physiologie und Systematik der Sprachlaute für Linguisten und Taubstummenlehrer.* Wien: Carl Geralds Sohn.

Bühler, Karl. 1918. Kritische Musterung der neuen Theorien des Satzes. *Indogermanisches Jahrbuch* 6: 1-20.

——.1931. Phonetik und Phonologie. *Travaux du cercle linguistique de Prague* 4: 22-53.

——.1933. Die axiomatik der Sprachwissenschaften. *Kant Studien* 38: 19-90.

——.1965 [1934]. *Sprachtheorie: Die Darstellungsfunktion der Sprach*. Stuttgart: Gustav Fischer.

Burchfiled, R. W. 1982. *A Supplement to the Oxford English Dictionary*, vol. 3. Oxford: Clarendon.

Campbell, Lyle & Mauricio J. Mixco. 2007. *A Glossary of Historical Linguistics*. Edinburgh: Edinburgh University Press.

Campbell, Lyle & William J. Poser. 2008. *Language Classification: History and Method*. Cambridge: Cambridge University Press.

Cantineau, Jean. 1933. Tadmorea. *Syria* 17(3): 169-202.

——.1936. Tadmorea (Suite). *Syria* 17(3): 267-282.

——.1938. Tadmorea (Suite). *Syria* 19(1): 72-82.

——.1946. *Les parlers arabes du Hōrân*. Paris: Klincksieck.

——.1949. Préface du traducteur. N. S. Trubetzkoy. Trans. Jean Cantineu. *Principles de phonologie*. Paris: Klincksieck: xiii-xiv.

——.1955. Le classement logique des oppositions. *Word* 11(1): 1-9.

——.1956. The Phonemic System of Damascus Arabic. *Word* 12(1): 116-124.

Chitoran, Ioana. 2001. *The Phonology of Romanian*. Berlin: De Gruyter.

Chiu, Bien-Ming. 1930. Chinese (Amoy Dialect). *Le maître phonétique* 30: 38-40.

Chomsky, Noam & Morris Halle. 1968. *The Sound Pattern of English*. Cambridge, MA: MIT Press.

Clark, John & Colin Yallop. 1995. *An Introduction to Phonetics and Phonology*. London: Blackwell.

CLP (Cercle linguistique de Prague). 1929. Compte-rendu de l'activité du cercle linguistique de Prague: De l'automne 1926 aux vacances de 1929. *Travaux du cercle linguistique de Prague* 1: 242-244.

——.1931a. Projet de terminologie phonologique standardisée. *Travaux du cercle linguistique de Prague* 4: 309-323.

——.1931b. Principes de transcription phonologique. *Travaux du cercle linguistique de Prague* 4: 323-326.

——.1938. Přednášky v Pražském lingvistickém kroužku od prosince 1937 do března

1938. *Slovo a slovesnost* 4 (4): 191-192.

Cohen, Marcel. 1924. Langues chamito-sémitiques. Antoine Meillet & Marcel Cohen (eds.). *Les langues du monde*. Paris: Librairie ancienne édouard champion. 81-151.

——.1948. [Untitled Review]. *L'Année sociologique* 2: 855.

Courant, Maurice. 1913. *La langue chinoise parlée: Grammaire du Kwan-Hwa septentrional*. Lyon: Alexandre Rey.

Čyževśkyj, Dmytro. 1931. Phonologie und Psychologie. *Travaux du cercle linguistique de Prague* 4: 3-22.

Czaplicka, M. A. 1918. *The Turks of Central Asia in History and at the Present Day*. Oxford: Oxford University Press.

Derksen, Rick. 1996. *Metatony in Baltic*. Amsterdam: Rodopi.

——.2008. *Etymological Dictionary of the Slavic Inherited Lexicon*. Leiden: Brill.

Doroszewski, Withold. 1931. Autour du "phonème". *Travaux du cercle linguistique de Prague* 4: 61-74.

——.1933. [Untitled Comment]. Charles Bally, Léopold Gautier & Albert Sechehaye (eds.). *Actes du deuxième Congrès international de linguistes*. Paris: Librairie d'Amérique et d'orient, 127.

Dragunov, Alexander & E. N. Dragunova (Драгунов, Александр & Е. Н. Драгунова). 1932. К латинизации диалектов центрального китая. *Известия академии наук СССР, Отделение общественных наук* 7(3): 239-269.

Dresher, B. Elan & Harry van der Hulst (eds.) 2022. *The Oxford History of Phonology*. Oxford: Oxford University Press.

Dixon, R. M. W. 1997. *The Rise and Fall of Languages*. Cambridge: Cambridge University Press.

Ellis, Alexander John. 1848. *The Essentials of Phonetics*. London: Pitman.

Finck, Franz Nikolaus. 1910. *Die Haupttypen des Sprachbaus*. Leipzig: Teubner.

Frei, Henry. 1936. Monosyllabisme et polysyllabisme dans les emprunts linguistiques, avec un inventaire des phonèmes de Pékin et de Tokio. *Bulletin de la Maison franco-japonaise* 8 (1): 78-164.

Fries, Charles C. 1943. Foreword. Kenneth L. Pike. *Phonemics*. Ann Arbor: The University of Michigan Press. v.

Fischer-Jørgensen, Eli. 1975. *Trends in Phonological Theory: A Historical Introduction*. Copenhagen: Akademisk Forlag.

Fox, Anthony. 2000. *Prosodic Feature and Prosodic Structure: The Phonology of Suprasegmentals*. Oxford: Oxford University Press.

Gardiner, Alan Henderson. 1922. The Definition of the Word and the Sentence. *The British Journal of Psychology, General Section* 12 (4): 352–361.

——. 1932. *The Theory of Speech and Language*. Oxford: Oxford University Press.

Gluski, Jerzy. 1971. *Proverbs: A Comparative Book of English, French, German, Italian, Spanish and Russian Proverbs with a Latin Appendix*. Amsterdam: Elsevier.

Goldknopf, Emmy. 2002. A Life in Linguistics and Communication Disorders: An Interview with Christiane Baltaxe. *Issues in Applied Linguistics* 13(2): 187–201.

Goodwin, Donald Fraser. 1990. Editor's Introduction-Karl Bühler: Sematologist. Karl Bühler. Trans. Donald Fraser Goodwin. *Theory of Language: The Representation Function of Language*. Amsterdam: John Benjamins. xiii–xliii.

Halliday, M. A. K. 2000. *An Introduction to Functional Grammar*. 2nd ed. Beijing: Foreign Language Teaching and Research Press. (Reprint of the 1994 London Edward Arnold edition with Chinese Introduction by Hu Zhuanglin.)

Hamari, Arja & Rigina Ajanki. 2022. Mordvin (Erzya and Moksha). Marianne Bakró-Nagy, Johanna Laakso & Elena Skribnik (eds.). *The Oxford Guide to the Uralic Languages*. Oxford: Oxford University Press. 392–431.

Hamp, Eric P., Martin Joos, Fred W. Householder & Robert Austerlitz. (eds.). 1995. *Readings in Linguistics, I & II*. (Abridged Edition). Chicago: The University of Chicago Press.

Harris, Zellig. 1951. *Methods in Structural Linguistics*. Chicago: University of Chicago Press.

Haspelmath, Martin. 1993. *A Grammar of Lezgian*. Berlin: De Gruyter Mouton.

Hausenberg, Anu-Reet. Komi. Daniel Abondolo (ed.) *The Uralic Languages*. London: Routledge. 305–326.

Havránek, Bohuslav. 1939. Bibliographie des travaux de N.S. Trubetzkoy. *Travaux du cercle linguistique de Prague* 8: 335–342.

Havránková, Marie & Vladimír Petkevič. 2014. *Pražská škola v korespondenci: Dopisy z let 1924-1989*. Prague: Karolinum.

Hockett, Charles. 1942. A System of Descriptive Phonology. *Language* 18: 3-21.

——.1955. *A Manual of Phonology*. Baltimore: Waverly.

——.1958. *A Course in Modern Linguistics*. New York: MacMillan.

Humboldt, Wilhelm von. 1836. *Über die Kawi-Sprache auf der Insel Java*. Berlin: Druckerei der Königlichen Akademie der Wissenschaften.

IPA (Intenational Phonetics Association). 1949. *The Principles of the International Phonetic Association*. London: International Phonetics Association.

Ivić, Pavle. 1965. Roman Jakobson and the Growth of Phonology, *Linguistics*, 18: 35-78.

Jakobson, Roman. 1921. *Новейшая русская поэзия. Набросок первый*. Prague: Politica.

——.1923. *О чешском стихе, преимущественно в сопоставлении с русским*. Moscow: Государственное издательство Р.С.Ф.С.Р.

——.1929. *Remarques sur l'évolution phonologique du russe comparée à celle des autres langues slaves*. (= Travaux du cercle linguistique de Prague 2) Prague: Jednota Československých Matematiků a Fysiků.

——.1931a. Über die phonologischen Spachbünde. *Travaux du cercle linguistique de Prague* 4: 234-240.

——.1931b. *К характеристике евразийского языкового союза*. Paris: Navarre.

——.1939. Observations sur le classement phonologique des consonnes. Edgard Blancquaert & Willem Pee (eds.) *Proceedings of the Third International Congress of Phonetic Sciences*. Ghent: Laboratory of Phonetics of the University. 34-41.

——.1949. On the Identification of Phonemic Entities. *Travaux du cercle linguistique de Copenhague* 5: 205-213.

——.1962. *Selected Writings*. Vol. 1. *Phonological Studies*. The Hague: Mouton.

——.1968. The Role of Phonic Elements in Speech Perception. *Zeitschrift für Phonetik, Sprachwissenschaft und Kommunikationsforschung* 21 (1/2): 9-20.

——.1971 [1965]. An Example of Migratory Terms and Institutional Models. *Roman Jakobson Selected Writings*. vol. 2. *Word and Language*. The Hague: Mouton. 527-538.

——.1985. Einstein and the Science of Language. Stephen Rudy (ed.). *Roman*

Jakobson Selected Writings. vol. 7. *Contributions to Comparative Mythology. Studies in Linguistics and Philology, 1972–1982*. The Hague: Mouton. 254–265.

Jakobson, Roman, Gunnar Fant & Morris Halle. 1952. *Preliminaries to Speech Analysis: The Distinctive Features and Their Correlates*. Cambridge, MA: MIT Press.

Jakobson, Roman & Morris Halle. 1956. *Fundamentals of Language*. The Hague: Mouton.

Jakobson, Roman & John Lotz. 1949. Notes on the French Phonemic Pattern. *Word* 5 (2): 151–158.

Jakobson, Karcevski & Trubetzkoy. 1972 [1928]. Quelles sont les méthodes les mieux appropriées à un exposé complet et pratique de la phonologie d'une langue quelconque? *Actes du premier congrès international de linguistes, à la Haye, du 10–15 avril 1928*. Nendeln, Liechtenstein: Kraus Reprint. 33–36.

Jakobson, Roman & Krystyna Pomorska. 1983. *Dialogues*. Cambridge: Cambridge Univerity Press.

Jakobson, Roman & Linda Waugh. 1987 [1979]. *The Sound Shape of Language*. Stephen Rudy (ed.). Roman Jakobson: Selected Writings. Vol. 8. Berlin: Mouton. v–315.

Janotta, Karl August. 1929. Complet grammatica de occidental. *Cosmoglotta* 8 (9): 149–154.

Janshansin, Jusup (Янщянсын, Юсуп). 2009 [1968]. *Краткий дунганско русский словарь*. Moscow: ИПБ.

Jespersen, Otto. 1889. *The Articulations of Speech Sounds Represented by Means of Analphabetic Symbols*. Marburg: Elwert.

——.1891. *Studier over engelske kasus, med en indledning: Fremskridt i sproget*. Copenhagen: Kleins Forlag.

——.1899. *Fonetik: en systematisk fremstilling af læren om sproglyd*. Copenhagen: Schubothe.

——.1904a. *Phonetische Grundfragen*. Leipzig: Teubner.

——.1904b. *Lehrbuch der Phonetik*. Leipzig: Teubner.

——.1905. Zur Geschichte der Phonetik (II). *Die neueren Sprachen* 13 (7): 402–416.

——.1909. *A Modern Grammar of the English Language on Historical Principle.* Vol. 1. *Sound and Spelling.* London: George Allen & Unwin Ltd.

——.1922. *Language: Its Nature Development and Origin.* London: George Allen & Unwin Ltd.

——.1927. L'individu et la communauté linguistique. *Journal de psychologie normale et pathologique* 24: 573-590.

——.1929. Monosyllabism in English. *Proceedings of the British Academy* 14: 3-30.

——.1933a. Zur Lautgesetzfrage: Letzte Worte. *Linguistica: Seleceted Papers in English, French and German.* London: George Allen & Unwin Ltd. 205-228.

——.1933b. Voiced and Voiceless Fricatives in English. *Linguistica: Seleceted Papers in English, French and German.* London: George Allen & Unwin Ltd. 346-383.

——.1933c. Verners Gesetz und das Wesen des Akzents. *Linguistica: Seleceted Papers in English, French and German.* London: George Allen & Unwin Ltd. 229-248.

——.1937. Voicing of Spirants in English. *English Studies* 19: 69-71.

——.1941. *Efficiency in Linguistic Change.* Copenhagen: Munksgaard.

——.2016 [1934]. Introduction, The Universal Adoption of Roman Characters. *Selected Writings of Otto Jespersen.* Beijing: World Publishing Corporation. 783-793.

Jones, Daniel. 1917. The Phonetic Structure of the Sechuana Language. *Transactions of the Philological Society,* Vol. 1917-20: 99-106.

——.On Phonemes. *Travaux du cercle linguistique de Prague* 4: 74-79.

——.1957. *The History and Meaning of the Term "Phoneme".* London: International Phonetic Association.

Jones, Daniel & Kwing Tong Woo. 1913. *A Cantonese Phonetic Reader.* London: University of London Press.

Joseph, John E. 2012. *Saussure.* Oxford: Oxford University Press.

Karlgren, Bernhard. 1914. Review of Maurice Courant, "La langue chinoise parlé: Grammaire du Kwan-hwa septentrional". *T'oung Pao,* Series 2, 15(2): 283-285.

——.1915. *Études sur la phonologie chinoise.* Leyde: E. J. Brill.

Kenesei, István & Krisztina Szécsényi. 2022. Hungarian. Marianne Bakró-Nagy, Johanna Laakso & Elena Skribnik (eds.). *The Oxford Guide to the Uralic*

Languages. Oxford: Oxford University Press. 636–658.

Kiparsky, Paul. 1973. The Inflectional Accent in Indo-European. *Language* 49 (4): 794–849.

Koerner, Konrad. 1988. Meillet, Saussure et la linguistique générale. *Histoire Épistémologie Langage* 10 (2): 57–73.

Kittilä, Seppo, Johanna Laakso & Jussi Ylikoski. 2022. Case. Johanna Laakso & Elena Skribnik (eds.). *The Oxford Guide to the Uralic Languages*. Oxford: Oxford University Press. 880–893.

Krámský, Jiří. 1974. *The Phoneme; Introduction to the History and Theories of a Concept*. München: W. Fink.

Kretschmer, Paul. 1933. [Untitled Comment]. Charles Bally, Léopold Gautier & Albert Sechehaye (eds.). *Actes du deuxième Congrès international de linguistes*. Paris: Librairie d'Amérique et d'orient, 125.

Kuipers, Aert, H. 1960. *Phoneme and Morpheme in Kabardian (Eastern Adyghe)*. The Hague: Mouton.

Kühnelt-Leddihn, W. & M. Trummer. 1988. Schriftenverzeichnis N. S. Trubetzkoy. Stanislaus Hafner, F. W. Mareš & M. Trummer (eds.). *Opera Slavica minora linguistica: Sammlung kleinerer slavistisch-linguistischer Arbeiten N. S. Trubetzkoys*. Viene: Verlag der österreichischen Akademie der Wissenschaften. xxxix–lxvii.

Laziczius, J. von. 1936. A New Category in Phonology. *Proceedings of the a International Congress of Phonetic Sciences, Held at University College, London, 22–26 July 1935*. Cambridge: Cambridge University Press. 57–60.

Lehmann, Winfred P. 1967. *A Reader in Nineteenth Century Historical Indo-European Linguistics*. Bloomington: Indiana University Press.

Liberman, Anatoly. 1991. Postscript: N.S. Trubetzkoy and His Works on History and Politics. Anatoly Liberman (ed.). *The Legacy of Genghis Khan and Other Essays on Russia's Identity*. Ann Arbor: Michigan Slavic Publications. 295–375.

Liu, Xiaoxia. 2013. *Vilém Mathesius' Thoughts on Word Order: Toward a Linguistic Historiography*. Prague: Bronx.

Lunt, Horace G. 2001. *Old Church Slavonic Grammar* (7th ed.). Berlin: Mouton de Gruyter.

Makkai, Valerie Becker. (ed). 1972. *Phonological Theory: Evolution and Current Practice*. New York: Holt, Rinehat & Wilson.

Martinet, André. 1936. Neutralisation et archiphonème. *Travaux du cercle linguistique de Prague* 6: 46-57.

——.1949. Préface de A. Martinet. N. S. Trubetzkoy. Trans. Jean Cantineu. *Principles de phonologie*. Paris: Klincksieck: ix-xi.

——.1957. *La notion de neutralisation dans la morphologie et le lexique*. Paris: Librairie C. Klincksieck.

——. 1968. Neutralisation et syncrétisme. *La linguistique* 4(1): 1-20.

Massignon, Louys. 1956. Mort de M. Jean Cantineau, professeur à l'école des langues orientales. (retrieved on 8-AUG-2022 from <https://www.lemonde.fr/archives/article/1956/04/12/mort-de-m-jean-cantineau-professeur-a-l-ecole-des-langues-orientales_2256273_1819218.html>)

Mathesius. Vilém. 1929a. La structure phonologique du lexique du tchèque modern. *Travaux du cercle linguistique de Prague* 1: 67-84.

——.1929b. On the Phonological System of Modern English. *Verzameling van opstellen, door oud-leerlingen en bevriende vakgenooten opgedragen aan Mgr. Prof. Dr. Jos. Schrijnen bij gelegenheid van zijn zestigsten verjaargad*. Nijmegen-Utrecht: N. V. Dekker & Van de Vegt. 46-53.

——.1931a. Zum Problem der Belastungs-und Kombinationsfähigkeit der Phoneme. *Travaux du cercle linguistique de Prague* 4: 148-152.

——.1931b. Discours d'ouverture. *Travaux du cercle linguistique de Prague* 4: 291-293.

——.1933. La place de la linguistique fonctionnelle et structurale dans le développement général des études linguistiques. Charles Bally, Léopold Gautier & Albert Sechehaye (eds.). *Actes du deuxième Congrès international de linguistes*. Paris: Librairie d'amérique et d'orient. 145-146.

Meillet, Antoine & Marcel Cohen. 1924. *Les langues du monde*. Paris: Librairie ancienne édouard champion.

Merkel, Carl Ludwig. 1866. *Physiologie der menschlichen Sprache (Physiologische Laletik)*. Leipzig: Otto Wigand.

Metslang, Helle. 2022. North and Standard Estonian. Marianne Bakró-Nagy, Johanna Laakso, Elena Skribnik (eds.). *The Oxford Guide to the Uralic Languages*. Oxford: Oxford University Press. 350–366.

Müller, Max. 1854. *Letter to Chevalier Bunsen on the Classification of the Turanian Languages*. London: A. & G. A. Spottiswoode

Murry, James. 1909. *A New English Dictionary on Historical Principles*. Vol. 7. Oxford: Clarendon.

Nichols, Johanna. 1994. Chechen. Rieks Smeets (ed.). *The Indigenous Languages of the Caucasus*. Vol. 4. Delmar, NY: Caravan Books. 1–77.

Nihalani, Paroo. 1999. Sindhi. *Handbook of the International Phonetic Association*. Cambridge: Cambridge University Press. 131–134.

Noreen, Adolf. 1907. *Vårt språk*. Vol. 1. Lund: C.W.K. Gleerups förlag.

Norman, Jerry. 1988. *Chinese*. Cambridge: Cambridge University Press.

Occidental-Union. 1945. Standardisation de occidental. *Cosmoglotta*, Serie B 70 (5): 49–60.

Ohala, Manjari. 1999. Hindi. *Handbook of the International Phonetic Association*. Cambridge: Cambridge University Press. 100–103.

Patri, Sylvain. 2002. La méthode de Troubetzkoy morphonologue. *Cahiers Ferdinand de Saussure* 55: 63–83.

Pereltsvaig, Asya. 2021. *Languages of the World: An Introduction*. Cambridge: Cambridge University Press.

Perera, H. & D. Jones. 1919. *A Colloquial Sinhalese Reader*. Manchester: Manchester University Press.

Pike, Kenneth Lee. 1943. *Phonetics*. Ann Arbor: The University of Michigan Press.

——.*Phonemics*. Ann Arbor: The University of Michigan Press.

Polivanov, Yevgeny Dmitrievich. 1928. *Введение в языкознание для востоковедных вузов*. Leningrad: Издание ленинградского восточного института имени А. С. Енукидзе.

Polivanov, Yevgeny Dmitrievich & Jusup Janshansin. 1937. *Вопросы орфографии дунганского языка*. Frunze: Киргизгосиздат.

Pos, Hendrik. 1933. Quelques perspectives philosophiques de la phonologie. *Archives néerlandaises de phonétique expérimentale* 8-9: 226-230.

Qu, Changliang. 2018. Linguistic and Extra-Linguistic History behind Roman Jakobson's Distinctive Feature: The Perspective of European Crises and Intellectual Odyssey. *Interface: Journal of European Literature and Languages* 5: 99-117.

——.2019. *Selected Readings of Early Classics in Phonetics and Phonology*. Beijing: Tsinghua University Press.

——.2021 Roman Jakobson's Forgotten Czech Articles on Phonology: A Case of Avoiding Anachronism in Linguistic Historiography. *RUS: Revista de Literatura e Cultura Russa* 18: 154-170.

——.2023. Introducing the Prague School: Efforts of Chinese Linguists in the Past Half-Century. *Chinese Semiotic Studies* 19 (4): 687-702.

Radwańska-Williams, Joanna. 2022. The Kazan School: Jan Baudouin de Courtenay and Mikołaj Kruszewski. B. Elan Dresher & Harry van der Hulst (eds.). *The Oxford History of Phonology*. Oxford: Oxford University Press. 179-202.

Roach, Peter. 1991. *English Phonetics and Phonology: A Practical Course*. Cambridge: Cambrige University Press.

Robins, R.H. 2001. *A Short History of Linguistics*. 4th edition. Beijing: Foreign Language Teaching and Research Press.

Rogers, Derek & Luciana d'Arcangeli. 2004. Italian. *Journal of the International Phonetic Association* 34 (1): 117-121.

Rop, Albert de. 1958. *Grammaire du Lomongo (Phonologie et Morphologie)*. Léopoldville: Éditions de l'université.

Rudy, Stephen. 1990. *Roman Jakobson (1896-1982): A Complete Bibliography of His Writings*. Berlin: Mouton de Gruyter.

Saarinen, Sirkka. 2022. Mari. Marianne Bakró-Nagy, Johanna Laakso & Elena Skribnik (eds.). *The Oxford Guide to the Uralic Languages*. Oxford: Oxford University Press. 432-470.

Sapir, Edward. 1931. Notes on the Gweabo Language of Liberia. *Language* 7: 30-41.

——.1933. La réalité psychologique des phonèmes. *Journal de psychologie normale et pathologique* 30: 247-265.

——.1949 [1933]. The Psychological Reality of Phonemes. Daivd G. Mandelbaum (ed.). *Selected Writings of Edward Sapir in Language, Culture and Personality*. Berkeley: University of California Press. 46-60.

Sara, Solomon I. 1990. Phonetics and Phonology, 1949-1989. F. P. Dinneen & E. F. K. Koerner (eds.). *North American Contributions to the History of Linguistics*. Amsterdam: John Benjamins.

Savickij, Petr Inkolaevich. 1922. *На путях: Утверждение евразийцев*. Moscow: Геликон.

Saussure, Ferdinand de. 1916. *Cours de linguistique générale*. Paris: Payot.

——.1959. *Course in General Linguistics*. Wade Baskin (trans.). New York: Philosophical Library.

——.1983. *Course in General Linguistics*. Roy Harris (trans.). Chicago: Open Court.

Schane, Sanford A. 1971. The Phoneme Revisited. *Language* 47 (3): 503-521.

Schleicher, August. 1861. *Compendium der vergleichenden Grammatik der indogermanischen Sprachen*. Vol. 1. Weimar: Hermann Böhlau.

Sebeok, Thomas A. 1963. Gyula Laziczius. Thomas A. Sebeok (ed.). *Portraits of Linguists: A Biographical Source Book for the History of Western Linguistics, 1746-1963*. Bloomington: Indiana University Press. 554-562.

Sériot, Patrick. 2012. *Structure et totalité: Les origines intellectuelles du structuralisme en Europe centrale et orientale*. Limoges: Lambert-Lucas.

——.2020. Bibliographie des œuvres de N. S. Troubetzkoy. (retrieved on 16-NOV-2020 from <https://crecleco.seriot.ch/recherche/ENCYCL LING RU/TRUBECKOJ/Trub.html>).

Seuren, Pieter. 2018. *Saussure and Sechehaye: Myth and Genius*. Paris: Brill.

Singh, Rajendra. 1996. *Trubetzkoy's Orphan: Proceedings of the Montreal Roundtable "Morphonology: Contemporary Responses"*. Amsterdam: John Benjamins.

Sládek, Ondřej. 2015. *The Metamorphoses of Prague School Structural Poetics*. München: Lincom Europa.

Schane, Sanford A. 1971. The Phoneme Revisited. *Language* 47(3): 503-521.

Schmitt, Alfred. 1936. Die Schallgebärden der Sprache. *Wörter und Sachen* 17: 57-98.

Schleicher, August. 1861. *Compendium der vergleichenden Grammatik der indogermanischen Sprachen*. Weimar: Hermann Böhlau.

Sievers, Eduard. 1876. *Grundzüge der Lautphysiologie, Zur Einführung in das Studium der Lautlehre der indogermanischen Sprachen.* Leipzig: Breitkopf & Härtel.

——.1893. *Grundzüge der Phonetik.* 4th ed. Leipzig: Breitkopf & Härtel.

Stankiewicz, Edward. 1976a. *Baudouin de Courtenay and the Foundations of Structual Linguistics.* Lisse: The Peter de Riddle Press.

——.1976b. Prague School Morphophonemics. Ladislav Matejka (ed.). *Sound, Sign and Meaning: Quinquagenary as the Prague Linguistic Circle.* Ann Arbor: Michigan Slavic Publications. 101–118.

Steiner, Peter. 2016. *Russian Formalism: A Metapoetics.* Ithaca: Cornell University Press.

Smyth, Herbert Weir. 1920. *A Greek Grammar for Colleges.* New York: American Book Company.

Sokol, Edward Dennis. *The Revolt of 1916 in Russian Central Asia.* Baltimore: John Hopkins University Press.

Sommerstein, Alan. 1977. *Modern Phonology.* London: Hodder & Stoughton Educational.

Šuštaršič, Rastislav, Smiljana Komar & Bojan Petek. 1999. Slovene. *Handbook of the International Phonetic Association.* Cambridge: Cambridge University Press. 135–139.

Swadesh, Morris. 1934. The Phonemic Principle. *Language* 10: 117–129.

Swanton, John R. 1911. Haida. Franz Boas (ed.). *Handbook of American Indian Languages.* Washington: Government Printing Office. 205–282.

Sweet, Henry. 1877. *Handbook of Phonetics.* Oxford: Clarendon.

——.1874. *History of English Sounds.* London: Trübner.

——.1879. Sixth Annual Address of the President to the Philological Society, delivered at the Anniversary Meeting, Friday, 18th May, 1877, *Transactions of the Philological Society*, Vol. 1877–1879: 81–94.

——.1890. *A Primer of Phonetics.* Oxford: Clarendon.

——.1892. *New English Grammar.* Oxford: Clarendon.

Szende, Tamás. 1999. Hungarian. *Handbook of the International Phonetic Association.* Cambridge: Cambridge University Press. 104–107.

Ternes, Elmer & Tatjana Vladimirova-Buhtz. 1999. Bulgarian. *Handbook of the*

International Phonetic Association. Cambridge: Cambridge University Press. 55-57.

Tingsabadh, M. R. Kalaya & Arthur S. Abramson. 1999. Thai. *Handbook of the International Phonetic Association.* Cambridge: Cambridge University Press. 147-150.

Thelwall, Robin & M. Akram Sa'adeddin. 1999. Arabic. *Handbook of the International Phonetic Association.* Cambridge: Cambridge University Press. 51-54.

Toman, Jindřich. 1994. *Letters and Other Materials from the Moscow and Prague Linguistic Circles, 1912-1945.* Ann Arbor: Michigan Slavic Publications.

——.1995. *The Magic of a Common Language.* Cambridge: The Massachusetts Institute of Technology Press.

——.2013. Introduction. xiii-xv. *Roman Jakobson Selected Writings.* Vol. 9. Part 1. Berlin: De Gruyter Mouton.

Trager, George L. & Henry Lee Smith. 1957. *An Outline of English Structure.* Washington: American Council of Learned Societies.

Trask, R. L. 1996. *A Dictionary of Phonetics and Phonology.* London: Routledge.

Trnka, Bohumil. 1935. Je prokázán Vernerův zákon pro novou angličtinu? *Časopis pro moderní filologii* 21: 154-162.

——.1936. General Laws of Phonemic Combinations. *Travaux du cercle linguistique de Prague* 6: 57-62.

——.1938. On the Combinatory Variants and Neutralization of Phonemes. *English Studies* 20: 26-31.

——.1939. On the Phonological Development of spirants in English. Edgard Blancquaert & Willem Pee (eds.) *Proceedings of the Third International Congress of Phonetic Sciences.* Ghent: Laboratory of Phonetics of the University. 23-30.

——.1968 [1935]. *A Phonological Analysis of Present-Day Standard English.* Tuscaloosa: University of Alabama Press.

——.1982. *Selected Papers in Structural Linguistics: Contributions to English and General Linguistics Written in the Years 1928-1978.* Vilém Fried (ed.). Berlin: Mouton.

Trofimov, Michael V. & Daniel Jones. 1923. *The Pronunciation of Russian.* Cambridge: Cambridge University Press.

Trubetskaya, Elizabeth Esperovna (Княгиня Елизавета Эсперовна Трубецкая). 1891.

Сказанія о родѣ князей трубецкихъ. Moscow: Университетская типографія.

Trubetzkoy, Nikolai Sergeyevich. 1921. De la valeur primitive des intonations du slave commun. *Revue des études slaves* 1: 171-187.

——.1922a. Remarques sur quelques mots iraniens empruntés par les langues du Caucase Septentrional. *Mémoires de la Société de linguistique* 22: 247-252.

——.1922b. Les consonnes latérales des langues caucasiques septentrionales. *Bulletin de la Société delinguistique* 33: 184-204.

——.1924. Langues caucasiques septentrionales. Antoine Meillet & Marcel Cohen (eds.). *Les langues du monde*. Paris: Librairie ancienne édouard champion. 327-342.

——.1925a. Einiges über die russische Lautgeschichte und die Auflösung der gemeinrussischen Spracheinheit. *Zeitschrift für slavische Philologie* 1: 287-319.

——.1925b. Les voyelles nasales des langues léchites. *Revue des études slaves* 5: 24-37.

——.1926. Studien auf dem Gebiete der vergleichenden Lautlehre der nordkaukasischen Sprachen. *Caucasica* 3: 7-36.

——.1927. Общеевразийский национализм. *Евразийская хроника* 9: 24-31.

——.1929a. Zur allgemeinen Theorie der phonologischen Vokalsysteme. *Travaux du cercle linguistique de Prague* 1: 39-67.

——.1929b. *Polabische Studien*. Wien: Hölder-Pichler-Tempsky.

——.1929c. Caucasian Languages. *Encyclopedia Britannica*. Vol. 5. 54.

——.1929d. Sur la "morphonologie". *Travaux du cercle linguistique de Prague* 1: 85-88.

——.1931a. Die phonologischen Systeme. *Travaux du cercle linguistique de Prague* 4: 96-116

——.1931b. Gedanken über Morphonologie. *Travaux du cercle linguistique de Prague* 4: 160-163.

——.1931c. [Untitled Endnote to "Principes de transcription phonologique"]. *Travaux du cercle linguistique de Prague* 4: 326.

——.1931d. Phonologie und Sprachgeographie. *Travaux du cercle linguistique de Prague* 4: 228-234.

——.1932. Das mordwinische phonologische system verglichen mit dem russischen.

Charisteria Guilelmo V. Mathesio quinquagenario a discipulis et Circuli Linguistici oblata. Prague: Pražský linguistický kroužek. 21-24.

——.1933a. Les systèmes phonologiques envisages en eux-mêmes et dans leurs rapports avec la structure générale de la langue. Charles Bally, Léopold Gautier & Albert Sechehaye (eds.). *Actes du deuxième Congrès international de linguistes.* Paris: Librairie d'amérique et d'orient. 109-113.

——.1933b. [Untitled Plenary Speech]. Charles Bally, Léopold Gautier & Albert Sechehaye (eds.). *Actes du deuxième Congrès international de linguistes.* Paris: Librairie d'amérique et d'orient. 120-125.

——.1933c. La phonologie actuelle. *Journal de psychologie normale et pathologique* 30: 227-246.

——.1933d. Charakter und Methode der systematischen phonologischen Darstellung einer gegebenen Sprache. *Archives néerlandaises de phonétique expérimentale* 8-9: 109-113.

——.1934. *Das morphonologische System der russischen Sprache.* Prague: Jednota Československých Matematikủ a Fysikủ.

——.1935a. *Anleitung zu phonologischen Beschreibungen.* Brno: Mor. Unie.

——.1935b. Il problema della parentele tra i grandi gruppi linguistici. *Atti del III congrezzo internazionale dei linguisti, Roma, 19-26 settembre 1933.* Florence: Monnier. 326-327.

——.1936a. Essai d'une théorie des oppositions phonologiques. *Journal de psychologie normale et pathologique* 33: 5-18.

——.1936b. Die Aufhebung der phonologischen Gegensätze. *Travaux du cercle linguistique de Prague* 6: 29-45.

——.1936c. Die phonologischen Grenzsignale. *Proceedings of the Second International Congress of Phonetic Sciences Held at University College, London, 22-26 July 1935.* Daniel Jones & D. B. Fry (eds.). Cambridge: Cambridge University Press. 45-49.

——.1937. Über eine neue Kritik des Phonembegriffes, *Archiv für die vergleichende Phonetik* 1: 129-53.

——.1938a. Die phonologischen Grundlagen der sogenannten „Quantität" in den verschiedenen Sprachen. *Scritti in onore di Alfredo Trombetti.* Milan: Ulrico Hoepli. 88-97.

———.1938b. Die Quantität als phonologisches Problem. *Actes du 4e Congrès International de linguistes tenu à Copenhague du 27 août au 1er sept. 1936.* Copenhague: Einar Munksgaard. 117-122.

———.1939a. *Grundzüge der Phonologie.* (= *Travaux du cercle linguistique de Prague* 7) Prague: Jednota Československých Matematiků a Fysiků.

———.1939b. Zur phonologischen Geographie der Welt. *Proceedings of the 3rd International Congress of Phonetic Sciences.* Ghent: Laboratory of Phonetics of the University. 499.

———.1939c. Wie soll das Lautsystem einer künstlichen internationalen Hilfssprache beschaffen sein? *Travaux du cercle linguistique de Prague* 8: 5-21.

———.1939d. Aus meiner phonologischen Kartothek: I. Das phonologische System der dunganischen Sprach. *Travaux du cercle linguistique de Prague* 8: 22-26.

———.1949. *Principes de phonologie.* Jean Cantineau (trans.). Paris: Klincksieck.

———.1968. *Introduction to the Principles of Phonological Descriptions.* L. A. Murray (trans). Herman Bluhme (ed.). The Hague: Martinus Nijhoff.

———.1969. *Principles of Phonology.* Christiane Baltaxe (trans). Berkeley: University of California Press.

———.1972 [1928]. Proposition 16. *Actes du premier congrès international de linguistes, à la Haye, du 10-15 avril 1928.* Nendeln, Liechtenstein: Kraus Reprint. 7-18.

———.1975. *N. S. Trubetzkoy's Letters and Notes.* Roman Jakobson (ed.). Berlin: Mouton.

———.1975 [1937]. Entwurf eines phonologischen Fragebogens für Europa (mit Ausschluss der USSR). *N. S. Trubetzkoy's Letters and Notes.* Roman Jakobson (ed.). Berlin: Mouton. 380-383.

———.1990. *Writings on Literature.* Anatoly Liberman (ed. & trans.). Minneapolis: University of Minnesota Press.

———.1991. *Legacy of Genghis Khan and Other Essays on Russia's Identity.* Anatoly Liberman (ed. & trans.). Ann Arbor: Michigan Slavic Publications.

———.2000 [1960]. *Основы фонологии.* Александр Алексеевич Холодович (trans.).

Moscow: Аспент пресс.

——.2001. *N. S. Trubetzkoy: Studies in General Linguistics and Language Structure*. Anatoly Liberman (ed.). Marvin Taylor & Anatoly Liberman (trans). Durham: Duke University Press.

——.2001 [1934]. The Universal Adoption of the Roman Alphabet: Peoples of the Caucasus. Anatoly Liberman (ed.). Marvin Taylor & Anatoly Liberman (trans). *N. S. Trubetzkoy: Studies in General Linguistics and Language Structure*. Durham: Duke University Press. 175-177.

——.2006. *Correspondance avec Roman Jakobson et autres écrits*. Patrick Sériot (ed.), Patrick Sériot & Margarita Schönenberger (trans). Lausanne: Payot.

Trubetzkoy, Nikolai Sergeyevich & Roman Jakobson. 1975 [1929]. Sprachen der UdSSR. *N.S. Trubetzkoy's Letters and Notes*. Roman Jakobson (ed.). Berlin: Mouton. 138-141.

Ułaszyn, Henryk. 1927. Kilka uwag terminologicznych (z dziedziny językoznawczej). *Prace filologiczne* 12: 405-415.

——.1931. Laut, Phonema, Morphonema. *TCLP* 4: 53-61.

Twaddell, William Freeman. 1935. *On Defining the Phoneme*. Baltimore: Waverley.

Vachek, Josef. 1964. *A Prague School Reader in Linguistics*. Bloomington: Indiana University Press.

——.1966. *The Linguistic School of Prague*. Bloomnington: Indiana University Press.

——.1975. Editor's Postscript to the Original Czech Edition (1961). Josef Vachek (ed.). Vilém Mathesius. Libuše Dušková (trans.). *A Functional Analysis of Present Day English on a General Linguistic Basis*. The Hague: Mouton. 203-206.

Van Ginneken, Jacques, L. Kaiser & A. Roozendaal. 1932. Introduction. *Proceedings of the International Congress of Phonetic Sciences, First Meeting of the internationale Arbeitsgemeinschaft für Phonologie, Amsterdam 3-8 July 1932*. Amsterdam: [Unspecified Press]. 1-4.

Van Wijk, Nicolaas. 1932. De moderne phonologie en de omlijning van taalkategorieën. *De Nieuwe Taalgids* 26: 65-75.

——.1939. *Phonologie: Een hoofdstuk uit de structurele taal wetenschap*. The Hague: Martinus Nijhoff.

Vasmer, Max. 1953. *Russisches etymologisches Wörterbuch*. Vol. 1. Heidelberg: Carl Winter, Universitätsverlag.

Vendryes, Joseph. 1904. *Traité d'accentuation grecque*. Paris: C. Klincksieck.

Vykypěl, Bohumil (ed.). 2012. *Vilém Mathesius: Contributions to His Life and Work*. München: Lincom Europa.

——.2013. *Bohuslav Havranek: Contributions to His Life and Work*. München: Lincom Europa.

Weijnen, Antonius A. 1982. Deutsche Dialektologie und europaeische Dialektforschung: Wechselseitige Wirkungen. Werner Besch (ed.). *Dialektologie: Ein Handbuch zur deutschen und allgemeinen Dialektforschung*. Berlin: Walter de Gruyter. 190-202.

Wundt, Wilhelm. 1906. *Logik*. Vol. 1: *Allgemeine Logik und Erkenntnistheorie* (3rd ed.) Stuttgart: Ferdinand Enke.

阿尔帕托夫.1994.苏联20、30年代的语言政策：空想与现实.陈鹏译.民族译丛（6）：10-20.

安德森.2015.二十世纪音系学.曲长亮译.北京：商务印书馆.

白宛如.1998.广州方言词典.南京：江苏教育出版社.

鲍厚星、陈晖.2005.湘语的分区（稿）.方言（3）：261-270.

鲍厚星、颜森.1986.湖南方言的分区.方言（4）：273-276.

北大中文系.2012.现代汉语.北京：商务印书馆.

岑麒祥.1958.语言学史概要.北京：科学出版社.

——.1984.雅各布逊和他对语言学研究的贡献.国外语言学（2）：55-59.

——.2008［1989］.普通语言学人物志.北京：世界图书出版公司.

常巍.2014.雅各布森论诗歌翻译与符号美学.外语研究（4）：106-108.

朝克.2014.满通古斯语族语言词汇比较.北京：中国社会科学出版社.

陈国球.1986.关于布拉格学派的一个术语——aktualizace.外语教学与研究（2）：78-80.

陈鸿迈.1996.海口方言词典.南京：江苏教育出版社.

成方.1981.伊萨钦科.国外语言学（1）：74-75.

邓少君、张欣.c.2005.新编实用粤语教程.上海：上海海文音像出版社.

丁宏.1999.东干文化研究.北京：中央民族大学出版社.

东平.1965.布拉格语言学派.语言学资料（4）：35-37.

杜宏飞. 2010. 布拉格学派词法对立理论研究. 语言学研究（8）：50-59.

方汉泉、何广铿. 2005. 布拉格学派对现代文体学发展的贡献. 外语教学与研究（5）：383-386.

封宗信. 2006. 现代语言学流派概论. 北京：北京大学出版社.

冯爱珍. 1998. 福州方言词典. 南京：江苏教育出版社.

傅懋勣. 1951. 英国语言学界的近况. 科学通报（8）：857-859.

傅懋勣、朱志宁. 1964. 维吾尔族、哈萨克族的文字改革和新文字方案. 文字改革（12）：1-4.

甘世福. 1957. 音位的定义和音位学的功用. 语文学习（7）：5-6，30-31.

高本汉. 1940. 中国音韵学研究. 赵元任、罗常培、李方桂译. 上海：商务印书馆.

顾宗英、龚坤余. 1989. 匈牙利语语法. 北京：外语教学与研究出版社.

桂灿昆. 1956. 批判英美音位学中唯心的理论. 中山大学学报（3）：49-69.

洪堡特. 1999. 论人类语言结构的差异及其对人类精神发展的影响. 姚小平译. 北京：商务印书馆.

胡裕树. 2011. 现代汉语. 上海：上海教育出版社.

胡增益、朝克. 1986. 鄂温克语简志. 北京：民族出版社.

胡振华. 1979. 维吾尔族的文字. 民族语文（2）：152-157.

胡壮麟. 1984. 威廉·哈斯. 国外语言学（4）：56-59.

华如君. 1985. 也谈布拉格学派. 外语教学与研究（4）：75-77.

——. 1986. 答香港陈国球先生. 外语教学与研究（2）：77-78.

华劭. 1965. 试谈句子的实际切分. 语言学资料（2/3）：16-27.

黄伯荣、李炜. 2016. 现代汉语. 北京：北京大学出版社.

黄伯荣、廖序东. 2017. 现代汉语. 北京：高等教育出版社.

黄雪贞. 1995. 梅县方言词典. 南京：江苏教育出版社.

贾增艳. 2010. 词法对立研究的若干问题——以 Bohumil Trnka 为例. 语言学研究 8：60-69.

蒋军凤. 2008. 湘乡方言语音研究. 湖南师范大学.

捷连季耶夫. 1983. 征服中亚史（第二卷）. 新疆大学外语系译. 北京：商务印书馆.

黎锦熙. 2011［1934］. 国语运动史纲. 北京：商务印书馆.

李航. 1989. 布拉格学派与结构主义符号学. 国外文学评论（2）：38-44.

李洪臣. 1992. 匈牙利语入门. 北京：外语教学与研究出版社.

李小凡、项梦冰.2020.汉语方言学基础教程.北京：北京大学出版社.

李振麟.1955.英美资产阶级唯心论音位学批判.复旦学报（人文科学版）（2）：65-88.

林涛.2007.东干语论稿.银川：宁夏人民出版社.

林小峰.2011.马泰修斯关于英语句子词序的四个原则.语言学研究9：126-133.

刘润清.1995.西方语言学流派.北京：外语教学与研究出版社.

刘相国.1964.特鲁别茨可伊的音位学理论.吉林大学社会科学学报（1）：57-76.

陆致极.1985a.关于"非线性"音位学（上）.国外语言学（3）：27-31.

——.1985b.关于"非线性"音位学（下）.国外语言学（4）：30-32.

罗福腾.1997.牟平方言词典.南京：江苏教育出版社.

罗世方.1990.梵语课本.北京：商务印书馆.

马泰修斯.2020.基于普通语言学的当代英语功能分析.陈建华等译.北京：世界图书出版公司.

孟伟根.2010.布拉格学派对戏剧翻译理论的贡献.国外语文（3）：35-39.

穆罕穆德·伊玛佐夫.2002.吉尔吉斯斯坦东干学的现状与发展前景.丁宏译.西北第二民族学院学报（4）：61-63.

那达丽.2016.速成格鲁吉亚语.北京：北京大学出版社.

欧阳觉亚、饶秉才、周耀文、周无忌.2005.广州话、客家话、潮汕话与普通话对照词典.广州：广东人民出版社.

皮细庚.1997.日语概说.上海：上海外语教育出版社.

戚雨村.1985.语言学引论.上海：上海外语教育出版社.

——.1993.布拉格学派和马泰修斯的语言理论.外国语（5）：49-54.

戚雨村、董达武、许以理、陈光磊.1993.语言学百科词典.上海：上海辞书出版社.

桥本万太郎.1986.东干语研究的当前发展.李斯纪、李新华译.西北民族研究（0）：366-377.

钱军.1992.关于功能句法.北京大学学报：英语语言文学专刊1：93-99.

——.1993a.关于功能名称学.北京大学学报：英语语言文学专刊：46-54.

——.1993b.布拉格学派的音位学研究.外语学刊（5）：1-6.

——.1994a.布拉格学派的句法语义学.外语学刊（2）：1-8.

——.1994b.马泰修斯及其语言理论.外语教学与研究（2）：57-61.

——.1995a.布拉格学派历史研究.外语学刊（1）：14-22.

——.1995b.捷克语言学家Jan Firbas.国外语言学（4）：36-39.

——.1995c. Joseph Vachek与布拉格学派——评Vachek对布拉格学派的介绍.北京大学学报：英语语言文学专刊：69-73.

——.1996a.共时与历时——布拉格学派理论研究之一.外语学刊（2）：1-6.

——.1996b.语言系统的核心与边缘——布拉格学派理论研究.福建外语（3）：5-8.

——.1996c.布拉格学派的近况与现状.国外语言学（4）：11-21.

——.1996d.布拉格学派成员笔记.北京大学学报：英语语言文学专刊：43-47.

——.1997.系统和结构——布拉格学派理论研究之二.外语学刊（1）：1-5.

——.1998a.结构功能语言学——布拉格学派.长春：吉林教育出版社.

——.1998b.语言的功能和形式.山东外语教学（2）：1-8.

——.1999.语言学史的空间——《共同语言的魅力：雅柯布森、马泰修斯、特鲁别茨科伊和布拉格语言小组》读后.外语教学与研究（2）：74-79.

——.2016.《布拉格语言学派》导读.瓦海克.布拉格语言学派.北京：世界图书出版公司，1-154.

——.2018. Vilém Mathesius与布拉格学派.外国语言文学（6）：561-571.

覃远雄、韦树关、卞成林.1997.南宁平话词典.南京：江苏教育出版社.

曲长亮.2015.雅柯布森音系学理论研究——对立、区别特征与音形.北京：世界图书出版公司.

——.2016.音系单位的共现性与顺次性——区别特征概念早期发展历程新探.语言学研20：95-107.

——.2019.语际文本差异与时代误植风险——雅柯布森早期区别特征思想新探.外语与外语教学（3）：67-76.

——.2021.叶斯柏森的语音学著作.载叶斯柏森《叶斯柏森论语音》.北京：商务印书馆.65-103.

——.2023.叶斯柏森：音系演化理论研究.北京：北京大学出版社.

萨丕尔.2011.萨丕尔论语言、文化与人格.高一虹等译.北京：商务印书馆.

史宝辉.2000.《语音学与音系学入门》导读.克拉克、亚洛坡.语音学与音系学入门.北京：外语教学与研究出版社，F14-F30.

索绪尔.1980.普通语言学教程.高名凯译.北京：商务印书馆.

斯坦纳.2018.究竟站在哪一方？——罗曼·雅柯布森在两次世界大站之间的布拉格.雷碧乐译.载张进、周启超、许栋梁（主编）.外国文学核心集群理论旅行问题研究.北京：中国社会科学出版社.22-30.

汤珍珠、陈忠敏、吴新贤．1997．宁波方言词典．南京：江苏教育出版社．

陶睿．2015．布拉格语言学小组历史问题考——基于捷克语原文回忆录、谈话录等文献的研究．语言学研究（17）：93-102．

特拉斯克．2000．语音学和音系学词典．《语音学和音系学词典》编译组译．北京：语文出版社．

特鲁别茨柯依．2015．音位学原理．杨衍春译．桂林：广西师范大学出版社．

汪正龙．2006．穆卡洛夫斯基的美学思想——兼论布拉格学派的美学贡献．广州大学学报·社会科学版（6）：73-78．

王钢．1988．普通语言学基础．长沙：湖南教育出版社．

王洪君．2008．汉语非线性音系学——汉语的音系格局与单字音．北京：北京大学出版社．

王嘉龄．1987．词汇音系学．国外语言学（2）：89-92．

——．1998．生成音系学的历程和特点．语言文字应用（1）：88-92．

——．2000．《英语语音学与音系学实用教程》导读．罗奇．英语语音学与音系学实用教程．北京：外语教学与研究出版社，F13-F34．

王理嘉．1991．音系学基础．北京：北京大学出版社．

王立非．1991．布拉格学派与标记理论．外语研究（1）：1-7．

王英杰．2014．从标准语规范化到语言管理理论——布拉格学派与语言规划．合肥工业大学学报·社会科学版（6）：100-106．

魏任．1965a．捷克创办数理语言学杂志．语言学资料（5）：10．

——．1965b．布拉格国际数理语言学和机器翻译座谈会．语言学资料（6）：24．

——．1966．捷克普通语言学研究新动向．语言学资料（1）：34．

吴宗济．1980．什么是"区别特征"．国外语言学（1）：44-46．

——．1986．自主音段音系学．国外语言学（1）：48-49．

肖凯．1963．最近出版的雅柯布逊选集简介．语言学资料（4）：23-24．

信德麟．1985．特鲁别茨科伊的音位观．外语学刊（1）：1-14．

徐烈炯．1979．两种新的音位学理论语言学动态．语言学动态（4）：1-8．

——．1988．生成语法理论．上海：上海外语教育出版社．

——．1989．生成音系学：问题与发展．外语教学与研究（3）：21-29．

徐盛桓．1982．主位与述位．外语教学与研究（1）：1-9．

——．1985．再论主位与述位．外语教学与研究（4）：19-25．

许宝华、陶寰.1997.上海方言词典.南京：江苏教育出版社.

许宝华、宫田一郎.1999.汉语方言大词典.全五卷.北京：中华书局.

学思.1965.特鲁别茨柯伊.语言学资料（6）：28-29.

雅柯布森.2001.罗曼·雅柯布森文集.钱军 选编、译注.长沙：湖南教育出版社.

——.2012.雅柯布森文集.钱军选编、译注.北京：商务印书馆.

雅柯布森、方特、哈勒.1981a.语音分析初探（上）.王力译.国外语言学（3）：1-11.

——.1981b.语音分析初探（下）.王力译.国外语言学（4）：1-22.

杨衍春.2014.现代语言学视角下的博杜恩·德·库尔德内语言学思想.桂林：广西师范大学出版社.

姚晓东.2009.Firbas主位理论及其对外界挑战的响应.语言学研究7：32-41.

姚小平.2011.西方语言学简史.北京：外语教学与研究出版社.

叶蜚声等.1981.语言学纲要.北京：北京大学出版社.

——.2010.语言学纲要（修订版）.北京：北京大学出版社.

叶斯柏森.2016.叶斯柏森选集（英文两卷本）.北京：世界图书出版公司.

——.2021.叶斯柏森论语音.曲长亮 选编、译注.北京：商务印书馆.

叶祥苓.1993.苏州方言词典.南京：江苏教育出版社.

印有家.2015.湘潭方言声母与中古音声纽比较研究.铜仁学院学报17（6）：92-96.

游汝杰、杨乾明.1998.温州方言词典.南京：江苏教育出版社.

詹伯慧、陈晓锦.1997.东莞方言词典.南京：江苏教育出版社.

张会森.1986.布拉格学派与修辞学.当代修辞学（4）：57-58.

张惠英.1993.崇明方言词典.南京：江苏教育出版社.

张进、周启超、许栋梁（主编）.外国文论核心集群理论旅行问题研究.北京：中国社会科学出版社.

张家骅.1992.布拉格学派标记理论管窥.外国语（4）：27-31.

张励妍、倪列怀、潘礼美.2020.香港粤语大词典.香港：天地图书有限公司.

张明玺.2009.布拉格学派与交际理论派翻译思想之比较.许昌学院学报（6）：89-91.

张振兴、蔡叶青.1998.雷州方言词典.南京：江苏教育出版社.

赵世开.1989.美国语言学简史.上海：上海外语教育出版社.

赵忠德.1988.生成音系学抽象论探疑.外语与外语教学（2）：1-6.

赵忠德等.2011.西方音系学理论与流派.北京：商务印书馆.

郑定欧、张励妍、高石英.2014.粤语（香港话）教程.香港：三联书店.

郑武.1979.《语言与语言行为文摘》杂志简介.语言学动态（3）：37-38.

周长楫.1998.厦门方言词典，南京：江苏教育出版社.

——.2006.闽南方言大词典.福州：福建人民出版社.

周启超.2018.俄罗斯形式论学派文论的中国之旅——以"陌生化学说"为中心.张进、周启超、许栋梁（主编）.外国文论核心集群理论旅行问题研究.北京：中国社会科学出版社.314-329。

周绍珩.1980a.节律特征·超音段特征周绍珩.国外语言学（3）：46-48.

——.1980b.马丁内的语言功能观和语言经济原则.国外语言学（4）：4-12.

周有光.2003.世界文字发展简史.上海：上海教育出版社.

朱伟华.1983.对岑麒祥介绍雅各布逊一文的补充.国外语言学（4）：49.

——.1987.马泰修斯（1882-1945）.国外语言学（2）：86-88.

——.1990.捷克斯洛伐克术语学家霍莱茨基.国外语言学（1）：44-48.

朱伟华、徐哲.1989.捷克语语法.北京：外语教学与研究出版社.

朱永生.1990.主位与信息分布.外语教学与研究（4）：23-27.

——.1995.主位推进模式与语篇分析.外语教学与研究（3）：6-12.

索 引

埃利斯 241—245

奥卡姆 183

巴尔塔克斯 4, 21, 26, 29—31, 36, 70, 99—100, 113, 137, 192, 218, 254—255, 470

巴斯金 43, 91

巴提斯泰拉 9

巴依 16, 327—328, 333, 335—337, 341, 350, 417

饱和度 109—116, 123—125, 130, 132, 171, 204—205, 271—277, 279—282, 286—289, 291—292, 305, 308, 399, 407

鲍厄 16, 327—328, 333, 347

北京话 202, 207—208, 210, 212—215, 220, 222—228

贝尔 30, 39, 140, 172, 242—244

本族化改造 197

比勒 22, 48, 55—59, 71—73, 79—80, 86, 93, 386, 402, 418, 420, 447

边界信号 18, 24—25, 33, 138, 383—385, 414, 416, 438—439

标记 16, 31, 50, 90, 97, 100—102, 105, 127, 135, 155—156, 160, 166, 169, 195, 205, 290, 301—304, 307, 309, 324—325, 328—329, 340, 346, 360—361, 373—375, 393, 401—402, 404—405, 410—411, 413, 417, 427, 434—436, 438—440, 444, 451, 471, 516, 543—544, 570—571

表达特征 25, 74

表现功能 72, 73, 386, 402

波拉布语 13, 49, 52, 85—86, 179, 184—185, 284—285, 302—303, 309, 323, 377, 410, 440, 452, 464

波利万诺夫 44, 202, 207—209, 211, 215, 230—233, 238, 314, 367, 450, 454, 512—519, 521

博杜恩 10, 34—35, 40—41, 43—45, 52, 62, 64, 66, 76—78, 96, 180—181, 264, 345, 353, 356, 366—368, 371, 378—380, 571

布龙菲尔德 4, 241, 246—247, 250—254, 256, 319

布鲁格曼 8, 53, 353, 371

布吕克 36—41, 81

岑麒祥 256—257，260，539，544，566，572，577

超音位 21，103，154—157，169，188，301，303—304，323，326，425，427，432—438，440—442，444

车臣语 117，165—167，173，221，279，309—310，312—313，319，397，410，442—443，452，490，545

词法音位 16，179—183，188，190，352，465—467，470

词法音系学 15—16，19，26—27，32，179—180，182—192，200，329，336，349，359，376—377，464—473

丹麦语 140，262，412，431，448，455，484，501，502

等比对立 104—105，423—424

第二级除阻方式 119—120，122，125，219，221

第三级除阻方式 119，121—122

第一级除阻方式 119—120，125

叠音 84，117，119，121—122，140，165—166，310，458，459，461—462

东干语 33，202，220，228—234，494，512—520，545，568

多边对立 91，104，106—108，113—117，119，122—124，126，135，146，215—218，420—423，428

多洛舍夫斯基 52—53，55，182—183，328，353—354，356，367

鄂伦春语 150

鄂温克语 148—150，567

凡·维克 53—54，85，353，371，373

方言 9，16，29，40—41，44，51—52，55，73，89，102，107—108，111，149，154，166，174—176，195，200，202—203，205，207—208，214—215，218—221，227—228，231—238，242，244—245，250，255，257，261—262，270，275—276，278，280，282—285，287，291，293—296，298，302，306，310，314—316，318—320，323，330，341，351—354，360—361，365，371，374，377，379，387—388，390—392，399—400，405—406，412—413，428，433，435—436，438—444，449，453—454，456，462，468—469，476—483，486—488，491，498—500，502—504，506，512，514—517，566—568，570—572

芬克 205—206，428，493

冯特 20，100—101

弗莱 21，222—226，242，248，446—447

高本汉 202，205，211—215，257，352，454，567

冈蒂诺 4，21，26，28—30，35，104，114，137，175，192，218，470

格鲁吉亚语 173，221，276，316—317，397，491—493，501，568

索 引

功能负载 32，148，150—151，162—163，165—169，196，235，237—238，322，376，445，499

构峰 24—25，144—146，215，408—413，447，451，455，457—458

构型特征 25

孤立对立 104—105，423—424

古恒 202，211—215，222，454

古希腊语 138—139，141，203，205，221，279，283，295，310—311，314，319，360，375，379，403，408，412，443，453，506

国际人工辅助语 192—196，199—200，234—235，238，367，494

国际音系学协会 17，19，49，103，328，331，350，357—358，383，486

哈勒 98，125，250—252，256，333，571

赫罗特 16，55，298，327—328，332—333，346—347

黑本 52，171，174，347，355

洪堡特 58，61，64，349，567

呼吁功能 72—73，402

胡炯堂 94，202，217—218，496

霍凯特 4，249

挤喉音 83—84，107，117，121，165—167，173，221，310

济弗斯 36—40，53，64，66，129，144

加迪纳 59—62

间接音系对立 90—91，104，422—423

交替 35，44，77—78，151，181—184，189—191，208，325，336，340，465—467

句法音系学 336，349，377

均等对立 104—106，122—123，426—428

卡巴尔达语 83，271，319，491

卡尔采夫斯基 5，15—16，49，100，172—173，176，327—328，333—334，349，359，368，377，469

可延长性 136，143，209，447，451—453，462—463

可中和对立 21，104，106，424，430

克莱彻默 51，345

拉德洛夫 44

拉丁化 173—174，219，228—231，271，347

拉脱维亚语 140，142，209，405，412，453，455，501

理智语义 69，71，73—74，88，329，390，422，424

立陶宛语 137，140—143，203，205，286—287，295，321，379，405，412，438，440—441，449，453，455，457，487，501

利伯曼 9—10，34，137，268，345，469

联想分析 269，288

龙果夫 202，219，221，227，229

罗马尼亚语 177—178，386，409，452，475，487

马丁内 28—29，35，157，257，384，435，572

马里语 150，154，433

马泰修斯 4，27，55，64，157—158，163—165，168，235，245，298，300，322，325，349，362，386，445，540—542，544，568—569，572

梅耶 12，29，52—53，328，353，373，378，381，474，493

米勒 11，489

描述功能 56，72—73，402

闽南语 107—108，112，215—217，220，221，412

莫尔多瓦语 150—151，188，276，290—291，309，318，322—326，362，386，430，440—441，445，546

莫拉 137—147，209—211，215，385，405，408—414，443—444，447，455—456，458—460，521

莫拉型语言 140，142，144—145，409—413

默克尔 81

内部决定 63，132—133，448，451

诺伦 40，260—263

诺维亚语 193，199，510

欧亚主义 11，16

派克 246—247

普法尔茨 51，306

契热夫斯基 55，86，418

强度 18，109，112—113，116—122，129—136，141—142，144—146，171，204—206，213，215，271—274，281—290，292—296，304，307—308，310，313—320，323，325，335—337，361，405，410—411，452—453，457—462

切尔克斯语 82—84，270，313，315，319，398，444，491，546

琼斯 64，90，94，202，217—218，352，384，496

区别力 141，152，200，430，444—445，500

区别特征 25，30，70，74，87，95，98—100，103，107—109，118，123—126，251—253，257，271，301，366，424，542—543，569—570，576，579

人声学 43，45，77，78

萨维茨基 10，16，55

塞尔维亚-克罗地亚语 141，143，145，177—178，203，205，276，280，294—295，374—375，379，398，403，405，407，412，436，439，442—444，449，453，456，475，502

舌尖元音 222，224，226—228，517

生成音系学 31，153，192，250—255，257，264，570，571

声调 12，109，112—113，134，139—147，196—197，201—218，231，233，235，237—238，241，246，271，273—274，293—296，307—308，314，318—321，374，379，403，405，411—412，414，435，

447，449，453—458，496—497，508，513，521

施莱歇尔 38，470

施泰因豪泽 51

斯坦科维茨 44

斯特德 140，455

斯威特 39—41，129，144，232，240—241，243—244，260，263，351，365，448，522

斯沃迪什 245—246，419

索绪尔 4，35，40—43，45—47，57—60，62，64，66，68—70，85，91，96，183，255，260，263，327，333—334，336，344，365—366，368—371，376，378—381，447，569

特拉斯克 98，113，253，258，570

特隆贝蒂 21，427，446—447，484

特伦卡 5，159—160，419，581

田中馆爱橘 52，171，328，354

瓦海克 5，27，55，98，156，168，268，395，430，469，569

外部决定 63，132—133，323，325，434，435，448—449

位置化对立 107—108，116—117，218，308—309，318

温特勒 40—41，365

文字改革 170，174，200，567

沃拉普克语 192—193，199

乌伦贝克 328，355

乌瓦申 55，179—181，466

析取关系 20，23，100—105，122，160，190，313，360，372，417，429

羡余特征 25

相关关系 16，20—21，23，99—105，118—122，127，130，132，134—136，140，142，144—147，151，155—156，160，166，190—191，202—203，207，210，215，219，221，232—233，301—315，317—320，323—326，360—361，372—375，379，417，429，451—453，455—462，482，498，515—516，518—519

相关关系束 142，147，203，210，215，233，301，310—315，317，319—320，374—375，461，515—516

湘语 218—219，221，227—228，566

响音 118—120，142，158，222，224，226，232，252，310—311，318，335，359—360，399，403，413，441，455，459，485，515，518

心理语音学 43，45，77—78，366

薛诗霭 16，327，328，333—334，336，342，345，348

雅柯布森 5，8—10，15—17，19，25—27，29—31，35，49，51，55，59，64，70，74，79，87，91，97—100，103，109，118，123—126，128，132—134，152—153，155，157，172，176，178，193，205—207，209，227，248，251—252，267，

271—272，289，298，300—301，305—306，368，373，377，380—381，383，386，409，417，430，446，452—455，464，469，475—476，481，483，486，489，494，512—513，542，569，571

言语情景 59—61，93，448

言语行为 47—48，58—59，61，64—65，68，76，93，447，448，451，463

杨善新 202，229—232，512，514—518

叶斯柏森 4，37—38，40—41，53—55，62—66，110，120，128，130，133，144，159，165，174，193，197，199—200，226—227，260，328，349，351—352，354—356，365，367，371，408，417，448，569，571

音高 18，21，63，65，109—119，122—125，129—132，137，139，141—147，171，202，204—205，209—213，215—217，271—277，279—282，286，288，291—296，304—305，307—309，313—321，324，335，375，405，408，410—414，435，449，453—457，459—460，469，481，515—517，519，521

音高轨迹 112，137，142—143，145，211，217，295，307，320—321，410—413，449，453—457，459—460，481，521

音高域 143，145—146，215—217，412—414，455—456，459

音高重音 132，139，141—142，205，469

音节核 137—140，142—144，146—147，203—204，209—211，222，224，226，385，405—408，410—414，451—458，463

音节截短 112—113，132—136，146，307—308，410，447，456—459

音节型语言 134，140—141，144—145，409，410，413

音位 4—5，10，14—16，18—19，21—25，31—35，43，46，50—51，54—55，63—71，73—79，81—92，94—112，116—127，130—134，138—144，148—166，167—171，175，177—184，188—190，193—200，203—205，209，218—219，221，223—228，231—235，239—240，244—260，262—264，268—277，279—282，284—285，287—293，295—296，298，300—306，308—310，312—315，317—320，322—326，328—330，333—337，339，341—349，351—355，359—363，365—376，378—381，383—385，389—407，409—410，413—417，419—425，427，430—441，443—446，449，451—454，463，465—467，470，476—482，485—487，

索 引　579

498，500，502—503，510，513，515—520，540，543，567—568，570

音位学　4，18，31，239—240，244—250，252—260，263—264，540，567—568，570

音位组合　19，22—23，81，120，138—139，151，157—163，169，182，196，221，234，346，348—349，359，361—362，383，385，389，394，397—400，403—405，414—415，419，430，436，446，478—479

音系法则　201，331，379

音系统计学　22—23，152，163，168，389

音系效力　15，22，50，78，82，84—85，93，152，156，268，270—272，300，303，306，312—313，318，323，328，346，359，360，406，425，427，432，439，440，442—443，448，450—451，479

音系意识　81—82，90—92，95—96，374，393，450，455—456，459，461

音长　18，21，23，32—33，39，63，65，101，112，117—118，121，129—136，141—147，191，202—213，215，271—273，281，283—287，289—290，294，307，310，320，335，351，372，375，379，386，404—406，409—411，414，427，439，446—456，458—463，472，497，499，508

有无对立　104—105，122—123，426—428

语素变更　189—190

语素变换　189

语言公理　55—59

语言构造　47—48，58—59，64—65，68，136，447，450—451，463

语言价值　67—69，81—83，85，87—88，92—93，129，157，367，370，383

语言经济　55，257，351，572

语言联盟　11，16，19，27，174，176—179，203，386，475—476，512

语言意识　50—52，75，78—81，85—87，89—91，99，175，181—183，187，269，273，281，285，289—290，294，300，302—306，310，315，317，328，346—348，360，364，369，372，374，402，465，467，472，479，480，497

语义价值　41

语音风格学　22，71，73—74

语音生理学　36—41，43，64，81，262—263，366

语音实现形式　14，89，131，144—155，175，211，224，226，268，270，275—283，285，287，290—293，296，346，360—361，369，372，391，396，406，411，462，466—

467，477，479—481

语音意图 50，52，74—76，87，328—330，345—346，354，367

语音意象 46，67，74—76，78—79，86—87，99，109，210，268—271，274，298

语音转写 170，200，206，216，304，497，498

语音姿态 92

原子主义 51，53—54，321，330，348，353—354，370—371，380—381

约瑟夫 43

粤语 94，108，112，195，202—203，217—218，220，236—238，496，566，571

中和 21，23，31—32，103—104，106，148—149，151—157，169，188，310，323—325，360—361，376，401，403—404，424，430

重音 18，21，24—25，39，63，65，92，101，128—134，138—142，144—147，160，171，182，190，196，203—205，208—210，215，231，246，250，252，272—273，283，285，290，294，296，307，320，324，337，339—342，349，351—353，386，390，393，399—400，408—412，414—415，435，442—444，449，452—457，460，469，478，497—498，510，521

周辨明 215—216，220—221，412

自有音高 109—119，122—125，130，132，171，204—205，271—277，279—282，286，288，291—292，304—305，307—309，313—321，324，481，515—517，519

后　　记

　　学生时代对布拉格学派的兴趣，主要来自岑麒祥教授的《语言学史概要》，以及当时还是很新的新书的刘润清教授《西方语言学流派》。胡壮麟教授《语言学教程》里的附录2 "Modern Linguistic Schools and Theories" 也让人耳目一新，在读到 R. H. Robins 教授的 A Short History of Linguistics 原书之前，那是我第一次以英语读到关于这一话题的信息。

　　多年后有幸在钱军教授指导下读博，专攻雅柯布森的音系学思想与理论，于是有机会静下心来，把雅柯布森、特鲁别茨柯依、马泰修斯、特伦卡等一众学者的著作原文一篇篇、一本本地细读，也读到了各个时期学者对他们的述评与反馈，因而有了很多新的体会。2011年，我的博士论文《功能对立在雅柯布森音位及音位周边的体现》通过了评审与答辩。祝贺声中，我也把老师们的叮嘱记在了心里：雅柯布森还要更深入全面地做，而且与他有密切关系的特鲁别茨柯依也非常值得进一步挖掘。那之后我用了3年多的时间，把博士论文逐渐充实成了41万字的《雅柯布森音系学理论研究》。该书于2015年出版后，我便开始筹备关于特鲁别茨柯依音系学思想的研究。

　　研究中取得的每一步进展，都离不开学界前辈的支持鼓励以及同行研究者们的热心相助。2016年，我在"第2届现代斯拉夫文论与比较诗学国际学术研讨会"上宣读了《布拉格学派与亚音位实体之确立——多语文本中的早期区别特征概念》，文中综合引述雅柯布森和特鲁别茨柯依以德、法、英等文字撰写的著作，得出了一些不同于以往的结论。主办会议的周启超教授和担任发言点评的傅其林教授对通盘考虑多语种文本的研究方法表示肯定，我还记得发言后回座时，坐在我前面的 Stefania Sini 教授回头对我说："Good！"会后，捷克专家 Ondřej Sládek 教授对一些值得补充的细节提出了建议，并表示如果这些资料只有在捷克才找得到，欢迎我来布拉格或布尔诺。

2017年暑期，在Ondřej Sládek教授的邀请下，我来到捷克科学院短期访学。他向我赠送了新著《布拉格学派结构主义诗学的嬗变》(*The Metamorphoses of Prague School Structural Poetics*)，带我去了查理大学书店，向我介绍了关于布拉格学派的几种最新的成果。探讨问题时，除了在办公室、资料室之外，他还特地选择了雅柯布森和特鲁别茨柯依当年经常光顾的咖啡厅，以期能够找到些当年的感觉。在捷克科学院，捷克语言研究所图书馆馆长Jana Papcunova博士热情接待了我。这里资料很齐全，虽然多年前在伊利诺伊大学图书馆也借到过不成套的几卷《布拉格语言学小组文集》，但我还是第一次见到同一层书架上并排摆放着小组经典时期的8卷《布拉格语言学小组文集》(*Travaux du cercle linguistique de Prague*)、60年代短暂复兴的4卷《布拉格语言学文集》(*Travaux linguistiques de Prague*)以及冷战结束后的4卷《布拉格语言学小组论文集》(*Prague Linguistic Circle Papers*)，场面甚是壮观。而更令人感动的，是馆员们的真挚热心。一日，读1936年出版的《布拉格语言学小组文集》第6卷时，我向馆员Eva咨询馆里是否有同一年在哥本哈根召开的第4届国际语言学家大会的会议文集，她在电脑上查询未果后，我没有多想，只继续读手中的那本。出乎意料的是，一个多钟头后，Eva从外面回来，手里提着个篮子，里面放着的正是哥本哈根会议文集！她利用馆际互借，去街对面的捷克国家图书馆为我把这件本馆没有的资料借了过来！在布拉格的日子很短暂，但收获非常大。

2017年底，在国家留学基金委国家公派访问学者项目的资助下，我来到宾夕法尼亚大学，在Peter Steiner教授的指导下开展为期一年的访学研究，继续探究这项关于音系学史的课题。Peter Steiner教授是中东欧语言文学研究领域极具影响力的名家，早在1976年就编写出版过一部《布拉格学派选集（1929—1946）》(*The Prague School: Selected Writings, 1929—1946*)。Steiner教授是捷克人，早年毕业于布拉格查理大学，获耶鲁大学博士学位后定居美国。70年代，Steiner教授与雅柯布森往来密切，因而成为布拉格学派思想在美国传播的亲历者和推动者。与Steiner教授面对面的交流，厘清了许多在文献中不易发现的细节问题。因此，有Steiner教授加持的这一年，是研究取得突飞猛进的一年。宾夕法尼亚大学丰富的图书馆藏和便捷的文献传递系统为本研究提供了资料保障。作为捷克语母语者和精通多国语言的斯拉夫学专家，Steiner教授帮助我弄懂了许多捷、波、俄文的关键文献，补齐了研究中的短板。他还专门为本书的出版而梳理了整部《N.S.特鲁别茨柯依书信集》里的众多细节，并参照雅柯布森《钟摆的永动——蒙太奇之尝试》（Perpetuum mobile kyvadla: Pokus o montáž, 1934）的形式，辑成了本书的序二《信件中的尼古拉·谢尔盖耶维奇·特鲁别茨柯依》。

　　本研究长期得到钱军教授的关心与支持。钱军教授的《结构功能语言学——布拉格学派》（1998）是我国首部关于布拉格学派的专著，第一次把布拉格学派语言学思想的各个侧面集中展示在我们面前。近四分之一世纪后的今天，我们以此为基础，继续对该书聚焦过的马泰修斯、特鲁别茨柯依、雅柯布森等学者的语言学思想做更深入的探索，任务之一就是为他们的著作做好译与注，因而产生了本书下篇"特鲁别茨柯依音系学短篇经典著作选译"的编写动力。从钱军教授为本书撰写的序一《特鲁别茨柯依和音系学断想》来看，这一动力得到了肯定。

　　本书是辽宁省教育厅高等学校基本科研项目"《音系学原理》与特鲁别茨柯依的语言学思想"（2017JYT14）的最终成果，并得到大连外国语大学学科带头人资助经费（2020FXDT15）支持。感谢大连外国语大学校长刘宏教授、副校长刘风光教授对本项研究的关注。感谢大连外国语大学科研处为本书提供了出版资助。感谢我的研究生胡天泽参与了本书部分内容的校对。谨以此书，向大连外国语大学建校60周年献礼。

　　最后，感谢商务印书馆英语编辑室将本书列入出版选题，感谢马浩岚主任和向程编辑的辛勤付出。

曲长亮
2023年2月